KB100003

# 분노와 용서

**Anger and Forgiveness**

Anger and Forgiveness: Resentment, Generosity, Justice, first edition
Copyright © Martha C. Nussbaum 2016
Anger and Forgiveness: Resentment, Generosity, Justice, first edition was originally published in English
in 2016. This translation is published by arrangement with Oxford University Press.
PURIWAIPARI PUBLISHING CO. is solely responsible for this translation from the original work and
Oxford University Press shall have no liability for any errors, omissions or inaccuracies or ambiguities in
such translation or for any losses caused by reliance thereon.
Korean translation copyright © 2018 by PURIWAIPARI PUBLISHING CO.
Korean translation rights arranged with Oxford University Press through EYA(Eric Yang Agency).

이 책의 한국어판 저작권은 EYA(에릭양 에이전시)를 통해
Oxford University Press와 맺은 독점계약에 따라
도서출판 뿌리와이파리가 갖습니다.
저작권법에 의해 한국 내에서 보호를 받는 저작물이므로
무단전재와 무단복제를 금합니다.

# 분노와 용서
## Anger and Forgiveness

# 적개심, 아량, 정의
## Resentment, Generosity, Justice

마사 C. 누스바움 지음 | 강동혁 옮김

뿌리와
이파리

버나드 윌리엄스(1929~2003)를 기억하며

나는 팔라스 아테나와 한 집에 살 것을 약속하노라…….

그 도시를 위하여 나는 기도하고

평온한 성품으로 예언하나니

태양의 눈부신 빛은 축복을 내려

땅에서 생명이 수없이 솟아나고

번성하도록 하리라.

-아이스킬로스, 「에우메니데스」916-26[1]

성품이 평온한 사람은 복수를 꾀하는 대신 공감하고 이해하는 경향이 있다.

-아리스토텔레스, 『니코마코스 윤리학』, 1126a1-3

오늘날 세상의 눈에는 핏발이 서 있다 할지라도

우리는 침착하고 맑은 눈으로 그를 똑바로 마주 보아야 한다.

-모한다스 간디, 1942년 8월 8일, 자와할랄 네루의 책 『인도의 발견』, 1장 38쪽에서 재인용

# | 차례 |

**일러두기**

1. 성서를 인용할 경우, 대체적으로 대한성서공회의 『공동번역 성서』(개정판), 가톨릭용을 기준으로 하였다. 그러나 저자 누스바움의 번역과 다른 경우에는 저자의 번역을 따랐다.
2. 한글 전용을 원칙으로 하고, 필요한 경우에 원어나 한자를 병기했다. 고유명사의 원어는 찾아보기에 병기했다.
3. 인명, 작품명, 지명 등은 국립국어원의 외래어 표기법을 따랐지만, 관례로 굳어진 경우는 예외를 두었다.
4. 옮긴이 주는 각주로, 지은이 주는 후주로 처리했다.
5. 단행본, 장편소설, 정기간행물, 신문 등에는 겹낫표(『 』), 단편소설, 논문 등에는 홑낫표(「 」), 그림, 오페라, 영화, 드라마, 텔레비전 프로그램 등에는 홑화살괄호(〈 〉)를 사용했다.

# 감사의 말

2014년 봄, 존 로크 강좌*를 진행하도록 초청해주신 옥스퍼드 대학교의 철학분과 교수진 여러분에게 가장 먼저 감사를 전합니다. 인도의 나렌드라 모디 총리에 관해, 또한 2012년에 있었던 나로다 파티야판결**에 관해 적절한 논평이 될 수 있도록 '용서'를 주제로 삼아 원고를 써달라는 요청을 해주신 『인디언 익스프레스』지에도 감사드립니다. 일단 연구를 시작하자 용서에 대한 관점이 전적으로 바뀌게 되었습니다만, 제가 용서라는 주제에 처음 관심을 갖고 존 로크 강좌의 주제로도 택하게 된 계기가 바로 『인디언 익스프레스』지의 요청 덕분이었습니다. 연구 초반, 저와 대화하며 사고의 틀을 잡을 수 있도록 도움을 준 저스틴 코츠와 사울 레브모어, 사이크리슈나 프라카시에게 감사합니다. 여러 상의 초고를 읽고 논평해준 켈리 알세스, 마샤 배런, 코리 브렛슈나이더, 톰 브룩스, 대니얼 브런드니, 에밀리 버스, 데이비드 찰스, 저스틴 코츠, 레이철 콘드리, 세라 콘리, 로저 크리스프, 줄리언 컬프, 존 데이, 로절린드 딕슨, 데이비드 에스틀런드, 제러미 굿맨, 폴 가이어, 리처드 헬름홀츠, 토드 헨더슨, 아지즈 후크, 테런스 어윈, 윌 제퍼슨, 샤론 크라우제, 앨리슨 라크루아, 찰스 라모어, 브라이언 레이터, 카테리나 리

---

* 옥스퍼드 대학에서 1년에 한 번씩 진행하는 철학 강좌. 전 세계에서 가장 명망 높은 강좌 중 하나로 1950년부터 진행되었다. 이 책의 바탕이 된 누스바움의 강좌 '분노와 용서'는 2014년에 진행되었다.

** 2002년 2월 28일, 인도의 나로다에서 벌어진 대학살과 관련된 판결이다. 구자라트 폭동 당시 발생한 이 사건으로 97명의 이슬람교도가 대략 5000명가량의 힌두교 군중에게 살해당했다. 인도의 총리인 나렌드라 모디는 이 폭동을 오히려 지원했다는 혐의를 받았다.

노스, 알렉스 롱, 조너선 마서, 리처드 매캐덤스, 파노스 패리스, 에두아르도 페냘베르, 아리엘 포랫, 에릭 포스너, 사라 프로타시, 리처드 소랩지, 닉 스테파노풀로스, 데이비드 슈트라우스, 케빈 토비아, 제러미 월드론, 가브리엘 왓슨, 로라 바인립, 데이비드 바이스바흐에게도 감사합니다. 몇 차례나 인내심을 보이며 논평을 해줌으로써 제가 이해를 심화시킬 수 있게 해준 사울 레브모어에게는 특히 고마운 마음입니다. 초고를 쓰는 단계에서는 시카고 로스쿨에서 제공하는 진행 중인 연구에 관한 워크샵과 브라운대학교에서 진행된 일련의 세미나에 참석한 것이 긴요한 논평을 받는 훌륭한 방법이 되었습니다. 토론을 통해 남아프리카공화국을 이해할 수 있도록 도움을 준 알비 삭스에게 감사의 말을 전합니다. 자료조사에 대단히 귀한 도움을 준 에밀리 듀프리, 느다넬 립시츠, 다샤 폴지크에게 감사합니다. 에밀리 듀프리와 느다넬 립시츠에게는 색인을 만들어준 데 대한 고마움 또한 전하고 싶습니다.

이 책은 저의 스승이자 친구인 버나드 윌리엄스를 기억하고 그에게 헌정하는 것이 적절하다고 생각합니다. 윌리엄스는 철학에 대한 대담함과 진정성을 띠는 삶을 모범적으로 보여주었으며, 그 모범이 제게 갖는 의미는 이루 말로 표현할 수 없습니다. 스승과 제자라는 관계의 속성을 생각해보면, 제가 최근에 쌓은 학문적 이력이 상당 부분 윌리엄스가 후기 작업을 통해 발전시킨 수많은 아이디어를 반박하는 데 할애되었다는 것도 놀랍지 않은 일일지 모릅니다. 그러나 요즘에는 저 자신도 예상하지 못했던 일이 벌어지고 있습니다. 문득 정신을 차리고 보면 저 자신이 윌리엄스가 제시했던 방향으로 가차 없이 끌려가고 있는 겁니다. 윌리엄스로서는 동의하지 않을 부분이 많겠으나, 말하자면 오랜 옛날 윌리엄스에게 느꼈던 동지애가 일정 부분 돌아오고 있다고 하겠습니다. 저의 이런 깨달음을 지금은 그에게 전할 수 없다는 게 비극적일 뿐입니다.

# 한국어판 서문

불행히도, 제 책은 주제가 지나칠 만큼 시의적절한 순간에 대한민국에서 출간됩니다. 북한과 미국 간의 보복 위협으로부터 대화 분위기까지 예측할 수 없는 격변의 와중에, 한국인치고—하긴, 그런 면에서는 미국인도 마찬가지입니다만—보복적 분노가 인간의 복지에 엄청난 위험이라는 증거를 보지 못할 사람이 누가 있겠습니까? 저의 책은 사람들이 분노와 보복주의적 상상에 솔깃하게 되는 요인들을 탐구합니다. 동시에 보복의 소망이 해로우면서도 공허하다고 주장하죠. 나를 공격한 사람에게 공격을 되돌려주는 것은 인간의 보편적 성향이기도 하지만 원시적이기도 합니다. 복수는 어떤 문제도 해결하지 못합니다. 우리는 과거가 아니라 오직 미래만을 바꿀 수 있습니다. 많은 경우 '비례 보복proportional payback'이라 불리는 무언가가 세상을 바로잡으리라는 생각은 대단히 위험할 뿐 아니라 방향도 잘못되어 있어요. 보복은 폭력을 가중시킬 뿐 세상을 바로잡지 못합니다. 간디가 말했듯, "'눈에는 눈'을 고집하면 온 세상의 눈이 멀게 됩니다".

우리는 상대적 지위에 집착하는 바람에 보복적 분노의 쓸모없음과 유치함을 보지 못하는 경우가 많습니다. 이때 복수는 최소한 말이 되는 것처럼 보입니다. 상대방을 상대적으로 낮춤으로써 나 자신을 상대적으로 높일 수 있으니까요. 하지만 지위에 대한 집착은 몹시 자아도취적이며, 평화와 복지를 추구해야 할 세계 지도자들에게는 위험한 일입니다. 보복을 거부하겠다는 결심은 나약함이나 나쁜 행동에 저항하지 않으려는 머뭇거림을 수반하지 않습니다. 미래에 초점을 맞추면, 미래의 폭력을 억지하고 평화와 복지라는 궁극적 목표를 촉진할 수 있다는 측면에서 강성 전략이나 형사처벌이 정당화된다고 판단하는 것도 가능합니다. 하지만 이런 식의 생각에는 지적인 계산이 필요합니다. 이는 보복적 분노와 관련된 자아도취적 직감과는 매우 다르죠.

저의 책은 분노가 인간의 삶을 오염시키는 여러 영역, 즉 친밀한 사적 관계와 정치적 영역, 그리고 제가 '중간 영역'이라 부르는 일상과 직장에서의 평범한 상호작용 영역을 살피는데, 이 세 가지 영역은 서로 다릅니다. 저는 친밀한 관계에 근본적으로 알맞은 것은 슬픔이며 스토아주의적 거리 두기는 부적절하다고 주장합니다. 복지의 중요 측면이 위험에 처해 있을 때에는 정치적 영역에서도 마찬가지입니다. 이럴 때 우리는 보복적 유형의 분노를 떨치면서도 슬픔을 유지할 수 있으며, 마땅히 그래야 합니다. 하지만 대신 제가 이행-분노라 부르는, 보복에의 소망이 빠진 분노를 유지할 수도 있어요. 이 분노의 내용은 전적으로 '저건 정말 말도 안 돼. 저런 일은 절대 다시 일어나면 안 돼'입니다. 이행-분노는 뒤가 아닌 앞을 보며, 자연스럽게 생산적 전략의 탐구로 이어집니다. 반면 중간 영역에서는 스토아주의자들이 옳습니다. 우리는 (승무원 및 다른 승객들의 무례한 행동 혹은 컴퓨터를 고치러 온 사람의 무능력 같은) 중간 영역의 사건들이 속을 끓일 만큼 중요하지 않다는 점을 깨달아야 합니다. 이 외에 중간 영역의 사람들이 절도나 사기, 성

추행의 경우에서처럼 복지의 중요한 측면을 침해한다면 우리는 직접 그 문제를 해결하려 노력하는 대신 법에 넘겨야 합니다. 그런 면에서 중간 영역과 정치적 영역은 연속적이고 상호 의존적입니다.

저의 책은 용서도 탐구합니다. 많은 경우 용서는 분노의 선한 대안으로 상찬받는데요. 저는 유대교와 기독교에 모두 나타나는 세 가지 서로 다른 태도, 즉 조건부 용서와 무조건적 용서, 그리고 무조건적 사랑/아량을 구분해야 한다고 생각합니다. 잘못을 저지른 사람이 스스로를 비하하고 참회를 표현한다는 조건하에서만 용서를 베풀어주는 첫 번째 태도는 앙갚음을 향한 분노의 소망에 쉽게 감염됩니다. 부당행위를 당한 사람이 잘못을 저지른 사람의 치욕을 기뻐하기 때문이죠. 두 번째 태도는 이에 비해 훨씬 낫지만, 도덕적 우월감을 풍기며 오염될 수 있습니다. '내가 너를 용서해주는 까닭은 내가 너무 훌륭하고, 너는 별로 훌륭하지 않기 때문이야'라는 겁니다. 제 생각에 최선은 성경의 복음 중 돌아온 탕아의 이야기 및 넬슨 만델라의 행동에서 설명되는 것과 같은, 무조건적 사랑과 아량의 태도예요.

저는 한국의 독자들이 이 책을 가지고 토론을 벌이며 이 책과 논쟁하기를, 그리하여 이 책이 여러분의 개인적·정치적 삶에 어떻게 적용되는지 생각해주기를 바랍니다.

2018년 4월

마사 C. 누스바움

# 제1장

## 서론: 복수의 여신에서 자비의 여신으로

아이스킬로스의 작품 『오레스테이아』*의 결말 부분에서는 고대 세계의 성격에 두 가지 변화가 일어납니다. 기원전 5세기 아테네의 관중이라면 이 변화를 통해 자신들이 살고 있는 세상의 근본이 바뀌었다는 걸 알아차릴 수 있었을 텐데요. 이 두 가지 변화 중 한 가지는 널리 알려져 있고 한 가지는 많은 경우 간과되고 맙니다. 먼저 유명한 변화란, 아테나 여신이 끝날 도리가 없어 보이는 유혈 복수극의 순환에 종지부를 찍고 그 자리에 법적 제도를 도입한 사건입니다. 아테나 여신은 조리 있는 변론과 증거의 평가, 독립적이며 제3자의 입장에 있는 판사, 아테네 시민들 가운데 선정된 배심원 등 갖은 요소로 이루어진 절차를 마련하고 이처럼 확고한 절차를 갖춘 법정을 세움으로써 타인의 피를 흘리게 한 죄가 이제부터 태곳적 복수의 여신인 퓨리가 아니라 법에 따라 해결되리라고 공표합니다. 그러나 퓨리들은 그냥 사라져버리지 않습니다. 실은 이 점이야말로 아테네라는 공동체에 아테나 여신이 일으킨 변화 중에서도 가장 본질적인 부분입니다. 아테나는 퓨리들을 설득해 아테네라는 도시에 합류하도록 합니다. 앞서 언급했던 법적 제도에도, 아테네라는 도시의 건전한 미래에도 퓨리들의 역할이 중요하다는 점을 인정함으로써 지하 깊은 곳에 퓨리들을 위한 영광의 자리를 마련해준 거지요.

---

* 클뤼타임네스트라가 아가멤논을 살해하자 아들 오레스테스가 아버지의 원수를 갚기 위해 어머니를 살해한 사건 및 이를 계기로 시작된 아테네에서의 배심원 재판을 다룬 그리스 비극으로 「아가멤논」, 「코에포로이(제주를 바치는 여인들)」, 「에우메니데스(자비로운 여신들)」 삼부작으로 구성되어 있다.

사람들은 보통 아테나의 이런 행동이 보복을 원하는 어두운 정념을 사법 체제의 일부로 받아들이고 기념해야 함을 인정한 것이라고 이해합니다. 그래서 위대한 그리스 연구자 휴 로이드-존스는 "아테나는 에리니에스*의 특권을 폐지하기는커녕 오히려 보존하고자 애쓴다"[1]고 결론을 내렸죠. 이 주장에는 복수에 대한 열망 그 자체는 변하지 않았다는 생각이 함축되어 있어요. 그런 열망을 둘러싸고 있는 새로운 집이 만들어졌을 뿐이라는 겁니다. 법이 가하는 제약을 받아들인다는 조건에는 동의했으나 퓨리들의 어둡고 원한으로 가득 찬 본성은 변함없이 유지된다는 얘기죠.

하지만 이런 식의 독해는 두 번째 변화, 즉 퓨리의 본성과 행실에 일어난 변화를 간과하는 것입니다. 『오레스테이아』 삼부작 중 세 번째 극인 「에우메니데스」의 초반부에서 퓨리들은 역겹고 두려운 존재로 등장합니다. 늙은 여인이라서 더 그랬을 수도 있겠지만, 아폴로의 여사제는 퓨리들의 모습을 한번 힐끗 보자마자 서둘러 도망칩니다. 그 바람에 넘어져 네 발로 '달려'가기까지 하죠. 여사제는 이렇게 소리칩니다. "저것들은 여자가 아니라 고르곤이야. 아니, 고르곤도 아니지. 날개조차 없으니까(「에우메니데스」 34-38)."[2] 퓨리들은 검고 혐오스럽습니다. 눈에서는 끔찍한 액체가 뚝뚝 흘러나오고 코에서는 무시무시한 불꽃을 뿜어내죠. 복장 또한 교양 있는 사람들의 모임에는 전혀 어울리지 않습니다(51-56). 조금 뒤에서는 아폴로가 퓨리들이 이미 삼킨 먹이의 핏덩이를 게워내는 장면을 묘사합니다(183-84). 아폴로는 또한 퓨리들이란 그저 악을 위해서만 존재한다고 이야기합니다(72). 사람들을 멋대로 죽이고 사지를 뜯어내고 고문하는 게 풍습인, 포학한 야만족들에게나 어울리는 존재라면서요(185-90).[3]

---

* 그리스 신화에서 세 자매로 나오는 복수 및 저주의 여신들.

잠에서 깨어났을 때도 퓨리들은 이와 같은 음침한 묘사를 부정하지 못하는 존재입니다. 클뤼타임네스트라의 유령이 퓨리들을 부르자 퓨리들은 말을 하는 게 아니라 신음소리와 우는 소리를 낼 뿐입니다. 원문에서는 '무그모스mugmos'와 '오이그모스oigmos'라고 이 소리를 묘사하는데, 이 두 단어는 개들이 특징적으로 내는 소음을 의미합니다. 잠에서 깨어난 퓨리들이 말하는 유일한 단어라고는 "잡아라 잡아라 잡아라(labe labe 등)"뿐인데, 이 역시 개들이 사냥할 때 내는 소리를 그리스 비극이 표현할 수 있는 한 가장 가깝게 표현한 거예요. 클뤼타임네스트라가 말한 그대로 퓨리들은 "꿈속에서 사냥감을 뒤쫓고, 피에 굶주려 잔뜩 달아오른 사냥개들처럼 짖어(131-32)"댑니다. 그리스 비극이라는 장르의 특성상 퓨리들도 나중에는 자기 생각을 말로 또렷이 표현하지만, 그렇다고 해서 처음에 퓨리들의 특징이 어떤 식으로 제시되었는지를 잊어서는 안 됩니다.

여기서 아이스킬로스가 하고 있는 작업은 고삐 풀린 분노를 묘사하는 것입니다.[4] 그가 묘사하는 분노는 강박적이며 파괴적이고, 오직 고통과 악을 부여하기 위해서만 존재합니다. 피를 좇는 그 열의만 보면 분노는 인간에게 어울리지 않는 존재예요. 개한테나 어울리는 존재라고도 할 수 있겠죠. 그리스인들은 길이 잘 든 멋진 개보다는 개들이 뭔가를 죽이는 날것 그대로의 장면만 자주 보아왔기에 피해자의 고통을 잔학하게 무시하는 태도와 개를 지속적으로 연관시켜왔거든요. 예를 들어 피해자의 피를 토해낸다는 이야기 역시 개들이 보이는 특징적인 행동을 거의 문자 그대로 묘사한 것입니다.[5] 퓨리들의 숨결에서는 반쯤 소화된 피비린내가 풍긴다고 하는데, 현대인들도 아무런 통제를 받지 않는 개들의 행위를 목격한 다음 이 냄새를 맡으면 역겨움을 느끼고 고개를 돌리게 됩니다.[6] 이처럼 광견병에 걸린 듯한 종자들은 아테네가 아닌 다른 곳, 그러니까 잔혹함을 중화시키려 하거나 자의적인 고문을 제한하려는 등의 노력을 전혀 보이지 않는 사회에나 어울리지 문명화되었다고 자처하는 사회에는 절대 어울리지 않는 존재라는 게 아폴로의 생각입니다.

퓨리들이 어떤 식으로든 변화되지 않는다면 법치를 추구하는 사회는 퓨리를 사법제도의 본질적 부분으로 받아들일 수 없습니다.[7] 들개를 우리에 집어넣는다고 해서 정의가 실현되는 건 아니니까요. 실제로 퓨리들은 변화를 겪고 나서야 민주주의로 이행합니다. 극의 후반부에 이를 때까지 퓨리들은 계속해서 개와 비슷한 본성을 유지합니다. 자기들의 독성을 쏟아놓겠다고 위협하고(812), 땅을 황폐하게 만들며 불임을 초래합니다(812). 그런데 이때 아테나가 등장해요. 퓨리들이 없는 상태에서 이미 자신만의 법적 제도를 건립한 아테나는 "너희들은 진정하고 검은 분노의 물결에 깃든 쓰라린 힘을 잠시 쉬도록 하라(832-33)"[8]며, 본성을 바꿈으로써 자신의 대규모 사업에 동참하라고 퓨리들을 설득합니다.[9] 물론 아테나가 요구하는 변화는 아주 근원적인 것입니다. 솔직히 말해 사실상 정체성을 바꾸라는 요구나 마찬가지이죠. 퓨리들은 분노라는 강박적 힘과 그만큼 강하게 밀착되어 있으니까요. 대신 아테나는 퓨리들에게 아테네에 합류할 만한 동기를 부여합니다. 땅속에 마련된 영광스러운 자리와 시민들의 존경이 그것이죠. 단, 복수에만 관심을 기울여서는 안 되며 새롭고 다양한 감정들을 받아들여야 한다는 조건이 붙습니다. 좀 더 구체적으로 말해 퓨리들은 아테네 전체를 향해 자애로운 감정을 품어야 하고 아테네 내에서 어떤 식으로든 문제를 일으키지 않도록 자제해야 합니다. 내전은 당연히 안 되지만 그게 전부는 아닙니다. 누군가를 부적절한 시점에 죽이는 일과 분노에 찬 해로운 감정을 일으키는 행위 역시 금지됩니다(850-63).[10] 사실상 퓨리들은 아테네 땅에 축복을 내리라는 요구를 받지요(903ff). 그러니까 좋은 일을 하고 상냥한 감정을 품고 그 감정을 표현하기도 하면 퓨리들을 제대로 대접해주고 영예롭게 기억해주겠다는 게 바로 거래의 내용입니다. 퓨리들은 이제 설득하는 목소리에 귀를 기울여야만 합니다(885, 970). 어쩌면 이것이야말로 그 무엇보다 근원적인 변화라고 할 수 있겠죠. 물론 이 모든 변화는 외적으로 욕망을 억누르는 데에서 그치는 것이 아니라 내면에서부터의 근원적인 방향 전환을 의미합니다. 퓨리들의 성격 깊은 곳, 그 뿌리까지 내려가는 거예요.

퓨리들은 아테나의 제안을 받아들여 "평온한 성품으로(preumenōs, 922)"*[11] 자신을 드러냅니다. 부적절한 시기의 살육을 일절 금지하고(956) "보편적 사랑이라는 사고방식koinophilei dianoiai"을 통해 서로 "사랑charmata"을 주어야 한다고 만인에게 선언합니다(984-85). 여기서도 보세요. 이런 감정은 예전의 퓨리들이 보여주었던, 개에게나 어울리는 정체성과는 조금도 맞지 않는 것입니다. 어쩌면 당연한 일일지도 모르겠는데, 이런 내면의 변화에 따라 퓨리들은 신체도 변화하게 됩니다. 극이 마무리될 때의 행진 장면에서 퓨리들은 명백히 두 발로 선 자세로 여성 수행원들에게서 붉은 망토를 받습니다(1028-29). 이 붉은 망토는 원래 아테네에서 판-아테나이아 축제가 열릴 때 거류외국인들이 입는 망토예요. 다시 말해 퓨리들은 짐승이 아닌 여자가 되고 아테네의 '거류외국인'이 된 겁니다. 퓨리들의 이름 자체도 바뀝니다. 이제 그들은 더 이상 복수의 여신인 퓨리가 아니라 자비로운 여신, 즉 에우메니데스가 되죠.[12]

퓨리들에게 일어난 이 두 번째 변화는 도시 아테네에 일어난 첫 번째 변화만큼이나 중요합니다. 사실 첫 번째 변화가 성공하기 위한 결정적인 요인

---

\* 원서에서 gentleness of temper로 표현한 단어이다. 저자가 온화한 성품(mildness of temper)과 굳이 구분하여 쓴 단어이므로, 다소 어색하나 우리말에서는 '평온한 성품'으로 옮겼다. 후주의 전문前文 주석 1과 제1장에서 이루어지는 아리스토텔레스의 논의에 대한 분석을 참조할 것.

이라고 해야겠지요. 아이스킬로스는 정치적 정의란 그저 분노를 가둬놓는 울타리를 치는 데서 그치는 게 아니라고 시사합니다. 정치적 변화는 오히려 분노 자체를 근원적으로 변화시키는 것입니다. 인간적이라고 보기 어렵고 강박적이며 피에 굶주려 있는 무언가를 인간적이고 이성을 받아들이는 존재, 침착하고 사려 깊고 신중한 존재로 바꾸어놓는 거예요. 더 나아가 정의는 이미 손쓸 수 없게 된 과거가 아니라 미래의 행복과 번영을 만들어내는 데에 집중합니다. 정의로운 제도는 사건이 벌어지면 누군가에게 책임을 지우지만* 복수심에 찬 감정으로 그러는 게 아니라 현재와 미래의 삶을 지키고자 하는 신중한 판단에서 그렇게 하는 것입니다. 퓨리의 필요성은 사라지지 않습니다. 이 세상은 불완전한 세상이고 처리해야 할 범죄는 언제나 발생할 테니까요. 하지만 처음 모습 그대로의 퓨리는 필요하지도 않고 요구되지도 않습니다. 사실, 우리에게 필요한 퓨리를 예전의 퓨리라고 볼 이유는 전혀 없습니다. 이미 퓨리들은 정의와 행복의 도구가 되었으니까요. 이로써 도시는 원한에 가득 찬 분노, 시민들의 고통과 부적절한 시기의 죽음을 초래하는 골칫거리로부터 해방됩니다. 아테네에는 분노가 있었던 자리에 대신 정치적 정의가 들어섭니다.

그래도 외경심을 느낄 만한 여지는 남아 있습니다. 예비 범죄자들과 시민사회의 고통을 조장하는 자들에게는 악행을 저지르고도 처벌받지 않는 일은 없을 거라는 경고가 주어지거든요. 그러므로 아테나는 여전히 에우메니데스의 얼굴을 공포스러운(990) 것으로 묘사합니다. 하지만 이때 범죄자들이 법적 책임을 져야 한다는 말은 그들이 대혼란을 겪어야 한다는 뜻이 아닙니다. 표적을 정확하게 가늠한 뒤 신중하게 죄에 상응하는 대가를 치르게

---

\* 이때의 책임은 accountability, 즉 해명의 책임으로 의무라는 뜻의 responsibility와는 차이가 있다.

한다는 점에서, 이때의 법적 책임은 오히려 혼란과 정반대되는 개념이라고도 할 수 있겠습니다. 나아가 과거 행동에 법적 책임을 물리는 행위는 미래에 주안점을 둡니다. 다시 말해, 범죄자에게 그가 끼친 피해를 갚아주기보다는 향후의 범죄를 억제하는 데에 집중한다는 것이죠.

아이스킬로스는 처벌에 대한 철학적 이론가가 아니며, 그의 작품에는 앞으로 더 탐구해보아야 할 많은 질문거리가 남아 있습니다. 이를테면 아이스킬로스가 둔 제한을 만족시키는 응보주의retributivism*가 과연 존재하느냐 하는 문제가 있죠. 아이스킬로스에 따르면 처벌은 어느 경우에도 렉스 탈리오니스(lex talionis, 복수법)가 되어서는 안 되니까요. 과연 이런 이념과 양립 가능한 응보주의가 존재할까요? 그게 아니라면 사회는 처벌에 대한 완전히 다른 이론을 수용해야 하는 것일까요? 소크라테스와 플라톤이 믿었으며 그리스의 일반인들이 두 사람의 사상을 좇아 받아들였던 이론, 즉 처벌의 근거를 미래 범죄의 억제와 일반적 효용성에 두는 이론 말입니다.[13] 아이스킬로스는 후자의 이론을 지지하는 듯한 암시를 남기면서도 명확한 진술은 하지 않고 있습니다.

아이스킬로스가 직접 탐구하지는 않았지만 그의 작품을 읽다보면 상상하게 되는 해방이 또 한 가지 있습니다. 바로 사적 영역의 해방이에요. 퓨리들이 살던 옛 세상에서는 가족들과 사랑하는 사람들이 가족관계에 따라, 혹은 우정에 따라 누군가에게 무언가를 복수해야만 하는 부담을 지속적으로 지게 됩니다. 보복의 필요성이 끝나지 않았지요. 그게 모든 관계에 그림자를 드리웠습니다. 엘렉트라와 오레스테스의 관계처럼 근본적으로 우호적

---

* 형벌의 본질은 범죄에 대한 정당한 앙갚음이라고 이해하는 사상이다. 절대적 응보주의는 처벌에 범죄 예방 등의 기타 목적이 존재할 수 없고 오직 응보 그 자체를 목적으로 삼아야 한다고 주장한다. 상대적 응보주의는 처벌의 목적이 범죄의 규범적 의미를 밝히고 사회 구성원들이 범죄행위로 나아가지 않게 하는 데 있다고 본다.

인 관계에까지 말입니다.* 퓨리의 세계에서는 복수의 필요성에 묶여 누구도 다른 사람을 사랑할 수 없었습니다(리처드 슈트라우스의 오페라 〈엘렉트라〉가 들려주는 끔찍한 음악적 세계가 아마도 이러한 아이스킬로스적/소포클레스적 통찰에 대한 깨달음을 가장 잊기 어렵게 제시하는 작품일 겁니다. 이 작품에서는 뭐든지 일그러뜨리고 마는 복수의 무게에 짓눌려 모든 음정과 구절이 단 하나의 예외도 없이 비틀리고 맙니다).[14] 그러나 범죄를 처리하는 임무를 법이 떠맡게 되면서부터는 가족이 필리아philia, 즉 상호적 선의를 자유롭게 발휘할 수 있는 공간이 됩니다. 법이 개입한다고 해서 사람들이 분노를 느낄 만한 상황이 더 이상 발생하지 않는다는 얘기가 아니에요. 심각한 상황은 법으로 넘겨지게 된다는 뜻입니다. 심각하지 않은 상황에서는 굳이 분노에 사로잡혀 서로 배려하기 어렵도록 일을 꼬아놓을 필요가 없을 테고요(물론 앞으로 살펴보겠지만 이런 식의 이분법은 지나치게 단순한 것입니다. 친밀한 관계에서 생겨나는 강도 높은 사랑과 신뢰는 법의 개입 여부와 관계없이 슬픔이나 공포 등 고통스러운 감정이 유발될 수 있는 상황을 만들어내기 때문이죠). 후대에 아리스토텔레스가 한 말을 빌리자면, 성품이 평온한 사람은 복수를 꾀하는 대신 공감하고 이해하는 경향이 있습니다('평온한 성품'이란, 아리스토텔레스가 분노의 영역에서 발휘되는 미덕을 일컬을 때 쓴 표현입니다).[15] 그러니까 법은 이중의 혜택을 제공하는 셈입니다. 외적으로는 우리를 안전하게 지켜주고, 내적으로는 보복적 분노라는 짐을 지지 않고도 우리가 서로를 아낄 수 있도록 해주지요.

좀 더 구체적으로 생각해봅시다. 법이 있으면 우리는 분노에 찬 채로, 복수 계획에 사로잡힌 채로 평생을 보내지 않고도 친구와 가족에게 벌어진 나

---

* 오레스테스와 엘렉트라는 아가멤논과 클뤼타임네스트라 사이에서 태어난 남매다. 클뤼타임네스트라가 남매의 아버지인 아가멤논을 살해했기 때문에, '근본적으로 우호적인 관계'인 부모-자식관계임에도 남매는 어머니인 클뤼타임네스트라를 살해한다.

뻔 일들을 처리할 수 있습니다. 아이스킬로스가 묘사한 법 이전의 세계에서, 대부분의 분노는 실제로 살아 있는 사람과는 별 관계가 없었습니다. 오히려 옛날 옛적의 조상들에게, 아니면 가끔씩은 부모나 친척들에게 벌어진 과거의 부당행위를 추적하는 감정이었죠. 『오레스테이아』 삼부작의 첫 작품인 「아가멤논」은 아가멤논이 이피게네이아를 도륙하는 오랜 옛날의 장면을 합창단이 고통스럽게 묘사하는 형태로 시작되는데요. 이처럼 삼부작의 첫 장면이 과거 이야기로 시작되는 데에는 그럴 만한 이유가 있습니다.*
클뤼타임네스트라는 머잖아 이피게네이아 살육에 대한 복수를 실행하게 됩니다. 「아가멤논」의 후반부에서, 클뤼타임네스트라의 정부情夫인 아이기스토스는 등장하자마자 자기 이야기나 자기가 무얼 중요하게 생각하는지에 대한 이야기는 한마디도 하지 않고 곧장 아버지 티에스테스의 섬뜩한 일대기를 쏟아놓습니다. 그러니까 티에스테스가 아가멤논의 아버지 아트레우스에게 속아 자기 자식들의 살점을 먹은 데 대한 복수를 하겠다는 겁니다.** 이 세계의 사람들은 온전한 자기 자신으로 존재할 수 없습니다. 부담스러운 과거에만 사로잡혀 있어요. 앞으로 살펴보겠지만, 법이 도입되면 피해자의 가족들뿐 아니라 부당행위를 당한 당사자가 느끼는 분노도 변화합니다. 그러나 법이 도입될 경우의 가장 큰 변화는 아마 모든 힘을 소진시키는 복수의 계획에 참여하지 않고도 타인에 대한 관심을 보여줄 수 있는 방법이

---

* 이피게네이아는 아가멤논과 클뤼타임네스트라의 딸이다. 아가멤논은 트로이 원정을 떠나기 전, 이피게네이아를 아르테미스에게 제물로 바쳐야 한다는 신탁을 듣고 자기 딸을 참혹히 살해한다(판본에 따라서는 이피게네이아를 죽이기 일보 직전 아르테미스가 나타나 그녀를 암사슴으로 대체하게 했다고도 한다). 이에 남편을 용서할 수 없었던 클뤼타임네스트라는 아이기스토스와 통정하여 아가멤논을 죽인다.
** 아트레우스와 티에스테스는 형제지간으로, 티에스테스는 형의 아내인 아에로페와 불륜을 저지르게 된다. 이 사실을 안 아트레우스는 자신의 조카이자 티에스테스의 아들 세 명을 죽이고, 그 시신을 요리해 티에스테스에게 대접한다. 이런 사실을 모르고 있던 티에스테스는 아들들을 배불리 먹는다. 그런 다음 아트레우스는 티에스테스에게 음식의 정체를 밝히고 티에스테스를 추방한다.

마련된다는 점일 겁니다.[16]

이 책은 고대 그리스의 윤리에 대한 책은 아니지만, 방금 간략히 묘사한 아이스킬로스적 청사진, 즉 정치적 정의가 사적 영역과 공적 영역 모두에서 도덕적 감정의 전면적 변화를 일으킨다는 생각에서 영감을 얻었습니다. 그러나 저는 아이스킬로스보다 한 발 더 나아가 분노는 언제나, 사적 영역에서든 공적 영역에서든 규범적 측면에서 문제가 있다는 주장을 펼치겠습니다.[*][17] 이런 주장의 핵심에는 분노에 대한 분석이 존재하는데, 2장에서 다룰 내용이 바로 그 분석입니다. 여기에서 저는 아리스토텔레스와 그리스로마의 스토아주의자들, 비숍 버틀러 등으로 이어지는 기나긴 철학적 전통을 이어받아, 분노라는 개념 자체에 누군가, 혹은 무언가 중요한 존재가 심각한 부당행위를 당했다는 생각뿐만 아니라 그 부당행위를 저지른 사람이 어떤 식으로든 나쁜 결과를 겪어야 마땅하다는 생각도 포함되어 있다고 주장합니다. 각 철학자들의 사상과 분노의 개념을 이루는 요소들은 모두 차례차례, 복잡한 방식으로 검토해야 하는 것이나 그 핵심만은 방금 말한 내용에서 크게 벗어나지 않습니다. 이후에는 이런 방식으로 이해한 분노가 언제나, 가능한 두 가지 방식 중 한 가지에 따라 규범적으로 문제적이라는 주장을 펼칠 예정입니다.

한 가지 방식은 제가 **인과응보의 길**road of payback이라 부르는 방식입니다. 이 길을 가는 사람은 잘못을 저지른 자의 고통이 어떤 식으로든 이미 손상된 중요한 것을 복구하거나, 복구하는 데 일조한다고 생각하는 실수를 저지릅니다. 이 길이 규범적으로 문제적인 까닭은 이 길을 뒷받침하는 믿음이

---

\* 이때 '규범적normative'이라는 말은 경험적·사실적이라는 말과 반대되는 개념으로, 첫째, 원리와 원칙 자체에 관여된다는 의미거나 둘째, 판단이나 평가의 기준을 '무엇을 해야만 하는가' 하는 가치와 당위의 문제에 둔다는 뜻이다.

아주 흔하기는 하지만 거짓되고 일관적이지 않은 것이기 때문입니다. 이 믿음은 우주적 균형을 회복하겠다는, 뿌리가 깊지만 오해의 소지가 있는 개념 및 무력한 상황에 대한 통제력을 회복하고자 하는 사람들의 노력에서 기인합니다. 그러나 잘못을 저지른 자가 고통을 겪는다고 해서 피해를 입은 사람이나 가치 있는 물건이 복구되는 건 아닙니다. 최선의 경우에도 잘못을 저지른 사람을 무력화시켜 미래의 잘못을 억제할 수 있을 뿐이죠. 그러나 인과응보의 길을 걷는 사람은 그런 최선의 경우를 염두에 두고 행동하는 것도 아니고, 그런 결과를 추구하는 것도 아닙니다.

그런데 분노를 뒷받침하는 믿음 중에는 일리가 있는, 솔직히 말하면 지나칠 정도로 말이 되는 믿음이 한 가지 있습니다. 이를 저는 **지위의 길**road of status이라고 부르겠습니다. 피해자가 자신이 입은 피해를 오직 상대적 지위에 관한 것으로만 보는 경우, 다시 말해 아리스토텔레스가 이야기한 것처럼 피해를 오직 피해자 자신의 '지위-격하down-ranking'로만 보는 경우에는, 피해자가 어떤 식으로든 자기가 입은 피해를 가해자에게 갚아주는 게 실제로 효과적인 대책이 됩니다. 고통이나 모욕을 주어 부당행위자의 지위를 격하시키면 실제로 내 지위가 상대적으로 높아지니까요. 하지만 이때는 다른 문제가 발생합니다. 다른 사항은 모두 제쳐놓고 상대적 지위에만 배타적으로 초점을 맞추는 건 규범적으로 문제적인 행동이에요. 이런 식의 강박적 편협성은 매우 흔하긴 하지만 우리 자신에게서나, 다른 사람들에게서나 발생하지 않도록 억제해야 합니다.

아주 간략히 표현하자면 이것이 제가 하려는 주장의 골자입니다. 물론 저는 이 모든 생각을 자세히 분석하고 하나씩 변호해야 합니다. 위의 주장이 맞더라도 분노는 자신에게나 타인에게, 혹은 그 둘 모두에게 부당행위가 발생했다는 **신호**로서, 그 잘못된 행위를 공표하겠다는 **동기**의 원천으로서, 다른 사람들의 공격 의욕을 꺾는 **억제책**으로서 제한적 유용성을 띨 수 있습니다. 그러나 분노라는 개념의 핵심에는 근본적으로 결함이 있습니다. 첫 번째 경우에서처럼 아예 말이 되지 않거나 두 번째 경우에서처럼 규범적으로 엉망이거나 하는 식으로요.

이후에는 제가 이행Transition*이라 명명한 주요개념을 설명할까 합니다. 평균적인 사람은 대부분 화를 냅니다. 하지만 많은 경우, 분노 특히 피해를 갚아주고자 하는 분노의 규범적 불합리성을 깨닫고 나면 이성적 인간은 분노의 영역을 떠나 좀 더 생산적이고 미래지향적인 생각으로 눈을 돌리게 됩니다. 개인적인 차원에서나 사회적 차원에서 행복을 증진시키려면 실제로 무엇을 해야 하는지 묻게 되는 거예요. 바로 이것이 제가 선호하는 길입니다. 이어지는 강좌에서 저는 이와 같은 미래지향적 사고로 이어지는 사색의 과정을 탐구하도록 하겠습니다(저는 퓨리들의 변화가 바로 이런 이행이라고 해석합니다만, 그리스 비극의 분석이 제 주장의 본질적 부분은 아닙니다). 이행은 개인이 추구할 수 있는 길이기도 하며 아이스킬로스의 경우에서 보듯 사회가 밟아나갈 진화의 길이 될 수도 있습니다.

한편으로 저는 정말로 이성적이며 규범적으로도 적절한, 제가 **이행-분노**Transition-Anger라 부르는 경계선상의 사례도 인정합니다. 이행-분노의 내용은 어떤 사건을 보고 '말도 안 돼. 뭐라도 해야 하는 거 아냐?'라고 반응하는 데에서 완전히 그칩니다. 그러나 이처럼 미래지향적인 감정이 순수한 형태로 존재하는 경우는 생각보다 적습니다. 현실세계에서는 이행-분노가 대체로 피해를 갚아주고자 하는 마음에 오염되어 있죠.

분노를 분석하는 핵심적인 장과 이후의 장에서 저는 앞서 이야기한 것과

---

* 대문자로 쓰고 있다는 점에 주목할 것.

같은 분석을 무기로 삼아 분노에 관한 세 가지 통념에 문제를 제기하도록 하겠습니다. 이때의 통념은 일상생활에서는 물론 철학자들 사이에도 크게 자리잡고 있는 것으로, 그 내용은 다음과 같습니다.

· (부당행위를 당했을 경우에는) 분노가 존엄성과 자존감을 지키는 데 필수적이다.
· 부당행위자를 (어린아이나 책임질 능력이 떨어지는 사람으로 보는 대신) 진지하게 취급하려면 부당행위에 대한 분노를 피할 수 없다.
· 분노는 불의와 맞서는 싸움에 필수불가결한 부분이다.

앞서 언급한 세 가지 측면에서 분노가 가끔 유용한 도구가 될 수 있다는 점은 저도 인정합니다. 하지만 이처럼 제한적인 유용성이 규범적 차원에서 분노가 띠는 부적절성을 제거하는 것은 아닙니다. 심지어 분노는 앞서 언급한 역할을 수행할 때조차 보통 생각하는 것만큼 유용하지 못합니다.

이어지는 4, 5, 6, 7장에서 저는 앞서 이야기한 핵심적 주장을 삶의 네 가지 서로 다른 영역에서 더욱 발전시킵니다. 분노라는 문제를 좀 더 면밀히 탐구하려면 사람들 사이에 상호작용이 일어나는 몇 가지 서로 다른 영역을 구분하고, 각각의 영역에서 어떤 인간관계가 적절한지, 그런 인간관계에는 또 각기 어떤 미덕이 어울리는지 신중히 따져보아야 합니다. (가족관계든 친구관계든) 깊고 친밀한 애정과 관련된 영역은 정치적 영역과 구분됩니다. 화를 내거나 상대를 재단할 때, 친밀한 관계에는 독특한 미덕과 규범이 적용됩니다. 저는 이처럼 영역을 구분해놓고, 그렇게 구분된 영역을 중심으로 제 주장을 펼쳐나가고자 합니다.

제일 먼저 4장에서는 친밀하고 사적인 관계에서 분노가 수행하는 역할을 살펴봅니다. 많은 경우 이 영역에서는 분노가 자존감을 피력하는 소중한 방법으로 간주됩니다. 분노는 오직 과도할 경우에만, 혹은 오해로 인해 발생할 경우에만 문제가 된다는 식이죠. 그러므로 특히 자신의 가치를 과소평가하는 경향이 있는 사람들은 분노를 고양시켜야 한다고들 해요(보통은 여성들이 그처럼 자기 가치를 과소평가하는 사람의 예시로 제시됩니다). 저는 이런 계열의 주장을 반박하고자 합니다. 사적이고 친밀한 관계에만 특유하게 존재하는 가치들은 분노를 필요로 하지 않을 뿐 아니라, 오히려 분노에 의해 심각하게 위협당한다는 게 제 생각입니다. 물론 친밀한 관계에서도 심각한 피해를 입히거나 신뢰를 파괴하는 일은 발생합니다. 그런 일이 단기적 분노와 장기적 슬픔을 유발하는 경우도 많죠. 그러나 저는 상실을 애도하는 게 그 상실을 타인과 결부시키겠다는 끈덕진 결단보다 낫다고 생각합니다. 당사자에게 유익하기에 도구적 측면에서도 우월하며, 서로 사랑하는 인간관계의 속성에 보다 적합하기에 본질적 차원에서도 더 낫습니다. 단기적 분노는 이해할 만한 감정입니다. 인간적 감정이기도 하죠. 하지만 그런 분노가 도움이 되는 경우는 거의 없습니다. 분노가 미래를 좌지우지하게 내버려두어서는 안 된다는 점도 분명합니다.

이어지는 5장에서는 제가 '중간 영역Middle Realm'이라 명명한 영역을 탐구하도록 하겠습니다. 이 영역은 우리와 가까운 친구인 것도 아니고, 그렇다고 우리의 정치제도 자체이거나 그 제도의 공적 대리인도 아닌 사람 혹은 사회단체와 수많은 일상적 거래를 주고받는 영역입니다. 중간 영역에서는 평판의 무시에서부터 아리스토텔레스가 일찍이 언급한 적이 있는 도저히 용서할 수 없는 죄, 즉 상대의 이름을 잊어버리는 죄에 이르기까지* 어마

---

\* 오랜만에 만난 상대의 이름을 잊어 엉뚱하게 부르거나 아예 호칭을 피하는 상황을 미안한 일로 여기는 경우를 상상해보라. 상대방의 이름을 잊어버리는 일은 간혹 그를 무시하는 모욕의 일종으로 간주될 수 있

어마한 양의 적개심을 발생시키는 일들이 벌어집니다. 앞서 저는 친밀한 관계에서 피해나 배신이 발생할 경우 감정적으로 심한 불편을 느끼는 게 권장할 만한 일이라고 이야기했습니다. 그 감정이 분노가 아닌 슬픔이어야 한다는 조건을 달기는 했지만요. 그러나 중간 영역에서는 다른 입장을 옹호하도록 하겠습니다. 로마시대 스토아주의자들의 문화는 이 영역에서의 적개심 탓에 유독 흉측히 일그러져 있었는데, 저는 중간 영역에 관한 한 이들이 전적으로 옳았다고 생각해요. 즉, 중간 영역에서는 온갖 무시가 얼마나 사소한지 이해함으로써 화가 나지 않는 건 물론 슬프지도 않은 지점에 도달하는 것이 맞는 태도라고 봅니다. 간단히 말해, 발생한 피해 자체가 충분히 심각하지 않다는 거죠. 스토아철학자 중 한 사람인 세네카가 기록해둔 자신과의 싸움은 우리에게 좋은 지침이 됩니다. 비록 세네카 본인은 아무 감정도 일어나지 않는 경지에 결코 이르지 못했지만요. (바꾸어 말해, 저는 사랑하는 사람들과 가족, 친구들에 대해 깊이 마음 쓰지 말라는 조언을 제외하면 스토아철학자들의 조언이 건전했다는 애덤 스미스의 주장을 따르도록 하겠습니다.)

하지만 이게 전부일 수는 없습니다. 일상적 분노는 모욕이나 상대의 무능력 같은 사소한 계기로 일어나는 경우가 많지만, 가끔씩 중간 영역에서 극심한 피해가 발생하는 것도 사실이거든요. 낯선 사람에 의한 강간, 살인 등등이 그 사례가 되겠죠. 이런 사례들은 스토아철학자들의 글과 일상적 삶을 전형적으로 채우고 있던 사소한 짜증이나 모욕과는 다른 문제입니다. 여기가 바로 아이스킬로스의 통찰력이 빛을 발하는 지점이죠. 이럴 때 우리가 해야 할 일은 문제를 법으로 넘기는 것입니다. 그러면 법은 분노하지 않은 상태로, 미래지향적인 방식으로 그 문제를 다루어야 합니다. 물론 친밀한

다. 영어권에서 '안녕하세요' 등의 인사말이 아니라 상대의 이름 혹은 직함을 불러 인사를 대신하는 것 또한 이런 모욕을 피하기 위한 예의의 한 형태이다.

관계에서 발생하는 심각한 문제도 법의 손에 넘길 수 있습니다. 그러나 이 경우에는 사랑과 신뢰로 이루어진 관계에 내포되어 있던 슬픔과 공포, 연민 등 깊은 감정의 잔여물이 남아요. 그래야 마땅한 일이기도 하고요. 반면 중간 영역에서는 악인과 관계를 지속해야 할 이유가 전혀 없으며 오직 법만이 부당행위를 처리할 부담을 전적으로 지게 됩니다.

이어서 다룰 것은 정치적 영역입니다. 정치적 영역에서의 주된 미덕은 공평한 정의입니다. 공평한 정의란 공동의 선을 예비하는 자애의 미덕이라고 할 수 있을 텐데요. 이는 무엇보다도 제도 자체가 갖추어야 할 미덕이지만 동시에 제도 속에서 살아가며 그 제도를 떠받치는 사람들이 가져야 할 미덕이기도 합니다. 하긴, 사람들의 미덕이 결국 제도에서 파생되는 것이긴 하죠. 그런데 정의를 작동시키고 지탱하는 감정은 무엇일까요? 억압받는 사람들의 존엄성을 평등하게 떠받치고, 인간을 그 자체로 존중하는 마음을 표현하는 감정으로서 분노가 중요하다는 주장이 여기에서 다시 한번 나옵니다. 이에 저는 정치적 영역을 두 가지 부분으로 나누어 응답합니다. 일상에서의 정의(6장)와 혁명적 정의(7장)가 바로 그 두 가지 부분입니다.

일상에서의 정의를 먼저 이야기해봅시다. 저는 어떤 형식의 처벌이 됐든 오직 처벌에만 편협하게 초점을 맞추면 정의를 세대로 추구할 수 없다고 생각합니다. 응보주의적 처벌은 아무리 세련된 형식을 취한다 할지라도 한계가 더욱 뚜렷하죠. 저는 사회가 무엇보다도 범죄라는 문제를 총체적으로 분석한 다음, 그 문제를 가장 잘 해결할 수 있는 방법이 무엇인지 고민하여 최선의 전략을 찾는 예방적 관점을 취해야 한다고 생각합니다. 이런 전략에도 범법자에 대한 처벌이 들어갈 수는 있겠지만, 이때 형벌은 단지 훨씬 더 큰 프로젝트의 일부로서 포함될 뿐입니다. 그 프로젝트의 다른 부분으로는 양육, 교육, 보건, 주거, 고용 등 훨씬 많은 문제들이 포괄되어야 할 테고요. 현실적으로 어떤 사회복지 정책이 필요한지 광범위하게 탐구하는 건 이 책에서 할 수 있는 일의 범위를 넘어섭니다만, 적어도 개략적인 그림은 그려보도록 하겠습니다. 그다음에 초점을 좁혀, 이 프로젝트에 속한 아주 작은 조각으로서 형사처벌을 검토하겠습니다.

혁명적 정의는 어떨까요? 많은 사람들은 혁명적 정의라는 영역에서 분노가 고귀하고도 필수적인 것이라고 믿습니다. 억압받는 자들이 권리를 주장하고 정의를 추구하는 데에 분노가 도움을 준다는 겁니다. 하지만 저는 모한다스 간디와 마틴 루터 킹 주니어의 이론적 저술에 근거하여, 분노란 정의를 추구할 때 반드시 필요한 요소가 아닐 뿐 아니라 정의로운 미래를 건설할 때 도움이 되는 아량이나 공감에 크나큰 장애로 작용한다는 주장을 펴도록 하겠습니다. 앞서 언급했듯 분노는 신호, 동기, 억제책 등 세 가지 도구적 방식으로서 여전히 제한적으로 유용합니다. 그러나 혁명운동의 지도자와 그 추종자 다수에게는 스토아주의적 태도와 사랑이 반씩 섞여 있는 이상한 사람으로 거듭나는 게 대단히 중요한 일입니다. 넬슨 만델라의 생각과 삶을 통해 알 수 있듯, 그런 지도자와 추종자들이 실제로 존재했던 것도 사실이고요. 그리고 어쩌면 그들은 전혀 이상한 사람들이 아닐지도 모릅니다. 기존의 것보다 나은 무언가를 건설하겠다는 계획과 잘 어울리는 자질, 즉 기쁨과 아량이라는 신축성이 인간의 삶에는 실제로 포함되어 있기 때문입니다.

물론 친밀한 관계, 중간 영역, 정치적 영역 등 앞서 언급한 영역들은 서로 교차하기도 하고 수많은 방식으로 서로에게 영향을 주기도 합니다. 그러므로 앞서 이야기한 방식으로 영역을 구분하는 건 지나치게 단순한 일이 되겠죠. 예컨대 가족은 사랑의 영역이기도 하지만 동시에 법적 형태를 갖춘 정치적 제도이기도 하며, 법이 극도로 진지하게 고려해야 하는 강간이나 폭행, 아동학대 등 수많은 부당행위가 일어나는 공간이기도 합니다. 직장에서의 무시는 (이를테면) 중간 영역에서 벌어지는 부당행위이기도 하지만 동시에 인종차별이나 성차별, 괴롭힘, 불법적 따돌림 등의 사례가 될 수도 있으므로 법의 영역에 포함되기도 합니다. 정치적 부당행위에 걸맞게 신중하게 제한된 이행-분노로 대응해야 마땅한 사례일 수도 있죠(이행-분노로 대응해야 마땅한 사례라는 건, 에우메니데스들이 지하에 마련된 새 집에 들어가 힘을 발휘해야 하는 사례라는 뜻입니다). 또한 직장동료와의 관계는 비행기나 길거리에서 만난 낯선 사람과 맺는 관계와는 달리 최소한 어느 정도로는 무게와 중요성을 띠는 지속적 인간관계이므로, 사랑과 우정을 통해 맺어진 순수하게 친밀한 관계와, 어쩌다 옆자리에 앉게 된 무례한 사람과의 잊어버릴 수 있는 만남 사이 어딘가에 놓여야 합니다. 더 나아가, 앞서도 이미 강조했지만, 친밀하지 않은 사이에서 발생하는 폭행과 강간, 살인 등 인간에 대한 중요 범죄는 심각한 부당행위입니다. 중간 영역에서 발생하는 위법행위예요. 이런 부당행위에 대처하는 적절한 태도는 여러 방면에서 그 종류가 다양할 것입니다.

또 한 가지 중요한 점을 짚어야 할 텐데요. 정치적 영역은 단지 공평한 정의의 영역이기만 한 게 아닙니다. 친밀한 관계에서는 누가 잘못을 저질렀을 때 그 잘못을 하나하나 기록하고 점수로 매기는 행위가 지나친 처사가 되고, 공동의 노력을 저해하는 독약이 되지요. 여기서는 꼬치꼬치 따져 묻지 않는 정신, 혹은 넓은 아량을 보이는 편이 오히려 적합합니다. 그런데 한 국가가 살아남고 더 나아가 그 국가의 국민들로 하여금 공동의 선善에 신경을 써야겠다는 동기를 품게 만들려면, 공적 영역에도 어느 정도 이런 정신이 필요하다는 게 제 생각입니다. 사실 이것이야말로 아이스킬로스가 보여준 통찰의 핵심이에요. 최악의 상황에 놓인 가족들이 원한과 피에 대한 열망을 뿜어내도록 방치하는 대신, 아테네라는 도시는 최선의 상황에 있는 가족의 특징, 즉 사랑으로 가득한 아량과 신뢰의 연대에 의지해야 한다는 거죠.

이 강좌에서는 분노, 그리고 서로 다른 세 가지 영역에서 분노를 적절하게 관리하는 방법을 주로 다룹니다. 하지만 그게 전부는 아닙니다. 부당행위가 발생했을 때 사람들이 보이는 중요한 태도로서 분노를 대체할 수 있는 유력한 후보, 즉 용서를 비판적으로 검토하는 것 또한 제 연구의 부수적 주제입니다. 오늘날 공론의 장에서는 용서가 분노를 대체할 후보로서의 자격을 가지고 있다는 변론이 활발하게 나옵니다. 그런데 놀랍게도, 「에우메니데스」에는 용서라는 개념이 빠져 있습니다. 제 의견이긴 하지만, 사실 고대 그리스의 윤리학 어디에서도 용서라는 개념을 찾아보기는 어렵습니다.[18] 그러나 현대에는 분노를 논할 때 용서를 대단히 중심적인 요소로서 함께 다루기 때문에, 용서를 광범위하게 다루지 않고서는 분노라는 주제에 접근하는 것 자체가 불가능합니다. 그러므로 저는 이번 강좌에서 바로 그런 방식으로, 그러니까 분노를 대체할 후보로서 용서를 다루어보고자 합니다. 용서야말로 정치적 차원에서나 개인적 차원에서 중심이 되는 미덕이라는 익숙한 견해를 한번 고찰해보고 싶어요. 그렇게 고민을 하다보면, 최소한 몇 가지 중요한 측면에서 우리는 아이스킬로스와 우리 사이에 가로놓인 수세기의 유산을 모두 치워내고, 그와 이별했던 지점에 근접하게 될 것입니다. 그러면 우리는 「에우메니데스」에 깃든 통찰력이 현대에 어떤 도움을 주는지 좀 더 선명하게 알아볼 수 있을 것입니다. 자, 이제 용서라는 부수적 주제를 소개해보도록 하죠.

우리가 살고 있는 문화는 여러 가지 면에서 '사과와 용서의 문화'라 묘사할 수 있습니다.[19] 대충만 검색해봐도 아마존 닷컴에는 사과나 용서에 관련된 책이 아주 많이 뜹니다. 대부분 대중적인 심리학 도서이거나 자기계발서인데요. 이 책들은 용서라는 개념을 '여정'이나 '길' 등과 짝짓는 경우가 많습니다. 대체로 심리치료사인 안내자를 따라 이 여정을 해나가다 보면 부당 행위를 당한 독자는 고통으로 가득 차 있는 끔찍한 곳으로부터 행복이 가득 찬 사랑스러운 곳으로 이동하고, 그 행복을 통해 많은 것이 변화하게 됩니다. 이런 종류의 책 중에서 제가 가장 좋아하는 책은 『길 위에서 하버드까지 Breaking Night』[20]라는 책이에요. 한 젊은이가 노숙자 생활이라는 두려운 상황과 그 상황이 젊은이의 내면에 불러일으킬 법한 분노로부터 용서의 여정을 떠나, 마침내 이 땅의 사람들이 가장 탐내는 목적지에 도착한다는 이야기입니다. 한번 상상해보세요.

용서란 "대단히 '주류적인' 주제"[21]입니다. 정치적 영역에서든 철학적 영역에서든 용서를 옹호하는 사람이 아주 많죠. 지도적 위치에 있는 정치인들은 용서의 잠재적 이점을 극찬합니다. 사람들은 심지어 용서에 대해서 한마디도 한 적이 없는 지도자들조차 용서에 초점을 맞추었을 거라 지레짐작하고 칭송합니다. 넬슨 만델라를 다룬 다양한 전기가 바로 그렇게 하고 있어요. 놀랍지는 않으나 불행한 점입니다. 앞으로 살펴보겠지만 넬슨 만델라는 용서라는 개념을 사용한 적이 없으니까요. 대신 만델라는 다른 용어를 사용해 자신의 노력을 틀 지웠습니다.[22] 한편, 철학적 저작물 가운데에도 용서가 수많은 미덕 중 특별히 중심적인 자리를 차지한다거나, 개인적 혹은 정치적 관계에서 잠재적인 이점을 보여준다고 주장하는 책들이 점점 많아지고 있어요.[23] 반대하는 사람들도 있긴 한데, 보통 그런 사람들은 상호간의 가혹한 처사를 옹호하는 입장입니다. 복수 혹은 '이제 공평하지?' 하는 식의 태도가 가진 이점을 명확히 밝히려 든다는 거죠.[24] 예컨대 제프리 머피는 정교한 연구를 통해 용서의 가치를 반박하면서 "실수는 인간의 본성이요, 용서는 게으름이다"*라는 S. J. 펄먼의 기지 넘치는 발언을 재차 강조합니다.[25] 이와 정반대 방향에서 용서를 비판하는 데에는 누구도 관심을 기울이지 않는 것 같아요. 그래서 이번 강좌에서 제가 한번, 다른 각도에서 용서를 비판해 보고자 합니다. 제가 보기에 용서는 고전적 교환의 형태를 취할 경우 그 정도를 불문하고 지나치게 캐물어대는, 거의 징계에 가까운 사고방식을 드러냅니다. 하지만 처음부터 이렇게 말하면 너무 앞서나가는 이야기가 되겠죠. 먼저 우리는 용서를 옹호하는 사람들이 우리더러 떠나라고 요구하는 그 '여정'을 이해해야만 합니다.

용서의 '길'은 보통 타인에게서 부당행위를 당한 누군가가 끔찍한 분노를 겪는 데서부터 시작합니다. 그러다가 대면과 고백, 사과, '탐색' 등이 포함된, 보통은 가해자와 피해자 양자가 모두 참여하는 과정을 통해 피해자는 승리감에 젖고 분노라는 감정의 부담을 내려놓으며 그 사람의 주장 또한 전적으로 인정받게 되죠. 그 결과, 피해자는 '더 이상 화를 내지 않는다'는 형태의 자비를 베풀어줄 수 있게 됩니다. 제가 '교환적 용서transactional forgiveness'라 부르는 이 용서는 역사적으로 어마어마한 영향력을 행사해왔고 오늘날에도 매우 흔하게 보입니다. 이런 용서가 현대 세계에서 일어나는 용서의 표준적인 형태라고 생각해도 크게 틀리지 않을 겁니다.[26]

3장에서 보여드리겠지만 용서의 이런 절차적 측면은 유대-기독교적 세계관, 그중에서도 특히 제도권 종교가 구조화한 세계관에서 유래했으며, 바로 그 세계관을 통해 조직된 것이기도 합니다. 그 세계관에서 중심이 되는 도덕적 관계는 사람들에게 점수를 매기는 전지전능한 신과 오류를 범하는 필멸의 인간들 사이에서 맺어지는 관계이죠. 신은 우리가 저지르는 실수를

---

* 영국 시인 알렉산더 포프의 말, "실수는 인간의 본성이요, 용서는 신의 본성이다"를 비튼 재담이다.

전부 기록합니다. 영구적인 죄의 목록이라고도 할 수 있을 거예요. 죽은 자들은 최후의 심판 때 이렇게 기록된 장부liber criptus와 마주하게 됩니다.[27] 그러면 사람들은 울고 애원하고 사죄를 하는데, 그 과정에서 보통은 상당한 자기비하가 벌어집니다. 이런 행위가 충분하게 이루어진다면 신은 그자가 범한 죄의 일부 혹은 전부에 대한 처벌을 보류하고, 반성하는 인간에게 천국의 축복을 누리는 지위를 되돌려주기로 마음을 먹을 수 있습니다. 그러니까 자기비하가 이후에 일어날 격상의 전제조건이 되는 거예요.[28] 이어서 이차적으로, 인간관계 또한 신과 인간이 맺는 주요관계를 모범으로 삼아 잘못의 목록 만들기, 고백, 자기비하, 삭제 불가능한 기록 등의 모티프를 수용합니다.

고대 그리스로마의 윤리적 전통에는 이런 식으로 감정과 행동을 별자리처럼 하늘에 새겨 넣는 행위가 존재하지 않습니다. 평온한 성품과 아량, 공감적 이해, 관용, 처벌할 때의 자비라는 중요한 요소 등 사람들이 일반적으로 용서와 이웃관계에 있다고 생각하는 몇 가지 소중한 태도를 이야기하기는 하지만요.[29] 그리스로마 전통에서 보이는 관대한 태도를 번역하고 논평하는 사람들이 이 태도에 '용서의 여정'을 끼워 넣는 경우가 많지만, 사실 이 모든 태도는 중요한 측면에서 현대적인 용서의 개념과 구분됩니다. 오히려 현대적 용서의 개념을 따르지 않기로 한 사람만이 그리스로마의 윤리적 태도를 취할 수 있다는 게 제 주장이에요.[30]

비굴함과 자기비하를 동반하는 참회에는 어딘가 눈에 띄게 불쾌한 측면이 있습니다. 경외해 마땅한 신을 상상하며 비굴한 행동을 하는 사람도 왠지 불쾌하기는 하지만, 친구나 가족, 동료 시민들을 상대로 자기비하를 일삼는 사람은 더욱 그렇죠. 이런 식으로 비굴한 태도를 강조하는 입장과 무조건적 사랑이라는 이념은 같은 유대-기독교적 전통에 속해 있는 개념이긴 하지만 서로 조화시키기가 대단히 어렵습니다(이 문제는 3장에서 다루도록 하겠습니다). 더욱이 한 사람의 자아와 그 사람이 저지른 잘못, 그 사람에게 베풀어지는 속죄라는 선물을 둘러싸고 드라마가 펼쳐진다는 생각에는 뭔가 눈에 띄게 자기애적인 측면이 있습니다(기록된 장부라는 생각 자체에 깃들어 있는 놀랄 만한 자기애, 그러니까 온 우주에 대한 기록에 자기 이름이 주된 정보로 들어 있을 거라는 놀라운 자기애가 인간 간의 관계에도 복제되는 겁니다). 간단히 말해 거래의 형태를 띠는 용서는 분노의 해독제이기는커녕, 오히려 분노에 깃들어 있는 피해를 갚아주겠다는 소망을 이름만 바꾸어 지속시킵니다.

느슨한 의미에서 유대-기독교적 전통에 속해 있는 몇몇 사상가들은 교환적 용서로부터 멀리 떨어져 나오는 방법으로 그 핵심적 이념을 개선했습니다. 비숍 버틀러와 애덤 스미스 두 사람 모두가 중요한 참고자료가 되죠. (버틀러는 '용서'라는 단어를 쓰기는 하지만 그가 하는 이야기는 제가 개탄했던 점수 매기기식 사고방식과 아무 관계가 없고 오히려 순수한 관용이나 인류애에 연관되어 있습니다. 스미스는 흥미롭게도 '용서'라는 용어 자체를 피하고 키케로가 썼던 유용한 용어인 '인류애'를 대신 사용합니다.) 3장에서 저는 유대교와 기독교의 문헌과 전통에 모두 교환적 용서에 대한 대안이 담겨 있다고 주장할 생각입니다. 이 대안에 따르면 관용과 사랑, 심지어 유머감각이 참회와 강요된 회개라는 우울한 드라마를 대신합니다. 두 가지 대안이 특히 두드러져요. 하나는 무조건적 용서unconditional forgiveness입니다. 부당행위를 당한 사람이 상대에게 사전에 회개하라고 강요하지 않고, 본인의 자유의지에 따라 분노라는 감정을 보류하는 겁니다. 그런데 저는 두 번째 대안, 즉 무조건적 사랑과 아량unconditional love and generosity이 좀 더 마음에 들어요. 저는 성경에서 이 두 가지 대안의 근거를 찾고, 도덕적 차원에서 이 두 대안이 어떤 가치를 갖는지 검토할 예정입니다.

대략적으로만 이야기하면, 저는 니체의 직관이 타당하다고 생각합니다. 즉 교환적 용서를 비롯해 유대-기독교에서 특징적으로 나타나는 도덕관에는 갈 곳 잃은 원한은 물론, 아량이라고 하기가 무척 어렵고 사실상 인간관계에도 별 도움이 되지 않는 숨겨진 적개심이 깃들어 있다는 거죠. 하지만 니체는 유대-기독교적 전통의 다양성과 복잡성을 보지 못하는 실수를 저지르고 말았습니다. 사실 유대교와 기독교에는 제가 생각하는 세 가지 태도, 즉 교환적 용서와 무조건적 용서, 무조건적 사랑과 아량이라는 세 가지 태도가 모두 담겨 있거든요.

그러니 '용서'라고 불리는 모든 것에 교환적 용서로서의 특징이 있는 건 아님을 유념하도록 합시다. 유대-기독교적 전통에 젖어 있는 저술가들은 용서라는 말을 일반적인 의미로 사용하기 시작하는 순간부터 인생 전반에서 일어나는, 자기들 마음에 드는 모든 일에 용서라는 이름을 갖다 붙이곤 해요.[31] 하지만 그런 일들 중에는 교환적 용서는커녕 **무조건적** 용서라는 이름을 붙이는 것조차 바람직하지 않은 일들이 포함되어 있습니다. 우리가 '용서'라고 부르는 것들 중에는 사실 무조건적 아량이라고 이해하는 게 가장 적절한 경우가 꽤 있거든요. 바꿔 말해, '용서'를 잘한다면서 넬슨 만델라를 찬양했던 사람들이 모두 그를 교환적 용서와 연관시킨 건 아니라고 할 수 있습니다. 아마 무조건적 용서와 연관시켰던 것도 아닐 거예요(무조건적 용서는 떨쳐내야 할 분노의 발생을 전제하니까요). 오히려 그 사람들은 만델라가 실제 본보기로 보여주었던 아량을 묘사하기 위해 용서라는 단어를 사용한 것일지 모릅니다. 저도 바로 그런 입장이고요. 다만, 많은 사람들이 교환적 용서를 남아프리카공화국의 화해 과정에 적합한 태도로써 지지했다는 것만은 사실입니다. 데즈먼드 투투가 『용서 없이는 미래도 없다No Future without Forgiveness』의 마지막 장에서 뉘우침과 사과, 모욕, 사면의 절차를 자세히 논의했던 걸 보면 알 수 있죠. 그러나 투투는 만델라나 만델라가 주도한 진실화해위원회에 이런 교환적 용서의 개념을 전가하지 않는 신중하고도 정확한 태도를 견지했습니다.[32]

저는 논지를 펴나가며 일단 친밀한 관계, 중간 영역, 정치적 영역 등에서 분노를 옹호하는 주장을 자세히 살핀 뒤, 고전적 정의에 따른 교환적 용서가 각각의 영역에서 적절한 대안으로 요구되는지 따져보도록 하겠습니다. 저는 교환적 용서라는 유대-기독교적 '미덕'이 세 영역 중 어느 곳에서도 미덕이 될 수 없다고 주장합니다. 친밀한 관계에서는 고백, 사죄, 용서로 이루어진 체제 자체가 지나치게 많은 과오를 기억하는 행위이자 사랑이 빠져 있는 제도로 보입니다. 상당히 많은 경우 이런 체제는 나름의 방식으로 복수를 추구합니다. 용서해주겠다는 제안은 겉으로야 매력적이고 자비로운 것으로 보이지만, 버나드 윌리엄스가 다른 맥락에서 '지나치게 많은 생각'이라고 불렀던 사고방식, 즉 아량이 넓고 사랑하는 마음을 가지고 있는 사람이라면 마땅히 삼가야 할, 죄의 목록을 기록해 간직하고 이것저것 캐묻는 사고방식을 흔히 드러냅니다. 앞서 비숍 버틀러는 적개심으로 물든 자기애에 대해 경고한 적이 있는데, 저는 '용서의 여정'이 바로 그 자기애를 돕고 위무하는 경우가 너무나 많다고 주장할 생각입니다. 최선의 경우, 친밀한 관계는 용서보다 아량을 먼저 보이는 특징을 가지고 있습니다. 아량은 용서라는 과정에 뒤따르는 이런저런 생각이 아예 형체를 갖추지 못하도록 가로막습니다. 대단히 현실적인 의미에서, 사랑은 결코 미안하다는 말을 할 필요가 없음을 의미하죠. (훌륭한 고전학자가 쓴 것이긴 하지만) 가벼운 대중소설에 쓰였다는 이유로 이 진술이 거짓이 되는 건 아닙니다.[33] 사과를 하는 게 쓸모가 있는 경우도 분명 있지만 그 경우 사과는 미래의 관계가 어떤 식이 되어야 할지에 대한 증거로서나, 그런 관계가 유익한 것이 되리라는 증거로서 쓸모가 있을 뿐입니다.

중간 영역에서도 마찬가지입니다. 피해를 끼친 동료직원이나 상사를 장래에도 믿을 수 있다는 증거가 필요할 때, 사과는 중요한 역할을 수행합니다. 사과란 기대를 저버리는 행위가 발생한 이후에도 서로를 존중하는 관계가 이루어질 수 있도록 부드럽게 길을 닦아주는 유용한 장치이니까요. 그러나 피해를 갚아주거나 '지위 격하'를 시키는 한 가지 방법으로써 타인에게서 강제로 사과를 받아내고 싶다는 욕망은 중간 영역도 황폐하게 만듭니다. 이 점에 유의할 필요가 있습니다.

이따금씩 정치적 화해를 이룰 때 사죄가 귀중한 역할을 수행하는 경우가 있습니다. 그러나 정치적 사죄는 여러 가지 중요한 측면에서 교환적 용서와는 구분됩니다.[34] 많은 경우 정치적 사죄는 교환적 용서의 전제조건인 자기 비하가 아닙니다. 오히려 미래를 볼 수 있게 하는 신뢰성의 신호이죠. 신뢰관계를 구축할 수 있는 토대로서 우리가 공유하는 가치체계를 표현하는 것이기도 하고요. 더욱이 교환적 용서에 수반되는 치욕에는 언제나 화해를 깨뜨릴 위험이 있으므로, 가끔은 사죄라는 문제 자체를 회피하는 게 중요합니다. 진실화해위원회가 취한 현명한 태도가 바로 그것이었죠. 부당행위에 대한 책임소재를 분명히 밝히고 공유된 가치관을 표현하는 데에 초점이 맞춰져야 합니다. 특히 책임소재를 분명히 밝히는 건 복수를 하기 위해서가 아니라, 책임이 곧 공적 신뢰를 구축하는 중대한 요소이기 때문임을 확실히 해둡시다. 이후에는 분노와 용서라는 드라마를 뛰어넘어, 실제로 신뢰와 화해를 진작시키는 태도를 만들어내는 데에 집중해야겠지요.

그렇다면 신뢰와 화해를 진작시킬 수 있는 가치는 무엇일까요? 그건 바로 아량과 정의, 진실입니다.

제2장

# 분노: 나약함, 갚아주기, 지위 격하

스스로를 낮추고 말대꾸를 하지 않는 사람을 상대할 때는 분노가 가라앉기 마련이다. 그들이 우리

보다 열등한 존재라는 사실을 인정하는 것처럼 보이기 때문이다. (중략) 스스로를 낮추는 사람을

상대할 때 분노가 멈춘다는 사실은 심지어 개들을 통해서도 드러난다. 개들은 사람이 자리에 앉으

면 물지 않는다.

- 아리스토텔레스, 『수사학』, 1380a 21-25

# 1. 분노: 잃어버린 고리

분노는 상반되는 두 가지 평판을 누립니다. 한편으로는 윤리적·정치적 측면 모두에서 인간관계에 필수적인, 도덕적 삶의 귀중한 부분으로 간주되죠. 이런 계열의 견해 중 전형적이기도 하고 영향력도 큰 주장은 유명한 피터 스트로슨의 의견입니다. '적개심'이 주조를 이루는 '반응적 태도와 감정'은 인간의 자유와 책임이라는 개념에 내포되어 있는 감정으로서, 우리가 서로를 상대할 때 중요한 역할을 수행한다는 내용이죠.[1] 그 외에도 많은 철학자들이 자존감을 내세우고 불의에 항거하는 행위와 분노의 밀접한 연관성을 고집스럽게 주장해왔습니다.[2]

다른 한편으로, 서구의 철학적 전통에는 분노가 품위 있는 인간관계를 위협하는 중심적 요소라는 생각이 면면히 이어지고 있습니다. 아이스킬로스 시절[3]의 정치적 사유나 소크라테스와 플라톤,[4] 그리스로마의 스토아철학자들, 조지프 버틀러와 애덤 스미스 등 18세기의 철학자들을 비롯한 수많은 사람들이 이런 생각을 발전시켜왔는데, 바로 이들의 정치적 사상이 그 전통에 포함됩니다. 버틀러가 지적했듯, "분노를 제외하면 그 어떤 원칙이나 정념도 우리의 동료 생명체에게 비참함을 겪게 만드는 걸 목표로 삼지는"[5] 않습니다. 그렇기에 버틀러는 신이 인간의 본성 안에 분노를 심어놓은 것처럼 보인다는 사실에 난처해했습니다. 분노의 파괴성에 대한 비슷한 생각은 비서구 전통(불교 및 힌두교의 일부 교파)에서도 두드러집니다.[6] 오늘날에는 분노를 질병으로 간주하는 이념으로부터 심리치료학 도서가 다수 생산됐습니다. 이 경우 솟구치는 분노에 사로잡힌 상태는 타인의 개입과 자기계발서의 조언이 필요한 상태로 간주됩니다. 용서라는 프로젝트가 그토록 중심적인 사업으로 여겨지는 것도 분노가 도덕적 삶에서 대단히 중요한 문제로 느껴지기 때문이죠. 용서는 전형적인 경우 분노를 절제하는 태도로 정의되니까요.

분노를 긍정적으로 평가하는 주장과 부정적으로 바라보는 주장 모두가 옳을 수 있습니다. 분노는 과도해지거나 방향을 잘못 잡을 가능성이 높기는 하지만, 다른 어떤 감정으로도 대체할 수 없는 도움의 원천으로서 도덕적 삶의 귀중하면서도 위험한 도구가 될지 모릅니다(그렇다는 게 버틀러의 생각이었습니다). 반면, 두 가지 주장 중 한 가지가 다른 주장보다 훨씬 더 탄탄한 근거를 갖추었을 가능성도 있습니다. 이번 강좌에서 제가 하려는 주장이 바로 그것이죠. 하지만 어떤 식으로든 진전을 이룰 가능성을 높이려면 일단은 분노가 무엇인지부터 좀 더 명료하게 이해해야 합니다.

최근의 철학자들은 분노라는 감정을 분석하며 시간을 쏟는 경우가 거의 없습니다. 그중 분노를 죄책감과 적개심, 의분을 포함하는 '반응적 태도와 감정'의 한 등급으로 보는 스트로슨의 견해가 가장 전형적이고 영향력도 높은데요. 스트로슨은 이 감정들이 전부 타인의 의지가 우리에게 작용할 때 발생한다고 이야기합니다.[7] 대단히 추상적이면서도 가치가 있는 분석은 R. 제이 월러스의 규정입니다. 월러스는 분노를 가치평가와 관련된 '반응적 감정'의 한 등급이라고 보죠.[8] 자기가 다루는 태도가 정말 분노인지, 그게 아니라면 과연 어떤 태도인지 밝히는 게 대단히 중요할 수 있는 맥락에서조차 무턱대고 스트로슨의 안내를 따르는 철학자들도 참 많습니다.[9] 한편 인지심리학자들은 분노의 요소를 자세히 분석할 수 있도록 풍부한 자료를 제공해왔어요.[10] 그러나 분노를 정의하는 게 인지심리학자들의 임무는 아닌지라, 그 자료가 철학적 언술로 정리된 경우는 거의 없습니다.

분노를 정의해온 대부분의 철학적 전통에 따라, 저는 어떤 형태로든, 아주 미묘한 방식으로라도 상대에게 복수를 하려 들거나 당한 피해를 갚아주려는 생각이 분노 개념의 구성요소라고 주장할 생각입니다. 그런 다음에는 피해를 갚아주겠다는 생각이 규범적으로 문제적이고, 따라서 분노도 마찬가지로 문제적이라는 주장을 펼 거예요. 그렇게 주장할 수 있는 방법은 두 가지가 있습니다. 분노는 살인이나 강간 같은 중요한 피해 자체에 초점을 맞출 수도 있고, 피해자의 지위를 손상시켰다는 점에서만 부당행위의 중요성에 초점을 맞출 수도 있습니다. 후자는 아리스토텔레스가 '지위 격하'라 부른 피해이죠. 첫 번째 경우에는 피해를 갚아준다는 생각 자체가 말이 되지 않습니다(가해자에게 고통을 준다고 해서 이미 받은 피해가 제거되거나 건설적으로 해결되는 건 아니니까요). 두 번째 경우에는 피해를 갚아준다는 생각이 말이 돼요. 좀 지나칠 정도로 말이죠. 피해를 갚아주면 피해자와 가해자의 위치를 역전시킬 수 있으니까요. 하지만 이런 행위는 연관된 가치가 왜곡된 한에서만 말이 됩니다. 상대적 지위가 그렇게까지 중요한 가치여서는 안 되니까요. 이처럼 어떤 경우에든 분노는 규범적으로 문제적이라는 주장을 펼치면서, 저는 앞서 언급한 두 가지 오류로부터 자유로운 경계선상의 분노를 인정하겠습니다. 그런 다음 미래의 선善에 대한 건설적인 생각으로 이행해가는 이 경계선상의 분노를 묘사하고 권장하도록 하죠.

## 2. 분노: 인지, 느낌, 에우다이모니즘*

중요한 감정이 모두 그렇듯 분노에도 인지적/의도적 내용이 있습니다. 그 내용에는 몇 가지 서로 다른 형태의 평가가 포함되죠.[11] 많은 경우 이런 평가의 기준은 분노를 느끼는 사람의 가치관에 관련되어 있을 뿐만 아니라, 그 사람이 발생한 사건을 뭐라고 생각하느냐는 확신의 문제와도 관련되어 있습니다.

한 발 더 나아가, 분노로 이어지는 특정 사건에 대한 평가 기준과 앎을 '에우다이모니즘적'이라고 할 수도 있겠습니다. 누군가가 분노를 느낀다면, 그 분노는 초연하고도 비인간적인 가치가 침해되어서가 아니라 주체의 평가 기준과 확신에 따라 일어난다는 말이죠. 다시 말해 분노는 주체가 인생에서 무엇을 중요하게 여기는지를, 즉 그만의 독특한 관점을 보여줍니다. 어떤 원칙이나 정의, 심지어 전 세계적 정의가 침해되었기 때문에 분노를 느낀대도 그건 가치가 침해되었기 때문이 아니라 궁극적으로는 주체가 인생에서 무엇을 중요하게 여길지에 대한 자신만의 독특한 관점 속에 전 세계적 정의 등등에 대한 관심을 성공적으로 통합했기 때문입니다. 그렇지만 어떤 사건이 발생하기 전부터 미리 '관심의 범위'[12]를 넓히고 자신만의 관점에

---

\* 고대 그리스의 철학적 개념인 '에우다이모니아'에서 파생된 단어다. 에우다이모니아는 보통 '행복happiness'으로 번역되지만, 행복은 인간이 자신의 삶을 평가하는 주관적 기준에 따라 좌우되는 것인 반면 에우다이모니아는 보다 객관적인 개념이라는 차이가 있으므로 이는 오역이다. 예컨대 아리스토텔레스는 내적인 미덕을 쌓는 것이 에우다이모니아에 매우 중요하다고 주장하면서도 건강이나 부, 아름다움 등 외적인 요소 또한 에우다이모니아를 이룩하는 데 필요한 요소라고 인정했다. 그러므로 어떤 불행한 사건이 발생했을 때 개인의 행복은 침해당하지 않을지라도 에우다이모니아는 침해될 수 있다.

이 강좌에서 누스바움은 아리스토텔레스의 개념에 따라 에우다이모니즘이라는 단어를 쓰고 있는 것으로 보인다. 즉, 어떤 부당행위로 인해 개인의 건강, 부, 아름다움, 인간관계 등 외적인 요소에 피해가 발생했을 뿐 아니라 개인이 그러한 피해를 주관적·내적 차원에서 중요한 것으로 간주한다면 그것은 '에우다이모니즘적 피해'가 된다.

통합시켜두어야만 문제의 사건이 발생했을 때 감정이 일어나는 건 아닙니다. 예를 들어 애덤 스미스가 언급했듯 중국에서 지진이 일어났다는 소식을 들었다고 해봅시다. 이처럼 비통한 이야기를 생생하게 들으면 한 번도 만난 적이 없고 예전에는 아무런 관심도 갖지 않던 사람들에 대한 연민이 일어나게 됩니다.[13] 그러나 좀 더 단단한 관심의 구조가 일찍부터 존재하거나 확립되어 있지 않으면 이런 감정은 순간의 환영에 그치고 맙니다. 집 근처에서 우리의 주의를 끌 만한 사건이 벌어지면 저 먼 곳의 중국 사람들은 완전히 잊게 되죠.

감정의 에우다이모니즘은 현대 심리학에서도 핵심적인 개념입니다. 20세기 후반 실험심리학이 이룩한 업적 가운데에서도 가장 영향력이 큰 저작물 중 한 권인 『감정과 적응Emotion and Adaptation』을 보죠. 여기서 리처드 라자루스는 주요한 감정이 '핵심적인 관계상의 주제들', 즉 당사자의 "에고-아이덴티티"[14]에 중요한 주제들에 초점을 맞추고 있다고 이야기하는데, 바로 그 때문입니다. 저나 애덤 스미스가 그랬듯 라자루스도 명분이나 원칙이 감정의 대상이 될 수 있다고 강조합니다. 단, 감정을 느끼는 당사자가 그린 명분과 원칙에 개인적인 중요성을 부여했을 경우에는요.

보통 분노를 느끼면 광범위한 신체적 변화와 주관적 느낌이 뒤따릅니다. 어떤 신체적 변화는 사람들이 화를 낼 때면 항상 나타납니다. 사실, 분노를 일으키는 생각 자체가 신체적 변화의 일종이죠. 또 보통은, 주관적 감각도 함께 느껴집니다.[15] 그 감각의 종류는 매우 다양할 가능성이 높아요. 사람에 따라 느끼는 감각이 다르고, 같은 사람도 경우에 따라 다른 감각을 느끼거든요. 분노를 의식하지 않는다면야 이런 감각이 아예 느껴지지 않을 수도 있습니다. 우리는 죽음에 대한 공포를 느끼지만 그 공포를 의식하며 살지는 않습니다. 그런데도 공포는 의식의 문턱 아래에 몸을 웅크리고 우리의 행동에 영향을 끼치죠. 분노도 마찬가지입니다. 적어도 몇 가지 경우에는요. 예컨대 한참 시간이 지나고 나서야 내가 누군가에게 분노를 느끼고 있었다는 사실이나, 그 숨겨진 분노가 내 행동에 영향을 끼치고 있었다는 사실을 깨달은 경험이 있으실 겁니다.

앞서 말한 것과 같은, 분노와 자주 연관되는 신체적 변화 및 주관적 감각은 나름대로 중요하기는 하지만 분노의 필수 조건으로 간주하거나 분노를 정의하는 데 활용하기에는 너무 가변적입니다.[16] 분노를 (아리스토텔레스가 말했듯) 심장 부근이 타는 것 같은 감각으로 느끼는 사람이 있는가 하면, 관자놀이의 혈관이 두근대는 감각이나 목 뒤의 통증으로 느끼는 사람도 있습니다. 존재하긴 하되 의식되지 않는 죽음에 대한 공포처럼, 분노의 감각이 아예 느껴지지 않는 경우도 있고요. 사실 심리치료사들의 임무 중에는 그런 식으로 숨어 있는 분노를 찾아내는 일도 포함되어 있습니다. 가끔 (엉터리) 심리치료의 과정에서 없었던 분노가 만들어지는 일도 있지만, 실제로 존재하던 분노를 발견하는 경우가 다수 있는 것도 사실입니다.

## 3. 분노의 요소

그렇다면 분노만의 독특한 내용은 무엇일까요? 아리스토텔레스의 정의에서 출발하면 좋을 것 같습니다. 계속 논의를 이어나가다 보면 아리스토텔레스의 정의가 너무 협소해 분노의 모든 사례를 포괄하기는 어렵다는 점이 드러나겠지만, 분노의 요소를 하나하나 해부하는 데에는 도움이 되거든요.[17]

아리스토텔레스는 분노를 "자신 혹은 자신과 가까운 누군가가 정당한 이유 없이 무시당했다고 상상하고 이에 대한 복수를 상상할 때 발생하는, 고통을 동반한 욕망(『수사학』, 1378a31-3)"이라고 주장합니다. 이 정의에 따르면 분노에는 다음의 요소들이 포함됩니다.

- 무시 혹은 지위 격하(oligōria).
- 자신이나 자신과 가까운 사람들을 상대로 함.
- 부당하게, 혹은 부적절하게 가해짐(mē prosēkontōn).
- 고통을 동반함.
- 복수의 열망과 관련됨.

아리스토텔레스는 '상상phainomenēs'이라는 말을 두 차례 반복하고 있습니다. 분노라는 감정을 일으키는 건 분노한 당사자가 해당 상황을 보는 방식이지, 실제의 그 상황은 아님을 강조하는 겁니다. 당연한 얘기지만 두 가지 상황은 서로 다를 수 있겠죠.

분노는 고통과 쾌감 둘 모두와 연관되어 있는, 대단히 복잡한 감정입니다. 앞서 이야기한 정의에 이어 아리스토텔레스는 복수에 대한 전망은 쾌감을 준다고 이야기합니다. 왜 그런 쾌감이 발생하는지 인과관계가 명확히 밝혀진 것은 아니지만, 고통은 보통 피해 때문에 초래되며 복수에 대한 열망은 그 피해에 대한 반응이라는 점만은 쉽게 알 수 있습니다. 분노가 복잡한 감정인 또 한 가지 이유는 이중의 대상을 참조하기 때문입니다. 다시 말해, 분노는 사람을 대상으로 일어나는 감정이기도 하고, 어떤 행위를 대상으로 일어나는 감정이기도 합니다. 비-아리스토텔레스적 용어를 사용해 이 문제를 좀 더 분명하게 표현해봅시다. 보통 분노의 표적target은 사람입니다. 피해를 끼쳤을 뿐만 아니라 부당하게, 혹은 불법적인 방식으로 피해를 끼쳤다고 생각되는 사람 말이죠. 이때 우리는 "누구누구**한테** 화가 나"라고 말합니다. 반면 분노의 초점focus은 표적이 했다는 행위, 부당한 가해라고 생각

되는 바로 그 행위입니다.[18]

상실은 슬픔의 초점도 될 수 있습니다. 그러나 슬픔은 상실이나 피해 자체에 초점을 맞출 뿐 표적을 두지 않습니다("누구누구 **때문에** 슬퍼"라고 말할 때처럼, 잃어버린 사람 자체를 표적으로 삼지 않는 한 말이죠). 반면 분노는 피해로부터 출발하되 표적이 고의적으로 그런 피해를 끼쳤다고 봅니다. 그 결과 분노는 자연스럽게 표적을 겨냥하게 됩니다. 그러므로 분노를 느끼려면 인과관계에 대한 사유와 옳고 그름에 대한 어느 정도의 이해가 필요합니다.[19] 이때 피해는 분노를 느끼는 당사자에게 가해진 것일 수도 있고, 그가 관심을 두고 있는 범위 내의 사람이나 물건에 가해진 것일 수도 있습니다.

현대적 직관을 가진 사람에게는 아리스토텔레스의 정의 중 고통을 강조한 부분과 부당한 피해를 강조한 부분이 가장 이해하기 쉽습니다. 타인의 부당행위는 정확히 어떤 방식으로 자아에게 고통을 야기하는 걸까요? 아마도 그 사람은 자기가 깊은 관심을 두고 있는 무언가가 피해를 입었다고 볼 것입니다(사실이든 아니든 그렇게 믿겠죠). 이때 피해를 입은 대상은 어느 모로 보나 사소하지 않고 중요한 것으로 생각되어야 합니다. 그렇지 않으면 결과적으로 고통을 느끼지도 않을 테니까요. 어느 지점까지는 분노의 고통과 슬픔의 고통이 크게 다르지 않으며, 그 강도는 당사자가 생각하는 피해의 규모에 따라 달라집니다. 다만 분노에서 느껴지는 고통은 보통 다른 사람의 부당행위(로 보이는 무언가)도 내적으로 참조합니다. 간단히 말해, 아이가 살해되는 장면을 볼 때의 고통은 사고로 아이를 잃을 때의 고통과는 다르게 느껴집니다. [아리스토텔레스는 기쁨과 고통 자체에 의도적 내용이 포함되어 있다고 자주 강조합니다. 다시 말해 고통은 언제나 (당사자가 입었다고 믿는) 피해에 **대한** 고통입니다. 고통은 일반적인 고통이 아니라 언제나 구체적인 고통이라는 거죠.]

부당한 피해라는 요소도 살펴봅시다. 우리는 누군가가 의도치 않게 우리에게 피해를 입힐 때에도 좌절감을 느낍니다. 하지만 분노를 느끼는 건 오직 그 피해가 한 사람 혹은 여러 사람이 의도적으로 가한 것이며, 그 방식 또한 불법적이거나 부당하다고 믿을 때뿐입니다(그 믿음이 옳은지 그른지는 별개의 문제이고요). 예컨대 라자루스는 전화하는 데에만 정신이 팔려 손님을 무시하는 점원의 사례를 듭니다. 손님은 부당하게 무시당했다는 기분을 느끼겠지만, 점원이 통화를 한 이유가 자식이 처한 의료적 응급상황 때문이라는 걸 알게 되면 더 이상은 화가 나지 않을 것입니다. 점원이 전화에 우선순위를 둔 게 적절한 행동이라는 걸 알게 될 테니까요.[20] 물론 우리가 항상 이예시에서처럼 이성적인 태도를 보이는 건 아닙니다. 그러나 여기에서 중요한 건 우리가 상황을 어떤 식으로 생각하느냐는 겁니다. 우리는 피해가 부당한 것이라고 **생각할** 때에만 화를 냅니다(반드시 **도덕적** 잘못이 벌어져야만 화가 나는 건 아닙니다. 어떤 식으로든 부당하기만 하면 돼요).

단, 잘 알려진 골치 아픈 문제가 하나 있습니다. 사람들은 가끔 비활성 사물에게 좌절감을 느낄 때도 화를 낸다는 거예요. 그런 사물이 부당행위를 한다는 것 자체가 불가능하다는 추측이 가능한데도 말입니다. 스토아철학자인 크리시포스가 이미 이런 행동을 보고한 적이 있습니다. 그는 문이 곧바로 열리지 않는다는 이유로 열쇠를 물어뜯거나 문을 걷어차는 사람들, 발가락을 찧은 곳에 돌을 던지면서 그런 행동을 하는 내내 '세상에서 가장 부적절한 말'을 하는 사람들 이야기를 전해줍니다.[21] 1988년에는 미국의학협회 기관지에 '자판기 분노'에 관한 논문이 실렸어요. 자판기가 음료수를 내주지 않고 돈만 삼키자 화가 난 사람들[22]이 자판기를 걷어차거나 흔들어대다가 부상을 입었는데, 그런 사건이 열다섯 건이나 발생했으며 그중 세 건의 부상은 사망으로까지 이어졌다는 내용이었죠(사망 사건은 자판기가 사람

쪽으로 넘어지는 바람에 사람이 깔려 죽으면서 발생했습니다).[23] 이처럼 익숙한 반응으로 보아, 분노에는 부당한 피해라는 생각이 꼭 포함되는 건 아니라는 결론을 내릴 수 있을까요? 제 생각에는 전혀 그렇지 않습니다. 우리는 특정한 목적을 이루는 데 도움을 주게 되어 있는 비활성 사물에게서 '존중'과 협조를 기대할 권리가 있다고 생각하는 경향이 있어요. 그래서 어떤 사물이 우리에게 해줘야 마땅한 '소임'을 다하지 않은 게 분명해지는 순간에는 마치 그 사물이 나쁜 사람이라도 되는 것처럼 반응합니다. 물론 이런 생각이 말도 되지 않는다는 건 빠르게 알아차리지만요, 대부분의 경우에는 말입니다.

버틀러는 사물에 대한 분노란 뭔가가 우리에게 훼방을 놓거나 우리가 하려는 일을 방해할 때 일어나는 분노, 즉 '갑작스러운 분노'라고 이야기하며, 이런 종류의 분노는 부당성에 대한 의식 없이도 일어날 수 있다는 암시를 남깁니다.[24] 그러나 저는 버틀러가 서로 다른 여러 종류의 분노를 실제로 발견했다고는 생각하지 않습니다. 갑작스러움이라는 요소 하나만으로는 분노를 구분하는 기준이 될 수 없어요. 어떤 가치판단을 깊이 내면화한 사람은 자기가 사랑하는 것에 대한 부당한 공격이 일어날 때 매우 빠르게, 거의 갑작스럽게 분노합니다. 누가 자식한테 총을 겨누었을 때 잠깐 멈춰 서서 분노할지 말지 생각해보지는 않잖아요. '훼방'이나 방해가 사실 진정으로 부당한 일은 아니라는 걸 화가 난 사람들이 언제나 알고 있는 것도 아니죠. 아까의 자판기를 생각해보세요. 버틀러에게 백 번 양보하더라도 불완전한 형태의 분노, 즉 온전한 인과적 사고에 이르지 못했기에 부당성 여부를 실제로 판단하지 못한 상태에서 일어나는 분노가 존재한다는 얘기밖에는 할 수 없을 겁니다. 예컨대 유아들은 욕구가 충족되지 않으면 갑자기 격노를 일으키곤 하죠. 유아의 인지발달에 관한 지식이 축적된 지금은, 유아들이 '난 이걸 가져야 하는데 부모가 못 가지게 막고 있어'[25]라는 형태의 모호하고 불완전한 판단을 하므로 격노를 터뜨린다는 추정을 하는 게 개연적입니다. 이렇게 볼 때 아리스토텔레스의 이론은 유아의 격노라는 경계선상의 사례를 포함하여 전반적인 분노를 분석하는 데 대체로 유효하다고 할 수 있겠죠.[26]

오히려 아리스토텔레스의 분석을 처음 봤을 때 더 문제적으로 느껴지는 부분은 분노가 일어나는 상황을 '자신이나 자신과 가까운 사람들'에게 피해가 발생하는 경우로 제한한다는 점입니다. 당연한 얘기지만, 사람들은 자신이 중요하게 여기는 명분이나 원칙이 부당하게 공격당하는 경우 혹은 자신과 아무런 관계가 없는 사람이 불의한 공격의 피해자가 되는 경우에도 분노를 느낄 수 있으니까요. 사실입니다. 하지만 이때 사람들이 분노하는 이유는 (아리스토텔레스주의자의 주장에 따르면) 그 사건이 분노를 느끼는 당사자의 관심 범위 안에 들어왔기 때문입니다. 달리 말해, '자신이나 자신과 가까운 사람들'이라는 표현은 그저 분노나 다른 감정들이 공통적으로 가지고 있는 에우다이모니즘적 구조를 언급한 것일 뿐입니다. 제가 보기에도 그렇게 읽는 게 맞을 것 같아요. 우리는 이 세상의 모든 죽음이 아니라 소중한 사람들의 죽음에만 슬픔을 느낍니다. 마찬가지로, 우리들은 이 세상에서 일어나는 온갖 부당한 일에 사사건건 분노하는 것이 아니라 우리 자신의 핵심적 가치관을 건드리는 사건에만 분노합니다. 생생한 이야기를 들어 먼 곳의 대상이 관심 범위 안으로 들어오면 다른 감정과 마찬가지로 분노도 갑자기 일어날 수 있습니다. 중국에 지진이 났다는 이야기를 들으면 갑작스럽게 연민이 유발된다는 애덤 스미스의 이야기를 떠올려보죠. 만일 지진이 아니라 머나먼 어느 나라에서 발생한 대량학살에 관한 이야기를 생생히 전해 듣는다면 우리는 살육당한 사람들을 대신해 흥분하고 분노할 수 있습니다. 예전에는 그 사람들한테 아무런 관심이 없었다고 하더라도요. 스미스는 감정이 지속되는 동안은 그 사람들이 우리 자신의 관심 범위 안에 들어와 있어야 한다고 주장하는데, 그 주장은 분노에 대해서도 유효합니다. 우리 자신에게 좀 더 가까운 긴급한 걱정거리에 눈을 돌린다거나 하는 식으로 관심이 끊기면, 그 순간 감정도 함께 중단됩니다.

이보다는 아리스토텔레스가 '무시'나 '지위 격하'를 언급하고 있다는 점이 더욱 문제적입니다. 무시나 지위 격하는 명예문화의 가치관과 직접적으로 연관된 요소입니다. 명예문화에서는 사람들이 언제나 서로를 비교해 서열을 매깁니다. 그런 사회에서는 부당행위의 주요 사례가 실제로 지위 격하와 관련되어 있기도 하죠. 그러나 지위 격하로는 보이지 않으나 소중한 목표에는 영향을 끼치는 피해도 많이 존재한다는 생각이 드는 건 당연한 일입니다. 그래서 그리스로마의 철학자들은 아리스토텔레스가 내걸었던 조건을 제가 앞서 이야기한 조건으로 수정합니다. 예를 들어 세네카는 '무시'보다는 '부당한 피해'라는 용어를 사용해 분노를 정의합니다.[27] 스토아주의자는 분노를 정의할 때 부당행위를 당했다는 믿음을 표준적으로 이야기하고요.[28]

이 점에서 아리스토텔레스는 그냥 실수를 한 것일 뿐일까요? 저는 아리스토텔레스가 실수한 것은 맞지만, 그게 생각만큼 큰 실수는 아니었다고 생각합니다. 아리스토텔레스는 분노가 나타날 때마다 인제나 동반되는 것은 아닐지라도 매우 흔하게 드러나는 생각의 방식을 포착해냈거든요.

일단 아리스토텔레스가 범한 실수부터 살펴봅시다. 아리스토텔레스를 옹호하는 사람들은 이번에도 에우다이모니즘을 언급하며 그의 정의를 지켜내려 합니다. 예컨대 라자루스는 아리스토텔레스가 내린 분노의 정의가 명예문화에만 국한되지 않고 일반적으로 적용할 수 있는 정의라며 갈채를 보내죠. 아리스토텔레스식으로 분노를 정의하면, 자아가 소중하게 여기는 목표가 피해를 입는다는 일반적 개념이 적확하게 포착된다는 겁니다.

그러나 라자루스의 변론은 치밀하지 못합니다. 모든 에우다이모니즘적 피해, 그러니까 주체가 중요하다고 여기는 피해가 반드시 주체의 지위 격하와 관계되는 것은 아니기 때문입니다. 예컨대 명분이나 원칙이 피해를 입는 상황은 에우다이모니즘적 피해가 발생하되 보통 자아의 지위가 격하되었다는 생각과는 아무 관계도 없는 사례입니다. 분노의 초점이 사랑하는 사람이 입은 피해에 맞춰진 경우도 마찬가지입니다. 보통 피해자들은 분노를 느끼더라도 가해자가 자신을 업신여기기 위해 그가 사랑하는 사람에게 피해를 끼쳤을 거라고 생각하지는 않습니다. 이때 피해자는 자신의 지위가 격하되었다는 느낌을 받지 않고도 에우다이모니즘적 피해, 즉 자신의 가치관과 관심사에 비추어 아주 거대해 보이는 피해를 감지하게 됩니다. 그러므로 아리스토텔레스의 분석은 적용되는 범위가 너무 좁다고 할 수 있겠죠.

그러나 지위 격하라는 개념 자체는 우리가 처음에 예상했던 것보다 더 많은 것을 설명해줍니다. 우리들은 사회적 지위와 돈을 비롯한 여러 가지 자질을 두고 경쟁적으로 서열을 매기는 데에 강박적 관심을 기울입니다. 이 점을 생각해보면 명예문화란 오직 다른 시대에만, 혹은 최소한 (사람들이 하는 말에 따르자면, 중동 같은) 다른 장소에만 존재한다는 자화자찬은 다소 우스꽝스럽습니다. '명예살인'이 (중동? 이슬람? 같은) 특정 문화의 산물이라는 생각마저도 재고해볼 여지가 있습니다. 배우자 간에 발생하는 폭력사건의 빈도는 요르단에서보다 오히려 이탈리아에서 약간 높습니다.[29] 남성의 명예를 위해서, 혹은 경쟁자에게 피해를 입히기 위해서 여성을 살해하는 경우가 국적을 불문하고 다수 발생한다는 얘기도 딱히 틀리지 않고요.[30] 캐롤 타브리스라는 경험주의 심리학자는 미국에서 분노에 관한 광범위한 연구를 수행한 적이 있습니다. 이 연구에 따르면 '모욕', '무시', '경멸', '너 따위는 전혀 중요하지 않다는 식의 대우'가 분노의 원인으로 흔히 언급되었어요.[31]

사람들은 예나 지금이나 자신의 지위에 대해 계속해서 강한 관심을 기울이고 있으며, 그 지위를 위협하는 것처럼 보이는 행위가 있으면 분노할 계기야 얼마든지 발견해냅니다.

지금부터는 이런 식으로 인지된 지위의 격하를 **지위-피해**status-injury라고 부르겠습니다. 지위-피해라는 개념에는 이미 그런 피해가 부당하다는 생각이 포함되어 있어요. 아리스토텔레스가 지적했듯 지위의 격하는 보통 고의적으로 일어나거든요. 바꿔 말해, 사람들은 보통 우연한 행동이 자기 지위를 격하시킨다고는 생각하지 않습니다(긴급한 전화를 받았던 가게 점원의 이야기를 생각해보세요). 하지만 의식적 행동이 아니더라도, 사람들이 자기도 모르게 타인을 모욕하거나 타인의 명예를 더럽히는 수많은 사례가 있으니 이 사례들을 포함할 수 있도록 아리스토텔레스의 설명이 적용되는 범위를 좀 더 넓힐 필요는 있습니다. 예를 들어 직장에서의 낮은 지위 때문에 모욕을 겪는 사람처럼 무의식적 무시의 표적이 되는 사람은 상사가 의식적으로, 고의로 자신을 모욕했다고 생각해야만 지위-분노 반응을 보이는 게 아닙니다. 상사가 한 말이 평소의 신념과 행동방식, 피고용인의 지위와 관련된 정책에서 나온 것이며, 그 모든 것은 상사가 스스로 채택한 것인 만큼 상사에게 책임을 물어야 할 문제라는 생각은 해야겠지만요.

반드시 그런 건 아니지만 아주 많은 경우 분노는 지위-피해 때문에 일어납니다. 그런데 지위-피해에는 자기애적인 맛이 들어가 있어요. 지위-피해가 아니라 행위 자체의 부당성에 초점을 맞추는 사람은 자기가 당한 것과 비슷한 부당행위 일반으로 관심을 확장시킬 수 있습니다. 그러나 지위-분노를 느끼는 사람은 행위 자체의 부당성에 초점을 맞추는 대신 자기 자신, 그리고 타인과의 관계에 비춘 자신의 지위에만 강박적으로 초점을 맞춥니다.

지위-피해의 이런 속성은 개인이 느끼는 불안감 및 취약성과 관련되어 있다는 게 아리스토텔레스와 라자루스가 공히 강조하는 내용입니다. 그러니까 인간은 자신이 세웠던 목표가 공격당하더라도 그에 대해 불안감이나 통제력 결여를 느낄 때에만 분노하는 경향이 있다는 거죠. 바꿔 말하면, 우리는 통제력을 발휘할 수 있기를 기대하는 상황에서, 혹은 통제력을 행사하고 싶다는 욕망을 느끼는 상태에서만 분노하는 경향이 있습니다. 분노는 잃어버린 통제력의 복구를 목표로 삼습니다. 통제력을 회복했다는 환상을 성취하는 경우도 많죠.[32] 다양한 상황의 구성원들이 모욕이나 지위 격하에 취약하다고 느끼도록 조장하는 문화가 있다면, 그 문화는 지위에 초점을 맞춘 분노를 뿌리부터 조장하는 것이나 마찬가지입니다.

## 4. 분노와 피해 갚아주기

분노의 목표는 무엇일까요? 전통적으로 철학자들은 분노라는 감정에 이중적 움직임이 들어 있다는 주장에 동의해왔습니다. 상대가 가한 고통에서 내가 가하는 반격으로 옮아가는 이런 이중적 움직임은 분노의 대단히 두드러지는 특징으로, 고대 철학자들은 분노를 현재의 악에 대한 반응이라기보다 미래의 선을 지향하는 감정으로 분류하기까지 했습니다. 이야기를 하면 할수록 분노에 두 가지 측면이 다 있다는 사실을 인정하게 되지만요. 아리스토텔레스는 분노의 특징인 미래지향적 움직임을 유쾌한 것이라고 생각했습니다. 그런 측면에서 분노는 건설적인 감정이며 희망과도 연계되어 있다고 강조했지요. 자기가 받은 피해를 갚아주는 상상을 하면, 정확히 어떤 방식으로 그렇게 되는 것인지는 몰라도 고통이 완화되고 피해가 보상되는 듯합니다.[33]

그런데 대체 이런 일이 일어나는 정확한 방식은 무엇일까요? 어째서 고통은 종종 분노와 연관되는 분풀이나 반격으로 이어지는 걸까요? 그리고 심각한 피해를 당한 사람이 가해자에게 별로 달갑지 않은 행동을 하겠다는 희망을 품고서 미래를 바라보게 되는 이유는 뭘까요? 인지적 내용과 상관없이 분노를 설명하겠다면 이런 질문에 굳이 답할 필요가 없습니다. 그냥 우리가 그런 기제를 타고났다고 하면 되니까요. 하지만 우리가 하려는 설명은 그런 설명이 아니니, 이 퍼즐을 한번 이해해보도록 합시다. 아닌 게 아니라, 이건 정말 퍼즐이라고 할 만한 문제입니다. 가해자에게 무슨 짓을 한다고 해서 죽은 사람이 살아나거나 부러진 팔다리가 고쳐지거나 성폭행이 없었던 일이 되는 건 아니죠. 그런데도 사람들은 왜, 어떤 방식으로든 그런 복원이 일어난다고 믿는 걸까요? 그런 게 아니라면, 그 사람들은 대체 무슨 생각을 하기에 자신들의 복수 계획이 조금이나마 말이 된다고 보는 걸까요?

일단, 피해를 갚아주겠다는 소망이 분노 개념에 내재되어 있다는 철학자들의 전통적 주장이 정말로 옳았는지부터 확실히 짚고 넘어갑시다. 아리스토텔레스부터 스토아주의자들을 거쳐 버틀러와 스미스, 라자루스와 제임스 에이버릴 등 최근의 경험주의 심리학자들에 이르기까지 그토록 많은 일류 사상가들이 이 점에 동의한다는 건 참 인상적입니다. 분노라는 개념에 대해 오랫동안 열심히 생각해온 이 사람들이 모두 명백한 실수를 저질렀다면 그게 오히려 더 놀랍겠죠. 그렇더라도 다시 한번 생각해봅시다. 분노만이 이중적 움직임을 보이는 유일한 감정인 것은 아닙니다. 미래의 목표를 이루려는 행위 경향이 있는 동시에 과거 사건에 대한 평가를 내포하고 있는 감정은 아주 많거든요.

예를 들어 연민을 생각해봅시다. 연민은 타인에게 이미 닥친 나쁜 운명을 향한, 과거지향적 감정입니다. 그러나 연민에는 동시에 미래지향적 행위 경향도 들어 있습니다. 저 같은 경우는, 고통 받는 사람을 보고 연민을 느끼면 그 사람을 도와주는 상상을 할 때가 많습니다. 실제로 여러 번 도와주기도 했고요. 대니얼 뱃슨의 연구에 따르면, 타인을 도와주려는 이런 성향은 매우 강력합니다. 간편하게, 큰 대가를 치르지 않아도 도울 수 있다면 말이죠. 하지만 연민과 도움의 연관성은 보통 개념 자체에 내포된 것이라기보다는 우연하게도 인과관계를 띠고 발생한 것으로 이해됩니다. 아리스토텔레스에서 스토아주의자들을 거쳐 스미스와 루소, 쇼펜하우어에 이르기까지 수많은 철학자들은 연민을 정의할 때 상대를 도와주려는 경향이 연민이라는 감정의 본질적인 부분이라는 암시를 전혀 남기지 않았습니다. 상대를 도와주려는 경향이 없다고 해서 연민을 경험하지 못했다고 할 수는 없다는 거죠.[34] 저도 그렇다고 생각합니다. 도와주려는 경향과 연민의 연관성은 정말이지 인과관계에 따른 것이고 외적인 것이지, 개념적이고 내적인 것은 아니거든요. 우리는 다른 사람에게 해줄 일이 아무것도 없을 때에도 그 사람에 대한 연민을 느낍니다. 예컨대 홍수가 나서 익사한 사람들이나 우리로서는 도와줄 방법조차 상상할 수 없는, 먼 곳에 있는 사람들에 대해서도 연민을 느끼죠.

그러나 분노는 미래지향적 목표를 감정 자체의 일부로 내포하고 있다는게 표준적인 생각입니다. 미래지향적 목표가 없으면 고통이 느껴지더라도 그걸 분노라고 볼 수는 없어요. (분노에는 동료 인간들에게 비참함을 겪게 만든다는 목표가 내재되어 있다던 버틀러의 이야기를 떠올려보세요.) 일단은 이 생각이 맞는 것인지, 즉 분노의 미래지향적 목표가 다른 감정과는 달리 인과적 연관성에 의해 발생하는 것이 아니라 실제로 개념 자체에 포함되어 있는 것인지 따져보도록 합시다. 그다음에는 보다 정확하게, 고통이 어떤 경로를 거쳐 반격이라는 반응으로 이어지는지 살펴보겠습니다.

먼저, 우리가 살펴보려는 명제를 명확하게 확인하도록 합시다. 지금부터 검토하려는 주장은 분노의 개념에 '폭력적' 복수에 대한 소망이 포함되어 있다는 뜻은 아닙니다. 가해자에게 '직접' 고통을 주어야겠다는 소망이 내포되어 있다는 뜻도 아니고요. 나 자신은 복수를 하느라 손을 더럽히고 싶지 않을 수도 있거든요. 예컨대 다른 사람이나 법, 혹은 인생 자체가 나를 대신해 복수해주기를 원할 수도 있죠. 이때 내가 바라는 건 그저 가해자가 고통을 받는 것뿐입니다. 이때의 고통은 아주 미묘할 수 있습니다. 나는 상대가 신체적 상해를 입었으면 좋겠다거나 심리적 불행을 겪었으면 좋겠다고 생각할 수도 있고, 인기가 없어졌으면 좋겠다고 생각할 수도 있습니다. 그것도 아니라면 오직 가해자의 미래가, 예를 들면 바람을 피운 예전 배우자의 새로운 결혼생활이 정말로 나쁜 결과로 이어졌으면 좋겠다는 소망을 품을 수도 있겠죠. 심지어 가해자의 존재 자체가 그 자신에게 일종의 처벌이 된다고 상상하는 것도 가능합니다. 그 인간은 존재 자체가 나쁘고 무지몽매한 인간이라면서요. 단테가 바로 그런 방식으로 지옥을 상상했죠. 이 모든 사례를 자세히 살펴보면, 분노라는 개념에는 일이 가해자에게 불리한 쪽으로 돌아가기를 바라는 소망이 포함되어 있는 것으로 보입니다. 아주 모호한 방식을 통해서라도, 어떻게든, 어느 측면에서든 가해자에게 피해를 갚아주겠다는 겁니다. 그 작자들은 받아 마땅한 응보를 받는다는 거죠. 저는 앞으로 논의할 한 가지 조건이 만족되는 경우, 이런 소망이 분노라는 개념 자체에 포함되어 있다는 주장을 궁극적으로 수용합니다.

그럼 다양한 사례를 통해 이 주장을 검토해보도록 합시다. 가장 기초적인 시나리오에서 시작해보죠. 레베카는 앤절라의 친한 친구로, 둘은 같은 대학교에 다닙니다. 그 학교 캠퍼스에서 O라는 가해자가 레베카를 강간했습니다. 앤절라는 발생한 사건과 그 사건이 끼친 피해의 규모, 가해자의 부당한 의도를 제대로 이해하고 있다고 칩시다. 그러니까 앤절라는 O가 정신적으로 아무 문제가 없는 사람이며 자기 행위의 부당성을 이해하고 있다는 점 등등을 알고 있습니다. (살인이 아니라 강간을 사례로 선택한 까닭은 보통 살인사건에서보다 강간사건에서 앤절라가 더욱 다양한 행위와 소망을 선택할 수 있기 때문입니다. 앤절라와 레베카의 관계를 친구 사이로 한 것도, 앤절라가 가해행위와 가해자에 대한 입장을 설정할 때 보다 자유로운 행동반경 안에서 활동할 수 있도록 한 것이고요.) 대부분 강간은 친밀한 관계에서 발생합니다만, 낯선 이들과 관계를 맺는 중간 영역에서와 달리 친밀한 관계에서 강간이 일어나면 신뢰와 슬픔이라는 문제가 발생하므로 제가 다루려는 문제가 특수한 복잡성을 띠게 됩니다. 그러므로 여기서는 해당 사건이 (개념적으로 더 단순한) 낯선 이에 의한 강간이었다고, 적어도 신뢰나 깊은 감정을 발생시키는 현재진행형의 친밀한 관계에서 발생한 것은 아니었다고 상상해보기로 합시다.

**상황 1**

앤절라는 레베카가 강간을 당했기 때문에 고통을 느낍니다. 자기 관심이 미치는 범위에서, 자기가 깊이 신경을 쓰는 어떤 존재가 심각한 피해를 입었으며, 그 피해는 부당한 것이었다고 올바르게 생각하고 있습니다. 이제 앤절라는 그 피해를 완화하는 단계를 밟아나갑니다. 레베카와 함께 시간을 보내고 레베카가 심리치료를 받을 수 있도록 도와주죠. 전반적으로 앤절라는 레베카의 삶을 회복시키기 위해, 그럼으로써 앤절라 자신의 관심영역에서 발생한 손상을 복구하기 위해 어마어마한 에너지를 투입합니다. 이 시점까지 앤절라가 느끼는 감정은 슬픔/연민인 것으로 보입니다. 슬픔이 발생한 원인이 부당행위인 것은 맞지만, 그렇더라도 이 감정을 분노로 볼 수 없다는 표준적 개념정의는 타당한 것으로 보입니다. 이때 앤절라가 느끼는 감정의 초점은 가해행위 자체보다는 레베카에게 초래된 상실과 고통에 맞춰져 있습니다. 따라서 앤절라의 감정은 강간범이 아니라 레베카를 표적으로 삼고 있는 것으로 보여요. 이 점에 주목해야 합니다.

**상황 2**

앤절라는 레베카가 강간을 당했기 때문에 고통을 느낍니다. 기타 등등도 상황 1과 마찬가지이고요. 앤절라는 상황 1에서 했던 모든 행동을 다함으로써 연민을 표현합니다. 하지만 동시에 앤절라는 가해행위의 부당성에 초점을 맞춥니다. 앤절라의 고통은 부당행위를 표적으로 삼는 특수한 고통으로서, 이런 고통은 레베카의 고통으로부터 야기된 것과는 어느 정도 구분됩니다. 이 추가적인 고통 때문에 앤절라는 그 부당함에 대해 뭔가 조치를 취하고 싶어집니다. 그래서 앤절라는 강간 피해자들을 지원하는 단체를 만들고 그런 단체에 돈을 내기도 합니다. 또한 강간을 방지할 수 있도록 공공 안전조치를 강화해야 한다는 캠페인, 혹은 두 사람이 다니는 대학교가 성폭행 문제에 더 적극적으로 대처해야 한다는 캠페인을 벌이기도 합니다. (여기서도 제가 신뢰와 사랑이 연관되어 있는, 친밀한 관계에서 발생하는 강간의 특수한 복잡성으로부터 한 발 물러서고 있다는 점에 유의하십시오.) 레베카가 겪는 고통뿐 아니라 가해행위의 부당성에도 초점을 맞추고 있으며 그 부당함을 바로잡는 것을 목표로 하는 외적 행위도 하고 있으니, 이때 앤절라가 느끼는 감정을 분노라고 불러야 할까요? 흥미로운 사례이기는 하지만, 저는 사람들이 앤절라가 느끼는 감정을 보통 분노라고 부르지는 않을 거라고 생각합니다. 저는 이 감정을, 글쎄요. 도덕적으로 굴절된 연민이라고 부르고 싶습니다. 지인이 굶주림에 시달리는 걸 보고 연민을 느껴 보편적 복지를 증진시키라는 캠페인에까지 참여하게 되는 경우와도 사실 별로 다르지 않죠. 상황 1에서와 마찬가지로 이 감정은 가해자를 표적으로 삼지 않습니다. 이 감정의 표적은 레베카 혹은 레베카와 같은 처지에 있는 다른 여성들이에요. 가해자가 이 감정에 연관된다면 그건 단지 비슷한 피해의 재발을 방지하는 게 앤절라가 세운 미래의 목표이기 때문일 뿐입니다. 그러니까 앤절라는 일반적 공리公利를 염두에 두고 있다고 할 수 있겠죠. (이렇게 하여 상황 2에서 처음으로, 공리주의가 설정하는 분노의 한계가 드러납니다.)

## 상황 3

앤절라는 고통을 느끼고, 기타 등등도 상황 1이나 2와 마찬가지입니다. 상황 2에서처럼 앤절라는 O가 한 행위의 부당성에 초점을 맞추고 향후 비슷한 종류의 피해를 방지하기 위한 일반적 조치들을 지지하는 캠페인을 벌일 수도 있습니다. 단, 이번에 앤절라는 O에게도 초점을 맞춥니다. 가해자에게 고통을 줌으로써 피해를 보전할 방법을 찾는 거예요. 본인이 관심을 갖는 영역 안에서 피해가 발생했다는 이유로, 앤절라는 O에게 (법적인 방법으로든 법 외적인 방법으로든) 무슨 일이 벌어지기를 바랍니다. 여기에서 비로소 철학적 전통이 이해하는 그대로의 분노, 그러니까 자신이 겪은 고통 때문에, 혹은 그 고통을 누그러뜨리거나 보상하기 위해 가해자의 고통을 추구하는, 보복적 열망에 찬 외적 움직임이 처음 등장합니다.

이제는 '왜'라는 질문을 던져봐야 합니다. 지적이라는 인간이 도대체 왜 가해자에게 고통을 가하면 자신의 고통이 누그러지거나 사라질 거라고 생각하는 걸까요? 여기에는 일종의 마법적 사고가 개입하는 것으로 보입니다. 현실에서는 가해자를 가혹하게 처벌한다고 해서 피해가 복구되는 경우가 거의 없습니다. 우리가 아는 대로라면, 레베카의 고통에 O의 고통을 더하는 행위는 어떤 식으로든 레베카의 상황을 개선시키지 못합니다. 마이클 조던은 아버지가 살해당한 직후 진행된 텔레비전 인터뷰에서 살인자가 체포된다면 그자를 사형시키고 싶으냐는 질문을 받았습니다. 조던은 슬프게 대답했어요. "왜요? 그런다고 아버지가 돌아오시는 것도 아닌데요"라고요.[35] 하지만 이렇게까지 분별력 있는 대답이 돌아오는 경우는 드뭅니다. 아마 남성성의 측면에서 조던만큼 흠 잡을 수 없는 신뢰를 쌓은 사람만이 이런 식으로 생각하고 말할 수 있을 거예요.[36]

복수라는 개념은 대부분 사람들의 상상 속에 깊이 뿌리를 내리고 있습니다. 궁극적으로 이 개념은 아마도 우주적 균형이라는, 형이상학적이고도 떨쳐내기 어려운 개념에서부터 유래했을 텐데요. 그 형이상학적 개념은 인류가 진화과정에서 얻은 자질 중 하나일 겁니다.[37] 지금까지 전해 내려오는 서양철학의 파편 중에서 가장 오래된 조각은 그리스의 사상가 아낙시만드로스가 남긴 유명한 말인데요. 기원전 6세기까지 거슬러 올라가는 이 진술은 형벌 제도와 계절의 변화 사이에 대단히 강력한 유비관계가 발생한다는 가설에 기초를 두고 있습니다. 그러니까 아낙시만드로스는 계절이 순차적으로 서로를 침해하고, 이에 대해 서로서로 '죄를 갚고 보상한다'고 얘기해요. 덥고 건조한 계절이 춥고 습한 계절을 몰아내는 식으로 말입니다(뭐, 시카고에서는 그런 침해가 별로 성공적으로 일어나지 않는 것 같지만요). 왜 그런지는 모르겠습니다만, 우리는 아주 자연스럽게 이런 사고방식을 받아들입니다. 높은 평가를 받는 문학작품 중에도 '인과응보'라는 개념을 포함하고 있는 작품이 다수 있는데, 이런 작품을 보며 우리는 강렬한 미학적 쾌감을 느낍니다.[38] 그 쾌감이 원래부터 존재하던 우주적 균형에 대한 개념에서 유래하는 것인지, 아니면 (탐정 소설이라는 장르 전체가 그렇듯) 이런 종류의 이야기들이 우주적 균형을 생각하는 우리의 경향성을 더욱 부추기는 것인지는 알수 없습니다. 아마 둘 다 맞는 말이겠죠. 어떻든 우리가 그런 식으로 생각하는 것만은 사실입니다. 우리는 가해자에게 고통을 가함으로써, 앞서 벌어진 끔찍한 행위로 인해 파괴된 균형을 회복한다는 식의 이야기에서 쾌감을 느껴요. 그러나 역사 이전 시대에 이루어진 인간의 진화가 모두 그렇듯 미학역시 우리를 잘못된 방향으로 이끌 수 있습니다. 어떤 생각에서 만족감이느껴진다고 하여 그 생각이 말이 된다고는 할 수 없잖아요. 사실은 그렇지않으니까요. O를 강간한다고 레베카가 강간당한 사실이 없던 일이 되는 건아닙니다. 살인자를 살해한다고 해서 죽은 이가 살아나는 것도 아니고요.[39]

그래서 우리는 마법적 사고에 대한 대안에 도달하게 됩니다. 얼핏 보기에는 합리적으로 보이는 이 대안은, 개인이 무시 혹은 경멸을 당했다는 생각에 초점을 맞춥니다.

## 상황 4

앤절라는 고통을 느끼고, 기타 등등도 상황 1, 2, 3과 마찬가지입니다. 그런데 앤절라는 O의 악행을 자기가 소중하게 여기는 누군가에게 심각한 피해를 입힌 부당행위라고 생각하는 데서 멈추지 않고, 앤절라 자신에 대한 모욕이자 명예훼손이라고 생각합니다. '저놈은 내 친구의 손엄성을 모욕했으면서도 아무런 처벌을 받지 않게 될 거라 생각하고 있어. 나를 호락호락하다고 생각하는 거지. 친구가 모욕당하는데도 내가 손 놓고 가만히 앉아 있을 거라고 생각하는 거야. 나를 깔보고 내 자존감을 모욕하는 거라고'라는식으로요. 이때 고통과 복수를 연결시켜주는 고리는 O가 앤절라의 에우다이모니즘적 자아에 끼친 피해가 굴욕 혹은 지위 격하의 일종이라는 아리스토텔레스적 관념입니다. (O가 앤절라도, 심지어 레베카도 모른다는 점을 생각해보면) O의 행위를 앤절라의 지위 격하와 연관짓는 건 타당하지 못한 일이지만, 그야 어떻든 앤절라는 O가 친구에게 끼친 피해를 앤절라 자신의 지위를 떨어뜨리는, 자아에 대한 피해로 봅니다. 그러므로 앤절라는 고통, 더

나아가 굴욕을 안김으로써 O의 지위를 떨어뜨리면 균형이 바로잡힐 거라고 생각합니다.[40]

현재와 과거를 막론하고 많은 문화권에서는 언제나 이런 식의 생각이 존재했습니다. 주요 스포츠에서는 대부분 부상을 당하면 복수를 해야 한다고 강조하는 모습이 발견되고, 규칙이 허락하는 한도(혹은 그보다 좀 더 나아간 정도)에서 피해를 갚아주지 않는 선수는 겁쟁이에 남자답지 못한 인물이라고 간주됩니다. 한 선수에게 부상을 입힌다고 해서 다른 선수의 부상이 낫는 건 아닙니다. 그건 명백하죠. 하지만 부상 자체가 아니라 지위나 굴욕에 초점을 맞추면 이야기가 달라집니다. 복수를 위한 공격은 최초의 공격이 준 굴욕을 제거하는 것으로 보입니다. 타당한 얘기죠. 분노와 관련된 모든 사건에 적용된다고는 할 수 없겠지만, 상대를 무시하고 경멸하는 행위는 다양한 층위의 사건에 두루 적용됩니다. 정신세계에서 '이건 내가 관심을 기울이는 영역이야. 내가 신경을 쓰는 부분이야' 하는 식의 에우다이모니즘적 관심은 너무도 쉽게 '이건 전부 나, 내 자존심, 내 지위에 관한 문제야'라는, 지위에만 초점을 맞추는 관심으로 넘어갑니다. 그러고 나면 복수심으로 가득 찬 반격이 상징적 차원에서 지위의 균형과 남자다움을 포함해, 뭐가 됐든 모든 것을 복원하는 행위로 간주됩니다.

저와 비슷한 방식으로 분노를 분석한 진 햄프턴은 "모든 면에서 안정된 사람은 피해를 입는다 해도 그 피해를 모욕으로 보지 않으나, 그렇게까지 안정되어 있는 사람은 드물다"고 표현합니다. 사람들은 가해행위를 통해 자기 안에 있는 진짜 비천함 혹은 특정 가치의 결여가 드러날까봐 남몰래 두려워하고 있으며, 가해자를 깔아뭉갬으로써 그의 가해행위가 실수였다는 사실을 증명하려 든다는 거예요.[41] 햄프턴의 설명이 분노가 일어나는 모든 상황에 다 적용되는 것 같지는 않습니다. 어쩌면 사람들은 그저 평판에 어마어마하게 신경을 쓰는 것뿐일지도 몰라요. 명백히 알려져 있듯, 남한테 휘둘리면 평판이 떨어지거든요. 심지어 햄프턴이 자신의 주장을 뒷받침하기 위해 예로 든 사건들도 다른 방식으로 설명하는 게 가능합니다. 햄프턴은 사람들이 내면의 약점이 드러날까봐 두려워한다고 설명하지만, 사실 공포는 가치관이나 내적 가치보다는 상대적 지위에 신경을 쓸 때 발생한다고 보는 편이 좀 더 개연적입니다. 내적 가치는 쉽게 손상당하지 않는 반면 상대적 지위는 쉽게 훼손되니까요.

이렇게 모든 초점이 지위의 문제에 맞춰지면 그 순간 복수를 원하는 성향은 근거를 갖추게 됩니다. 더 이상 마법적 차원에만 머무르지 않죠. 이런 식으로 생각하는 사람, 그러니까 모욕이나 지위-서열만을 염두에 두는 사람에게는 복수를 통해 최초의 피해를 씻어내고 무효화시킬 수 있다는 생각이 단지 개연적인 데서 그치는 게 아니라 매우 현실적인 생각이 됩니다. 앤절라가 (지위-피해에 초점을 맞추고서, 법이나 다른 방법을 통해) 복수를 하는 데 성공한다면, 이 복수는 애초에 앤절라가 입었던 피해, 그러니까 지위의 격하를 일으켰던 피해를 취소하는 반전을 만들어냅니다. 예전에는 강자의 위치에 있었을지 모르나 이제 가해자는 감옥에 갇혀 고통을 받게 되고 대신 앤절라가 승자가 됩니다. O의 가해행위에서 가장 핵심적인 속성이 앤절라의 지위를 격하시키는 것이었다면, 복수를 통해 실현된 반전은 실제로 O를 아래로 떨어뜨리고 앤절라를 (상대적으로) 위로 끌어올리는 효과를 내는 겁니다.

그런데 O의 부당행위는 지위의 문제와 우연히 연관되었을지는 몰라도, 원래는 건강, 안전, 신체적 존엄성, 우정, 사랑, 부富, 높은 학업성취도, 그 외의 다른 목표 등 본질적인 속성을 위협하는 것이었습니다. 앞서의 반전은 이런 본질적 속성을 외면하고 **순수하게** 상대적 지위에만 초점을 맞출 때에나 말이 되는 이야기라는 점에 주목하십시오. 복수는 본질적 속성과는 아무 관계가 없습니다. 복수를 통해 그런 속성들을 복원하는 일 또한 불가능합니다. 반격을 통해 가해자에게 어떤 식으로든 고통을 줌으로써 역전을 꾀하겠다는 생각은 앤절라가 순수하게 상대적 지위에만 관심을 기울일 때에나 개연적인 얘기가 됩니다. (학자들 중에서도 예전에 자기를 비판했던 다른 학자를 깎아내리고 싶어 하는 사람들, 그렇게 하면 자기에게 뭔가 도움이 될 거라고 믿는 사람들이 있는데요. 앞서 했던 분석을 생각해보면, 이런 사람들은 오직 평판과 지위에만 초점을 맞춘다고밖에 할 수 없어요. 다른 학자의 평판을 떨어뜨린다고 해서 자신의 연구 성과가 예전보다 나아지는 것도 아니고, 예전에 다른 학자가 그 연구 성과 안에서 찾아냈던 오류가 수정되는 것도 아니니까요.)

앤절라가 자신이 당한 피해를 꼭 지위의 격하로만 볼 필요는 없습니다. 그 점은 명백하죠. 분노에 대한 아리스토텔레스의 정의가 너무 제한적이라고 했던 까닭이 바로 이겁니다. 사실 O가 레베카와 앤절라의 관계를 모르는 낯선 사람이었다는 점을 생각해보면 앤절라가 레베카의 강간을 지위 문제로 받아들이는 게 오히려 더 이상한 일입니다. 하지만 사람들이 자신이 당한 피해를 상황 4의 앤절라처럼 지위의 문제로 인식하는 경우는 매우 흔합니다. 지위 문제 때문에 화를 내는 게 아니라고 부정하며 목에 핏대를 세우는 사람들 중에도 사실은 지위에만 신경을 쓰고 있는 사례가 많아요.[42] 그래서 분노를 지위와 관련지어 정의한 아리스토텔레스의 분석은 유익합니다.

이쯤에서 한 가지 지위를 확실히 구분해두는 게 좋겠습니다. 앞으로 이어질 강의에서도 이 구분은 매우 중요한데요. 세상에는 좋은 정치제도가 마땅히 존중해야 할 특수한 지위가 딱 하나 있습니다. 만인이 평등하게 갖추고 있는, 인간 존엄이라는 지위 말입니다. 강간은 신체적 존엄성에 대한 가해행위일 뿐 아니라 인간 존엄에 대한 가해행위라고 보는 게 타당합니다. 강간범이나 강간 피해자를 다룰 때 사법기관이 이 점을 고려하는 건 옳은 일입니다. 단, 평등한 존엄성은 천부적으로, 또한 양도 불가능하게 만인에게 속하는 것이므로 상대적 지위가 아니며 경쟁의 대상도 아니라는 점에 주목하십시오. 강간범에게 어떤 일이 일어나든 간에 이것 하나만은 분명합니다. 강간범이 피해자의 인간 존엄을 침해하는 데 찬성해서는 안 되듯, 우리는 강간범이 다른 모든 사람과 평등하게 가지고 있는 인간으로서의 존엄성을 침해하고 싶어 해서는 안 됩니다. 강간범의 존엄성을 떨어뜨린다고 해서 피해자의 존엄성이 높아지는 건 아니라는 점도 대단히 중요하고요. 인간 존엄은 제로섬 게임의 대상이 아닙니다. 그런 면에서 인간 존엄이라는 지위는 상대적 지위와 절대적으로 구분됩니다.[43]

앤절라가 지위에만 초점을 맞추는 대신 상황 3에서 멈춘다고 해봅시다. 이때 앤절라가 느끼는 감정은 슬픔과 연민이 뒤섞인 감정이 아니라 분노이므로, 처음에 앤절라는 진심으로 가해자가 어떤 식으로든 나쁜 결과를 겪기만을 바랄 것입니다. 가해자가 응분의 대가를 치르면 (마법적 방식으로) 가해행위의 결과가 상쇄되거나 더 나아가 무효화됨으로써 사태가 바로잡히리라 생각하겠죠. 인간적으로 충분히 그럴 수 있는 일입니다. 그러나 앤절라가 자신의 지위-피해가 아닌 레베카에게 초점을 맞춘다면 이런 마법적 사고는 아주 짧은 시간 동안만 지속될 가능성이 높습니다. 피해를 갚아주겠다는 마법적 환상은 일시적으로 강력한 힘을 발휘할지는 몰라도, 건전한 정신 상태를 가진 대부분의 사람들에게는 짧은 시간 동안만 지속된다는 점이 이미 증명되었습니다. 대신 앤절라는 다른 방향으로 나아갈 가능성이 높습니다. 일련의 미래지향적 태도 쪽으로 정신적 선회를 한다는 얘깁니다. 레베카나 레베카와 같은 입장에 있는 여성들을 돕고 싶은 경우 앤절라는 상황

1과 상황 2에서 보였던 특징적 반응에 초점을 맞출 겁니다. 레베카가 계속 살아나갈 수 있도록 돕는 동시에 지원 단체를 조직하고 캠퍼스 강간문제를 공론화함으로써 당국이 이 문제를 좀 더 적극적으로 해결하도록 촉구할 거라는 말이죠.

앤절라의 미래지향적 계획에는 물론 O를 처벌하는 일도 포함될 수 있습니다. 그러나 강간피해자들이 좀 더 살기 좋은 세상을 만드는 방법이 무엇일지 분별력 있고 이성적인 방식으로 생각하는 한, 앤절라는 상황 4에서와는 전혀 다른 방식으로 O의 처벌을 고려하게 될 겁니다. 상황 4에서 앤절라는 처벌을 O에 대한 '피해 갚아주기' 혹은 복수로 간주했습니다. 더 구체적으로 말해, 그때 앤절라는 처벌을 O의 지위를 격하시키고 그에게 굴욕을 줌으로써 앤절라 자신과 O의 입장을 역전시키는 방법으로 보았죠. 여성들(중에서도 특히 앤절라 자신)을 위에 놓고, 나쁜 남자들(중에서도 특히 O)을 바닥에 놓는 겁니다. 그러나 이제 앤절라는 처벌을 통해 실제로 달성할 수 있는 미래의 선이 있느냐는 관점에서 O에 대한 처벌을 고려할 가능성이 높습니다. 이때 처벌은 특수억제*와 무력화, (중요한 가치를 공적으로 천명하는 방식을 포함한) 일반억제**는 물론 이 모든 조치를 대신해서, 혹은 이 모든 조치 외에도 추가적 조치를 취함으로써 O를 개과천선시키는 등 다양한 형태로 나타날 수 있겠죠. 더 나아가 앤절라는 미래의 선을 추구하는 과정에서, O의 처벌과 동시에 보다 나은 교육제도를 갖추고 빈곤문제를 완화하여 더 나은 사회를 창조하는 방식으로 범죄를 사전에 억제하는 방식을 선택할 수

---

* 특별억제라고도 한다. 범죄자가 처벌 등을 체험하면서 범죄 때문에 발생하는 고통과 비용이 범죄로 얻을 수 있는 효용보다 크다는 점을 깨닫고 이후로는 범죄를 저지르지 않게 되는 억제 효과를 말한다(이창무, 「집회시위와 범죄발생의 관계 분석」, p. 10).

** 특수억제와 반대되는 개념으로, 범죄를 저지른 타인이 처벌받는 것을 보고 범죄를 저지르지 않게 되는 등 모든 사람에게 미치는 공권력의 범죄 억제 효과를 말한다(위의 논문, p. 10).

도 있겠습니다. 이 모든 문제는 6장에서 더 자세히 다루도록 하죠.

## 5. 세 가지 길: 이행

요약해봅시다. 제가 생각하기에 앤절라처럼 진심으로 분노해 반격의 기회만 노리고 있던 사람은 머잖아 갈림길에 도착하게 됩니다. 세 가지 대안이 그 앞에 가로놓여 있죠. 앤절라는 발생한 모든 사건이 자신에 관한 것, 자신의 지위에 관한 것이라고 보고 **지위의 길**을 걸어갈 수 있습니다. 말이 안 되는 생각이긴 하지만 가해자의 고통이 실제로 상황을 나아지게 만든다고 상상하면서 **인과응보의 길**을 선택할 수도 있을 테고요. 그것도 아니라면, 앤절라가 이성적인 사람인 경우, 그녀는 앞의 두 길을 고찰하고 거부한 끝에 자기 앞에 세 번째 길이 열려 있다는 사실을 알아차리게 됩니다. 이 길이 셋 중에서 가장 좋은 길이에요. 앤절라는 자기가 처한 상황에서 뭐든 분별 있는 행동을 하는 데에 초점을 맞춤으로써 실제로 미래를 개선할 수 있습니다. 이때도 O의 처벌을 꾀할 수는 있겠습니다만, 처벌에 임하는 태도는 복수심에 차 있기보다는 범죄자의 교화나 범죄 억제, 혹은 두 가지 목적을 모두 띠고 있는 태도가 될 겁니다.[44]

지위의 길이 그릇된 길이라면 그 까닭은 뭘까요? 대부분의 사회에서는 모든 피해가 본질적으로 분노를 느끼는 사람 자신, 혹은 그 사람의 상대적 지위에 대한 것이라는 생각을 조장합니다. 인간은 평생 동안 항구적 지위-불안에 얽혀 있으며, 그의 인생에서 발생하는 거의 모든 사건은 그의 지위를 격상시키거나 격하시킵니다. 아리스토텔레스의 글을 읽다보면 아리스토텔레스가 살던 사회도 비슷했다는 걸 알 수 있는데요. 아리스토텔레스는 명예에 대한 강박적 집착이 본질적 선善의 추구를 방해한다고 생각하여 지위에 집착하는 경향에 무척 비판적인 태도를 취했습니다. 첫 번째 길, 그러니까 지위의 길에 깃들어 있는 오류는 어리석음에서 기인한 것도 아니고 쉽게 무시할 수 있는 것도 아닙니다. 더욱이, 발생하는 모든 사건을 자신 혹은 자신의 지위에 대한 것으로 보려는 이 경향은 매우 자기애적인 것으로서 호혜적 관계와 정의를 중요한 가치로 여기는 사회와는 같이 가기가 어렵습니다. 지위의 길은 모든 행위에 각각 고유한 도덕적 가치가 있다는 점을 놓치고 맙니다. 예컨대 강간이 나쁘다면 그 이유는 강간이 피해자에게 초래하는 고통 때문이지, 피해자의 친구에게 모욕감을 주기 때문은 아닙니다(지금 이야기하는 상황은 **순수하게** 지위-피해만이 일어나는 상황이며, 좀 더 중요한 피해에 지위-피해가 우연히 수반되는 경우가 아니라는 점을 기억하도록 합시다). 어떤 피해의 부당성에서 가장 중요한 부분이 지위의 격하라면, 그 피해는 가해자에게 모욕을 줌으로써 시정될 수 있습니다. 이런 식으로 생각하는 사람들이 아주 많아요. 그러나 사실 이런 생각은 실제 벌어지는 일에서 관객의 시선을 돌리는 데에 사용되는 마술사의 토끼처럼, 피해자가 겪는 고통과 심리적 외상이라는 현실로부터 눈을 돌리게 만드는 속임수가 아닐까요? 사실은 피해자의 고통이야말로 우리가 건설적으로 다루어야 할 진짜 문제인데 말입니다. 살인, 폭행, 절도 등 온갖 악행은 저마다 고유한, 구체적 행위로서 다루어져야 합니다. 이런 악행의 피해자(와 피해자의 가족들)는 건설적 관심을 받아야 마땅하고요. 모든 가해행위를 피해나 고통의 문제가 아닌 상대적 지위에 관한 문제로 보면, 두 가지 대처가 모두 불가능해질 가능성이 높습니다.

우리 설명이 적용되지 않는 예외처럼 보이는 사례가 한 가지 있는데, 이 사례를 살펴보면 이해하는 데 도움이 됩니다. 인종이나 성별을 근거로 한 차별이 일어나는 경우가 있죠. 사람들은 이런 차별이 지위-격하를 주된 내용으로 포함하는 가해행위라고 흔히 상상합니다. 그래서 가해자의 지위를 떨어뜨리면 이런 차별도 시정될 거라고 생각하는 경향이 있어요. 그러나 이 미끼를 물어서는 안 됩니다. 앞에서도 한번 이야기했지만 우리가 원하는 건 인간 존엄성이 평등하게 존중되는 것입니다. 차별이 부당한 까닭은 차별을 통해 사람들의 안녕과 그들이 누려야 할 기회가 저해되기 때문이기도 하지만, 이를 통해 평등이 부정당하기 때문이기도 합니다. 가해자의 지위를 격하시켜 기존의 지위를 역전시킨다고 해서 평등이 이루어지는 건 아닙니다. 그저 하나의 불평등이 다른 불평등으로 대체될 뿐이죠. 앞으로 살펴보겠습니다만, 킹 목사는 현명하게도 인종문제를 이런 방식으로 틀 지우지 않았습니다.

간단히 말해 '피해를 갚아주는 행위'를 이해 가능할 뿐 아니라 합리적이기까지 한 행위로 만드는 지위의 길에는 도덕적 흠결이 있습니다. 지위의 길은 모든 종류의 피해를 지위-피해로 바꾸어버림으로써, 지배력 및 통제력 부족을 느끼는 취약한 자아의 열망을 중심으로 온 세상이 공전하게 만듭니다. 지배하고 통제하고자 하는 소망은 유아적 자기애의 핵심과 맞닿아 있기에 저는 이를 **자기애적 오류**라고 생각합니다. 하지만 이 명칭을 무시하고 그냥 **지위의 오류**라고만 해도 괜찮겠습니다. 지위의 길을 선택하면 앤절라의 분노는 일리 있는 감정이 됩니다. 하지만 동시에 앤절라는 (아주 흔한) 도덕적 오류를 범하게 되죠.

그러나 두 번째 길, 즉 **인과응보의 길**을 선택했을 때는 앤절라가 편협하거나 도덕적 흠결이 있는 가치관을 받아들이는 게 아닙니다. 이때 앤절라가 실제로 가치가 있는 것들을 소중하게 여기기 때문입니다. 단, 앤절라는 마법적 사고에 빠져들게 됩니다. 마법적 사고는 아까와는 다른 측면에서 규범적 문제를 발생시킵니다. 우리는 모두 스스로 납득할 수 있는 행동을 하고 싶어 하고, 합리적인 존재가 되고 싶어 하잖아요. 피해를 갚아준다는 개념이 어떤 식으로든 말이 된다는 생각, 이미 발생한 피해의 반대편 저울에 추를 달아 무너진 균형을 바로잡아줄 수 있을 거라는 생각은 대단히 흔한 것으로서 인류의 진화과정에서 출현한 것일 가능성이 아주 높습니다. 하지만 사람들이 이런 마법적 사고에 매달리게 되는 다른 이유는 없을까요? 확실하게 지목할 수 있는 이유가 한 가지 있습니다. 바로 슬픔이나 무력감을 받아들이기 싫어하는 마음이죠. 우리들 대부분은 온갖 것들에 대해 무력합니다. 사랑하는 사람의 생명과 안전도 어찌할 수 없죠. 하지만 돌팔이 의사를 고발한다거나 옛 배우자에게서 자녀 양육권을 박탈하는 등 이미 받은 피해를 갚아줄 계획을 세우고 그 계획을 실행하는 데에 몰두하면, 인생의 손에 떠밀려 무력감에 빠졌던 사람도 자신이 처한 실제 상황, 즉 상실을 받아들일 때보다 훨씬 기분이 좋아집니다.

그러므로 피해를 갚아주는 행위는 많은 경우 심리적 기능을 수행합니다. 특히 인과응보를 좋은 것으로 받아들이는 문화에서는 그 구성원들이 인과응보를 통해 진정한 만족감을 느끼게 되죠. 많은 경우 이 만족감은 '종결 closure'[45]이라 불립니다. 그러나 어떤 문화가 특정 형태의 감정을 진실한 것이라고 가르친다는 이유만으로 거짓을 포용하는 건 옳지 않은 일입니다. 그리 멀지도 않은 시점에 인생이 그 거짓을 바로잡아준다면 더욱 그렇겠죠. 의료과실에 대한 소송을 진행한다고 죽은 이가 되살아나는 건 아닙니다. 상대에게 벌을 줄 목적으로 가혹한 이혼 조정을 따낸다고 하여 사랑이 회복되는 것도 아니고요. 실제 상황에서 복수는 미래의 행복을 증진시키기보다 오히려 위험에 빠뜨리는 경향이 있습니다. 설령 가해자에게 복수하는 데에서 압도적 기쁨을 느끼는 사람이 있다고 해도, 그 기쁨을 이유로 가학적이고 악의적인 선호를 지지하는 법을 만들 수는 없는 일이죠.[46] 사람들은 인종차별과 가정폭력, 아동학대 등 온갖 악행을 저지르면서, 혹은 기르는 고양이가 사랑하던 조상님의 영혼을 중개해준다는 따위의 어리석은 공상에 빠짐으로써 기쁨을 느끼는 방법을 학습할 수 있습니다. 그러나 규범적 평가를 할 때는 어떤 경우에도 이런 기쁨을 고려해서는 안 됩니다.

그러므로 합리성을 중요하게 여기는 한 앤절라는 머잖아 인과응보란 그다지 중요하지 않다는 사실을 깨닫게 될 겁니다. 이에 따라 세 번째 길로 방향을 돌려, 미래의 행복을 일구는 데에 집중할 가능성이 대단히 높습니다. 이런 전환은 앤절라가 처음에 초점을 맞췄던 대상이 특정한 가해행위나 가해자였건, 그와 비슷한 모든 가해행위였건 간에 똑같이 일어납니다. 사실, 분노의 초점이 최초의 가해행위와 비슷한 모든 가해행위에 맞추어지는 일은 실제로 종종 일어납니다. 세 번째 길을 택하면 자연스럽게 특정한 가해행위보다는 가해행위 일반에 초점을 맞출 가능성이 높기도 하고요. 예컨대 앤절라가 레베카에 대해서, 또 레베카에게 진정으로 도움이 될 만한 일이 무엇인지에 대해서 생각한다고 해봅시다. 이때 앤절라는 레베카 혼자만의 치료나 레베카를 강간한 범인 한 사람에 대한 특수억제, 무력화, 교화에만 초점을 맞추기보다는 레베카는 누구든 미래에 같은 피해를 겪는 사람이 생겨나지 않도록 하는 데에 주안점을 두게 됩니다.

지위의 길을 따르는 사람들도 일반화를 할 수는 있습니다. 자기 지위의 중요성을 일반적 대의명분과 결부 짓는 건 얼마든지 가능한 일이니까요. 예를 들어, 어떤 사람의 자식이 강간을 당했다고 합시다. 그 사람은 지위-피해에 초점을 맞추었고, 그 결과 엄청난 분노를 느끼게 되었어요. 이때 그는 사람들이 가정을 이루어 살고 있는 지역에 성범죄자들이 살지 못하도록 금지해야 한다고 주장하는 단체를 결성할 수 있습니다. 이와 같은 대의명분이 성범죄자들의 지위를 격하시키고 자신 같은 좋은 사람들의 지위를 상대적으로 격상시키는 방법이 되어줄 거라고 생각하면서 말이죠. 그렇다면 세 번째 길을 택한 사람이 상상하고 시도하는 일과 지위의 길을 걸어가는 사람이 택한, 이런 상징적 차원의 보복적 '지위 격하'는 정확히 어떻게 다른 걸까요? 지위에 주안점을 두는 사람은 지위와 지위의 격하를 정조준합니다. 그러므로 그 사람에게는 성범죄자에게 치욕을 주는 일이 대단히 중요합니다. 자신이나 자신과 비슷한 사람들이 도덕적이고 좋은 사람으로 보이는 일도 그렇고요. 반면 지위에 초점을 맞추지 않는 사람은 실제로 사회의 복리를 증진시키는 방안이 무엇인지를 고민합니다. 그래서 이번에도 다른 관점에서 처벌에 접근하게 되는 거예요. 이 처벌에는 특수억제, 일반억제, 무력화, 교화가 모두 포함될 수 있습니다. 결정은 전부 어떤 처벌이 실제로 도움이 되는지에 따라 이루어집니다.[47] 성범죄자 등록제도가 자기애적 분노에 부역한다는 건 명백한 사실입니다. 반면, 이 제도가 억제나 무력화, 교화 등 지위에 주안점을 두지 않는 사람이 선호하는 처벌의 세 가지 목적 중 어느 하나에라도 기여하는지는 무척 불분명합니다. 간단히 말해, 지위의 길을 걷는 사람과 세 번째 길을 택한 사람은 모두 미래지향적 계획을 수행할 방법으로서 일반적 대의명분을 소중히 여길 수 있습니다. 하지만 대의명분에 접근하는 마음은 서로 다를 수밖에 없어요. 결과적으로 둘은 서로 다른 명분을 좇게 될 가능성이 매우 높습니다.

제가 추천하는 세 번째 길은 겉으로 보기에도 그렇고 실제로도 복지주의적*입니다. 여러분 중에는 제가 다른 책을 통해 몇 가지 형태의 공리주의**를 비판해왔다는 사실을 알고 있는 분도 계실 텐데, 그런 분들이 보기에는 뜻밖일지도 모르겠습니다. 그러나 세 번째 길을 선택한다고 해서 반드시 제가

---

\* welfarist. 특정 행위나 정책, 통치방식을 평가할 때는 그것이 인간 혹은 동물의 복지에 미치는 영향을 근거로 삼아야 한다는 사상.

\*\* 가장 좋은 행위란 사회 전체의 이익, 즉 공리를 최대화하는 행위라고 보는 사상. 특정 행위나 정책, 통치방식을 평가할 때 그것이 끼치는 영향에 주목한다는 점에서 복지주의와 유사하다.

다른 곳에서 공리주의의 잘못이라고 지적했던 오류를 범하게 되는 건 아닙니다. 제가 비판했던 공리주의는 모든 재화가 똑같이 취급될 수 있다는 주장을 펼치는데, 세 번째 길을 택하는 사람이 꼭 그런 주장을 옹호해야 하는 건 아니기 때문입니다. 사람들 사이에 뚜렷한 경계선이 있다는 사실을 무시할 필요도 없습니다. 어떤 가치는 다른 가치보다 훨씬 중요하기에 특별히 보호해야 한다는 말을 부정할 필요도 없고요. 간단히 말해, 세 번째 길을 걷는 사람은 벤담이 아닌 밀의 입장을 취할 수 있습니다(자세한 논의를 보고 싶다면 6장을 참조하십시오). 나아가, 부당행위에 대한 올바른 반응으로서 복지주의적 이념은 스미스가 이미 옹호했고 버틀러가 공리주의자들과는 별개로 지지했던 이념으로,[48] 처음부터 지위를 의식하며 인과응보를 염두에 두는 치명적 문화를 정당하게 비판하는 과정에서 출현한 것입니다. 6장에서는 처벌이라는 주제를 집중적으로 다룰 텐데, 그때 제가 옹호하는 복지주의가 어떤 것인지 자세히 설명하도록 하겠습니다. 지금은 사회적 복지증진이라는 이념이 일반적 형태로, 즉 앤절라의 합리적 고민이 자연스럽게 발현된 결과로서만 드러나게 됩니다.

지금 제가 하는 이야기는 매우 급진적인 것입니다. 분별력이 있는 사람, 극도의 불안감을 느끼거나 지위에만 집착하지 않는 사람에게는 보복 혹은 갚아주기를 원하는 분노의 개념적 내용이 한순간의 꿈이나 구름과 다를 바 없다는 뜻이니까요. 다시 말해 저는 개인적, 사회적 복지를 좀 더 타당하게 고민하는 사람은 머잖아 분노를 떨쳐버리게 된다는 주장을 펼치고 있습니다. 분노에 상대의 고통을 소원하는 보복적 열망이 내포되어 있다면, 분노는 머잖아 작동하지 않게 된다는 게 제 생각입니다. 가해자에 대한 처벌이라는, 최후까지 남아 있는 분노의 관심사조차도 가해자와 사회 모두를 개선시키겠다는 계획의 일환으로 간주됩니다. 이런 목표를 가지고 있는 감정을 분노로 본다는 건 그리 쉬운 일이 아니죠. 오히려 이런 감정은 연민 어린 희망과 더 닮은 것 같습니다. 하지만 모두 알고 있듯, 현실에서는 분노가 이런 식으로 저절로 멈추는 경우가 대단히 드뭅니다. 이처럼 분노가 강하게 지속되는 이유는 상당 부분, 아니 전적으로 두 가지 치명적 오류 때문이라는 게 제 주장입니다. 인과응보라는 마법적 생각에 아무 소득 없이 초점을 맞추는 오류를 범하거나 상대적 지위에 대한 근원적 집착이라는 오류를 범했기 때문이라는 거죠. 후자의 오류를 범하는 것이 일반적 복수가 합리적 행위가 될 수 있는 유일한 방법입니다.

조금만 더 간결하게 표현해볼까요? 최소한의 일리라도 갖추려면 분노는 지위에만 편협하게 초점을 맞추어야 하므로, 규범적으로 문제적인 감정이 됩니다. 반면 규범적 합리성을 갖춘 경우, 즉 실제 발생한 피해에 초점을 맞추는 경우 분노는 마법적 사고에 기대게 되므로 말이 되지 않습니다. 따라서 다른 방식으로 분노는 규범적으로 문제적인 감정이 됩니다. 이성적 인간의 분노는 이 사실을 깨닫는 순간 스스로를 비웃고 사라져버립니다. 이처럼 분노가 복지를 고민하는 미래지향적 생각으로, 연민 어린 희망으로 건강하게[49] 전환되는 일을 저는 지금부터 **이행**이라 부르겠습니다.

저는 이행이 어떤 식으로 일어나는지 개인적으로 상상해왔는데요. 그 구체적 사례는 4장과 5장에서, 친밀한 관계와 중간 영역에서 발생하는 배신이나 피해를 다룰 때 좀 더 깊이 살펴보도록 하겠습니다. 다만 이행의 의미를 좀 더 명확하게 밝히기 위해, 정치적 영역에서 이행이 발생하는 사례만은 한번 살펴보도록 합시다. 저술활동을 시작하던 시기의 저 자신도 그랬지만, 많은 사람들은 분노가 사회적 불의를 시정하는 작업에 필수적 동기를 제공한다고 생각합니다. 이게 과연 맞는 생각인지 딱 한 가지 사례만을 신중히 살펴보도록 합시다. 그 사례란, '나에겐 꿈이 있습니다'라는 연설에서 드러나는 마틴 루터 킹의 연쇄적 감정입니다.[50] 처음에 킹은 아리스토텔레스적 분노를 요청하며 연설을 시작합니다. 인종차별주의가 부당한 피해를 가했다고, 그 피해는 평등에 대한 국가의 암묵적 약속을 깨버린 것이라고 지적하죠. 노예해방선언*이 이루어진 지 100년이 지나서까지도 "검둥이들의 삶은 분리주의의 차꼬와 차별이라는 사슬에 묶여 슬프게도 불구가 되어 있다"면서요.

킹 목사가 취하는 이후의 움직임이 매우 중요합니다. 킹은 미국의 백인들을 악마화하거나 그들의 행동을 살인적 분노를 사 마땅한 것으로 묘사하지 않습니다. 대신 침착한 어조로 그들을 재정적 의무 이행에 실패하여 채무불이행 선언을 한 사람과 비교합니다. "미국은 흑인들에게 부도수표를 지급했으며 그 수표는 '잔액부족'이라는 말이 찍힌 채로 되돌아오고 말았습니다." 여기에서 이행이 시작됩니다. 이 말을 듣는 순간부터 우리는 이미 보복과는 거리가 먼 방식으로 생각하게 되거든요. 어떻게 해야 백인들에게 치욕을 줄 수 있느냐가 아니라, 어떻게 해야 이 부채를 상환할 수 있느냐가 본질적 질문이 됩니다. 재정문제와 인종자별문제를 은유했기에 채무자에게 치욕을 주어야겠다는 생각이 중심적인 위치를 차지하게 될 가능성은 낮아집니다. (사실 채무자를 모욕하겠다는 생각은 비생산적이게 느껴집니다. 모욕을 당한 채무자가 빚을 갚겠다는 입장을 취하는 건 어려운 일이죠.)

이어서 킹은 모든 사람이 정의와 영예로운 의무를 함께 추구하는 미래에 초점을 맞추고, 이에 따라 이행은 성실히 진행됩니다. "하지만 우리는 정의의 은행이 파산했다고는 믿지 않겠습니다. 우리는 이 나라의 가능성이라는 위대한 금고에 잔액이 부족하다고는 믿지 않겠습니다." 이번에도 고통을

---

\* Emancipation Proclamation. 1863년에 있었던 일이다.

안겨주겠다는 생각이나 피해를 갚아주겠다는 생각은 언급되지 않습니다. 그저 빚을 확실히 갚도록 하겠다는 결심이 드러날 뿐입니다. 킹은 청중에게 지금 이 순간은 긴급한 순간이라고, 격노의 감정이 휩쓸어올 위험이 있다고 상기시킵니다. 동시에 그런 행동을 미연에 물리치죠. "우리는 정당한 지위를 얻어내는 과정에서 부당한 행동을 하는 죄를 저지를 수는 없습니다. 원한과 증오의 잔을 마시는 것으로 자유에 대한 우리의 갈증을 식히려고 하지는 맙시다. (중략) 이번에도, 이번에도 또 한 번, 우리는 물리적인 힘에 영혼의 힘으로 맞서는 위풍당당한 지위로 솟아올라야 합니다."

그리하여 '갚아준다'는 행위는 빚진 것을 갚는 일, 즉 자유와 정의를 추구하며 흑인과 백인을 한데 엮어주는 과정으로 다시 생각됩니다. 모두가 혜택을 봅니다. 수많은 백인들이 이미 깨닫고 있듯, "백인들의 자유는 도저히 뗄 수 없는 방식으로 흑인들의 자유와 묶여 있기 때문입니다".

이어서 킹은 폭력이나 노력 자체를 포기하는 결과로 이어질 수 있는 절망을 물리칩니다. 이 연설에서 가장 중요한 부분인, "나에겐 꿈이 있습니다"라는 대목이 드높이 솟아오르는 게 바로 이 지점에서입니다. 물론, 이 꿈은 고통을 주겠다거나 보복적인 처벌을 가하겠다는 꿈이 아니라 평등과 자유, 형제애에 대한 꿈입니다. 섬세하게 고른 단어를 가지고 킹은 청중 가운데 있던 아프리카계 미국인들을 초대합니다. 과거의 가해자들과도 형제애를 맺는 모습을 상상해보라고 그들에게 요청합니다.

나에겐 꿈이 있습니다. 언젠가 조지아의 붉은 언덕에서, 노예의 아들이었던 자들과 노예 주인의 아들이었던 자들이 형제애로 이루어진 식탁에 함께 둘러앉는 꿈입니다.

나에겐 꿈이 있습니다. 언젠가는 심지어 미시시피주마저도, 불의의 열기로 시달리고 있는, 억압의 열기로 시달리고 있는 그 주마저도 자유와 정의의 오아시스로 변화될 거라는 꿈입니다.

나에겐 꿈이 있습니다. 언젠가는 저 아래 앨라배마에서도, 악랄한 인종차별주의자들과 '주권 우위'니 '법령 실시 거부'니 하는 말들을 침처럼 뚝뚝 흘려대는 주지사가 있는 바로 그 앨라배마에서도, 흑인 소년과 흑인 소녀들이 백인 소년과 백인 소녀들의 자매로서, 또한 형제로서 모두 함께 손을 맞잡으리라는 꿈입니다.

이 연설을 (3장에 나오는) 〈진노의 날Dies Irae〉이나 「요한의 묵시록」에 나오는 인과응보에 대한 상상과 비교해보는 것만으로도 우리는 기독교 전통의 한 갈래를 차지하고 있는 분노의 표준 궤도에서 이탈할 수 있었던 킹이 얼마나 위대한 인물이었는지 알 수 있습니다. 킹이 따르고 있는 것 또한 기독교적 전통의 다른 갈래이긴 하지만요.

처음에는 킹의 연설에도 분노가 있었습니다. 그 분노는 잘못을 시정해보겠다는 비전을 호출하죠. 그래서 이 분노는 처음에, 자연스럽게도, 보복적인 형태를 취합니다. 하지만 킹은 곧바로 그 보복을 과업과 희망으로 바꾸어놓는 작업에 착수합니다. 왜냐고요? 분별력이 있으면서도 실제적인 방식으로 생각해보면, 응보주의적 앙갚음을 통해 불의를 좋은 것으로 바꾸어놓을 방법은 전혀 없기 때문입니다. 가해자에게 고통을 주고 그를 깎아내리는 일은 피해자를 자유롭게 만들어주지 않습니다. 피해자를 해방시키는 건 오직 정의를 향한 지적이고도 상상력 넘치는 노력뿐입니다. 제가 말하는 '이행'의 의미는 바로 이런 것입니다. 이러한 정신적 움직임을 이어지는 강의에서 좀 더 자세히 살펴보도록 하겠습니다.[51]

킹의 사례를 통해 알 수 있는 건 이외에도 많습니다. 그중 한 가지는, 이행이 시작되는 순간부터 우리가 익히 알고 있는 용서는 설 자리가 없어진다는 사실입니다. 용서에 대해서는 3장에서 자세히 다룰 텐데요. 피해를 갚아주고자 하는 마음은 많은 경우 상대의 비굴함을 요구합니다. 제가 '교환적 용서'라고 부르는 것은 참회와 자기비하라는 행위를 필요로 하죠. 이 자체가 일종의 피해 갚아주기로 기능합니다. (많은 경우 피해를 갚아주고자 하는 마음은 자기비하와 저열함을 상대에게 요구하기에, 지위에 대한 초점과 결합되어 있습니다.) 반면 이행적인 정신은 정의와 형제애를 원합니다. 상대적 지위에만 초점을 맞추는 월러스 주지사한테야 무릎을 꿇는 일과 지옥에서 불타는 일이 매한가지였겠죠. 하지만 그런 식으로는 정의를 만들어낼 수 없습니다. 피해도 복구할 수 없고요. 글쎄, 처음 단계, 즉 전-이행적 단계의 분노가 보이는 특징인 마법적 사고를 통해서나 할 수 있을까요? 이행에 성공한 사람들은 진정한 문제란 정의와 협력을 만들어내는 것임을 알고 있습니다. 이 목적을 달성하는 데에 도움이 된다면 용서의 의식도 유용하다고 생각할 수 있죠. 7장에서는 그러한 주장들도 살펴보게 될 것입니다. 하지만 킹에게는 용서라는 의식을 벌일 만한 공간이 없었습니다. 그는 오직 화해와 서로 함께하는 노력을 원했거든요. 이러한 정치적 문제는 나중에 다시 다루겠습니다.

그런데 이행이라는 개념이 너무나 숭고하고 머나먼 것, 범인凡人이라기보다는 성인聖人에 가까운 킹 개인에게나 가능한 것으로 보일지도 모르겠습니다. 그래서 좀 더 익숙한 사례를 하나 들어보려 합니다. 이 사례를 통해 미국의 대중문화에도 이행이 포함되어 있다는 사실을 알 수 있는데요. 더 놀라운 건 '남자다운 남자'가 보여주는 상징적 행위에서도 이행이 보인다는 점입니다. 1960년대의 텔레비전 프로그램인 〈브랜디드Branded〉에서 척 코너스는 대단히 고전적인 서부극 주인공, 제이슨 맥코드를 연기했습니다. 맥코드는 용감하고 충성스럽지만 다른 사람들과 거리를 두는 고독한 존재인데요. 첫 화에서 그는 사막에서 죽어가던 남자를 만나 물도 주고 자기 말까지 태워줌으로써 그의 목숨을 구해줍니다. 그런데 그 대가는 총을 맞는 위기에 처하는 것뿐이었습니다. 사기꾼 콜비가 맥코드의 말을 빼앗는 바람에 걸어서 사막을 건너게 되었거든요. 그러다 죽을 가능성이 매우 높았는데도 말입니다. 콜비는 자기에게는 아내와 두 딸이 있다고, 그래서 자기는 살아야만 한다고, 따라서 이렇게 행동할 수밖에 없다고 설명합니다. 딸의 생일에 늦지 않게 마을로 돌아가야 한다는 얘기까지 하죠! 맥코드는 결국 살아남아 마을에서 콜비 가족을 만나게 되고, 맥코드의 친구는 화를 내며 그들과 정면으로 맞서라고 부추깁니다. 맥코드도 정말로 화가 나 굳은 결심을 품고 콜비에게로 다가갑니다. 그때 콜비의 어린 두 딸은 콜비 주변에서 굴렁쇠를 가지고 놀고 있습니다. 맥코드는 그 가족을 보고 생각을 고쳐먹죠. 그냥 몸을 돌려 떠나버립니다. 그러면서 어깨 너머로, 씁쓸한 미소를 지으며 말합니다. "생일 축하한다, 제이니."

자, 여기에 대단한 오류를 범하고 있지만 어쩐지 영웅적인 인물이 있습니다. 처음에는 인간적이게도 어마어마한 분노를 느끼지만, 그 단계가 지나자 분노를 버리고 (콜비 가족의 안녕이라는) 일반적 복지를 선택하는 인물이죠. 맥코드는 분노보다 강한 사람이고 그 점이야말로 맥코드를 진정 영웅적인 남자로 만들어주는 요인 중 하나입니다.[52]

하지만 논의를 진전시키기 전에, 분노에도 심사숙고해볼 만한 좋은 역할이 있다는 비숍 버틀러의 이야기를 다시 살펴봐야겠습니다. 분노가 상당히 역겨운 감정이라는 사실을 알아차렸으면서도 버틀러는 분노에 어쨌거나 나름의 가치가 있다고 주장합니다. 분노는 다른 인간에게 가해진 부당행위에 대하여 우리의 연대의식을 표현한다는 건데요.[53] 사람들은 일반적으로 부당행위를 한 사람들이 처벌받는 걸 보고 싶다는 욕망을 가지고 있습니다. 이 욕망은 우리나 우리가 중요하게 여기는 사람이 피해자일 경우에 더 높은 강도로 느껴지지만, 어느 정도까지는 순전히 일반적인 문제이기도 합니다. 정의와 사회질서가 우리 모두의 관심사가 되는 건 좋은 일입니다. 그러므로 그 질서를 부당하게 혼란시키는 행위에 대항하여 분노가 일어난다면, 분노는 쓸모 있는 연대의식으로 사람들을 결속시키고 사회적 관심을 강화하는 유용한 감정이라고 할 수 있습니다. 잠시 후 저는 몇 가지 점에서 이 주장이 옳다고 인정하고 분노의 도구적인 역할을 논하겠습니다. 하지만 버틀러의 주장은 여기서 그치지 않습니다. 그는 피해를 갚아주겠다는 생각 자체와 그 생각을 포함하고 있는 분노에 규범적인 가치가 있다고, 거기에 인간에 관한 일반적 관심이라는 개념이 내포되어 있다고 주장합니다.

일단은 잘못한 사람이 벌 받는 것을 보고 싶어 하는 일반적 욕망 덕분에 개인이 인간이라는 종 전체와의 연대를 추구하게 된다는 버틀러의 경험적 주장부터가 의심스럽습니다. 앞에서 저도 인과응보에 대한 욕망이 우리의 진화적 경향을 표현하는 것일지도 모른다고 얘기했죠. 그러나 폴 블룸이 유아에게서 나타나는 인과응보의 욕망을 검토해보니, 그 결과는 버틀러의 주장과 맞지 않았다고 합니다. 블룸이 발견한 바에 따르면, 인과응보의 욕망은 어린 인간 개체를 인간이라는 종 전체와 엮어주지 않습니다. 어린이들은 발달과정에서 아주 좁은 범위의 사람들에게만 관심을 기울이고 낯선 사람들을 악마화하려는 대단히 강력한 경향을 나타내는데, 이런 경향 때문에 아이들의 도덕적 사고가 편협하고 불공정한 방식으로 발달합니다. 인류 대부분은 아이의 관심 범위 밖에 머물며, 많은 경우 낯선 사람들은 낯선 사람이라는 이유만으로 해롭고 벌을 받아야 마땅한 존재로 생각됩니다.[54]

하지만 버틀러의 주장이 옳다고 하더라도 문제는 해결되지 않습니다. 그는 잘못한 사람에게 고통과 괴로움을 부과하고자 하는 욕망이 어째서 연대의식을 강화하는지 설명하지 못하거든요(분노의 본질이 바로 그것이고, 처벌

역시 그런 의미에서 이루어져야 한다고 주장하면서도 말이죠). 인과응보라는 관념, 그러니까 마법적 방식을 통해 고통을 고통으로 갚아주면 뭔가가 달성될 수 있다는 생각을 받아들이지 않아도 사회적 질서의 혼란이 나쁜 것이고 사람들을 부당한 피해로부터 보호하고자 하는 욕망이 좋은 것이라는 점에는 충분히 동의할 수 있습니다. 버틀러의 주장은 지위의 오류에서 자유로우나 인과응보의 오류는 피하지 못합니다. 사실은 인과응보의 오류를 좀 고상하게 표현한 것이라고 할 수 있겠죠. 다른 인간과의 연대를 증진시키고 싶다면 가장 좋은 방법은 당연히 인간 전체의 복지를 증진시키는 건설적 행위에 초점을 맞추는 것입니다. 모순과 무가치함에 빠져들 수밖에 없는, 보복의 계획에 착수하는 게 아니고요.

그러나 한 가지, 버틀러의 주장에도 옳을 뿐 아니라 중요한 문제가 포함되어 있습니다. 인간의 복지는 부당행위를 기록하고 그에 대한 책임을 묻는 공적 표준을 세움으로써 증진될 수 있다는 주장이죠. 진실과 책임은 모든 사람에게 사회가 무엇을 중요하게 받아들이고 무엇을 성심성의껏 보호하는지 공표함으로써 복지를 증진시킵니다. 이런 측면에서 저는 버틀러의 의견에 동의합니다. 부당행위가 발생했다면 맹렬히 비판하고 저항해야죠. 그 다음에는 그런 행위가 심화되지 않도록 막아줄 가능성이 높아 보이는 이런저런 정책도 펼쳐야 할 것입니다. 피해자들은 피해사실의 인정과 피해에 대한 책임을 정당하게 요구할 수 있습니다. 사회는 그 요구에 응해야 마땅하고요. 이 문제는 6장과 7장에서 더 다루도록 하겠습니다. 하지만 지금은 먼저 다른 감정을 살펴봅시다. 이 감정에는 버틀러가 분노를 통해 얻고자 했던 이점이 담겨 있으나 분노의 결점은 들어 있지 않습니다.

## 6. 합리적 감정으로서의 이행-분노: 분노의 도구적 역할

분노가 잘못된 방향으로 갈 수 있는 방식에는 여러 가지가 있습니다. 먼저 감정의 표적을 오해하는 경우가 있죠. 예컨대 앤절라는 O가 강간을 저질렀다고 생각하지만 실제로 그 행위를 한 건 O가 아니라 다른 사람, P였을 수 있습니다. 분노의 초점이 되는 사건에 대해서 오해가 생길 수도 있습니다. O가 현장에 있기는 했지만 레베카를 강간하지는 않은 경우입니다. 엉뚱한 가치를 귀한 것으로 잘못 평가해 분노하는 경우도 있습니다. 아리스토텔레스는 상대가 자기 이름을 잊어버렸다는 이유로 화를 내는 사람들이 많다는 얘기를 합니다. 이건 분명 이해하기 힘든 반응입니다(그는 이름에 엽기적일 정도의 중요성을 부여하는 시각을 가지고 있거나, 이름의 망각이 자신의 중요성을 보다 일반적인 차원에서 무시한 것이나 다름없다고 해석했을 겁니다). 이런 오류는 5장에서 다루도록 하겠습니다.

하지만 사실관계나 그 평가가 올바르게 이루어지는 경우도 많습니다. 부당행위가 실제로 발생했고 표적에 의해 의도적으로 일어났으며 심각한 피해를 일으킨 경우입니다. 이쯤에서 용어를 하나 더 정의해야겠는데요. 이런 경우 분노에는 '상당한 근거가 있다well-grounded'고 할 수 있습니다. '정당하다'고는 하지 않겠습니다. 앞서 주장했듯 분노의 개념에는 피해를 갚아주겠다는 소망이 포함되어 있는데, 그런 소망은 규범적으로 문제적이기 때문입니다. 그러므로 '상당한 근거가 있다'는 말은, 분노의 인지적 내용 중 피해를 갚아주려는 소망 한 가지만을 제외하고는 모든 점이 확실하다는 뜻입니다.

상당한 근거를 갖추었기에 여러 오류를 피해가는 경우에도 분노는 인과응보라는 모래톱에 부딪쳐 좌초하게 됩니다. 바로 이 지점에서 저는 분노의 개념에 피해를 갚아주겠다는 소망이 언제나 포함되어 있다는 이론에 중요한 예외를 두고자 합니다. 처음에는 화를 내며 피해를 갚아줄 방법을 생각하다가도 마음이 가라앉으면 이행을 향해 나아가는 사례는 많이 있습니다. 그런데 애초부터 이행의 상태에 도달해 있는 사례도 적게나마 존재합니다. 그 감정의 내용은 **전적으로** '말도 안 돼! 뭐라도 해봐야겠어'라는 데에서 그칩니다. 이 감정을 이행-분노라고 부릅시다. 이런 형태의 분노, 혹은 준準-분노는 처음부터 세 번째 갈림길을 향해 가니까요. 이행-분노보다 좀 더 일상적인 이름을 붙여주는 것도 가능할지 모르겠습니다. 진 햄프턴이 썼던 '의분'[55]이라는 용어도 한 예가 되겠죠. 하지만 제가 보기에는 이행-분노를 다른 사례로부터 깔끔하게 구분해내는 편이 더 좋을 것 같습니다. 우리가 '의분'이라고 부르는 감정의 수많은 사례들은 어떤 식으로든 피해를 갚아주겠다는 생각과 연관되어 있잖아요. 그래서 좀 더 분명한, 제가 만든 용어가 나을 것 같습니다. 이행-분노는 지위에 집착하지 않습니다. 뿐만 아니라 이 감정은 아주 잠깐이라도 발생한 피해를 갚겠다며 가해자에게 고통을 주고 싶다는 소망을 품지 않습니다. 이행-분노는 어떤 경우에도 그런 마법적 사고에 연루되지 않으며 처음부터 사회의 복지에 초점을 맞춥니다. "뭐라도 해봐야겠어"라고 말함으로써, 이행-분노는 전략을 탐색하는 데 전념합니다. 그러나 가해자에게 고통을 주는 것이 그 전략 중 가장 매력적인 방법인지 여부에는 의심의 여지를 남겨놓지요.

이행-분노가 분노의 일종이라고 할 수 있을까요? 이 질문에 대해서라면 어떤 답이 나오든 사실 저는 큰 관심이 없습니다. 이행-분노처럼 특수한 경계선상의 사례들을 개념적 분석으로 잘 다루어낼 수 있는 경우는 별로 없으니까요. 이행-분노가 감정이라는 것만은 확실합니다. 이행-분노를 느끼는 사람도 분명 마음이 상한 상태니까요. 그리고 이행-분노는 말도 안 되게 화나는 행동에 초점을 맞춘다는 점에서, 미묘하기는 하지만 연민 어린 희망과는 구분되는 것으로 보입니다. 이행-분노를 느끼는 사람은 "말도 안 돼"라고 말하지, "정말 슬프다"라고 말하지 않아요. 피해를 복구하거나 방지하기보다는 부당행위를 감소시키거나 막는 데에 초점을 둔 미래지향적인 계획을 품는다는 점도 다르죠. 여기서 중요한 건 이처럼 순수하게 미래지향적인 감정이 얼마나 드문가 하는 점입니다. 화가 난 사람들이 애초부터 이런 방식으로, 잠깐이나마 가해자에게 나쁜 일이 닥치기를 바라지 않는 방식으로 생각하는 경우는 대단히 드뭅니다(예외적으로 이행-분노를 느끼는 사람도 사회적 복지를 증진시키는 수단으로서 가해자에게 나쁜 일이 닥치기를 바라는 경우가 있습니다. 정말 그런지는 감정에 흔들리지 않는 연구를 통해 알 수 있겠죠). 처음부터 이행-분노의 단계에 있으면서 사회적 복지에 초점을 맞추는 감정보다는, 처음에는 화를 냈다가 이행을 향해 가는 감정이 훨씬 흔하죠. 보복을 꾀하는 본능은 대단히 인간적인 것입니다. 진화적 경향을 통해서나 문화적 강화를 통해서나 이 본능이 더욱 인간적인 것으로 변해간다는 데에는 의심의 여지가 없어요. 자신의 복지에 영향을 끼치는 중요한 문제가 벌어졌는데도 처음부터 이행-분노의 단계에 도달해 있는 사람들은 예외적인 인물들뿐입니다. 그런 정신을 갖추려면 보통 기나긴 자기훈련을 거쳐야 합니다. 글쎄요. 킹 자신은 이행-분노를 느꼈지만 연설문을 쓸 때는 청중을 위해 (보통 사람들이 보이는) 단기적 분노와 그 이후의 이행이라는 감정을 구성해냈다고 상상해볼 수도 있겠죠. 앞으로 저는 이런 뜻으로 이행-분노라는 특수한 용어를 사용하도록 하겠습니다. 그냥 '분노'라는 단어를 쓸 때는 이행-분노를 의미하지 않고, 오직 아리스토텔레스와 버틀러가 알맞게 정의한 개념에 따라, 우리에게 익숙한, 일상적인 감정을 의미합니다.

이행-분노는 정치제도를 생각할 때 특히 중요한 감정이지만 일상적 상호작용에서도 완전히 배제되어 있는 건 아닙니다. 이행-분노가 많이 발견되는 한 가지 영역은 부모가 어린 자녀와 맺는 관계 영역입니다. 아이들의 행동은 많은 경우 말도 안 되게 화가 나는 것들입니다만, 부모들이 그에 대해 복수하고 싶어 하는 경우는 드뭅니다. 그냥 사태가 나아지기를 바랄 뿐이죠. 현명한 부모라면 개선이 이루어질 수 있도록 고안된 전략들을 선택할 겁니다. 보통의 분노, 가해자에게 나쁜 일이 일어나기를 바라는 소망은 무조건적 사랑과 긴장관계에 있습니다. 이행-분노는 그렇지 않죠. 여기에는 나쁜 일이 일어나기를 바라는 소망이 빠져 있으니까요.

이행-분노는 중요한 원칙이 위반된 경우나 불공정한 체제에 대해서 사람들이 화를 내는 경우에도 발견됩니다.[56] 단, 그런 식의 분노가 전부 이행-분노인 건 아닙니다. 피해를 갚아주겠다는 소망은 꼭 정원의 뱀처럼 다양한 곳에 은밀히, 미묘한 방식으로 깃들어 있거든요. 가끔씩은 어떤 원칙이 깨져서 화가 났다고 말하는 사람들도 그 원칙을 위반한 사람들이 응분의 대가를 받아 어떤 식으로든 고통을 겪기를 바랍니다. 체제의 불의함에 분노한 사람들이 '체제를 부숴버리고' 싶어 하는 경우도 있죠. 그 체제를 지탱하고 있는 사람들의 머리 위로 혼란과 고통을 쏟아붓고 싶어 하는 겁니다. 하지만 만일 그 사람이 느끼는 분노의 내용이 전적으로 '이건 말도 안 돼. 어떻게 해야 사태를 나아지게 할 수 있을까?'라거나 '이건 말도 안 돼. 다른 방식으로 일을 풀어가려는 노력을 기울여야겠어'라는 것뿐이라면, 그 분노는 진정한 이행-분노입니다.

일반적 사례를 검토하면서 이런 구분의 미묘함을 자세히 설명하도록 하겠습니다. 많은 사람들은 가난한 사람의 복지를 위해 부자가 더 많은 세금을 내지 않는 것을 말도 안 되게 화나는 일이라고 생각합니다. 불공평해 보이는 체제를 향해 의분을 느끼죠. 문제를 단순화하기 위해 일단 그 사람들의 경험적 분석이 맞는다고 가정해봅시다. 부자가 세금을 더 내면 정말로 가난한 사람한테 도움이 된다고 말이죠(정말로 그런지는 딱히 분명하지 않습니다). 그리고 또 한 가지 분명해 보이는 가정, 즉 그런 변화가 일어날 경우 부자들이 불쾌감을 느끼고 고통스러워하리라는 가정도 전제하도록 합시다. 그런 다음 이 변화를 옹호하는 두 가지 태도를 상상해보도록 하죠. P는 사회의 복지에 초점을 맞춥니다. 불의를 보고 말도 안 된다고 느낀 그는 좀 더 정의로운 사회를 만들고 싶어 합니다. 부자들이 괴로워할 가능성이 높다는 이유만으로 올바른 일을 멈추어서는 안 된다고 생각하지만, 부자들이 괴로워하기를 원하지는 않습니다. 부자들이 괴로워하기 때문에 P의 계획에 대한 정치적 저항이 일어난다면야 오히려 그런 괴로움이 없는 편을 선호합니다. 반면 Q는 이로운 변화를 원하지만, 동시에 부자들이 고통을 받는다는 생각도 마음에 들어 합니다. 부자들의 오만과 탐욕을 갚아주어야 한다고, 응분의 벌을 주어야 한다고 생각하는 거죠. 부자들은 괴로워해야 **마땅하다**고 Q는 생각합니다. Q의 분노는 부자들에게 고통을 주겠다는 목표를 가지고 있으므로, (Q의 관점에 따르면) 부자들의 고통이 최소한 부분적으로는 정당화됩니다. 이 경우 P의 분노는 순수한 이행-분노입니다. Q의 분노는 일상적 분노에서 보이는 온갖 감정이 잡다하게 섞여 있는 형태라고 할 수 있을 거고요. 이 감정은 조만간 이행을 향해 나아갈 수도 있지만, 그렇지 않을 수도 있습니다. 불행히도 유권자들을 포함해 현실의 정치적 행위자들은 P만큼 순수한 경우가 거의 없습니다.

이런저런 상황을 전부 생각해본다면, 일상적인 분노의 장점으로는 뭘 꼽을 수 있을까요? 분노에는 도구적으로 유용할 수 있는 역할이 세 가지 있습니다. 첫째, 분노는 뭔가가 잘못되어 있다는 **신호**로 기능할 수 있습니다. 이 신호에는 두 가지 종류가 있어요. 첫째, 분노는 분노를 느끼는 사람 자신에게 신호를 보냅니다. 분노를 느끼기 전까지만 해도 그는 자신이 어디에 가치를 두는지, 그렇게 가치를 두는 것들이 얼마나 취약한지를 인식하지 못하고 있었을지도 모릅니다. 둘째, 분노는 세상에 보내는 신호가 될 수도 있습니다. 어떤 침해가 발생했을 때 그리로 관심을 돌리는 일종의 느낌표가 되는 겁니다. 5장에서 이야기하겠지만, 실제로 분노하지 않고 분노한 척 연기를 하는 것만으로도 후자의 역할은 충분히, 경우에 따라서는 더 훌륭하게 수행됩니다. 그러므로 여기서는 전자의 역할에만 초점을 맞추도록 하겠습니다. 분노에는 내가 깊은 관심을 갖고 있는 사람 혹은 사물을 표적으로 삼아 중대한 부당행위가 일어났다는 생각이 담겨 있습니다. 슬픔이나 연민을 통하면 분노를 느끼지 않고도 중대한 피해가 발생했다는 생각을 할 수 있겠죠. 그러나 이 두 가지 감정은 부당성을 포착하지는 못합니다. 부당함은 분노만의 구체적 초점입니다. (바로 이 이유 때문에 버틀러는 갖은 혹평을 퍼부으면서도 분노라는 뜨거운 감정에 사회적 효용성이 있다고 주장한 겁니다. 앞서 살펴봤듯 이 주장의 결과는 딱히 좋다고만도, 나쁘다고만도 할 수 없지만요.) 또 한 가지 중요한 차이점은, 슬픔이나 연민에는 무언가 해야만 한다는 생각이 담겨 있지 않다는 겁니다. 앞서 이야기했듯 뭔가 해야겠다는 생각은 분노에만 개념적으로 포함되어 있습니다. 뭔가 한다는 게, 보통 피해를 갚아주겠다는 오류투성이 소망의 형태를 띠기는 하지만 말입니다. 분노를 경험하면 자기가 무엇을 중요하게 여기는지, 다른 사람의 부당행위가 그 가치관을 어떤 식으로 해칠 수 있는지 잘 모르던 사람도 눈을 뜰 수 있습니다. 예를 들어 위계서열에 묶여 있던 사람은 분노를 일회적으로, 혹은 반복적으로 경험하고 나서야 자기가 어떤 식으로 불공평한 대우를 받았는지 깨달을 수 있습니다. 이 경험을 통해 저항을 해야겠다거나 어떤 식으로든 자기 처지를 개선해야겠다고 결정하는 데 도움을 받았다면, 이때 분노는 유용한 것입니다.

분노가 보내는 신호에는 오해의 소지가 있습니다. 분노라는 개념에는 피해를 갚아주겠다는 소망 혹은 강력한 인과응보라는 원시적 생각이 담겨 있는데, 그런 생각은 마법적인 사고 혹은 자기애적 오류를 범하지 않고서는 전혀 말이 되지 않으니까요. 그런 면에서 분노는 거짓된 안내자입니다. 분노하는 사람은 어떤 경우에든 가능한 한 빨리 분노를 넘어서 이행의 방향으로 움직이는 편이 현명하죠. 그렇지만 분노를 각성제로서 유용하게 쓸 수는 있는 겁니다.

킹의 연설에서도 이런 측면이 보입니다(킹의 연설을 듣는 사람 중에는 인종차별주의적 억압이 왜 나쁜지 불완전하게만 알고 있는 사람도 있었을 겁니다). 킹은 백인들의 미국이 저지른 행위에 대한 분노를 불러일으키면서, 이미 행해진 잘못의 어마어마한 규모와 그런 잘못이 모든 사람의 안녕에 영향을 주었음을 인정합니다. 하지만 그런 다음 킹은 즉시, 불가피하게 표면화된 인과응보의 소망으로부터 미래에 대한 다른 그림으로 눈을 돌립니다. 그처럼 숙련된 기획가의 손에서는 분노도 유용한 도구가 될 수 있습니다. 킹은 언제나 자신의 계획을 현실 안주에 맞서는 적극적이고 전투적인 것으로 생각했어요. 아마도 분노는 부당행위가 눈에 띄지 않고 일상생활이라는 표면 아래를 미끄러져 다니는 경우, 그래서 오직 감정을 통해서만 그런 부당행위에 관심을 돌릴 수 있는 경우에 더욱 유용할 겁니다.

분노를 신호로 보는 관점은 분노를 **동기**motivation로 보는 관점과 밀접하게 연관되어 있습니다. 그리스의 스토아주의자들은 분노란 어느 경우에도 부적절하다는 주장을 고집스럽게 펼쳤기에, 사회 정의를 추구할 동기를 박탈한다는 비난을 받아왔습니다. 이런 비난에 대해 스토아주의자들은 인간이란 감정이 아닌 원칙에 따라 움직일 수 있는 존재이며, 원칙에 근거를 둔 동기야말로 미쳐 날뛰는 경향이 강한 분노보다 훨씬 더 믿음직스럽다고 응답했어요.[57] 스토아주의자들이 자주 쓰는 표현을 빌리자면, 이런 응답은 성공적이지 못합니다. 스토아주의자들은 타인이 끼칠 수 있는 피해는 어느 경우에도 심각한 잘못이 될 수 없다고 생각했기에 그런 피해에 제대로 대처하지도 못했거든요. 대처에 필요한 동기를 제공해줄 자원도 사실상 전혀 갖추지 못했고요. 스토아주의자들은 킹의 연설을 듣고도 그 안에 표현된 가치가 그저 오류투성이일 뿐이라고 주장했을 겁니다. 하지만 그렇게 되면 스토아주의자들은 정의를 추구하라는 킹의 권고도 부적절한 것이라고 주장할 수밖에 없습니다.

제 분석은 좀 다릅니다. 제 관점에서 보면, 분노는 지위에만 강박적으로 집착하지 않고 처음 분노가 일어나게 된 계기의 가치를 존중하는 한 적절한 감정이 될 수 있습니다. 같은 가치에 초점을 맞추는 사랑과 슬픔은 전적으로 적절한 경우가 많고요. 분노가 문제적인 이유는 피해를 갚아주겠다는 소망 때문입니다. 앞서도 살펴보았듯 이 소망은 분노라는 개념에 내포되어 있죠(이행-분노라는 경계선상의 드문 사례를 제외하면 말입니다). 그러나 적어도 처음에는 분노가 사람들에게 동기를 부여하는 한 방편이 되어준다는 게 의심의 여지 없는 사실입니다. 분노라는 감정의 강렬함과 거기에 깃들어 있는 인과응보의 마법적 공상은 분노하지 않는 한 아예 아무런 행위를 하지 않았을 법한 사람들도 계속 움직이게 만드는 힘이 됩니다(분노라는 신호가 없으면 부당행위의 존재나 그 규모를 눈치 채지 못하는 사람들한테도 마찬가지고요). 세상에는 사랑만으로도 충분히 해결되는 일이 많지만 언제나 그런 것은 아니니까요. 하지만 일단 움직이기 시작한 순간부터는 분노가 던지는 미끼를 물고 공상적 응징으로까지 나아가지 않는 게 좋습니다. 지위-피해에만 편중되게 초점을 맞추는 또 다른 방식의 오류를 범하지 않는 한, 이런 응징은 아예 말이 되지 않으니까요.

킹의 사례를 다시 살펴봅시다. 아프리카계 미국인들은 권력을 장악하여 백인 미국인들에게 응분의 고통과 모욕을 되돌려주겠다는, 복수의 미래를 상상할 수도 있습니다. 이런 식의 피해 갚아주기는 상황을 호전시키기보다는 심하게 악화시킵니다. 그런데도 사회에는 복수에 대한 상상이 넘쳐났어요. 이에 비해 모든 면에서 우세한 킹의 주장은 심장이 한 번 뛰면 닿을 수 있는 거리에 이행이 존재한다는 것이었습니다. 미국의 문제를 진정으로 해결할 수 있는 방법은 오직 협동뿐이니까요. 하지만 분노는 이행을 향해 가야겠다는 동기를 제공해주는 단계로서 유용합니다. 아주 짧은 시간 동안, 신중하게 관리된다는 조건하에서요. 저는 정의를 추구하는 동기가 반드시 분노여야 한다고는 생각하지 않지만 분노가 유용한 경우도 많이 있다는 건 알고 있습니다. 분노가 선한 목표를 향해 갈 수 있도록 유익한 동력을 제공해주는 진화적 장치일지 모른다는 생각도 하고 있고요. 종종 그러듯 일이 엉뚱하게 꼬이지만 않는다면 말입니다.[58]

그런데 비-분노가 항상 비-폭력을 수반하는 건 아닙니다. 7장에서 더 자세히 살펴보겠지만 여기서는 일단 폭력을 엄격히 제한했던 간디와 달리 킹과 만델라가 모두 자기방어를 위한 폭력은 정당하다고 주장했다는 점만 짚어두도록 하겠습니다. 사실 (만델라는) 자기방어라는 맥락이 없는 경우에도 폭력적 전략이 도구적으로 필수적일 수 있다고 설득력 있게 주장했습니다. 단, 앞으로 살펴보겠지만 킹과 만델라는 모두 비-분노의 정신을 가지고, 미래의 협동을 생각하는 이행적 태도로서 폭력을 행사해야 한다고 생각했습니다.

마지막으로 분노는 **억제책**이 될 수 있습니다. 어떤 사람들은 자주 화를 냄으로써 타인이 자기 권리를 침해하지 못하도록 억제합니다.[59] 이런 사람들에게 해줄 수 있는 말은 한 가지밖에 없습니다. 분노를 통해 뭔가를 억제하는 방식은 안정적이고 평화로운 미래로 이어질 가능성이 별로 없다는 거예요. 그보다는 오히려 좀 더 기만적인 공격을 유발할 가능성이 훨씬 높죠. 부당행위를 억제하는 방법에는 분노 말고도 여러 가지가 있으며, 이런 방법 중에는 분노를 터뜨리겠다며 공포를 자극하는 것보다 훨씬 더 매력적인 방법도 존재합니다.

간추려보자면, 분노는 대단히 제한적인 차원에서나마 실제로 유용하다고 할 수 있겠습니다. 이 유용성은 '투쟁-도피' 반응이라는 진화적 기제에서 유래했을 가능성이 대단히 높습니다.* 분노에 내포되어 있는 인과응보적 공상이 근본적으로 말이 되지 않는다는 생각이나, 일리 있는 분노는 병적인 가치관을 배경으로만 일어난다는 생각을 포기하지 않아도 우리는 분노의 역할을 제한적으로 인정할 수 있습니다. 다만 분노는 결과적으로 우리를 잘못된 길로 인도하고 방황하게 만들 가능성이 대단히 높다는 거예요.

자기주장을 말로 담아내지 못하고 개념을 활용하지 못하는 사람들에게는 분노만이 유일한 표현 수단이 아니냐는 반박도 있을 수 있겠죠.[60] 하기야 제가 중상위 계급에 속하는 (전직) WASP** 학자인 건 사실입니다. 제가 드리는 제안이 저 같은 사람, 그러니까 어린 시절부터 '말로 하라'는 교육을 받아온 데다 강렬하고 직접적인 감정 표현은 하지 못하도록 제재받았던 사람이나 할 법한 이야기로 들리실지도 모르겠어요. 그러나 저는 이런 혐의를 부정합니다. 무엇보다도 저의 제안이 스토아철학자들의 주장과는 다르다는 점을 이야기하고 싶습니다. 앞으로 살펴보겠지만 저의 제안은 슬픔이나

---

\* 투쟁-도피 반응·fight or flight response이란 맹수가 공격을 해오는 등의 스트레스 상황에서, 그러한 상황에 맞서 싸우거나 그 상황을 회피하기 위해 신체가 생리학적으로 흥분하는 반응을 말한다. 이때의 흥분이 '분노'로 해석될 수 있다면 분노는 스트레스 상황에 대한 반응으로서 유용성을 갖는다.

\*\* White Anglo-Saxon Protestant. 영국계 백인 개신교도. 미국 사회의 주류를 의미한다. 누스바움은 유대교도이기 때문에 엄밀히 말하면 WASP는 아니다.

연민을 비롯한 수많은 감정들의 경험 및 강렬한 표현을 가로막지 않거든요. 하지만 설령 그렇지 않더라도 하층계급에 속한 사람들이나 교육을 덜 받은 사람들을 표현력이 떨어지는 사람, 거친 사람, 분통을 터뜨리는 방법 외에는 의사소통의 통로를 전혀 갖추지 못한 사람이라고 묘사하는 건 매우 잘못된 처사로 보입니다. 시대와 문화권을 막론하고 가난한 사람들이 만들어낸 음악과 미술을 보면 다양한 범위의 감정이 놀랍도록 유창하게 표현되었음을 알 수 있습니다. 제 경험을 돌아봐도 분노 폭발에 특히 취약한 건 오히려 자만심으로 가득 차서 자신의 특권을 지나치게 의식하고 있는 사람들입니다. 헬스장에 가도 저는 상대가 특권적인 지위에 있는 사람, 예컨대 젊은 남자일 경우에는 그 사람이 성질을 터뜨릴까봐 무서워서, 그가 사용하고 있는 운동기구를 좀 써도 되겠느냐고 부드럽게라도 묻는 일을 피하게 됩니다. 차를 타고 갈 때도 그래요. 이것도 제 개인적 경험이긴 합니다만, 길을 전세 낸 듯이 행동하는 사람들은 보통 비싼 SUV의 운전자들입니다. 그러므로 이와 같은 이유로 제 주장에 반대하시는 분들의 질문도 좋은 질문이기는 하지만, 저는 저 역시 괜찮은 답변을 돌려드릴 수 있다고 생각합니다.

분노와 보복의 성향은 인간의 심리 아주 깊은 곳에 뿌리박고 있습니다. 비숍 버틀러처럼 신의 섭리를 믿는 사람들은 분노의 비합리성과 파괴성 탓에 이 사실을 설명하기 어려워합니다.[61] 그러나 신의 섭리라는 버틀러의 체계를 공유하지 않는 사람에게는 그리 어려울 것도 없습니다. 선사시대의 어느 단계에는 분노가 가치 있을지 모르는 몇 가지 혜택을 제공해주었겠죠. 심지어 오늘날에도 분노의 유용한 역할은 흔적기관처럼 남아 있습니다. 하지만 미래지향적이고 선한 정의의 체제가 세워지자 분노라는 감정은 대단히 불필요한 감정이 되었습니다. 이런 방식으로 우리는 분노의 비합리성과 파괴성을 얼마든지 깊이 고민해볼 수 있습니다.

# 7. 신의 분노

그토록 한계가 많다면 분노는 어째서 보통 유일신이나 여러 신들에게 속하는 것으로 여겨졌을까요? 신은 완벽을 형상화한 존재인데 말입니다. 일단은 분노가 언제나 신들의 속성으로 여겨진 건 아니라는 점부터 지적해야겠습니다. 불교는 신을 믿는 종교는 아니지만 인간 중 가장 완벽한 인간인 보살에 대해 이야기하는데, 이 보살은 분노로부터 자유로운 존재입니다. 힌두교 경전은 분노란 신심이 있는 사람이라면 마땅히 피해야 하는 질병이라고 강조합니다.[62] 에피쿠로스학파와 스토아학파의 철학자들은 경쟁과 지위에만 집착하는 오류를 범함으로써 파괴적인 분노를 낳는 사회의 '바깥에' 신들이 존재한다고 생각했습니다. 예컨대 루크레티우스는 "우리에게서 무엇도 받을 필요가 없기에 신들은 (우리가) 감사하는 마음으로 바친 것들의 덫에 걸리지도 않으며 분노의 영향을 받지도 않는다"[63]고 말했습니다. 그리스로마의 신들은 어느 모로 보나 인간이 따라야 할 이상이라고는 할 수 없습니다. 그들은 그저 지나치게 큰 힘을 가진, 오류투성이 존재들일 뿐입니다. 그러니까 루크레티우스가 한 말은 기본적으로 그리스로마의 신들에 대한 이야기라기보다는 진정으로 완벽한 존재가 갖추어야 할 모습에 대한 것입니다. 감정에 휘둘리지 않는 신이라는 이 개념은 헬레니즘 및 후기 헬레니즘 당시의 그리스로마 사상계의 주류가 됩니다.[64]

사실 신이 인간의 본보기인 동시에 분노하는 존재라는 생각은 유대-기독교적 전통에서만 발견됩니다. 최초의 기독교도 황제였던 콘스탄티누스의 고문이자 기독교 작가이기도 했던 락탄티우스(240~320)는 『신의 분노에 대하여On the Anger of God(De Ira Dei)』라는 책에서 에피쿠로스학파와 스토아학파를 모두 공격하며, 우리의 관심과 사랑을 필요로 하지 않으며 그 관심과 사랑이 중단될 때에도 화를 내지 않는 신을 숭배할 이유는 전혀 없다고 적었습니다. 더 나아가 그는 신이 어떤 경우에도 화를 내지 않는다면 우리로서는 신을 두려워할 필요가 없다면서, 그러면 모든 종교가 사라지고 말 거라는 주장도 내놓았어요. 이러한 주장은 완벽한 존재에게는 분노가 없으리라는 에피쿠로스학파나 스토아학파의 견해에 대한 적절한 응답이 아닙니다. 그저 우리가 알고 있는 형태의 종교는 분노한 신이라는 생각을 필요로 한다는 결론으로 이어질 뿐이죠.[65]

하지만 기독교와 유대교 두 종교의 경전은 모두 신의 분노라는 주제에 대해 비일관적이고 복잡한 모습을 보입니다.[66] 유대교에서, 유대인들은 다른 신을 숭배하기로 선택할 수 있는 존재입니다. 유대교의 신은 바로 이런 유대인들에게 제일 우선적인 존재가 됨으로써 그들의 관심과 사랑을 독차지하고 싶어 하는 '질투하는' 신으로 상상됩니다. 신과 유대인이 맺는 관계는 여러 차례 결혼에 비유됩니다. 세상에는 남편 외에도 다른 남자들이 존재합니다. 그런데 나쁜 아내는 자기 남편을 배타적인 첫 번째 자리에 놓아야 한다는 걸 잊어버리고, 이런 경쟁자들이 돈과 권력으로 자신을 유혹해 남편으로부터 멀어지게 만들도록 그냥 내버려둡니다. 남편이 그렇듯, 유대교의 신도 유대인들을 꾀어내려는 다른 신들과의 관계에서 배타적인 첫 번째 자리를 차지하고 싶어 합니다.[67] 사실 유대교 경전을 물들이고 있는 건 다른 신이나 불충한 사람들 때문에 신이 지위-피해를 입고 복수하려 든다는 일반적 생각과, 그런 자들이 응당 받게 될 끔찍한 벌입니다. 다른 신과 그들을 따르는 **비-유대교도**들은 무수한 역병과 질병을 얻게 될 것이며 불충한 이들은 괴롭힘을 당하거나 파멸하게 된다는 거예요. 이를 통해 신과 비교되는 다른 민족의 지위 격하, 혹은 그들이 겪을 치욕이 구성됩니다.

이는 분노에 매우 흔하게 나타나는, 지위에 초점을 맞추는 사고방식입니다. 단, 한 가지 차이점이 있어요. 신은 실제로 그런 복수를 할 수 있는 존재라는 겁니다. (또 한 가지 명심할 점이 있습니다. 신은 신이기에 인간의 행위에 따라 직접적 피해를 입을 수 없다는 거죠. 신이 입을 수 있는 유일한 피해는 **지위에 대한** 피해뿐입니다. 신은 살해되거나 폭행당하거나 강간당할 수 없어요. 그러므로 신이 화를 낸다면 그 분노는 지위에 초점을 맞춘 분노일 가능성이 극도로 높습니다.)

물론 신이 악행 자체에 포함된 부당성에만 좀 더 순수하게 관심을 기울이는 경우도 있긴 합니다. 반드시 그런 건 아니지만 특히 예언서에 그런 대목이 많이 나오는데요. 예언서 중에서도 탐욕이나 이방인들에 대한 푸대접을 다루는 사례가 그렇죠. 이런 악행은 신의 지위에 대한 가해행위일 뿐 아니라 그 자체로 부당한 것으로 간주됩니다. 이때 신이 분노하는 건 지위-피해 때문만은 아니에요. 오히려 인간들이 하는 행동, 그들이 겪는 일이 신의 근본적이고도 본질적인 관심사이기 때문이죠. 락탄티우스는 인간이 서로에게 저지르는 부당행위를 상대로 신이 분노한다면 그건 분노가 선과 정의에 대한 관심을 보여주고 인간의 복리를 증진시키기 위한 방법이기 때문이라고 주장합니다. 이어 락탄티우스는 두 가지 서로 다른 주상을 펼치는데요. 첫째는 신의 분노에서 유래한 처벌이 부당행위자들을 무력화시킴으로써 선하고 정의로운 사람들의 길을 틔워준다는 겁니다. 둘째는 천벌에 대한 공포가 부당행위자들을 억제함으로써, 세상을 선하고 정의로운 사람들이 더욱 안전하게 살 수 있는 곳으로 지켜준다는 거고요.[68]

성경에서는 신의 분노를 여러 가지 방식으로 묘사하는데, 락탄티우스는 그중 한 갈래를 적확하게 요약하면서 점점 원原-공리주의자에 가까운 입장을 취하게 됩니다. 다시 말해, 락탄티우스는 분노의 역할을 미래지향적·복지주의적 용어로 설명합니다. 가끔은 분노가 유용한 억제책이 되고, 처벌이 범죄자를 무력화시킴으로써 사회의 복지를 증진시킨다는 점에는 동의할 수 있습니다. 억제책으로든 범죄자를 무력화하는 방법으로든 잘 고안된 제도를 활용하지 않고 분노에 의지해야 할 필요가 무엇인지는 분명하지 않지만요. 그런데 신의 분노에 대한 이런 미래지향적·복지주의적 설명은 락탄티우스가 성경의 다른 부분을 올바르게 요약하면서 제시했던, 지위에 초점을 맞춘 설명과는 다른 것입니다. 미래지향적이고 복지주의적인 분노는 지위에 초점을 맞추는 분노보다 이행으로 나아갈 가능성이 더 높다는 차이점도 있죠. 복지주의적이라고 할 만한 맥락 속에서 온갖 인과응보를 상정하는 경우에도 성경은 분노에만 머물지 않고 평화와 협동, 화해로 이루어진 미래를 상상하는 쪽으로 움직인다는 겁니다. 이런 이행은 자주, 그것도 빠른 속도로 일어납니다. 신이 인간들에게 그런 미래로 나아가라고 촉구하기도 하고요.

간단히 말해, 유대교의 신이 보여주는 분노는 인간의 분노만큼이나 다양하고 복잡하다고 하겠습니다. 그러므로 신의 분노에도 인간의 분노에 깃들어 있는 것과 같은 문제와 전망이 똑같이 갖추어져 있다고 할 수 있을 거예요.

예수에게로 논의를 옮겨보아도 앞서 탐색한 것과 같은 버거운 문제가 제기됩니다. 성경은 실수를 저지르는 인간들에 대한 예수의 태도를 매우 다양하게 묘사하거든요. 신약성경의 수많은 문헌에 끔찍한 앙갚음의 소망이 담겨 있는 건 분명합니다. 예를 들어 참 불편한 일입니다만, 「요한의 묵시록」은 온순하고 온화한 사람들을 변호하다 말고 새로운 종교를 인정하지 않는 이들에게 닥쳐올 끔찍한 파멸을 공상하는 쪽으로 거칠게 움직여갑니다. 그렇다면 복음서에 나오는 예수는 어떨까요? 예수가 인간의 온갖 감정을 진정으로 느낀다는 주장은 오랫동안 이어져 내려왔습니다. 인간은 고통과 상실을 끔찍할 만큼 중요한 문제로 여길 수밖에 없는 필멸의 존재인데, 예수는 그런 인간들과 마찬가지로 온갖 취약함이 담겨 있는 감정을 그대로 느낀다는 거죠. 아우구스티누스가 『신국론』에서 펼친 이 주장은 반박이 불가능할 만큼 압도적입니다. 바꿔 말해 예수는 훌륭한 스토아주의자는 아니었던 셈이죠. 그런데 아우구스티누스가 주로 다룬 감정은 분노가 아닌 슬픔과 기쁨입니다. 인간은 분노를 느끼지 않고도 기쁨과 슬픔을 느낄 수 있죠. 그렇다면 예수도 마찬가지일까요? 즉, 예수는 분노를 느낄까요? 성경에는 바로 이 문제를 다룬 핵심적인 대목이 실려 있습니다. 「마태오의 복음서」 5장 22절에서 예수는 "나는 이렇게 말한다. 자기 형제에게 성을 내는 사람은 누구나 재판을 받아야 한다"라고 말하거든요. 그런데 어떤 판본에서는 이 구절을 '멋대로eikē' 화를 낸다는 내용으로 바꾸어놓음으로써, 예수가 오직 아무 근거가 없는 분노만을 비난하게 만듭니다.[69] 사실 예수부터가 적어도 한 번은 분노를 표출하거든요. 성전에서 환전상을 쫓아내는, 잘 알려진 장면에서 말입니다. 하지만 이 이야기도 그렇게 간단히 해석할 수만은 없습니다.

진 브릭스는 웃쿠 에스키모를 연구해 『결코 분노하지 않는다Never in Anger』라는 책을 썼는데요. 이 책은 20세기 기술 인류학*이 거둔 연구 성과 가운데서도 가장 주목할 만한 저작 중 하나입니다. 이 책에 환전상 일화와 관련하여 주목해볼 만한 내용이 실려 있어요.[70] 웃쿠족은 분노란 언제나 유치한 것이라고 생각합니다. 극도로 적대적인 기후 속에서 집단이 생존하려면 강력한 협동이 필요한데, 분노가 이 협동에 위협이 된다고 믿죠. 아이들이야 분노를 드러내도 용인됩니다. 오히려 그런 분노는 어른들이 다 받아줘요. 하지만 성인에게는 분노를 경험하는 일도, 외적으로 표출하는 일도 대단히 부적절한 것으로 간주됩니다. 브릭스는 웃쿠족이 분노라는 감정 자체를 못마땅하게 여긴 것인지, 아니면 분노의 외적 표현만을 탐탁지 않아 한

---

\* descriptive anthropology. 개개의 인간 사회를 과학적으로 기술하는 인류학의 한 갈래.

것인지 알아볼 방법을 찾고 있었습니다. 그러던 중 웃쿠족이 독실한 기독교 신자라는 사실을 떠올리고 웃쿠족에게 환전상 이야기에 관해 물었어요. 웃쿠족이 이 이야기를 불편하게 여긴 것만은 분명합니다. 훌륭한 기독교인으로서 그들은 예수의 행동을 받아들여야만 한다고 느꼈지만, 환전상 이야기에서 드러난 예수의 행동은 웃쿠족이 생각하는 성인의 좋은 성품과는 거리가 멀었으니까요. 그래서 그들은 기발한 해결책에 도달합니다. 웃쿠족 추장은 브릭스터러, 예수가 환전상을 꾸짖은 건 사실이지만 진정으로 분노를 느꼈기에 그런 건 아니라고 말했대요. 예수는 '오직 한 번', 환전상들을 교화시키기 위해 그런 행동을 했을 뿐이라고요. 그 환전상들이 "나쁜, **아주 나쁜** 사람들이었고 예수님의 말을 듣지 않으려고 했기 때문"[71]이라는 거였죠. 예수를 도덕적 이상으로 삼는 웃쿠족의 세계관은 예수의 본성 중에도 진정한 분노가 있다는 생각과 양립 불가능했습니다. 단, 웃쿠족도 이상적인 예수가 분노 비슷한 행동을 일종의 각성제로 활용한 것만은 있을 수 있는 일이라고 생각했다는 점을 기억해두어야겠죠.

그럼 웃쿠족은 우리가 논의한 이행-분노의 개념을 떠올리고, 이것을 일상적 형태의 분노와 구분한 것일까요? 제가 보기에 웃쿠족은 예수가 분노로 분류될 만한 감정은 어떤 것이든 전혀 느끼지 않았으며 그저 연기를 했을 뿐이라고 생각했을 가능성이 높습니다. 오류로 점철된 분노의 길을 따라가는 위험을 감수하지 않고도 부당행위를 억제하고 싶은 사람에게는 웃쿠족이 보는 예수처럼 연기를 하는 것도 가능한 선택지입니다. (이 점에 대해서는 5장에서 살펴보도록 하겠습니다.)

성경은 사람들이 읽을 수 있도록 쓴 문헌으로, 성경을 읽는 사람 중 상당수는 간단한 메시지만을 원합니다. 그런 사람들에게 신의 분노라는 개념은 부당행위가 어디서 발생하는지를 짚어주는 유용한 신호이자 부당행위에 대한 억제책이 됩니다. 더 나아가 신의 분노는 (신을 모방하여 신만큼이나 강한 관심을 갖게 만듦으로써) 사람들에게 사회적 문제를 시정하고 싶다는 동기를 유발하는 유용한 개념이기도 했습니다. 그렇더라도 분노하는 신이 인간의 도덕적 모범으로 간주되는 경우에는 왜곡이 일어날 가능성이 매우 높습니다. 따라서 분노를 묘사하더라도 오직 짧은 순간에만 발생했다가 건설적 이행으로 옮아가는 분노를 묘사하는 문헌이 더 좋은 문헌이라 할 수 있겠죠. 예수에 대한 웃쿠족의 현명한 해석처럼 말입니다.

## 8. 분노와 젠더

미국인들은 분노를 남성적 젠더 규범과 연관시키는 경향이 있습니다. 운동선수에서 정치인에 이르기까지, 도발을 당했는데도 분노를 표출하지 않는 남성은 폄하당하고 나약한 존재로 간주됩니다. 잘 알려진 사례 한 가지는 1988년 대통령 선거기간에 일어난 사건입니다. 수차례의 텔레비전 토론 중 한번은 민주당 후보 마이클 듀카키스가 이런 질문을 받았습니다. "주지사님, [주지사님의 아내인] 키티 듀카키스가 강간 및 살해를 당한다면, 그때는 살인범에게 비가역적 사형선고를 내리는 데에 찬성하시겠습니까?" 듀카키스는 이렇게 대답했습니다. "아뇨, 그러지 않을 겁니다. 제가 평생 동안 사형제도에 반대해왔다는 건 알고 계시지 않습니까?"[72] 듀카키스는 당시 재소자에게 휴가를 주는 정책을 지지하는 바람에 이미 포화를 맞고 있는 상태였습니다. 기결수인 살인범 윌리 호튼이 이 정책 덕분에 풀려나 휴가를 보내던 중 강간과 폭행을 저지른 사건이 널리 알려져 있었거든요. 더구나 아내에 관한 질문에 답할 때 듀카키스가 보여준 태도에는 열정적 분노가 빠져 있었고, 이에 대중 사이에서는 그가 남자답지 못한 인물이라는 인식이 더욱 강화되었습니다. (167센티미터쯤 되는, 상대적으로 작은 그의 키도 별로 도움이 되지 않았고요.) 남자다운 남자라면 자제력을 발휘하면서도 타인이 느낄 수 있을 정도의 분노를 표출했으리라는 게, 즉 사형이라는 형태로 복수의 소망을 긍정했을 거라는 게 사람들의 생각이었습니다.

이런 젠더 규범과 어울리는 일이 또 한 가지 있습니다. 미국의 남자아이들은 분노를 드러내더라도 비판을 받지 않습니다. 오히려 당연히 그렇게 해야 한다고 독려하는 경우가 많죠. 반면 여자아이들은 연민과 공감을 교육받습니다.[73] 심지어는 유아기 아동이 보이는 감정에도 그 유아가 가졌을 것으로 추정되는 젠더에 따라 서로 다른 이름이 붙습니다.[74] 사람들은 여자라는 꼬리표가 붙은 아기가 울면 보통 그 아이가 공포를 느끼는 것이라고 해석하지만, 남자라는 꼬리표가 붙은 아기가 울면 그 아이가 적극적으로 분노를 표출하는 것이라고 해석해요. 아기를 안아주는 방식이나 아기들과 놀아주는 방식 또한 어른이 인지하는 젠더에 따라 달라집니다. '여아'들은 포옹을 받고 보호를 받으나 '남아'들은 공중으로 던져지고 활동적인 존재로서 대우를 받는 식으로요. 그러니까 어렸을 때부터 이런 식의 대접을 받아온 성인들이 젠더에 관해 똑같은 문화적 각본에 따른다는 것도 전혀 이상한 일은 아닙니다. 오히려 이런 문화적 각본에 저항하는 사람이 그렇게 많다는 게 놀랍다면 더 놀라운 일이죠. 이처럼 문화의 힘이 강력한데도, 심지어 서부시대에도 (제이슨 맥코드처럼) 복수를 포기하는 영웅들이 발견되니 말입니다.[75]

분노를 힘과 권위, 비-분노를 나약함과 의존성에 결부시키는 이런 젠더 규범 때문에 많은 여성들은 깨진 균형을 바로잡고 주체로서의 완전한 평등을 확보하기 위해서라도 분노하는 방법을 터득해야만 한다고 생각합니다. 비-분노를 옹호하는 여성은 전족이나 코르셋을 변호하기라도 한 것처럼 수세에 몰리고 말죠.

그렇게 수세에 몰린 여성이 있다면 고대 그리스나 고대 로마로 눈을 돌려 보는 게 무척 유익할 겁니다. 거기서는 젠더 규범이 아주 다른 방식으로 작동했거든요.[76] 그리스로마의 문화는 웃쿠족이나 스토아주의자들처럼 비-분노에 전적으로 매진하는 데까지 나아가지는 않았습니다. 그러나 이 문화에서 살았던 사람 중에는 분노란 어떤 경우에도 적합하지 않은 감정이라는 스토아적 입장을 받아들인 사람이 아주 많았어요. 그런 입장에 반대하는 사람들도 보복을 꾀하는 분노를 위험이나 질병으로, 분노하는 성향은 교정 가능한 흠결로 간주할 가능성이 높았고요.[77] 젠더 규범이 사회의 일반적 규범을 따른다는 건 놀랍지 않은 일입니다. 남성은 격노를 다스리고 분노로부터 초연해질 수 있는, 어쩌면 그 감정을 완전히 떨쳐버릴 수도 있는 이성적 존재로 생각됐습니다. 반면 여성은 자신에게든 타인에게든 어마어마한 해를 끼치고 아무런 소득도 얻지 못하며 실패할 게 뻔한 복수 계획에나 몰두하는 열등한 존재로 간주됐죠. 이번 강좌에서 제가 '급진적'인 것이라고 묘사하며 옹호한 입장은 그리스와 로마에서는 전혀 급진적이지 않은 입장이었습니다. 그 사회는 분노의 무익함과 유치함을 잘 이해하고 있었어요. 그러므로 (규범적 차원에서) 성숙하고 이성적이라는 남성은 (적어도 규범적 차원에서는) 비-분노에 가까운 존재였습니다. 이에 비해 보잘것없고 유치하다는 여성은 분노에 집착함으로써 분노가 얼마나 어리석고 위험한 것인지를 몸소 보여주었죠.

분노 성향이 우리 안에 얼마나 강력하게 내재되어 있느냐는 문제와는 별개로, 이런 문화적 차이를 보면 개인이 성품을 함양할 때 참조하는 지침에 사회적 규범이 엄청난 영향력을 행사한다는 걸 알 수 있습니다. 다시 말해, 사회가 분노를 유치하고 나약한 것으로 간주한다면 분노가 완전히 사라지지는 않을지 모르나 적어도 품위와 이성을 갖추려는 사람들이 분노의 부름을 외면하려 들 것입니다.

그리스로마의 문헌을 읽다보면 젠더에 관한 통찰을 제공해주는 한 가지 주장이 반복적으로 제기됩니다. 분노가 무력감과 개념적으로 연관되어 있다는 주장이에요. 화내는 사람 중 여자가 많은 이유 중 한 가지는, 남성과 비대칭적이게도 여성들은 통제해야만 하고 통제하고 싶어 하는 대상을 통제할 수 없기 때문입니다. 통제력을 결여하고 있기에 여성은 피해를 입을 여지가 훨씬 많으며, 잃어버린 통제력을 상상 속에서나마 되찾기 위해 복수에 매달리려는 유혹에도 더욱 취약해집니다. 4장에서는 그리스 신화에 나오는 여성 메데이아의 분노를 자세히 살펴보는데, 메데이아야말로 무력감이 극도로 치달은 사람을 보여주는 전형적 사례라고 할 수 있어요. 메데이아는 외국인이고, 남편에게 버림받은 아내이며, 자기 자식들에 대해서도 아무런 권리를 주장할 수 없는 인물로서 남편의 배신이라는 단 한 번의 사건을 계기로 모든 걸 잃어버립니다. 메데이아는 이 상실을 애도하는 대신 복수로 대체하려 해요. 그리하여 앙갚음을 원하는 그녀의 과도한 열정은 그녀가 경험한 상실의 규모에 비례하여 커지게 됩니다. 이 이야기를 통해 알 수 있듯 사회적 규범이 여성의 분노를 부추기지 않는 상황에서도 여성들만 겪는 비대칭적 무력감이 그녀들의 분노를 키울 수 있습니다. 아니, 키울 수 있는 게 아니라, 실제로 키운다는 게 제 생각입니다. 예컨대 미국에서는 여성이 이혼 소송에서 복수에만 강박적으로 초점을 맞추는 정도가 커리어나 본인의 재능에 대한 자신감을 쌓는 등 생산적인 미래로 나아갈 길이 막혀 있는 정도에 비례하는 경우가 자주 보입니다. 이런 식의 분노는 여성의 존엄성과 힘을 나타내는 지표가 되기 어렵죠.

한편으로 메데이아 이야기는, 남성이 과도한 분노를 터뜨리는 경우에도 그 배경 어딘가에는 무력감이 도사리고 있는 게 아닌지 자문해보아야 한다는 암시를 남깁니다. 미국에서 남성은 여성에 비해 분명 특권을 누리고 있습니다. 그러나 어느 모로 보든, 안정된 지위를 누리고 있다고는 할 수 없죠. 남성은 엄청나게 많은 것들을 통제하지 않으면 명예를 잃어버리는 존재로 간주됩니다. 그들은 높은 성취를 이루어야 하고 돈을 많이 벌어야 하며 몸도 좋아야 하죠. 언제나 다른 남성과의 상대적 지위에 관심을 기울여야 하고요. 치열한 경쟁은 사람을 맥 빠지게 만듭니다. 이런 경쟁에서 최종적 승리를 거두는 일은 보통 절대로 일어나지 않습니다. 치욕은 불가피하다고 할 만한 결과입니다. 바로 이 치욕이 분노의 먹이가 되죠.[78]

젠더를 불문하고 모든 아동은 어느 정도 자기애적입니다. '나는 뭐든지 할 수 있다'는 식으로 생각하는 경향이 있다는 말인데요. 이처럼 젠더보다도 깊은 곳에는 뭔가를 통제할 수 있을 거라는 기대 및 그 기대와 불가분의 관계를 맺고 있는 인간적 무력감이라는 현상이 존재합니다. 아동이 처해 있는 지위 자체가 분노의 온상입니다. 아동은 인지능력이 매우 뛰어나지만 신체적으로는 거의 전적으로 무력하니까요. 그러므로 젠더와 관계없이 인간은 모두 분노를 유발하는 상황을 경험할 것이라고 예상할 수 있습니다. 분노를 일으키는 상황은 젠더 규범에 따라 달라지고 굴절되기는 하지만 결코 제거되지는 않습니다. 문화는 남녀의 분노에 여러 가지 방식으로 영향을 끼치는데, 그중 한 가지 방식은 규범적 감정-각본을 만들어내는 것입니다. 하지만 그게 전부는 아니에요. 문화는 남녀의 무력감을 서로 다른 방식으로 조작하는 방법을 통해서도 그들의 분노에 영향을 끼칩니다. 예컨대 남녀가 각기 무엇을 통제해야 하느냐는 문제나, 그런 통제력을 발휘하기 위해 취하는 남녀 각각의 접근방법이 얼마나 믿을 만한 것이냐는 문제 등등에 대한 답변은 문화에 따라 달라집니다. 비-분노를 옹호하는 사람들은 이 대목에서 한 가지 교훈을 얻을 수 있습니다. 우리가 해야 하는 일은 남녀 모두에게 새로운 각본을 써주는 것입니다. 분노는 나약하고 유치한 존재로 등장하고, 독립성이나 상호성 같은 비-분노의 지원군과 비-분노 자체는 강한 존재로 등장하는 각본 말이죠. (그리스인과 로마인들도 어느 정도로는 이 일을 해냈습니다.) 물론 이외에도 해야 할 일은 또 있습니다. 각본을 써주는 것과는 상당히 다른 일이에요. 바로 사람들이 정당하게 가치를 부여하는 대상에 접근할 수 있도록 해주고, 그런 가치를 피해로부터 보호할 수 있도록 해주는 일입니다.

## 9. 분노와는 다른 '반응적 태도': 감사, 슬픔, 혐오, 증오, 경멸, 시기

여러 가지 '반응적 태도'는 섬세한 지점에서 서로 구분됩니다. 그러나 요즘은 이런 미묘한 차이점에는 별 관심을 기울이지 않은 채, 분노를 그저 수많은 반응적 태도 중 한 가지로만 취급하는 일이 예사로 벌어집니다. 그러므로 분노를 명확히 정의하기 위한 다음 단계로서 우리는 분노와 분노의 친척들을 구분해보도록 하겠습니다. 앞서 살펴보았듯 분노는[79] 표적이 저지른 특정 행위가 자아의 관심 범위 안에 있는 무언가에 부당하게 피해를 끼쳤을 때 발생합니다. 분노에는 또한 가해행위를 한 인물이 어떤 식으로든 고통을 받았으면 좋겠다는 소망도 들어 있습니다.

먼저 분노의 사촌인 감사에 대해서부터 생각해봅시다. 그리스의 에피쿠로스학파, 스토아학파 철학자들로부터 스피노자와 그 이후의 철학자들에 이르기까지 수많은 철학자들은 감정을 논의할 때 보통 분노와 감사를 가깝게 묶어 다루었습니다. 분노처럼 감사에도 표적(사람)과 초점(행위)이 존재합니다. 감사란 타인이 자아의 복지에 중요한 영향을 끼치는, 이롭게 보이는 행동을 의도적으로 할 때 이에 반응하는 유쾌한 감정입니다. 보통 감사는 상대의 행위에 대한 보답으로 그에게 이익을 돌려주고자 하는 소망을 담고 있으므로, 분노처럼 응보적인 감정으로 분류되는 경우가 많습니다. 감사는 과거지향적인 것처럼 보입니다. 감사하는 마음은 상대에게 이익을 주고 싶다는 소망을 이익을 '갚아주려는' 소망으로 취급합니다. 그렇다면 이제까지 분노를 비판해온 것처럼 감사 역시 거부해야 하는 건 아닐까요? 에피쿠로스학파 철학자들은 그렇다고 생각했습니다. 그들은 이성적인 신이 분노와 감사, 두 가지 감정 모두에서 자유로울 거라고 상상했죠.

이 문제는 친밀한 관계와 중간 영역에서의 관계를 다룰 때 상세히 살펴보겠습니다. 그때 저는 감사하는 마음이 일어나는 영역에 따라, 그 규범적 속성에 관해 미묘하게 다른 결론을 내립니다. 여기서는 세 가지만 미리 짚어두도록 하죠. 첫째, 에피쿠로스학파와 스토아학파로부터 스피노자에 이르는 수많은 철학자들이 감사라는 감정을 거부한 까닭은 감사에 인과응보의 개념이 포함되어 있어서가 아니라, 감사와 분노가 둘 다 '행운의 산물'이라는, 우리가 사실상 통제할 수 없는 무언가에 대한 불건전한 의존성을 드러내는 것이기 때문이었습니다. 저는 이런 식의 스토아주의적 입장을 거부합니다. 자아의 외부에 있으며 자아가 통제할 수 없는 사람과 사물 중 최소한 몇 가지에는 깊은 관심을 두는 것도 정당하다고 생각하거든요. 둘째, 감사는 선善을, 분노는 악惡을 소망한다는 점도 짚어두어야 합니다. 이 때문에 두 감정 사이에는 강한 비대칭이 발생합니다. 인생 어디를 둘러보아도 선행은 매우 드물게 발견됩니다. 그러므로 선을 소망하는 감정은 철저히 경계하거나 검열하지 않아도 되지만 악을 의도하는 감정은 특별히 엄밀하게 검토해야 한다고 주장할 수 있죠. 셋째, 과거지향적인 요소가 좀 있기는 하지만, 많은 경우 감사는 미래지향적 특성을 가지고 있는 호혜적 체제의 한 부분입니다. 그리고 호혜적 체제는 전체적으로 복지에 기여합니다. 아이스킬로스가 묘사했던 에우메니데스 이전의 세계는 분노가 작동하는 체제로, 복지를 창조해내기는커녕 현재에 속하는 사람들을 그들이 별로 원하지 않는 방식으로, 그들의 이익에 반하는 과거와 묶어두었습니다. 그러므로 감사와 분노는 일면 사촌지간으로 보이는 감정이나, 이 둘에 대한 차별적 평가를 정당화할 만한 중대한 비대칭은 존재한다고 할 수 있습니다.

감사가 그렇다면 **슬픔**은 어떨까요? 슬픔은 보통 반응적 태도로 분류되지 않지만 분노와 아주 가까운 감정이므로, 둘의 차이점을 논평하면서 논의를 시작할 필요가 있겠습니다. 슬픔은 분노와 마찬가지로 자아(또는 자아의 관심 영역)에 가해진 피해에 초점을 맞춥니다. 상실은 고통스러우며, 바로 이 고통이 두 가지 감정 간의 핵심적 유사성입니다. 그러나 슬픔은 사건에만 초점을 맞춥니다. 이때 사건은 누군가가 저지른 행위일 수도 있지만 죽음이나 자연재해처럼 자연스러운 사건일 수도 있습니다. 슬픔은 이 사건으로 야기된 **상실**에 초점을 둡니다. 문제의 사건이 누군가의 행위 때문에 발생된 것이라 생각되는 경우에도 슬픔은 가해자가 아닌 상실에 계속 초점을 맞춥니다. 슬픔은 가해자를 표적으로 삼지 않아요. 슬픔에도 표적이 있다면, 그 표적은 죽거나 떠나버린 당사자가 될 겁니다. 부당성이라는 개념도 슬픔에서는 그리 중요하지 않습니다. 부당한 것이든 그렇지 않든 간에 상실은 상실이니까요. 그렇기에 슬픔의 행위-경향은 분노와는 꽤 다릅니다. 슬픔은 상실된 것의 회복이나 대체를 추구하는 반면, 분노는 보통 가해자에게 뭔가를 하고 싶어 하거나 가해자와 관련된 조치를 취하고 싶어 합니다. 슬픔은 자아 안에 발생한 구멍이나 틈을 다루는 반면, 분노는 표적이 부당하게 발생시킨 피해를 다룹니다.

물론 슬픔과 분노는 동시에 존재할 수 있습니다. 아예 둘을 나누기가 어려운 경우도 있죠. 슬픔에 빠진 사람은 아무런 비난의 근거가 없을 때조차 상실을 다른 이의 탓으로 돌리는 경우가 종종 있습니다. 무력한 상황에서 벗어나 통제력을 되찾고 자신의 존엄성을 주장하려는 거죠. 사실 슬픔에서 분노로의 전환은 잃어버린 사람이나 사물을 되찾는 한 가지 방법으로 완벽하게 기능합니다. 이럴 때 슬픔은 굴절되어 비정상적으로 강한 분노가 되고, 사랑과 상실이 발휘할 수 있는 모든 힘은 비난에 전용됩니다. 미국에서는 의료과실에 관한 소송을 벌일 때 사람들이 보이는 광기나 앞서 언급했던 마이클 조던의 사례를 통해 이 점을 확인할 수 있습니다. 사형이 어떤 식으로든 조던의 잃어버린 아버지를 기능적으로 대체해줄 수 있을 거라는 암시를 텔레비전 논평가가 남기자 조던이 올바르게도 그런 암시를 거부하고 자신의 상실을 인정했었잖아요. 과도한 분노가 일어나는 한 가지 이유는 슬퍼하지 않으려는, 즉 자신의 무력함을 인정하지 않으려는 마음 때문입니다. 그러므로 슬픔과 분노의 구분에 우리는 가능한 한 최대의 관심을 기울여야 합니다. 이 주제는 이어지는 강의에서 다시 다루도록 하죠. 용서라는 힘겨운 교환과정은 슬픔에서 느껴지는 무력감에 대한 대체재인 경우가 많습니다.

그런데 앞에서 분노에 대해 했던 비판을 거꾸로 슬픔에도 적용할 수 있는 건 아닐까요? 슬픔도 분노처럼 과거를 변화시키고 싶어 하는 감정이니까요. 그런 한에서는 슬픔도 거부할 만한 감정이지 않나요? 중요한 질문이긴 하지만 저는 이에 대한 대답이 '아니오'일 거라고 믿습니다.[80] 과거를 회복하겠다는, 슬픔에 수반되는 공상이 사라지지 않고 인생의 많은 부분을 틀지우는 경우에는 그런 공상을 비이성적이라고 말할 수 있을 겁니다. 그러나 잃어버린 사람을 그리워할 때 발생하는 깊은 고통은 그의 어마어마한 중요성을 인식하는 한 가지 방법이므로 자아의 인생 서사를 이해하고 총체적인 것으로 만드는 중요한 방법이기도 합니다. 관심영역 안의 무언가를 잃어버렸는데도 슬픔을 느끼지 않고 계속 나아간다는 건 일관성이 없거나 파편화된 인생을 산다는 뜻이므로, 슬픔을 정당화하는 가장 중요한 근거는 미래지향적입니다. 자신의 인생을 서사적으로 이해하고 타인에게 그 이야기를 전달하려는 사람에게는 그 이야기에 몰입하는 일이 대단히 중요한데, 슬픔은 바로 이 몰입에 관심을 기울이도록 해줍니다. 즉, 슬픔은 개인적 정체성의 근원적 측면을 표현합니다.

분노는 타인에게 초점을 맞추는 다른 네 가지 '부정적 감정', 즉 혐오와 증오, 경멸, 시기와도 구분됩니다. 이 모든 감정들은 분노와는 달리, 구체적 행위보다는 어떤 사람이 가지고 있는 비교적 영구적인 특성에 초점을 맞춥니다. (앞서 사용했던 용어를 가지고 설명해보죠. 분노는 사람을 **표적**으로 삼으나 **초점**은 부당행위에 맞춥니다. 반면 증오, 경멸, 시기 등은 사람을 표적으로 삼되 그 사람의 변치 않는 속성에 초점을 맞춥니다. 이렇게 보면 거의 틀리지 않을 거예요.) 그러므로 이런 감정들은 분노가 그 자체로는 유발하지 않는 한 가지 질문을 제기합니다. 누군가의 변치 않는 속성에 대해 강력한 부정적 감정을 품는 게 적절한 경우가 과연 있을까요? 앞으로 살펴보겠지만, 혐오, 증오, 경멸, 시기 등 네 가지 부정적 감정을 분노와 구분하는 건 처음에는 쉬운 일입니다. 그러나 분노가 지위에만 초점을 맞추는 유형으로 발전하면 그 경계선이 흐려지게 되죠.

**혐오**는 '동물성을 상기시키는 것'처럼 보이는 신체의 여러 측면, 그러니까 우리 역시 필멸의 존재이며 동물이라는 것을 상기시키는 여러 측면에 대한 강력한 기피입니다. (특히 시체 등) 모든 썩어가는 것들과 배설물을 비롯한 여러 가지 체액, 진액이 스며 나오거나 끈적거리거나 냄새가 나거나 그 외의 여러 가지 방식으로 사람들이 싫어하는 체액을 상기시키는 동물 혹은 곤충이 혐오의 주된 대상입니다.[81] 혐오를 일으키는 핵심적 생각은 접촉이나 소화를 통해 (잠재적) 오염이 발생한다는 생각이에요. 뭔가 저열한 것을 받아들이면 나 역시 저열한 존재가 된다는 거죠. 다음 단계에서는 혐오감을 불러일으키는 속성이 실제로 그런 속성을 갖고 있지 않은 인간 집단에게 투사됩니다. 인종적·성적·종교적 소수자 및 카스트 제도에서 신분이 낮은 사람들은 과하게 동물적이거나 육체적인 존재로 묘사됩니다. 이어 그들은 (혐오하는 사람들의 주장에 따르면) 냄새가 나고 병균이 많다는 등의 이유로 오염원처럼 취급됩니다. 다음으로 사회는 오염을 회피하기 위한 눈에 띄는 의례들을 고안해냅니다. 동물이 있어야 할 자리에 대신 들어가게 된 '혐오스러운' 집단의 사람들과 음식, 수영장, 음수대를 나누어 쓰거나 성적으로 관계 맺는 일을 거부함으로써, 지배적인 집단은 자신들과 동물성 사이에 경계선을 긋습니다.

그러므로 혐오와 분노는 둘 다 표적을 겨냥한, 강력한 회피적 경향에 관련되어 있습니다. 단, 엄밀히 말해 혐오는 부당행위라는 개념과는 상관이 없습니다. 그러나 혐오 감정에는 비난이 슬금슬금 기어 들어오는 경우가 많아요. 오염을 일으킨다는 사람이나 집단은 그냥 공간을 차지하고 있다는 이유만으로, 아니면 그런 사람들로부터 격리되고 싶어 하는 사람이나 집단과 접촉을 했다는 이유만으로 분개의 대상이 됩니다. 하지만 이런 식으로 분노와 가까워질 때조차 혐오는 처음부터 끝까지 공상에만 휘둘립니다. 이 점에서 혐오는 분노와 다릅니다. 분노에는 **상당한 근거**가 있는 경우가 많습니다. 인과응보의 소망을 제외하면 분노의 모든 내용이 옳은 경우 말이죠. 즉, 부당행위가 실제로 발생했고, 그 행위를 한 사람은 특정 가해자가 맞으며, 이렇게 발생한 피해는 분노한 사람이 생각하는 것처럼 실제로 중요한 피해라는 뜻입니다. 반면 혐오는 처음부터 공상에 연관된 감정입니다. 혐오의 핵심적인 내용은 '동물성을 떠올리게 만드는 것들과 접촉을 피하면 나 자신의 동물성으로부터 나를 지켜낼 수 있을 거야. 즉, 나 자신이 동물이 되는 일을 막을 수 있을 거야'라는 생각이에요. 당연히 말도 안 되는 소리입니다,

시공간을 막론하고 수많은 사람들이 매우 중요하게 받아들인 헛소리이긴 해도요. 혐오는 그러므로 종류를 불문하고 수상쩍은 감정입니다. 반면 분노는 언제나, 반드시 의심스러운 감정은 아닙니다. 혐오는 '나는 동물이 아니야' '나는 배설을 하거나 냄새를 풍기지 않아' '냄새 나는 동물적 육체를 가진 건 **저** 사람들뿐이야' 같은, 거짓된 믿음과 핵심적 연관을 맺고 있습니다. 그러나 분노는, 인과응보라는 생각이 튀어나오기 직전까지 진실한 믿음에서 기인할 수 있습니다.

혐오는 나쁜 행위가 아닌 사람에게 초점을 맞추므로, 그 행위-경향 또한 분노와는 다릅니다. 혐오를 당하는 사람은 보복이나 응징의 대상이 되기보다는 격리의 대상이 됩니다. (아파르트헤이트나 짐 크로 체제에서 보듯) 엄청난 가혹함과 강제성을 띠는 경우에는 격리도 혐오보다는 분노와 깊은 관계를 맺고 있는 가혹한 처벌제도에 피를 대주게 되지만 말입니다.

그러나 혐오와 분노에는 공통점도 대단히 많습니다. 분노가 지위에 초점을 맞춘다면요. 이행을 향해 가는 분노는 이성적 분노라고 부를 수도 있으며, 악행에 초점을 맞추어 사회적 선을 증진시키는 방식으로 잘못을 시정하려 합니다. 반면 지위에 초점을 두는 분노는 '지위의 격하' 혹은 자아가 입은 피해에 반응하여, 균형을 바로잡기 위해 (가해자라고 생각되는) 사람을 약화시키거나 그 지위를 떨어뜨리고자 합니다(그 사람이 한 **행동이 아니라 사람 자체를** 대상으로 삼는다는 점에 주목하십시오). 이런 분노는 매우 흔한 것으로 혐오와 가까운 곳에 자리잡고 있습니다. 타인을 점액이 뚝뚝 흐르는 바퀴벌레나 딱정벌레라기보다는 악한으로 본다는 차이점은 있으나 그의 '지위 격하'를 소망하기에, 이런 분노는 결국 상대를 비천하고 저열한 존재로 표상하게 되죠. 이처럼 분노의 초점은 눈치 채지 못하는 사이 행위로부터 사람에게로 옮겨가고 투사적 혐오와 분노는 서로 떼어놓기가 매우 힘들어집니다. 거꾸로 혐오는 사람을 대상으로 삼지만 부당하다고 간주되는 행동 때문에 촉발되는 경우가 많습니다. 예컨대 어떤 사람들은 성적 비행非行을 구실로 삼아 게이들을 혐오스럽게 생각합니다.[82] 한편, 타인의 지위 격하를 추구하는 한 분노는 부당행위를 근거로 삼아 상대의 지위를 일시적으로 떨어뜨리는 데 그치지 않고 비교적 안정적인 상대의 개인적 속성을 보다 일반적인 방식으로 폄하하는 데까지 알게 모르게 나아갑니다(예를 들어, 범죄자들은 경멸당하는 하위집단이자 혐오의 표적이 됩니다). 즉, 혐오와 분노의 구분은 처음에는 명백해 보이지만 알고 보면 전혀 그렇지 않습니다. 분노가 지위에 초점을 맞춘다면 말입니다.

**증오** 또한 일회적 행위가 아닌 누군가의 존재 자체에 초점을 맞추는 부정적 감정입니다. 분노는 사람을 표적으로 삼기는 해도 초점은 일회적 행동에 맞춥니다. 그래서 문제행동이 어떤 식으로든 제거되면 분노도 사라질 거라고 예상하는 게 가능합니다. 반면 증오는 전면적입니다. 특정한 행위와 증오라는 감정이 연관된다 하더라도 그건 단지 문제의 인물이 하는 모든 행동이 부정적 각도에서 조명되기 때문입니다. 아리스토텔레스가 말했듯, 증오심을 진정으로 만족시킬 수 있는 유일한 방법은 상대가 존재 자체를 멈추는 것뿐입니다(1382a15). 증오는 다른 사람의 존재 자체에 대한 강렬한 부정적 태도이므로 항상 나쁜 감정이라고 볼 수 있으나 분노는 꼭 그렇게만 취급할 필요가 없습니다. 분노는 상대를 좋아하는 감정, 심지어 사랑하는 감정과도 완벽히 양립 가능하니까요.

그런데 이번에도 문제는 그리 간단하지 않습니다. 사실 이행-분노는 증오와 공통점이 전혀 없습니다. 모두의 선을 위하는 미래지향적 감정이니까요. 이행으로 나아가는 사람은 분노를 경험하더라도 일회적 행위에만 초점을 맞추고 사회적 선을 목표로 삼기에 그의 감정은 증오와 쉽게 구별됩니다. 그는 부당행위가 중지되기를 원하면서도 행위를 한 사람은 계속 사랑할 수 있습니다. 그 사람이 잘되기를 소망하는 것도 가능하죠. 그러나 인과응보의 소망이 그림에 들어오는 순간부터는 문제가 복잡해집니다. 인과응보를 원하는 마음은 건설적인 행동, 뭔가를 개선해보려는 행동이 아닌 게 분명하므로 상대를 향한 증오의 한 형태처럼 보입니다.[83] 지위의 길을 선택한 사람에게는 증오와 분노의 구분이 더욱 어렵습니다. 그런 사람은 상대의 지위를 떨어뜨리거나 그에게 모욕을 주려고 하니까요. 그런 의도는 일회적 행위에 대한 것으로만 그치지 않고 사람 자체에 대한 부정적 태도로 쉽게 넘어갑니다. 타인의 지위를 떨어뜨리고 싶어 하는 사람은 보통 최후의 단계까지 나아가고 싶어 하거든요.

분노와 종종 연관되는 또 하나의 '반응적 태도'로는 **경멸**이 있습니다. 이번에도 표면적으로만 보면 두 감정이 매우 다르게 보입니다. 경멸은 다른 사람을 저열하거나 비천한 존재로 보는 태도로서, 보통은 상대에게 비난받아 마땅한 불변의 특성이 한 가지 이상 있다는 근거를 내세웁니다.[84] 경멸은 "이상적 인간이 대인관계 측면에서 갖추어야 할 합당한 인간적 자질이 모자라기 때문에 상대는 사람으로서의 가치 자체가 떨어진다고 주장하며, 그를 저열한 존재로 표상"[85]합니다. 물론 이때 이상적 인간이 갖추어야 할 자질이란 실제로 합당한 것일 수도, 아닐 수도 있습니다. 문제의 인물 또한 실제로 그 이상을 충족시키지 못할 수도, 아닐 수도 있고요. 다양한 사례를 보면 경멸은 성품상의 윤리적 결점이 아니라 사회적 입지나 부, 지위의 모자람을 겨냥합니다. 비방당해 마땅하다는 특성이 실은 엉뚱한 것인 경우도 많다는 얘기죠. 예를 들어 사람들은 빈곤을 가난한 사람들의 탓으로 돌리면서 가난이란 그 사람이 게으르다는 사실을 나타내는 지표라고 생각하고, 그 생각에 근거해 빈자들을 경멸할 수 있습니다. (이렇게 엉뚱한 속성을 비방한다는 점에서 경멸은 가난 자체를 문제로 인식하되 가난한 사람들을 깔보듯이 동정하는 태도와는 구분됩니다.) 그러나 비방할 만한 속성을 제대로 짚었는지 여부와는 무관하게, 상대가 경멸의 초점이 되는 특성을 가지고 있으므로 그를 비방하는 건 마땅한 일이라고 여기는 생각이 경멸의 내용이라는 설명은 옳은 것으로 보입니다. 비방해 마땅하다는 특성이 실제로는 상대가 책임질 필요가 없는, 취약성의 한 형태일 뿐이라도 말이죠.

이처럼 경멸은 초점과 표적이 둘 다 있다는 점에서 분노와 비슷합니다. 경멸의 초점은 상대가 가진 한 가지 이상의 특성이며, 경멸의 표적은 그러한 속성들 때문에 비천한 것으로 보이는 사람입니다. 분노와 경멸은 모두 표적이 사람입니다. 단지 분노의 초점은 행위에 맞추어지고 경멸의 초점은 비교적 안정적인 한 가지 이상의 속성에 맞춰진다는 차이가 있을 뿐입니다.

다른 사람에 대한 경멸이 도덕적으로 정당화될 수 있느냐는 흥미로운 질문은 일단 미뤄두도록 합시다.[86] (경멸의 한 가지 문제점은, 인간의 취약함과 세상의 불완전성을 생각할 때 좋은 속성을 계발하는 것이 얼마나 어려운지를 과소평가한다는 점입니다). 여기에서 할 수 있는 이야기는, 이행-분노 혹은 이행을 향해 가는 분노를 경멸과 구분해내는 게 좀 더 쉽다는 점입니다. 이행-분노 혹은 이행을 향해 가는 분노는 상대방의 지위를 격하시키는 일과는 아무 관계가 없고 행위에만 지속적으로 초점을 맞추며 궁극적으로 미래의 선을 추구합니다. 인과응보의 길을 가는 분노와 경멸을 구분하는 것도 비교적 쉬운 일입니다. 경멸에는 피해를 갚아주겠다는 생각이 빠져 있고, 이 생각과 연관된 행위-경향도 없는 것으로 보이니까요(그러므로 누군가가 형성한 자아 전체를 부당행위로 취급하는 일종의 성격-분노도 있을 수 있겠지만, 이런 분노 역시 인과응보를 전혀 고려하지 않는 경멸과는 다릅니다.)

지위에 초점을 맞추는 분노를 경멸과 구분하는 건 훨씬 어려운 일입니다.

이런 분노는 특정 행위로 인해 발생한 자아의 지위-피해에 보복하고자 상대의 지위를 격하시키려 들기 때문입니다. 그러나 이 경우에도 분노와 경멸의 역학에는 흥미로운 차이가 존재합니다. 경멸의 시작점은 상대가 가지고 있다는 저열함입니다. 경멸당하는 사람은 도덕적·사회적 측면에서 뭔가 좋은 속성을 갖지 못한 존재로 간주됩니다. 부정적 태도는 그런 저열함을 인지했기에 일어나는 반응입니다. 지위에 초점을 두는 분노는 좀 다릅니다. 이때 부정적 태도는 분노의 초점이 되는 행위가 초래했다는 자아의 지위 격하에 대한 반응으로서 나타납니다. 바로 그렇기에 분노는 표적이 되는 사람을 비천한 위치로 떨어뜨리려 드는 겁니다. 처음에 상대방은 조금도 저열한 존재로 생각되지 않습니다. 오히려 강력하며 피해를 일으킬 수 있는 존재로 생각되죠. 그러므로 두 감정은 매우 다른 역학을 통해 같은 종착점에 이른다고 할 수 있겠습니다.

**시기**, 그리고 시기와 사촌지간인 **질투**는 한 명 이상의 사람을 표적으로 삼는 부정적 감정이라는 측면에서 분노와 닮아 있습니다.[87] 시기는 자신의 상황을 타인의 상황에 비해 불리한 것으로 보고 타인의 행운 및 유리한 입장에 초점을 맞추는 고통스러운 감정으로서, 자아가 중요하게 평가하는 한 가지 이상의 재화 및 경쟁자들 때문에 발생합니다. 시기하는 사람이 고통을 느끼는 까닭은 경쟁자가 좋은 것들을 가지고 있는데 자기는 가지지 못했기 때문입니다. 분노도 그렇지만, 시기를 느끼는 사람에게도 '좋은 것'은 추상적이고 먼 개념이 아니라 자아에게, 복지에 관한 자아의 감각에 따라 중요하게 보이는 것이어야 합니다.[88] 분노와 달리 시기는 부당성과는 아무 관계가 없고, 보통 운이 좋은 경쟁자를 향한 일종의 적개심에서 비롯됩니다. 시기를 느끼는 사람은 경쟁자가 가지고 있는 것을 원하기에 결과적으로 경쟁자를 향한 악의를 느끼게 됩니다. 경쟁자가 누리는 이점이 불공정하게 얻어진 것이라고 생각되는 경우 시기와 분노의 거리는 매우 가까워지고, 이때 시기는 분노가 일으키는 것과 비슷한 인과응보의 개념을 낳게 됩니다. 분노가 그랬듯 시기가 낳은 인과응보 개념 역시 쓸모없기는 마찬가지죠. 인과응보를 통해 시기하는 사람의 상황이 실제로 개선되는 경우는 시기의 초점이 실제적 이점이 아니라 상대적 지위에만 맞추어져 있는 경우뿐이라는 점이 같거든요. 이처럼 상대적 지위에만 편협하게 초점을 맞출 때 시기는 분노가 범했던 규범적 오류를 똑같이 범하게 됩니다. 상대적 지위에만 초점을 맞추는 건 시기심에서 극도로 흔하게 보이는 현상입니다. 사실 시기라는 감정에 대하여 정교하고 체계적인 연구를 수행했던 심리학자 두 명은 시기심을 위치재*에 관한 것으로까지 정의합니다. "시기는 특정한 집단 혹은 개인을 상대로 '우월성' 혹은 '비-열등성'을 획득하는 것을 목적으로 삼는다"[89]라고 말이죠.

질투는 시기와 비슷합니다. 둘 다 가치 있는 재화의 소유나 향유를 두고 경쟁자에게 느끼는 적대감과 관련되어 있죠. 그러나 질투는 보통 뭔가를 잃어버릴지 모른다는 공포의 형태로 드러납니다(항상 그런 건 아니지만, 누군가의 관심이나 사랑을 잃을까봐 두려워하는 경우가 많습니다). 그러므로 질투는 자아가 소중하게 여기는 재화 혹은 관계를 보호하려는 감정입니다. 질투의 초점은 자아를 잠재적으로 위협하는 경쟁자에게 맞추어져 있습니다. 아직까지는 (알려진) 부당행위가 없을지 모르나, 질투는 경쟁자가 그러한 행위를 하고 있(다고 가정되)는 경우 분노로 쉽게 넘어갑니다. 그 결과 피해를 갚아주겠다는 소망이나 그 소망을 이루려는 행위가 흔하게 나타나죠. 시기와는 달리 질투는 상대적 지위에만 관심을 갖는 경우가 드뭅니다. 보통은 재화에

---

* positional goods. 극소수 소비자만이 구매할 수 있다는 이유 때문에 가치가 상승하는 재화를 말한다.

초점을 두죠. 질투심을 충족시키는 게 그토록 힘든 이유가 바로 그래서예요. 중요한 재화를 안정적으로 확보한다는 건 거의 불가능한 일이니까요.[90]

지금까지의 간단한 검토를 통해 우리는 분노가 독립된 감정이기는 하지만 여러 가지 다른 감정과 구별하기란 상당히 까다로운 걸 알 수 있습니다. 제가 앞서 **지위의 길**이라 부른 길로 향할 때는 특히 그렇고요. 분노에는 옹호할 만한 측면이 있습니다. 혐오와는 달리 분노는 **상당한 근거가 있는** 형태로 발현될 수 있으니까요. 그러나 분노에 특징적으로 나타나는 피해를 갚아주겠다는 소망은 시기나 질투에는 나타나지만 슬픔에는 나타나지 않는 것으로서, 근본적으로 문제가 있습니다. 논의를 진전시키면서 이처럼 미묘한 구분에 계속 주의를 기울여야 하겠습니다.

## 10. 분노를 지키는 문지기: 평온한 성품

인과응보에 대한 공상이라는 오류나 지위에 대한 집착이라는 오류, 혹은 그 두 가지 오류를 모두 범할 위험성을 낮추고 이행으로 옮아갈 가능성을 높이려면 어떻게 해야 할까요? 한 가지 대단히 유용한 제안은 애덤 스미스가 내놓은 방안입니다. 그 외에도 아리스토텔레스가 분노 및 분노와 관련된 미덕, 즉 '평온한 성품'을 다루면서 내놓은 방안이 두 가지 더 있고요.[91] 이 세 방안은 모두 분노를 피하려면 자아가 입은 자기애적 상처로부터 벗어나야 한다는 생각을 다양하게 표현한 것입니다.

보통 스미스는 논지를 전개할 때, 어떤 사건에 개인적으로 관련되어 있지 않은 '신중한 관찰자'의 반응을 상상함으로써 특정 감정의 강도가 적당하게 느껴지는 수준이 어디인지를 가늠해보는 과정을 밟습니다. 스미스는 분노의 분석에서 이런 장치가 특히 필요해진다고 주장합니다. 스미스가 보기에 여러 감정 중에서도 분노는, "훈육되지 않은 본성에 의해 일어날 때보다 훨씬 낮은 수준으로 항상 끌어내려야만 하는"[92] 감정이거든요. 물론 신중한 관찰자도 다른 사람이 입은 피해를 곰곰이 생각해보면 분노를 느낄 수 있겠죠. 하지만 그 분노는 어느 정도 다스려진 모습일 겁니다. 처음에는 관찰자가 사건에 거리를 두고 있을 뿐 아니라 사건과 아무 관련이 없기 때문이겠지요. 재미있는 건 그다음입니다. 관찰자가 분노를 다스릴 수밖에 없는 이유는 분노가 표적으로 삼은 사람의 입장도 고려해봐야 하는데, 타인의 입장을 고려하다보면 복수에 대한 요구가 멎기 때문입니다.

바꾸어 말하면, 자기애적 자아-몰입에서 빠져나오는 순간 우리는 두 가지 도움을 받게 됩니다. 첫째, 우리는 이 모든 일이 '나와 관련된 것'이라는 생각에 내재되어 있는 편견에서 벗어나게 됩니다. 둘째, 우리는 부당행위를 당한 쪽만이 아니라 모두의 안녕을 생각할 수밖에 없어집니다. 그러므로 스미스의 신중한 관찰자는 과도한 자아-몰입으로부터 일반적인 사회적 관심사로의 이행을 촉진하는 장치입니다. 불완전한 장치이긴 하죠. 앞서 살펴보았듯 사람들은 친구가 겪는 고통이나 일반적 명분에도 자아를 쏟아부을 수 있으니까요. 하지만 스미스의 발상만은 옳습니다. 원-공리주의자로서, 그는 지위문제를 염려하는 취약한 자아를 벗어나 좀 더 일반적이고 건설적인 사회적 관심사로 움직여갑니다.

아리스토텔레스의 제안은 스미스의 장치에 대한 보완책이 됩니다. 그는 역지사지라는 방법을 써서, 바꿔 말하면 가해자의 관점을 상정함으로써 부적절한 분노를 피할 수 있었습니다. 아리스토텔레스는 이행-분노가 아닌 일상적 분노는 언제나 규범적으로 부적절하다는 제 주장에 동의하지 않습니다. 그러나 분노란 부족할 때보다는 지나칠 때, 너무 자주 발생할 때 오류를 범할 가능성이 높은 감정이라는 생각만은 분명히 하고 있었죠. 그래서 분노에 관한 미덕에 분노하는 일이 거의 없음을 암시하는, "평온한 성품 (parotēs, 1125b26-29)"[93]이라는 이름을 붙였습니다. 평온한 성품의 특징은 훌륭한 이성을 갖추었다는 것입니다. "평온한 성품을 가진 사람은 보통 마음에 동요가 일어나는 일이 없고, 이성의 안내를 따르지 않고서는 감정에 이끌리지 않는다"는 게 아리스토텔레스의 주장입니다(1125b33-35). 그 성품에 대한 비난도 아리스토텔레스는 달갑게 받습니다. "평온한 성품을 가진 사람은 넘치기보다는 부족한 방향으로 나아가는 잘못을 저지르는 것처럼 보이기도 한다. 그는 복수심으로 가득 차 있기보다는 공감적 이해sug-gnōme 쪽으로 기울어져 있기 때문이다(1126a1-3)"[94]라면서요.

다시 말해, 아리스토텔레스는 타인의 관점에서 사건을 바라보고 그들이 무엇을 경험하는지 이해하는 사람이 피해를 갚아주려는 소망을 품을 가능성은 낮다는 얘기를 하는 겁니다. 그럼 왜 그렇게 되는 걸까요? 첫째, 역지사지를 통해 내 관점을 상대의 관점으로 대체하면 상대를 비난할 때 발생하는 몇 가지 오류를 솎아낼 수 있습니다. 예컨대 우리는 상대가 모든 걸 알고 일부러 그런 게 아니라 그저 잘 몰랐다거나, 심지어 오해를 하고 있었다는 사실을 깨닫게 될지도 모릅니다.[95] 상대가 다양한 형태로 압박을 받고 있었다거나, 서로 충돌하는 여러 가지 의무 때문에 부담을 느끼고 있었다는 등의 책임 감경요인이 발견될지도 모르고요. 이런 깨달음은 처음부터 분노가 형성되지 못하도록 막을 수 있습니다. 이 지점이 '충분한 이유'에 관한 아리스토텔레스의 성찰과 연결됩니다. 참여적 상상력은 어떤 이유가 적당한 것이고 어떤 이유가 적당하지 않은 것인지, 그 이유들이 실제로 얼마나 강력한 힘을 발휘하는지 알아내는 데 도움을 줍니다.

그러나 분노가 진실에 근거를 두고 있었던 것으로 밝혀지는 경우에도 시간을 두고 다른 사람의 관점에서 문제를 바라보면 앞서 밝혔던 분노의 두 가지 오류를 미연에 방지하거나 중화시킬 수 있습니다. 첫째, 우리는 인과응보에 대해서, 또 인과응보를 통해 성취할 수 있는 것과 없는 것이 무엇인지에 대해 열심히 생각해보게 됩니다. 보복을 목적으로 타인을 호되게 처벌하는 방안을 곰곰이 따져보다 보면, 그런 행위가 누구한테든, 어떤 식으로든 과연 도움이 될까 하는 의구심이 들거든요. 이런 식의 익숙한 마법적 사고에서 나타나는 오류를 보게 될지도 모르고요. 둘째, 역지사지는 자신의 지위에만 초점을 두는 자기애적 경향을 꺾음으로써 이행을 도와줄 수 있습니다. 공감은 복수를 통해 상대의 지위를 격하시키는 일보다는 피해 및 피해의 교정에 초점을 맞추는 균형 잡힌 방향으로 나아가도록 분노를 유도합니다. 복수는 타인을 자기 지위에 대한 장애물로만, 그저 하나의 사물로만 보는 정신 상태에서 일어날 가능성이 훨씬 높습니다. 반면 공감적 이해는 처음부터 사회의 일반적 선이라는 방향으로 생각을 이끌어가죠.

또한 사회의 일반적 선이라는 목적지를 향해 출발한 다음에도 공감적 이해를 활용하면 그곳까지 가는 길이 훨씬 쉬워질 수 있습니다. 적을 이해하면 그를 포괄하는 건설적 계획을 고안할 능력이 생길 가능성도 훨씬 높아지니까요. 이 문제는 넬슨 만델라가 걸어온 길과 관련하여 7장에서 더 자세히 다루도록 하겠습니다.

아리스토텔레스의 귀중한 통찰은 이외에도 가벼운 마음, 유희를 즐기는 성품의 중요성을 지목합니다. 『수사학』에서 아리스토텔레스는 이렇게 주장합니다.

사람들은 화가 난 사람들과 정반대의 조건에 있을 때 평온해진다. 놀고 있을 때, 웃고 있을 때, 잔치를 하고 있을 때, 혹은 자기 일이 잘 풀려간다거나 성공적이라거나 만족스럽다고 느낄 때, 즉 일반적으로 말하면 고통으로부터 자유롭거나 타인에게도, 품위 있는 소망에도 피해를 주지 않는 방식으로 즐거움을 향유하고 있을 때 평온해지는 것이다. (1380b2-5)

아리스토텔레스는 이렇게만 말하고 더 이상의 부연설명은 하지 않습니다. 하지만 한번 자세히 살펴봅시다. 아리스토텔레스가 말한 모든 조건에 처해 있는 사람은 어째서 부적절한 분노를 표출하는 경향이 덜한 걸까요?[96] 하나하나 따져보면 이 모든 조건은 자기애적 취약성을 덜 두드러져 보이게 만드는 것들입니다. 앞서 저는 사람들이 분노나 인과응보의 공상에 매달리는 까닭은 취약성과 무력감이라는 견디기 힘든 상황으로부터 탈출하기 위해서일지 모른다는 주장을 했습니다. 자기 일이 잘 풀려간다거나 성공적이라고, 혹은 만족스럽다고 느끼는 사람은 일시적 차질이 빚어지더라도 그 상황을 두려울 정도의 무력감을 일으키는 것으로 받아들일 가능성이 낮습니다. 고통으로부터 자유로운 사람, 해롭지 않은 즐거움을 향유하는 사람도 마찬가지고요(절망은 폭력적 보복으로 이어질 거라는 킹의 우려를 떠올려보십시오). 또한 아리스토텔레스는 '품위 있는 소망'이라는 표현을 쓰고 있는데, 이는 아마도 품위 있는 사람 혹은 정신상태가 건전한 사람들이 특징적으로 품는 소망일 겁니다. 이처럼 '품위 있는 소망'을 품고 미래를 바라보는 사람은 인과응보의 소망, 혹은 경쟁에서 오는 불안에 덜 취약합니다.

그럼 놀고 있을 때나 웃고 있을 때라는 조건은 어떨까요? 이 두 가지는 아리스토텔레스가 제시한 조건의 목록에서 가장 모호한 항목으로 보이지만, 가장 많은 진실을 드러내줄 잠재력이 있는 항목이기도 합니다. 일단, 아리스토텔레스가 "놀고 있을 때en paidiai"라는 말로 표현하고자 했던 건 무엇일까요? 그게 경쟁적인 스포츠가 아니라는 점만은 분명합니다. 그런 스포츠에 참여할 때 사람들은 분노에 대단히 취약해지니까요(현대 사회는 물론 그리스에서도 스포츠가 일으키는 분노는 사회적·철학적으로 중요한 문제였습니다).[97] 이때 '놀이paidia'란 운동경기가 아니라 긴장을 풀고 즐기는 즐거운 활동을 뜻합니다. 아이들paides의 장난 같은 것 말이죠. 아리스토텔레스가 이 '놀이'에 웃음을 병치해둔 덕분에 우리는 그가 염두에 두고 있었던 유희적 활동에 무엇이 들어가는지 짐작할 수 있습니다. 놀고 있는 자아, 장난을 치는 자아에게는 자기 문제를 너무 심각하게 받아들이지 않을 방도가 처음부터 마련되어 있습니다(그리스어에서 'paidia'는 종종 심각한 것과 대조를 이룹니다). 장난을 하는 상황에서는 자아 자체가 가볍게 느껴지고, 모욕이 드리우는 그림자도 별로 커지지 않습니다. 놀이는 불안과 무력감을 다루는 한 가지 방법이기도 합니다. 어린 시절부터 사람들은 연극과 놀이라는 방법을 활용하여, 소모적인 여러 가지 공포를 해결하는 방법을 배웁니다. 내 공포를 무마해 달라며 다른 사람들을 닦달해대는 대신 놀이를 하는 사람은 긴장하지 않고도 자신감 있게 세상 속에 존재할 수 있으며, 타인들도 고유의 방식으로 존재하게 그냥 내버려둘 수 있습니다. 놀이는 피해를 갚아주려는 분노에도, 지위에 초점을 맞춘 분노에도 모두 도움이 됩니다. 놀이하는 사람은 자기 입장에만 고집스럽게 초점을 맞출 가능성이 낮습니다. 불안감을 무마하기 위해 아무 짝에도 쓸모없는 복수 계획에 의지해야만 할 가능성도 낮고요.

아리스토텔레스는 도널드 위니콧*과는 다릅니다. 놀이에 대한 이론을 정립한 건 아니니까요.[98] 하지만 아리스토텔레스의 통찰은 위니콧과 같은 결론을 향합니다. 놀이란 다른 사람들과 함께 살아가는 세상에서도 자아를 충분히 강화시킬 수 있는 전략이라는 거죠. 이런 생각은 이행이라는 개념과도 어울립니다. 앞에서 정신상태가 건전한 사람에게는 분노가 스스로를 비웃

---

* 영국의 소아과 의사이자 정신분석학자. 사회의 틀에 끼워맞춘 자아를 그릇된 자아, 놀이에 참여하는 자아를 참된 자아로 보고 놀이를 통해 참된 자아를 발달시킬 수 있다고 주장했다.

고 사라져버리게 만들 방법이 있다고 이야기했는데요. 그런 면에서 자신을 가볍게 받아들이거나 심지어 자신을 우습게 여길 준비가 되어 있는 사람에게 이행은 이미 코앞에 와 있다고 볼 수 있겠습니다.

분노에 대한 규범적 분석은 과연 왜 중요할까요? 분노가 정말 선사시대에 진화의 결과로 생겨난, 우리의 본성 깊숙한 곳에 뿌리를 박은 성향이라면 이 비평은 대체 무슨 쓸모가 있을까요? 저는 세 가지 쓸모가 있다고 믿습니다. 첫째, 분노가 설령 바꿀 수 없는 성향이라 하더라도 비평을 거치면 공공정책을 결정할 때만큼은 분노를 섣불리 근거로 삼는 대신 일단 괄호 안에 넣어둘 수 있습니다. 행동심리학이 인간 정신의 별난 점을 발견하면 우리는 그 별난 생각의 정체를 알게 됩니다. 어떤 생각이 들 때, 그 생각이 든 까닭은 단지 인간 정신의 별난 성향 때문임을 알게 되는 거죠. 덕분에 우리는 정책을 만드는 좀 더 합리적인 방식을 고민할 수 있습니다. 예컨대 심리학자들은 인간에게 '가용성 추단법availability heuristic'이라고 부르는 사고방식이 있다는 사실을 발견했습니다. '가용성 추단법'이란 단 한 번의 두드러지는 사례만을 염두에 두고 다른 사례들을 싸잡아 판단하는 경향을 말하는데요. 이 점을 이해하면 우리는 위험도를 평가할 때 직관에 의존하기보다 객관적 비용편익분석으로 균형을 잡아주어야 한다는 생각을 할 수 있습니다. 다른 예로는 혐오에 대해서 이미 했던 이야기를 다시 언급할 수 있겠네요. 인간에게는 악취나 동물성 등 혐오스러운 속성을 타자에게 투사함으로써 그들을 예속화하고 배제하려는 경향이 강하다는 사실을 알게 되면, 우리는 사회에 존재하는 낙인찍기와 예속화의 위험성을 경계할 수 있고, 뿌리부터가 규범적으로 문제적이라는 사실이 이미 밝혀진 감정에 근거하여 공공정책을 수립하지는 않겠다고 결정할 수 있습니다.

더욱이 인간이 분노하는 성향을 띠게 된 이유는 오직 부분적으로만 진화와 관계되어 있는 것으로 보입니다. 문화와 개인차가 적어도 부분적으로는 분노 성향에 영향을 끼친다는 얘기죠. 분노 성향이라는 게 존재한다 해도 문화가 그 성향이 어떤 식으로 발전되고 발현될지에 관한 차이를 만들어낸다고 할 수 있겠습니다. 분노에 대한 평가는 문화권에 따라 상당히 달라집니다. 한 극단에 웃쿠족이 있죠. 그리스인과 로마인들은 현대 미국인과 비교하면 웃쿠족과 훨씬 가깝게 있을 테고요. 나아가 젠더를 예로 들어 살펴보았듯, 하나의 문화권 안에서도 심한 차이가 존재합니다. 스토아철학이나 간디주의 등 일부 하위문화가 상위의 문화적 패턴으로부터 일탈할 수도 있고요. 이런 유연성을 고려하면 더욱 좋은 것, 더욱 이성적인 것으로 생각되는 모범을 따르도록 우리 아이들을 교육할 준비를 갖출 수 있겠죠.

마지막은 성인에게도 스스로를 변화시킬 여지가 최소한 조금은 남아 있다는 점입니다. 예를 들어 세네카는 밤마다 자신의 분노를 대상으로 삼아 수행했던 인내심 어린 자기성찰을 묘사했는데요. 그런 노력이 완전한 성공을 거두었다고는 세네카 자신도 주장하지 않지만 적어도 조금씩은 나아지는 모습이 보입니다. 더 오래 자기성찰을 한다면 더더욱 나아지는 것도 가능하겠죠. 넬슨 만델라는 27년의 수감생활을 통해 이 방면에서 엄청난 성취를 이루어낼 수 있었다고 주장합니다. 다행히도 우리들은 대부분 그렇게 오랜 세월 동안 고독과 무기력을 경험할 일이 없을 거예요. 하지만 그렇다고 해서 진전을 이룰 수 없는 건 아닙니다.

제3장

# 용서: 계보학적 탐구

유죄 판결을 받은 죄수처럼 저는 신음합니다.

저의 잘못으로 제 얼굴은 붉어지나이다.

저를 구하소서, 주님이여, 당신의 종이오니.

-13세기 성가, 〈진노의 날〉에서

자기 눈물과 신의 자비에 눈이 먼 채로 그는 고개를 숙이고 사죄경의 엄숙한 단어들을 들었으며

사제가 용서의 징표로 그의 머리 위에 손을 들어올리고 있는 모습을 보았다.

-제임스 조이스, 『젊은 예술가의 초상』 4장

## 1. 용서와 계보학

이제 부수적 주제인 용서를 한번 돌아보겠습니다. 분노처럼 용서에 대해서도 쓸 만한 정의를 먼저 내려야 할 텐데요. 찰스 그리스월드가 훌륭한 정의를 하나 내놓은 적이 있습니다. 그의 주장에 따르면 용서란 분노의 중화 및 복수 계획의 중단에 관하여 두 사람이 벌이는 상호작용의 과정이며, 그 과정은 다음의 여섯 가지 조건이 만족되면 시작됩니다. 용서를 받고자 하는 후보는 반드시

· 자기가 책임 있는 행위 주체임을 인정하고

· (자기 행위의 부당성을 인정함으로써) 문제가 되는 행위와 그 행위를 저지른 책임자인 자신을 비판하며

· 문제의 피해를 야기하여 느끼는 후회를 피해자에게 표현하고

· 같은 피해를 가하지 않는 인간으로 거듭나려는 온갖 노력을 기울이되, 그 노력을 말로는 물론 행동으로 보여주며

· 피해를 입은 사람의 관점에서 그 피해가 얼마나 심각한 것이었는지 이해한다는 점을 보이고

· 어떤 상황에서 그런 잘못을 저지르게 되었는지, 어째서 그 잘못이 자신의 존재를 온전히 표현하는 것이 아닌지, 또한 자신은 어떤 면에서 사면을 받을 만한 가

치가 있는 인간인지에 대한 서사를 제공[1]

해야 합니다.

(완벽한 분석은 아니지만 논의의 시작점으로 삼기에는 썩 괜찮은 정의라고 생각됩니다.) 바로 이런 방식의 용서가 용서의 핵심으로서 오랫동안 이어져왔으니, 찰스 그리스월드의 정의를 용서에 대한 고전적 진술이라고 불러도 될 겁니다.[2] 그러나 앞으로 저는 이를 '교환적 용서'라 부르겠습니다. 구조적으로 용서의 선결조건을 요구하지 않는, 다른 대안들과 대조하기 위해서죠. 앞으로 살펴보겠지만, 교환적 용서의 요소들은 오랜 유대-기독교적 전통을 가지고 있으며 한데 합쳐져 익숙한 꾸러미를 이룹니다. 이러한 요소 집합의 역사를 자세히 살펴보면 그것이 수행하는 도덕적인 역할을 이해하는 데는 물론, 대안은 이와 어떻게 달라야 하는지를 보다 분명하게 아는 데에도 도움이 될 것입니다.

앞서 저는 분노에 관한 논의를 직설적으로 전개했습니다. 분노의 구성요소를 살피고 그 역할을 논의한 다음 다양한 사례를 검토함으로써, 분노에 결함과 비합리성이 감춰져 있다고 주장했죠. 용서와 관련해서는 그 개념의 유대-기독교적 역사를 고려하는, 보다 간접적인 방식으로 논지를 펴야겠다는 느낌이 듭니다. 왜일까요?

철학자들은 어떤 개념의 역사를 파헤침으로써 그 개념을 탐구하겠다고 선언하면, 즉시 '계보학적 오류'를 범하고 말 거라는 경고를 받게 되어 있습니다. 기원을 살펴봄으로써 무언가의 본성을 탐구하는 건 일반적으로 대상을 연구하는 신뢰할 만한 방법으로 간주되지 않습니다. 많은 경우 이런 경고는 실제로 지혜로운 것입니다. 예컨대 인간 심리의 어떤 특질을 이해할 때 진화적 연원을 따지는 방법도 사용할 수 있지만, 그 방법만으로 완벽한 이해에 도달할 수 있을 거라고는 생각하지 않는 편이 좋죠. 헌법 영역에서도 마찬가지입니다. 지금도 그렇게 생각할 사람들이 있을지는 모르겠지만, 어떤 조문의 의미를 이해할 때 헌법 초안자들의 의도에 따라야 한다는 생각은 심한 논란의 대상이 됩니다. 심지어는 원전주의자들도 원전주의가 옳다고 간단히 전제해서는 안 됩니다.

그러나 니체가 이해하듯, 역사적 탐구를 통해 통찰력을 얻을 수 있는 경우도 존재합니다. 저는 바로 니체적 의미에서 계보학이라는 개념을 활용해보려 해요.[3] 니체는 도덕에 대해서, 저는 용서에 대해서 한 가지 비슷한 생각을 하고 있습니다. 도덕이나 용서가 담론이나 일상적 삶에서 너무도 영예롭고 중심적인 자리를 차지하고 있어, 그 윤곽선을 명료하게 연구하기가 어렵다는 거죠. 신성함의 후광이 그것들을 감싸고 있기 때문입니다. 습관 때문에도 도덕은 눈에 잘 보이지 않습니다. 저는 용서도 마찬가지라고 생각합니다. 사람들은 보통 용서라는 개념은 매우 익숙한 것이므로 잠시 멈추어 다시 명확하게 정의하거나, 용서로부터 용서와 관련된 다양한 태도를 떼어놓아야 할 필요는 없다고 생각하죠. 우리 문화가 용서를 너무나도 숭상하기에 우리는 잔뜩 움츠러들어, 비판적 정신을 가지고 용서를 자세히 살펴보지 못하죠. 그러므로 우리는, 예컨대 용서 안에 도사리고 있는 공격성과 통제, 기쁨의 부재 같은 요소들을 빠르게 알아차리지 못합니다.

역사는 익숙한 것들을 낯설게 합니다. 역사를 통해 우리는 지금과는 다른 방식으로 존재할 수 있는 여러 가지 것들이 있었으며, 어떤 경우에는 실제로도 달랐다는 사실을 상기하게 되죠. 우리 논의에서, 역사는 현대 사회가 소중하게 여기는 개념인 용서가 처음에는 다양한 종교적 태도 및 관습과의 연관 속에 도입되었으며 수천 년 동안 그런 식으로 지속되어왔다는 사실을 상기시켜줍니다. 용서는 바로 그렇게 역사 속에 뿌리를 박음으로써 의미를 얻었습니다. 논의를 마친 뒤, 궁극적으로 용서 개념의 유산 전체를 포용해야 한다는 결론을 내릴 수도 있겠죠. 용서의 몇 가지 측면만을 이런 그물망에서 떼어내어 그 자체로 가치 있게 여겨야 한다는 결론을 내릴 수도 있고요. 하지만 어쩌면, 처음부터 본질적으로 종교적인 배경을 갖고 있던 용서의 몇 가지 특성은 그 체제의 핵심적 측면을 거부하고자 하는 사람에게는 사실 적절치 않다는 사실을 발견하게 될지도 모릅니다. 그런 부적절성을 발견하면, 우리는 용서의 전통적 껍질을 버리고 그 알맹이만 취하는 게 정말 가능하냐는 질문에 적어도 회의적인 입장을 취하게 되죠. 그러나 용서를 우리가 숨 쉬는 공기 혹은 우리가 물고기였다면 헤엄쳐 다녔을 물처럼 자연스러운 것이라고만 계속해서 느끼면 이런 수준의 진지한 비판정신에는 절대 도달할 수 없습니다.[4] 저는 용서에서의 교환성이라는 개념이 특정한 체제 내에서 발전되어 나온 것이며, 용서의 몇 가지 측면은 그런 체제로부터 떼어내도 살아남을 수 있으리라고 생각합니다. 다만 과연 어떤 측면을 떼어내야 하는지, 그 결과가 어떻게 될 것인지는 계속 탐구해봐야 할 문제죠.

미셸 푸코는 현대의 처벌제도에 관하여 비슷한 주장을 했습니다.[5] 푸코는 우리가 습관적으로, 아무런 성찰 없이 형벌에 대한 몇 가지 경건한 믿음을 받아들인다고 주장했어요. 콕 집어 말하자면, 우리는 옛 시대의 유산으로 잘 알려져 있는 잔혹한 공개적 처벌이 이제는 감금과 갱생 등 좀 더 온유한 관행으로 대체되었다고 즐겨 생각합니다. 사실, 교도소를 통한 가해자들의 갱생이 온화하고도 진보적인 관행이라는 생각에 너무 매혹되어 있는 나머지 우리는 표면상 가장 자비로운 것으로 보이는 교도소에도 처벌적·통제적 측면이 있다는 사실을 재빨리 알아차리지 못합니다.[6]

용서 얘기로 돌아와보죠. 앞으로 여러 차례 보게 되겠지만, 우리에게는 분노를 처리하는 좋은 방식이라고 생각되는 모든 것에 무조건 용서라는 단어를 갖다 붙이는 경향이 있습니다. 그래서 혼동이 일어나고 비평은 어려워 지죠. '용서'는 부당행위를 처리하는 일반적 환경에서 권장할 만한 모든 것을 일컫는 만능의 용어가 되어버렸어요. 이와는 어느 정도 긴장관계에 있는 또 다른 경향성도 발견됩니다. 우리는 이 문제를 다룰 때 역사적으로 유대-기독교적 용서와 관련되어 있던 수많은 꾸러미를 굳이 끌고 들어오는 경향이 있습니다. 처음 논의에 끌어들일 때는 용서를 모호한 개념으로만 사용했으면서, 마치 용서의 본질은 반드시 유대-기독교적이어야 한다는 듯이 말입니다. 데즈먼드 투투의 『용서 없이는 미래도 없다』를 보세요. 앞으로 7장에서 자세히 다루게 될 이 책에서 투투는 긍정적이고 아량 있는 화해의 태도라면 뭐든 용서가 될 수 있다는 식으로 '용서'를 모호하게, 규범적으로 소개합니다. 그런 다음에는 별다른 논증도 하지 않은 채 용서를 고해성사와 회개, 사죄赦罪 등 종교적 무기 세트 전체와 결부해버리죠. 갑자기 '용서'는 기독교의 교환적 용서라는 극도로 명확한 내용을 갖게 됩니다. 하지만 독자들은 그 기독교적 태도와 개념에 너무 물들어 이런 미끄러짐을 눈치 채지 못합니다.

저는 또한 유대-기독교적 전통이란 복합적인 존재로서, 그 안에는 관심 있게 지켜볼 만한 두 가지 대안적 태도도 포함되어 있다는 주장을 펼치려 합니다. 이번 강의는 상당 부분 **교환적 용서**, 그러니까 그리스월드의 정의가 잘 들어맞는 조건부 용서를 다루는 데에 할애됩니다. (경전을 일부만 인용하고 다른 부분은 무시한 개념이긴 하나) **교환적 용서**는 중세와 현대의 유대교 철학에서 중심적인 신학적 개념이자 기독교 전통이 제시하는 대단히 영향력 있는 태도 세 가지 중 한 가지입니다. 제도권 교회가 선호하고 성문화하려 드는 개념이기도 하죠. 그러나 유대교 전통 중 성문화가 덜 이루어진 부분과 기독교 전통의 아주 잘 알려진 몇몇 부분은 이와는 다른 두 가지 태도를 소개해주기도 합니다. 그중 하나를 저는 **무조건적 용서**라 부르고, 다른 하나는 **무조건적 사랑과 아량**이라고 부르겠습니다. 우리는 이 대안들, 특히 그중에서도 후자에서 얻을 게 아주 많다는 사실을 알게 될 겁니다. 성경에는 신약과 구약을 막론하고 이 두 가지 태도가 모두 두드러지게 나타나지만, 그렇다고 해서 제도권 유대-기독교 역사의 많은 부분에서 무대의 중심을 차지해온 것이 다름 아닌 교환적 용서이며, 바로 그 교환적 용서가 정치적 관계와 개인적 관계 모두에 영향을 끼쳐왔다는 사실을 피할 수는 없습니다.

자, 그러면, 니체적인 관점에서 교환적 용서의 유대-기독교적 전통을 자세히 살펴보도록 합시다.

## 2. 유대교의 테슈바: 작위 및 부작위에 관한 점수 매기기

유대교적 개념인 **테슈바**Teshuvah, 즉 회개로부터 비롯하는 용서에는 길고도 복잡한 역사가 있습니다. 성경의 여러 부분, 특히 예언서는 이후의 전통이 성문화할 때 참조했던 광범위한 행위와 태도들을 전형적으로 제시해주죠. 그러나 이런 문헌은 그리 체계적이지 않으며, 그 자체만으로 어떤 이론이나 정본이라고 할 만한 일련의 관습을 이루고 있는 것도 아닙니다. 교환적 용서라는 개념이 두드러지기는 하지만,[7] 5절에서 살펴보듯 그 개념은 완전히 성문화되지 않은 채 무조건적 용서나 무조건적 사랑의 개념을 암시하는 문헌과 공존합니다. 『탈무드』도 체계적이지 않기는 마찬가지입니다. 『탈무드』가 이 주제에 대해 보여주는 통찰에 관해서는 나중에, 일탈적 전통을 살펴보면서 논의하도록 하죠.[8]

그런데 성경이나 『탈무드』 이후로 이어진 랍비들의 전통은 교환적 용서의 개념을 성문화하고 테슈바가 무엇인지, 또한 어떻게 해야 테슈바를 수행할 수 있는지 권위적으로 정의했습니다.[9] 이러한 전통을 지도적으로 이끌어간 인물 중에는 12세기의 위대한 사상가 마이모니데스가 있는데,[10] 그의 위대한 저작 『토라를 다시 생각한다Mishneh Torah』의 첫 권에는 「테슈바의 법칙」이 포함되어 있습니다. 13세기 사람인 헤로나의 요나가 지은 책, 『테슈바의 관문Shaarei Teshuvah』은 테슈바를 가장 광범위하게 성문화해놓은 문서이고요.[11] 테슈바와 관련한 현대의 유대교 신학 논의 중 요세프 도프 솔로베이치크 같은 권위자와 홀로코스트 역사가인 데버라 립스태트의 논의는 이런 문헌을 매우 가깝게 따르고 있습니다.[12]

제목에서 알 수 있듯 이런 문헌의 핵심은 용서가 아니라 테슈바 혹은 회개라는 개념입니다. 그러나 용서는 테슈바 과정의 궁극적인 목표이자 테슈바의 뼈대를 형성하는 핵심적인 요소예요. 단, 처음에는 강조점이 피해자보다는 부당행위자의 활동에만 찍힙니다. 이런 식의 강조가 이루어지는 주된 이유는 테슈바란 다른 무엇이기 이전에 잘못을 저지른 인간이 신 혹은 신의 분노와 관계를 맺으며 겪는 과정이기 때문입니다. 당연한 얘기지만, 윤리적 처방은 신이 아니라 죄인에게 주어집니다. 다른 인간과의 관계에서 테슈바가 어떻게 작동하는지에 대해서도 부수적으로 언급되는데요. 앞으로 살펴보겠지만 인간 간의 테슈바는 별개로 이루어지는, 중재되지 않는 과정이므로 죄인은 신과의 관계를 회복하는 것만으로는 의무를 완수할 수 없기 때문입니다. 그러나 인간을 상대로 저지른 모든 악행은 동시에, 무엇보다도 신에게 저지른 잘못이므로 잘못한 사람과 신과의 관계는 의례상으로 보나 문헌상으로 보나 인간 간의 관계보다 훨씬 더 강조됩니다. 인간을 상대로 저지른 잘못을 속죄하고자 할 때 별도로 무엇을 해야 하는지에 대한 언급이 있기는 하지만, 속죄일*은 전적으로 인간과 신의 관계를 회복시킨다는 목적을 두고 있습니다. 요나의 글은 400쪽짜리 책의 끝에서만 인간 간의 속죄문제를 잠깐 다루니 이에 관련해서는 사실상 입을 다문다고 보아도 무방합니다. 현대에 쓰인 솔로베이치크의 권위 있는 저서도 인간 간의 테슈바는 아주 간단하게만 다룹니다. 마이모니데스는 글의 분량으로만 보면 인간 간의 테슈바에 더 큰 강조점을 둡니다만, 그렇게 된 이유는 마이모니데스의 저작에서 테슈바를 다룬 부분이 매우 짧기 때문일 뿐입니다. 요나가 저서 대부분을 할애해 다룬 윤리적 계명을 마이모니데스는 어마어마한 논문의 다른 부분에서 다루고 있거든요.

테슈바의 핵심은 율법을 지키고자 하는 유대교도가 준수해야 하는 대단히 긴 계명의 목록입니다. 요나는 이 목록을 무언가를 해야 한다는 계명인 '긍정적' 계명과 무언가를 해서는 안 된다는 계명인 '부정적' 계명으로 나눕니다. 달리 말해, 죄악 중에는 보통 더 가벼운 것으로 취급되는, 해야 할 일을 빼놓고 하지 않는 부작위의 죄가 있고 다른 한편으로는 하지 말아야 할 일을 저지르는 죄, 정도는 다르지만 언제나 심각하게 받아들여지는 죄가 있습니다. 이 계명은 인생의 모든 부문을 아우르며, 그중에는 도덕과 종교의 핵심적 요건을 이루는 것도 있고, 죄를 저지를 가능성이 있는 곳으로부터 잠재적 죄인을 멀리 떨어져 있게 만드는 '울타리' 역할을 하는 것도 있습니다(남자는 어떤 식으로든 기혼여성을 만지면 안 된다는 계명이 '울타리'의 한 사례가 되겠죠. 이 계율은 잠재적 죄인과 중대한 성적 죄악의 가능성 사이에 거리를 만들어냅니다). 주요 계율을 위반하는 것에 비해서야 '울타리'를 넘는 것이 좀

---

* '욤 키푸르'라 불리는 속죄일은 유대교에서 가장 중요한 축제일 중 하나로, 대체로 9월 하순이나 10월 초순에 해당한다. 이날 제사장은 모든 이들의 죄를 사해주는 제사를 지내며, 사람들은 먹거나 마시거나 씻는 일, 성관계를 갖는 일을 포함하여 아무런 일도 하지 않고 하루 종일 회당에서 예배와 기도, 묵상만 한다. (『바이블 키워드』, J. 스티븐 랭, 남경태, 2007. 12. 24., 도서출판 들녘)

더 작은 죄이지만, 후자 역시 위반은 위반이며 그런 일을 저지르면 테슈바를 이행해야 합니다. 또한 고의로 어겼든 우발적으로 어겼든 간에 계율을 어기면 테슈바를 해야 하고요.[13]

이처럼 테슈바를 해야 하는 상황은 삶을 이루고 있는 씨줄과 날줄에 하나하나 물들어 있습니다. 사람들은 계율을 범하지 않도록 지속적으로 경계해야 하는데, 계율의 수가 매우 많다는 점이나 계율 위반이 아주 쉽게 일어난다는 점을 생각해보면 테슈바는 매우 빈번하게 요구될 게 분명합니다. 실은, 테슈바 체제의 기능 중 한 가지가 바로 인생의 모든 씨줄과 날줄을 신과의 관계라는 생각으로 물들여놓는 것이라고도 말할 수 있습니다. 나팔절*과 속죄일 사이의 기간 및 속죄일 의례가 진행되는 기간이 특히 그해에 벌어진, 회개할 만한 일을 모조리 끄집어내는 중요한 기회가 되죠.[14] 그러나 마이모니데스는 1년 내내 테슈바가 이루어져야 한다고 봅니다. 요나는 테슈바 자체가 사람을 미래의 죄악으로부터 보호해주는 요새를 만드는 일이라고 얘기하고요.

죄악 중에는 회개하는 즉시 신에게서 용서를 받는 것도 있습니다. 어떤 죄악은 속죄일까지 기다렸다가 용서를 구해야 하고, 또 어떤 죄악은 죄인이 속죄 외에도 추가적인 고통을 받아야 용서됩니다. 특별히 심각한 몇 가지 죄악은 회개를 하더라도 죽기 전까지는 용서받지 못하고요.[15] (앞으로 살펴보겠지만 다른 사람들을 상대로 저지른 죄악에 대해 용서를 받으려면 그 외의 조건이 또 충족되어야 합니다.)[16]

테슈바의 첫 번째 요건은 고백입니다. 마이모니데스는 개인적이고 구체적인, 말로 하는 고백을 고집합니다(속죄일에 암송하는 공동의 고백만으로는

---

* '로시 하샤나'라고도 한다. 나팔절이라는 이름은 나팔을 불어 이날을 알렸기 때문에 붙은 것이다. 일을 쉬고 성회를 열어 희생 제사를 드리는 유대교의 신년 축제일이다.

부족하다는 얘깁니다). 신에게 하는 고백은 다른 사람이 없는 데서 하되 명료한 언어적 형태를 취해야 합니다. 솔로베이치크는 그 이유를 감정과 생각이 "논리적이고 문법적인 구조를 띠고 있는 문장을 통해 포착되고 표현된 다음에야 명료해지기 때문(91-92)"이라고 설명합니다. 죄악이 신에 대한 것일 뿐 아니라 다른 사람에 대한 것이기도 할 경우에는 고백이 말로 이루어져야 할 뿐 아니라 공적으로 이루어져야 합니다. "자신의 반역 행위를 드러내지 않고 감출 만큼 오만한 인간의 테슈바는 불완전하다"[17]는 것이죠. 솔로베이치크는 이러한 요건이 만들어진 이유 중 하나가 죄인은 "자기가 더 럽힌 동료 인간의 이름을 깨끗하게 해주고, 그에게 덧붙인 낙인을 효과적으로 제거"해야만 하기 때문이라고 말합니다(80). (이걸 보면 솔로베이치크는 부당한 행동이란 피해자의 평판을 깎아내리는 행동이라고 주장하는 듯합니다. '지위-격하'를 강조하는 아리스토텔레스와 가까운 입장이라니 흥미롭죠.)

하지만 고백은 첫 번째 단계일 뿐입니다. 죄인은 이후 미래에 같은 죄를 저지르지 않는 삶을 위해 마련된 단계를 밟아야만 합니다. 그 길은 진심 어린 후회 및 다시는 죄악을 되풀이하지 않겠다는 결심으로부터 시작해야 하는데요. 신은 '감춰진 모든 것을 알아차리신다'지만, 그와는 별개로 후회한다는 말을 입 밖으로 소리내 말해야 합니다(다른 사람이 연루되어 있을 경우에는 공적으로, 오직 신만이 관계있을 경우에는 비밀리에 하면 됩니다). 마이모니데스와 요나 두 사람은 모두 의미심장한 이미지를 사용합니다. 두 사람의 글에는 공통적으로 등장하지만 다른 곳에서는 거의 등장하지 않는다는 점으로 미루어 보면 아마 초기의 다른 원전에서 유래한 이미지일 텐데, 입으로는 고백을 하지만 진정 어린 후회를 하지 않는 사람은 **미크바**(의례적 목욕)를 통해 정화되기를 원하면서도 역겨운 파충류를 손에 쥐고 있는 사람과 같다는 겁니다. 그 파충류를 놓아버리기 전까지 그는 정화되지 못할 것입니다. 마이모니데스는 진정한 테슈바란 "한 차례 저질렀던 죄악을 앞으로 다시는 저지르지 않는 것, 그 죄를 저지르겠다는 생각도 더 이상 하지 않으며 그 일을 하지 않겠다는 결심에 마음을 붙들어 매는 것"[18]이라고 요약합니다.

이 과정에는 "순종적이고 겸손하며 온화한"[19] 마음가짐이라는 일반적 태도가 대단히 도움이 됩니다. 걱정 또한 죄악으로 이어질 수 있는 안일함에 계속 주의를 집중하게 만든다는 점에서 무척 쓸모가 있고요(마이모니데스는 영적 경계심을 쇼퍼* 소리에 은유합니다).[20] 테슈바의 성공은 같은 죄악을 저지를 기회가 주어지고 똑같은 유혹을 받는 상황에서도 알아서 삼가고 죄를 짓지 않을 때 정점을 찍습니다.[21] 그러나 엄밀히 따지면 이런 태도는 테슈바의 필수조건은 아닙니다. 죽기 직전까지도 테슈바를 하고 용서를 받을 수는 있지만, 죽음이 목전에 닥친 상황에서는 더 이상 저지를 수 없는 죄악도 많이 있으니까요.[22] 다가오는 죽음에 대한 지속적 의식은 테슈바 과정에서 크나큰 도움이 됩니다.[23]

테슈바는 소망이나 욕망에는 적용되지 않으며 오직 작위나 부작위에만 적용됩니다. 내면세계가 중요하다면 그건 죄악의 이유가 되거나 테슈바 과정의 가치 있는 일부이기 때문입니다. 요나의 표현을 빌리자면, 자신의 내면을 휘저어 폭풍을 일으키는 일은 쾌락과 사악한 충동으로부터 눈을 돌리는 매우 유용한 방법입니다. 한편 '울타리'에 해당하는 계율은 보통 내면세계를 다루고 있습니다. 욕망이 자극되는 상황을 피하는 것도 죄악을 회피하는 한 가지 방법이죠.[24] 그러나 어쨌든 본질적인 것은 욕망에서 비롯하는 '작위', 혹은 '부작위'입니다. 욕망 자체는 죄악이 아니라 죄악의 원인이나

---

* 유대인들이 사용하는, 양의 뿔로 만든 피리.

결과일 뿐입니다. 다른 사람들이 관련되어 있을 때도 마찬가지입니다. 중요한 건 작위와 부작위뿐이지 골칫덩어리 열망이 아닙니다. 그런 소망에 악행으로 이어지는 경향이 있지만 않다면 말이죠.

이제 다른 사람들에 대한 가해행위로 눈을 돌려봅시다. 인간 대 인간의 관계에서 이루어지는 테슈바는 어느 지점까지는 비-파생적 성격을 띱니다. 타인을 상대로 한 모든 범죄가 신을 상대로 한 범죄인 것은 맞지만, 신 앞에서 회개하고 용서받는다고 해서 다른 인간에게도 빚을 갚은 건 아니거든요. (재산이 관련된 범죄에서는) 금전적 보상이나 재산상의 보상만으로도 충분치 않습니다.[25] 대신, 죄를 저지른 사람은 다른 사람에게 직접 다가가 자신의 잘못을 공개적으로 고백하고, 앞으로 다시는 같은 일을 하지 않겠다는 결심과 후회를 표현해야 합니다. 그 죄와 관련된 영역에서는 인생 진로를 전적으로 바꾸겠다고 말이죠. 그런 다음에는 피해자가 사과를 받아들여야만 합니다. "죄인이 피해자에게 빚지고 있는 것을 갚았다면 피해자의 마음은 죄인에게 우호적으로 기울어져야 하며, 죄인은 그에게 용서를 구해야 한다"고 적혀 있어요. 요나는 보상이나 배상은 피해자의 수치와 고통에까지 가 닿지 않으며, 그렇게 할 수 있는 행위는 오직 용서의 간청뿐이라고 말합니다.

여기에서 마침내 인간 간의 용서라는, 고전적 정의에 부합하는 어떤 개념이 도출됩니다. 피해자는 가해자의 고백과 참회에 대한 반응으로 분노와 적개심을 내려놓고 마음을 돌려야 하니까요. 테슈바 과정에는 그리스월드의 핵심적 정의에 들어 있는 모든 요소가 포함되어 있습니다. 매우 강조되지는 않으나, 피해자의 고통에 대한 공감적 이해라는 조건도 배상만으로는 충분하지 않은 이유를 설명하는 대목에 들어 있습니다. 이 과정은 피해자가 자발적으로 억울함에 가득 차 있는 감정과 계획을 포기하는 데에서 정점을 찍습니다.

　유대교 전통은 용서를 미덕이라고 봅니다. 피해자는 원한을 품어서는 안 되며, 애초부터 마음이 녹아 있어야 하고 화를 낼 때는 더뎌야 합니다. (마이모니데스는 비유대인들은 언제나 원한을 품는다고 말합니다. 용서하는 태도는 유대인들만의 특징이라는 거죠.)[26] 하지만 만일 그 피해자가 최초에 완고한 마음을 품고 있었다면, 죄인이 세 명의 친구와 함께 피해자를 찾아와 용서해줄 것을 부탁해야 합니다. 그런데도 피해자의 대답이 '아니오'라면, 죄인은 (서로 다른) 두 번째, 세 번째 친구 무리와 함께 찾아와야 하고 그 친구들은 모두 설득력 있는 주장을 해야 합니다. 그때부터는 입장이 바뀌어 고집스러운 피해자가 오히려 죄인이 됩니다. 단, 사제지간에서는 예외입니다. 피해자가 죄인의 스승이라면 제자는 '천 번이라도' 다시 돌아가야 합니다(제자를 용서하지 않는 스승이 언제부터 비난의 대상이 되는지 그 시점은 뚜렷하지 않습니다). 죽은 사람에게 사과를 할 때나 개인적으로 알지 못하는 사람에게 배상을 할 때는 특별한 규칙이 적용됩니다.[27] 하지만 전체적으로 봤을 때 이 과정은 정례화되어 있으며 상당히 강제적입니다. 피해자는 용서를 하거나 거꾸로 죄인이 되어야 하죠.

　인간 대 인간의 테슈바에 관한 논의에는 걱정이나 자기비하, 자신을 모욕하는 행위가 명백히 언급되어 있지 않습니다. 그런 태도는 신과의 관계에 적절한 것이죠. 단, 인간 대 인간의 테슈바에서도 그런 태도는 어렵지 않게 본질적인 것으로 바뀔 수 있습니다. 타인에 대한 모든 가해행위는 동시에 신에 대한 가해행위이기에, 자기비하 등의 태도를 보일 만한 적절한 상황이 되거든요. 그렇지 않더라도 인간 간의 용서에서는 어쨌거나 자기비하의 태도가 출현하게 되어 있습니다. 불안과 자기비하가 모든 사람의 삶에 나타나는 보편적 특징이라는 전제 때문이죠. 그런 자기비하와 불안이 다른 사람을 향해 있는지는 명백할 수도, 그렇지 않을 수도 있지만 말입니다. 나아가 불안은 피해자 쪽에서도 존재할 가능성이 높습니다. 피해자는 바꾸기가 대단히 어려울지도 모르는 태도를 바꾸어야 한다는, 그러지 않으면 죄를 짓는 거라는 명령을 받고 있으니까요.

이런 식으로 구조화되었으며 여러 세기에 걸친 전통으로 고정된 설명을 그리스월드의 철학적 정의와 견주면 새로운 이해를 얻게 되는데, 바로 그 새로운 시각이 계보학적 탐구의 목적입니다. 그리스월드의 현대적 설명은 원래 모든 것을 포괄하는 종교적 삶의 방식에 깃들어 있었던 구조를 그 삶으로부터 완전히 추출해냅니다. 용서는 인생 전체를 완전히 적시는 종교적 몰입 없이도 존재할 수 있으며 마땅히 그래야 한다는 것 같아요. 이 주장이 참인지 거짓인지 따져보려면 상세한 논의가 필요한데도 사람들은 용서 개념에 너무 익숙해진 나머지 논쟁의 필요성을 아예 느끼지 못하게 되었습니다.

하지만 우리는 용서의 구조를 원래의 맥락에 놓고 그 구조가 개인적 관계와 정치적 관계에 어떤 미래를 약속하는지 따져보도록 합시다. 아마 이 전통을 이해하면 할수록 뿌리가 잘려나간 교환적 용서에 의문을 제기할 여지가 점점 더 많아질 겁니다.

유대교의 테슈바에서는 개인적 관계와 정치적 관계가 모두 인생의 대단히 작은 부분으로 축소됩니다. 오직 신과의 관계만이 가장 중요한 요소로서 편재해 있죠. 우리가 '정치적'이라고 부르는 것들은 아예 언급되지도 않으며, 개인적인 관계는 (마이모니데스나 요나의 경우에서 보듯) 테슈바를 다룬 문헌에서 아주 작은 공간만을 차지하고 있거나 (솔로베이치크의 경우에서 보듯) 사실상 아무런 자리도 차지하지 못합니다. 문제는 그것만이 아닙니다. 테슈바 과정이 인생 전반에 스며들어 있음을 생각해볼 때, 테슈바가 정치적 관계와 개인적 관계를 모두 부차적인 것으로 만드는 결과로 이어진다는 점은, 아니, 사실 테슈바의 목적이 바로 거기에 있다는 점은 대단히 명백합니다. 물론 신과 회계장부를 정리하는 것만으로 인간이 완전한 용서를 얻을 수는 없다고 하지만, 용서를 둘러싸고 일어나는 교환 자체가 인생을 온통 채우고 있으며 그 가장 내밀한 부분에까지 구조적으로 짜여 들어가 있는, 신에 대한 헌신이라는 일차적 맥락에서 일어나잖아요. 지속적으로 경계하고 유념하라는 명령과 함께 주어진 수많은 '울타리'를 비롯해 엄청나게 많은 긍정적·부정적 계율들은 현재의 우리들이 알고 있는 방식에 따라 타인을 바라보거나 그에게 신경을 쓸 여지를 별로 남겨두지 않습니다. 마음으로부터 우러나는 자연스러움과 열정, 놀이의 공간을 아예 남겨주지 않는 건 더욱 분명하고요. 사실, 이런 테슈바 과정으로 조직되는 삶은 놀랄 만큼 불안감에 가득 차 있고 기쁨이 없는 삶으로 보입니다. 기쁨과 유머를 즐기는 능력을 가장 큰 덕목으로 삼는 게 분명한 유대교 전통 안에 있는데도 말이죠.

아이스킬로스적 사유의 시발점에 비추어볼 때 특히 충격적인 건 정치를 통해 차이를 만들어낼 수 있다는 식의 생각이 전적으로 부재하다는 사실입니다. 개인적 관계야 어쨌든 언급이나도 되죠. 그러나 정치적 관계에 대한 언급은 전혀 없습니다. 심지어 현대에 쓰인 솔로베이치크의 논문에서도 그래요. 분노는 정치적 정의正義에 따라 변화하지 않습니다. 정말로 중요한 건 신의 분노와 신의 정의뿐이니까요. 그러므로 정의롭고 법치가 이루어지는 사회에서도 부정한 행위를 저지른 사람은 법 이전의 사회에서와 똑같이 걱정과 고백, 잠재적인 신의 분노라는 짐을 지게 됩니다.

테슈바 전통이 인간 피해자의 분노를 가라앉히는 방법은 무엇일까요? 피해자 쪽에서의 적극적 아량에 의하지 않는 것만은 분명합니다. 피해자는 그저, 배상이 적절하게 이루어지는 경우에는 배상을 포함하여 가해자의 사죄를, 다른 사람으로 거듭나 다시는 죄를 짓지 않겠다는 약속이 포함된 용서의 간청을 기다리라는 명령을 받는 존재일 뿐입니다. 사죄가 이루어지고 나서는 원한을 품지 말아야 하지만 그전에는 사정이 다릅니다. 사실, 피해자 쪽에서 미리 아량을 보여주는 것은 중대한 실수라는 주장이 강하게 암시되고 있어요. 피해자가 규정되어 있는 테슈바 과정의 여러 과업을 멋대로 생략한다는 거죠. 신이 테슈바 과정을 지속적으로 반복하라며, 인간에게 그 과정 전체를 온전하게 요구한다는 건 분명한 사실입니다. 신에 비해 신중하지 못하거나 경박한 행동을 보이도록 인간을 부추기면 안 되겠죠. 사람들은 결과적으로 마음을 꺾더라도 처음에는 상당히 완강한 태도를 보여야 한다며 피해자를 독려합니다. 이에 따라 죄인은 극도로 정교하며 불편한 자세를 억지로 취하게 되죠. 여러분이 세 명의 친구로 이루어진 세 개의 서로 다른 집단을 연달아 모아야 한다고 한번 생각해보십시오. 그것도 교환 때 이루어지는 내밀한 이야기를 속속들이 알고 있고 테슈바 과정에 끼어들 태세가 되어 있는 사람들을요.

나아가 테슈바 과정은 마무리 단계에도 아량이나 마음에서 우러나는 자연스러움이 끼어들 여지를 전혀 남겨두지 않습니다. 용서는 종교적 법에 따라 이루어집니다. 아무렇게나 해주어서는 안 되는 거예요.

그렇다면 사람 간의 관계에는 이중의 부담이 지워지는 셈입니다. 먼저 가장 중요한 부담은, 신에게 거역할지 모른다는 생각에 끊임없이 사로잡혀 있어야 한다는 겁니다. 이것만으로도 삶의 공간 대부분이 잡아먹히죠. 둘째는 인간 간의 관계에 공식적 테슈바 과정이 끼어들어 엄청난 요구를 해대는 데에서 오는 부담입니다. 타인에게 피해를 끼칠 수 있는 사항이 엄청나게 많이 열거되어 있다는 점을 생각해보면, 인간 간의 테슈바는 그 자체만으로도 대단히 부담스럽습니다. 테슈바만 없었어도 더 행복한 일로 채울 수 있었을 공간이 다 잡아먹히죠. 아테나가 제거하고자 열심히 노력했던 바로 그 부담이 생기는 겁니다. 테슈바 과정은 이런 부담을 제거하려 꾀하기는커녕 오히려 강화합니다. 어쩌다 생긴 오류가 아니에요. 오히려 바로 그것이 테슈바의 목적입니다.

이번 장의 6절에서는 (성경의 몇몇 대목이 그렇듯) 다른 시각을 제안해주는, 유대교 전통 안의 대안적 목소리들을 제시할 것입니다. 하지만 일단 지금은 제가 **교환적 용서**라 부르는 것에 대한 이야기를 이어나가며 기독교 전통의 주요 맥락으로 눈을 돌려봅시다.

## 3. 기독교의 교환적 용서: 내면세계의 점수 매기기

기독교 전통은 단일하지 않습니다. 물론 유대교 전통도 그렇죠. 하지만 유대교의 경우, 최소한 정통 유대교의 철학적 문헌에는 오랜 시간에 걸쳐 눈에 띌 만한 불변성이 나타납니다. 기독교는 처음부터 여러 이질적인 부분들로 이루어졌습니다. 기원에 해당하는 문헌부터가 다원적이었고 시공간의 차이에 따라 다양성은 더욱 증대되었죠. 우리가 지금 하는 정도의 계보학적 탐구로는 복음을 쓴 사람들 간의 차이나 예수와 바울의 차이, 심지어 아주 일반적인 차원의 차이를 제외하면 용서에 관한 가톨릭과 개신교, 혹은 개신교 내 다양한 분파의 교리에서 보이는 차이 및 거기에서 비롯된 모든 학문적 논쟁을 철저하게 탐구할 수 없습니다. 제가 지금부터 하려는, **교환적 용서**에 관한 계보학적 탐구는 오히려 유대교의 사례를 중심으로 했던 탐구와 비슷합니다. 현저하게 보편적이고 지속적이었으며 시공간을 넘어 어디에서나 드러나던, 사람들이 보통 의식하지 않는 방식으로 현대 문화의 형성에 중요한 역할을 한 익숙한 구조를 추출해내는 것을 목표로 삼죠. 초점은 제도권 교회에 맞출 텐데, 별로 이상한 일도 아닙니다만 제도권 교회는 그 기원과는 차이가 많습니다. 기독교가 아니더라도 제도권 종교가 그 기원으로부터 멀어지는 일은 자주 벌어지죠. 그러나 우리의 일상이나 문화에 압도적 영향을 끼치는 것은 바로 제도권 교회입니다. 저는 일단 테슈바 과정을 변주한 주류 기독교의 교환적 용서 개념을 개략적으로 설명한 다음 기독교 전통 안에 존재하는 그 외의 두 가지 대안으로 돌아올 텐데요. 성경에 분명한 근거가 제시되어 있는 이 두 가지 대안에서는 매력적인 가능성이 도출됩니다.

일단은 기독교 전통이 자비로운 데 비해 유대교 전통은 처벌을 추구한다는, 잘못됐지만 널리 퍼져 있는 시각을 버려야 하겠습니다. 앞에서도 이야기했지만 유대교도들은 정반대 이야기를 합니다. **고임**\*들은 원한을 품으나 유대교도들에게는 분노를 제쳐놓는, 원칙에 입각한 방식이 있다는 것이죠. 기독교나 유대교나 자기가 더 온화하다고 강조하는데, 이 두 가지 주장은 똑같이 거짓입니다. 기독교 전통에는 처벌을 위한 엄청나게 많은 자원이 있습니다(「요한의 묵시록」만 생각해봐도 되겠죠). 유대교 전통이 죗값을 엄격히 기록하고 힘들게 속죄할 것을 요구하는 것도 분명하고요. 사실 놀라운 일도 아닙니다. 앞으로 살펴보겠지만 두 가지 전통 사이에는 어마어마한 연속성이 있으니까요. 전반적으로는 기독교가 유대교와 같은 방향으로, 더 멀리 나아갑니다.

제도권 교회의 안내를 따를 때 예상되는 것만큼 두드러지게 드러나는 경향은 아니지만, 기독교의 복음서에도 교환적 용서라는 개념은 빠지지 않습니다. 주된 언급으로는 "네 형제가 잘못을 저지르거든 꾸짖고, 뉘우치거든 용서해주어라. 그가 너에게 하루 일곱 번이나 잘못을 저지른다 해도 그때마다 너에게 와서 잘못했다고 하면, 용서해주어야 한다"[28]라는, 「루가의 복음

---

\* goyim, 유대교도들이 말하는 이교도, 즉 비유대교도.

서」 17장 3-4절의 구절을 들 수 있겠죠. 또 다른 권위 있는 문헌은 "그러니 여러분은 회개하고 하느님께 돌아오시오. 그러면 하느님께서 여러분의 죄를 깨끗이 씻어주실 것이며 여러분은 주께서 마련하신 위로의 때를 맞이하게 될 것입니다"라는 「사도행전」 3장 19-20절의 내용입니다. 나아가 요한이 처음으로 시작한 세례라는 관행은 그 자체가 '죄의 용서를 위한 회개의 세례(「마르코의 복음서」 1장 4절, 「루가의 복음서」 3장 3절)'죠. 이 구절을 회개가 없으면 세례도 없다는 뜻으로 이해하는 건 개연적인 일입니다.[29] 「마태오의 복음서」 3장 7-8절에서는 요한이 세례를 받으러 온 바리사이파 사람들과 사두가이파 사람들을 아직 회개하지 않았다면서 호되게 질책합니다. 오직 십자가에서 돌아가신 그리스도의 죽음을 통해서만 신의 용서를 얻을 수 있다니 아마 세례만으로는 신의 용서를 얻기는 충분조건이 될 수 없겠지만 세례가 꼭 필요한 요소로 보이는 것만은 사실입니다.[30] 그러므로 용서는, 그리스도가 자비로운 마음에서 자유롭게 베풀어주는 것이기도 하지만 동시에 교환적인 성격도 깊이 띠고 있습니다.

뒤에서 더 살펴보겠지만 이런 생각은 복음에서만 발견되는 것이 아닙니다. 그러나 복음은 차후 교회라는 제도로 거듭난 초기 의례의 틀이었습니다. 한참 후 제도권 교회가 이 의례들을 성문화하여 대단히 중시했다는 것도 놀라운 일이 아니죠. 그러므로 초기 교회에서의 세례는, 그 정체가 뭐였든 간에 약속된 구원으로 향하는 진입 조건으로 빠르게 자리잡았다고 할 수 있겠습니다. 이때 세례를 통해 가능해지는 죄의 용서는 예전에도 그렇고 지금도 그렇지만, 하나부터 열까지 교환적인 것으로 보입니다. 아이가 저지른 죄는 부모나 대부모代父母, 혹은 둘 모두의 뉘우침과 금욕의 표현이라는 조건이 만족될 때 사면됩니다.[31]

하지만 복음에서 단초가 보이긴 해도 교환적 용서는 어쨌든 제도권 교회의 구조물이므로, 이제는 훨씬 후기에 나온 문헌에 주목해보도록 합시다. 「진노의 날」이라는 글은 최후의 심판을 다룬 중세의 시로서, (관련 교리를 삭제한 제2차 바티칸 공의회* 이전 시기까지)[32] 몇 세기 동안이나 위령미사에서 중심적 자리를 차지했던 기독교적 시각을 담고 있습니다. 「진노의 날」은 회개와 용서에 대한 수많은 의례적 문헌 중 하나에 불과하며, 그 구조의 대부분은 테르툴리아누스가 2세기경에 쓴 「참회에 관하여」[33]에 이미 제시되어 있습니다. 그러나 〈진노의 날〉에 등장하는 이미지는 여러 장소에서 다양한 시대에 걸쳐 교육학적으로 통용되었다는 점에서 가치가 있습니다(예를 들어, 조이스가 『젊은 예술가의 초상[1916]』에서 상상해냈던, 더블린 학생들이 들은 설교에는 〈진노의 날〉에서 제시된 이미지가 거의 대부분 담겨 있습니다. 소설 속 설교는 조이스 자신이 어렸을 때 들은 한 번 이상의 설교를 면밀히 추적한 결과가 틀림없고요). 또한 〈진노의 날〉은 기독교적 용서에 담긴, 널려 퍼져 있는 일련의 이념과 관행을 깔끔하게 요약해놓은 작품이기도 합니다.

〈진노의 날〉은 신의 분노와 그에 대한 인간의 공포 및 용서를 청하는 초라한 갈구로 뒤덮인 세상을 묘사합니다. 이 성가의 이면에 깃들어 있는 이념에는 이 노래를 부르거나 듣는 사람이 실제로 용서를 받을지 알 수 있는 방법은 결코 없다는 내용이 포함되어 있습니다. 성가를 부르거나 듣고 있는 사람은 아직 죽지 않은 만큼 언제든 다시 죄를 지을 수 있으니까요. 인간은 그저 구원받을 수 있다는 희망을 품고 계속해서 간청을 하는 수밖에 없습니다.

진노의 날은 전 우주적 대재앙의 날입니다. 전 세계가 화염과 재로 뒤덮입니다. 나팔소리가 울려 죽은 자들이 심판을 받으러 갑니다. 모든 일을 엄

---

\* 1962~65년에 열렸다.

격히 재단할 판관이 곧 도착하게 되어 있습니다. 장부가 등장하죠. 이 장부에는 모든 기록이 담겨 있으며 심판은 이를 토대로 벌어지게 됩니다. "숨겨져 있던 모든 것이 드러나리라. 어떤 일도 복수를 당하지 않고서는 남아 있지 못하리라." 종교적 죄인은(이 찬가를 부르고 있는, 아직 살아 있는 사람 말입니다) 심판의 날이 오면 자기가 대체 무슨 말을 할 수 있을지 궁금해합니다. 그는 유죄 판결을 받은 죄수처럼 심판의 왕좌 앞에서 얼굴을 붉히는 자기 모습을 상상합니다. 자신의 기도가 아무 가치 없는 것임을 알고 있으면서도 그는 전적으로 가당찮은 용서를 희망합니다. 비천하게 애원하는 자세로, 재처럼 까맣게 탄 마음으로 애원합니다. 지옥에 떨어진 자들이 모두 불탈 때에 자신은 용서를 받을 수 있게 해달라고, 목숨을 건질 수 있게 해달라고 간청합니다. 인류를 위한 예수의 현신을 이야기하면서요.

여러 가지 측면에서 이것은 사후세계를 예비하는 (사전적事前的) 테슈바 과정입니다. 고백과 사죄, 애원, 뉘우침, 자신이 잘못한 행위에 대한 시간적 나열. 그 모든 요소가 여기에 들어 있습니다. 사후세계라는 맥락에 욱여넣기는 어렵지만, 신학적으로는 심지어 앞으로 새사람으로 거듭나 다시는 죄를 짓지 않겠다는 결심까지도 연옥에 대한 전통적 묘사 속에 존재합니다. 연옥에서는 일단 신의 용서를 통해 구원받은 영혼들이 끊임없이 그들에게 붙어 다니는 죄악을 무효화하기 위해 고통스러운 노력을 기울이고, 억겁의 세월에 걸쳐 새로운 습관을 들임으로써 교훈을 얻어야 합니다. 이때 신은 유대교에서처럼 요구조건이 많고 화를 잘 내는 신으로 그려집니다. 그래도 인간이 충분히 간청한다면, 분노를 내려놓고 그가 받아 마땅한 처벌을 내리지 않겠다고, 그런 의미에서 그를 용서해주겠다고 결정할지도 모르죠. 유대교에서 그렇듯 이번에도 중요한 관계는 신과 인간이 맺는 관계이며, 주된 피해자도, 용서를 해주어야 할 존재도 신입니다.

(테르툴리아누스의 「참회에 관하여」가 쓰인 이래로 사실상 변함이 없는) 가톨릭의 고해성사에서는 유대교적 테슈바와의 연속성이 특히 분명하게 드러납니다. 고해성사는 테슈바 과정의 각 단계와 정확하게 닮아 있어요.[34] 회개하려면 (6세기 트렌트 공의회에서 "다시는 죄를 저지르지 않겠다는 결심을 동반한, 이미 저지른 죄에 대한 마음 깊은 슬픔과 경멸"로 정의된) 고백과 참회를 구두로 표현해야 합니다. 그러므로 회개는 죄를 범한 사람이 그냥 회개하는 제스처만 취하고 있을 때에는 무효입니다. 참회와 고백을 하고 난 다음에 사제가 그 정도면 충분하다고 만족하면 사면이 이루어지는데요. 이때 보속補贖이 함께 주어집니다. 보속은 "보통 읊어야 하는 특정한 기도문의 형태로, 아니면 교회에 가거나 십자가의 길*을 걷는 등 수행해야 하는 행동의 형태로 되어 있으며, 많은 경우 자선행위와 금식, 기도가 보속을 할 수 있는 주된 방법이기는 하지만 다른 처벌이 요구될 수도"[35] 있습니다. 인간 피해자 혹은 공동체에 대한 보상이 사제의 재량에 따라 요구되는 경우도 있기는 하지만 이런 인간적 보상은 기도의 형태로 주어지는 보속에 비해 요구되는 빈도가 떨어집니다.

회개의 의식은 이렇듯 테슈바와 연속적입니다. 주류 개신교의 상당 분파에서는 일이 좀 덜 구조화된 형태로 진행되지만 근본은 크게 다르지 않습니다. 고백을 듣고 참회를 위한 과업을 할당해주는, 기름 부음을 받은 중간자**는 없으나 죄를 범한 사람은 개신교에서도 고백과 참회, 회개를 하라는 요구를 받습니다. 성공회에는 신도들이 공동으로 낭송하는 고백의 기도가 있고, 다른 분파에도 여러 가지 형태의 비슷한 의식이 있습니다. 복음주의 기

---

* '슬픔의 길' 혹은 '고난의 길'로 불리기도 하는 '십자가의 길'은 빌라도 법정에서 골고다 언덕에 이르는 예수의 십자가 수난의 길을 말한다. 이 길에는 각각의 의미를 지닌 14개의 지점이 있는데, 가톨릭교회와 성지에는 그 지점을 표현하는 조형물이 놓여 신자들이 묵상하며 돌아볼 수 있게 되어 있다.

** 가톨릭의 사제를 의미한다.

독교에서는 공적으로 죄를 고백하는 것이 일반적인데, 이때는 참회와 자기 경멸이 수반되고 신의 용서를 다 함께 청하는 시간이 이어집니다.

유대교와 기독교 전통에서 발생하는 또 한 가지 놀랄 만한 유사성은 정해진 주기에 용서의 의례를 결합시켜 넣었다는 건데요. 유대교에서 신을 상대로 지은 죄는 속죄일에 진정으로 회개하면 더 이상 죄악이 아닙니다. 심지어 죄를 반복적으로 고백해야 한다고 주장하는 마이모니데스조차도 그 이유는 오직 경계하고 기억하기 위해서일 뿐이라고 얘기하죠. 다른 사람들을 상대로 한 죄악에도 테슈바는 확정적인 종결을 요구합니다. 가톨릭 전례도 마찬가지입니다. 인간은 일정한 주기를 두고 고해성사를 해야 하며, 그 고백이 진정성 있고 철저한 것이었다면 그 주기 동안 저질렀던 모든 죄는 사면됩니다. 개신교에서는 이런 식의 보증이 그렇게까지 안정적으로 이루어지지 않습니다. 개신교는 용서를 죄를 범한 사람과 신 사이의 관계에 맡겨놓거든요. 그렇지만 성공회 전례에서는 공동 형식의 사면이 주어집니다. 다른 분파들도 마찬가지이죠. '다시 태어난다'는 복음주의 교회의 이념도 죄의 사면이라는 개념의 한 갈래입니다.

그러나 유대교에서 기독교로 넘어갈 때 용서 과정에는 몇 가지 중요한 변화가 일어났습니다.

일단, 유대교에서도 그리 강조되지 않았던 것이긴 하지만, 신과는 별개로 발생하는 인간과 인간 사이의 용서 과정이 아예 사라져버립니다. 사제에 의해 중재되는 경우도 있지만 모든 용서는 사실상 신에게서 오는 것입니다. 신과의 문제만 바로잡히면 다른 관계자들은 용서의 정의상 그냥 만족할 수밖에 없습니다. 그러니까 타인과는 별도의 협상을 할 필요가 없죠.[36] 가톨릭의 고해성사는 이 점을 명백히 해둡니다. 사제는 신의 이름으로 인간 간에 벌어진 범죄를 사해줄 수 있고, 사제가 요구하지 않는 한 죄인은 상대에게 무슨 말이나 행동을 할 필요가 없습니다. 하지만 보통 보속은 그다지 타자 지향적이지 않고 기도를 통해서만 일어나죠. 연옥에 대한 종말신학도 이해에 도움이 되는데요. 본성이 인색하거나 오만하거나 기만적이지만, 면죄를 받은 덕에 지옥으로 떨어지지 않고 연옥에 들어갈 수 있었던 사람들은 영원한 시간 속에서 자신들의 성격을 개선할 수 있습니다. 자신들이 해친, 실제로 살아 있는 사람과는 아무런 상호작용을 하지 않아도 말이죠. 그러므로 테슈바와 달리 기독교의 용서는, 가톨릭의 고해성사 형태를 취하거나 그 외의 다른 형태를 취하거나 본질적으로 신을 향한 과정입니다. 인간은 신에게로 얼굴을 돌릴 뿐 (사제를 제외한) 다른 인간을 직접적으로 대면하지 않습니다.

두 번째 차이는 죄악의 범위와 관계됩니다. 유대교의 테슈바에서는 죄의 범위가 외적인 작위 혹은 부작위에 그칩니다. 욕망은 좋거나 나쁜 행동의 이유가 된다는 점에서 죄와 관계되어 있을 뿐 그 자체로 심판을 받아야 할 존재는 아닙니다.[37] 잘 알려진 바와 같이 기독교 전통에서는 그렇지 않습니다. 예수는 오직 행위에만 좁게 초점을 맞춘다는 이유로 유대교 전통을 공격합니다. "'간음하지 마라' 하신 말씀을 너희는 들었다. 그러나 나는 너희에게 이렇게 말한다. 누구든지 여자를 보고 음란한 생각을 품는 사람은 벌써 마음으로 그 여자를 범했다(「마태오의 복음서」 5장 27-28절)." 내면세계는 이제 다루기 힘든 준-행위의 현장, 기억을 통해 발굴하고 고백해야 하는 현장으로 개방됩니다.[38] 실은 테르툴리아누스의『참회에 관하여』에서부터 죄악은 육신의 죄, 그리고 생각 혹은 정신의 죄라는 두 가지 기본적인 범주로 나뉩니다. 두 죄는 모두 회개의 대상이지만 후자의 죄가 더욱 근본적인 것으로 생각됩니다.[39]

이 시점에서, 1981년 루뱅에서 푸코가 했던 강의에 기초하여 최근『틀린 행위를 하더라도 말은 바로 하라Mal faire, dire vrai』라는 책으로 출판된, 참회와 고백에 대한 그의 중요한 철학적 진술을 도입해봅시다.[40] 고해에 관한 푸코의 역사적 서술에는 유대교 전통을 완전히 무시한다는 점 등 몇 가지 결함이 있습니다만, 의심의 여지가 없는 통찰력과 중요성이 담겨 있습니다. 제 설명이 대체로 공시적인 반면, 푸코는 고해의 관행을 통시적으로 연구해볼 가치가 있다고 주장합니다. 테르툴리아누스와 초기에 교리를 발전시켰던 다른 사상가들을 빠르게 훑으며[41] 푸코는 고해라는 관행이 발전한 주된 계기를 4~5세기의 수도회 전통에서 찾습니다. 나중에 성문화되고 법제화된 것이 바로 이 전통이라는 주장인데요.[42] 푸코의 발달연구는 수도원의 전통에서 드러나는 몇 가지 특징을 중심적 요소로 강조하는 저의 개략적 진술과도 딱 맞아떨어집니다. 일단, 푸코는 권력관계의 비대칭성을 강조합니다. 고백을 듣는 사람이 우위를 점하고 있으며, 말하는 사람은 저자세가 된다는 거죠. 둘째, 푸코는 고해가 결코 끝나지 않는다는 점을 강조합니다. 고해를 완전히 다 해낸다는 건 불가능합니다. 고해하는 사람은 자기가 숨겨진 죄악을 죄다 찾아내어 진실되게 고백했다고 자신할 수 있는 지점에 결코 도달하지 못합니다. 셋째, 이거야말로 가장 중요한 지적인데, 푸코는 이 모든 과정이 자기비하와 자기삭제, 치욕의 관행이라고 설득력 있게 주장합니다. 내면세계가 수도원 공동체에(또 이후에는 고해신부에게) 드러나게 되니까요.

사람들이 보통 (아우구스티누스의 『고백록』을 언급해가며) 이야기하듯 기독교가 이런 관행을 통해 내면세계에 대한 우리의 의식을 확대시켜왔을지는 모르나, 푸코가 올바르게 강조하는 것처럼 내면세계에 대한 편집증적 의식으로 인해 죄 지을 상황이 엄청나게 증대되고 죄악이 도저히 통제할 수 없는 영역으로까지 확장된 것 또한 사실입니다. 아우구스티누스가 몽정에 대해 고뇌한 까닭은 그저 불순한 행위 때문만이 아니었습니다. 그의 고뇌는 어떤 성향 자체, 성격 깊숙한 곳에 땅굴을 파고 숨어 있는 무언가에 대한 것이었어요. 마찬가지로 연옥의 영혼들은 면죄받지 못한 행위에 대해서 속죄하는 것이 아닙니다. 그런 행위가 있다면야 연옥 대신 지옥에 떨어졌겠지요. 그들이 속죄하는 건 과도한 색욕이나 식욕 등 아직까지 남아 있는 욕망과 성향상의 결점들 때문입니다.[43] 그러나 내면이라는 영역은 언제나 엉망이기 마련이라 도저히 다스릴 수가 없습니다. 고백과 사죄가 이 영역에 초점을 맞춘다면, 그런 고백과 사죄는 만족스러울 만큼의 질서에 도달할 가능성이 거의 없는 무언가에 초점을 맞추는 셈입니다. 그러므로 기독교적 고백의 분위기는 언제나 강렬한 슬픔과 끔찍한 공포 및 수치심으로 가득 차 있으며, 그 수치심은 일련의 나쁜 행동들만이 아니라 인간의 존재 전체에서 비롯합니다.

이 과정의 공포스러운 속성을 놀라울 만큼 잘 묘사한 문헌 중에 조이스의 글이 있는데요. 여기서 조이스는 설교를 들은 16세 소년 스티븐의 반응을 묘사합니다.

설교는 한 마디 한 마디가 모두 그를 향한 것이었다. 그의 죄악, 더럽고도 비밀스러운 그의 죄악을 향하여 신의 모든 진노가 겨누어져 있었다. 까밝혀진 그의 양심속을 사제의 칼끝이 깊이 더듬어왔고 그는 이제 자기 영혼에 죄악이 들끓고 있다는 느낌을 받았다. 그래, 사제의 말이 맞았다. 이제는 신의 차례가 온 것이다. 둥지에 웅크린 짐승처럼 그의 영혼은 영혼 자체에서 흘러나온 오물 속에 뒹굴고 있었으며 천사가 찢어지게 불어대는 나팔소리가 그를 죄악의 어둠 속에서 빛 속으로 나아가도록 몰아댔다. 천사가 외친 파멸의 말들이 그 즉시 주제넘은 그의 평안을 산산조각 냈다. 최후의 날에 불어오는 바람은 그의 정신을, 그의 죄악을, 그의 상상이 만들어낸 보석 같은 눈의 매춘부들을 뚫고 몰아쳤고 그들은 공포에 질려 쥐처럼 끽끽대며 숱 많은 머리털 아래에 옹송그린 채 폭풍으로부터 도망쳤다.

스티븐의 끔찍한 죄악이란 (자위행위나, 가끔씩은 매춘부들과 맺는 성관계는 물론) 성적인 공상을 뜻했습니다. 십대 남자아이들을 상대로 그들이 다스릴 수 없는 정신적 삶에 대하여 이런 식의 강의를 하는 범상치 않은 잔인성은 일종의 호색적 성향과 지나칠 만큼 생생하게 연관됩니다.[44] 교회가 발휘하는 훈육의 힘은 정말이지 공상, 곧 결코 다스릴 수 없고 언제나 거역만을 일삼는 공상에 대한 집착에 그 열쇠가 있습니다. 사제는 (루시퍼에 대한 이야기를) 계속 이어갑니다. "루시퍼는 한순간 죄악에 찬 생각을 함으로써 신의 위대함에 거역했고, 신은 그를 천국으로부터 지옥으로 영원히 던져버리셨습니다." 궁극적으로 스티븐을 사제에게 보내 고해하게 만드는, 용서를 갈구하는 마음은 비굴한 공포와 극단적인 자기혐오에서 배태된 것입니다. 스티븐은 그저 자신의 정신에 대해 생각하는 것만으로도 구토를 일으킵니다. (조이스가 의도한 바대로) 이 진술을 읽다보면 우리는 그러한 전통 속에서 자라난 사람이 어떻게, 여자는 둘째 치더라도 누구라도 사랑할 수 있게 될지 의아함을 느끼게 됩니다. (『율리시스』 전체와 특히 그 마지막 장은 이 질문에 대한 조이스의 대답입니다. 조이스가 스티븐 데덜러스라면 그는 동시에 레오폴드 블룸이기도 하니까요.)

마지막으로, 유대교의 교환적 용서에 대한 표준적 그림과 비교해볼 때, 기독교의 교환적 용서는 인간 조건의 본질적인 특징으로서 겸허함과 비천함에 훨씬 더 큰 강조점을 둡니다. 유대교의 테슈바도 사람들이 더 많은 걱정에 시달리게 만들고 오만해지거나 자신감을 느끼지 못하도록 막는 건 사실입니다. 그러나 유대교 전통은 결코 인간 존재를 아무 가치가 없다고 할 만큼 낮고도 천한 존재라고 주장하지 않습니다. 인간의 자기존중이라는 핵심은 침해당하지 않으며 아마도 신체에 대한 사랑도 함께 남아 있을 것입니다.[45] 기독교 일각에서 이루어지는 자기검열의 날카로운 시선 아래에서는 이러한 태도가 완전히 녹아내립니다. '그렇다. 육신이란 정말로 가치가 없는 것이고, 따라서 인간도 가치가 없는 것이다.' 이런 주제는 교환적 용서의 전통이 시작된 그 순간부터 두드러지게 나타났습니다. 그래서 테르툴리아누스는 『참회에 관하여』의 많은 부분을 엑소몰로제시스(exomologēsis, 동방 교회의 공적 고해성사), 즉 참회하는 사람이 단식과 통곡, 신음, 탈진할 때까지 하는 기도, 더러운 의복, 슬픔에의 전념 등 자신에게 굴욕감을 주는 몇 가지 행동을 통해 외적으로 자신의 비천함을 인정하는 훈련의 과정을 묘사하는 데에 할애합니다.[46] 이때 엑소몰로제시스는 신에게 돌아가기 위한 필수적인 조건으로 제시됩니다.

이와 같은 일련의 교환 과정에서, 인간 대 인간의 용서가 들어갈 자리는 어디일까요? 유대교가 그랬듯 기독교의 교환적 전통은 모든 용서를 본질적으로 신 지향적인 것으로 간주하지만, 참회의 과정은 넓은 의미에서 고백과 사죄, 궁극적인 용서에 기초한 인간 대 인간의 관계에도 전범을 제시하는 것으로 이해되어왔습니다. 이 전통에 속하는 무수한 사상가들은 행위를 할 때 예수의 행위와 가르침을 모범으로 삼아야 한다는 일반적 이념을 적용한 것일 뿐만 아니라 문헌에 들어 있는 지시를 따르고 있는 것입니다. 그러므로 인간과 신이 맺는 관계에서 맞닥뜨리게 되는 치욕과 자기혐오, 사죄가 사람 사이의 관계에서도 나타나 섹슈얼리티 등 인간사의 다양하고 중요한 문제에 대한 대처법을 정형하리라는 것도 놀랍지 않습니다.

그러므로 유대교에서도 그랬듯, 기독교에서도 인간은 용서를 할 수 있기는 하지만 가해자의 비하와 고백, 회개, 참회 등을 포함한 과정을 거친 후에야 그럴 수 있습니다. 유대교와는 반대로, 이 과정은 사람이 근본적으로 비천하고 별다른 가치가 없음을 인정하고, 상상 속에서나마 잔혹한 복수가 벌어지는 광경 한가운데에 자신을 놓을 것을 요구합니다. 기독교적 용서는 또한 사제가 됐든, 다른 신도들이 됐든, 피해를 입은 제3자가 됐든, 아니면 오직 신의 눈이 됐든 간에 타자의 탐색적인 눈길에 욕망과 생각이라는 가장 깊은 내면을 모두 개방할 것을 요구합니다.

(수많은 갈래 중 하나이기는 하지만 대단히 두드러지는 갈래인) 이런 계열의 기독교가 용서의 윤리를 어마어마한 복수의 윤리와 병치한다는 이야기는 저도 이미 언급했거니와, 딱히 새로운 소식도 아닙니다. 이와 동일한 배합을 「요한의 묵시록」에서도 볼 수 있는데요. 여기에서는 온화한 어린 양의 승리가 즉시 그 어린 양의 적들이 겪는 끔찍한 고통의 장면으로 이어집니다. 그러나 보통 이 두 가지 측면은 서로 긴장관계를 맺고 있는 것으로 제시되며, 서로를 보완하는 것으로 여겨지는 경우는 별로 없습니다. 다만 앞에서 한 계보학적 탐구가 암시하는 내용은 용서의 과정 그 자체가 자아에게 폭력적이라는 것입니다. 용서는 구하기 어려우며 심리적 외상을 남길 뿐 아니라, 근본적으로 침습적인 자발적 명예훼손 과정의 결과로만 주어집니다. 그것도 보통은 상당히 일시적인 상품賞品으로만 주어지죠. (사실상 고해신부의 역할을 수행하면서) 다른 사람을 용서한다는 건, 압제적이고 잠재적으로는 폭력적이기까지 한 방식으로 타인의 내면세계에 침입한다는 뜻입니다. 아동학대에 대해서 흔히들 하는 이야기와 비슷하지 않나요? 학대를 받은 사람들이 스스로 가해자가 되는 경우가 너무 많다는 이야기 말입니다. 종교 재판관의 역할은 이것이 바로 신이 우리에게 행동하는 방식이라는 이념을 통해 강한 규범적 지지를 받으니까요.

죄에 대해 좀 더 제한된 규정만을 받아들이면 이런 문제를 피할 수 있을까요? 이 질문은 그토록 많은 계율이 없었다면 유대교의 테슈바가 띠고 있는, 삶 전체를 포괄하는 성격이 사라지겠느냐는 질문과 같습니다. 아직은 명확한 답을 내놓기가 어렵습니다. 나중에 그 가능성을 다시 검토하도록 하죠. 하지만 정확히 어떤 변화를 일으키겠다는 건가요? 내면세계의 죄는 그냥 면죄하겠다는 건가요? 그럼 정말이지 엄청난 변화가 될 겁니다. 내면세계를 주요하게 포함하고 있는, 다루기 힘든 자아를 검열하고 통제하는 것이 기독교 전통의 본질이니까요. 아니면 내면적 행위에 대한 철저한 검토는 계속하되, 청소년 시기의 성적 공상처럼 별다른 해가 없는 것으로 보이는 공상에 대해서만 면죄부를 줄까요? 글쎄요, 이 경우도 마찬가지입니다. 성적인 영역에 대한 철저한 검토 전체를 포기한다면 기독교 전통은 대단히 변화하게 되거든요. 최소한으로 보아도 몇 가지 소망과 공상을 철저하게 검열하는 일은 제도권 교회가 전통적으로 지지해온, 성적 영역에 대한 철저한 검열의 상당히 중요한 부분입니다.

니체는 기독교 전통의 처벌적 측면과 온화한 측면 사이의 연결고리를 어떻게 설명할까요? 그는 기독교도들이 경쟁관계의 이교도 문화에서 정의된 세속적 성공을 자신들이 성취하는 건 불가능하다고 느끼고 새로운 형태의 성공, 이른바 온화하고 겸허하다는 특징을 발명해냈다는 설명을 내놓습니다. 그런 다음 기독교도들은 전도된 가치관과 기대를 품고, 이처럼 온순한 가치가 이교도의 가치를 상대로 승리를 거두리라고 예상했습니다. 문자 그대로의 의미에서 말이죠. 즉, 겸허한 이들은 사후세계에서 격상될 것이며 예전에 오만하던 자들은 지옥에 떨어져 고문을 받을 거라는 얘깁니다. 그렇게 하여 기독교인들은 경쟁적 승리에 대해 원래 품고 있던 충동을 만족시키게 되었습니다. 사후세계에나 통하는 얘기지만요.[47]

이런 그림에 어느 정도 진실이 깃들어 있는 건 사실입니다만, 저는 기독교의 교환적 용서와 기독교적 가혹함 사이에 있는 다른 연관관계를 제시하고 싶은데요. 기독교의 유대교적 기원에는 제 설명이 더 잘 들어맞습니다. 용서라는 과정은 그 자체로 가혹한 심문의 과정입니다. 여기에는 고백과 통곡, 흐느낌, 인간의 비천함과 본질적인 무가치함에 대한 지각이 요구됩니다. 회개하는 사람은 회개 그 자체로 고통을 받습니다. 이 과정을 관리하는 사람은 회개하는 사람에 대해 억압적이고 무자비합니다. 마지막에는 용서를 해줄지 모르나 어쨌든 행위와 욕망 모두에 대한 종교재판관이 되는 거죠. 이런 과정이 사제와 참회자의 관계에서 인간 대 인간의 관계로 전이된다고 상상해봅시다. 이는 그리하여 어떤 죄로 피해를 입은 사람이 사제의 역할을 수행하게 된다는 뜻인데요. 그렇다면 우리는 서로를 심판하라는 요구를 받는 셈입니다. 마지막에는 피해를 입은 측이 분노를 떨쳐버리게 된다고 하더라도 일단은 서로에게 고백을 하고, 다른 사람의 고백을 들어야 하니까요. 테슈바 과정은 양측 모두에게 어느 정도의 존엄과 자기존중을 부여합니다. 어쨌든 생각과 욕망에 있어서의 사생활은 유지할 수 있으니까요. 양측은 서로에게서 무언가 좋은 걸 기대하며 만나게 됩니다. 반면 기독교적 용서에서는 비천함과 공포의 드라마가 너무 심화되기 때문에 인간적 존엄이나 자기존중의 여지가 없어지는 것으로 보입니다. 비천함은 그냥 올바른 것으로만 보이고, 피해자는 용서 과정의 본질적이고 가치 있는 부분으로서 그런 비굴한 모습을 즐기라는 격려를 받습니다. 사제 대 참회자의 관계에서 의심의 여지 없이 드러나는 형태와 마찬가지죠. 한 가지 예만 들어보면, 결혼이 실패로 돌아갈 경우에도 우리는 이런 식의 드라마가 일상적으로 펼쳐지는 것을 볼 수 있습니다.

용서와 가혹함 사이의 이런 연관관계는 거부되기는커녕 전통 자체의 강한 지지를 받습니다. 『가톨릭 백과사전』은 회개/고해의 과정이 지나치게 가혹하다는 비난에 정면으로 맞섭니다. 그것을 가혹하다고 보는 시각은

'이상한' 것으로 지칭되며 다음과 같이 반박됩니다. "이러한 시각은 애초부터 그리스도가 자비롭기는 하지만 동시에 정의롭고 까다로운 분이라는 사실을 간과하는 것이다. 나아가 고해는 아무리 고통스럽고 모욕적일지라도 신의 율법을 어긴 것에 비하면 그저 가벼운 처벌일 뿐이다."

이에 대한 우리의 탐구는 교환적 용서가, 2장에서 분석했던 분노의 두 가지 오류에 대한 대안을 제공하기는커녕 사실상 그 두 가지 오류 모두를 범한다는 말로 요약될 수 있습니다. 인과응보의 오류는 많은 경우 용서라는 과정에 내재되어 있는 우주적 균형 혹은 평형이라는 이념 안에서 나타납니다. 어떻게 그러는지는 모르겠으나 용서를 통해 희생되는 이의 고통이 그가 가한 고통을 속죄하게 된다는 겁니다. 마찬가지로 만연해 있는 오류는 편협하게 지위에만 초점을 맞추는 오류입니다. 이 모든 과정은 잘못을 범하는 필멸의 인간과 신의 관계를 모범으로 삼고 있으며 신은 지위-피해를 제외한 다른 모든 손상에 취약하지 않으므로, 인간 사이의 용서 과정은 결국 가해자가 끼친 지위-피해 혹은 지위 격하를 비굴함과 비천함으로 보상해준다는 암시를 남깁니다. 지위에 지나치게 초점을 맞추는 거죠.

교환적 용서에 특징적으로 나타나는 극도의 고통과 치욕이 인류 역사의 어느 순간에는 도덕의 중요성을 의식 안에 새겨넣기 위해 필수적이었다는 주장을 하고 싶은 분들도 계실지 모르겠습니다. 황금 송아지 이야기가 패러디했던 것처럼 사람들이 일상적으로 쾌락주의적인 삶을 살았던 시기에는 테슈바의 고통스러운 규율이 도덕을 두드러지게 보여주었으며, 도덕을 가질 만한 가치가 있는 사람들을 만들어냈다는 주장일 텐데요. 여기에는 테슈바 과정의 기독교적 내면화가 그 이후로도 도덕적인 성품을 더욱 심화시켰다는 주장이 포함되겠죠. 이런 주장은 본질적으로 니체의 분석과 같습니다. 니체는 도덕적 부주의를 좋은 것으로 보고 기독교 윤리를 열등한 것으로 가정하기는커녕, 기독교가 "약속할 수 있는 권리를 가진 짐승들을 길러내는 데에" 필수적인 것이므로 그 자체로는 불충분할지 몰라도 선량한 사람의 중요한 구성요소라고 보았거든요. 하지만 도덕적으로 부주의한 존재를 교육시키는 바람직한 방법이 치욕적이고 고통스러운 규율을 적용하는 것인지에 대해서는 의문을 제기해보아야 합니다. 시공간을 초월해 많은 상황에서 사람들은 아이를 양육할 때 그런 규율을 적용해야 한다는 일반적 통념을 받아들였습니다. 그러나 도덕적 가학성은 아량과 덕성보다는 더욱 심한 가학성을 길러낼 가능성이 상당히 높습니다. 어느 경우에도, 심지어는 방금 언급한 니체의 이야기를 따를 때조차 교환적 용서 과정에 대한 지속적 의존성은 정당화되지 않습니다. 우리는 이행으로 방향을 틀어 건설적 미래로 가는 길을 닦아야 하며, 교환적 용서는 결코 그러지 않을 구실이 되지 못합니다. 훨씬 더 전망이 밝은 건 앞으로 살펴볼 대안적인 전통들입니다.

## 4. 무조건적 용서

성경 일부에서 드러나는 교환적 용서는 교회의 관행에 깊이 자리를 잡은 다음, 차차 개인적이고 정치적인 관계의 여러 측면에도 영향을 끼쳤습니다. 그러므로 (데이비드 콘스탄 등의) 사상사학자들과 (찰스 그리스월드 등의) 철학자들이 교환적 용서에 관한 설명을 용서에 대한 전적이고도 완전한 설명이라고 주장하는 것도 놀라운 일은 아닙니다. 그러나 이와 동시에 복음은 다른 형태의 모범을 분명히 제시합니다. 예수의 말이나 그가 남긴 선례만 살펴보면 이 대안적 모범이 오히려 교환적 형태보다 더 두드러지게 나타나죠.

히브리 성경에는 이미 무조건적 용서의 사례가 몇 가지 담겨 있습니다. 이때 무조건적 용서란 용서 전의 고해와 뉘우치는 행동을 요구하지 않고 회개하는 사람에게 공짜로 쏟아지는 용서를 말합니다. 「민수기」 14장 19-20절은 복수를 할 수 있는 신의 위대한 능력을 언급하면서도 자연스럽게 우러나는 것으로 보이는 자비와 용서가 신에게 존재한다고 이야기합니다. "'하느님의 사랑은 그지없으시어 이 백성을 이집트에서 여기까지 이끌어오시는 동안 참아주셨습니다. 이번에도 이 백성의 죄를 용서해주십시오.' 야훼께서 대답하셨다. '내가 네 말대로 용서해준다.'" 이 내용을 보세요. 이보다 더 분명하고 광범위하게 무조건적 용서를 표현한 대목은 신이 인간의 애원 없이도 명백히 자비롭고 자애로우며 용서를 베푸는 존재로 그려지는 「시편」의 103장입니다. 신은 여전히 분노하지만, "그 분노를 영원히 간직하지는"[48] 않습니다.

이런 갈래의 용서는 복음을 통해 두드러지게 발전됩니다. 죄를 용서할 힘은 오직 신에게만 있다는 바리사이파 사람들에게는 상당히 실망스러운 일이지만, 「루가의 복음서」 5장에서 예수는 중풍에 걸린 남자에게 선언합니다. "사람아, 너는 죄를 용서받았다." 무엇보다도 예수 자신이 무조건적 용서의 주된 사례입니다. 인간들의 죄를 사해주기 위해 자신의 목숨을 내놓으니까요. 마지막 만찬에서 예수는 포도주가 자신의 피라며, "죄를 용서해주려고 많은 사람을 위하여 내가 흘리는 계약의 피다(「마태오의 복음서」 26장 28절)"라고 말합니다. 이와 유사하게 십자가에 오른 예수는 자신을 죽음으로 밀어넣은 사람들에 대한 무조건적 용서를 청합니다. "아버지, 저 사람들을 용서하여주십시오! 그들은 자기가 하는 일을 모르고 있습니다(「루가의 복음서」 23장 34절)."[49] 그리스도의 사례를 따른 게 분명한데, 「사도행전」의 스데파노는 죽으면서 "주님, 이 죄를 저 사람들에게 지우지 말아주십시오(「사도행전」 7장 60절)"라고 말합니다. 그러므로 기독교에는 교인들이 따라야 할 무조건적 용서의 전통이 강력하게 자리잡고 있다고 하겠습니다(기독교의 무조건적 용서는 신이 화를 내지만 곧 그 분노를 포기하는 유대교적 모델에 비해 교환적 용서에서 더 멀리 떨어져 있습니다. 예수가 한 번이라도 화를 낸 적이 있는지가 불분명하거든요).

제도권 교회가 이러한 강조점을 전용하고 변경시켜, 예수의 용서를 성경이 제시하는 것보다 훨씬 더 교환적·조건적인 것으로 만들었다는 건 그리 놀랄 만한 일이 아닙니다. 사제들이 예수의 몸과 피를 성체로 바꾸어놓은 뒤에는 다양한 죄인들이 그 성체를 영領하지 못하도록 거부당할 수 있고 실제로도 그렇게 거부되는 경우도 많습니다. 보통 신도들은 성체성사에 참여하기 전에 고해성사를 하고 사죄를 받아야 하죠. 그리고 당연한 얘기지만, 더 이상 이 세상에 존재하지 않으므로 예수는 직접 죄인에게 말로 용서를 베풀 수 없습니다. 제도권 교회가 그리스도의 중재자가 되어 그리스도 대신 말을 해야만 해요. 그러나 제도권 교회가 교환 없이 용서를 해주는 경우는 드뭅니다.

세례의 역할도 언급해야 합니다. 현대의 성공회 신학자이자 고위 성직자인 배시는 회개가 세례에 선행되어야 한다는 (세례자) 요한의 명백한 주장을 강조하면서, 복음에서 보이는 예수의 행위 전체가 암묵적으로 교환적이라고 이야기합니다. 최소한으로 보아도 이 대목에서는 예수가 용서의 조건으로 세례를 받아야 한다거나 심지어 자신의 추종자가 되어야 한다는 조건을 내세우지 않았는데, 그럼에도 제도권 교회는 '무조건적' 용서에 최소한 한 가지 거대한 조건이 있다는 믿음을 발전시켰습니다. 즉, 예수를 자신의 구원자로 받아들이고 세례라는 (교환적인) 의식, 즉 죄악과 사악함에 대한 명백한 포기 선언을 요구하는 의식을 거쳐야 한다는 거죠. 이러한 포기 선언은 보통 아이의 대부모에 의해 이루어집니다.[50]

인간에게 권위를 행사하려 드는 제도가 죄의 사면이라는 강력한 매물에

까다로운 조건을 붙이는 편을 선호했다는 건 별로 놀랄 일이 아닙니다. 그렇지만 정작 예수는 적어도 몇 가지 대목에서 그런 식으로 행동하지 않았다고 지적해두는 건 중요한 일입니다.

그럼 무조건적 용서라는 대안을 따른다고 해봅시다. 이때 우리는 성 스테파노가 그랬듯, 우리를 부당하게 취급한 사람들이 뉘우치는 제스처를 전혀 취하지 않더라도 그들을 용서해주어야 합니다. 이렇게 하면 교환적 용서에 뒤따랐던 모든 문제가 해결되지 않나요? 글쎄요. (예수에게는 해당되지 않을지도 모르나 유대교 문헌에서나 대부분의 인간적 사례에서 그렇듯) 무조건적 용서가 여전히 분노 감정을 포기하는 것으로 여겨진다면, 애초에 분노하는 것 자체가 적당한 반응이었느냐는 질문이 계속해서 남습니다. 순간적으로나마 분개하는 마음에 지배당하지 않는 게 훨씬 더 좋은 걸지도 모르죠. 인간 간의 관계에서 무조건적 용서는 피해를 갚아주겠다는 소망 없이 일어나는 경우가 거의 없습니다. 최소한 처음에라도 인과응보의 소망이 있기 마련이죠.

또 다른 문제는 관심의 방향에 있습니다. 무조건적 용서는 여전히 뒤를 돌아보는 태도이며 이행적이지 못합니다. 생산적 미래를 건설한다는 면에서는 아무 도움이 되지 않죠. 미래로 가는 길을 막는 장애물을 제거할지는 모르겠으나 그 자체로 미래를 가리키는 건 아닙니다.

이어서 우리는 더 심각한 문제를 마주하게 됩니다. 가끔 용서라는 과정이 그 자체로 피해를 갚아주겠다는 소망의 통로가 된다는 문제인데요. 무조건적 용서를 주장하는 사람은 상대를 경멸하며 그보다 우월감을 느끼는 방식으로 도덕적인 우위를 점한다고 주장할 수 있습니다. 속으로 '겉으로는 안 그럴지 몰라도, 사실 너는 내 앞에서 설설 기어야 마땅해'라고 생각할 수 있다는 거예요. 이와는 약간 다르게, 용서라는 과정 자체를 통하여 도덕적인 이점을 얻고 가해자에게 치욕을 주고 싶어 할 수도 있습니다. 이런 태도도 성경에 선례가 남아 있습니다. 「로마인들에게 보낸 편지」 12장에 보면, 바울은 서간의 수신자들에게 서로 평화롭게 살고 서로의 잘못에 대해 복수를 해서는 안 된다고 주장하는데요(단, 신이 "원수 갚는 것은 내가 할 일이니 내가 갚아주겠다"라고 말했던 것은 기억해야 한다고 합니다). 이때 "원수가 배고파 하면 먹을 것을 주고 목말라 하면 마실 것을 주십시오. 그렇게 하면 그의 머리에 숯불을 쌓아놓는 셈이 될 것입니다(「로마인들에게 보낸 편지」 12장 20절)"라고 결론을 내립니다. 바울은 자신이 추천한, 적에 대한 용서라는 처방이 복수의 계획을 완전히 버리라는 것이 아님을 명백히 밝힙니다. 신자들은 신이 복수를 할 수 있도록 무대를 비워놓으라는 요구를 받는 거예요.[51] 이어서 바울은 신자가 보이는 선량한 태도나 용서하는 행동이 신자의 도덕적 우월성을 명백히 밝히고 가해자에게 고통과 치욕을 나눠주는 방법이므로 **그 자체로** 가해자에 대한 처벌이라고 암시합니다. 바울이 굳이 부추기지 않더라도 무척 하기 쉬운 생각이죠.

요약하자면, 교환적 용서와 비교해 몇 가지 이점이 있지만 무조건적 용서도 도덕적 위험으로부터 벗어나 있는 것은 아닙니다. 용서하는 사람이 자신을 다른 사람보다 도덕적으로 우월한 존재로 보는 그 순간, 사실상 복수를 정당한 목표(이지만 내가 자비롭게도 포기한 목표)라고 생각하는 순간, 그는 (가해자의 지위-격하를 발생시킨다는 점에서) 지위의 길과 ("숯불" 운운을 보면 알 수 있듯) 인과응보의 길에서 나오는 두 가지 위험 모두를 자초하는 것입니다. 그는 또한 원래 신의 것이었던 도덕적 특권을 자기 것으로 상정하는 위험을 범하게 되는데, 이는 기독교라는 종교적 전통을 따르는 인간이 상정하기에는 문제적인 역할로 보입니다. 예수가 **진짜로** 신이라는 사실을 인정하지 못했다는 점에만 너무 초점을 맞춘 나머지 우리는 놓치고 마는 근거이지만, 신을 참칭한다며 예수를 비판했던 바리사이파 사람들의 근거는 중요한 것이었습니다. 바울도 자기 편지를 받아보는 사람들에게 신의 역할을 차지하려 들어서는 안 된다는 경고를 잊지 않았고요.

무조건적 용서가 이행으로 향해 가는 것이기는 할까요? 안정적으로 그렇다고는 할 수 없습니다. 무조건적 용서는 여전히 과거에 머무는 것이며, 미래로 나아갈 때 필요한 구체적인 것들은 어떤 것도 제시해주지 못합니다. 무조건적 용서는 그저 무언가를 지워내버릴 뿐 어떠한 건설적인 미래지향적 태도도 수반하지 않습니다. 무조건적 용서에는 사랑과 훌륭한 계획이 동반될 수도 있지만, 그렇지 않을 수도 있습니다.

하지만 무조건적 용서 중에는 우월성에 대한 확신이나 복수심의 뉘앙스를 전혀 풍기지 않는 무조건적 사랑과 아량에 대단히 가까운 것도 있습니다. 이런 종류의 무조건적 용서는 2015년 6월 17일, 사우스캐롤라이나의 찰스턴에 있는 한 교회에서 인종차별주의적 동기에 따라 일어났던 총격사건의 생존자들이 매우 잘 보여주었는데요. 보석심리를 맡은 판사에게서 각각의 피해자 대신 진술을 하라는 요청을 받고 유족들은 (이미 죄를 자백한) 피고인 딜런 루프에게 의견을 전했습니다. 이른바 '피해결과 진술'에서 벌어지는 일로서는 대단히 드물게도, 유족들은 어떤 식으로든 보복이나 앙갚음을 하고 싶다는 소망을 표현하지 않았습니다. 그렇다고 분노를 드러낸 것도 아니었죠. "나는 미완성인 인간이고, 내가 대단히 화가 났다는 점을 인정합니다"라며, 분노의 표출을 자신의 결점으로 인정했던 한 경우를 제외하면 말입니다. 일반적으로 그들은 깊은 슬픔을 표현하면서도 루프를 용서해주고 신의 자비를 빌어주었으며 사랑이 증오보다 강하다고 주장했습니다. "그분 덕분에 저는 우리가 사랑으로 이루어진 가족이라는 걸 알게 되었습니다."[52] 여기에서는 어떤 구체적 이행도 보이지 않습니다. 언급된 유일한 미래는 최후의 심판이 이루어지는 날 신이 자비를 보여주리라는 것뿐이고요. 어쩌면 이 상황 자체에 이행의 공간이 별로 없는 것일지도 모릅니다. 그렇다 해도 사랑이 증오보다 우월하며 세계는 사랑을 통해 재건될 수 있다는 생각 속에는 뭔가 이행적인 것이 있습니다.[53] 이를 통해 우리는 세 번째 가능성에 이르게 됩니다. 바로 무조건적 사랑의 가능성입니다.

## 5. 반대편 갈래: 잃어버렸다 되찾은 아들, 말러가 말하는 사랑의 종교

기독교적 용서에는 여러 갈래가 있습니다. 그중 교환적 용서는 제도권 교회 내에서, 또한 그 교회를 통하여 대단한 영향력을 발휘해왔습니다. 무조건적 용서라는 대안적인 생각에도 나름대로의 도덕적 위험성과 단점이 없지 않습니다. 그러나 최소한 복음의 몇몇 부분과 이후의 유대-기독교적 사상에서는 또 다른, 반대편 갈래의 기독교가 드러납니다. 보통 이러한 반대편 갈래는 '무조건적 용서'의 윤리라 불립니다. 하지만 제가 관심을 갖고 있는 이 갈래는 용서라고 불릴 것이 전혀 아니고, 무조건적 사랑의 윤리라고 불려야 마땅합니다. 앞으로 살펴보겠지만, 이 갈래는 심판과 고백, 뉘우침 및 이에 따른 분노의 포기 등 모든 것으로부터 멀리 벗어나 있으니까요.

산상설교에서 예수는 말합니다. "원수를 사랑하고 너희를 박해하는 사람들을 위하여 기도하여라(「마태오의 복음서」 5장 44절)." 루가는 예수가 "너희는 원수를 사랑하여라. 너희를 미워하는 사람들에게 잘해주어라"라고 말했다고 전하죠(「루가의 복음서」 6장 27절). 복음은 그 외에도 아무 대가 없이 주어지는 사랑의 핵심적 중요성에 대해 수없이 이야기합니다.[54] 어떤 조건도 언급되지 않습니다. 이런 대목에서 예수가 '너희 원수들이 사죄한다면 그들을 용서하여라'라고 말하지 않은 건 분명합니다(다른 부분에서는 앞에서 살펴본 것처럼 조건부 용서를 이야기하지만 말입니다). 심지어 무조건적 용서에 대해서조차 이야기하지 않는 것 같아요. 용서에 앞서 발생했던 분노를 떨쳐버리라는 언급이 전혀 없으니까요. 사랑은 사전에 발생했던, 피해를 갚아주고 싶다는 소망을 대체하는 것이 아니라 그 자체로 최초의 반응입니다. 이밖에도 성경에 '용서'가 언급되는 여러 부분을 번역할 때 그리스 사람들은 용서가 아닌 사랑을 대신 이야기하는 것처럼 보입니다.[55]

바울도 다르지 않습니다. 차이가 있다면 좀 더 분명하게 뜻을 밝혔다는 것뿐이죠. 「에페소인들에게 보낸 편지」 4장 31절에서 그는 주장합니다. "모든 독설pikria과 격정thumos과 분노orgē와 고함 소리와 욕설 따위는 온갖 악의와 더불어 내어버리십시오."[56] 분노는 규탄만 당하는 게 아닙니다. 오히려 본질적인 악으로 여겨지는 것처럼 보여요. 당연히 이는 분노에 후행하는 용서가 전적으로 고결하지는 않다는 결론으로 이어집니다. 그런 용서는 그저 예전에 저질렀던 악덕을 개선하는 것에 불과하니까요. 또한 「고린토인들에게 보낸 첫째 편지」 13장에서 사랑에 대해 이야기하는 유명한 부분을 보면 바울이 앞서 이야기한 것과 비슷하게 "사랑은 성paroxunetai을 내지 않습니다. 사랑은 앙심을 품지 않습니다"라고 이야기한 것을 보게 됩니다. 이런 시각은 조건부 용서와 무조건적 용서를 모두 온전한 규범이 되기에는 부족한 것으로 보고 거부합니다. 더욱 분명한 건, 이런 시각이 용서보다는 분노 자체를 우회하는 사랑을 권고하고 있다는 점이죠.

우리 강좌의 목적에 특히 중요한 부분은 「루가의 복음서」 15장에 나오는, 잃어버렸다 되찾은 아들의 이야기입니다. 이 이야기는 특히 다른 사람의 잘못이라는 맥락에서 사랑을 언급하고 있거든요. 사람들은 보통 이 이야기를 용서의 사례라고 이해합니다. 사실 더 큰 맥락에서 보면 이 이야기에는 조건부 용서, 교환적 형태의 표준적 용서에 대한 언급이 분명 담겨 있습니다. 두 장 뒤인 17장에서 예수는 이렇게 말합니다. "네 형제가 너에게 잘못을 저지르거든 꾸짖고 뉘우치거든 용서해주어라. 그가 너에게 하루 일곱 번이나 잘못을 저지른다 해도 그때마다 너에게 와서 잘못했다고 하면 용서해주어야 한다(「루가의 복음서」 17장 3-4절)."[57] 그러나 잃어버렸다 되찾은 아들의 이야기보다 앞에 나오는, 그보다 짧은 두 편의 일화는 오직 상실에 대해서, 또 되찾음의 기쁨에 대해서만 이야기합니다. 양치기가 잃어버렸던 양을 되찾아 기뻐하고 신중한 부인이 잃어버렸던 은전을 되찾아 기뻐하는 이야기입니다.

이제 아들의 이야기로 눈을 돌려봅시다.

어떤 사람이 두 아들을 두었는데 작은 아들이 아버지에게 제 몫으로 돌아올 재산을 달라고 청하였다. 그래서 아버지는 재산을 갈라 두 아들에게 나누어주었다. 며칠 뒤에 작은 아들은 자기 재산을 다 거두어가지고 먼 고장으로 떠나갔다. 거기서 재산을 마구 뿌리며 방탕한 생활을 하였다. 그러다가 돈이 떨어졌는데 마침 그 고장에 심한 흉년까지 들어서 그는 알거지가 되고 말았다. 하는 수 없이 그는 그 고장에 사는 어떤 사람의 집에 가서 더부살이를 하게 되었는데 주인은 그를 농장으로 보내어 돼지를 치게 하였다. 그는 하도 배가 고파서 돼지가 먹는 열매로라도 배를 채워보려고 했으나 그에게 먹을 것을 주는 이는 아무도 없었다.

그제야 제정신이 든 그는 이렇게 중얼거렸다. "아버지 집에는 양식이 많아서 그 많은 일꾼들이 먹고도 남는데 나는 여기서 굶어 죽게 되었구나! 어서 아버지께 돌아가, 아버지, 제가 하늘과 아버지께 죄를 지었습니다. 이제 저는 감히 아버지의 아들이라고 할 자격이 없으니 저를 품꾼으로라도 써주십시오 하고 사정해보리라." 마침내 그는 거기를 떠나 자기 아버지 집으로 발길을 돌렸다.

집으로 돌아오는 아들을 멀리서 본 아버지는 감정이 북받쳐 달려가 아들의 목을 끌어안고 입을 맞추었다. 그러자 아들은 "아버지, 저는 하늘과 아버지께 죄를 지었습니다. 이제 저는 감히 아버지의 아들이라고 할 자격이 없습니다" 하고 말하였다. 그렇지만 아버지는 하인들을 불러 "어서 제일 좋은 옷을 꺼내어 입히고 가락지를 끼우고 신을 신겨주어라. 그리고 살진 송아지를 끌어내다 잡아라. 먹고 즐기자! 죽었던 내 아들이 다시 살아왔다. 잃었던 아들을 다시 찾았다" 하고 말했다. 그래서 성대한 잔치가 벌어졌다.

밭에 나가 있던 큰아들이 돌아오다가 집 가까이에서 음악 소리와 춤추며 떠드는 소리를 듣고 하인 하나를 불러 어떻게 된 일이냐고 물었다. 하인이 "아우님이 돌아왔습니다. 그분이 무사히 돌아오셨다고 주인께서 살진 송아지를 잡게 하셨습니다" 하고 대답하였다. 큰아들은 화가 나서 집에 들어가려 하지 않았다. 그래서 아버지가 나와서 달랬으나 그는 아버지에게 "아버지, 저는 이렇게 여러 해 동안 아버지를 위해서 종이나 다름없이 일을 하며 아버지의 명령을 어긴 일이 한 번도 없었습니다. 그런데도 저에게는 친구들과 즐기라고 염소 새끼 한 마리 주지 않으시더니 창녀들한테 빠져서 아버지의 재산을 다 날려버린 동생이 돌아오니까 그 아이를 위해서는 살진 송아지까지 잡아주시다니요!" 하고 투덜거렸다. 이 말을 듣고 아버지는 "애야, 너는 늘 나와 함께 있고 내 것이 모두 네 것이 아니냐? 그런데 네 동생은 죽었다가 다시 살아왔으니 잃었던 사람을 되찾은 셈이다. 그러니 이 기쁜 날을 어떻게 즐기지 않겠느냐?" 하고 말하였다.[58]

우리는 이 이야기에 나오는 두 가지 관점, 즉 아들의 관점과 아버지의 관점을 조심스럽게 구분해야 합니다. 아들은 죄를 고백하고 자신의 뉘우침을 표현하기로 결정하며, 최소한 그가 하는 말을 통해서는 이런 결심이 전달됩니다. 그 말이 진심인지 아닌지는 전적으로 불분명합니다. 굶주리고 있으므로 그에게는 용서를 구할 만한 도구적 동기가 충분히 있으며, 이야기가 암시하는 바에 따르면 그는 정말로 삶을 변화시킨다기보다는 계산을 해나가는 중입니다. 원문의 '제정신이 들었다'는 구절은 번역자들 사이에서 논란이 되어왔습니다. 이 구절은 방탕한 아들이 진정한 자아를 회복해가고 있다는 뜻일 수도 있지만, 이야기에 나오는 어떤 내용도 아들의 이전 모습이 훌륭했다고 시사하지는 않습니다. 이 구문은 얼마든지 '심사숙고하다가', '마음속으로 헤아려보다가', '신중히 생각하다가' 등으로 해석될 수 있으며, 제 생각에는 그렇게 해석하는 편이 더 쉬운 일입니다.

　하지만 어떻든 간에 아들은 이 이야기의 초점이 아닙니다. 이야기의 초점은 아버지의 반응에 맞추어져 있어요. 이 반응은 분명, 교환적인 것이든 무조건적인 것이든 간에 용서라고는 묘사될 수 없는 반응입니다. 아버지는 자기 아들이 돌아오는 것을 아주 멀리 떨어진 곳에서부터 봅니다. 아들을 알아보는 거예요. 이 시점에서 아버지는 아들이 무슨 말을 할지, 태도는 어떨지 알 방법이 없습니다. 단지 죽었다고 믿은 아들이 사실 살아 있다는 것을 보고는 격렬하게 솟아오르는 벅찬 감정에 사로잡힐 뿐이죠. 그리스어에서 에스플란치니스테esplanchnisthē라는 단어는 희귀하고도 고도로 강력한 용어로, 문자 그대로 풀이하자면 '그는 내장이 갈갈이 찢겼다' 혹은 심지어 '그의 내장은 게걸스럽게 삼켜졌다'는 의미입니다.[59] 그렇다면 아버지는 강력한 고통을 느낀 것입니다. 이때의 고통은 강한 신체적 느낌을 수반하는, 강렬한 사랑의 일종이죠. 자신의 몸과 신체가 자식과 묶여 있다고 느끼는 부모에게서 자주 일어날 수 있는 그런 감정 말입니다. 아버지는 아들에게로 달려가 그를 끌어안습니다. 질문은 하나도 던지지 않아요. 용서한다는 말을 하지도 않으며, 용서를 할 시간도 없습니다. 아들이 회개한다는 말을 한 다음에조차(아들은 이 말을 아버지가 끌어안은 **다음에야** 합니다) 아버지는 참회 문제는 아예 인정하지 않고, 그저 아들의 귀환을 축하하는 즐거운 계획으로 곧장 나아갑니다.

더욱이, 온갖 올바른 행위를 해온 착한 아들이 자기보다 못한 동생의 귀환을 축하하는 잔치에 대해서 짜증을 내자 아버지는 "보거라, 저 아이는 회개했고 나는 그 아이를 용서하였다"라고 말하지 않습니다. 대신 아버지는 ("너는 늘 나와 함께 있고"라는) 지속적 친밀성을 암시하는 말로써 착한 아들에게 자신의 지속적인 사랑과 그에 대한 지지를 확신시킨 다음 단지 "나는 그애가 아직 살아 있어서 무척 기쁘구나"라고만 말합니다. 요약하자면, 이 이야기에는 용서에 대한 언급이 없습니다. 딱히 믿음직스럽지 않은 아들의 말을 제외하면 참회에 대한 이야기도 전혀 없고요. 아버지의 태도를 전통적인 용서라고 부르자면 아버지가 다음과 비슷한 사고과정을 거쳤다고 생각해야만 합니다. '아들이 오는 게 보이는군. 내게 돌아오고 있다면 그건 분명 자기 나름대로 교훈을 얻고 회개했다는 뜻일 거야. 저 아이가 회개를 했으니 나는 그만 분노를 거두고 저 아이를 용서해야겠다.' 아버지가 한 것이 무조건적 용서였다고 해도 우리는 아버지가 먼저 자신의 분한 마음에 대해 생각한 다음, 자발적으로 그 마음을 포기했다고 상상해야만 합니다. 그러나 당연하게도 이 이야기에는 그러한 사고과정에 대한 내용이 없습니다. 심지어 분노에 대한 언급조차 없어요. 용서에 따르는 사고과정은 다른 아버지, 좀 더 계산적이고 압제적인 아버지나 할 만한 것입니다. 이 이야기에 나오는 아버지는 사랑에 압도되어 있습니다.

간단히 말해, 이 이야기를 이해하려면 우리는 유대교적인 것이든 기독교적인 것이든 교환적 용서라는 생각을 미뤄두어야 하며 심지어 참회가 따르지 않는 무조건적 용서라는 생각도 미뤄두어야 합니다. 무조건적 용서에는 고의적으로 분노를 미뤄두는 행위가 여전히 요구되니까요. 이 이야기는 부모애의 깊이와 무조건성을 다루고 있습니다. 이 아버지의 대단히 위대한 점은 잠시 멈추어 계산하고 결정하지 않는다는 바로 그 측면에 있습니다. 그는 단지 아들에게로 달려가 입을 맞춥니다. 자신이 당한 부당한 취급에 대해서는 전혀 생각하지 않습니다. 그가 하는 유일한 생각이라고는 아들이 살아 있다는 것뿐입니다.

이런 아버지도 나중에는 아들에게 어떻게 살아야 하는지 이야기할지도 모릅니다. 무조건적 사랑은 가르침과 전적으로 양립 가능하니까요. 실은, 아버지는 아들이 잘되기를 바라기 때문에 아들의 삶이 앞으로 더 나아질 수 있는 방향으로 조언을 해줄 게 거의 분명합니다. 아버지의 감정이 향하는 방향은 이행입니다. 그의 사랑은 미래를 지향하며, 그 미래에는 조언이 포함되어 있을 게 거의 분명합니다. 그러나 아들을 향한 최초의 충동은 조언이나 계산에서 유래하지 않습니다.

이 이야기를 둘러싼 맥락에서 예수는 신이 죄인들과 맺고 있는 관계에 대해 이야기합니다. 그렇다면 백 번 양보하더라도 성경에는 그 자체로 근본적이고 무조건적인 사랑, 용서는 물론 용서가 발생하는 전제조건으로서의 분노 모두를 쓸어내버리는 사랑의 가능성이 제시되어 있다고 할 수 있겠습니다. 과거에 뿌리를 내린 채로 머물러 있기보다는 관대한 마음을 가지고 불확실한 미래를 향해 떠나는 사랑 말이지요.[60]

이처럼 신적이고도 인간적인 사랑에 대한 그림은 거의 2000년이 지난 시점에 반체제적인 유대-그리스도교적 문헌, 즉 말러의 〈부활 교향곡〉에서도 제시됩니다.[61] 제가 이 작품을 유대-그리스도교적이라고 부르는 이유는 유대교도인 말러가 사회적 이유에 따라 기독교로 개종했기 때문입니다. 종교적 태도에서, 특히 기독교 주류와의 관련 속에서 그는 혼종적인 상태로 남아 있었습니다.

(일부는 차용하고 일부는 말러가 직접 쓴) 이 작품은 사랑의 '상승'을 숙고하는 기나긴 기독교적 전통을 의도적으로 연장하면서 최후의 심판과 〈진노

의 날〉을, 말러의 이해에 따르면 근본적으로 전복적인 방식으로 다룹니다. 말러는 자기가 쓴 교향곡 해설서에 만족한 적이 한 번도 없었지만 어쨌거나 해설을 써야겠다는 생각에는 반복적으로 이끌렸습니다. 그가 1901년 드레스덴 공연을 대비해 작곡했던 교향곡의 마지막 무브망*에 대한 해설을 보도록 하죠.

부르는 자의 목소리가 들려온다. 살아 있는 모든 것의 종말이 다가왔고 최후의 심판이 이제 막 벌어질 참이다. 그토록 중요한 날의 공포가 우리에게 밀어닥쳤다. 땅이 진동하고 무덤은 폭발하듯 열리며 죽은 자들이 일어나 끝없는 행렬을 이루어 행진한다. 이 땅의 큰 자와 작은 자들, 왕들과 거지들, 정의로운 자들과 신을 믿지 않는 자들이 모두 앞으로 밀고 나간다. 자비와 용서를 구하며 울부짖는 소리가 우리의 귀에 두렵게 들린다. 이 울부짖는 소리는 점점 더 끔찍해진다. 감각은 우리를 저버리고, 영원의 재판관이 다가오자 모든 의식도 스러진다. 마지막 나팔이 울린다. 종말의 나팔이 울려온다. 이어지는 스산한 침묵 속에서 우리는 멀찍이 떨어진 곳에 있는 나이팅게일 한 마리의 소리만을 간신히 알아들을 수 있을 뿐이다. 지상의 생명이 마지막으로 내는, 흔들리는 메아리 소리다.

성인들과 천상 존재들의 합창 소리가 부드럽게 앞으로 뚫고 나온다. "그대는 일어서리라, 분명 그대는 일어서리라." 그때 신의 영광이 나타난다! 경이롭고 부드러운 빛이 우리를 관통해 심장까지 다다른다. 모든 것이 신성하고 차분하다. 그리고 보라, 이것은 심판이 아니다. 죄인도, 의인도 없다. 누구도 크지 않고 누구도 작지 않다. 어떠한 처벌도 보상도 없다. 압도적인 사랑이 우리의 존재를 밝힌다. 우리는 알고 있고 존재한다.[62]

---

\* 클래식 음악, 특히 교향곡처럼 긴 작품의 주요 부분 중 하나.

당시 빈의 지배적이고도 강력히 반-유대적이며 기독교적인 음악문화 탓에 적의와 오해를 지속적으로 겪어왔던 말러의 경험과 이 교향곡을 연결시킬 만한 이유는 충분합니다. 사실 말러는 자신에게 유독 적대적이던 반-유대주의 독일인 지휘자, 한스 폰 뷜로의 장례식에 참석하던 도중 이 마지막 무브망의 영감을 얻었다는 기록을 남겨두었습니다. 그러므로 이 맥락은 어느 모로 보나 용서가 일정한 역할을 해줄 것으로 기대되는 맥락입니다. 우리는 심지어 이 교향곡이 위령미사곡을 써보려 했던 말러의 시도라는 얘기도 할 수 있습니다(평생 오페라와 교향곡을 지휘해온 인물로서, 말러는 위령미사곡이라는 장르를 매우 친숙하게 알고 있었습니다).

이 마지막 (다섯 번째) 무브망에서 '일어나는' 일은 위령미사라는 기독교 문화의 맥락에 비추어볼 때 근본적으로 색다른 것입니다. 말러의 전기 작가인 앙리-루이 드 라 그랑주는 "부활이라는 개념 자체가 유대교 신앙에 본질적으로 낯선 것이라는 점은 예전부터 지적되어왔다. 그러나 최후의 심판 때 심판자도 없을 것이며 선한 자와 악한 자를 구분하는 일도 일어나지 않으리라는 생각 또한 기독교인이 보기에 특이하기는 마찬가지다"[63]라는 절제된 표현으로 그 독특함을 전달하죠. (그랑주의 말에 중대한 오류가 있다는 점을 유념합시다. 말러는 선한 자도, 악한 자도 없다는 말은 한 번도 하지 않았습니다. 사람들을 "죄인[지옥에 떨어진 자들]"과 "의인[구원받은 자들]"으로 나누는 심판이 없을 것이라고 했지요.)

다섯 번째 무브망 직전에는 전체가 노래로 이루어져 있는, 〈울리히트('최초의 빛')〉라는 제목의 짧은 무브망이 나오는데요. 이 네 번째 무브망에서 말러는 인간의 욕구와 고통을 완화해줄 임무를 띠고 먼 길에 나서는 한 아이의 모습을 극적으로 제시합니다. 이 아이는 '넓은 길'을 만나게 됩니다(기독교적 은유 전통에서는 죄악의 길이 넓은 길이라는 점을 명심해두십시오). 천사가 나타나 '경고를 통해(abweisen)' 아이를 그 길에서 멀리 떠나보내려 하지만 아이는 열변을 토합니다. "아니, 안 돼요! 당신의 경고를 그대로 받아들여 이대로 떠나겠다는 안이한 마음을 먹을 수는 없어요(Ich liess mich nicht abweissen)." 아이가 폭발적인 반응을 보이는 바로 이 대목에 이르러 말러는 네 번째 무브망에서 처음으로 반음계주의를 도입하는데요. 극의 내용과 여기에 동반되는 음악은 기독교적 음악문화와 말러 자신의 경쟁을 암시하는 동시에, 아이가 반드시 가야만 한다고 느끼는 색다른 창의성과 감정의 길로부터 멀어지라는 그 문화 속 '천사들'의 경고를 시사합니다. (말러의 적들은 이 '죄악의 길'을 '음악에 있어서의 유대인성'이라고 여기죠. 잘 알려진 것처럼 바그너가 거부했던 길입니다.)[64] 사실상 말러 자신의 1인칭 시점이라고 볼 수 있는 내용을 열정적 알토 음역대에 배치함으로써[65] 말러는 그의 글을 통해 자주 표면화되던 남녀의 양성구유와 수용성이라는 주제를 암시하고 전통에 무릎꿇지 않겠다는 결단을 표현합니다. 동시에 그는 이처럼 색다른 여행을 떠나야겠다는 동기가 인간이 처한 곤란에 대한 연민에서 온 것이라고 주장합니다. 말러는 이러한 탐색을 포기하지 않으려 들 것입니다.

그러나 말러의 거부는 분노에 찬 것이 아닙니다. 그저 단호할 뿐이죠. 아이는 "나는 내 갈 길을 갈 거고 당신이 나를 막아서도록 허락하지 않을 거예요"라고 말합니다(저는 이때의 정신을 이행적인 것이라고 부르고 싶은 유혹을 느낍니다). 음악은 열정적인 갈망을 표현하지만 어느 모로 보나 울분에 차 있지는 않습니다.

그런 만큼 마지막 무브망에서 전통적인 심판의 결단이 나타날 거라는 기대는 하지 말아야 합니다. 말러가 알고 지휘했던 수많은 위령미사곡의 표준적인 이미지, 즉 〈진노의 날〉 이미지도 등장하지 않겠죠(이 마지막 무브망이야말로 폰 뷜로의 장례식 이야기를 매개로 하여 말러가 자신의 적들과 엮어놓고 있는 무브망인데도 말입니다). 해설에든 음악 자체에든 〈진노의 날〉의 도입부는 들어 있습니다. 공포, 용서에 대한 갈구, 최후의 나팔소리 같은 것들이죠. 하지만 이어서 뭔가 근본적으로 다른 일이 벌어집니다. 말러는 우리의 관심을 이 놀라운 전환 쪽으로 유쾌하게 이끌어갑니다. 사실은 심판이란 전혀 일어나지 않습니다. 오직 사람들이 부드럽게 합창할 뿐이죠. 처벌도 보상도 없고 오직 압도적인 사랑만이 있습니다. 이어서 합창단과 두 명의 여성 솔로가 "우리는 알고 존재한다"라는 가사를 노래합니다. 이에 우리의 관심은 앞으로도 지속될 창조적 삶이 그 자체로 보상이라는 사실을 바라보게 되죠. 정열적인 성애적 사랑('사랑의 뜨거운 분투')을 포함하는, 사랑하는 사람 자신의 삶을 말입니다.[66]

말러의 교향곡은 종말론적 형태로 표현된, 돌아온 탕자의 이야기라는 얘기도 할 수는 있겠으나 이런 주장은 미묘하게 틀린 것이 됩니다. 말러의 교향곡에서는 사실상 종말이란 전혀 존재하지 않으니까요. 이 작품에서는 오히려 현세적 사랑에 의한 종말론의 대체가 일어납니다. 천국도, 지옥도, 심판도 없습니다. 그저 사랑과 창의력뿐이죠.

만일 말러의 작품 속 세상에 용서가 있다면 그 자리는 어디일까요? 말러 개인의 삶 때문에 이 교향곡에는 악행과 대립이라는 주제가 도입됩니다. 그가 폰 뷜로에게 분노하고 싶다는 충동을 강하게 느꼈으리라는 점에는 의심의 여지가 없으니까요. 폰 뷜로는 말러가 이력을 쌓아가던 중대한 시기, 즉 말러가 교향곡 1번을 공연하고자 노력하던 때에 유달리 적대적인 태도를 보였습니다. 우리가 살펴보고 있는 작품은 말러의 교향곡 2번에 해당하는데요. 말러는 (본인의 표현을 빌리자면 "성경을 포함한 세계의 문학" 전체를 탐구하는 등) 이 교향곡을 마무리 지을 방법을 열심히 찾던 도중 폰 뷜로의 장례식에서 합창단이 클롭슈톡의 송가를 부르는 소리를 듣고서야 마지막 무브망에 대한 아이디어를 마침내 떠올렸다고 합니다. 그런데 클롭슈톡의 송가는 경건함을 노래한 지극히 따분한 시에 불과했어요. 말러도 클롭슈톡의 가사를 거의 남겨두지 않았고요. 이 부분의 가사와 음악은 전부 말러가 직접 쓴 것입니다. 그러므로 클롭슈톡 송가에 깊은 의미가 있었다면, 그 의미는 송가의 내용보다는 그 노래가 불린 상황에 있었던 게 분명합니다. 폰 뷜로를 상대로 일어나던 분한 마음을 극복하면서 뭔가가 벌어진 거죠.

그럼 분노는 어떻게 극복된 걸까요? 앞에서 인용했던 이야기에 나오는 아버지와 똑같은 방식입니다. 분노가 그냥 사라지고 사랑이 솟구친 거죠.[67] 말러가 교향곡의 '영웅'으로 묘사하는 페르소나는 사죄를 요구하지 않습니다. 사죄를 받지 않고 용서하겠다는 결정을 하는 것도 아니고요. 그는 단지 사랑이 넘치는 창의적인 사람으로 계속해서 살아갈 뿐입니다. 자신의 창의적인 길로부터 '벗어나라는 경고'를 받아들이지 않겠다고 거부할 뿐이죠. 압도적인 사랑은 분노를 간단히 떠내려 보냅니다. '적을 용서해야 할까?'라는 질문은 분노가 여전히 존재하며 자기 목소리에 귀를 기울이도록 요구하는 중이라는 암시가 될 수 있습니다. 그러나 말러의 교향곡에서는 그런 질문이 아니라 창의력과 사랑이 분노의 목소리를 잠잠하게 만들었습니다. "사랑의 뜨거운 분투 속에서 내가 얻어낸 두 날개"는 창의적인 영웅을 "어떤 눈도 본 적이 없었던" 빛으로 데려갑니다. 대담한 해석을 감히 시도해본다면, 이때의 '보이지 않는' 빛은 음악 그 자체인 것으로 보입니다.[68]

요약해보죠. 고난에 대한 분투에 창의적 인간이 반응할 수 있는 방법으로는 두 가지가 있습니다. 한 가지 방법은 자신이 당한 부당행위 및 부당행위자가 통곡하고 신음하며 뉘우침을 표현할 가능성에 계속해서 초점을 맞추는 것입니다. 이런 반응이 대단히 흔한 건 사실입니다. 하지만 너무 쩨쩨하지 않은가요? 반면 세심하게 묘사된 말러의 길은 그냥 자기다운 모습을 계속 유지하면서 자기 할 일을 하는 길입니다. 분노라는 생각이나 감정 때문에 시간을 허비하지 않고, 뭔가 줘야 할 게 있다면 그냥 주는 길이죠.

드 라 그랑주가 말했듯, 부활이라는 개념은 전적으로 비-유대교적입니다. 사실 말러의 교향곡에서는 어떤 형태로든 사후세계에서의 부활이 일어나지 않습니다. 작품은 대신 분노에 초연한 세속적 사랑 및 그 자체로서 주어지는 보상을 이야기할 뿐입니다. 그러나 유대교의 테슈바 과정을 생각해본다면, 교향곡의 내용 역시 그 나름대로 비-유대교적인 것일지 모르겠습니다. 물론 말러가 주된 표적으로 삼았던, 비천함과 회개로 점철된 기독교적 종말론과 비교한다면야 현세적 분투의 가치에 강조점을 두는 유대교와 좀 더 양립 가능한 작품일 수 있겠죠. 처음부터 이 노래를 부르는 목소리는 힘과 존엄성, 열정을 띠고 있으니까요.

말러는 적극적 사랑이라는 자신의 이념 전체에서 음악이 차지하는 중심성을 강조합니다. 우리는 이를 단순한 개인적 선호의 천명으로만 받아들여서는 안 됩니다. 그는 인생에 있어서 음악이, 더 나아가 심지어 종교가 하는 역할이 무엇인지 생각해보라고 요청합니다. 물론 음악은 나양한 감정을 표현합니다. 그러나 (짧막한 일화에서 표현되는 경우를 제외하고) 현저히 조직화된 구조로서의 보복적 분노와 부글부글 끓어오르는 억울한 마음을 표현한 음악을 찾는 건 놀라울 정도로 어려운 일이에요.[69] 어느 모로 보나 말러의 교향곡은 무조건적 사랑과 기쁨을 제안하고 있으며, 그의 교향곡을 감상하다보면 우리도 자연히 이에 관심을 갖게 됩니다. 종교적 음악이건 그렇지 않은 음악이건 모든 음악에서는 이런 기쁨, 혹은 함께하는 즐거움이라는 감각이 특징적으로 나타나죠. 철저하게 신체적이며 떨림과 숨결, 움직임으로 이루어져 있는 이런 감각은 분노와 치욕을 간단히 넘어섭니다. 음악이 수치심을 휘두르며 신체를 거부한다는 게 가당키나 하겠습니까?[70] 그럴 방법은,

본질적으로 신체적인 음악이 스스로를 파괴하는 것뿐입니다. 비난받기 쉬운 입장일지도 모르지만, 일류에 속하는 음악은 (예컨대 모차르트나 베르디의 진혼곡에서 보듯) 가사로야 〈진노의 날〉에 깃든 의도를 전달할지 모르나 타고난 신체적 본성과 그 정열, 외부로 향하는 그 너그러운 호흡의 움직임에 힘입어 가사의 작용을 부정하고 좀 더 인간적이며 사랑에 가득 차 있는 삶의 방식을 나타내 보여준다고도 말할 수 있을 겁니다.[71]

기독교의 주류적 입장에 반하는 두 가지 사례에서는 모두 분노할 만한 이유가 보입니다. 어쩌면 과거에는 그런 사례가 진짜 분노를 보일 만한 이유가 되기도 했을 겁니다. 그러나 이 사례에서 묘사된 화해의 방식은 과거에 분노가 있었다는 식의 암시를 전혀 남기지 않습니다. 온갖 조건과 제한이 걸린 구조적 테슈바나 회개의 과정이 없을 뿐 아니라, 무조건적 용서를 포함해 어떤 형태의 용서도 눈에 띄지 않죠. 그저 분노를 침묵시키는 사랑이 있을 뿐입니다. 아직까지는 무조건적 사랑이라는 주제를 완전히 발전시킬 수 없으나, 적어도 용서라는 개념 자체가 의심스럽다고 생각하는 사람에게는 어떤 선택지가 주어져 있는지 생각해볼 수 있겠습니다.

## 6. 유대교 전통의 소수의견

유대교 전통에도 주류적 입장에 반하는 소수의견은 있습니다. 유대교 전통의 복잡성을 공정하게 다루고, 두 종교를 대조하며 기독교는 자비로우나 유대교는 가혹하고 온갖 조건을 내세운다는 식의 고정관념을 지지하는 것처럼 보이지 않도록, 이제는 그 소수의견을 소개하도록 하겠습니다. 기독교에 잃어버렸다 되찾은 아들의 이야기가 있듯이, 유대교의 소수의견도 꼼꼼히 읽어볼 만한 일화를 통해 드러납니다.

교환적 용서에 대한 고전적 설명은 후세의 경전 해석자들이 숙고했던 다양한 질문거리를 던져주었습니다. 테슈바에 대한 의례적 설명이 지나치게 완고한 건 아닐까? 인간 사이에 벌어지는 온갖 문제는 대단히 복잡한데, 그런 문제를 법에 따라 구조화하는 게 과연 가능할까? 오히려 법이 문제를 더욱 왜곡시키는 경우는 없을까? 테슈바의 법칙은 화해를 촉진하는가, 아니면 오히려 관심의 방향을 억지로 과거로 향하게 하고 탓할 대상을 강박적으로 탐색하게 하는 요소로서 사실상 화해를 저지하는가? 『탈무드』에 나오는 세 가지 일화에서 이런 복잡한 문제가 제시되는데, 그중에서 앞에 나오는 두 가지 일화는 연속된 이야기로 제시됩니다.[72] 내용은 다음과 같습니다.

랍비 예레미야는 랍비 압바에게 상처를 입혔다. 예레미야는 압바의 현관 앞 계단으로 가서 자리에 앉았다. 압바의 하녀가 구정물을 내다버릴 때 그 물이 약간 튀어 예레미야의 머리에 뿌려졌다. 예레미야가 말했다. "저들이 나를 쓰레기로 만들었구나." 그러더니 그는 자기에 관한 이야기라는 듯 경전의 한 구절을 읽었다. "신께서는 가난한 자들을 쓰레기 더미에서 끌어올리신다." 압바가 그 말을 듣고는 밖으로 나왔다. 압바가 예레미야에게 말했다. "이제 당신을 진정시켜야 하는 사람은 나입니다."

어떤 사람이 랍비 제라에게 해를 입히면 제라는 그 곁을 지나가며 공부를 했다. 그런 방법으로 상처를 입힌 사람의 안에 자신을 불러들인 것이다. 제라는 그런 식으로 상처를 준 사람이 다가와 자신을 달래줄 수 있도록 하였다.

첫 번째와 두 번째 이야기는 모두 미래지향적이고 아량 넘치는 관계를 선호함으로써, 용서를 갈구하는 형식적 절차를 단축합니다. 첫 번째 이야기에서는 랍비 예레미야가 고해를 하려고 합니다. 그런데 그 직전에 순전히 우연한 사건이 벌어지죠. 하녀가 부주의하게 그에게 구정물을 뿌렸기에, 이제 그와 압바는 피차일반이 되었습니다. 이제는 둘 중 누구도 상대보다 우위에 있지 않습니다. 서로가 서로를 부당하게 취급했으므로 둘은 '비난받을 사람은 누구인가' 정하는 게임을 벌이지 않고도 화해할 수 있습니다(심지어 고백의 절차도 존재하지 않는다는 점을 눈여겨보십시오).

그렇다면 첫 번째 이야기는 인간관계에 대한 대안을 제시하는 것이라고 할 수 있겠습니다. 이 이야기는 최초의 가해자가 누구인지 찾는 데에만 신경을 쓰면 가혹하고 완고한 행위가 유발되는 경우가 많다는 점을 암시할 뿐 아니라, 서로가 서로에게 어떤 식으로든, 의심의 여지 없이 피해를 주었다는 사실을 인정하면 과오를 넘어서 미래를 바라보는 건설적 생각의 길이 열린다는 사실도 시사합니다. 전통에 따르면 피해자에게는 자기가 입은 피해를 잊지 않고 가해자가 와서 사과하기를 기다리는 역할이 주어지는데, 두 번째 이야기에서 랍비 제라는 그 역할을 수행하지 않습니다. 대신 그는 적극적으로 자기 역할에서 벗어나, 공부하는 시늉을 하면서 유연하고도 아량 있는 태도로 사죄와 화해의 조건을 만들어냅니다.

이 두 가지 이야기가 교환적 용서를 이야기하지 않는다는 점은 명백합니다. 그럼 무조건적 용서를 말하는 걸까요? 제 생각에는 그것도 아닌 것 같습니다. 무조건적 용서를 하려면 피해자가 처음에는 분노를 느끼고, 그다음에 그 분노를 떨쳐버리기로 선택해야 합니다. 첫 번째 이야기는 피해를 당한 랍비 압바의 감정에 대해 별다른 정보를 알려주지 않습니다. 밖으로 나오겠다는 그의 결정은 무조건적 용서나 무조건적 아량 둘 모두와 연관되어 있을 수 있죠. 두 번째 이야기에서, 우리는 랍비 제라가 분노를 품고 있지 않다는 점을 꽤나 분명하게 알 수 있습니다. 그의 침착하고도 전략적인 행동은 적극적 아량과 사랑의 방향을 향하고 있습니다.

그런데 이런 일화 중에서도 가장 복잡한 것은 세 번째 이야기입니다.

어떤 도축업자가 라브에게 상처를 입혔다. 도축업자는 속죄의 날 전야에 라브를 찾아오지 않았다. 라브가 말했다. "내가 가서 그를 달래야겠다." 랍비 후나가 그를 만났다. 후나가 말했다. "스승님께서는 어디로 가십니까?" 라브가 말했다. "누구누구를 달래러 간다." 랍비 후나는 혼잣말을 했다. "압바(라브를 말함)가 사람을 죽이시려나보다." 라브가 가서 도축업자를 지키고 섰다. 도축업자는 자리를 잡고 앉아 (어떤 동물의) 머리를 닦아내는 중이었다. 도축업자가 눈을 들어 라브를 보았다. 도축업자가 말했다. "압바, 가시오. 당신하고는 할 말이 없소." 도축업자가 동물의 머리를 닦아내던 중에 뼈 하나가 튀어오르더니 그의 목을 찔러 죽이고 말았다.

가장 분명하고도 빈번하게 이루어지는 해석에 따르면, 이 이야기에서 도축업자가 죽는 까닭은 고집을 부리며 라브에게 사죄하지 못했기 때문입니다.[73] 반면 라브는 제대로 된 행동을 했다는 거죠. 가해자를 직접 찾아 나섰으니까요. 사회적·계급적 차이를 생각해보면 유난히 아량이 넓은 행위였지요(다시 말해 라브의 행동은, 제가 정의한 대로라면, 무조건적 용서가 되겠습니다).

그러나 이 행동이 관대한 행동이라는 생각은 랍비 후나의 반응 때문에 흔들립니다. 후나는 라브의 수제자였는데, 라브의 동기가 위대한 아량에서 나온 행동이라고 보지 않습니다. 죽음으로까지 이어질 폭력적인 행동, 자비로운 행동이 아니라 공격적인 행동으로 보지요. 모셰 할베르탈이 밝혔듯 "이 이야기를 읽으면 우리는 어쩔 수 없이 모든 자비로운 행위에 내재되어 있는 존엄성 대 자기애의 양면성과 정면으로 충돌"하게 됩니다. 라브는 도축업자가 사죄의 시한을 놓쳤다는 점을 의식하고 있기에 도축업자에게로 갑니다. 아마 대단히 화가 난 상태에서 그렇게 한 것 같아요. 도축업자에게서 사죄를 **뽑아내려고** 말이죠. 라브가 너무 격노해 있었거나 비장했다거나, 아무튼 그에게서 뭔가를 보았기에 후나는 이 방문을 폭력적인 것으로 생각하게 됩니다. 실제로도 도축업자에 대한 라브의 태도는 랍비 제라의 세심하고도 간접적인, 사죄의 기회 제시와는 대단히 달랐음이 드러납니다. 라브는 도축업자를 지키고 서서 그를 구석으로 몰아넣습니다. 뒤이어 벌어지는 치명적 충돌을 야기하는 거죠.

대안적 해석의 전통은 여기에서 사죄 요구에 때때로 내재되어 있는 공격성은 물론, 인간은 불완전한 존재이기에 그에게서 나타나는 공격성과 세심함을 구분하기가 대단히 까다롭다는 사실을 읽어냅니다. 무조건적 용서조차 자기애, 공격성, 도덕적 우월성의 상정 등으로 얼룩질 수 있습니다. 결혼생활이나 부모-자식관계를 생각해보세요. 한 사람이 다른 사람을 사실상 지키고 서서, 본인은 경건하다는 척 상대방에게 사죄를 요구하는 일은 대단히 자주 벌어집니다. 어떻게든 뼈다귀 하나가 튀어올라 심각한 피해를 일으킬 때까지 말이죠. 모셰 할베르탈은 이런 이야기가 테슈바의 형식적 전통을 보완함으로써, 현실세계의 인간관계에서 벌어지는 테슈바란 율법주의적 정형 안에 완전히 포착되기에는 언제나 너무 복잡하다는 사실을 직시하게 한다고 주장합니다. 이 점에서 저 역시 할베르탈과 의견이 같습니다. 현실세계의 테슈바란 언제나 현실 속의 사람들, 복잡하고 여러 오류의 가능성에 노출되어 있는 인간관계를 맺고 있는 인물들과 관계된 현실적인 이야기이니까요.

이 세 가지 일화는 모두 인간과 인간이 품는 복합적 동기의 불완전한 속성을 생각해볼 때 교환적 테슈바에 대한 고전적 해석에만 집착하는 데에는 어딘지 틀린 구석이 있다는 점을 시사합니다. 첫 번째 이야기에서는 하녀의 우연한 행동 때문에 두 사람 모두가 자신의 불완전성을 알게 되었습니다. 예전보다 조금 나은 무언가를 창조해내기 위해서라면 서로를 높여주려는 노력을 기울이는 게 낫다는 점도 알게 되었고요. 테슈바에 대한 율법주의적 해석, 그러니까 최초의 가해자가 누구인지에 강조점을 두는 해석에 따르면 필요 없는 일입니다. 두 번째 일화는 피해자가 독선적인 마음을 품고서 '지금 피해를 입은 사람은 나'라는 생각에 안정감을 느끼며 상대의 화해 요청을 기다리기만 할 가능성이 너무 높다는 점을 암시합니다. 그러는 대신 사죄의 길을 열어주는 온화한 행동은 사죄를 쉽고도 자연스러운, 거의 무시할 만한 일로 만듦으로써 앞으로 관계가 개선될 수 있다는 좋은 조짐이 됩니다.

세 번째 이야기는 여기에서 더 나아가, 무조건적 용서에도 그 나름의 문제가 있을 수 있음을 직시합니다. 이 이야기는 피해자가 자기 상황에만 휩싸인 나머지, 찾아와 용서를 구걸하지 않는 상대방을 터무니없다고 여길 가능성이 극도로 높음을 시사합니다. 하지만 이런 입장은 결국 "나는 중요한 사람인데 네가 나를 부당하게 취급했다. 그런데도 너는 왜 나에게로 오지 않는 거지?"라고 말하는 것밖에 되지 않습니다. 쉽사리 자기애적 공격성으로 변질되어 엄청난 피해를 야기할 수 있죠. 바꿔 말하면, 인간은 서사적인 동물로서 마음속에 여러 가지 혼합된 동기를 품고 있으니 자신과 타인을 민감하게 읽어내고 숨겨진 자기애의 경향성을 잊지 말아야 한다는 겁니다. 최초의 잘못을 누가 저질렀느냐는 문제를 놓고 계속해서 떠들어대며 그러는 내내 자신의 도덕적 우월성을 인정해달라고 요청하는 사람은 파멸이 예정된, 폭력의 길을 선택한 것일지도 모릅니다. 설령 그들의 주장이 옳다고 하더라도 말이죠. 좌우간 『탈무드』의 저자는 '나야말로 도덕적으로 옳다'는 확신 뒤에 감추어진 동기를 냉정히 살피는 자세로 이런 일화를 곰곰이 생각해보라고 제안합니다. 그러다 보면 우리가 던져야 할 최선의 질문은 '누가 더 큰 피해를 입었는가?'가 아니라 오히려 '어떻게 해야 화해를 할 수 있을까?'임을 알게 될지도 모릅니다.

유대교의 전통도 복합적이기는 마찬가지입니다. 유대교에서 내놓는 대안은 기독교의 대안적 전통과 사촌지간으로, 마구 솟구치는 강렬한 감정으로부터 개인이나 집단이 연루되어 있는 복잡한 거래 상황으로 초점을 돌립니다. 그리하여 아무 짝에도 쓸모없는 '비난 게임'으로부터 미래지향적인 화해의 절차로 이행하려는 의도를 갖고 있습니다. 두 전통 모두가 무조건적 용서를 포함한 모든 용서에 깃들어 있는 위험성을 분명히 지적합니다. 두 전통은 모두 이행적인 사고와, 그런 사고를 더욱 쉽게 만들어줄 아량을 권고합니다.

## 7. 인간의 취약성 인정하기?

용서의 장점으로 자주 꼽히는 특징 중 하나는 그것이 인간의 취약성을 인정한다는 겁니다. 그리스월드는 '완벽주의적' 철학과 용서를 대조하면서 용서라는 과정은 공감적 이해를 가능하게 하며, 바로 그런 이해를 통해 인간의 고유한 결점들을 치유해낸다고 주장하죠.[74] 그리스월드는 용서를 다른 사람에게 깊은 상처를 입었음을 인정하는 것으로 보고, 이를 타인의 행동은 어떤 경우에도 깊은 상처를 남길 수 없다는 식으로 살아가고자 노력하는 형태의 도덕과 대조합니다. 저도 이어지는 강의에서 그런 스토아적 규범은 실제로 너무 경직된 것이라고 주장하도록 하겠습니다. 적어도 친밀한 관계, 사랑과 우정이라는 영역에서는 말입니다. 이 영역에서 우리는 상실과 슬픔의 가능성을 열어두는 방식으로 살아가야 합니다.

그렇다면 저는 우리 모두 중대한 상실을 인정할 준비를 갖추어야 한다는 그리스월드의 주장에 동의하는 셈입니다. 그러나 상실에서 분노로 옮겨가려면 여러 단계를 성큼 뛰어넘어야 합니다. 화를 내는 데서부터 교환적 용서 과정에 참여하는 데로 넘어갈 때도 마찬가지고요. 이런 각각의 단계를 앞서 언급했던 친밀한 관계, 중간 영역, 정치적 영역 등 세 가지 영역에서 면밀히 검토해볼 필요가 있습니다. 일단 지금은 교환적 용서라는 과정 자체가 너무 완벽주의적이고 불관용적이라는 점만을 명심해둡시다. 교환적 용서의 과정을 밟아나가다 보면 죄의 목록을 하나하나 적어놓는 식의 정신을 갖게 되는데, 이는 취약성을 띠고 있는 인간을 억압하는, 그것도 고의로 짓누르는 정신입니다. 이에 따르자면 우리는 우리 자신의 인간성을 계속적으로 철저히 검열해야 하며, 그 인간성을 처벌해야만 하는 경우도 많습니다. 유대교적 전통은 이런 검열을 사람이 통제할 수 있을 것 같은 범위에만 제한해두기라도 했죠. 그러나 기독교적 전통 중 교환적 용서는 그러한 제한조차 두지 않고 있습니다. 결과적으로 이 전통은 조이스가 직관적으로 느끼는 그대로 매일의 일상을 처벌하려 듭니다. 게다가, 다루기 힘든 욕망과 생각에 대해 통제력을 행사한다는 점에서 그리스월드가 비판하는 스토아철학과도 대단히 연속적이고요(사실 스토아철학의 영향을 받은 것이기도 합니다). "숨어서 기다리는 적을 경계하듯 너 자신을 경계하라"[75]는 격언은 스토아학파 철학자인 에픽테토스의 가르침이지만 수많은 기독교 사상가들도 쉽게 했을 법한 말입니다. 수많은 교구 사제들도 마찬가지고요.

부록: 〈진노의 날〉

진노의 날! 그날에
세상은 재로 허물어져 내리리라
다윗과 시빌이 목격한 것처럼.


얼마나 큰 떨림이 있으랴
모든 것들을 엄격히 조사하고자
심판자께서 오시는 그날에는.


놀랄 만한 소리를 사방에 흩뿌리는 나팔소리가
이 세계의 지하 무덤을 뚫고
만물에게 왕좌 앞으로 나오라 명령하리라.


죽음도, 자연도 경이로 입을 다물리라
모든 피조물이 일어나
심판자께 응답하는 그때에는.


글로 쓰인 장부가 펼쳐질 것이며
그 안에는 모든 일이 담겨 있으리라
그 책을 통해 이 세상은 심판을 받으리라.

그러므로 심판자께서 자리에 앉으실 그날에는
숨겨져 있던 모든 것이 드러나리라
어떤 일도 복수를 당하지 않고서는 남아 있지 못하리라.

그때가 되면 무어라 말하랴, 나라는 비천한 인간은?
의인들조차 구원을 받지 못하는 때에
내가 차마 어떤 변호를 구할 수 있으랴?

두려운 위엄의 왕이시여
구원받아야 할 자들을 자유로이 구하시는 분이시여
저를 구하소서, 동정심의 원천인 저를.

기억하소서, 온화한 예수이시여,
제가 바로 당신 여행의 이유였음을
그날에 저를 멸하시 마소서.

저를 찾고자 당신께서는 피로한 가운데 앉아 계셨으며
십자가를 견딤으로써 저를 구하셨나이다
그러한 노력이 헛되지 않게 하소서.

복수를 하시는 정의로운 심판자시여
심판의 그날이 오기 전에
사죄라는 선물을 내려주소서.

유죄판결을 받은 죄수처럼 저는 신음합니다.
저의 잘못으로 제 얼굴은 붉어지나이다.
저를 구하소서, 주님이여, 당신의 종이오니.


마리아의 죄를 사하시고
도둑의 말을 들으신 주님이시여
제게도 부디 희망을 주소서.


저의 기도에는 아무 가치가 없나이다
그러나 주께서는 좋은 분이시니 온화하게 행하소서
저를 영원한 불길로 태우지 마소서.


제게 양들 사이의 자리를 내어주시고
저를 염소들로부터 떼어내시어
저를 당신 오른편에 놓으소서.


악을 행하는 자들이 당황하여
날카로운 불길 속으로 던져질 때에
저를 복자들과 함께 부르소서.


이렇게 엎드려 간청하오니, 당신께 애원하는 자이오니,
저의 심장은 재처럼 까맣게 회한으로 차 있습니다.
저의 종말을 염려하여주소서.

제4장

# 친밀한 관계: 분노의 함정

그대는 그대의 아내를 알아보겠는가?

　　- 세네카, 『메데이아』 1021: 메데이아가 이아손에게, 살해당한 아이들을 지붕에서 던져버리며


그는 이성이 표면으로 솟아나오게 하려고 노력했다. 얼마나 열심히 노력했던가.

　　　　- 필립 로스, 『미국의 목가』에서 스위드 레보브가 소원해진 딸,

속칭 '벼랑 끝의 폭격기'라는 메리에게서 그녀가 네 사람을 살해했다는 이야기를 듣고서

## 1. 취약성과 깊이

배신당한 아내이자 버림받은 어머니로서 그녀는 자신의 분노가 도덕적으로 정당하다고 말합니다. 청중도 그 말에 동의할 가능성이 높습니다. 그녀는 부부들의 침대를 수호하는 자이며 출산의 수호신인 유노 루키나(헤라)를 부르며 도움을 청합니다. 그러나 그녀의 분노는 이아손의 고통을 요구하므로 좀 더 어두운 신들도 호출할 수 있습니다.

자, 이제 가까이 오라, 범죄를 복수하는 여신들이여, 몸부림치는 뱀들로 그대들의 머리카락에서는 악취가 나고, 피 묻은 그대들의 손에는 검은 횃불이 들려 있노라. 가까이 오라, 끔찍한 영혼들이여, 한때 그대들이 내 결혼의 침상 곁에 서 있었듯이. 새로운 아내에게 죽음을, 그 여자의 아버지에게도 죽음을, 왕조의 계보를 잇는 모든 자들에게 죽음을 선사하라. (세네카, 『메데이아』 13-18)

메데이아의 분노는 정당한 동시에 끔찍한 것으로 보입니다. 얼마 지나지 않아 그녀는 이아손에게 최대한의 고통을 가하고자 자기 자식들을 살해합니다. 아이들이 죽으면 자기 또한 사랑을 박탈당하게 되는데도요. 하긴 메데이아는 이미 오래전부터 더 이상 이 자명한 진실을 보지 못하게 되었습니다. 그녀는 지붕에 올라가 자식들의 시체를 이아손에게 던집니다. 둘의 결혼생활에 "마지막으로 봉헌하는 제물(1020)"이라면서 말이죠. 그녀는 이제야 비로소 이아손이 자기 아내의 존재를 인정해야만 할 때가 왔다고 말합니다. 처벌이 완료되었으므로 메데이아는 자신의 존엄성과 자존감이 회복되었다고 느낍니다. 그녀는 "이제 나는 메데이아다"라고 소리칩니다(910). "나의 왕국이 돌아왔도다. 나의 도둑맞은 처녀성이 돌아왔도다. …… 오, 축제의 날이여, 오 결혼의 날이여(984-86)."[1]

메데이아의 이야기는 우리에게 아주 익숙합니다. 배우자에게 배신을 당했다고 해서 그 배신자에게 상처를 주겠다며 자기 자식을 살해하는 사람은 별로 없겠지만, 상당히 많은 사람들은 실제로 옛 배우자에게 고통을 주겠다는 목적을 가지고 있습니다. 그 목표를 이루려 노력하는 가운데 막중한 부수적 피해가 뒤따르는 경우가 많은 것도 분명하고요. 자제심을 발휘해 분노의 소망을 실현시키지는 않더라도 내면에서는 악의가 끓어오릅니다. 나쁜 짓을 한 상대방과 그의 가족에게 무언가 나쁜 결과가 있기만을 바라게 되죠. 이런 악의는 결국 소송을 통해서나 아이들의 애정을 미묘하게 비껴나가게 만듦으로써, 혹은 처녀성이 회복되었다는 공상을 통해 메데이아가 적절히 표현하듯 다시는 남자들을 믿지 않겠다고 마음을 먹음으로써 새어나오게 됩니다.

많은 사람들은 범죄를 저지르는 극단적인 지점까지 가지 않는 한 메데이아가 품은, 피해를 갚아주겠다는 소망은 정당한 것이라고 생각합니다. 분노에 대한 비판에 공감을 보이던 사람들도 친밀한 관계에서는 분노가 도덕적으로 올바르며 정당하다고 주장하는 경우가 많죠.[2] (저도 예전에는 이런 시각을 가졌습니다.) 사람들, 특히 여성들은 자신을 위해서나 격하된 그들의 지위를 위해 분연히 떨쳐 일어나야 한다는 겁니다. 다른 사람들이 여성을 함부로 대하도록 놔두어서는 안 되니까요. 자존감을 지키려면 여성은 강해져야 하고 비타협적이게 되어야 합니다.[3] 어쩌면, 그냥 가설이지만, 악행을 저지른 자가 충분히 자기비하를 해가며 사과를 한다면야 어떤 식으로든 관계의 회복을 상상해볼 수도 있을 겁니다. 아닐 수도 있고요. 후자의 경우에는 사과와 자기비하라는 의례가 그 자체로 보상이 되어주겠죠.

'인생은 너무 짧다.' 이번 장에서 제가 할 이야기의 본질이 바로 이것입니다. 그냥 이 말만 해도 될 정도예요. 하지만 철학적인 주장을 펼쳐야 하기에 여기서 멈추지는 않겠습니다. 대신 2장에서 했던 분노 분석을 이어나가도록 하지요. 친밀한 관계에서 분노와 용서는 어떤 역할을 수행하는지와 인과응보나 지위에만 초점을 맞추는 분노 및 이행에 관해 했던 설명이 이 영역에는 어떻게 적용되는지 질문을 던져볼 테고, 특히 부모와 성인이 된 자녀 사이에 일어나는 분노, 배우자 혹은 연인 간의 분노, 자기 자신에 대한 분노에 초점을 맞추도록 하겠습니다.[4]

이 장에서 제가 성취하고자 하는 목표는 네 가지입니다. 첫째, 저는 분노를 다룰 때 친밀한 관계를 특별한 것으로 취급해야 하는 이유 네 가지를 자세히 설명하겠습니다. 둘째, 저는 친밀한 관계라는 영역에서는 스토아주의자들이 옹호했던 반응이 대체로 부적절하고, 오히려 슬픔이나 공포 등의 감정이 적절한 경우가 많다고 주장하겠습니다. 단, 이행-분노를 제외한 분노는 부적절합니다. 셋째, 저는 친밀한 영역에서 심각한 부당행위를 당한 사람에게는 분노가 자존감을 피력하고 존엄성을 주장하는 데 아주 필요한 중요 감정이라는 주장에 답하도록 하겠습니다. 마지막으로 넷째, 저는 자존감을 피력할 때 분노가 중요하다는 주장과도 연관이 있는 주장, 즉 상대방을 진지하게 대하려면 (친밀한 관계에서는) 분노를 보이는 게 필수적이라는 주장에도 응답하겠습니다. 바꾸어 말하면, 화를 내지 않는 반응은 잘못한 사람을 충분히 존중하지 않는 처사라는 주장에 답하고자 합니다. 그 과정에서 저는 이 모든 문제를 용서와도 관련지어 살펴보고, 공감과 장난기라는 주제도 다루겠습니다. 잠정적으로 공감과 장난기는 생산적 역할을 수행하는 요소로 표시해둡시다.

일단 앞에서 했던 이야기부터 정리해보죠. 저는 분노의 개념적 내용에 자아에게 중요한 무언가, 혹은 누군가가 부당행위를 당했다는 생각이 포함되어 있다고 주장했습니다. 동시에 (중요한 예외 한 가지를 제외하고) 모든 분노에는 개념상 아주 미묘한 형태로라도 피해를 갚아주겠다는 소망이 포함되어 있다고도 이야기했습니다. 바로 이 때문에, 심각한 부당행위가 실제로 저질러진 경우에도 분노는 윤리적 차원에서 실패할 수밖에 없습니다. 실패의 경로는 두 가지입니다. 피해자는 앙갚음을 통해 이미 피해를 입은 중요한 것(예컨대, 누군가의 목숨)이 복구될 거라고 상상하는데, 이런 상상은 매우 흔하고 인간의 문화와 문학, 심지어 우리의 진화적 장치 속에까지도 깊이 배어 있는 것이지만 형이상학적으로 전혀 말이 안 되는 이야기입니다. 그렇지 않은 경우 분노를 느끼는 사람은 가해행위가 목숨이나 신체적 존엄성, 그 외의 중요한 재화를 손상시킨 게 아니라 실제로는 오직 상대적 지위를 손상시켰을 뿐이라고 상상합니다. 아리스토텔레스는 이걸 '지위-격하'라고 불렀죠. 이 경우에는 어쨌거나 피해를 갚아준다는 개념이 우울하게나마 말이 됩니다. 나쁜 행위를 한 사람의 지위를 떨어뜨리면 상대적으로 그 행위를 당한 사람의 지위가 높아지니까요. 하지만 지위를 이렇게 강조하면 규범적 문제가 발생합니다. 따라서 합리적인 사람이라면 오류로 점철된 두 가지 길, 즉 제가 각기 **인과응보의 길**과 **지위의 길**이라 부른 길을 모두 거부하고, 제가 이행이라 부른 것으로 신속하게 이동할 것입니다. 즉, 그는 분노를 등지고 미래의 복지에 관한 건설적인 생각을 향해 가게 될 것입니다.

이런 오류를 범하지 않는 분노가 딱 한 가지 존재하는데요. 부당성을 인정한 직후 미래를 향해 나아가므로 저는 이 분노를 이행-분노라고 부릅니다. 이행-분노의 인지적 내용은 '말도 안 돼. 저런 일은 다시는 벌어지지 말아야 해'뿐입니다. 분노의 경계선상에 서 있는 이행-분노는 얼핏 생각하는 것만큼 흔하지는 않습니다. 고통을 고통으로 갚아주고자 하는 소망이 끼어들어 이행-분노를 오염시키는 경우가 너무 많거든요.

다른 용어도 하나 떠올려볼까요? 분노는 인과응보라는 생각을 제외한 인지적 내용이 전부 정확할 경우 '상당한 근거가 있는' 것입니다. 누가 누구에게 무슨 행위를 했는지에 대해, 그 행위가 부당했다는 점에 대해, 또한 부당하게 가해진 피해의 중대함에 대해 분노한 사람이 정확한 정보를 가지고 있다는 얘기죠. 이런 분노에는 깊이 주의를 기울여볼 가치가 있습니다. 앞으로 살펴보겠지만 친밀한 관계에서 발생하는 분노는 상당한 근거를 갖추고 있는 경우가 많거든요.

## 2. 친밀성과 신뢰

친밀한 관계는 왜 특별할까요? 제가 보기에 그 이유는 네 가지입니다. 첫째, 친밀한 관계는 인생이 잘 굴러가려면 무엇이 갖추어져야 하는지에 대한 사람들의 이해, 그러니까 아리스토텔레스의 용어를 빌리자면 그들의 에우다이모니아를 좌우하는 핵심적 요소입니다. 이 영역에서는 상대방 및 상대방과의 관계 자체가 한 사람의 인생이 성공적인지 여부를 결정하는 소중한 구성요소가 됩니다. 또한 친밀한 관계는 삶의 수많은 다른 요소들과 직조되어 나갑니다. 개인이 추구하는 여러 가지 과제는 친밀한 관계를 맺고 있는 사람과 공유하는 과제가 되고, 수많은 목표는 공통의 목표가 되는 방식으로 말입니다.[5] 따라서 친밀한 관계에 불화가 발생하면 사람은 존재의 많은 측면에서 피해를 입습니다.

둘째, 친밀한 관계에는 어마어마한 취약성이 깃들어 있습니다. 친밀한 관계는 신뢰와 연관되어 있으니까요. 신뢰를 정의한다는 건 어려운 일입니다만, 아네트 바이어[6]의 설명을 따라서 신뢰란 단순한 기대와는 구분되는 어떤 것[7]이라는 얘기부터 시작해볼까 합니다. 기대야 자명종 시계에도 걸 수 있습니다. 그런 만큼 자명종 시계가 제 할 일을 해내지 못하면 실망도 하게 됩니다. 하지만 자명종 시계가 울리지 않는다고 해서 내가 대단히 취약해졌다는 느낌을 받거나 근본적인 침습을 당했다는 느낌을 받는 일은 없습니다. 정직하지 않은 직장동료에 대해서도 생각해보죠. 우리는 그 사람이 계속해서 거짓말을 하고 부정행위를 할 거라고 기대할 수 있습니다. 그러나 이런 기대는 그 사람을 신뢰해서는 **안 되는** 이유가 됩니다. 우리는 오히려 그 사람한테 피해를 입지 않으려고, 나 자신을 보호하려고 노력하게 되지요. 반대로 신뢰는 배신의 가능성에, 대단히 깊은 피해에 스스로를 열어두는 일입니다. 신뢰란 통제가 거의 불가능한 타자의 행위에 엄청난 중요성을 부여함으로써 일상적인 자기보호의 전략들을 느슨하게 만든다는 의미입니다. 다시 말해, 신뢰는 일정 정도 무력감을 받아들이고 살아가겠다는 생각이에요.

신뢰란 확신의 문제일까요, 감정의 문제일까요? 복잡한 방식으로 신뢰는 둘 모두에 관련됩니다. 누군가를 신뢰하는 사람은 상대방이 약속을 지킬 것이라는 확신을 가지게 되며 동시에 그러한 약속을 자신의 성공에 대단히 중요한 요소로 평가하게 됩니다. 그 평가의 결과는 희망과 공포, 또 일이 잘못 돌아가는 경우에는 깊은 슬픔과 상실감 등 엄청나게 많은 감정을 이루는 구성부분이죠. 신뢰는 그런 감정과 완전히 같지는 않습니다. 그러나 정상적인 상황에서는 그런 감정을 일으키기에 충분한 요소임이 틀림없습니다. 보통, 사람들은 자기가 신뢰하는 사람을 향해 사랑과 관심 등 오직 그 사람과만 관련된 다른 감정들을 갖기도 합니다. 일반적으로 누군가를 신뢰하겠다는 결정은 의도적으로 내리는 게 아니지만, 다른 사람의 손에 자신을 기꺼이 내맡기겠다는 마음은 일종의 선택입니다. 그런 유형의 의존성 없이 살아가는 것도 분명 가능한 일이며, 스토아주의자들은 실제로도 그렇게 하니까요.[8] 어느 경우에든, 신뢰를 품고 살아간다는 것은 근본적인 취약성 및 어느 정도의 무력감과 관계됩니다. 둘 다 쉽게 분노로 굴절될 수 있는 요소들이죠.

친밀한 관계의 세 번째 분명한 특성은 그 관계가 해체되는 경우를 통해 알 수 있습니다. 친밀한 관계의 해체에서 유래하는 피해는 내면적인 것이자 정체성의 핵심에 닿아 있는 것이므로 법을 통해 완전히 처리하기가 불가능합니다. 그러려는 시도를 하는 사람들이 있는 것은 분명하지만요. 앞서 살펴본 것처럼 대부분의 부당행위는 어떤 의미에서건 복구가 불가능합니다(살해당한 사람을 다시 살려내는 건 불가능하고, 강간은 취소할 수 없으니까요). 그러나 이와는 별개로, 제대로 작동하는 사법제도라면 악행을 저지른 사람의 능력에 제한을 두어 미래에는 잘못을 하지 못하도록 억제하는 방식으로 사람들의 실제적·감정적 부담을 상당히 덜어주는 것이 사실입니다. 이런 식으로 사법체제는 제가 이행이라고 부른 과정을 보조합니다. 그러나 내가 사랑하는 사람이 나를 해치는 경우는 다르죠. 폭력이나 사기 등 법에 도움을 요청해야 하는 상황에서도 친밀한 관계는 나의 복지에 중심적인 위치를 차지합니다. 그래서 법만 가지고는 감정적 과업을 온전히 수행할 수가 없습니다. 어느 선을 지나면, 사실상 도움을 구하러 갈 만한 곳은 존재하지 않습니다. 내 마음속에나 들어가면 모를까요. 하지만 그 마음속에서 찾게 되는 것은 상당히 불쾌할 가능성이 높지요. 그러니까 친밀한 관계에서 일어나는 피해에는 뭔가 외롭고도 고독한 측면이 있는 겁니다. 이런 피해는 근원적 무력감과 관계됩니다. 당연히 이 경우에도 무력감은 쉽게 분노로 굴절될 수 있습니다. 분노는 힘과 통제력에 대한 환상을 제공하거든요.

아닐 경우가 많긴 하지만, 네 번째 특징은 좀 더 건설적인 방향을 가리킬지도 모릅니다. 보통 우리는 우리가 좋아하는 사람들과 친밀한 관계를 맺습니다. 예컨대 우리는 배우자를 스스로 선택하죠. 부모가 자식을 선택하거나 자식이 부모를 선택하는 것은 아니지만, 정말로 끔찍한 경우만 아니면 보통 양측 모두에 호감을 발생시키는 공동생활이 이루어집니다. 청소년기에 이르러 그 호감이 약화될 수 있다고 하더라도요. 반면 그 외의 다른 사람들은 대부분 우리가 함께 살기로 선택하지 않을 인물들입니다. 그 사람들을 짜증나거나 불쾌하거나 심지어 혐오스러운 존재로까지 느끼기란 상당히 쉬운 일입니다. 우연히 비행기 옆자리에 앉게 된 사람 중, 오랜 기간 동안 같은 집에서 행복하게 함께 살 수 있는 사람이 몇 명이나 되겠어요? 하지만 배우자나 연인, 자녀와 같은 사람들은 환영의 대상이 됩니다. 보통은 그 사람이 무슨 짓을 하든, 뭐라도 한 가지는 괜찮게 생각되는 점이 남아 있기 마련입니다. 언제나 기억하긴 어려운 사실이지만, 분노라는 감정은 사람을 표적으로 삼으나 초점만은 행위에 맞추는 감정이고 사람이란 그가 한 행위 이상의 존재이니까요. 이때 '괜찮게 생각되는 점'은 배신의 상처를 비집고 또 한 번 칼을 비트는 요소가 될 수 있습니다(상대에게 매력적인 부분이 남아 있으면 속 시원한 마음이 들기가 더욱 어렵잖아요). 하지만 뒤집어 생각해보면, 이는 관계를 회복시키거나 아직 형성되지 못한 새로운 연결고리를 만들어내는 미래 지향적·건설적 태도의 기초가 될 수도 있습니다.

이렇듯 친밀한 관계는 특별한 영역입니다. 이제부터는 이 특별한 영역에서 분노와 용서가 나타나는 적절한 양태는 무엇인지 살펴보도록 할게요. 친밀한 관계에서는 분노에 상당한 근거가 있는 경우가 대부분일까요? 만일 그렇다면, 그 분노가 전적으로 정당화되는 것도 가능할까요? 이런 분노에 수반되는, 피해를 갚아주겠다는 공상은 어떤 모습일까요? 혹은 어떤 모습이어야 할까요? 분노와 비타협적 태도는 수많은 사람들이 제안하듯 자존감에 꼭 필요한 걸까요? 아니면 건설적이고 미래지향적인 계획이나 건강한 관계를 가로막고 진짜 문제가 무엇인지 파악하려는 노력을 방기하고 자기애적 '춤'에만 몰입하도록 만드는 것일 가능성이 높을까요?[9] 비숍 버틀러가 명시했듯, "관습은, 또 거짓된 것이기는 하지만 명예는 보복과 복수를 지지하며…… 적을 사랑하라는 말은 따르기가 너무나 어려운 조언인 것처럼"[10] 생각됩니다. 하지만 관습에 무조건 동의해야 할 필요는 없죠.

친밀한 관계의 해체는 전형적으로, 또한 타당하게도, 깊은 슬픔을 초래합니다. 슬픔은 우리가 겪어내야만 하는 감정입니다. 충분히 정당하죠. 친밀한 관계란 풍요로운 삶을 구성하는 대단히 중요한 부분이니까요(이 점에서는 스토아주의들의 주장이 틀렸습니다). 그러나 사람들은 슬픔과, 슬픔이 전형적으로 동반하는 무력감을 제대로 겪어내지 못한 채 분노에게 무대의 중심을 내어줍니다. 자기가 처해 있는 상황에 대해 어떤 통제력도 행사하지 못하는 사람에 분노가 힘과 통제력을 약속하며 슬픔에 대한 매력적 대체물이 되는 경우가 너무도 많습니다. 저는 슬픔을 제대로 겪어내는 방식이란 흔히들 예상하는 바로 그 방식, 즉 애도와 애도의 결과로서 나타나는 상처의 회복 및 삶을 이어나갈 수 있게 하는 건설적·미래지향적 행위여야 한다고 생각합니다. 분노에 상당한 근거가 있는 경우가 많긴 하지만, 그 점을 생각하더라도 반드시 거쳐야만 하는 애도의 과정을 분노가 빼앗아가는 일은 지나치게 쉽게 일어납니다. 그러니까 우리는 분노를 계속해서 키우고 발전시키기보다 분노로부터 애도로의, 또한 결과적으로는 미래지향적 태도로의 이행을 강력히 선호해야 합니다.

용서는 어떨까요? 고전적 형태의 교환적 용서는 과연 건강하고 도덕적으로도 바람직한 과정일까요? 혹시 너무 많은 경우, 용서가 은밀한 형태의 복수인 건 아닐까요? 가장 온화하고도 도덕적으로 가치 있는 형태로 발생할 때조차 용서는 (다른 맥락에서 나온 것이긴 하지만 버나드 윌리엄스의 말을 빌리자면) "한번 떠올린 것만으로도 지나치게 많은 생각"인 건 아닐까요? 용서보다 훨씬 가치 있는 아량이나 자연스럽게 우러나오는 마음을 애써 돌려놓는 존재 말입니다.[11]

만일 표준적 형태의 교환적 용서에 심각한 결함이 있는 것으로 밝혀진다면, 상당한 도덕적 가치를 가지고 있는 무조건적 용서, 곧 자기 자신을 좀먹는 분노로부터 해방되고자 하는 자아 내부의 투쟁이라는 건 과연 존재할 수 있을까요?

일단은 앞서 2장에서 이미 인정했던, 분노를 변호할 수 있는 세 가지 요인을 재확인하면서 시작하도록 합시다. 분노는 (자신에게나, 타인에게나, 혹은 둘 모두에게) 문제가 있다는 신호로써 유용한 경우가 많습니다. 그러므로 어떤 사람이 분노 반응을 보인다면 거기에 주의를 기울여보겠다는 건 좋은 생각입니다. 물론 그런 반응 중 상당수는 신뢰할 수 없는 것이며, 엉뚱한 곳에 사회적 가치를 두거나 왜곡된 방식으로 지위만을 염려하기에 발생한다는 사실도 명심해야 하겠지만요. 분노가 행동의 동기로서 힘을 주는 경우도 있습니다. 단, 친밀한 관계에서는 별로 적절한 역할이 아닙니다. 이 영역에서는 아무 행동도 하지 않는다는 게 중심적 문제일 가능성이 거의 없으니까요. 뿐만 아니라 분노를 동기로 삼아 하는 행동은 좋은 결과뿐 아니라 나쁜 결과로 이어질 수도 있고요. 마지막으로 분노하는 능력 자체는 타인의 악행에 대한 억제책이 될 수 있습니다. 상대방의 분노에 대한 두려움만으로 지속되는 신뢰관계란 이미 파탄지경에 이른 것이나 다름없지만 말입니다.[12] 하지만 이런 긍정적 역할을 인정한다 해도 우리는 언제나 분노를 신속하게 극복하고 이행의 방향으로 눈을 돌려야 합니다.

## 3. 잘못된 사회적 가치관: 망신주기와 통제

친밀한 관계에서 일어나는 분노는 무엇이 부당행위인지, 혹은 그 부당행위의 심각성이 어느 정도인지를 판단할 때 잘못된 사회적 가치관을 거치면서 엉뚱한 방향으로 진행되기 쉽습니다. 독립적 성격이나 순수하게 즐거움만을 추구하는 어린아이들의 행동이 극단적 반감의 대상으로 간주되는 수많은 사례를 예로 들 수 있겠죠. 이와 비슷하게, 결혼생활에서 일어나는 분노는 성역할에 대한 불공정한 기대에서 유래하는 경우가 많습니다. 특히 여성들이 독립성과 평등을 추구하는 상황을 남성들은 대단히 위협적인 것으로 여겨왔죠. 누군가 사회적 규범을 위반하긴 했지만 애초에 규범 자체가 잘못된 것이었으므로 실제로는 부당행위가 일어났다고 볼 수 없고, 따라서 그 사람에게 분노하는 게 부적절한 경우를 실제로 부당행위가 벌어진 경우로부터 분리해내는 건 어려운 일입니다. 어쨌거나 우리는 모두 우리가 속한 시공간의 산물이니까요. 아이들이 부모에게 어떤 방식으로 말을 해야 하는가, 그 아이들은 다양한 연령대에서 어느 정도의 독립성을 누려야 하는가, 성적인 행위는 언제부터 시작되어야 하는가, 아내와 남편은 각기 직업적 욕망을 어떤 방식으로 추구하고 가사노동을 어떻게 분담해야 하는가에 대한 우리의 직관은 모두 우리가 속한 시공간에 영향을 받기에 오류가 있을 수 있습니다. 우리가 보기에는 적절한 행위, 적어도 허용 가능한 행위에 대해 이전 시대의 부모나 배우자들이 화를 낼 때면 그 분노가 왜 부당한지 분명하게 설명할 수 있다는 느낌이 듭니다. 하지만 우리 자신의 태도와 가치관 중에도 후손들이 잘못이라고 여길 만한 부분이 있으리라는 것 또한 명백한 사실이죠. 우리는 잘못된 가치관으로부터 유래했기에 상당한 근거가 있다고 볼 수 없는 분노와, 분노라는 이유 자체만으로 문제가 되는 분노를 구분하려 노력해야 합니다. 동시에, 그런 노력을 기울이기 전부터도 우리가 하는 구분에 오류가 있을 수 있다는 사실을 명심해야겠죠.

문화적 오류가 발생하는 근원이 위계 혹은 지위인 경우는 비일비재합니다. 예를 들어 부모가 자식이란 분수를 알아야 마땅한 난봉꾼이라고 생각하는 경우는 지나칠 정도로 흔하죠. 이때 자식이 알아야 하는 분수란, 부모에 비해 낮디낮은 자녀의 지위를 말합니다! 결혼생활과 관련된 오류투성이 사회 규범 중에도 이와 비슷한 경우가 상당수 있습니다. 아내가 취직을 하거나 벌이가 괜찮거나 남편과 집안일을 나누고 싶어 한다는 이유로 남편이 화를 내는 상황 말이죠. 이런 사회적 규범은 '우월한' 쪽의 분노에 대한 두려움을 강제집행의 기제로 활용합니다. 용서와 속죄의 의례가 지위상의 불균형을 확고히 다지는 데 사용되는 경우도 아주 많고요.

지위에 대한 집착이 전적으로 문화적 구성물이라고는 볼 수 없습니다. 자기애와 불안은 인간의 삶 곳곳에 침투해 있으며, 친밀한 관계는 그런 것들이 특히 표면화될 가능성이 높은 영역이거든요. 엄청난 취약성이 유발되는 영역이니까요. 누군가 위계를 확립하려 든다거나 다른 사람을 통제하려 노력할 때, 그 노력은 단지 무력감으로 가득한 세상에서 인간이 보편적으로 보이는 경향이 표현된 것일 경우가 많습니다. 그러므로 가장 개명된 문명에서도 '지위의 길'은 지속적인 유혹으로 작용합니다. 지위에 초점을 맞추는 분노가 문화적 영향에 따라서 발생하는 경우, 이 분노는 상당한 근거를 갖추지 못한 것입니다. 하지만 그런 분노가 매우 흔할 뿐 아니라 한 문화의 권위자들에게 받아들여지는 경우도 많기 때문에 우리는 이런 분노를 그냥 간과해서는 안 됩니다. 오히려 처음에는 상당한 근거가 있는 것처럼 보이는 분노를 분석할 때도 이런 분노를 경계해야죠. 많은 경우, 자세히 살펴보면 살펴볼수록 우리는 분노가 지속되고 곪아터지는 건 지위에 대한 집착이 숨겨져 있기 때문임을 알게 됩니다.

친밀한 관계에 관한 규범은 인생에 존재하는 모든 규범 가운데에서도 가장 논쟁적이고 불확실한 것들입니다. 하지만 친밀한 관계에서 일어나는 분노 중에도 실제로 부당행위가 있었기에 상당한 근거가 있다고 할 만한 경우가 존재한다는 것만은 분명해 보입니다. 학대나 폭력, 배신(은 물론, 무례함이나 관심 혹은 지지를 보여주지 못함)에 대한 분노에는 상당한 근거가 있는 경우가 많죠. 스토아주의자들은 어떠한 인간관계도 언짢게 여길 만한 가치가 없다고 주장합니다. '중간 영역'에서 특징적으로 나타나는, 좀 더 일상적인 상호작용을 다룰 때에는 저도 스토아철학자들의 의견에 동의해요. 하지만 친밀한 영역에 대해서는 그럴 수 없습니다. 우정과 사랑, 가족관계는 진정으로 중요한 재화로서 깊이 신경 쓸 가치가 있거든요. 그러므로 친밀성과 신뢰로 맺어진 관계에서 발생하는 부당행위는 심각하게 고려해볼 만한 대상입니다. 이런 부당행위로 일어나는 공포와 희망, 기쁨, 슬픔이 정당한 경우는 많이 있습니다. 마찬가지로 분노 역시 최소한 상당한 근거를 갖추고 있을 확률이 높고요. 저는 그런 사례에 초점을 맞추도록 하겠습니다.

## 4. 자녀에 대한 부모의 분노: 잃어버렸다 되찾은 딸?

아이들은 부모를 화나게 만듭니다. 무례하고, 씻지도 않고, 말도 듣지 않으며, 게으르니까요. 숙제도 하지 않습니다. 집안일도 돕지 않습니다. 심각하게 잘못된 일을 하기도 합니다. 거짓말을 하고 도둑질을 하고 약속을 어기고 다른 아이들을 못살게 굴죠. 어떤 경우에는 마약을 하는 등 자기 미래에 피해가 가는 짓을 저지르기도 합니다. 그리고 어떤 경우에는, 좀 더 드문 경우이긴 합니다만, 대단히 심각한 범죄를 저지르기도 하죠. 이렇듯 아무리 좋은 부모-자식관계에도 분노가 끼어들어 중요한 역할을 수행할 가능성은 상당히 높습니다.

앞서 위계에만 지나치게 초점을 두는 지위의 오류를 지적하기도 했지만, 여기에 더해 부모-자식관계는 인과응보라는 측면에서 중대한 문화적 위험에 연루되어 있습니다. 아주 오랜 세월 동안 유럽-미국계에 속하는 수많은 문화권에서는 분노한 신과 어리석은 죄인의 관계를 상상하고 최소한 몇 가지 측면에서 그것을 부모-자식관계의 모범으로 삼았습니다. 인간은 죄를 타고난다는 믿음이 그 배경에 있었습니다. 예컨대 데이비드 코퍼필드의 의붓아버지인 머드스톤 씨는 아이란 더도 덜도 아닌 "고집스러운 말이나 개", 고통을 주어 복종시켜야 하는 존재라고 생각합니다.[13]* 데이비드의 인생 전체는 얼마 지나지 않아 분노와 처벌, 그리고 (실패한) 속죄의 일화로 점철됩니다. 머드스톤 씨는 허구의 인물이지만 빅토리아시대에는 실제로도 그런 태도가 대단히 흔했습니다. 빅토리아시대를 한참 지나서도 마찬가지였고요. 특히 영국의 공립학교라는 세계에서 그랬습니다. 조지 오웰의 수필 「그러한, 그러한 것이 기쁨이었다Such, Such Were the Joys」는 세인트 시프리언스 학교에서 기숙생활을 했던 저자의 여덟 살 소년시절 이야기를 전형적인 경험으로 묘사하는데요. 이 학교에서 오웰은 부모 역할을 대리하는 사람들 때문에 지속적으로 속죄해야만 한다는 느낌을 갖게 되었다고 합니다. 자다가 오줌을 싸곤 하던 오웰을 두고 사람들은 그걸 못된 행동이라고 했어요. 그래서 어린 오웰은 성장기 내내, 잦은 구타를 통해서도 저지하거나 통제할

---

\* 영국 작가 찰스 디킨스의 소설, 『데이비드 코퍼필드』에 나오는 이야기다.

수 없는 못된 성향이 자기 안에 있다고 느꼈습니다. 어떻게 해야 자다가 오 줌을 싸지 않을 수 있는지 전혀 알 수 없었으니까요. 결국 오웰은 자신이 지 속적으로 (다른 사람들 말에 따르면) 정당한 분노의 대상이 되며, 따라서 끝없 이 회개해야 한다는 사실을 학습하게 되었습니다.[14]

이런 태도가 매우 흔했다는 건 명징한 사실입니다. 오죽하면 앤서니 트롤 럽이 자신의 소설에 나오는 손 박사를 묘사하면서, 그가 아이들에 대해 가 지고 있는 생각을 기이한 것이라고 이야기했을까요? 다시 말해, 트롤럽은 매력적인 예외라는 희귀한 사례를 제시함으로써 거꾸로 일반적 규범이 어 땠는지 보여주었습니다.

지금까지 언급되지 않은 손 박사의 성격 중에는 아이들의 사회에 잘 섞여 들어간 다는 특징이 있었다. 그는 아이들과 이야기를 나누거나 함께 노는 것을 즐거워했 다. 한 번에 셋이나 넷씩 아이들을 등에 태우고, 아이들과 함께 땅을 구르고, 정원 에서 아이들과 함께 달리기 경주를 하며, 아이들이 할 수 있는 놀이를 발명해내 고, 어떤 식으로든 기쁨이 일어나지 않을 것처럼 보이는 상황에서두 용케 즐거움 을 만들어냈다. (중략) 그는 아이들의 행복에 관하여 나름대로 위대한 이론을 세 웠다. (중략) 그는 자녀에 대한 부모의 가장 중요한 책무는 행복하게 해주는 것이 라고 주장했다. 이런 말이 가능한 것인지는 모르겠지만 미래의 인간을 행복하게 만들어주어야 한다고, 뿐만 아니라 지금 존재하는 아이도 호의로 대해주어야 한 다고 말이다.[15]

손 박사의 이단적 시각이 널리 퍼지지 않았던 당대에는 육아를 하다가 분노 를 드러내는 일이 흔했습니다. 어떤 식으로든 아이가 독립적으로 행동하면 그걸 잘못이라고 받아들이는 억압적이고 지배적인 분노였죠.[16]

신의 분노라는 문제적 개념을 모범으로 삼는 부모의 분노는 분노와 용서/회개 모두에 관련되어 있었는데, 이때의 분노나 용서/회개는 부적절한 문화적 가치관에 기초를 두었습니다. 이런 분노에 도구적 가치가 있다는 주장도 있지만 실제로는 딱히 그렇지도 않습니다. 분노, 나아가 폭력에 대한 두려움으로만 행사되는 통제력은 억제책으로서 대단히 비효율적이라는 사실이 이미 밝혀졌습니다(오웰은 오히려 점점 더 오줌을 많이 싸고, 데이비드 코퍼필드는 머드스톤이 자기를 노려볼 때마다 정작 뭘 배웠어야 하는지는 잊어버립니다). 아네트 바이어가 이야기하듯, 이런 식의 통제력은 신뢰관계가 병들어 있다는 신호이기도 합니다. 그런 것도 신뢰라고 부를 수 있다면 말이죠. 그러므로 부모가 좀 더 개연적인 상황에서 분노를 보이는 경우를 탐구할 때는 이처럼 부적절한 가치관으로 인해 분노가 일어나는 사례를 한쪽으로 미뤄두어야 하겠습니다. 단, 그렇게 하더라도 잘못된 문화적 가치관이 좀 더 미묘한 형태로나마 부모의 분노 중 괜찮은 사례를 오염시킬 수 있다는 사실은 명심하도록 합시다.

부모와 자식 양자가 서로를 알고 있고 최소한 어느 정도의 기간을 함께 사는 경우,[17] 부모-자식관계는 둘 모두의 복지에 대단히 중요합니다. 일반적으로 아이들은 부모가 무척 원하고 사랑하는 존재입니다. 미래에 부모를 대리할 사람들이기도 하죠. 부모한테는 자식이 불멸성을 획득하고 세상에 기여할 한 가지 방법인 셈입니다. 그러나 동시에 자녀는 에너지와 자원을 고갈시키고 부모가 (일이나 우정 같은) 다른 목표를 추구하지 못하게 막는 등 다른 분야에서의 복지 달성을 방해할 수도 있어요. 분노가 일어날 만하죠. 아이들이 전혀 고마워하지 않는다는 게 드러나는 순간엔 특히 그렇고요. 한편 아이들의 입장에서 보면 부모는 생명과 양육, 건강, 안전, 교육, 가치관, 재정적이고 감정적인 지지의 원천입니다. 복지의 측면에서 이토록 엄청나게 중요한 문제가 걸려 있기 때문에 부모-자식관계란 양자 모두에게 대단히 취약한 관계입니다.

부모-자식 간의 신뢰는 다양한 형태를 띠며 지속적으로 변화합니다. 이제 막 태어난 갓난아이들에게는 신뢰가 어쩌고 할 발언권이 전혀 없습니다. 부모가 신뢰할 만한 존재이든 아니든 아이들은 절대적으로 부모에게 의존하고[18] 자신의 복지를 맡겨야만 하죠. 아이들은 일종의 신뢰감을 타고나는 것으로 보입니다. 그래서 대단히 심각한 학대나 방치가 없는 한 부모와 연대를 맺게 되죠.[19] 시간이 지나면서 이러한 신뢰는 그 신뢰에 바탕을 둔 기대와 함께 점점 발전합니다.[20] 아이들은 부모에게서 무엇을 기대할 수 있고 무엇을 기대할 수 없는지 서서히 깨달아가며, 보통은 당연하게만 받아들이던 것들에 대해 감사를 느끼고 그것을 자신감의 근거로 삼을 만한 이유를 발견합니다. 동시에 아이들은 점점 더 회의적이고 유보적인 태도를 취합니다. 더 이상은 자신의 모든 것을 부모에게 기꺼이 맡기려 들지 않아요. 아이들이 이렇게 점진적인 방식으로 순진무구한 신뢰를 거두는 것은 성장과정의 당연한 부분입니다. 하지만 부모는 이 과정에서 점점 더 심한 무력감을 느끼고, 이것을 고통스러운 일로 받아들일 수 있죠.

부모-자식관계는 생래적으로 아이의 미래를 지향하게 되어 있습니다. 분노라는 측면에서는 잘된 일이죠. 덕분에 이성적인 부모에게는 분노를 느끼더라도 재빨리 이행으로 넘어가거나 애초부터 이행-분노만을 경험할 방법이 제공되니까요. 그러나 미래지향성에도 나름의 함정은 존재합니다. 자녀의 미래를 지원하려는 노력과 미래를 통제하려는 노력을 구별하기 어려운 경우가 가끔씩 있으니까요. 아이들이 통제에서 벗어날 때의 무력감을 두려워하는, 부모만의 특유한 공포를 생각하면 특히 그렇죠. 부모-자식관계의 분노는 바로 이 지점에서, 그러니까 부모가 상상해주는 미래와는 다른 미래, 부모를 중심적 인물로 포함하고 있지 않을지도 모르는 미래를 아이들이 선택할 때 발생하는 경우가 많습니다. 한편 이런 함정과는 별개로, 부모-자식관계에서 발생하는 분노의 가장 큰 이점 중 하나는 양측 모두 이 관계가 언젠가 변화하리라는 사실을 알고 있다는 겁니다. 배우자들은 그런 식의 변화를 알아차리지 못하거나 기대하지 않습니다. 반면 부모는 격변을 준비하고 아이들은 그런 변화에 상당히 적극적이죠.

저는 부모-자식관계의 다양한 단계에 관심을 갖고 있지만, 그중에는 아이들이 삶의 다양한 단계에서 완전한 도덕적 행위자로 인정되는 범위가 어디인지에 대한 복잡한 논의가 필요한 단계도 있습니다. 그러므로 저는 자식이 여느 사람과 같은 도덕적 행위자가 되었음을 의심할 수 없는 단계, 즉 자녀가 부모 중 한 사람이나 둘 모두와 떨어져 지내는 성년 초기에 초점을 맞추겠습니다.

성년이 된 자녀가 독립성을 띠는 건 물론 일면 바람직한 일이지만, 이런 독립성이 강화되면 강화될수록 부모의 무력감도 점점 완전해집니다. 부모는 자녀에게 바람직한 조언을 해주고 설득을 시도할 수 있지만, 그 결과를 통제한다는 건 사실상 불가능하니까요. 앞에서도 시사한 이야기이지만 분노는 무력감이 쓴 가면이자 그 왜곡된 형태이며 통제력을 되찾는 방식인 경우가 많습니다(그렇게 현명한 방식은 아닐지 모르지만요). 그러므로 분노는 특히 자녀가 출가할 때 흔하게 나타날 거라고 예상할 수 있겠죠. 부모-자식간의 강렬한 사랑이 완전한 무력감과 조합되는 강도는 배우자관계에서보다 훨씬 강합니다. 배우자관계에서는 보통 양자가 함께 고민에 참여하니까요. 사실, 함께하는 미래를 생각하고 싶어 하지 않는 사람들 사이에서는 배우자관계가 애초에 형성되지 않을 확률이 높죠.

반면, 자녀가 성년 초기에 진입하는 단계에서 드러나는 부모-자식관계의 몇 가지 측면은 분노 없는 미래가 출현할 수 있다는 좋은 징조로 보입니다. 부모-자식관계가 연애결혼과 다른 것은 사실입니다. 둘 중 누구도 서로를 선택하지 않았다는 면에서는 오히려 정략결혼과 더 비슷하죠. 그러나 이른 시기부터 같이 생활하고 오랫동안 습관과 경험을 공유하면 양자는 모두 비슷한 생각을 하게 되고 깊은 연대감을 갖게 됩니다. 여행과 농담, 대화, 생일, 휴가 등 관계를 발전시키는, 서로가 함께했던 경험은 물론 포옹이나 신체적 근접성, 수유나 안아주기에 대한 기억에서 오는 순수한 신체적 친밀성을 부모와 자식이 모두 기억하기 때문입니다. 이처럼 공유된 경험이 '이런 저런 일을 함께 겪었는데 어떻게 나한테 이럴 수가 있어?'라는 식으로, 분노를 더욱 타오르게 만드는 경우도 있긴 하죠. 그러나 공유된 경험은 분노를 넘어서 미래의 재건으로 이행하는 움직임의 토대가 될 수도 있습니다.

한 가지를 더 구분하도록 합시다. 부모가 자식을 깊이 사랑하고 자식이 잘되기를 소망하며 부모-자식관계에 관한 왜곡된 문화적 개념에 사로잡혀 있지 않은 경우, 부모가 화를 내는 방식은 두 가지로 구분됩니다. 실제 상황에서는 이 두 가지 방식을 명확하게 구분해내기 어렵지만, 시도는 해봐야겠죠. 한 가지 방식은 대리적 자아-투자와 관련되어 있습니다. 이때 부모는 자식을 자신의 연장 혹은 연속, 그러니까 부모가 가진 목표를 충족시키는 한 가지 방법으로 간주합니다. 다른 방식의 분노는 아이의 현재, 미래, 혹은 둘 모두의 복지와 관련되어 있습니다. 부모의 핵심목표는 성공적이고 행복한 자녀를 갖는 것일 때가 많으므로, 이 두 가지 방식은 많은 경우 서로 겹칩니다.

자아-투자는 반드시 해로운 것만은 아니며, 자녀에 대한 진지한 관심과 염려로 이어질 수도 있습니다. 자기 죽음을 의식한 사람은 무엇이든 죽음을 이길 수 있을지 모른다는 희망을 주는 존재에 매달리게 되니까요.[21] 그러나 자아-투자는 통제력에 대한 관심으로 쉽게 오염될 수 있습니다. 아이들에게 가능한 모든 미래를 부모가 자기 자신의 연속으로서 포용할 수 있는 건 아니니까요. 자녀가 직업과 종교, 배우자를 선택할 때는 자아-투자로 인한 분노가 자주 유발됩니다. 자녀를 통해 연속되는 부모의 모습 중 가장 훌륭한 것이 자신만의 길을 만들어나가는 자유로운 인간으로서의 자녀 그 자체임을 깨닫기 위해서는 부모가 대단히 성숙해지고 내면적으로도 평화로워져야 하기 때문이죠. 더욱이 이상적 자아에 대한 투자는, 꼭 그렇지는 않더라도, 지위에 대한 집착으로 오염될 가능성이 높습니다. 부모는 자기 자식이 최소한 다른 사람의 자식만큼은 좋은 대학에 들어가주기를 바라고, 최소한 다른 사람의 자식만큼은 매력적으로 생기길 원합니다. 부모에게 수치심보다는 자존심의 원천이 되는 자식을 갖고 싶어 하는 거죠. 이런 식으로 일어나는 분노에는 별다른 근거가 없습니다. 부모의 자아-투자가 좋은 가치관과 연관되어 별로 해롭지 않은 경우도 물론 존재하긴 합니다. 그러나 앞서 언급한 것과 같은 여러 문제점이 있으니, 앞으로는 자아-투자에 의한 분노가 아니라 자녀의 성공적 삶에 초점을 맞춘 게 분명한 분노만을 중점적으로 살펴봅시다.

성년 초기의 자녀들은 자신 혹은 타인에게 해가 되는 일을 할 수 있습니다. 이럴 때면 지위나 통제에 별로 집착하지 않는 부모들도 분노에 상당한 근거가 있다고 느끼게 되죠. 이때의 분노는 2장에서 다루었던, 분노의 모범에 들어맞는 경우가 많습니다. 부모는 화를 내고, 아주 짧은 순간 동안은 가해행위를 한 자녀가 고통을 받거나 속죄를 해야 한다고 생각하지만…… 그다음에는 그런 식의 앙갚음이 지금 상황에서 별 쓸모가 없다는 걸 깨닫고 생각의 방향을 미래로 돌립니다. 어떤 종류의 건설적 계획이 상황을 나아지게 할 수 있는지 묻게 되죠. 이보다 한 단계 더 나아가 처음부터 일상적인 분노보다는 이행-분노를 보이는 경우도 많이 있고요.

분노를 이행으로 나아가게 만드는 방법으로 아리스토텔레스가 제시했던 두 가지 통찰이 여기에서 모두 유용하게 작동하는 듯합니다. 보통 부모들은 이미 높은 수준으로 자녀와 공감하고 있기 때문에 인과응보라는 쓸데없는 생각에 초점을 맞추기보다 자녀의 장래를 생산적으로 사유하게 됩니다. 아리스토텔레스와 손 박사가 모두 언급한 유머감각과 놀이도 큰 도움이 되죠. 긴장을 푼 상태에서 자녀와 하는 상호작용은 곪아터지기 전에 분노를 중지시킵니다. 상당한 근거를 갖춘 분노가 일었을지라도 놀이는 부모와 자녀가 서로에게 생산적인 결론에 이를 수 있도록 도와줍니다.

그러나 이행이 언제나 쉽게 일어나는 건 아니에요. 부모-자식관계에서 분노는 대단히 인간적입니다. 사실 절대로 화를 내지 않는 부모는 이상한 존재이며 자녀와의 관계에 별로 몰입하지 않는 사람이라고 생각하고 싶은 유혹이 들죠. 자녀가 저지른 악행이 너무도 심각해 자신에게나 타인에게 복구 불가능한 피해를 끼친다면, 자녀를 깊이 사랑하는 부모, 자기 인생의 목표와 계획, 전략 전체에서 아이가 중심적 위치를 차지하고 있기에 뿌리 깊은 취약성을 느끼는 부모는 분노를 느끼는 쪽으로 강하게 기울어집니다. 문제는 이런 분노를 완전히, 그러니까 아주 미묘한 형태로나마 인과응보 혹은 고통을 겪도록 만들겠다는 소망을 포함해 전적으로 정당화할 수 있는 경우가 과연 존재하느냐는 겁니다.

슬픔과 실망을 분노로부터 분리해내는 일은 어렵지만 반드시 필요합니다. 자식이 잘되기를 바라는 사람에게는 상실감과 슬픔을 느낄 만한 상황이 아주 많이 벌어집니다. 그러나 상실감과 슬픔이 그 자체로 분노인 것은 아니에요. 상실감이나 슬픔은 자녀를 도와줘야겠다거나 피해를 복구해야겠다는 생각으로 이어지고, 그런 해법이 불가능한 경우에는 애도로 이어집니다. 앞서 제가 한 주장이 옳다면, 분노를 보복에 대한 소망과 떼어놓는 건 불가능합니다. 그 보복이 아주 미묘한 형태일 수는 있겠지만요. 분노도 가끔은 슬픔만큼 상당한 근거를 갖추고 있지만, 인과응보의 소망은 어떤 경우에도 전혀 말이 되지 않으며 아무짝에도 쓸모가 없습니다. 이성적 인간은 이점을 상당히 빠르게 알아채지요. 하지만 정말로 그런지, 아주 까다로운 사례에 비추어 한번 생각해보도록 합시다. 제가 지금부터 이야기하려는 사례에서는 성년이 된 자녀의 나쁜 행동이 부모에게 상당한 근거가 있는 분노, 처음에는 심지어 이성적이고 적절한 것으로까지 보이는 분노를 일으킵니다. 당연하겠지만 이 상황은 일종의 슬픔이 느껴지는 상황이기도 합니다. 자, 이제부터는 잃어버렸다 되찾은 딸의 이야기를 한번 살펴봅시다.

필립 로스가 쓴 『미국의 목가』는 재능 있고 성공적이며 품위 있으나 끔찍한 불운에 맞닥뜨리게 된 한 남자의 삶을 다루고 있습니다. 유명한 운동선수이자 성공적인 사업가인 세이모어 '스위드' 레보브는 미스 뉴저지 출신인, 아름답고 품위 있는 여성과 행복한 결혼생활을 하고 있으며, 괴짜이고 감정적으로 복잡한 상태에 놓여 있긴 하지만 재능 있는 딸 메리에게서 기쁨을 느끼기도 합니다. 처음에 스위드가 겪는 문제는 우리가 익히 알고 있는 청소년기의 반항 이상도 이하도 아닌 것으로 보입니다. 메리는 분노에 가득차 베트남 전쟁과 그 전쟁을 만들어낸 체제에 반항합니다. 그러다가 하루는 메리가 동네 우체국을 폭파시켜 무고한 사람 한 명을 죽이고 맙니다. 몇 년씩 도망을 다니며 세 사람을 더 죽인 후에 메리는 결국 누추한 방에 숨어들어 금욕주의적 자이나교도로 지냅니다. 스스로에게 부과한 회개의 삶을 살던 메리는 결국 아버지에게 다시 발견되는데요(메리의 아버지도 곧 알아채듯, 그녀의 금욕주의는 긍정적 형태의 종교적 헌신이라기보다는 자기파괴에 불과합니다. '물을 해치게 될' 것이 두려워 씻지 않는 등 메리는 자이나교의 아힘사* 개념을 기이하게 해석하거든요. 이에 대해 소설에는 "그 말은 레보브를 역겹게 만들었다. 그 극악한 유치함, 자기기만의 감상적인 장대함이라니[250]"라는 말이 나옵니다).

상황이 이럴진대 어떻게 분노에 상당한 근거가 없다고 할 수 있겠습니까? 분노를 느낄 만한 상황이 한두 가지도 아니잖아요. 먼저 스위드는 메리가 저지른 살인과 자기파괴에 분노합니다. 가해행위를 통해서는 물론 그 짓을 저지른 이후 오랜 세월 연락을 하지 않음으로써 가족들에게 엄청난 고통을 야기한 것에도 분노하고요. 그리하여 이성적인 인간 스위드는 이성적인 사람들이 항상 그러듯 다음과 같은 질문을 스스로에게 던집니다. "이성적 인간이 이 상황에서 어떤 말을 할 수 있겠는가? (중략) 이성적이고 책임감 있는 아버지는 이 상황에서 대체 무슨 말을 해야, 나는 아직도 아버지로서 깨지지 않고 온전히 존재한다고 느낄 수 있을까?(249)"

스위드는 진정으로 분노합니다. 그는 "아들이나 딸에게 배신당해본 아버지들 중에서 가장 분노한 아버지처럼, 총을 맞았을 때 케네디의 뇌가 쏟아져나왔듯 자기 뇌도 머리에서 쏟아져나올까봐 두려울 정도로 분노하며(256)" 메리를 비난합니다. 잠깐이지만 그는 심지어 스스로 내린, "여태껏 단 한 번도 어긴 적이 없었던" "폭력 금지령(265)"마저 위반합니다. 메리가 쓰고 있던 자이나교의 베일을 찢고 말을 하라고 명령을 내린 다음, 메리가 따르지 않자 완력으로 입을 벌려 여는 것이죠. 그 순간 스위드가, 타인에게 고통을 준 대가로 메리 역시 고통을 느끼기를 바란다는 건 명백합니다. 그는 평생 동안 이어온 이성에 대한 헌신을 잠깐이나마 뱃전 너머로 내던져버

---

* ahimsa. 자이나교, 힌두교, 불교 등 인도의 여러 종교에서 중요하게 여기는 미덕으로 '해치지 않음', '연민' 등을 의미한다. 비폭력이라는 개념과도 연관되어 있으며 인간뿐 아니라 동물을 상대로 할 때도 적용되는 미덕이다.

립니다. 처음에는 독자들도 그의 분노가 적합하다고 느끼죠.

하지만 이때 무언가 흥미로운 일이 벌어집니다. 사랑과 슬픔, 무력감이 분노의 자리를 차지하는 거예요. 먼저 스위드는 자기가 정말로 무력하다는 사실을 인정합니다. "나는 메리를 보호하고 또 보호한다. 하지만 메리는 보호할 수 없는 존재다. 메리를 보호하지 않는다는 건 견딜 수 없는 일이다. 메리를 **정말로** 보호해낸다면 그 역시 견딜 수 없는 일이다. 이 모든 게 견딜 수 없다. 메리의 끔찍스러운 자율성, 그 지독함이라니(272)." 그런 다음 스위드는 남동생 제리에게 메리와의 만남에 대해 이야기합니다. 이때 전례 없는 슬픔이 분출되고 그 앞에서 스위드는 단지 무너져내릴 뿐이죠.

이제 스위드는 쉽게도 울고 있다, 그와 그의 울음 사이에는 어떠한 선도 없다, 놀랍고도 새로운 경험이다. 이렇게 우는 것이야말로 일생 품어왔던 위대한 목표라도 되는 양, 이렇게 우는 것이 지금껏 살아오는 내내 가장 깊이 품었던 야망인 양, 이제는 그 목표와 야망을 이루어냈다는 듯, 자기가 주고 메리가 받아간 그 모든 것을, 두 사람의 인생을 가득 채워온 그 자연스러운 주고받음을 기억하는 듯 울고 있다(279).

소설의 서사 대부분을 상상해 전달하는 서술자 네이선 주커먼에게 형 이야기를 전해주면서, 제리 레보브는 스위드의 문제란 계속해서 분노하지 않은 것이라고 말합니다. 분노만 했어도 메리와 거리를 두고 통제력을 가질 수 있었을 거라면서요. "쓸 머리가 반이라도 있었으면 형은 이미 오래전에 격노해 그놈의 아이와 멀어졌을 겁니다. 오래전에 이미, 그 애를 뱃속 깊은 곳에서 뜯어내 놓아줬을 거라고요." 스위드는 "성품에 분노라는 부채가 없는 사람이기에, 자산으로서도 분노를 받아들일 수 없을 것(71-72)"이라는 게 제리의 이론입니다. 분노란 무력해지지 않고 통제력을 장악하는 한 가지 방법입니다. 이 사례에서 스위드는 분노를 통해 견딜 수 없는 고통의 원천을 떨쳐버릴 수 있었을 거예요. 그러나 분노가 없기에 스위드는 무조건적 사랑에 꼼짝 없이 갇혀버립니다(그는 메리가 죽을 때까지 비밀리에 메리를 방문합니다). 사랑은 무력할 뿐 아니라 극도로 고통스럽습니다(반면 제리는 "격노하는 재능과, 뒤를 돌아보지 않는다는 또 하나의 특별한 재능[72]"을 가지고 있죠).[22] 제리는 스위드에게 사실상 '꼴좋다'는 생각을 골자로 하는 인과응보의 소망을 품으라고 조언하는 셈입니다. '네가 이런 식으로 행동했으니 나는 지지와 사랑을 철회하겠다'라는 식으로 말이죠.

그러나 스위드에게는 분노가 일으킨 인과응보의 공상도 그를 덮쳐오는 압도적 사랑과 슬픔 앞에서 빠르게 스러져버립니다. 사랑 앞에서 인과응보의 공상은 벙어리가 되는 것처럼 보입니다. 사랑 앞에서 인과응보는 전혀 말이 되지 않는 것만 같습니다. 실제로도 그렇죠. 그렇게 우리는 이행에 이르게 됩니다. 할 수 있는 일이 아무것도 없는, 끔찍하게도 고통스러운 모습으로요. 스위드가 할 수 있는 일이라고는 메리를 찾아가 계속해서 사랑을 표현하는 것뿐입니다. 사과는 이루어지지 않습니다. 그러나 스위드의 관심사에는 애초에 조건부로든 무조건적으로든 간에 용서라는 문제가 포함되어 있지 않습니다. 그저 고통스러운, 무조건적인 사랑이 있을 뿐이죠.

이 소설(혹은 서술자인 주커먼)이 스위드에게 취하는 입장은 근본적으로 양가적입니다. 이성과 아량, 사랑에 대한 스위드의 흔들림 없는 헌신은 주커먼에게 비극적인 동시에 희극적인 것으로 깊은 인상을 남깁니다. 소설(혹은 주커먼)은 이런 식의 헌신이 스위드에게 아무런 도움도 되지 않으며, 심지어 우스꽝스럽기까지 하다는 암시를 남깁니다. 소설 속 세계는 이성적이지도, 사랑스럽지도, 아량이 있지도 않으니까요. 그러나 제가 취할 입장은 양가적이지 않습니다.[23] 저는 스위드가 최악의 상황에 놓였을 뿐 아량이 넘치는, 존경할 만한 아버지라고 생각합니다. 제가 보기에 이 이야기는 오히려 밀려드는 운명의 공격에도 주인공의 미덕이 '그 모든 것을 뚫고 빛나는' 그리스 비극에 가깝습니다. 이성과 아량에는 나름대로의 존엄성이 있습니다. 우주의 본질이 무의미인 만큼, 미덕만으로 새로운 우주를 만들어낼 수는 없다 하더라도요.

이 사례에서는 부모가 자존감을 유지하는 데 분노가 필요한 건 아니라는 점이 명백하게 드러납니다. 심지어 제리도 그런 식으로는 주장하지 않습니다. 제리가 하는 말은 그저 마음의 평온과 제정신을 유지하려면 분노가 필요하다는 것뿐이죠. 그러나 또 한 가지 좀 더 중요하게 보이는 질문이 제기됩니다. 사실 분노하지 않는 부모는 자녀를 진지하게 대하지 않는 것이고, 따라서 자녀를 모욕하는 게 아닐까요? 제가 보기에 이건 요점을 놓친 질문입니다만, 답을 할 필요는 있겠습니다. 만일 메리의 행동을 아기나 능력이 부족한 사람의 행동처럼 대했다면 스위드는 당연히 그녀를 경멸하는 셈이 되었을 것입니다. 자녀의 힘을 온전하게 인정하는 건 실제로 존중의 필수 요소로, 그러자면 당연히 자녀가 저지른 행동의 심각한 부당성을 인정해야만 합니다. 이때 최소한 이행-분노가 수반되는 건 사실입니다. 문제는 자녀를 존중할 때 이행-분노가 아닌, 고통을 주고 싶다는 소망을 포함한 완연한 분노도 반드시 일어나느냐는 거예요. '너는 무언가 심각하게 잘못된 일을 했어. 너를 사랑하고 네가 풍요로운 삶을 살아가며 좋은 일을 하기만 바라는 사람으로서 나는 기분이 언짢다. 나는 네가 이보다 훨씬 좋은 일을 할 수 있는 사람이라고 생각해. 이제 그런 일은 그만두고 미래에는 더 나은 행동을 했으면 좋겠다'는 내용의 감정이 있다면, 여기서 과연 어떤 부분이 잘못된 걸까요? 저는 (그리 희망적이지 않다는 점을 제외하면) 스위드가 품고 있는 감정이 바로 이 감정이라고 생각합니다. 당연히 (성년) 자녀를 진지하게 대하는 태도죠. 하지만 이 감정만으로는 일상적 형태의 분노가 일어나지 않습니다. 실제로, 부모가 일상적 분노를 품고 자신을 대하지 않는다는 이유만으로 경멸당했다고 느끼는 독립적인 자녀들이 흔히 존재합니다. 그러나 이런 생각은 오해이므로 마땅히 오해로 다루어져야 합니다. 자녀들은 부모(나 다른 어른)가 통제력을 잃고 나쁜 행동을 하게 만듦으로써 그들과의 평등한 입지를 다졌다는 생각을 하는 경우가 많습니다. 하지만 그런 식의 평등을 원하는 사람이 대체 누가 있을까요?

지금까지의 논의를 요약해봅시다. 성년이 된 자녀를 상대로 한 부모의 분노는 많은 경우, 우리가 지위의 길이라 부른 길을 감으로써 부당한 것이 됩니다. 지위의 오류 및 그 외의 문화적 오류를 범하지 않는 경우에도, 좀 더 낮은 확률로 부모의 분노는 인과응보에 초점을 맞추는 다른 함정에 빠질 수 있습니다. 피해를 갚아주겠다는 생각은 전적으로 쓸모없고 비생산적이라는 점에서 오류입니다. 부모의 분노가 이런 식의 오류에 취약한 이유는 성년 자녀와 맺고 있는 관계에서 오는 근본적인 무력감 때문입니다. 분노란 통제력을 장악하고자 하는 헛된 노력이니까요.

그러나 로스가 그려낸 스위드를 보다보면 계속해서 심란한 의문거리가 떠오릅니다. 독자로서 우리는 분명 스위드의 분노에 공감합니다. 우리가 스위드를 좀 더 좋아하게 되는 건 그가 잠깐이나마 화를 냈기 때문이라는 점을 저도 인정합니다. 계속 냉정한 모습만 보였으면 스위드는 지금보다 하찮은 인물로 보였을 거예요. 만일 스위드가 조금도 분노하지 않았다면 그런 반응은 약간 비인간적인 반응이 되지 않을까요? WASP로 살겠다는 결단이 스위드의 성격 핵심에까지 침투하는 바람에, 그의 인간성이 일부나마 박탈된 것 아니냐는 거죠. 그럼 우리 모두는 인간이니까, 심각한 도발을 당하는 경우에는 이행을 향해 가기 전에 잠깐이나마 화를 내야 하는 걸까요? 피해를 갚아주고 싶다는 소망은 헛되고도 어리석은 것이 맞습니다. 그러나 친밀한 관계에서는, 그런 소망에 완전히 초연해지는 게 좀 비인간적이고 이상하지 않나요? 저는 이런 질문에 혼란을 느낍니다. 전체적으로 볼 때는 답이 '아니오'가 될 것 같아요. 인간을 인간답게 만드는 취약성은 슬픔과 사랑만으로도 확보됩니다.

아직 한 가지 문제가 더 남아 있어요. 그건 용서와 관련된 문제이죠. 스위드의 사례는 꽤나 절망적입니다. 스위드에게 주어진 유일한 선택지는 사실 무조건적 사랑이 됐든, 무조건적 용서가 됐든 어떤 식으로든 무조건적 태도를 보이는 것뿐이었으니까요. 그러나 이와 별개로, 잘못을 저지르는 성년 자녀를 교환적으로 용서한다면 그건 좋은 일일까요? 만일 그렇다면, 그 용서는 어떤 모습일까요? 물론 보복적이고 가학적인 속죄의식 이후에야 분노 감정이 잦아드는 머드스톤식의 용서는 바람직하지 않습니다. 불행히도 현실에서는 그런 용서가 지나칠 만큼 일반적이지만요. 하지만 최선의 경우, 그러니까 지위-위계나 통제에 대한 지나친 욕망으로 오염되지 않은 상태에서 정말로 잘못된 행위 때문에 뉘우침이 요구되는 때에는 사죄 및 그에 뒤따르는 용서에 어떤 쓸모가 있을까요? 물론 부모의 분노 앞에서 성년 자녀의 지위를 격하시키거나 초라하게 만드는 것을 목표로 삼는다면 사죄와 용서는 별 쓸모가 없습니다. 도덕적 가치도 없고요. 반면 사죄는 성년 자녀가 자신이 저지른 행위의 부당함을 이해하고 있다는 증거가 될 수도 있습니다. 그런 증거를 요구하는 건 미래에 발생할 비슷한 문제에 대한 관심을 강화시키는 한 가지 방법이 될 수 있죠. 이런 면에서 사죄는 이행을 도울 수 있습니다. 부모의 '용서' 또한 신뢰를 재확립하는 방법으로만 쓰인다면 유용합니다. '너는 내 기대를 저버렸지만, 나는 다시 너에게 기대를 걸 거야. 나는 너를 사랑하고, 너는 내가 기대를 품어도 되는 이유를 사과라는 증거로 보여주었으니까. 이제 새로 시작하자. 계속 이 일을 마음에 담아두지는 않으마' 하고 말이죠. 하지만 이런 식의 '용서'는 따옴표 안에 들어 있는 용서입니다. 이처럼 분별 있는 양육 태도를 분노의 해소와 연관시킬 이유는 전혀 없으니까요. 사실, 이런 태도를 가진 부모는 아예 화를 내지 않을 수도 있습니다. 그저 실망하거나 슬퍼할 뿐이죠.

이제 스위드의 경우로 돌아가봅시다. 그의 태도는 무조건적 용서였을까요, 무조건적 사랑이었을까요? 이런 구분에 따라 차이가 생겨난다면 그건 어떤 차이일까요? 스위드가 잠깐이나마 화를 낸 건 사실입니다. 하지만 스위드가 한 행동이 무조건적 용서였다면 분노를 떨쳐버리려는 스위드의 결단이 표현되었을 것이고, 그런 태도는 대단히 과거지향적이었을 겁니다. 앞을 내다보는, 긍정적 사랑과 염려를 반드시 수반하지는 않았을 테고요. 더 나아가, 용서를 베풀어준다는 입장은 앞에서도 지적했듯 도덕적 우월성에 대한 위계적 가정이 일어나고 있음을 암시합니다. 그러나 스위드에게서 우리가 볼 수 있는 건 무소선적 사랑이 차올라 분노에 대한 모든 생각을 대체하는 상황입니다. 비극적인 형태의 이행이긴 하지만 이것도 분명 이행입니다. 여기에는 분노를 떨쳐버리겠다는 결정도, 어떤 식으로든 우월감도 존재하지 않아요. 스위드는 자신이 느끼는 (무력한) 사랑 속에 완전히 잠겨 있으니까요.

일반화시켜보도록 하죠. 사랑과 아량이 지배적이어야 할 관계에서는 사죄와 용서의 의식 전체가 음울하고도 부자연스러우며 대단히 위계적인 것이 될 수 있습니다. 어떤 부모가 항상 무조건적 형태로라도 용서를 해준다면 그 관계는 뭔가 잘못되었을 가능성이 있습니다. 부모가 자녀의 긍정적 성과에 기뻐하지 못한다거나 계속해서 자녀에게 점수를 매기거나 자녀가 한 일을 끈질기게 기억하는 성향을 갖고 있거나 권위적 의례를 수행한다거나 하는 식의 문제 말이죠. 부모가 "용서하마"라는 말을 실제로 하는 경우에는 어떤 일이 벌어지는 것일까요? 제가 느끼기에는 이때가 바로 버나드 윌리엄스의, "한번 떠올린 것만으로도 지나치게 많은 생각"이라는 개념이 유용한 때입니다. "괜찮아", "그냥 잊어" 같은 말에 비해 "용서하마"라는 말은 지나치게 공을 들인 것처럼 들립니다. 게다가 이런 말은 자녀에게 쓸모 있는 정서가 아니라 부모 자신의 감정적 상태를 표현하는 것으로서 상당히 자기중심적인 것으로 보입니다.

## 5. 부모에 대한 자녀의 분노

성년 자녀도 부모에게 화를 냅니다. 그들은 부모의 권위에 분개하며 감정적 충돌을 통해 자율성을 획득해야만 한다고 느낍니다. 사실상 분노는 부모-자식관계 안에 직조되어 있습니다. 독립성을 획득하고자 노력하는 자녀는 자연스럽게도 부모의 존재와 유능함 그 자체에 분개하거든요. 좋은 부모란 거의 나쁜 부모만큼이나 견디기 어려운 존재입니다(로스가 소설에서 아름답게 피력한 논점이기도 하죠). 청소년기에 이런 분노는 보통 전략적입니다. 자녀들은 제리 레보브가 평생 동안 해온 일을 합니다. 분리를 이루어낼 수 있는 도구로서 분노를 활용하는 거죠. 자기가 하는 일의 정체가 사실은 이것임을 본인들은 의식하지 못할지라도 말입니다. 어린아이의 분노는 보통 좀 더 온화한 전략으로서 일시적으로만 나타납니다. 하지만 그 효과는 지속됩니다. 힘의 불균형은 해소하기 어려우며 그 안에는 분노가 내재해 있기 때문이죠. 그렇기에 이런 분노는 평생 지속됩니다. 자녀에게는 부모의 존재 자체가 부당행위처럼, 평등한 지위를 거부하는 것처럼 보일 수 있습니다.

부모를 자녀 인생의 전반적 맥락이자 자녀의 자율성을 노리는 위협이 아닌, 그 자체의 온전한 인간으로 보는 일은 결코 쉽지 않습니다.

이 분노의 기초는 지위-분노이며, 아리스토텔레스가 묘사한 제로-섬 게임의 형태를 취하는 경우가 많습니다. 열등하다고 느끼는 사람은 자신을 우월하게, 또한 (과거에 우월했던) 부모를 열등하게 만드는 앙갚음을 상상하는 방법으로 모욕에 반응합니다. 부모가 뭐든 생각 없거나 무례하거나 실례되는 행동을 할 때면 그 부당행위를 향해 상당한 근거를 갖춘 분노가 발생하는데요. 이 분노는 앞서 언급했던, 사라지지 않고 남아 있는 지위-불안 때문에 크게 부풀어오르기 쉽습니다. 그리하여 부모는 그저 좋은 것을 해준다고 생각하는데 아이는 부모가 지속적으로 자신의 자율성을 침범한다고 느끼는 희극적인(동시에 현실적으로는 상당히 고통스러운) 상황이 만들어집니다. 진실은 둘의 입장 중간 어딘가에 있는 경우가 많고요. (도리스 로버츠가 놀라울 만큼 지독한 열의를 가지고 연기했던, 〈내 사랑 레이먼드〉라는 TV 코미디의 우스꽝스러운 어머니 마리를 생각해보세요. 마리는 어째서 도움과 조언을 주려는 자신의 노력이 두 아들과 특히 며느리의 이미이미한 적대감에 맞닥뜨리게 되는지 전혀 이해하지 못합니다.)

이때 정말로 문제가 되는 것은 분리와 자율성에 대한 존중입니다. 이것이야말로 자녀들이 부모가 유보하고 있다고 상상하는 것이며, 부모들이 의도적으로나 무의식적으로나 실제로 유보하는 것입니다. 또는, 자녀들이 부모가 그런 존중을 유보한다고 생각한다는 사실을 부모가 인식하지 못하는 걸 수도 있고요. 존중의 유보는 실제로 잘못된 일입니다. 그런 의미에서 분노는 상당한 근거를 갖춘 것일 수 있죠. 그러나 분노는, 특히 지위-불안과 섞여 있을 가능성이 높을 때는 많은 경우 사태를 악화시키기만 합니다. 실제로 도움이 되는 행동은 우려하는 바를 솔직히 표현하는 것, 부모와 함께 서로 간에 적절한 공간을 두고 존중 어린 관계를 구축하고자 노력하는 것이겠지요. 하지만 부모와 자식이 함께해온 역사 안에는 비대칭성이 내재되어 있기에, 이런 일을 실제로 해내기란 무척 힘듭니다. 자녀들에게 부모의 관점에서 세상을 보는 일, 부모를 마법적이고 거대한 존재가 아니라 실수할 가능성이 있는 한 명의 인간으로 보는 일은 극도로 어렵죠.

분노와 용서가 어울리는 자리는 어디일까요? 이 둘은 언제나 모습을 드러냅니다. 분노에 상당한 근거가 있는 경우도 가끔씩 있고요. 그렇지만 앞서 언급했듯 분노는 지위-불안에 의해 부풀어오를 가능성이 높습니다. 여기에 맞추어 부모의 용서도 통제력과 도덕적 우월성이라는 새로운 형태의 우위를 자못 만족스럽게 바라보는 태도로 변질될 가능성이 있습니다. 그렇지 않더라도 분노나 분노가 약속하는 자기-존중의 길을 따라가면 보통 역효과가 일어나죠.

『분노의 춤』에서 심리학자 해리엇 러너는 캔자스에 사는, 성년 딸을 묘사합니다. 그녀의 어머니는 캘리포니아에 살고 있으며 오직 1년에 한 번 방문할 뿐인데도, 딸의 잦은 편두통과 지속적인 분노는 거의 전적으로 어머니를 중심으로 돌아갑니다. 딸의 세계에 어머니는 언제나 존재하고 있으나 어머니가 실제로 모습을 드러내면 사태가 훨씬 더 악화됩니다.

상담 회기마다 매기는 어머니의 방문을 거절할 수 없다며, 그에 대한 공포를 묘사하곤 했다. 목소리에 절망감과 분노를 띤 채로 그녀는 어머니가 저지른 죄악의 목록을 읊어댔다. 내용은 끝이 없었다. 생생하고 자세하게, 매기는 어머니가 보여주는 무자비할 정도의 부정적 시각과 간섭을 나열했다. 예를 들어 어느 날 어머니가 방문했을 때 벌어진 일을 매기는 다음과 같이 보고해왔다. 매기와 매기의 남편 밥이 거실 장식을 새로 했다. 어머니는 그 사실을 알아차리지 못했다. 밥이 머잖아 승진하게 되리라는 소식을 방금 전해 들었다. 어머니는 거기에 대해서도 전혀 언급하지 않았다. 매기와 밥이 열심히 멋진 저녁식사를 준비했다. 어머니는 음식이 너무 과하다고 불평했다. 압권은 어머니가 매기의 지저분한 주방에 대해 훈계를 늘어놓고 돈 관리에 대해 비판했다는 점이다. 더구나 매기가 임신 3개월 이라는 사실을 알리자 어머니는 "집 청소할 시간도 못 내는데 애를 어떻게 키우려고?"라고 대답했다.[24]

(이 일화에 나오는 어머니 역할을 도리스 로버츠가 맡으면 잘 어울리겠지만, 그러면 너무 우스워지겠지요…….) 문제의 아이가 태어나자, 안 그래도 나쁜 상황은 예측할 수 있는 방향으로 더욱 악화됩니다. 뻔한 일이죠. 매기는 러너가 자신의 분노는 정당한 것이라고 말해주고 자기와 공감해주기를 바랍니다. 물론 매기의 분노는 최소한 상당한 근거가 있는 분노라고 할 수 있습니다. 또한 이 분노에 깃든 '피해를 갚아주겠다'는 소망은 경미한 것으로 보입니다. 그저 엄마가 떠나주었으면 하는 것뿐이니까요. 하지만 그 소망 안에 깃들어 있는 다른 요소는 그렇게까지 경미한 것이 아닐지도 모릅니다. 어머니가 매기와의 분리에서 오는 고통을 너무 뚜렷하게 느끼는 상황이라 더 그렇고요.

러너가 하는 주된 주장은, 누구를 비난해야 하고 무슨 문제에 대해 그렇게 해야 하는지 따져 물으며 범죄의 목록을 작성하는 일은 유용한 경우가 거의 없다는 겁니다. 분노의 근거가 어느 정도까지 갖추어져 있는지 알아내려는 시도 역시 역효과를 낳을 가능성이 높고요. 사실, 이런 상황에서는 그런 시도가 유용한 변화를 적극적으로 가로막습니다. 매기가 여태까지 한 번도 해보지 않은 것은 자신의 목표를 침착하게 이야기하고, 자신의 독립성과 양립 가능하다고 믿는 선이 어디인지를 어머니에게 알려주는 것입니다.

그러자면 노력이 필요할 것이고 위험도 따를 것입니다. 그때가 되면 사태가 변화해야 할 테니까요. 이에 비하면 예상 가능한 '분노의 춤'을 추면서 계속해서 빙글빙글 도는 건 훨씬 더 쉬운 일입니다. 근본적인 문제를 건드리지 않아도 된다는 뜻이니까요. 그러므로 분노란 두 성인이 노력을 통해 관계를 만들어내는 건설적 행위로부터의 이탈이 됩니다. 단순히 이행적이지 않은 것이 아니라, 반反이행적인 것이죠.

둘 사이에서는 매기의 아기를 어떻게 키우느냐는 문제를 놓고 긴장이 고조됩니다. 러너의 격려를 받아 매기는 결국 예상 가능한 패턴을 깨고 나오죠. 러너의 글에는 "매기는 심장이 너무도 빠르게 뛰었다. 졸도할지도 모르겠다는 생각이 들었다. 아주 짧은 순간, 이제부터 해야 하는 일보다는 싸우는 게 차라리 더 쉽다는 깨달음이 찾아왔다"[25]라고 적혀 있습니다. 매기가 해야 할 일이란 화를 내며 독립성이니 성숙함에 대해 떠들어대는 것이 아니라 **실제로** 성숙해지는 것이었습니다. 처음으로 매기는 어머니에게 침착하고도 단호하게 말을 건넸습니다. 어머니는 놀란 채로 서 있었지요. "매기는 마치 어머니를 칼로 찌른 것 같은 기분이 들었다"[26]고 합니다. 처음에 매기의 어머니는 간섭하며 비판을 해대는 옛 패턴으로 바로 돌아가려 했습니다. 그러나 어머니가 계속해서 "예전의 예측 가능한 관계로 돌아가고자 매기를 싸움으로 끌어들이려" 애쓰는 동안에도 매기는 단호하게 버텼어요. 어머니가 문을 쾅 닫자, "매기는 어머니가 자살을 할지도 모르고 자기는 어머니를 다시는 볼 수 없게 될 거라는 끔찍한 공상에 빠졌다. 문득 정신을 차리고 보니 무릎이 떨려오고 현기증이 나는 상태였다. (중략) 매기는 막 집을 떠나려는 참이었다"[27]고 합니다. 매기의 어머니도 버려질까봐 겁에 질린 채, 비난 공격과 역공격을 주고받지 않고도 사태를 종결할 수 있다는 사실을 겨우 이해하기 시작했습니다.

러너는 이 매력적인 장에서 두 가지 주장을 멋지게 펼칩니다. 첫째, 러너는 많은 경우 분노가 실제로 문제를 해결하는 길이라기보다는 같은 문제를 계속해서 반복하는 길임을 보여줍니다. (물론, 이런 일상적인 싸움에 뒤따르는 용서도 그 의례의 또 다른 부분일 뿐입니다. 문제가 가정폭력을 휘두르는 배우자에 관한 것일 때는 이 사실이 아주 명백하게 보입니다. 그저 당사자의 눈에만 보이지 않을 뿐이죠.) 이 의례는 반복적으로 재생되는 게임과 같으며, 한 번씩 반복될 때마다 양측 모두의 사태를 더욱 악화시킵니다. 모든 의례가 그렇듯 이 의례도 과거에 뿌리를 두고 있습니다. 특히 부모-자식관계에서는 분노의 의례가 양측 모두에게 한 번도 변한 적 없는 자세를 취하도록 만들고, 무엇을 해야 하는지, 무엇이 정말로 문제를 해결할 것인지 검토하지 못하도록 그들을 적극적으로 이탈시킵니다. 분노의 의례는 좋아질 가능성을 찾기보다는 상대방의 나쁜 점에만 관심을 집중시켜 문제를 더욱 복잡하게 만듭니다.[28]

둘째, 러너는 분노는 쉽고 미래에 대한 사유는 어렵다는 점을 강조합니다. 문제를 반복하는 건 문제를 해결하는 것보다 쉽습니다. 가까운 관계를 맺고 있는 두 사람이 재협상을 통해 진정한 분리는 물론 현실적 사랑과 친밀성을 모두 포괄하는 관계를 만들어낸다는 건 도전적인 과제입니다. 변화는 두렵죠. 반면, 익숙한 일상을 겪어내는 일은 고통스러울지언정 덜 두렵습니다.

이제 상대에 대한 존중 및 자기존중이라는 질문으로 돌아가봅시다. 저는 이 중 상대에 대한 존중 문제가 더 명료하게 답할 수 있는 문제라고 생각합니다. 어머니를 대하는 매기의 새롭고 침착한 태도는 어머니를 교묘하게 무시하거나 경멸하는 것처럼 생각되지 않습니다. 오히려 매기는 분노를 떨쳐버린 지금에야 비로소 어머니를 전인적이고도 분리된 사람으로 보고 그에 합당한 존중심을 가질 수 있게 된 것처럼 보여요. 그럼 어머니의 간섭에 더 이상 분노하지 않게 되었으니, 매기는 자기 자신을 존중하지 않게 된 걸까요? 러너가 주장하듯 매기는 오히려 좀 더 강해졌고 좀 더 자기를 존중하게 되었습니다. 그녀는 분노 게임이라는 목발을 내려놓고 생산적인 방식으로 홀로 설 수 있게 되었죠. 미래지향적인 진정한 상호관계를 구축하면서 말입니다.

공감과 유쾌함에 대해서도 이야기해봅시다. 이 두 가지 요소는 모두 '분노의 춤'에는 결여되어 있습니다. 매기는 오직 침착한 재협상을 통해서만 어머니의 관점, 그러니까 지속적으로 가까이 있고 싶어 하는 그 마음을 현실적으로 고려할 수 있게 됩니다. 두 사람은 여전히 서로를 놀려대거나 상대방과 장난을 칠 만큼 서로의 관계에 대해 자신감을 갖고 있진 못합니다. 그러나 예전 관계에서는 관계 자체의 경직성이, 외부인이 보기에는 우스꽝스러웠을지 몰라도 관계 내에서의 유머감각을 아예 불가능하게 만들어버렸었죠(유머감각에서 반복과 경직성의 역할은 악명이 높습니다). 재협상 이후에는 긴장이 풀림에 따라 유머감각이 출현하게 될지도 모릅니다.

두 사람이 서로가 지켜야 할 경계선과 서로의 독립성, 새로운 미래에 대해 이야기하기 시작할 때, 용서는 어느 자리를 차지할까요? 고전적 형태의 교환적 용서는 들어갈 자리가 없는 게 분명합니다. 두 사람의 관계에서 두드러지게 나타나는 것이 사과와 용서의 요구라면(그런 용서의 제안이 아주 자연스럽게 우러나온 것이라 해도) 우리는 그 관계에서 아직도 낡은 '춤'이 계속되고 있다고 정확하게 느낄 수 있을 겁니다. 어쩌면 매기에게는 분노라는 젖을 떼기 위해 용서 비슷한 무언가가 필요할 수도 있어요. 하지만 그렇지 않을 수도 있습니다. 자기가 어떤 식으로 부당한 취급을 받았는지, 또 그런 잘못에 대해 어머니를 어떻게 용서해야 하는지 생각하는 일은 건설적으로 앞으로 나아가는 방법이 아닐지도 모릅니다. 분노는 분노를 떨쳐버리겠다는 명상적인 수행보다는 새로운 형태의 상호작용을 할 때 훨씬 더 효과적으로 소멸되니까요.

지금까지 다룬 문제는 관계가 지속되는 상황에서 일어나는 사소한 잘못에 관한 것이었습니다. 그런 잘못들도 현실적인 고통을 야기하기는 하죠. 그러나 부모가 자식에게 진정으로 끔찍한 행위를 하는 경우는 어떨까요? 유기와 방치, 학대 같은 것들은요?[29] 많은 경우 이런 상황에서는 부모가 더 이상 자녀의 인생 주변에 존재하지 않으며, 자녀는 억울함이라는 감정에 사로잡혀 있습니다. 그런 상황에서는 일종의 내면적 용서, 즉 화가 나서 부모에게 벌을 주고 싶어 하는 소망으로부터 스스로를 해방시키는 일이 대단히 중요할 수 있어요. 이 문제는 8절에서 자세히 논의하도록 하죠. 그러나 이런 경우에도 아량 있는 놓아주기라 부를 만한 행동은 분노에 뛰어들어 용서를 억지로 따라가는 방법보다 좋은 결과로 이어질 가능성이 높습니다. 끔찍한 행동을 한 부모가 괴물이라기보다는 내면 깊은 곳에 흠결이 있으나 기본적으로 자녀를 사랑하는 사람인 경우에는 특히 그렇죠.

이 문제를 다루기에 적절한 사례는 '용서에 대한 회고록'이라며 광고되지만 실제로는 그와 거리가 먼 한 권의 베스트셀러입니다.[30] 리즈 머리의 부모는 마약 중독자인 히피였습니다. 리즈의 부모도 어떤 의미에서는 리즈를 극도로 사랑했습니다만, 코카인과 헤로인의 사용이 늘어나면 늘어날수록 부모 역할을 효과적으로 수행할 수가 없었어요. 리즈의 어머니는 리즈의 겨울 외투를 팔고 생일 용돈을 써버렸으며 심지어는 동네 교회에서 준 추수감사절 칠면조까지 팔아치웠습니다. 두 딸은 자주 배가 고팠습니다. 누가 씻겨주지도 않아 이가 들끓고 있었으므로 괴롭힘을 당하다가 곧 학교에 다니지 않게 되었죠. 그러는 과정에서 어머니는 에이즈에 감염되었고 리즈와 리즈의 언니는 어머니를 간병하며 시간을 보냈습니다. 그러다가 어머니는 죽고, 아버지는 임대료를 내지 못해 노숙자 쉼터로 갔지요. 리즈는 거리에서의 삶을 시작했습니다.

이 회고록은 자기 인생은 자기가 직접 살아가겠다는, 독학으로 공부해 학교로 돌아가겠다는 리즈의 결단을 주로 다룹니다. 이야기의 정점은 그녀가 『뉴욕 타임스』 장학금을 받아 하버드에 들어가는 대목이죠. 2000년부터 리즈는 하버드에서 공부를 시작했습니다. 아버지도 어머니처럼 에이즈에 걸려 있었으므로 리즈는 아버지를 돌보는 데에도 시간을 들였고요(회고록은 장학금을 받는 이야기로 끝을 맺기에 이 일화는 언급하지 않습니다). 그녀는 2009년 졸업을 했으며 지금은 동기부여 강사로 활동 중입니다.

이 끔찍한 이야기에서 분노와 용서는 어떻게 나타날까요? 리즈는 부모님이 정말로 자신을 사랑했다는 점을 분명히 보여줍니다. 그녀는 원한을 품거나 분노와 힘겹게 싸워나가는 것처럼 보이지 않아요. 그러니까, 부모를 상대로는 말이죠. 교육을 받으려는 자신의 노력을 폄하하는 사람들에 관해서는 리즈도 엄청난 분노를 확실히 전해줍니다. 예를 들어 어떤 둔감한 사회복지사는 리즈가 하버드대 면접을 보게 되었다는 이야기를 하자 그 말을 믿지 않고 리즈를 조롱합니다. 리즈는 정말로 화를 내지요. "두 뺨으로 피가 확 몰려들었고 나는 그 자리에서 뛰쳐나갔다(309)." 이런 리즈의 분노에는 근거가 대단히 잘 갖추어져 있습니다. 회고록 내용 대부분에서 보인 복지 시스템의 태도는 상당히 불량했거든요. 그렇지만 리즈는 분노와 자신의 연결점을 찾으려 하거나 분노를 이해하거나 심지어 분노를 처리하는 데에도 전혀 시간을 낭비하지 않습니다. 이행의 정신을 품고 계속해서 인생을 살아나갈 뿐이죠. "그 끔찍한 사무실의 이중문을 밀어젖히고 나가며 나는, 괜찮아, 라고 생각했다. 괜찮아, 사회복지사가 믿지 않더라도 오늘 오후에 나는 정말로 하버드 면접을 보게 되어 있으니까, 라고. 실제로 그날 오후 일정은 꽉 차 있었다(309)."

아버지에 대해 리즈는 용서와 관련된 간략한 일화를 하나 전해줍니다. 그러나 이 일화가 중요한 이유는 이야기에 빠져 있는 부분 때문이에요. 리즈의 18세 생일에 아버지는 자기가 에이즈에 걸렸다는 소식을 전해줍니다.

빛나는 초가 열여덟 개 꽂힌 채 케이크가 도착하자 사람들은 내게 생일 축하 노래를 불러주었고, 아버지는 테이블 아래에서 부드럽게 내 손을 꽉 쥐었다. 떨리는 아버지의 손이 닿아온, 어색한 한순간. (중략) 아버지의 몸짓에서 나는 우리 사이의 거리를 넘어 아버지가 손을 뻗어오고 있다는 걸 느낄 수 있었다. 아버지는 조용히 내게 확신을 주려는 것이었다. **"안다, 리지. 난 네 편이야."** 나는 아버지에게서 눈을 뗄 수 없었다. 눈앞의 이미지에 사로잡히고 말았다. 꺼져버린 생일 초에서 나온 연기 너머로 아버지가 손뼉을 치고 있는 모습. 너무도 취약하지만 여전히 생명에 가득 찬 채로 내 코앞에 앉아 있는 모습. 이런 모습을 볼 수 있는 것도 당분간뿐이다. 나는 아버지를 꽉 잡고 싶었다. 아버지를 에이즈로부터 지켜주고 싶었다. 나는 이런 일이 우리 가족에게 일어나는 걸 막고, 아버지를 안전하게 만들고 아버지를 다시 건강하게 만들고 싶었다.

나는 촛불을 불 때 소원을 빌지 않았다. 그 대신 나는 아버지를 용서하기로 하고, 우리의 관계를 회복시키는 작업을 시작하겠노라고 조용히 다짐했다. 엄마한테 했던 것과 같은 실수를 반복하지는 않겠다고. 아버지가 그 모든 일을 겪는 내내 나는 아버지 곁에 있을 것이다. 우리는 다시 한번 서로의 삶 속에 있게 될 것이다. 그래, 인정한다. 아버지는 최고의 아버지는 아니었다. 그래도 그분은 내 아버지였고, 우리는 서로를 사랑했다. 우리에게는 서로가 필요했다. 지난 세월 동안 아버지가 나를 무수하게 실망시킨 것은 사실이지만, 그 일을 곱씹기에는 삶이 너무 짧다는 걸 나는 이미 알고 있었다. 그래서 내가 받은 상처를 그냥 놓아버렸다.

우리 사이에 가로놓인 몇 년간의 절망스러운 나날들을 놓아주었다. 무엇보다도, 나는 아버지를 바꾸어놓겠다는 모든 욕망을 내려놓고 아버지를 있는 모습 그대로 받아들였다. 나는 비통한 마음을 한 주먹 가득 쥐고 있던 헬륨풍선처럼 하늘을 향해 놓아 보냈다. 나는 아버지를 용서하기로 선택했다(294-95).

리즈는 자기가 아버지를 용서했다고 말합니다. 하지만 이 이야기에서 보이듯, 그녀가 실제 놓아버리는 것은 실망감과 '상처', '비통함'입니다. 분노가 아니죠. 사실 우리는 처음 묘사에서부터 리즈가 아버지를, 또 아버지는 리즈를 강렬하게 사랑한다는 걸 알 수 있습니다. 리즈가 반복되는 실망을 견딜 수 없게 되었을 때 두 사람 사이가 소원해진 건 사실이지만 그녀는 (스위드 레보브처럼) 분노가 아니라 슬픔과 무력감을 느끼는 입장이었습니다. 아버지의 선택을 통제하고 싶다는 소망, 이루어지지 않으리라는 게 점점 뻔해져가는 소망도 있긴 했죠. 그러나 이 일화 전에도, 후에도 억울함이나 분개, 피해를 갚아주겠다는 소망은 없었습니다. 그러니까 리즈에게 용서란 아버지가 다른 누군가로 거듭나지 못한다는 사실에 대한 슬픔을 놓아버리고 아버지를 있는 모습 그대로 지지하고 돌보아주는 훨씬 더 어려운 임무를 떠맡는다는 뜻이었어요(메리가 죽기 전까지 그녀를 방문해 돌봐준 스위드 레보브와 상당히 비슷하죠).[31] 리즈가 이를 용서라 부르고 싶다면야 그럴 수 있는 일이지만, 이는 고전적 형태의 교환적 용서와는 대단히 다릅니다(사과가 이루어지지 않은 것은 물론, 실제로 리즈는 아버지가 예전의 행동을 후회하는지 어떤지 전혀 신경 쓰지 않으니까요). 그리고 리즈의 행동은 (이런 이름을 꼭 쓰고 싶다면 말이지만) 무조건적 용서와도 다릅니다. 무조건적 용서는 사람이 대단히 화를 낸 다음 그 분노를 놓아버릴 때에 할 수 있는 일이니까요. 이 일화에서 이 행은 일어나지 않습니다. 분노도, 앙갚음에 대한 공상도 처음부터 없었기 때문이죠. 리즈는 아버지에게 살아갈 날이 얼마 남아 있지 않은 상황에서 분별 있는 사람이 할 수 있는 한 가급적 미래에 초점을 맞추고 있습니다.

리즈 머리가 전하려는 메시지는 다른 사람들을 비난함으로써 변명하려 들지 말고, 다른 사람들을 통제할 수 있다는 기대를 품지 말고, 자신의 삶을 스스로 통제하고 미래를 스스로 건설해나가라는 것입니다. 그녀가 동기부여 강사라는 걸 생각해보면 놀라운 일도 아니죠. 치료의 전주곡이라며 내면의 분노 속으로 뛰어들라고 부추기는 심리치료사들의 조언과 리즈의 회고록은 반대 방향을 향하고 있습니다. 분노할 만한 사건이 다가오는 것처럼 보일 때 리즈는 그냥 분노에 시간을 내주지 않는 방법으로 대처합니다.

삶에 대한 리즈 머리의 접근법에도 문제는 있습니다(리즈가 다른 사람들에게 조언을 하고 있기에 발생하는 문제죠). 리즈의 이야기는 전적으로 개인의 의지에 관한 것으로서 정치적 문제들을 무시합니다. 어떤 사람들은 실제로 강한 의지를 품고 자신을 훈련시켜 성공할 수 있겠지만 이런 사람들은 운 좋은 예외일 뿐입니다. 다른 사람들은 분노를 피하거나 퇴치하기 위해 정말로 심리치료적 도움을 받아야 할 수도 있습니다. 이보다 더 중요한 것은, 리즈가 맞닥뜨린 문제들이 정말로 해결되려면 사회 자체가 변화해야 한다는 것입니다. 사회복지 시스템의 비인간성과 비효율성은 스토아주의적 거리 두기를 통해서가 아니라 정치적 변화를 통해 해결되어야 하죠. 이 문제는 6장과 7장에서 우리를 기다리고 있습니다. 지금은 일단 제도가 끼치는 효과를 잠깐 괄호에 넣어두고, 리즈가 아버지와 맺는 개인적인 관계에만 초점을 맞춥시다.

## 6. 감사와 상호성

이제는 분노의 착한 사촌, 이익 갚아주기에 대한 논의로 돌아갈 때가 되었습니다. 저는 2장에서 감사가 보통 분노와 가장 가까운 사촌으로 여겨진다고 이야기했습니다. 우리의 통제력을 벗어나 있는 사물이나 사람을 높이 평가하기에, 우리는 누군가가 그러한 것들을 부당하게 해칠 경우 자연스럽게 분노를 느끼고, 반면 상대로부터 의도적인 혜택을 입었을 경우에는 감사를 느낍니다. 스토아주의자들의 의견을 따르자면 이 둘은 모두 행운의 선물에 대한 현명하지 못한 의존성에 넘어가버리는 것입니다. 5장에서 저는 중간 영역에 관한 한 이런 비판에 기본적으로 동의하여, 감사할 만한 상황이란 그저 우연한 횡재일 뿐이므로 현명하지 못한 의존성에 넘어가지 말아야 한다고, 감사란 좁은 범위 안에서만 합당한 것으로 봐야 한다고 주장하겠습니다.

그러나 친밀한 관계에 관해서라면 제 입장은 스토아주의자들과 다릅니다. 저는 친밀한 관계란, 상당한 취약성이 깃들어 있기는 하지만 인간의 복지에서 엄청나게 중요한 자리를 차지하는 관계라고 주장합니다. 사실, 친밀한 관계는 복지 자체를 구성하는 부분으로 보여요.[32] 하지만 어떤 경우에도, 심지어 친밀한 관계에서도 저는 완연한 분노가 적절하지 않다고 생각합니다. 그렇다면 뭔가를 갚아주겠다는 분노의 소망과 (겉보기에는) 유사한, 다른 사람에게 이익을 갚아주고 싶다는 감사의 소망은 어떨까요?

가장 먼저 명백하게 밝혀야 할 점은 선행은 공급부족 상태에 놓여 있으며 선행을 하는 데에 정당화가 필요한 경우는 거의 없다는 사실입니다. 그러므로 동기나 생각의 일관성을 회의적으로 검토할 필요는 없어 보입니다. 누가 일관성이 없는 공상 때문에 다른 사람들에게 혜택을 주었다 할지라도 우리가 할 수 있는 말은 아마 "그럼 더 좋지"뿐일 겁니다.

특히 친밀한 관계에서 감사는 사랑과 대단히 가깝습니다. 부모나 자녀, 연인이 베풀어준 이익에 대한 기쁨을 인정하는 기분 좋은 감정이죠. 또한 감사에는 단순히 기분이 좋다는 것 외에도 장점이 더 있는 것으로 보입니다. 친밀한 관계는 상호 간의 혜택을 통해 고갈되지 않거든요. 오히려 그런 혜택을 주된 요소로 포함하고 있죠. 감사는 친밀한 관계의 구성요소인 것 같습니다. 또한 이런 감사는, 그저 도구적인 것만은 아니지만, 무엇보다도 미래지향적입니다. 부모는 늙어서 보답으로 자식의 봉양을 받고자 자식을 돌보는 게 아닙니다. 그것도 중요한 문제이긴 하지만요. 부모는 자신이 자녀보다 훨씬 더 오래 살 거라는 사실을 알고 있는 경우에도 자녀를 돌봅니다. 돌봄은 오랜 시간을 견뎌낼 수 있는 가치 있는 관계를 만들어내는 한 가지 방법이에요. 그런 관계에서는 돌봄과 상호혜택이 많이 나타납니다. 또한 엄밀히 따져서 자녀가 부모에게 감사하는 까닭은 자기가 과거에 받은 돌봄을 회고하기 때문이라고 해도, 자녀의 감사 또한 미래지향적 성격을 가지고 있기는 마찬가지입니다. 자녀야 그 사실을 의식하지 못할지도 모르지만, 부모에게 감사하는 마음은 부모-자식관계의 깊이와 안정성에 기여하기 때문입니다. 그러므로 이익을 갚아주고자 하는 소망을 포함하는 감사는 옹호할 수 있는 감정일 뿐만 아니라 대단히 중요합니다.

그러나 반대의 경우에도 관심을 기울여야만 합니다. '지금 당장은, 내가 당신을 사랑하고 신뢰하며 결과적으로 당신의 행위에 극도로 취약하다는 조건하에서, 당신이 내게 혜택을 주고 있으므로 매우 기쁩니다. 저는 감사를 느끼며 당신에게 혜택을 주고자 합니다. 하지만 이 관계의 취약성은 곧 당신이 한 번이라도 나를 배신하거나 나쁜 행동을 한다면 내가 격노하여 당신이 고통을 겪기를 바라게 될 거라는 뜻입니다'라는 식의 내면적 형태를 띠고 있는 감사도 존재할 수 있어요. 감사는 가끔, 아니, 자주 이런 형태를 취합니다. 앞서 이야기했던, 옹호할 수 있을 뿐 아니라 건강하고 서로를 사랑하는 관계에 구성요소로서 포함되어 있는 태도는 이런 잠재적 위험이 빠져 있는 감사, 배신이나 파열이 일어나더라도 앞으로 나아갈 수 있는 아량과 양립 가능한 감사입니다. 저는 자녀와 부모가 상호 간에 느끼는 감사는 이런 아량 있는 형태인 경우가 많다고 생각합니다. 어쩌면 그렇게 건강한 상황이 가능한 이유 중에는 부모와 자식 모두 자녀란 어느 정도 독립적인 존재라고 생각한다는 사실도 있을지 모르겠습니다. 양자 모두 서로의 관계가 아주 핵심적인 정도로까지 취약성을 띠지는 않을 거라고 생각하는 거죠. 즉, 부모는 아이가 존재하기 전부터 살아온 존재로서 개별적 핵심을 갖추고 있으며, 자신들이 자녀가 나쁜 짓을 하더라도 죽지는 않는 실체임을 알고 있습니다. 제 생각에 부모-자식관계의 취약성에 이런 한계를 설정하는 건 건강한 일이며, 덕분에 감사 또한 건강한 감정이 됩니다.

이제는 배우자관계에서 발생하는 긴장과 배신을 탐구해보도록 합시다. 불행히도 배우자관계에는 방금 이야기한 위협이 깃들어 있는 조건적 감사가 몹시 흔하게 나타나는데요. 그건 어쩌면 배우자 일방의 핵심적 정체성이 상대방의 부당행위에 전적으로 취약하지는 않을지 모르나, 그로부터 언제나 안전하지는 않기 때문일 겁니다.

## 7. 연인과 배우자: 긴장

결혼[33]은 어마어마한 신뢰와 관계됩니다. 부모가 자녀에 대해 품고 있는 (최소한 몇 가지) 신뢰와는 달리, 배우자 간의 신뢰는 단지 전략적이고 교육적인 차원에 머무르지 않습니다. 배우자는 서로에게 인생의 많은 중요한 측면들을 위임합니다. 성적인 요구에 대한 반응,[34] 재정적 안정, 가정의 돌봄

등이 주로 위임되며 자녀의 돌봄을 위임하는 경우도 많죠. 어느 정도까지 배우자 간 신뢰는 계약서의 형태로 성문화됩니다. 특히 '혼전 합의서'가 있으면 더욱 그렇습니다만, 명시적으로 혼인서약을 하는 경우에도 마찬가지죠. 보통 혼인서약은 의례적으로 이루어지지만, 양측 모두가 서약서를 진지하게 받아들이거나 의례 외적인 약속을 따로 할 수 있으니까요. 결혼생활에서 이루어지는 신뢰 중 계약서에 언급되지 않은 많은 내용은 암시적으로 이해됩니다. 모든 사항에 대한 명시적 약속에 의존하는 결혼은 불신으로 가득 찬 것이 될 거예요. 물론 아이를 낳는다든지 성적으로 독점적인 관계를 유지하는 등 몇 가지 중요한 영역에서 양측 모두가 자신이 할 수 있는 행위와 상대에게 기대하는 내용을 명백히 표현하지 않는다면 그 또한 나쁜 결혼이 되겠지만요. 부부는 인생목표 중 가장 중요한 것 몇 가지를 함께 추구하게 됩니다. 따라서 그런 목표는 존재 자체로 공동의 목표가 되며, 부부관계에 의해 정형됩니다.

그러므로 배우자관계에서 비롯된 취약성은 매우 심화됩니다. 부모-자식 관계와는 상당히 다르죠. 부모는 자식에게 모든 좋은 것을 해주고 싶어 하고 자식으로부터도 모든 좋은 것들을 받기를 기대하지만, 인생은 복권이며 어떤 아이를 갖게 될지 사실상 절대 알 수 없다는 걸 이해하고 있습니다. 자녀가 뭔가를 제공해주리라는 가정하에 자신의 인생 전체를 계획하지도 않고요. 자녀양육에서 발생하는 관계는 일시적인 것으로 이해되며, 우정과 직업 선택 등등 모든 것의 지렛대라고 생각되지는 않습니다. 배우자와의 관계는 다릅니다. 배우자는 최소한도로 보아도 많은 면에서 상수常數로 간주되며, 사람들은 보통 배우자와 맺는 신뢰관계의 끝은 죽음이리라고 예상합니다. 결혼의 반 정도가 이혼으로 끝난다는 사실을 알고 있는 경우에도 말이죠. 전형적인 부모-자식관계와는 다르게, 재정, 고용, 지리적 환경 등 개인의 삶을 구성하는 여러 중요한 영역에서도 배우자관계는 기본적인 것으로 생각됩니다. '무슨 일이 벌어지건 나는 삶을 이어나갈 수 있는 인간이다'라는 핵심적 자기개념은 배우자와 관계를 맺은 다음에도 계속해서 유지할 수 있고, 제 생각에는 그렇게 하는 게 대단히 바람직합니다만, 실제로 그런 상태에 도달하는 건 몹시 어려운 일입니다. 깊은 사랑과 양립할 수 없는 자기유보와 앞서 말한 건강한 형태의 자기보존 사이에서 균형을 찾는 것 또한 언제나 어려운 일이고요.

우리는 결혼생활에서 발생하는 몇 가지 작은 문제들로 실망을 느낄 수 있습니다. 그런 일이 상대방에 대한 기대를 좀먹는 경우도 있지만 그렇다고 신뢰 자체가 정말로 부식되지는 않습니다. 예컨대 한 사람이 언제나 지각을 한다면 그건 짜증나는 일일 수는 있지만 이 관계에서 시간 엄수가 특이할 정도로 중요하게 여겨지지 않는다면, 또는 최소한 시간을 엄수하지 않는다는 게 그보다 근원적인 무언가, 예를 들어 존중의 결여를 드러내는 징후로 읽히지 않는다면 지각이 곧 배신처럼 느껴지지는 않을 것입니다. 그러나 경솔하거나 해로운 행동의 상당수는 이보다 깊은 상처를 남기며 중대한 배신과 관련되어 있기 때문에 상당한 근거를 갖춘 분노가 일어날 만한 조건이 됩니다.

그러나 상당한 근거를 갖춘 분노에 대해 이야기하기 전에 한 가지 알아둘 것이 있습니다. 아이들과의 관계에서도 그랬듯, 배우자관계에서도 잘못된 사회적 가치는 사람들의 기대와 행동을 조건 짓는 데에 크나큰 역할을 합니다. 특히 여자들이 이러저러하게 행동해야 한다는 생각은 자율성을 완전히 포기하라는 요구로 심하게 왜곡되었습니다. 요사이 배우자관계에서 분노가 일어나는 많은 사례는 문화적 과도기성으로 인해 초래된 것입니다. 한쪽은 언제나 그래왔던 대로 상황이 이어지기를 바라고, 다른 쪽은 자기가 옳다고 생각하는 방향으로 상황이 바뀌어야 한다고 생각하는 거죠. 두 사람이 오해 속에 거래를 했는데도 그 거래관계를 계속 고수해야 하는지는 별도의 문제입니다. 한 사람이 커리어를 포기하기로 동의했다가, 나중에 자기가 한 일이 바로 그것이라는 걸 깨닫는 순간 화를 내는 데에는 분명 무언가 문제적인 부분이 있습니다. 그러나 이런 경우에도 우리는 사회적 규범의 틀 자체가 문제라고 어느 정도 지적할 수 있습니다. 한쪽이 화를 내는 건 위계와 같은 부당한 조건들이 계속되리라고 예상하기 때문이니까요.

결혼관계에서는 분노와 마찬가지로 배우자 간의 용서 역시 잘못된 사회적 가치관을 체현하는 경우가 많습니다. 예컨대 결혼하기 전에 섹스를 하는 여성은 순수하지 못하기에 배우자로 받아들이기 어렵다는 생각이 있죠. 실제로 그 여성이 한 일은 사회에서 흔히 수용되는 규범 밖에서 벌어졌을 뿐 무해한 행위이고, 상황이 그 여성을 희생자로 몰아갈 뿐인데도 많은 사람들은 이런 생각에 속아넘어가 용서라는 개념을 떠올리게 됩니다. 혼전에 저지른 '죄악' 때문에 (자녀들로부터의 분리를 감수하거나 자신에 대한 비천한 이미지를 수용하는 식으로) 평생을 속죄해야 한다는 생각은 19세기 소설의 주요 주제입니다. 특히 추악한 사례가 하디의 『더버빌가의 테스』에 묘사되어 있죠. 이 소설에서 혼전에 섹스를 했다는 에인절 클레어의 고백은 신속히 용서되지만, 테스가 알렉에게 강간 및 학대를 당했다고 고백하자 에인절은 그녀와의 결혼을 포기합니다.[35]

친밀한 관계에 내재되어 있는 부당행위의 '순수한' 사례를 연구하기 위해서는 이처럼 왜곡된 문화적 가치와 연관되지 않은 사례에만 주목해야 할 것입니다. 무엇이 왜곡된 가치이고 무엇이 아닌지를 알아보기엔 우리의 시각도 제한되어 있지만, 그 제한적 시각 안에서라도요. 다만, 문제적 문화 규범과 보다 일반적인 지위-불안을 구분하기 어려운 경우도 많다는 사실은 명심해두어야 합니다. 지위-불안은 우리가 관심을 기울이고 정면으로 부딪쳐야 할 중심적 요소니까요. 사실, 배우자의 독립성에 대해 분개하는 사람이 문화적으로 왜곡된 사회적 기대의 결과로서 화를 내는 것인지, 아니면 개인적 불안감과 지위-불안의 결과로 화를 내는 것인지 구분하는 일은 어려울 때가 많습니다. 둘 다에 해당하는 상황도 많고요.

일단은 지속적 관계에서 오는 긴장감을 살펴봅시다. 긴장은 시간이 갈수록 고조될 가능성이 높은데, 이는 당연한 일입니다. 우리가 다루려는 두 사람은 (일정 부분) 서로 다른 목표를 가지고 있으며, 자율적 삶과 함께하는 삶 사이에서 균형을 잡고자 노력하는 사람들이니까요. 그 두 사람이 유연하지 않고 아량이 없는 사람이라면, 그러니까 자기가 원하는 것에서 조금이라도 벗어나는 건 뭐든 위협으로 여기는 사람이라면 더 많은 긴장이 틀림없이 발생하겠죠. 여기서는 유쾌함과 평온한 성품에 대해 아리스토텔레스가 했던 말을 다시 떠올려보는 게 중요합니다. 이런 소양을 가지고 인생에 접근하면 지속적으로 화를 낼 가능성은 자기도 모르게 훨씬 낮아집니다.

일방 혹은 쌍방이 불안을 많이 느낄 때면 분노가 더욱 흔하게 나타납니다. 그런 상태에서는 사실상 상대방의 독립적인 존재 자체를 포함하여 모든 것이 위협적으로 보일 수 있기 때문입니다. (프루스트가 잘 밝혀놓았듯, 근본적 불안을 느끼는 사람에게는 다른 사람의 독립된 의지 자체가 고통의 근원이 되며, 나아가 격노의 뿌리가 되는 경우도 많습니다.) 결혼 관계에서 발생하는 분노의 상당 부분은 실제로 이런 통제욕에서 나오는데요. 이와 같은 통제를 달성하겠다는 계획은 실패할 수밖에 없으므로, 이때의 분노는 박멸하기가 유달리 어려울 가능성이 높습니다. 자기가 아닌 누군가의 독립적 선택으로 인해 깊은 상처를 입을 수 있으므로 친밀함은 두려움과 무력감을 주는 존재입니다. 그러므로 다른 형태의 무력감을 느낄 때도 그렇듯, 사람들은 분노를 통해 통제력을 추구하는 반응을 보입니다. 타인을 통제하거나 그 사람에게 고통을 줌으로써 자신의 불안감을 없앤다는 건 도무지 불가능한 일인데도 많은 사람들이 그런 시도를 합니다. 그것도 계속해서요. 게다가 인간이란 자기합리화에 아주 능숙한 존재이기도 합니다. 사람들은, 실제로는 불안을 극복하고자 통제력을 추구하는 것이면서도, 다른 사람이 뭔가를 잘못했다는 식의 합리적 설명을 잘도 떠올립니다. 예컨대 매기의 어머니는 사실 딸이 영원히 아이로 남아 자라지 않는 것을 바랐으면서도 겉으로는 매기의 잘못을 얼마든지 지적할 수 있었죠.

해리엇 러너는 이 분야에서도 통찰력 있게 우리를 안내합니다. 존중의 실패, 경청의 실패, 독립성을 인정하지 못하는 실패 등 실제의 부당행위와 관련되어 있는 한 사례를 그녀의 책에서 살펴보도록 합시다. 러너가 던지는 질문도 그렇지만 우리의 질문도 '분노의 좋은 점은 무엇이며, 그런 상황에서 하는 사과와 용서의 좋은 점은 또 무엇인가?'[36]가 될 것입니다.

샌드라와 래리는 심리치료를 받고자 함께 러너 박사를 찾아왔습니다. 둘 다 결혼생활에 헌신적인 사람들이었지만 몇 가지 대단히 심각한 문제가 있었죠. 러너의 눈에 처음으로 띈 모습은 샌드라가 무슨 말을 할 때마다 자기 얼굴을 손으로 가려서 래리가 보이지 않게 한다는 것이었습니다. 샌드라는 그렇게 한 채로 비난을 쏟아냈습니다. "래리는 일 중독자예요. 애들도 저도 무시해요. 집안일이나 아이들은 모두 저한테 맡기고, 뭔가가 잘못되면 제 감정에 공감해주지도 못해요. 저더러 감정적이고 바라는 게 많다면서 화를 내죠. 그러다가 갑자기 혼자 모든 책임을 지겠다면서, 저한테는 상의 한마디도 없이 아이들을 위한다고 무슨 일을 해요(예를 들면, 비싼 선물을 사준다든지요). 말하는 방법도 몰라요. 제가 한 걸음 나아가면 래리는 뒤로 물러나서 책을 펴거나 텔레비전을 켜죠."

래리에게는 무슨 할 말이 있었을까요? 러너는 래리 역시 샌드라만큼이나 화가 나 있지만, 냉정하고 통제된 목소리로 말한다는 걸 알아차렸습니다. 래리는 샌드라가 자신을 지지해주지 않는다고, 하루 종일 힘들게 일하는데 집에 돌아와 봐야 엄청나게 많은 불평이 기다리고 있을 뿐이라고 말합니다. "6시 정각이 되어 집에 들어올 때면 저는 피곤해서 평온하고 조용하게 있고 싶은 상태입니다. 그런데 샌드라는 애들이 뭐가 문제라는 둥 자기는 뭐가 문제라는 둥 잔소리를 늘어놓거나 이것저것에 대해서 불평만 해댑니다. 그게 아니면, 제가 5분이라도 쉬려고 앉으면 제 등 뒤로 와서 무슨 세상 무너지는 일이 생겼으니 의논을 해야겠다고 해요. 예를 들면 음식물 쓰레기 처리기가 고장났다든지요." 러너는 이후 두 사람 사이에 깊은 사랑과 헌신이 있음을 밝혀내지만, 이 시점에서 두 사람은 비난만을 공유하는 것으로 보입니다.

문화적 기대가 이 관계를 틀 지우는 건 분명합니다. 하지만 각자의 분노에 어느 정도까지 상당한 근거가 있다는 것도 명백하죠. 이건 단순한 지위의 문제만도 아닙니다. 두 사람이 느끼는 분노에는 중요한 재화들이 얽혀 있으니까요. 래리에게는 샌드라가 하는 일에 대한 존중이 결여되어 있어요. 이 짧은 발췌문만 보아도 명백하지요. 그는 샌드라가 하는 일이 전부 사소한 것이라고 생각하며, 진짜 일을 하는 건 자기라고 봅니다. 그는 또한 샌드라의 고독감이나 그녀에게도 친구가 필요하다는 사실을 잘 이해해주지 않습니다. 샌드라한테도 나름의 잘못은 있죠. 아마도 샌드라는 일을 하고 돌아온 래리가 얼마나 피곤할지 공감적으로 상상하지 않을 것입니다. 래리가 직장에서 (승진에서 누락된다든지 하는) 진짜 문제를 겪을 때도 샌드라는 래리를 한 번 더 비난합니다. 공개적으로 충분히 화를 내지 않는다는 이유로!

배경이 되는 또 한 가지 문제는 래리 부모님의 행동입니다. 대단히 부유하며 해외에 살고 있는 그들은 샌드라를 존중하지 않고, 새로 태어난 손녀 딸을 보는 데에도 관심을 보이지 않습니다. 늘 그렇듯 샌드라는 감정적이 되어 그들을 비난하는데, 그러면 래리는 입을 다물고 물러나 부모를 변호하게 됩니다.

좀 더 추상적인 차원에서 러너는 샌드라가 감정을 표출하는 역할을, 래리는 침착하고 이성적인 역할을 맡게 되었다는 걸 알아차렸습니다. 감정노동의 이와 같은 분업화는 초기에야 작동했을지 모르겠지만 이제는 역기능적 패턴으로 고착되고 말았습니다. 래리는 자신의 감정을 인정하는 방법을 결코 배우지 못하고, 샌드라는 도움이 되지 않는 방식으로 과하게 감정을 표출하니까요. 무엇보다도 두 사람은 다양한 말다툼의 원인을 상대방 탓으로 돌리면서 대부분의 시간을 보냅니다. 콕 집어 말하자면 '누가 먼저 시작했는지'를 찾아나서는, 의기양양한 탐구를 통해서 말이죠.

매기와 매기 어머니의 사례에서 그랬듯 이 경우에도 분노와 비난은, 어떤 면에서는 상당한 근거를 갖추고 있을지 모르나, 결국 자기 영속적인 '순환의 춤'이 되어 진정한 이해와 진보를 가로막고 맙니다. 매기의 사례에서와 마찬가지로, 진보는 이 순환을 끊고서 건설적이고 미래지향적인 행위를 할 때에야 비로소 시작됩니다. 어느 날, 샌드라는 요가 수업을 들으러 가야 하니 하룻밤 정도 아이들을 재워달라고 래리에게 침착하게 부탁합니다. 러너는 "상대방과 거리를 두거나 상대방에게 분노를 표출하지 않아도 된다. 추격자*가 추격을 그만두고 자기 인생에 다시 에너지를 쏟기 시작하면 순환의 춤은 깨어진 것이다(61)"라고 설명합니다. 상대방을 뜻대로 조종하기 위해서 이런 행동을 할 수도 있겠죠. 그러나 정직하게 이런 행동을 취하면서도

---

* 부부나 연인관계에서, 보다 적극적이고 빈번한 상호작용을 요구하는 사람을 말한다.

냉정해지거나 분노하지 않는다면, 자기가 무언가를 가질 수 없다는 이유로 상대방을 비난하기보다는 나도 나 자신을 위해 무언가를 하고 싶다고 선언하는 것이 생산적이라고 러너는 주장합니다. 실제 사례 중에는 훨씬 복잡한 이야기가 많이 있고 심지어 반대 경우도 있긴 하지만, 러너의 핵심적인 주장은 계속 유효합니다. 분노는 이행적 태도로 독립적 삶을 계발하려 할 때보다는 비난을 통해 우월한 지위를 차지하려 할 때 초래됩니다. 상당한 근거가 있는 분노로만 한정짓더라도, 분노는 기저의 문제, 그러니까 샌드라에게는 좀 더 독립적인 삶이 필요하고 래리는 다른 사람들을 돌보는 능력을 계발해야 한다는 문제로부터 관심을 굴절시키게 됩니다.

러너의 도움으로 두 사람은 모두 제가 이행이라고 부른 것에 도달합니다. 본인 문제로 상대방을 탓하는 대신, 그들은 둘 다 문제를 해결하고 싶어 한다는 점을 이해하고 건설적 태도로 미래를 지향하게 됩니다. 매기의 사례나 리즈 머리의 경우에서와 마찬가지로, 이행의 핵심은 자신의 삶을 스스로 책임질 수 있다는 점을 깨닫는 것입니다. 다른 사람을 통제함으로써 뭔가를 얻어내려는 시도는 성과가 없고 적의만을 쌓습니다. 대신 자신에게 좀 더 의존하면 관계에 가해지는 부담감을 덜어낼 수 있죠. 러너는 이렇게 결론을 내립니다. "그러므로 샌드라는 적대감 없이도 래리에게 말을 건네고, 래리**에게**가 아니라 자기 자신을 위한 무언가를 할 필요가 있다는 사실을 알려준다(65)." 맥락이 너무 달라 이상하긴 하지만, 이 사례도 킹 목사의 경우와 비슷합니다. 네, 두 사례 모두에서 분노에 상당한 근거가 있는 것은 사실입니다. 하지만 분노를 떨쳐내지 못하고 비난 속을 뒹구는 대신 미래를 보고, 무얼 해야 효과가 있을지, 우리가 용납하고 살 수 있는 건 무엇인지를 생각해봅시다. 본질적으로 우리가 원하는 것은 (어떤 가치가 중요한 가치인지 명확하게 표명한다는 의미의) 책임성입니다. 하지만 책임성에 수반되는 부채감에 지속적으로 초점을 맞추지는 않는 책임성이죠. '비난 게임'은 건설적 결정에서 관심을 돌리게 만들 뿐이니까요.[37]

사과와 용서는 어떨까요? 분노가 진행 중일 때에는 수많은 사과가 이루어집니다. 그게 '순환의 춤'의 한 부분이니까요. 이런 사과에는 건설적 기능이 전혀 없습니다. 용서가 그저 분노 속에 뒹굴지 않는 상황만을 의미한다면, 샌드라와 래리는 실제로 그 늪에서 빠져나왔으니 서로를 '용서'했다고 할 수 있습니다. 그러나 그 '용서'를 충실한 의미에서 용서라고 볼 수는 없죠. 용서는 과거를 돌아볼 뿐 미래를 바라보지 않으니까요. 요가 수업을 들으러 가는 게 상대를 용서하는 일인가요? 시부모님의 다음번 방문을 어떻게 처리할지 침착하게 의논하는 게 상대를 용서하는 일인지요? 제가 보기엔 그렇지 않습니다. 뭐든 좋은 일이 벌어지면 거기에 꼭 '용서'라는 이름을 붙이겠다는 비장한 각오를 품은 게 아니라면 말입니다.

요즘 자주 들려오는 주장 중에는 특히 여성들이 자신의 분노와 연결점을 찾아내야 한다는 주장이 있습니다. 히에로니미는 우리 모두에게 '타협하지 말라'고 촉구합니다. 부당한 행위는 부당하다는 것, 부당행위를 한 사람도 도덕적 공동체의 일원이라는 것, 피해자도 그 자체로 부당행위를 당해서는 안 되는 사람이라는 것 등 세 가지 원칙을 지켜야 한다는 거예요.[38] 히에로니미는 이 세 가지 명제를 인정하면 자연스럽게 분노가 따라오리라고 생각하는 듯합니다. 하지만 어떤 사람이 더 자신을 존중하는 사람일까요? 모든 부당행위를 샅샅이 훑어 올리며 (어떤 면에서는 대단히 정당화가 가능한 비난일지라도) 래리에게 화살을 돌리는 샌드라인가요? 아니면 자기 인생을 살아나가면서, 함께하자고 침착하게 래리를 초청하는 샌드라인가요? 제가 보기에 분노는 자기존중의 표현이 아니라 유치하고 나약한 반응인 것 같습니다. 우리는 히에로니미의 세 가지 명제를 보존하되, 거기에서 분노가 가지고 있는 인과응보의 소망만을 뺄 수 있을지도 모르겠습니다. 단, 과거의 부당함 속을 계속해서 뒹구는 대신 미래를 건설하는 데에 초점을 맞춘다는 내용을 더해야겠죠.

래리와 샌드라가 저지른 건 중대한 잘못은 아닙니다. 두 사람의 관계가 시작부터 대단히 불행하기는 했어도 회복될 수 있었던 이유 중 하나죠. 그러나 가끔씩은 그동안 모르던 끔찍한 사실이 새롭게 발견, 조명된 탓에 관계는 지속되지만 그 토대인 신뢰는 침식되는 경우도 벌어집니다. 다음 절에서는 성애적 배신과 결별에 대해 이야기하겠습니다. 그렇다고 모든 배신이 성애적 배신인 건 아닙니다. 결혼을 할 때 사람들은 상호간에 합의한 성적 조건에 상대방이 굳건히 따르리라고 서로 믿을 뿐만 아니라, 상대가 공동체에서 특정한 역할을 하는 품위 있고 정직한 사람이 될 것이라고 신뢰하기도 합니다. 19세기에는 특히 여성이 자신의 생계와 지위 전체를 남편에게 위임해야 했죠. 그래서 여성들은 남편이 될 사람이 자기가 생각하는 그대로의 사람이며 범죄자가 아닐 거라고 신뢰했습니다. 남편의 더러운 과거가 밝혀지면 불가피한 결과로서 배신과 고통이 뒤따랐죠. 조지 엘리엇이『미들마치』에서 다룬 불스트로드의 결혼 이야기가 바로 그런 예시입니다. 이 사례는 용서가 부재할 경우 어떤 성과가 나오는지를 이해하게 해줌으로써, 역으로 용서에 내해 많은 것을 알려줍니다.[39]

해리엇 빈시는 니콜라스 불스트로드라는 이름의 부유한 은행가와 결혼합니다. 그가 보이는 그대로의, 경건하고 명예로운 남자라고 생각했거든요. 하지만 사실 불스트로드는 수상쩍은 금전적 거래를 통해 재산을 모은 사람입니다. 래플스가 그의 정체를 폭로하겠다고 협박해오자 불스트로드는 래플스의 죽음을 방조합니다. 마침내 이 모든 일이 해리엇에게도 드러나고, 불스트로드가 모든 재산과 지위를 잃게 되리라는 것도 해리엇에게 명백해집니다. 우리는 해리엇이 끔찍하면서도 완전한 근거를 갖춘 분노 및 그 뒤에 이어질 용서, 혹은 용서하지 않는 태도를 보일 거라고 예상할 수 있습니다. 불스트로드 자신이 예상하는 결과는 복수이고요. 자기 아내와 신 모두에게서 당하는 복수 말이죠. 하지만 그가 실제로 겪는 일은 예상과는 매우다릅니다.

저녁 여덟 시 정각이 되고, 얼마 지나지 않아 문이 열리더니 그의 아내가 들어왔다. 불스트로드는 감히 그녀를 올려다보지 못했다. 그는 눈을 내리뜨고 가만히 앉아 있었다. 그를 향해 다가가면서 해리엇은 불스트로드가 더 작아진 것처럼 보인다고 생각했다. 그는 너무도 시들고 쪼그라든 듯한 모습이었다. 새로운 연민과 오랜 애정이 거대한 파도처럼 그녀를 휩쓸고 지나가자, 그녀는 의자 팔걸이에 놓여 있는 그의 팔에 손을 얹고 다른 한 손은 그의 어깨에 얹으며 엄숙하게, 그러나 상냥하게 말했다.

"눈 들어요, 니콜라스."

불스트로드는 약간 놀라며 눈을 들어 반쯤은 경이감에 사로잡힌 채로 잠시 동안 그녀를 바라보았다. 그녀의 창백한 얼굴, 그녀가 갈아입고 온 상복, 그녀의 떨려오는 입 주변은 모두 이렇게 말하고 있었다. "알고 있어요." 그리고 그녀의 두 손과 두 눈은 부드럽게 그에게 닿아 있었다. 불스트로드는 울음을 터뜨렸고 두 사람은 함께, 그녀가 그의 곁에 앉은 채로 울었다. 해리엇이 불스트로드와 함께 견뎌내고 있는 수치심 때문에, 아니면 두 사람에게 그 수치심을 가져온 여러 가지 행위 때문에 두 사람은 아직 서로에게 말을 걸 수는 없었다. 불스트로드의 고백은 조용했고, 신의를 지키겠다는 해리엇의 약속도 조용했다(ch. 74).

잃어버렸다 되찾은 아들 이야기에 나오는 아버지처럼 해리엇은 분노를 전혀 느끼지 않는 듯합니다. 오히려 그녀는 남편의 어마어마한 취약성을 알아보고, 지금껏 내내 그를 향해 느껴왔던 애정 및 그와 관계되어 있는 연민을 느낍니다. (어쩌면 애정에서 연민이라는 꽃이 피어난 이유가 다름 아니라 새로이 발견된 불스트로드의 취약성 때문일지 모릅니다. 이전의 불스트로드는 해리엇이 돌봐줄 만한 여지를 별로 남겨주지 않는 사람이었으니까요.) 눈을 들었을 때 불스트로드가 보게 된 건 자기가 예상했던, 벌을 주는 분노한 얼굴이 아닙니다. 그렇다고 용서를 해주기 위해 도덕적으로 우월한 지위를 상정하는 얼굴도 아니죠. 오히려 그는 해리엇이 애도를 뜻하는 옷을 입고 있다는 걸 보게 됩니다. 그녀는 이 사건을 엄청난, 그와 함께하는 슬픔으로 여기지 비난해야 할 상황으로 생각하지 않습니다. 해리엇이 입고 있는 옷은 그녀 역시 그와 함께 슬픔 속에 있음을 공표하며, 그 슬픔과 수치심이 완전히 공유됨을 천명합니다. 그녀는 심지어 그 수치심이 '두 사람'에게 닥쳐온 것이라고 보기까지 합니다. 불스트로드는 실제로 '고백'을 하지만, 해리엇은 그를 용서하는 대신 그저 '신의를 지키겠다'고 약속합니다. 그녀는 심지어 무슨 일을 했는지에 대한 불스트로드의 이야기를 듣고자 하지도 않습니다.

이 장면에서 용서를 찾아볼 수 있을까요? 저는 찾지 못하겠습니다. 우리는 해리엇이 불스트로드의 범죄를 어떻게 보고 있는지 전혀 알 수 없습니다. 계속해서 그를 사랑하고, 그가 뽑은 운명의 제비를 함께 나눌 준비가 되어 있다는 것을 제외하면 말이죠. 이 역시 잃어버렸다 되찾은 아들의 이야기와 비슷합니다. 사랑과 아량이 화를 내는 반응에 앞서고, 그리하여 화난 감정과의 투쟁은 존재하지 않습니다. 이걸 용서라고 부르려면 용서라는 말을 부자연스럽게 연장해야 합니다. 사랑하는 이가 잘못된 행동을 저질렀을 때, 온화하고 분노로 가득하지 않은 반응은 무조건 용서라고 불러야 한다는 생각에 사로잡혀 있는 거니까요. 하지만 이는 그저 무조건적 사랑일 뿐입니다.

## 8. 연인과 배우자: 배신, 결별

용서에 대한 대중문학의 많은 부분은 결혼의 해체와 특히 성애적 배신에 의해 발생한 결별에 초점을 맞춥니다. 모든 배신이 다 결별로 이어지는 것은 아닙니다. 예컨대, 요즘에는 매일매일 이런 방면에서 실수를 저질렀다는 정치인들을 만나게 되는 것 같아요. 이런 정치인들의 배우자는 자기가 그 정치인을 용서했다면서, 의리 있게 또는 멍청하게, 또는 그 두 가지 태도를 모두 보여주며 자기 배우자 곁을 지키고 서 있습니다. 하지만 많은 경우에는 결별이라는 결과가 나오죠. 관계가 끝나든 그렇지 않든, 이런 신뢰 위반은 마음 깊은 곳까지 침투해 엄청난 고통을 만들어냅니다. 이때 발생하는 분노는 상당한 근거를 갖추고 있는 경우가 많지만, 어쨌든 (분노한 사람과 분노의 표적이 되는 사람, 부수적 피해를 받게 되는 아이들이나 다른 사람들 같은) 관련된 모든 이들에게 피해를 입힙니다. 분노는 대단히 중대하고 부식 효과가 강한 문제이기 때문에 대중문학의 많은 부분은 어떻게 해야 분노를 다스릴 수 있으며, 인생 전체를 파괴하지 않을 수 있는지에 초점을 맞춥니다. 한편, 분노를 나쁘다고 인정하면서도, 자존감을 유지하기 위해서라면 인간(특히 여성)은 분노를 인정하고, 더욱 키우고, 공적으로 선언해야만 한다는, 우리 사회에 널리 퍼져 있는 느낌도 이 지점에서 유독 발생합니다. 그러지 않는 여성이 있으면 그녀는 나약하거나 자존감이 떨어지는 사람이라고 비난받죠. 아량과 용인은 중요한 실패로 간주됩니다. 반면 잘못을 저지른 배우자는 자기가 용서를 구하고 있으며 잘못을 고백했고 뉘우침을 표현하는 등등의 행위를 했다고 천명함으로써 공동체 내에서의 입지를 다져야 합니다. 배신을 당한 배우자가 그 정도도 요구하지 않으리라고는 아무도 예상하지 않으니까요.

이번에도 결혼생활에서의 배신에 대한 분노에는 좋지 못한 문화적 역사가 따라붙습니다. 이때의 역사란 일탈행위를 한 사람을, 특히 그 사람이 여성일 경우 과하게 처벌하는 역사인데요. 『주홍글자』는 헤스터에게 닥쳐오는 사회의 전면적 분노를 보여줍니다. 이때 사회의 공격을 중재해줄 수 있는 건 아무것도 없어 보여요. 테오도어 폰타네의 소설 『에피 브리스트』에서 여주인공 에피 브리스트는, 헤스터처럼, 결혼생활에서 일탈을 저질렀다는 이유로 사회에서 추방당하죠(무려 열여섯 살에요!). 남성이 저질렀다면 가벼운 잘못으로 여겨졌을 만한 일이지만 심지어 에피의 부모도 그녀를 사랑 어린 태도로 받아주지 못합니다. 이런 게 용서 없는 분노라면, 우리는 그래도 용서가 이루어지는 분노가 훨씬 더 좋을 거라는 느낌을 분명 받게 됩니다 (사실, 에피의 남편 인슈테텐은 사건이 발생하고 몇 년이 지나 에피의 일탈을 알게 된 직후, 무조건적 용서를 함으로써 문화적 가치관이 끼어들기 전에 아예 그 길을 막아버리고 싶다는 생각을 하기도 합니다.)

가끔은 사회의 처벌이 그저 부당행위를 생각만 해본 사람에게도 무겁게 쏟아져 내립니다. 앤서니 트롤럽의 『그녀를 용서할 수 있습니까?Can You Forgive Her?』에서는 글렌코라 부인이 완고한 정치인인 플랜태저넷 팰리서와 불행한 결혼생활을 하고 있는데, 팰리서는 불임의 탓을 그녀에게 돌립니다. 그녀의 재치 있고도 장난기 어린 성격에 잘 호응하지도 못하고요. 글렌코라는 예전의 약혼자인 버고 피츠제럴드와 함께 야반도주할 것을 깊이 생각하고, 무도회에서 그를 만나 춤을 추는 데에까지 나아갑니다. 이것이 바로 소설의 제목이 (아이러니컬하게) 일컫는, 용서해야 할 범죄이죠. 이번에도 부당행위는 사실상 전혀 발생하지 않았으나 용서를 제외한 선택지가 오직 고집 센 분노와 사회에서의 추방뿐이라면, 그보다는 용서가 훨씬 낫다는 답을 할 수밖에 없습니다(하지만 트롤럽은 용서 게임보다 한 발 앞서나갑니다. 점차 밝혀지게 되지만 정말로 아내를 사랑하며 사람들이 예상하는 것만큼 멍청하지 않은 팰리서는 글렌코라에게 사과를 요구하거나 그녀에게 조건부로든 무조건적으로든 용서를 제안하지 않습니다. 어떤 식이든 간에 용서를 했다면 글렌코라는 그걸 치명적 모욕이라고 느꼈을 게 분명하거든요. 대신, 팰리서는 사랑스럽게도 그녀와 함께 유럽 대륙으로 휴가를 떠납니다. 그리고 글렌코라가 그로부터 얼마 지나지 않아 임신 사실을 알게 되기에 이 결혼은 지속됩니다). 그러니까, 배우자가 용서를 해주어야 할 만한 상황이라고 여겨지는 오류들을 떠올려보면 사회적 가치관의 오류는 사방에 있다고 할 수 있겠습니다. 또 한 가지 명심해두어야 할 게 있습니다. 플랜태저넷이 분노하지 않는 건 글렌코라를 진지하게 받아들이지 않아서가 아닙니다. 오히려 플랜태저넷의 사랑은 분노보다 훨씬 더 진지하게 글렌코라를 받아들이는 방식입니다. 문화적으로 볼 때 그가 느끼리라 예상되었던 분노는 위계와 재산에 대한 통제에 관한 것이었지, 글렌코라에 대한 것이 전혀 아니었으니까요.

결혼의 해체에서 보이는 처벌적·비대칭적 역사는 우리의 주제가 아닙니다. 하지만 이런 역사를 살피다 보면 부모-자식관계에서 그랬듯 배우자관계에서도 대부분의, 적어도 상당수의 인간에게는 지위나 위계에 관한 깊은 욕구가 있다는 사실을 다시 떠올리게 돼요. 사회적 힘이 주어지기만 하면 그런 사람들은 친밀한 관계에 있는 사람을 열등한 존재나 다루기 힘든 아이, 일종의 자산으로 대합니다. 권력과 지위, 무력감에서 오는 불안감은 인생 전체에 고질적으로 나타나는 것이니, 당연히 해체 직전의 결혼관계에서는 더하죠. 많은 경우, 배신으로 인해 슬픔과 분노의 나락으로 떨어지는 사람은 사회적으로나 경제적으로 힘이 약한 쪽 배우자이고, 그 사람은 여성일 가능성이 높습니다. 그런 여성들은 많은 경우 사랑뿐만 아니라 돈과 지위까지 잃을 위험에 처해 있으므로 무력감이 파도처럼 그들을 휩쓸어 통제력을 재확립하기 위해서라면 어떤 기회라도 붙잡게 만들죠. 이때 분노와 비난은 그 목표를 달성하는 매력적인 방법으로 보입니다. 더구나 배신당한 배우자는 상실감뿐 아니라 모욕감도 느끼기 때문에 잃어버린 지위도 마찬가지로 복구해야겠다는 욕구를 느낍니다. 그러므로 지위의 길과 되갚음의 길이 복잡하게 얽혀들고 구분하기 어렵게 됩니다.

메데이아의 이야기는 신화인데도 여러 시대에 걸쳐 계속 반향을 일으키는데요(2013년 7월, 이 신화를 현대 히스패닉 스타일로 재해석한 연극이 상연되어 시카고에서 격찬을 받았고, 이후 '최고의 신작'이라는 주요 상을 수상했습니다).[40] 그 까닭은 이 이야기가 결혼관계에서 오는 분노의 약탈적 성격을 도저히 잊을 수 없을 만큼 인상적으로 묘사하기 때문입니다. 메데이아의 이야기에는 몇 가지 특이한 점이 있어요. 첫째, 메데이아는 코린트에서 이방인의 처지입니다(현대 버전에서는 이를 불법 이민이라는 문제로 변형했습니다). 그녀는 가족과 친구들을 모두 고향에 남겨놓고 왔지요. 그렇기에 이아손이 그녀를 버리는 순긴 메데이아가 할 수 있는 일은 아무것도 없습니다. 게다가 이아손은 지배 엘리트 계급의 부유한 구성원과 결혼을 앞두고 있으므로 아이들의 양육권도 획득하게 될 예정이죠. 따라서 메데이아가 느끼는 무력감은 극단적이라고 할 수 있습니다. 하지만 이 이야기 자체는, 어느 면에서는 대단히 흔한 이야기입니다. 결국 한 여자가 깊이 사랑하던 남자를 잃었는데 그 남자가 여자를 배신한 까닭은 다른 여자 때문이었다는 이야기니까요. 이런 상황에 처한 많은 여성들이 커리어를 버리고 취약한 입장에 있다는 점도 비슷하죠.

메데이아의 슬픔이 정당하며 그녀의 분노도 상당한 근거가 있다는 점에는 의심의 여지가 없습니다. 이아손은 대단히 나쁜 행동을 했습니다. 자신의 배신이 메데이아에게 어떤 영향을 미칠지 완벽하게 알고 있는 상태에서 그녀를 해쳤어요. 이아손은 사실상 메데이아의 자아를 상당 부분 파괴했습니다. 오직 분노만이 메데이아에게 자신을 되찾았다는, 다시 메데이아가 되었다는 완전한 감각을 돌려줄 것이라는 그녀의 반복적인 주장은 대단히 일리 있는 주장입니다. 어떤 면에서는 말이죠. 메데이아는 자신의 존재 전체로부터 이아손을 몰아내야 할 필요, 즉 이아손을 조금도 담고 있지 않은 자아를 창조해내야 할 필요를 느낍니다. 그래서 처녀성의 복원이라는 공상도 나오는 겁니다. 그런데 메데이아는 거기서 한 발 더 나아갑니다.

> 지금 이 순간에도 내 자궁에는 그대가 보내온 금고가 웅크리고 숨어 있으니, 나는 내 뱃속을 칼로 샅샅이 뒤져 첫조각으로 그것을 끄집어내리라(1012-13).

이런 낙태의 공상을 통해 메데이아는 이아손에게 속한 모든 것과 이아손 자체를 강제로 자신의 신체 밖으로 끄집어내야 한다는 생각을 표현합니다. 메데이아의 몸은 이아손이 침탈하지 못하도록 봉인되어야 하니까요.

메데이아는 분노를 느끼고 있지만, 만일 이아손이 고통받았으면 좋겠다는 소망이 없었다면 그녀의 감정은 분노가 아닌 슬픔이 되었을 겁니다. 읽어보면 알 수 있듯, 자신에게서 이아손을 제거해야겠다는 메데이아의 생각은 모두 폭력 및 고통의 부과와 관계되어 있습니다. 슬픔에 관한 공상과는 다르죠. 메데이아는 침범당하지 않은 존재(처녀)가 되고 싶어 하며, 이아손이 이미 그녀의 안에 들어와 있으므로 메데이아가 보기에 침범당하지 않는다는 것은 이아손이 갈기갈기 찢어진다는 것을 의미합니다. 메데이아 자신이 힘 있는 존재가 되고 이아손은 무력해지는 것이죠. 아이들을 살해하겠다는 계획은 아이들에 대한 분노와는 아무런 관련이 없습니다. 그녀는 반복적으로 아이들은 결백하며 자기는 아이들을 사랑한다고 말합니다. 메데이아는 단지 이아손에게 고통을 줄 다른 방법을 생각해낼 수 없을 뿐입니다. 이아손은 더 이상 메데이아를 사랑하지 않으므로 그녀가 혼자서, 그녀 자신을 상대로 하는 행동은 그저 무관심한 문제가 될 뿐입니다. 그러나 이아손도 아이들만은 사랑합니다. 아이들은 이아손의 "삶의 이유(547)"이죠. 그렇기에 메데이아가 이야기하듯 "상처를 낼 수 있는 공간이 널리 열려(550)" 있습니다.

하지만 이 경우에도 피해를 갚아주겠다는 생각은 말이 되지 않습니다. 이렇게 해봐야 메데이아는 자신이 원하는 것, 이미 잃어버린 것을 되찾을 수 없습니다. 그녀가 앙갚음을 통해 달성할 수 있는 것은 모두에게 더 많은 고통을 주는 일뿐입니다. 메데이아가 가는 길은 극단적입니다. 분노에 내재되어 있는 보복의 소망은 이보다 좀 더 문명화되어 있는 경우가 많습니다. 옛 배우자가 맺는 새로운 관계가 파멸하기를 바라는 소망, 혹은 새로운 배우자가 어떤 식으로든 슬픔을 겪게 되었으면 좋겠다는 소망 정도죠. 하지만 많은 경우, 실제로 고통을 빚는 건 자녀들입니다. 아이들은 배신을 한 배우자의 마음속에 남아 있는 취약성의 공간이니까요. 이런 복수 중 이미 잃어버린 것을 복구하는 효과가 있는 보복은 하나도 없습니다. 보통은 배신당한 사람의 삶이 더욱 악화될 뿐이죠.

메데이아의 문제는 그저 너무 지나치다는 것뿐일까요? 제가 한 분노 분석에 따르면 문제는 좀 더 근원적입니다. 이아손의 고통이 메데이아의 고통을 덜어주거나 상쇄할 수 있을 거라는, 분노의 내재적 개념 자체가 문제거든요. 어떤 식으로든 메데이아는 분명 이아손에게 고통을 줄 계획을 마련할 수 있습니다. 하지만 솔직히, 그래서 좋을 게 뭔가요? 메데이아가 사랑에 초점을 맞추고 있다면야 좋은 점은 아무것도 없습니다. 앙갚음은 그녀에게 사랑을 돌려주지 않을 뿐만 아니라, 메데이아의 사랑하는 능력을 저하시키니까요. 따라서 그녀가 사랑을 찾을 가능성도 더욱 낮아지겠죠. 그러므로 메데이아의 분노에 상당한 근거가 있다 해도, 그녀는 그 분노가 곤경에서 빠져나오는 좋은 방법이 아님을 빨리 깨닫고 복수의 소망을 버려야 합니다. 연극의 결말에서, 메데이아는 비늘로 뒤덮인 뱀들이 끄는 전차에 올라 하늘로 날아갑니다. "이것이 내가 만들어낸 나의 탈출로다"라고 외치면서요. 하지만 이 탈출로가 하늘로 향하는 건 오직 지위의 길이 제시하는 의미에서만 그럴 뿐입니다. 메데이아는 이아손을 (일시적으로) 낮춤으로써 자신을 상대적으로 격상시켰습니다. 그러나 이는 배우자도, 사랑도, 대화상대도, 돈도, 자녀도 없다는 실제적 궁지에서 탈출하는 방법이 아닙니다.

　그러므로 분노는 이해할 만하고 상당한 근거를 갖춘 것일 경우에도 아무런 좋은 점이 없으며 오히려 엄청난 해악을 끼칠 가능성이 있습니다. 용서는 어떨까요? 사람들은 무력감과 통제력을 재확립해야 할 필요를 느낄 때, 다른 사람을 통제하는 한 가지 방법으로서 용서라는 개념을 쉽게 떠올립니다. 정치인으로서의 경력을 이어나가려면 '용서'를 확보할 수밖에 없어, 인생이 끝나는 그 순간까지도 배우자에게 굽실거려야 하는 정치인들의 결혼생활 이면을 생각해보면 참 끔찍합니다. 물론 교환적 용서에 그런 얼룩이 묻어 있지 않은 경우도 있긴 있죠. 하지만 그토록 혼란스러운 상황에 있는 사람이 자기 마음을 제대로 알기란 대단히 어려운 일이며, 상대방을 사과의 의례 속으로 밀어넣은 이유가 정말 사랑으로 가득한, 순수한 이유였는지 확실히 안다는 것 역시 어려운 일입니다. 가끔씩 저는 저도 모르게, 용서니 어쩌니 하는 것들이 그저 기독교적 속죄 개념에 지나치게 사로잡혀 있는 미국 대중의 허위의식일 뿐이며, 실제로 그 사람들의 내면에서는 무언가 건설적인 일이 일어나고 있는 게 아닐까 기대하곤 합니다. 용서는, 무조건적 용서라 해도 지나치게 비대칭적이며 과거에만 초점을 맞추는 것으로 보입니다. 그보다는 불스트로드 부인이 보여준 아량이 훨씬 낫지요.

당연한 얘기지만, (부모-자식관계에서 그랬듯) 부부관계에서도 사죄는 가해자가 행위의 부당성을 충분히 이해했으며, (결혼관계든, 새로운 종류의 다른 관계든 간에) 미래의 관계가 가능할지도 모른다는 유용한 증거로 활용될 수 있습니다.[41] 하지만 사죄를 요구하는 것은 지나치게 상대를 통제하려는 행위처럼 보입니다. 헤스터의 목에 'A'라는 글자를 매달아두었던 청교도들과 크게 다르지 않죠.

진짜 문제는 무엇일까요? 깊은 상실이 바로 문제입니다. 두 사람의 자아가 너무도 심하게 뒤얽힌 나머지, '버려진' 사람은 상대방을 위하거나 상대방을 바라보지 않은 채 재미를 느끼는 방법이나 친구들을 저녁식사에 초대하는 방법, 농담을 하는 방법, 심지어 옷을 고르는 방법조차 모르게 됩니다. 마치 걸음마를 처음부터 다시 배우는 것과 같은 상황이죠. 특히 강력한 독립적 경력이나 사회적 네트워크가 없는 여성의 경우가 그래요. 커리어가 있는 여성에게는 배신 때문에 망가져버리지 않은 삶의 부분이 많이 있고, 배우자와 연결되어 있지 않은 친구들도 있으며, 유용한 할 일도 많으니까요. 자녀에게는 부모와 독립된 삶을 살아갈 방법을 배울 수 있는, 그것도 점진적으로 배울 수 있는 청소년기가 있습니다. 주변 사람들도 자녀들이 그렇게 하기를 내내 기대하고요. 그러나 많은 경우, 배신당한 배우자는 분리된 상황에 대한 준비를 하지 못하고 분리된 삶을 살아갈 기술도 갖추지 못한 상태입니다. 부부동반으로가 아니라 혼자서 친구와 함께 저녁식사를 하러 나가는 단순한 행위에도 당혹감을 느끼는, 이별한 지 얼마 안 되는 사람들을 저는 아주 많이 보았습니다. 그들은 자신을 전적으로 (처녀 시절 이름인) '루이즈 B.'가 아닌, (문화가 촉구하는 대로의) '조지 C. 부인'으로만 규정했으니까요. 조지가 없으면 그녀도 존재하지 않는 겁니다.

이게 바로 문제입니다. 이런 상황에서는 최선의 미래란 어떤 식으로든 복수를 해주는 미래라고 생각하기 쉽습니다. 그런 미래는, 자신을 새로 창조해내는 미래보다는 상상하기 편하니까요. 복수의 미래는 여전히 다른 사람과 뒤얽혀 있습니다. 결별하고는 다르죠. 복수를 선택하면 계속해서 부부 중 한 사람으로 남아 있을 수 있으며, 그 사람을 생각의 중심에 계속 놓아둘 수 있으니까요.

하지만 분노는 그가 처한 진짜 문제들을 풀어주지 않습니다. 오히려 앞으로 나아가는 것을 엄청나게 가로막죠. 그 이유는 여러 가지가 있습니다. 첫째, 분노는 실질적 문제에 대한 고민을 어차피 바꿀 수 없는 과거에 대한 고민으로 돌려놓습니다. 분노는 배신자가 고통을 받는다면 어떤 식으로든 진전이 일어나리라고 생각하게 만드는데, 현실에서는 그래봐야 실질적 문제가 아무것도 해결되지 않습니다. 분노는 사람의 좋은 성격을 소진시켜버립니다. 그래서 분노하는 사람은 함께하기가 상당히 불쾌한 사람이 됩니다. 분노는 유용한 내면 성찰도 방해합니다. 분노는 그 자체로 목표가 되어 다른 유용한 계획들을 대체하거나 방해합니다. 한 가지 더 중요한 점은, 분노가 거의 항상 상대와의 관계를 악화시킨다는 겁니다. 상대방에게도 뭔가 좋아할 만한 점은 있었을 겁니다. 결혼이 더 이상 가능하거나 바람직하지 않은 경우에도 다른 형태의 어떤 연결은 계속 존재할 수 있고요. 심지어 이런 연결은 행복에 도움이 될 수도 있습니다. 물론 아닐 수도 있겠죠. 하지만 분노에 찬 생각과 소망이 정신세계의 풍경 전체를 채워버리고 있으면 이 모든 문제를 고려조차 해볼 수 없습니다. 자존감을 강화하는 데 필요하기는커녕, 분노는 사실상 가치 있는 행동과 의미 있는 삶이라는 영역에서 자존감을 쌓지 못하도록 방해합니다.

(상대방이 어떤 방식으로든 여전히 가시 범위 안에 있는 경우) 잘못을 저지른 사람에게 진실을, 잘못이 저질러졌다는 사실을 인정하라고 요구하는 것은

이성적인 행동으로 보입니다(6장과 7장에서, 정치적 사례에 관해 제가 할 주장이 이것입니다). 부당행위를 당한 사람이 자신의 의견을 말하고 인정받으려 드는 것은 합리적인 소망입니다. 진실을 요구하고 이해를 요청하는 행위는 보복을 바라는 것과는 다른 일입니다. 사실, 전자의 요구는 이행을 돕습니다. 그러나 상대의 인정을 **강제로 뽑아내는 일**은 복수는 물론 모욕주기로까지 불쾌하게 옮아가니, 이에 대한 유혹은 피해야 할 것입니다.

현대인의 삶에서 분노는 대단히 큰 문제이기 때문에, '용서'에 관한 심리치료학 책의 상당수는 어떻게 해야 편집증적이고 사람을 갉아먹는 분노로부터 해방될 수 있느냐는 문제에 초점을 맞춥니다.[42] 보통 '용서'라는 용어는 두 사람 사이의 교환이 이루어졌다는 암시를 남기지 않습니다. 보통은 상대방이 아예 존재하지 않죠. 치료사가 노력을 기울이는 까닭은 그저 배신당한 사람이 더 이상 분노에 지배당하지 않도록 해주기 위해서입니다. 이는 (소송을 통해서, 혹은 지녀나 친구들을 통해서 영향을 주는 등) 부정적이고 보복적인 소망과 공상, 계획을 극복하기 위한 자아 내의 싸움이에요.

그 과정에서 심리치료사들이 쓰는 방법 중에는 배우자의 실제 행위에 대한 환자의 사고방식을 변화시키는 일도 포함되어 있습니다. 공감해주고 이해해주며 상대방을 괴물로만 생각하지 말라는 등등의 방법이죠. 이런 면에서는 심리치료 과정이 그리스월드가 묘사한 용서의 절차와도 어느 정도 연관됩니다. 단, 상대방이 그림 안에 들어오지 않으므로 일방적일 수밖에 없다는 차이점이 있습니다. 그러므로 심리치료는 무조건적 용서의 일종입니다. 그런 만큼 무조건적 용서에 내재되어 있는 도덕적 위험, 즉 도덕적 우월성을 상정하는 문제나 과거에 대한 지나친 집착으로부터 자유롭지 못합니다. 더 심각한 문제는 이런 종류의 심리치료 서적을 읽다보면 그 치료의 목표가 정말로 용서인지, 아니면 무엇이든 실현 가능한 전략을 써서 분노를 떨쳐버리는 것인지 구분하기가 어려워진다는 점입니다. 최면이 통했다면, 이러한 심리치료사들은 기꺼이 최면을 사용했을 거라는 느낌이 듭니다. 심리치료사들은 보통 자기들이 권하는 방식의 용서가 가진 도덕적 가치에는 별로 관심을 기울이지 않거든요. 오직 그 도구적 유용성에만 관심이 있지요.

그럼 용서를 강조하는 일은 도구적으로나마 유용할까요? 물론 심리치료사들은 그렇다고 말합니다. 당연히 그래야겠죠. 그게 그 사람들 직업이니까요. 우리가 기억해야 할 것은, 심리치료사들이 자아를 복구하는 다른 장치들, 예컨대 일이나 친구관계, 쇼핑, 기타 등등과 비교하여 분노치료가 더 유용한지 시험해본 적이 없다는 사실입니다. 심리치료는 배신당한 사람을 상대로 이미 떠나버린 사람에게 몇 시간씩이나 정신적·감정적 에너지를 쏟으라고 요구합니다. 제가 암시했듯 그 사람이 실제로 해야 하는 일은 혼자만의 시간을 즐기는 방법이라든지, 일정 범위의 우정과 활동을 계발하는 방법 등 전진하는 방법을 배우는 것인데도 말이죠. 분노치료는 배신당한 사람이 홀로서기보다는 과거에 계속 기대게 만드는 목발입니다. 상대방이 떠나버렸다고는 하지만, 매일매일이 그 사람에 대한 새로운 드라마를 가져오는 마당이니까요. 사람들은 분노를 '해결'하기 전까지는 배신당한 사람에게 어떤 새로운 계획도 통하지 않을 거라는 이야기를 자주 합니다. 하지만 조금만 생각을 바꿔보죠. 슬픔의 해결은 삶이 진행되면 그냥 일어나는 일입니다. 새로운 유대관계가 과거의 유대관계를 대체하고, 떠나버린 사람을 중심으로 빙빙 돌던 세상은 그런 식의 공전을 점차로 멈추어갑니다. 분노는 정말 슬픔과 다른 것일까요? 만일 그렇다면 이유는 무엇일까요? 슬픔의 경우에서 보았듯 삶이 앞으로 나아가면 이미 입은 피해의 중요성은 사실상 바뀌게 됩니다. 누군가 죽은 지 5년이 지났는데도 그 죽은 사람을 삶의 중심에 놓고 있는 사람을 보면 우리는 병적인 애도의 사례를 본 것 같다는 느낌을 받습니다. 새로운 가치는 오래된 가치를 대체하게 되어 있습니다. 마찬가지로 분노도 앞으로 나아가야만 합니다. 피해를 입은 대상은 물론 피해 그 자체도, 삶이 앞으로 나아가면 점점 덜 중요한 것이 되니까요. 보통 분노는 종양처럼 계속 남아 있지 않습니다. 사실, 분노가 그런 방식으로 계속 남아 있다는 개념이나 마음속 깊은 곳에 파묻혀 있는 분노에 접근해 그걸 표현해내야만 한다는 개념이야말로 심리치료가 남긴 전설 중에서도 가장 해악이 큰 전설입니다.[43] 분노를 꼭 돌처럼 고정되어 움직일 수 없게 만드는 게 정말로 있다면 그건 묻혀 있는 분노에 접근해야 한다는 심리치료학적 주장입니다. 진짜로 중요한 건 무엇보다도 상실이요, 그 상실을 떨치고 나아갈 수 있는 방법입니다.

간단히 말해, 누군가 분노와 처벌이라는 생각에 사로잡혀 있다면 이는 조치를 취해야만 하는 문제입니다. 자아 내면에서의 고군분투가 있어야죠. '용서'를 찾아 떠나는 여행이 그러한 투쟁의 유용한 형태일까요? 이는 마치 신앙의 상실을 언제나 신에 대해 생각함으로써 해결하려고 노력하는 것과 같습니다. 분노치료는 수익성이 좋은 직업이니, 심리치료사들이야 사람들에게 (내면적 형태의) 용서는 가치 있는 것이라고 설득하려 들겠죠. 하지만 노래 교실에 다니거나 헬스장에 가는 등 일반적으로 말해 자신의 능력 혹은 자존심을 키울 수 있는 영역에 집중하는 것, 혹은 새로운 친구를 사귀는 것이 실제로는 과거의 무거운 짐을 던져버리는 더 나은 방법일지도 모릅니다(특히 새로운 친구를 사귀는 과제에는 분노나 비난에만 지속적으로 초점을 맞추는 행위가 조금도 도움이 되지 않습니다).

이 계열의 심리치료사들이 보통 아리스토텔레스의 훌륭한 제안에 따라 공감에 초점을 맞추는 건 사실이지만, 아리스토텔레스의 다른 제안인 속편한 마음과 놀이는 진지하게 받아들이지 않는다는 점도 기억해두십시오. 사실 이런 식의 책을 계속해서 연달아 읽다보면, 저자가 태어나서 한 번도 웃어본 적 없는 사람인 것 같다는 대단히 강력한 인상을 받게 됩니다. 환자를 우울한 과정, 많은 경우 침울하기까지 한 과정으로 끌어들이면서 심리치료사들은 그들이 속편한 태도를 갖지 못하도록 의욕을 꺾고 무력감에 대한 창조적 반응을 어떤 방식으로든 보일 수 없도록 방해할 수 있습니다.

요약하자면, 친밀한 관계는 통제력의 표출 혹은 결여와 관계되어 있기에 위태롭습니다. 심각한 부당행위를 당할 가능성이 계속해서 열려 있기에 분노는 지속적이며 본질적으로 인간적인 유혹이 됩니다. 사랑에 치러야 할 불가피한 대가가 취약성이라면 슬픔은 보통 정당하고 값진 것입니다. 그러나 분노도 그렇다는 결론은 자연스럽게 도출될 수 없어요. 제 분석에 따르면, 자연스럽게 도출 가능한 결론은 분노에 상당한 근거가 있는 경우도 많다는 것뿐입니다. 다른 사람의 부당행위로 피해를 입은 대상이 정말로 중요하며, 다른 사람이 부당하게 그 행위를 한 것도 사실이라는 점에서 말이지요. 하지만 전에 말했듯, 이번에도 사랑과 신뢰라는 진정으로 좋은 재화들에 계속해서 초점을 맞추면 분노의 특징인 보복적 소망은 전혀 말이 되지 않는 일종의 마법적 사고가 됩니다. 그토록 가치 있는 재화는 보복으로 대체할 수 없으니까요.

이런 식으로 결혼의 해체를 바라보는 것은 냉정하고 지나치게 이성적이라는 이야기가 나올 것 같아요. 사랑과 취약성을 거부한다는 거죠. 하지만 저는 그런 주장을 받아들이지 않습니다. 이 영역에 대한 제 시각은 스토아주의적이지 않거든요. 슬픔과 애도는 합당하며 실제로 필요하기도 합니다. 그렇게 엄청난 가치를 가진 것을 잃었으니 당연하죠. 나아가 저는 피해를 입은 대상에 가치가 있다면 분노에 상당한 근거가 있다는 점까지도 인정합니다. 제가 하고 싶은 말은 그냥, 분노가 하는 조언이 별 도움이 되지 않는다는 것뿐입니다. 오히려 저는 정반대의 경우가 사실이라고 생각합니다. 다른 사람들을 통제하고자 하는 계획에 매진함으로써 취약하지 않은 존재가 되려고 하는 사람은 다름 아닌 메데이아, 즉 화가 난 사람입니다. 그녀의 분노는 진정한 애도를 하거나 자신의 취약성을 받아들이는 대신 자아를 봉인하는 한 가지 방법이 됩니다.

## 9. 자신에 대한 분노

마지막으로는 그 어떤 관계보다도 친밀한 관계를 다루도록 하겠습니다. 어떤 면에서, 이 관계는 정말이지 특권적으로 친밀한 관계입니다. 우리는 매일매일 단 1분도 빼놓지 않고 태어나서 죽을 때까지 우리 자신과 함께 있으므로, 다른 사람들에게는 없는 우리 자신에 대한 증거를 아주 많이 가지고 있습니다. 자신에게라면 다른 이들에게는 보통 보여주지 않는 것들을 보여주기도 하죠. 또한 우리는, 다른 사람들의 성격이나 행동을 바꿀 때에 발휘할 수 없는 능력을 우리 자신을 상대로는 발휘할 수 있는 것으로 보입니다.

그러나 아주 많은 부분에서 이런 비대칭성은 환상에 불과합니다. 어떤 측면에서는 언제나 '우리 자신과 함께' 있다는 게 사실이겠지만, 실제로 우리는 변화하고 망각하고 진화합니다. 그러므로 어린 시절의 자신이 했던 행동들은 오늘날 친구가 하는 행동보다도 훨씬 더 낯설 수 있습니다. 자기가 자신을 기만하는 경우도 많죠. 그게 아니더라도 우리는 우리의 동기와 습관을 잘 모르고 있으며 그런 것들을 해석할 때 대단한 편향성을 보이기도 합니다. 아리스토텔레스가 인간은 자신에게서 얻어낼 수 없는 자신에 대한 지식을 친구들에게서 제공받는다고 주장했던 이유 중 하나이기도 하지요.[44] 마지막으로, 우리는 다른 사람들이 발견하는 우리들의 많은 측면을 발견하지 못합니다. 자신의 신체에 대해서도 우리는 다른 사람보다 우월한 지식을 갖고 있지 않습니다. 따라서 우리가 보고 느끼는 것을 인식하지 못하는 타인도 우리를 우리 자신보다 더 완전하게 파악할 수 있습니다. 타인은 우리에게는 없는, 우리 자신에 대한 증거를 많이 가지고 있습니다.

이처럼 자아와 타인의 차이는 많은 측면에서 환상에 불과하지만 그래도 윤리적 중요성을 띱니다. 특수한 상황이 아니라면, 타인이 대신 결정해줄 수 없는 문제에 대해서도 우리 자신은 결정을 내릴 자격이 있습니다(심지어 미래의 자신을 위한 결정을 내리기도 하죠). 타인에 대한 통제는 보통 문제가 되지만, 자신에 대한 통제는 정도를 지나쳐 파괴적이게 되는 경우가 있기는 해도 보통 문제가 되지 않습니다. 효과가 있다면, 자신에게 험하게 굴거나 매우 엄격한 기준을 들이대는 것, 혹은 경직된 시간표를 짜는 일조차도 당사자에게는 괜찮은 일일 수 있습니다. 반면 타인을 상대로 비슷하게 험한 태도를 보인다면 그 대상이 자녀인 경우에조차 보통 그리 좋다고 볼 수 없죠. 작은 부분에서라도 도덕적 비대칭성이 발생합니다. 자신에게라면 일을 많이 한 뒤 휴식을 취하기 위해서 '자, 이제 가서 추리소설을 읽어도 된다'고 말할 수 있겠지요. 하지만 친구나 자녀가 상대라면 이런 말은 상당히 짜증나는 말하기 방식입니다. 제 생각에는, 자녀가 상당히 어린아이라도 말이죠.

자아-분노와 관련하여 가장 먼저 할 수 있는 이야기는 이 영역에서 이행-분노가 흔하게 나타나며, 이행-분노는 도덕적 향상을 위한 대단히 중요한 힘이 된다는 것입니다. 자기가 (도덕적인 것이든, 도덕과는 관계없는 것이든) 어떤 기준에 미치지 못하는 행위를 했다는 사실을 알아차린 사람은 '말도 안 돼! 다시는 이런 일을 하지 말아야지'라고 생각합니다. 이때 '말도 안 된다'는 판단은 진행 중인 열망과 목표에 비추어 이루어지는 것이므로, (분노라고 할 수 있다면) 이때의 분노는 기본적으로 미래지향적이며 건설적입니다. 자신에게 고통을 주면 (다른 사람에게든, 그냥 자기가 소중히 여기는 이상에게든 이미 가해진) 피해가 상쇄된다는 식으로 행동하는 대신, 사람들은 그냥 앞으로는 더 조심하면서 잘해내겠다고 결심한 뒤 전진합니다.

그러나 자신을 향한 분노의 많은 부분은 스스로에게 가하는 고통을 동반합니다. 일종의 복수라고 할 수 있겠죠. 이런 고통은 도덕적 삶의 중요한 부분으로 간주되는 경우가 많습니다. 이런 종류의 자아-분노는 많은 경우 죄책감이라고 불리는데, 죄책감은 실제로 자기와 연관된 분노의 상당 부분을 포괄하는 단어입니다. 죄책감은 자기가 일으켰거나 최소한 일으키기를 원했다고 생각되는 부당행위를 근거로 하여 자신에게 향하는 부정적인 감정으로서,[45] 개인의 성품이나 특징을 초점에 두는 부정적 반응인 수치심과는 구분되어야 합니다. 죄책감과 분노 모두 행위에 초점을 맞춘다는 점에서 두 감정이 서로 평행관계에 있다는 걸 알 수 있죠.

이처럼 자아 자체보다 행위에 초점이 맞추어진다는 건 다행스러운 일입니다. 행위를 행위자에게서 분리하는 건 도덕적 (혹은 도덕과 무관한) 변화를 일으키는 건설적 요소이니까요. 죄책감의 또 한 가지 전도유망한 점은 행위에 초점을 맞추고 있는 만큼, 많은 경우 타인과의 관계에서 발생하는 피해, 즉 중요하고도 (어느 정도 영구적인 다른 특징에 비해) 수정 가능한 행실에 초점을 맞춘다는 점이죠.[46] 보통 그렇듯, 문제는 피해를 갚아주겠다는 소망에 초점을 둘 때 발생합니다.

앞서 제가 했던 분석을 통해 보면, 자신에 대한 분노는 다음과 같이 분석할 수 있겠습니다. (1) 자아에 대한 완연한 분노는, 그 행위가 정말로 부당했다는 측면에서 상당한 근거를 갖추고 있는 경우에도, 잘못한 사람이 고통받기를 원하는 소망을 항상 포함하고 있다. (2) '피해를 갚아주어야' 한다고 생각되는 심각한 부당행위에 초점이 맞추어져 **있다면** 이러한 보복적 소망은 말이 되지 않는다. 행위를 한 사람이 고통을 겪는다고 해서, 무엇이든 간에 그가 야기한 피해가 취소되거나 '상쇄'되는 것은 아니기 때문이다. (3) 하지만 진정한 문제가 상대적 지위에 관한 것이라고 생각한다면, 앙갚음의 소망은 완벽하게 말이 된다. 내 지위가 격하된다면 상대의 지위는 실제로 비교적 높아지기 때문이다. 그러나 이와 같은 편협한 지위-초점에는 윤리적 문제가 있다. (4) 그러므로 이성적인 사람은 실제로 가해졌거나 의도되었던 피해에는 계속해서 초점을 맞추되, 복수라는 무의미한 생각에서는 방향을 돌려 미래에 유용하거나 좋은 것을 추구함으로써 상황을 개선하려 노력할 것이다. 그리하여 이행이 일어난다.

이 분석을 자신과의 관계라는 맥락에도 적용할 수 있을까요? (1), (2), (4)는 완벽하게 말이 되는 것으로 보입니다. 처음에 좀 미심쩍게 보이는 요소는 (3)이죠. 관련된 사람이 한 명밖에 없는데 어떻게 제로-섬 게임이 일어나겠어요? 글쎄요. 자신 대 자신의 관계와 자신 대 타인의 관계에서 발생하는 대칭성을 한층 더 깊이 있게 짚어보지요. 이 두 가지 관계는 모두 다수의 독립된 실체와 관계되어 있습니다. 플라톤의 분리된 영혼설이나 프로이트의 슈퍼에고/에고/이드 삼인조 등 특정한 이론을 빌리지 않더라도, 우리는 자신을 비난할 때 관여하는 여러 측면의 인격을 느낄 수 있습니다. 주도권을 쥐고 있거나 판단을 내리는 자아가 유아적이고 쾌락을 추구하는 자아를 누르는 경우가 많죠. 가끔씩은 창의력 넘치는 자아가 경직되어 있고 심판하는 자아를 누르고 싶어 하고요. 가끔은 그냥 현재의 고도로 집중한 자아와, 느슨해져 있거나 별로 주의 깊지 않았던 과거의 자아 사이에 싸움이 벌어지기도 합니다. 어느 경우에든, (3)을 내면에서 벌어지는 토론의 방식으로 이해하는 데에는 전혀 어려움이 없습니다. '쓸데없이 베이글을 하나 더 먹었잖아. 분수를 알아야지!'

그러므로 평행 관계는 상당 부분 말이 됩니다. 우리가 던져야 할 질문은 지금까지 발전시켜온 이론이 이처럼 특수한 상황에도 적용되는지 여부입니다. 분노는 유용한 미래지향적 사고로부터의 굴절일까요? 그렇다면 용서도 중요한 일로부터 관심을 돌리게 만드는 오류일까요?

과거에 저는 공격적이거나 다른 방식으로 해로운 행위를 했기에, 혹은 그런 행위를 하고 싶은 소망을 품었기에 느끼는 죄책감은 도덕적 삶의 중요한 창의력이라고 생각했습니다.[47] 그 힘이 행위의 교정으로 이어지니까요. 멜러니 클라인과 로널드 페어베언의 정신분석학적 설명을 따라서 저는 타자와 관련된 도덕성에 대한 관심, 그러니까 좀 더 일반화해서 말하자면 창의적인 인간적 노력의 많은 부분이 우리를 아끼는 사람에게 저지른 공격적 행위나 그런 행위를 저지르고 싶어 했던 소망을 수정해야겠다는 필요성에서 자라나온 것이라고 주장했습니다. 그러므로 죄책감은, (군인들이 전우가 죽었는데도 살아남았다는 사실 자체에 죄책감을 느끼는 경우에서처럼)[48] 극단적이거나 심지어 오해로 인해 발생한 것일 때에도 손익계산을 해보면 강력하게 긍정적인 힘이라고 생각했습니다.

더 나아가 죄책감은 도덕적 발전에 핵심적인 역할을 합니다. 인생 초기부터 어린아이들은 자기 앞길을 막아서는 것이면 무엇에 대해서든, 혹은 누구에 대해서든 공격적 소망을 품습니다. 때로는 공격적 행동을 보이기도 하죠. 유아적 자기애에 감싸여 있기에 아이들은 다른 이들의 욕구에도 독립적인 도덕적 무게를 부여할 능력이 없습니다. 그러나 한편으로 아이들은 자신을 돌보아주는 사람들에 대한 사랑을 발전시킵니다. 그 덕분에 발달 단계의 어느 순간에는 자신들의 공격행위를 문제로 볼 수 있게 되죠. 자신이 파괴하고 싶어 하던 그 존재가 바로 자신을 돌보아주고 편안하게 해주는 존재라는 걸 갑자기 깨닫게 되는 겁니다. 이러한 깨달음은 성격에 근원적 위기가 닥쳐오는 계기가 되며, 그 성격의 전적인 정지로도 이어질 수 있어요. 그런데 이 순간에 도덕이 구원자로서 등장하는 겁니다. 페어베언이 '도덕적 방어'라 부르는 이 개념은 다른 이들의 권리를 지키는 규칙들을 받아들임으로써 아이들이 자신의 공격행위에 대한 속죄를 할 수 있다는 생각인데요. 다시 말해, 규칙에 복종함으로써 아이들은 자신을 용서할 수 있게 되는 겁니다. 멜러니 클라인은 여기에 더해, 죄책감에 대한 지속적 불안 때문에 사람들은 평생 동안 인류에 도움을 주고자 노력하게 된다고 주장합니다. 죄책감이 문화적 창의력으로 이어진다는 거죠.[49] 이게 제가 예전에 가졌던 시각입니다.

허버트 모리스는 강력하고도 미묘하게 다른 방식으로 이런 그림을 더욱 발전시킵니다.[50] 죄책감은 자신이 고통받아야 마땅하다는 생각은 물론 실제로 고통을 가하는 행위를 포함합니다. 고통은 죄책감이라는 감정에 내재된 구성요소로서, '자신에 대한 적대감'을 표현하지요. 하지만 그런 고통은 공동체를 이루어 함께 살아가자면 모두가 도덕적 규칙을 배워야 하는 이 세상에 처음부터 내재되어 있는 개념이기도 합니다. 잘못을 저지른 사람은 공동체의 규칙을 위반함으로써 그 공동체로부터 스스로를 고립시킵니다. 다행히도 잘못을 저지른 세상에는 찢겨나간 공동체의 조직을 복구할 수 있는 길이 잘 알려져 있어요. 다시 말해, "용서를 구하고 베푸는 행위, 희생을 치르는 행위, 보상, 처벌 등에는 통합으로 돌아오는 길로서 중요한 의미가 있는"[51] 거죠.

제 스승 버나드 윌리엄스의 생각은 좀 다릅니다. (저는 이 이야기를 어느 정도 추측에 따라 재구성할 수밖에 없는데요, 그분은 자신이 '도덕 체계'라고 부른 것에 대한 적대감을 여러 가지 맥락에서 표현했으나 사람들이 바라는 만큼 충분하게 발전시킨 적은 한 번도 없기 때문입니다.) 도덕성을 금지의 체계로 보는 칸트적 개념은 죄책감을 통해 지탱되며 사람들을 제약하고 억압합니다. 이러한 도덕성은 창의적 열망과 개인적 이상의 추구를 숨 막히게 방해하며 아량이나 자연스럽게 우러나는 사랑과는 양립 불가능하죠. 윌리엄스는 정치적 영역에서야 도덕적 규칙이 맡아줄 역할이 있다고 인정했지만, 윤리적 삶에서까지 이러한 도덕적 규칙이 보편적으로, 최우선적으로 적용되어야 한다는 주장에는 의문을 표했습니다.[52]

가끔씩 사람들은 스승이 죽고 난 다음에야 그 스승의 통찰력에 깃들어 있던 진실을 완전히 알아볼 수 있습니다. 이 경우 제게는 그런 일이 슬프게, 또한 때 이르게 일어났습니다.[53] 지금의 저는 예전의 제가 특정 정신분석가들의 칸트적 시각에 너무 지나친 영향을 받았다고 생각합니다. 죄책감에 대해 했던 말도 대단히 문제적이었다고 생각하고요. 우리는 자신, 혹은 다른 사람들을 교정하기 위해 고통을 가할 필요가 없습니다. 또 양심에서 오는 고통을 두려워해야만 이상을 추구할 동기를 갖게 되는 것도 아닙니다. 타인의 곤경에 대한 연민, 그리고 이와 결합되어 있는 타인에 대한 사랑은 그 자체로 도덕적 행위를 위한 충분한 동기인 것으로 보입니다. 이런 동기가 훨씬 덜 문제적이기도 하고요. 자신을 가혹하게 대해야만 도덕성을 추구할 수 있다면 도덕성에 대한 헌신은 당연하게도 대단히 불완전할 것입니다. 이 이야기는 사기-통제와 미덕을 구분했던 아리스토텔레스의 생각과도 궤를 같이합니다. 나도 모르게 절도나 살인 같은 행위를 저지르는 일을 피하려고 끊임없이 내면의 투쟁을 벌여야 한다면 그건 내게 뭔가 심각한 문제가 있다는 뜻입니다. 우리 모두가 타인에게 잘못을 저지른다는 사실만은 인정해야겠지요. 하지만 그 사람들에 대한 사랑, 또 그들 곁에서 좀 더 나은 처신을 하고 싶다는 열망은 죄책감보다 더 생산적인 마음으로 보입니다. 죄책감은 전부 자신에 대한 것이지 다른 사람에 대한 것이 아니니까요.

분노가 그렇듯 죄책감에도 많은 경우 상당한 근거가 있을 수 있습니다. 하지만 분노가 그렇듯, 죄책감 또한 '내가 (나 자신에게) 고통을 가한다면 일을 바로잡을 수 있을 거야'라는 생각을 동반한다면 대단히 비이성적이며 비생산적입니다. 이런 죄책감은 다른 사람들을 향한 분노와 다를 게 없죠. 고통은 실제 문제를 해결하지 못할 뿐 아니라, 거기에 계속해서 초점을 맞추지도 못합니다. 자아가 겪는 고통에 무슨 쓸모가 있다면, 그건 초점이 지위에 대한 우려로 옮겨가는 경우뿐입니다. 지나치게 지위가 격상된 것으로 생각되는 자신을 상쇄하기 위해 자신을 비하하고자 하는 소망이 일어나는 경우죠. 하지만 이런 초점은 자기애적이고 타인과는 사실 아무런 관련도 없는 문제로서 바람직하지 않습니다. 이와 반대로 타인에게 계속 타당하게 초점을 맞추는 사람은 일시적으로 죄책감을 느끼고 자신의 고통을 바랄 수도 있겠지만, 얼마 지나지 않아 그러한 계획의 무용함을 깨닫고 이행으로 건너가게 됩니다. 이때 이행은 타인의 권리와 욕구에 더욱 관심을 쏟고 자신의 어떤 행동이 그들의 삶을 더욱 나아지게 할 수 있을지 생각해보는, 대단히 이성적인 형태로 나타나게 되죠.

죄책감이 창의력을 향상시켜줄까요? 이런 주장은 시험할 수 없다는 이유만으로, 또한 유대-기독교 문화의 가르침과 심하게 공명한다는 이유만으로 참인 것처럼 보일 뿐 사실 시험 불가능한 경험적 주장 중 하나입니다. 대단히 흥미로운 건 그리스인들이 죄책감을 논의할 가치도 없는 감정이라 생각하면서, 창의력이 미덕을 미덕 자체로 사랑하는 마음이나 불멸성을 대체할 수단을 획득하고자 하는 욕망 등 다양한 동기로부터 향상된다고 보았다는 점입니다. 이런 긍정적 동기는 타인을 지향하는 창의적 노력을 생산해내기에 충분한 것으로 보입니다. 죄책감에 불쾌하고도 숨 막히는 자기애적 측면이 있다는 걸 생각해보면 죄책감보다 더 적절한 동기이기도 하고요. 부모-자식 간의 사랑이든 배우자 간의 사랑이든 사랑에 대해서 생각해보면 윌리엄스가 맞는 길을 가고 있었을 가능성이 높아 보입니다. 죄책감은 잘못된 동기이고, 긍정적인 사랑과 연민이 맞는 동기입니다. 죄책감이 이런 다른 동기들을 가로막거나 방해한다는 이야기도 무리는 아니고요.

어린아이들에 관한 논의에서는 죄책감의 긍정적인 역할을 지지하는 주장이 더 많아 보입니다. "약속할 수 있는 권리를 가진 짐승들을 만들어내는 데에"[54] 죄책감이 생산적인 역할을 했다는 니체의 판단을 생각해보십시오 (3장에서 다룬 내용입니다). 니체가 그린 그림은 아이들이란 부주의하기 짝이 없는 짐승이기에 오직 고통을 가하는 방법만이 그들로 하여금 도덕성을 발견하고 진지하게 받아들이게 만들 수 있다는 것이었습니다. 짐승 이야기가 자꾸 나오는데, 고통이 말과 개를 길들이는 데 가장 좋은 방법인지 여부도 물론 따져볼 수 있는 문제입니다. 당연히 따져봐야죠! 심지어 코끼리와 같은 '야생'동물도 고통보다는 긍정적 강화에 더 효과적으로 반응한다는 건 이미 오래전에 확립된 사실입니다.[55] 과학자들은 해양생물도 연구하고 있는데, 교육은 긍정적 강화만으로도 충분히 이루어진다는 사실을 발견했습니다. 사실 긍정적 강화 이외의 전략은 사용할 수 없었죠. 고래와 돌고래들은 목전에 닥칠 일이 마음에 들지 않으면 그냥 멀리 도망가버리기만 하면 됐으니까요. 요즘은 다른 종에 대해서도 긍정적 강화의 힘을 점점 더 많이 인정해가는 추세입니다. 동물 훈련에 관한 구시대의 시각은 빠르게 변화하고 있다고 할 수 있겠죠.[56] 인간에 관한 시각도 마찬가지입니다. 이제 우리는 유아의 심리에 대해 니체가 알았던 것보다 훨씬 더 많은 것을 알고 있습니다. 유아들이 초보적 이타주의, 즉 원시적으로나마 자기애와 반대되는 무언가는 물론 공감능력까지 발휘할 수 있다는 사실도 알고 있죠. 이기적인 유아가 어떻게 도덕성을 발휘할 수 있게 되는지 설명하기 위해 페어베언식으로 자아 안에 갑작스러운 위기가 닥친다는 그림을 그릴 필요는 아마 없을 겁니다. 이는 동시에, 도덕적 발전의 원동력으로 죄책감 심기에만 의존할 필요는 없다는 뜻이기도 합니다. 타인의 권리와 욕구에 긍정적으로 초점을 맞추고 타인의 곤란함에 대한 연민을 계발시키는 것은 둘 다 효용성이 높고 죄책감보다 나은 방법으로 보입니다. 자신의 내면에서 일어나는 드라마보다 타인에게 더 초점을 맞추는 방법이니까요. 단, 모리스가 그린 그림에도 일정한 역할을 맡겨야 합니다. (아이들이 자기가 한 행동에 대해 생각해보도록 자기 방으로 보내지는 경우에서처럼) 타인으로부터 고립될 때 느껴지는 고통은 유용한 자아비판과 사람들이 중요하게 여기는 인간관계에 부합하는 방식으로 행동해야겠다는 소망을 촉진할 수 있습니다.

윌리엄스가 내놓은 또 다른 견해도 있습니다(이번에도 제가 윌리엄스의 의견을 제 나름대로 해석한 것입니다). 원죄라는 기독교적 개념이 우리가 죄책감과 처벌을 바라보는 방식의 근저에 자리잡고 있으며, 이러한 초점에서는 머드스톤식 훈육 냄새가 풍긴다는 의견이에요. 이런 관점은 본질적으로 억압적이고 자아를 증오하려 듭니다. 부모에게서는 가학성을, 자녀들에게서는 피학성을 부추기죠. 의심의 여지 없이, 그 자녀가 성인이 되고 나면 또 가학성을 띠게 되겠죠. 지금도 클라인-페어베언식의 정신분석학적 담론을 (상당히 극단적이고 불완전한) 윌리엄스식의 의무론적 윤리학과 구분하고 싶다는 생각이 들긴 하지만, 제게도 이제는 예전에 보지 못했던 둘 사이의 유사성이 보입니다. 저라면 사랑에 의존하고 싶어요. 제가 가장 좋아하는 정신분석학자 도널드 위니콧처럼 말이죠.

자아-용서는 어떨까요? 글쎄요. 죄책감에, 그러니까 자신에 대한 분노 감정에 지배당하고 있다면야 자기를 용서하는 연습을 하는 게 당연히 훨씬 낫지요. 하지만 그 과정에서 보이는 경계심과 집착하듯 내면으로만 향하는 초점은 그 나름대로 숨 막히게 보입니다. 외면으로 향하는 관심과 활동은 당연히 저해되고요. 죄책감이라는 파괴적 느낌을 조건부로든 무조건적으로든 자기에게서 몰아낼 방법을 생각해내기보다, 그런 느낌에 의해 파괴당하지 않도록 세상을 바라보는 방식 자체를 바꾸는 것이 더 좋을지도 모르겠습니다. 이미 그처럼 바람직하지 못한 상황에 처해 있는 사람도 타인에게 정신적 초점을 두고 다른 사람들을 지향하는 계획에 적극적으로 나섬으로써 그 감정에서 벗어나는 게 좋겠죠.

이 지점에 이르면, 오늘날 이 세상의 중요한 문제는 지나친 자아-분노가 아니라 지나치게 적은 자아-분노라며 반대하고 싶은 생각이 당연히 드실 겁니다. 공적 영역은 내면 성찰이나 자기비판을 할 능력이 거의 없는 사람들, 자신에게 높은 기준을 적용하지 않는 사람들로 가득 차 있습니다. 저는 이런 진단에는 동의하지만 처방에는 동의하지 않습니다. 문제는 죄책감이 너무 적어서 생기는 것이 아니라, 연민과 정의에 대한 사랑이 너무 적어서 발생하는 것입니다. 공직자들이 여기저기서 비밀리에 저지르는 나쁜 일들은 어쩌면 죄책감의 연장선상에서 나온 것일지도 모릅니다. 어쨌거나, 그들이 자신에게 더 많이 분노한다고 해서 문제가 해결되지는 않을 테고요. 최선의 경우 죄책감은 문제가 존재한다는 신호가 되고 그 문제를 풀어야겠다는 동기가 될 수도 있겠지만, 공적인 삶에서 발생하는 말썽을 해결할 때 필요한 외부지향적이고 미래지향적인 초점을 저해할 수도 있습니다. 죄책감은 믿을 수 없는 동기입니다. 타인의 복지라는 진정한 목표와는 오직 불안정하게, 우연히 연결되어 있을 뿐이니까요.

하지만 죄책감이 가지는 억제책으로서의 가치는 어떨까요? 물론, 자신과의 관계를 망치게 될 거라는 이유만으로 잘못을 저지르지 않으려 하는 사람들도 당연히 존재합니다. 밤에도 깨어 있고 낮에도 즐기지 못하는 사람들 말입니다. 그게 그 사람의 천성이고 다른 방식으로 변화하는 게 영 불가능하다면야 더 할 말은 없습니다. 그런 사람은 자신의 진노를 피하려 노력하는 게 낫겠지요. 하지만 잘못을 피해야 하는 이유가 그렇게까지 전적으로 부정적이며 자신에게만 초점을 맞추기 때문인 사람이 존재한다는 것도 참 슬픈 일이라는 생각이 들어요. 밤잠을 설치게 되리라는 걸 알아서 오후에 커피를 마시지 않겠다면야 그건 그럴 수 있지만, 피하고자 하는 행동이 중대한 도덕적 내용을 담고 있는 행위라면, 그 동기는 도덕성의 긍정적 목표와 연결되어 있는 편이 바람직하겠죠. 타인과의 친밀한 관계에서 신뢰에 대해 했던 말은 자신에 대한 신뢰에도 적용됩니다. 분노에 대한 두려움에만 의존하는 신뢰관계는 건강한 관계가 아닙니다. 제대로 된 행동을 지향하는 긍정적 동기를 더 많이 계발하는 게 가능하다면 당연히 그렇게 해야 합니다. 가능한 한 빨리 이행을 향해 가는 방법을 통해서 말이죠.

긍정적 동기에도 부분적으로는 일종의 고통이 포함될 수 있습니다. 자기가 되고 싶어 하는 사람이 되지 못했다는 데서 오는 고통, 혹은 자신의 기준을 사실상 만족시키지 못하는 행동을 했다는 데서 오는 고통이죠. 제 생각에 그런 고통은 일종의 슬픔처럼 느껴질 것 같습니다. 자신의 일부를 잃어버렸다거나 상실했다는 고통이에요. 슬픔이 그렇듯 이 감정은 대체재를 향해 외부에 초점을 맞춥니다. 그런 사람은 좋은 일을 하기 위해서, 자기가 정말로 되고 싶은 사람이 되기 위해서 노력을 배가시키겠죠. (도덕적 실망감 혹은 도덕적 상실감이라고 부를 수 있는 고통으로서, 많은 경우 이행-분노를 동반하는) 이런 고통이 좋은 행위를 하겠다는 동기를 부여하는 건 당연한 일입니다(나아가 그런 고통을 의식하고 있으면 억제 효과도 생기겠죠). 하지만 이것은 죄책감이라는, 자기 스스로에게 가하는 처벌과는 다릅니다.

좀 더 일반적으로 이야기해보지요. 자신을 괴롭히는 행위는 다른 사람들을 괴롭히는 것보다야 도덕적으로 덜 불쾌하다지만 아주 바람직한 것은 아닙니다. 자신의 불완전함을 좀 더 아량 있게 받아들이고, 건설적으로 개선하려는 태도가 좀 더 나아 보여요. 무엇보다, 다른 사람들의 복지에 신경을 써야 하는 이유는 그 사람들 때문이지, 그 모든 문제가 전부 나 자신과 죄책감에 시달리는 내 양심에 관련된 것이기 때문은 아니잖아요.

좀 더 논의해볼 만한 복잡한 문제가 한 가지 더 있는데요. 이번 장의 다른 부분에서도 그랬듯 이 문제를 다루려면 저는 제가 취했던 이전의 입장을 바꾸어야 합니다. 가끔씩 사람들은 상황의 압박 때문에 심각한 부당행위를 저지릅니다. 제가 집중적으로 살펴보고 싶은 사례는 도덕적 딜레마로 널리 알려진 경우로, 어떤 일을 하든 심각한 부당행위를 저지르게 되는 상황입니다. 다양한 종류의 딜레마가 있는데 저는 아주 오랜 기간에 걸쳐 그런 문제에 관한 글을 써왔습니다.[57] 버나드 윌리엄스처럼 저도 이런 충돌을 신념의 충돌과 동일시하는 건 옳지 않다고 생각했어요. 두 가지 의무가 서로 충돌한다면 그중 옳은 것은 오직 하나일 수밖에 없다고 생각했죠.[58] 저는 또한 윌리엄스의 방식을 따라,[59] 이러한 상황들은 전형적인 공리주의적 비용-편익 분석에 따라 적절히 묘사할 수 없다고도 주장했습니다. 공리주의 분석은 오직 '나는 어떤 선택을 해야 하는가?'라는 질문만을 던지고, '심각한 잘못을 하지 않는 가능한 다른 대안은 없는가?'라는 대단히 중요한 다른 질문을 던지지 못하기 때문입니다. 저는 과거에, 두 번째 질문에 대한 답이 '없다'인 상황이라면, 그런 끔찍한 상황에 처하게 된 게 행위자의 잘못 때문이 아니라 할지라도, 또한 행위자가 그런 상황하에서 가능한 최선의 선택을 했다고 해도, 행위자는 여전히 무언가 '회한remorse'과 같은 감정을 느껴야 한다고 주장했습니다.[60]

부정적 감정을 고집하면 뭐가 달라질까요? 예전의 연구에서 저는 세 가지 이유를 제시했습니다. 첫째, 부정적 감정이 주는 고통은 다른 면에서 가치가 있는 도덕적 헌신을 강화하고, 개인에게는 자신이 상황이 변할 때마다 함께 변하는 카멜레온이 아니라는 걸 알림으로써 그의 성격적 통합성과 일관성을 강화해줍니다(아리스토텔레스부터가 윤리적 변덕에 대한 이미지로서 카멜레온이라는 동물을 활용했습니다!). 둘째, 부정적 감정은 교정을 위한 행위, 예컨대 전쟁으로 인한 부당행위에 대해 약간이나마 보상하는 행위를 촉진할 수 있습니다(클라인식의 주장이 앞서 언급되었습니다).[61] 셋째 문제는 시간이 지날수록 제게 점점 더 중요하게 여겨졌던 사안으로서, 헤겔이 잘 밝혀놓은 점입니다. "옳은 것과 옳은 것의 충돌"에 대한 특별한 기록을 남김으로써, 미래에 대해 제대로 사유할 때 현재의 비극적 상황이 도움을 주도록 만들 수 있기 때문입니다. 선량한 의도를 가진 사람이라면 그런 충돌을 맞닥뜨릴 필요가 없는 미래를 만들어내기 위해 노력하게 된다는 거죠.

저는 여전히 비극적 선택과 다른 상황에서의 선택 간에 존재하는 차이를 유념하는 것이 대단히 중요하다고 믿으며, 그 중요성에 대한 헤겔의 미래지향적 설명은 어쨌거나 강력하다고 생각합니다. 다른 두 가지 이유도 받아들일 수 있는 것이라고 보고요. 하지만 이제 우리는 정당한 감정이 무엇이냐는 질문을 던져야 합니다. 물론 슬픔과 후회만으로는 충분하지 않은 게 분명합니다. 아무리 원치 않는 상태에서 저질렀다고 해도 행동한 건 행동한 것인데, 슬픔이나 후회만 느낀다면 이런 행동이 단순한 불운과 구분되지 않으니까요. 반면, 죄책감이 요청되어야 하는 이유는 잘 모르겠습니다. 이 장에서 살펴본 것처럼 죄책감이 자신을 처벌하는 분노의 일종이라면 말이죠. '회한'은 대단히 불명확한 용어이므로 좀 더 정교하게 정의하지 않으면 사용할 수 없습니다. 가장 잘 들어맞는 용어는 아마 윌리엄스가 사용한 용어인 '주체 유감agent-regret', 즉 자기 자신이 저지른 부당한 행위에 초점을 맞추는 특별한 종류의 유감이 될 것입니다. 이 유감을 선량한 사람이 그에게 소중한 도덕적 규범을 어쩔 수 없이 위반할 때 느끼는 특수한 공포감과 결합시킬 수도 있겠죠. 선량한 인간으로서의 일관성과 통합적 존엄성을 잃어버렸다는 깊은 도덕적 상실감과 결합시키는 것도 가능하고요. 이 중 어떤 감정도 자아에 대한 책망이나 자아에 대한 분노를 요구하지는 않습니다. 적어도 지금의 제게는 그렇게 보입니다.[62]

이후 정치적 맥락을 다루며 저는 두 가지 요소가 필요하다고 주장할 것입니다. 진실과 화해, 즉 어떤 일이 행해졌는지에 대한 인정과 더 나은 미래를 향해 이미 벌어진 과거를 넘어 움직이는 일입니다. 지금 우리에게 필요한 것도 바로 그 두 가지입니다. 최악의 상황에서, 강압적으로 벌어진 것이라고는 해도 지금 벌어진 일은 허리케인이나 들불이 아니라 내가 의도적으로 저지른 행위임을 진실되게 인정하는 것, 그리고 그때의 공포를 넘어 움직일 수 있는 전략. 후자에 대해서는 헤겔이 우리에게 유용한 아이디어를 제공해주고 있습니다.

## 10. 가족관계에 관한 법

에우메니데스는 오래전에 벌어진 범죄에 복수해야 하는 끝도 없는 부담에서 가족을 해방시켜주었습니다. 그 부담은 그때 이후로 공정한 법정에 맡겨졌죠. 이러한 아이스킬로스의 통찰력은 중요합니다. 제 설명에 따르면 친밀한 관계는 그 자체로 중요하므로, 이 영역에서의 심각한 부당행위로 인해 마땅히 발생한 슬픔과 상실감을 법이 완전히 떠맡을 수는 없습니다. 단, 이미 벌어진 부당행위에 대해 책임성을 확보해주는 부담은 떠맡을 수 있죠. (강간, 살인, 아동학대 및 아동방임, 폭행, 절도 기타 등등) 중죄의 상당 부분은 친밀한 관계 내에서 일어나고, 그런 일이 벌어지면 법이 반드시 개입해야 합니다. 부당행위를 당한 사람이 타당하게 느끼는 감정 전체를 법이 빠짐없이 처리해야 한다고 생각했다면, 아이스킬로스는 오류를 범한 것입니다. 중간 영역에 속한 비이성적이고 무례한 사람들과는 달리, 우리가 사랑하거나 과거에 사랑했던 사람들을 감정적 관심의 대상으로 남겨두는 건 지당한 일이니까요. 하지만 법은 당연히 개입하여 장기적 분노의 유혹을 감소시키고 주체들이 이행에 도달할 수 있도록 보조해야 합니다.

과거에는 합법적으로 관여할 수 없는 '사적 영역'이라는 치명적 개념을 통해 법이 이런 임무를 회피하는 일이 자주 벌어졌습니다. 가족 내에서 발생한 범죄에 대한 법은 오늘날에도 심각할 정도로 부적절하게 집행되고 있습니다. 법이 제 할 일을 하지 않으면 친밀한 관계에서 부당한 취급을 받은 사람들은 항의를 하고 법이 맡은 바 소임을 더 잘해내도록 만드는 노력을 기울여야 합니다. 부모가 저지른 잘못에 혼자만의 의지와 노력으로 반응해야 한다는 리즈 머리의 제안은 틀렸습니다. 그보다는 오히려 법적 책임성을 함께 요구해야죠.

그러나 법의 이처럼 중요한 역할은 법이 피해자들의 분노를 실어 나르는 차량이 되어야 한다거나 보복적 정신으로 가해자들을 다루어야 한다는 결론으로 이어지지는 않습니다. 책임성은 중요한 가치에 대한 사회의 헌신을 표현합니다. 여기에는 인과응보라는 마법적 사고가 필요하지 않습니다. 그보다 더 나은 대안이 6장에서 논의됩니다. 하나 더, 법 이전의 세계에서는 피해자가 느끼는 분노의 상당 부분이 사실상 현재의 친밀한 관계에서 발생한 피해와 무관했습니다. 오히려 현 세대의 사람은 알지도 못하고 복수 외에는 유의미한 연결고리가 전혀 없는 사람들 때문에 발생한, 대대로 이어져오는 복수의 부담과 관련된 경우가 많았죠. 법이 도입되면 앙갚음에 대한 이런 식의 무의미한 사유는 완전히 박멸될 수 있고, 그렇게 되어야만 합니다. 아트레우스가 몇 세대 전에 했던 일은 어느 모로 보나 오레스테스가 고려해야 하는 일이 아닙니다. 심지어 사랑이나 슬픔을 보장해주는, 깊은 감정적 연대의 일종도 아니죠. 이때는 가족이 관계되어 있다는 사실만으로 가해행위가 친밀한 관계에 속하는 문제가 되지는 않습니다. 오히려 이런 문제는 중간 영역의 일부일 수도 있어요. 실제로 그렇습니다. 이런 영역에서는 법이 부당행위 피해자의 감정적 부담을 완전히 떠맡아야 하죠.

우리는 다른 사람을 사랑하고 신뢰하기 때문에 여러 가지 중요한 방면에서 취약합니다. 취약성은 많은 경우 슬픔을 일으키죠. 엄청난 분노를 일으키는 경우도 많고요. 이러한 분노에는 때때로 상당한 근거가 있지만, 슬픔과는 달리 분노는 절대로 완전히 정당화될 수 없습니다. 분노는 지위에 지나칠 정도로 초점을 맞추거나, 전혀 말이 되지 않는 인과응보에 대한 환상을 체현하고 있거든요. 둘 중 어떤 경우든 사람들은 이미 발생한 나쁜 행위를 진실되게 인정하는 한편, 다른 사람들의 복지와 미래를 만들어내는 일에 초점을 맞추어야 합니다. 분노는 이러한 과제에 전혀 도움이 되지 않습니다. 용서는 가끔 도움이 될지 모르나, 용서를 옹호하는 주장은 과장되어 있습니다. 분노에 용서로 맞서는 싸움을 돕는 걸 직업으로 삼는 (종교적·의료적) 전문가들 때문이죠. 이런 전문가들은 분노와의 투쟁을 필수적이고 가치 있는 것으로 표상해야 할 필요가 있었으니까요. 제가 보기에는 이행을 통해 분노를 사라지게 하는 방식이 그런 방법보다는 훨씬 더 전도유망한 것 같습니다. 내면의 상태에 대해 생각하기를 멈추고, 어떻게 해야 무언가 쓸모 있을 뿐 아니라 다른 사람들에게 아량을 베푸는 일을 할 수 있을지 생각하는 방법 말입니다.

제5장

# 중간 영역: 스토아주의로 충분하다

폴로니어스: 전하, 이 사람들을 신분에 알맞게 대우하겠사옵니다.

햄릿: 원, 말도 안 되는 소리! 훨씬 잘 대해줘야지! 이 사람들을 각자 신분에 맞게 대우한다면야 채찍

질을 당하지 않을 사람이 하나라도 있나? 오히려 경의 명예와 위엄에 맞게 대우해야 할 것 아니오?

-셰익스피어, 『햄릿』 2막 2장

## 1. 매일매일 분노

하루는 세네카가 교외에 있는 자기 별장에 방문합니다. 저택은 상태가 매우 나쁩니다. 세네카가 집사에게 불평을 하자 집사는 자기 잘못이 아니라고, 그저 집이 낡아서 그런 거라고 대답하죠. 그 집이 세네카가 젊었을 때 직접 지은 집이라는 걸 세네카도, 집사도 알고 있으므로 세네카는 부주의로 인한 것이든 의도적인 것이든 간에 집사가 한 말을 인신공격으로 받아들입니다. "집사에게 분노한 나는 짜증을 부릴 기회만 노리고 있다가 그럴 기회가 오자 바로 붙잡았다." 세네카는 이렇게 말합니다. "저 플라타너스 나무를 제대로 돌봐주지 않았나보군. 잎도 다 떨어지고 나뭇가지는 이리저리 뒤틀리고 엉킨데다 밑동도 껍질이 모두 벗겨지지 않았나? 자네가 물을 잘 대주고 뿌리를 흙으로 덮어주었더라면 저렇게 됐을 리가 없지." 하지만 이번에도 집사는 세네카가 받아들이기에는 너무 날카로운 대답을 합니다. "나리, 나리를 지켜주시는 수호신께 맹세하는데 저는 할 수 있는 일은 다 했습니다. 그저 나무가 늙어서 그런 거지요." 이 이야기를 해주며 세네카는 편지의 수신인인 루킬리우스에게 "인트라 노스(intra nos, 우리끼리 얘기네만), 실은 그 나무도 내가 젊은 시절에 직접 심은 것이라네"라고 고백합니다. 이번에도 집사가 한 말이 인신공격처럼 들린 거죠. 화가 치밀어오른 세네카는 눈을 돌려 근처에 서 있던 문지기를 노려봅니다. "그럼 저 늙어빠진 놈은 누군가? 마침 문간에 서 있다니 잘 됐군, 이제 나가야 할 테니까. 대체 저런 자를 어디서 고용한 건가? 집안에 시체를 두다니 장난이라도 하자는 거야?"

이번에는 집사가 입을 뗄 필요도 없습니다. 문지기가 대신 대답하거든요. "저를 모르시겠습니까? 저는 옛 집사 필로시투스의 아들 펠리키오입니다. 예전에는 주인님과 함께 놀곤 했지요. 주인님께서는 저를 내 꼬마 친구라고 부르셨습니다."[1]

세네카가 눈을 돌리기만 하면 (세네카의 생각에만 그런 걸지도 모르지만) 모든 사람들이 그의 나이를 들먹이며 (세네카의 생각에만 그런 걸지도 모르지만) 그를 모욕합니다. 우연하게도 세네카는 이때 67세가 다 된 나이였어요. 도덕철학에 관한 글을 쓰기에 아주 좋은 나이죠. 누군가 성질을 돋우는 일이 이렇게 쉽게 벌어지지만 않는다면요.[2]

물론 세네카가 하는 행동은 터무니없습니다. 그는 모든 것에 과민반응을 보이며 분노가 자신의 하루를 지배하도록 내버려둡니다. 그 과정에서 다른 사람들을 모욕하고 자기 자신을 구경거리로 만들죠. (실제로 나이에 관한 인신공격이 있었을 경우의 이야기지만) 그런 얘기는 그냥 무시, 마음 깊은 곳에서도 **진심으로** 무시하고 자기 할 일이나 하는 품위 있고 아량 있는 모습을 보여줄 수도 있었는데요. 세네카는 주로 이런 방법으로 자신의 어리석은 행동을 희극적이게 만듭니다. 서간집 중에서도 초기에 속하는 이 편지는 루킬리우스가 세네카와 비슷한 나이가 되었을 때 스토아철학에 좀 더 깊숙이 관여하는 게 좋겠다는 생각을 하도록 일종의 광고로 읽히게끔 쓴 거예요.[3] 근데 효과는 별로 없었을지도 모르겠습니다. 세네카는 대략 25년 전에 쓴『분노에 관하여』에서도 자신을 분노 폭발에 취약한 모습으로 표현하고 매일 밤 자기성찰을 하는 습관을 들이는 게 좋다는 스토아주의적 조언을 했는데, 이 점을 보면 그런 습관이 딱히 성공적이지는 않았던 것 같거든요. 하지만

이 두 가지 글을 문자 그대로의 전기문으로 받아들여서는 안 됩니다. 편지에서든 책에서든 세네카는 교훈을 주기 위해 자신이 등장하는 허구의 이야기를 지어내고 있는 것이니까요. (이어지는 내용에서 저는 세네카를 문학적 모범으로 삼아, 저 자신을 재현한 인물을 도구로 활용해 이런 실패를 묘사하겠습니다. 동시에 이런 문제를 다룰 때 유용하게 쓰이는 자아와의 거리 두기나 자기-조롱도 할 수 있었으면 좋겠네요.)[4]

이번 장은 '중간 영역'이라고 부를 수 있는 삶의 한 영역을 다루는데요. 이 영역에서 우리는 일상적 삶의 많은 부분을 보냅니다. 낯선 사람들이나 직장 동료, 고용주와 고용인, 가벼운 지인들, 간단히 말하자면 우리와 친밀하거나 깊은 신뢰를 통해 관계를 맺고 있는 것은 아니지만 그렇다고 법이나 정부기관인 것도 아닌, 사인私人으로 존재하는 사람들과 교섭이 벌어지는 영역이죠. 이 영역에서는 평판이나 명예에 대한 무시, 모욕이나 모욕이라고 공상되는 것, 실제로 해롭고 끔찍한 행동 등을 상대로 어마어마한 양의 분노가 발생합니다. 세네카는 『분노에 관하여』에서 로마인의 일상적 하루를 지뢰밭으로 묘사합니다. 이웃집에 가면 무례한 말투로 이야기하는 부루퉁한 문지기를 마주하게 됩니다. 만찬회에 가면, 주최자가 다른 사람들이 보기에 모욕적인 곳에다가 내 자리를 배치해두었다는 걸 알게 되고요. 이런 일은 계속해서 벌어집니다.[5]

대부분의 문화권에 속한 현대인들도 별로 어렵지 않게 세네카의 목록에 몇 가지 사례를 덧붙일 수 있습니다. 세네카가 살았던 시대나 지금이나 상대가 나를 존중하지 않았기 때문에 격노를 터뜨릴 만한 일은 수도 없이 벌어지고, 그중에는 정말로 무례하고 배려심 없는 행동도 있으니까요. 특별히 사례를 꼽아보자면 비행기를 들 수 있겠죠. 행선지가 어디든 간에 비행기는 로마와 비슷한 정도의 지뢰밭입니다. 무례한 항공사 직원이나 승무원,

연착이나 곤란을 야기하는 엉성한 일처리, 목소리가 너무 크거나 너무 냄새가 나거나 짜증나는 버릇이 있는 동료 승객을 맞닥뜨리게 되리라는 건 거의 분명한 사실이에요. 저 같은 경우는 보통 덩치가 크고 대체로 몸매가 아주 엉망인 남자들에게 불만을 품는데요. 이 남자들은 제게 허락을 구하지도 않고 멋대로 제 여행 가방을 가로채 머리 위 선반에 올려놓으려 합니다. 그런 식으로 젠더나 나이의 낙인에 관한, 세네카식 격노를 촉발하죠. 운전자들에 대해서도 비슷한 감정을 느끼는 경우가 많습니다. 피해를 주는 사람이 신체적으로 나와 바로 붙어 있는 대신 엉망으로 운전하는 SUV라는 갑옷을 입고서 관심을 우회시킨다는 최소한의 차이점이 있기는 하지만요. 내가 사랑하는 사람이 나쁜 짓을 할 때는 그 나쁜 정도가 중화되는 측면이 있습니다. 어쨌거나 그 사람은 내가 사랑하는 사람, 내가 좋아하고 선택한 사람이니까요. 그러나 불행하게도, 살다 보면 우리는 하루의 상당 부분을 함께하기로 선택하지 않은 사람들과 보내게 됩니다. 분노가 바로 저 길 모퉁이에 도사리고 있는 거예요.

저는 보통 이 영역에서 분노의 유혹을 느낍니다. 그리고 이어지는 사례를 보면 아시겠지만, 저는 화를 잘 안 내는 성격하고는 거리가 멉니다. 사실 저는 세네카와 비슷한 방식으로 우스꽝스러운 짓을 하는 경우가 많습니다. 제가 사랑하는 사람들에 관련된 문제에서는 다행스럽게도 그리 어렵지 않게, 재빨리 이행으로 넘어갈 수 있어요. 불안을 느끼는 경우는 아주 많고 가끔씩 슬픔도 느끼지만, 다행스럽게도 분노를 느끼는 경우는 거의 없고 있더라도 아주 짧게만 느끼죠. 그러나 상대가 내 짜증을 돋우는 낯선 사람일 때는 화를 내지 않는 게 참 어렵다는 느낌이 듭니다. 세네카가 그랬듯, 솔직히 정신적 노력을 기울여봐야 별 도움도 안 되더라고요. 이런 상호작용의 사소함 때문에 제가 그렇게까지 노력을 기울이지는 않는다는 점도 짚어두어야 하겠지만요. 확실히, 저도 좀 더 노력할 필요는 있는 것 같습니다.

중간 영역에는 여러 가지 혼종적 요소들이 뒤섞여 있습니다. 신경에 거슬리는 요소들도 있고, 상당 부분 당하는 사람의 눈에만 명백하게 보이는 모욕도 있죠. 명예와 평판이 실제로 무시당하는 경우도 있습니다. 합리적인 잣대에 비추어보아 무례하거나 배려가 없거나 적대적인 행동도 들어가죠. 그리고 부당해고, 태만한 의료적 처치, 직장에서의 괴롭힘, 절도, 성폭행, 심지어는 살인 등 정말로 심각한 부당행위, 당하는 사람의 복지와 그 사람이 사랑하는 사람들에게 영향을 끼치는 행위도 있습니다. 이런 여러 가지 행위를 똑같은 방식으로 분석할 수 있을 거라고 생각하거나 바랄 수는 없습니다. 단, 논의의 출발점은 정해두어야겠죠.

일반적 차원에서, 저는 중간 영역에 관한 한 스토아주의자들의 말이 기본적으로 옳다고 생각합니다. (마지막 분류에 해당하는 심각한 가해행위는 예외이겠지만) 중간 영역에서 발생하는 일은 대부분 별로 언짢아할 만한 가치가 없거든요. 이런 일 때문에 종류를 막론하고 심각한 감정을 느끼는 건 실수입니다. 사이가 나쁘다고 슬픔을 느끼는 것조차 부적절해요. 이 점에서 중간 영역에 대한 제 분석은 친밀한 관계에 대한 시각과는 차이가 있습니다. 이런 측면에서, 저는 스토아학파 철학자들이 제대로 알고 있는 문제도 많지만 친밀한 관계에 대해서만은 잘 몰랐다고 생각한 애덤 스미스의 길을 따른다고 할 수 있겠죠.

자기가 불안하거나 예민하기 때문에 모욕으로 받아들일 뿐 사실 그렇게 생각할 만한 이유가 전혀 없는 경우처럼, 사람들은 상황을 틀리게 이해함으로써 실수를 범할 수 있습니다. 자신의 평판에 대한 모욕 등 여러 가지 모욕에 부적절한 중요성을 부여하는 경우, 즉 잘못된 사회적 (혹은 개인적) 가치관을 가지고 있어서 발생하는 실수는 좀 더 심각할 수 있고요. 앞서 살펴보았듯 잘못된 사회적 가치관은 친밀한 관계에도 영향을 끼치지만 중간 영역에서는 사실상 전장을 지배하는 요소라고 볼 수 있습니다. 지위 격하에 대한 제 분석의 결론에서 알 수 있듯, 대부분 문화권에 속한 사람들은 보통 상대적인 사회적 지위에 집착합니다. 부적절한 초점이죠. (복지에 심각한 피해가 가해지는 상황은 따로 다루겠지만, 그 경우를 제외하면) 방금 이야기한 한도에서는 뭐라도 감정을 느끼는 것 자체가 부적절하다는 게 제 생각입니다. 적절한 감정이 있다면, 최소한으로 봐도 이행적 감정이어야 한다고 봐요. 충분히 격노를 일으킬 만한 행위가 발생하는 경우에는 감정적으로 미래지향적인 태도, 바꿔 말해 제가 이행-분노라고 불렀던 감정을 가지는 게 옳습니다. '말도 안 돼. 뭐라도 하지 않으면 안 되겠어'라는 내용만을 가지고 있는 감정이죠. 아무리 짧은 순간에라도 완연한 분노를 느끼는 것은 매우 부적절하게 보입니다. 더욱이, 세네카도 하고 싶어 했던 이야기입니다만, 이런 성향을 고치지 않으면 사실상 하루하루가 분노로 가득 차게 될 게 불 보듯 뻔합니다. 무례하거나 배려가 없거나, 어떤 방식으로든 질 떨어지는 행동은 사방에 너무 많이 존재하거든요. 삶을 제대로 살아가자면 거리 두기가 시급히 필요합니다.

하지만 이 영역에서도 제 입장은 스토아학파의 입장과 좀 다릅니다. 우리 자신의 건강과 신체적 존엄성, 직업이나 우리가 사랑하는 사람들의 건강, 안전, 존엄성, 직업 등 우리의 복지를 이루는 중요 요소들은 친구나 사랑하는 이가 아닌, 타인이 가하는 피해에도 취약하다고 보거든요. 저는 이런 요소들에 깊은 관심을 갖는 건 적절한 일이라고 생각합니다. 이런 요소들은 낯선 사람 혹은 별로 친하지 않은 사람들에게도 피해를 입을 수 있으니, 이때 느끼는 분노는 완전히 정당화할 수는 없더라도 상당한 근거를 갖춘 것이라고 볼 수 있습니다. 이런 상황에 대해서는 훨씬 더 복잡한 이야기를 하고 싶네요. 저는 이런 상황에서 느껴지는 상실감이나 슬픔이 많은 경우 적절하다고 주장할 생각입니다. 사실, 자기 복지에 발생한 피해를 (정당하게도) 무겁게 평가한다면 슬픔이나 상실감은 불가피하게 느껴집니다. 하지만 (적절한) 슬픔은 친밀한 관계에서와는 다른 대상을 갖습니다. 친구나 자녀나 배우자를 사랑할 때에는 그 관계 자체에 가치가 내포되어 있습니다. 죽음이나 다른 파열로 인해 그 관계가 끝났을 때 슬퍼하는 건 지당한 일입니다. 하지만 낯선 사람과의 관계는 그렇게까지 강하지도, 중요하지도 않습니다. 따라서 (사람을 짜증나게 만드는 텔레마케터나 옆자리에 앉은 무례한 인간, 심지어 도둑이나 폭행범 등) 낯선 사람에게 감정적 관심을 집중시켜서는 안 됩니다. 낯선 사람 때문에 건강이나 생계에 피해가 발생했다면 피해 자체는 슬픔이나 언짢음의 합당한 대상이 되지만 피해를 끼친 사람은 그저 우연한 요소일 뿐입니다. 그런 사람들에게 집착하는 성향이 우리에게 있는 건 사실이지만 말입니다. 즉, 적절한 것이 되려면 슬픔과 언짢음에는 사람이 아닌 다른 초점이 있어야 합니다. 친밀한 관계에서와 마찬가지로 이 경우에도 피해를 갚아주겠다는 소망이 포함된 완연한 분노는 적절하지 않습니다. 적절하지 않은 이유도 비슷합니다. 달리 말해, 우리는 가능한 한 빨리 이행을 향해 가야 합니다.

그러나 이런 사례들이 친밀한 관계에서와 완전히 같은 건 아닙니다. 중간 영역에는 우리가 취할 수 있는 생산적 방도가 열려 있거든요. 바로 발생한 문제를 법에 위임하는 것입니다. 우리는 아주 잠깐 동안이라도 우리에게 심각한 피해를 끼친, 친밀하지 않은 사람에 대한 의미 없는 분노나 보복의 환상을 품을 필요가 없습니다. 그들이 한 행동은 이미 불법적인 것이니까요. 설령 아직은 불법이 아니더라도 강렬한 감정의 대상이 될 만큼 심각한 행위라면 마땅히 불법으로 규정되어야 하고요. 이런 사건에서 발생하는

'슬픔'은 법이 완전히 처리해줄 수 없습니다. 친밀한 관계에서도 그랬듯 슬픔은 당사자만의 문제로 남겨집니다. 그러나 가해자에게 어떤 식으로든 조치를 취해야겠다는 생각만은 법이 처리해줄 수 있으므로 일상적 형태의 분노는 쓸모없는 것이 됩니다. 이행으로 가는 길이 코앞에 열려 있는 거예요. (완연한 분노가 짧게나마 일어난 뒤의 이행, 혹은) 이행-분노는 즉각 '이건 말도 안 돼. 법의 도움을 청해야겠어'라는 반응으로 향합니다. 내게 피해를 입힌 낯선 사람을 대상으로 그 이상의 분노를 느껴 정신적으로나 감정적으로 휩쓸리는 건 무의미한 일입니다. 공정한 법의 대리인들이 사회적 차원에서 생산적인 방식으로 이런 문제를 처리하도록 합시다. 친밀한 관계에서도 그러듯 중간 영역에서도 법의 도움을 요청해야 하는 상황은 가끔씩 벌어집니다. 친밀한 관계에서의 폭력도 중간 영역에서의 폭력처럼 불법으로 규정되어야 하고요. 하긴 지금도 이미 그렇게 규정되어 있지만요. 그러나 저는 감정적 차원에서 친밀한 관계가 가지는 중요성은 법이 제공할 수 있는 모든 개선책을 초월한다고 생각합니다. 중간 영역은 다르죠. 우리는 우리에게 피해를 입힌 낯선 사람들을 잊어버리고 살 수 있습니다. 그 사람들과 더 이상 얽힐 필요가 없어요.

사실, 에우메니데스는 다른 어떤 영역보다도 중간 영역에 필요합니다. 아이스킬로스는 아버지를 죽인 어머니, 혹은 이복형제들을 국에 넣고 삶아서 게걸스럽게 먹어버린 아버지를 두었기에 발생하는 문제를 에우메니데스라는 친절한 여신들이 해결해주리라는 암시를 남기고 있는데, 이건 사태를 너무 단순하게 파악하는 처사입니다. 친밀한 관계에서 벌어지는 복잡한 협상은 원래도 마무리되는 사례가 거의 없을 뿐 아니라, 법에 의해 완전히 정리되는 경우는 결코 없습니다. 그러나 아버지를 난도질해버린 게 스파르타에서 온 낯선 사람이었다면 오레스테스도 그 사람과 굳이 적절한 미래관계를 만들어가려 노력할 필요가 없습니다. 그보다는 돌아가신 아버지를 애도하고, 살인자를 기소하는 일을 국가에 맡기는 것이 더 쓸모 있는 일이죠.[6]

한편, 제한적이긴 하지만 분노에는 특정한 문제에 이목을 집중시킴으로써 잠재적으로 그 행위를 억제한다는 쓸모가 있습니다. 앞에서 저는 친구의 나쁜 행동을 억제하기 위해 분노를 터뜨리겠다고 위협해야만 하는 사람들을 비판했는데, 부주의하고 조심성 없으며 무례한 사람들이 떼를 지어 우리를 공격해오는 중간 영역에 대해서는 같은 비판을 적용할 수 없습니다. 저는 많은 경우 분노(혹은 더 좋게는 신중하게 제어한 분노 연기)가 관심을 촉발하기 위한 유용한 장치로 쓰일 수 있으며 나쁜 행동을 억제하는 효과도 낼 수 있을 거라고 생각합니다. 이번에도 분노는 (자신에게나 경우에 따라서는 타인에게) 문제가 있다는 신호로서, 또 그 문제를 해결하고자 하는 동기의 원천으로서 유용할 수 있습니다. 아주 믿음직스러운 수단이 되는 경우는 그리 많지 않지만요.

그럼 용서는 어떨까요? 중간 영역에서는 피해가 심각한 경우 애도하고 앞으로 나아가는 일이, 그렇지 않은 경우에는 그냥 앞으로 나아가는 일이 무엇보다도 필요합니다. 사죄는 미래에 가해자에게서 무엇을 기대할 수 있는지에 대한 신호로서 유용할 수 있어요. 그러나 사과를 받는 것과 사과를 뽑아내는 것 사이에는 큰 차이가 있으며, 가해자를 억지로 용서의 의례 속에 떠밀어넣는 일은 보통 역효과를 낳습니다. 무조건적 용서는 좀 낫지만, 이번에도 내가 상대보다 도덕적으로 우월하다는 낌새를 풍길 수 있습니다. 안 그래도 중간 영역에서는 너무 흔하게 나타나는 태도죠. 예시를 통해 좀 더 자세히 살펴봅시다.

## 2. 중간 영역에 관한 스토아주의자들의 주장

세네카의 분노 비판은 오랜 세월에 걸쳐 확립된 스토아학파의 전통과 맥을 같이합니다.[7] 분노문제만을 온전히 다룬, 완성된 저작물 형태의 성과로는 세네카의 글이 유일하지만 위대한 스토아학파 철학자인 크리시포스가 정념에 관한 네 권짜리 책에서 분노를 주요 주제로 다루었다는 점이나,[8] 분노라는 주제를 다룬 철학책들이 그 외에도 수십 권 있었다는 점은 남아 있는 책 제목 혹은 짧은 발췌문을 통해 이미 알려진 사실입니다.[9] 사실, 스토아학파 철학자들은 다른 어떤 정념보다도 분노라는 주제에 심취했던 것으로 보입니다. 분노와 비교해보면 예컨대 슬픔이나 연민, 심지어 두려움에 대해서 한 말은 별로 없다고 할 정도입니다. 다양한 종류의 정열적 성애에는 놀랍고도 비일관적인 방식으로 우호적 태도를 취하고요(물론 분노의 토대가 되는 일이 없도록 이런 정열을 신중하게 가두어두어야 한다고 주장하긴 하지만요).[10] 놀라운 일은 아닙니다. 스토아학파 철학자들은 자신들이 살던 사회를 무시나 모욕에 집착하며 상상 속의 모든 불명예를 상대로 부글부글 속을 끓이는, 파괴적이라고 할 만큼 복수의 유혹에 취약한 사회라고 (그럴듯하게) 묘사하니까요.

분노에 대한 스토아주의자들의 비판은 '외부 재화'의 가치, 즉 인간이 이성이나 의지로 통제할 수 없는 것들의 가치에 대한 전면적 경시에 뿌리를 두고 있습니다. 스토아주의자들은 가족과 친구, 건강, 신체적 존엄성, 직업, 정치적 입지 등에도 그 자체로는 내재적 가치가 전혀 없다고 주장합니다. 심지어 그리 대단한 도구적 가치도 없다고 이야기하죠. 다른 모든 조건이 동일하다면야 그런 '행운의 산물'을 추구하는 것도 합리적인 일이지만, 한 인간의 복지는 그런 것들이 없어도 완전하다는 겁니다. 그러므로 우연히,

또는 다른 사람의 나쁜 행동으로 인해 외부 재화가 제거되거나 피해를 입어도 언짢아해서는 안 된다는 거예요. 다시 말해, 스토아주의자들은 너무 멀리 떨어진 곳에서 분노를 바라보고 있기에 구체적인 분노에 관해서는 별로 할 말이 없는 것처럼 보입니다. 그들에게 구체적 분노란 그저 인간이 외부 재화에 대한 현명하지 못한 애착에 넘어가는 수많은 방식 중 한 가지일 뿐이니까요. 저는 이런 식의 가치 평가를 받아들이지 않으므로, 제가 하려는 설명에 스토아주의자들의 비판이 도움을 줄 만한 부분은 거의 없는 것처럼 보일지도 모르겠습니다.

그러나 스토아학파 철학자들은 유연하게 상대를 설득할 줄 아는 사람들로서, 자신들의 극단적 입장을 공유하지 않는 대화 상대들과도 이야기를 나누어왔습니다. 그들은 자신들의 입장이 완전히 드러나기 전에 대화 상대의 옆구리를 쿡쿡 찔러 그들을 스토아주의적 결론 쪽으로 몰아가는 매력적 접근법을 즐겼습니다. 세네카는 보통 준-대화체의 글을 씁니다. 루킬리우스에게 보낸, 답장이 돌아오지 않는 허구의 편지나 (가공의 인물처럼 쓰긴 했지만 보통은 실존인물이었던) 특정한 사람을 청자로 가정하는 '대화'를 활용하죠. 상대방이 직접 세네카에게 답변한 적은 없으나 세네카는 많은 경우 그들이 어떻게 응답할지 상상합니다. 『분노에 관하여』에서 청자는 세네카의 형제인 노바투스로, 그는 평균적인 로마 신사입니다. 처음에 노바투스는 분노를 대단히 적절하고도 유용한 감정이라고 생각하면서 이 작품을 열고, 세네카는 노바투스의 옆구리를 쿡쿡 찔러 그 입장에서 벗어나도록 만듭니다. 완전한 스토아철학 이론은 작품의 세 번째 권 후반에 가서야 오직 맛보기로만, 별로 관계없는 듯 제시되죠. 그러므로 세네카는 가치에 대한 극단적인 이론에 별로 의존하지 않은 채 주장을 펼친다고 할 수 있으며, 그 주장 중 상당수는 우리도 관심을 가져볼 만한 것입니다. 더 나아가 세네카의 주장 대부분은 친밀한 관계와도, 사실 (제가 설명했던) 복지의 다른 주요요소와도 큰 관계가 없으므로, 우리는 스토아주의자들이 실제로는 중간 영역과 친밀한 관계를 구분하지 않았다는 사실을 염두에 두되 '중간 영역'에만 초점을 맞출 수 있습니다.

분노에 반대하는 세네카의 주장은 몇 가지로 구분됩니다. 그는 분노가 많은 경우 사소한 문제에 초점을 맞춘다고 주장합니다. 겉으로 보기에는 좀 더 무거운 문제를 다루고 있는 경우에도 분노는 지위와 서열에 대한 지나친 집착, 혹은 이를 나타내는 일반적 표지인 돈에 대한 집착 탓에 왜곡될 가능성이 대단히 높다는 거죠. 유용한 행위를 촉진하는 데 도움이 되기는커녕 분노는 대단히 불안정하고 신뢰하기 어려운 동기요인입니다. 유쾌하기는커녕 극도로 불쾌하며 더 나아가 다른 사람들의 불쾌감까지 유발하는 감정이죠. 훌륭한 억제책이기는커녕 도리어 나를 유치하게 보이게 만듭니다. 유치함으로는 상대를 억제할 수 없죠. 고고하기는커녕 분노는 쩨쩨하고 비천한 감정으로서, 진정으로 자신을 존중하는 사람의 자존감과 부합하지 않습니다. 이런 주장을 각기 차례대로 살펴보도록 합시다.

분노가 우스꽝스러울 만큼 사소한 일에 대해서, 혹은 어떤 식으로든 부당 행위를 저지를 가능성이 전혀 없는 사물을 향해서 일어난다는 명백한 사실을 지적함으로써 세네카는 노바투스와 대결할 발판을 마련합니다. 후자의 범위에는 비활동성 사물, 인간이 아닌 동물, 어린아이, 자연의 힘, 혹은 우리에게 선의를 가진 사람들이 의도치 않게 촉발시킨 좌절감도 포함됩니다. 이 중 어느 경우에도 분노는 개념적으로 적절하지 않습니다. 상대방한테 내게 해를 끼치겠다는 의도가 없으니까요(II.26). (여기서 세네카는 상대가 나쁜 의도를 가지고 자신을 등한히 한 건 아니라는 가정을 명백히 제시하고 있습니다.) 그런데도 사람들은 이 모든 대상에 성질을 냅니다. 그런 사람들이 어리석다는 것쯤이야 노바투스도 빨리 인정할 것으로 예상됩니다. 첫 번째 범주에는 어느 정도 부당행위와 연관되어 있을지 모르는 온갖 행위가 들어가지만 그 역시 사소한 일들이라 노바투스는 언짢아할 가치가 전혀 없다는 걸 즉시 알아차릴 것입니다. 그런 사소한 일은 붉은색을 보면 돌진하는 황소만큼이나 우리의 분노를 비합리적인 것으로 만드는 '공허한 그림자'일 뿐입니다(III.30). 예컨대 다음과 같은 경우가 있겠죠.

일솜씨가 서툰 노예, 마시려고 보니 너무 미지근한 물, 지저분한 소파나 부주의하게 놓인 탁자 따위에 도발당한다는 건 미친 짓이다. 가벼운 산들바람만 불어와도 소름이 돋는 건 병약한 환자에게나 가능한 일이다. (중략) 지나치게 방탕한 삶을 살아 몸매가 망가진 사람이 아니면 다른 사람이 신체적 노력을 기울이는 모습을 보고 자기 옆구리가 결려오지는 않는다. (중략) 다른 사람의 기침이나 재채기 때문에 (중략) 돌아버릴 것 같은 기분이 들어야 할 이유는 무엇이며, 앞길을 가로막고 지나가는 개나 부주의하게 열쇠를 떨어뜨리는 하인 때문에 그럴 이유는 또 무엇이냐? 의자 끄는 소리 때문에 귀가 아프다고 느끼는 사람이 민회나 원로원에 출석하여 온갖 중상모략이 쏟아지는 가운데 대중의 욕설을 침착하게 견뎌낼 수 있을 것이라고 보느냐?(II.25)

이런 실감 넘치는 사례는 세네카가 개인적으로 어떤 것에 짜증을 느꼈는지는 물론, 그가 쉽게 짜증을 내는 사람이었음을 지나칠 만큼 생생하게 보여줍니다. 본인이 느껴보지 않고서야 의자 끄는 소리 때문에 난 짜증을 상상할 수 있는 사람이 누가 있겠습니까?[11] 세네카는 12번 서간에서 이미 이야기했던 내용을 한 번 더 강조합니다. 분노는 많은 경우 상대에게 적대적 의도가 있다는 잘못된 전가에서 발생한다는 겁니다. 내가 모욕을 당했다거나 다른 방식으로 부당한 취급을 받았다는 얘기를 누군가 해주면 우리는 그 말을 그대로 믿는 경향이 있습니다. 아주 미미한 증거만 있어도 믿어버리죠 (II.22). 그러는 대신 우리는 대단히 회의적인 태도를 가져야 합니다. 세네카는 재미있는 요점을 덧붙입니다. 사람들은 놀라고 말면 될 행위를 부당한 행위로 오해하는 경우가 많다는 겁니다(II.31). 그건 아마도 우리가 습관의 동물이며, 일상에서 벗어난 모든 것에 가슴이 철렁하는 존재이기 때문일 겁니다.

이러한 관찰과 일치하기도 하거니와, 세네카의 조언 전체를 관통하는 한 가닥 실마리는 '프라이메디타티오 말로룸(praemeditatio malorum, 악을 예상하라)'이라는, 스토아주의자들의 고전적 권고입니다. 발생할 가능성이 있는 모든 나쁜 일을 계속해서 미리 생각해두면, 행운의 산물에 의존하는 현명하지 못한 일을 피할 수 있다는 겁니다. (오늘날의 현실로 돌아와서 볼 때) 만일 이 권고와 반대로 모든 영업사원이 머리가 좋고 공손하며 도움이 될 거라고 기대한다면 실망으로 가득 찬 삶을 살아갈 준비를 하는 것이나 다름없습니다.

그러나 노바투스는 과민하며 심하게 긍정적인 기대를 품고 있어 잘 실망하는 사람들을 조롱할 때는 세네카에게 찬성할지 몰라도 로마의 신사들이 대단히 소중히 여기는 명예와 평판, 서열 측면에서도 화를 내지 말라는 권고에는 선뜻 동의하지 않을 것입니다. 세네카도 이 점을 잘 알고 있죠. 루킬리우스에게 쓴 편지에서 자주 명백하게 밝혀왔듯, 세네카의 진짜 입장은 그것들 역시 선량한 사람으로서는 별로 심각하게 받아들일 만한 문제가 아니라는 겁니다. 하지만 루킬리우스는 노바투스와 달리 스토아철학을 진지하게 연구하는 사람이었습니다. 『분노에 관하여』는 노바투스와의 준-대화 형식으로 쓰였으므로, 세네카는 로마 사회의 주류에 속하는 사람들을 상대로,

가치에 관한 극단적 스토아철학을 상정하지 않은 채 이런 경우에도 분노해서는 안 된다는 주장을 펼쳐야 하는 좀 더 교묘한 과제를 떠맡게 됐죠.

세네카가 사용하는 한 가지 전략은 노바투스도 어리석거나 비천한 것이라고 인정할 게 분명한 사례들을 모욕이나 평판에 가해진 피해와 동일시하는 방법입니다. 그리하여 노바투스가 마침내 불명예, 모욕, 관심으로부터의 소외 같은 문제에 이르렀을 때 세네카는 앞서 언급했던 (무례한 하인이나 행실이 나쁜 동물 등) 몇 가지 사소한 사례로 노바투스를 포위하게 되죠. 또한 세네카는 지위와 서열을 나타내는 막강한 상징이 분명하지만 긍지 높은 로마인이라면 강렬한 감정의 대상이 되기에는 가치가 없다고 생각하는 존재, 즉 돈에도 초점을 맞춥니다. 상속 등 여러 가지 재정문제를 놓고 벌어지는 송사를 한 편의 희극으로 만들어놓은 뒤(III.33), 세네카는 지위에 대한 모든 관심도 이와 똑같이 어리석다고 암시합니다. 보통 세네카는 이런 식으로 문단을 시작합니다.

> 너는 묻겠지. "형님이 주장하시는 것처럼 우리가 입은 피해라고 생각되는 것들이 실은 사소하고 비천하고 유치한 것임을 어떻게 해야 마음속에 새기고 있을 수 있습니까?" 사실 내가 해줄 조언은 별 게 아니다. 고고한 정신을 가지고서, 우리가 소송을 걸고 부산을 떨고 숨가쁘게 쫓아다니는 그 모든 일들이 얼마나 비천하고 너저분한 것들인지를 보라는 것뿐이니까. 고고한 생각을 단 한 번이라도 해본, 깊이 있는 사람에게 이런 문제들은 고려할 바가 되지 못한다!(III.32)

동시에 세네카는 이어서 보완적인 전략을 구사합니다. 노바투스가 분노의 효용성을 옹호할 때 쓸 가능성이 높은 모든 주장을 생각해낸 다음 그 주장들을 하나씩 하나씩 반박하는 거죠. 노바투스의 첫 번째 주장은 작품의 가장 앞부분에서 처음 소개되어 자주 반복되는 것으로서, 분노는 유용할 뿐 아니라 적절한 행위를 할 수 있게 하는 필수적 동기요인이라는 것입니다. 세네카는 먼저 사냥꾼, 검투사, 순종적인 군인(I.7, 8, 11)처럼 남자다운 행동을 하지만 화를 내지는 않는 사람들이 있다고 지적합니다. 두 번째로는 분노를 더해봐야 행동의 안정성도 떨어지고 원하는 결과를 조준하는 정교함도 이전만 못하게 된다는 점을 들어 노바투스의 문제제기에 응답합니다. 게르만족 같은 북방민족들은 격노로 가득 차 있지만 장기적인 군사작전에서는 보통 효율적이지 못한 행동을 보입니다. 결국은 전략에 따라 군대의 움직임을 보류하는 방법을 정확히 알고 있는, (시간을 끄는 파비우스처럼) 뛰어난 로마인들이 훨씬 더 많은 점수를 얻게 되죠. 군사 영역뿐 아니라 민간 영역에서도 분노는 처벌이나 타인에 대한 행위의 과잉으로 이어지게 됩니다 (이때 세네카는 고문과 사형을 예시로 듭니다).[12]

분노는 그렇다고 유쾌한 감정도 아닙니다. 문학작품이 보여주는 사례와는 반대지요(II.32). 분노는 열병, 하나의 질병(I.12)이자 몰려드는 야생짐승과도 같습니다(II.8). 분노에 항복해버리면, 분노는 그 사람의 하루 전체를 불쾌함으로 가득 채워버립니다. 분노에 찬성하는 사람이 보기에는 화를 낼 계기가 되는 나쁜 행동들이 너무도 많으니까요(II.9).

분노가 타인의 나쁜 행동을 억제해주는 건 아닐까요? 세네카는 분노가 억제책으로서 별로 효과적이지 않음을 보임으로써, 분노가 동기를 유발시키느냐는 문제와 이 질문을 함께 다룹니다. 전쟁을 효과적으로 억제하는 군대는 시끄러운 소음을 많이 내는 군대가 아니라 반복해서 승리하는 군대라고 말이죠.

마지막으로 세네카는, 분노란 고고하고 위대한 영혼을 가진 성품의 증거이므로 경멸을 피하고 사람들의 존중을 끌어내는 요소라는 주장을 (여러 차례) 반박합니다(I.20, II.15, III.38). 사실, 세네카는 노바투스에게 분노란 통제력의 상실, 질병, 공허한 흥분의 징조라고 이야기합니다. 아주 약한 손길에도 아픔을 느끼는 건 망가지거나 병든 신체밖에 없듯, 모든 일에 언짢아하는 건 나약하고 병든 성품뿐입니다(I.20). 뒤집어서 말하는 것도 가능합니다. 정말로 충직하고 고고하며 존경할 만한 사람은 모욕을 견뎌내며, 상대가 그러거나 말거나 초연할 수 있습니다. 적들의 도발을 그저 내려다보는 방법으로 그들을 하찮아 보이게 만드는 것이죠. 작품이 끝나는 이 지점에 이르러서야 세네카는 마침내 스토아학파 철학자들이 툭하면 끌어들이는 영웅, 카토의 이야기를 꺼냅니다. 카토는 물론 로마의 일반인들에게도 존경받는 인물이었죠.

> 소송이 벌어져 (카토가) 변호에 나섰을 때, (우리 조상들이 전하기로는) 통제할 수 없을 만큼 당파심이 강했다는 인물 렌툴루스가 진득한 침을 한껏 모아 뱉었고 그 침은 카토의 이마 한가운데에 내려앉았다. 카토는 얼굴을 닦아내며 이렇게 말했다. "렌툴루스, 사람들은 자네가 입을 쓸 줄 모른다고 하던데 이제는 내가 그렇지 않더라고 보증해줄 수 있겠군그래." (III.38)

침을 맞는다는 건 대중을 상대로 연설을 하고 있는 로마인에게 일어날 수 있는 모든 일 중에서 가장 모욕적인 일입니다. 그러나 세네카는 침을 뱉은 사람의 표적이 아닌, 침 뱉은 사람 자신을 혐오스럽고 비천하게 보이도록 만듦으로써 노바투스의 예상을 뒤집어놓습니다. 오스 하베레(os habere, 입이 있다)라는 말에는 '입이 있다'는 뜻과 '웅변가로서 능숙하다'는 뜻이 모두 있기 때문에 카토가 했다는 말은 사실 라틴어로 보면 꽤나 우스워요. 이처럼 위엄은 물론 유머감각을 보임으로써 모욕에 초연히 대처할 수 있는 능력은 경쟁자가 던진 미끼를 물어 비천하고도 아무 가치 없는 구경거리로 떨어져내리는 것보다 훨씬 고매한 품격을 보여줍니다.

앞서도 이야기했지만 세네카는 자신을 지위와 모욕에 초점을 맞추는, 분노문제가 있는 인물로 그려냅니다. 세네카가 『분노에 관하여』에서 매일 밤마다 직접 한다는 자기성찰 연습을 묘사해놓은 건 이미 잘 알려진 사실인데요. 이 연습의 과정을 보면 자기-분노의 거부가 스토아주의자로서의 자기치료에 필수불가결한 부분임이 드러납니다.

매일 밤 자신을 심판해야 한다는 걸 알고 있는 사람은 분노를 멈추고 좀 더 온건해진다. 그러니 그날의 하루 전체를 펼쳐보는 이 습관보다 멋진 게 과연 있겠는가! 칭찬이 됐든 꾸중이 됐든 정신이 자신에 대한 평가를 들었을 때에, 정신 속에 숨어 있는 조사관 겸 평가자가 그 자신의 성격에 대한 지식을 얻게 되었을 때, 이런 자기인식에 뒤따르는 잠은 얼마나 좋고 평화롭고 깊고 자유로운지! 이런 힘을 활용하여 나는 매일 나 자신 앞에 나아와 나를 변호한다. 눈에는 더 이상 빛이 보이지 않고 나의 이런 습관을 예전부터 알고 있는 아내가 마침내 입을 다물면, 나는 그날의 하루 전체를 꼼꼼히 살피며 내가 했던 행위와 말을 헤아려본다. 나는 그 무엇도 나 자신으로부터 숨기지 않으며 그 무엇두 간과하지 않는다. 나 스스로 '앞으로 다시는 그러지 않겠다고 하니, 이번에는 그대를 용서해준다'는 말을 할 수 있는데, 나 자신이 저지른 실수를 두려워할 이유가 어디에 있겠는가. (III.36)

그런 다음 세네카는 이러한 자기검열의 대표적인 표본을 제시합니다. 어떤 사람에게 부적절할 정도로 가혹하게 말했다, 다른 사람이 한 모욕적인 농담에 지나치게 민감하게 반응했다, 문지기가 무례한 것에 너무 많은 의미를 부여했다. 나쁜 자리를 주었다고 모임 주최자에게 화를 냈다. 그리고 실은, '좋은' 자리를 배정받은 손님에게도 화가 났다. 자기 재능에 대해 나쁘게 말하는 사람에게 냉담한 마음이 들었다 등등. 이 모든 일에 대해 세네카가 취하는 입장은 자신을 꾸짖는 것입니다. 그러나 자기-분노는 일어나지 않아요. 자아는 두려움 없이, 다음번에는 좀 더 나아진 모습을 보이겠다는 미래 지향적 결심을 품고서 자신을 대면합니다. 이행-분노조차도 일어나지 않습니다. 세네카는 그저 인내심 있게, 더 나아지겠다고 결심할 뿐 자신의 행위에 격노하지 않으니까요.

아직 세네카의 주장을 다 평가한 건 아니지만, 가치에 관한 스토아학파 철학자들의 극단적 이론과는 별개로 세네카의 주장에 여러 가지 이점이 있다는 것만은 분명합니다. 세네카는 중간 영역과 친밀한 관계를 구분하지 않습니다. 법치와 분노의 공존 불가능성을 언급하는 작품 초기의 몇몇 대목에서 아이스킬로스적 단초가 보이기는 하지만(I.16) 중간 영역을 정치적 영역과 안정적으로 구분해내는 것도 아닙니다. 하지만 이런 면이 부족하다고 해서 세네카가 한 주장의 가치가 아예 없어지는 건 아니에요. 나중에 보면 아시겠지만, 분노를 옹호하는 노바투스의 다양한 주장을 거부할 때 세네카의 태도는 약간 편파적입니다. 그 외에도, 세네카의 시각은 제한적으로나마 실제적인 역할을 수행할 수 있는 이행-분노에도 아무런 여지를 남겨주지 않습니다. 그러나 그의 주장은 대부분 전망이 밝습니다.

이 작품에서 특히 가치가 있는 부분은 분노와의 투쟁을 사회적 영역에서는 물론 자기 안에서도 해나가야 함을 상기시켜준다는 겁니다. 그런 의미에서 가끔씩은 중간 영역도 사적이고 내밀한 영역이 될 수 있습니다. 사람들은 복지를 구성하는 주요요소와는 아무런 관련이 없는 수많은 일을 놓고 스스로에게 화를 내니까요. 하지만 이행의 관점에서 볼 때, 세네카가 요구하는 지속적 자기검열은 전적으로 이상적이라 하기에는 너무 이것저것 캐물어대는, 지나치게 엄격한 방법입니다. 이어지는 강의에서 저는 유머감각(자기-조롱)과 자기 자신에 대한 아량이 모두 중요한 역할을 한다는 주장을 펴도록 하겠습니다.

## 3. 일상적 상호작용에서 나타나는, 실수로 엉뚱한 사람 탓하기와 편파적으로 평가하기

이제는 세네카의 통찰력을 무기로 삼되 지금까지 우리가 해온 분석을 바탕으로, 각자가 살면서 했던 경험을 가지고 중간 영역을 직접 살펴보도록 합시다. 먼저 한 가지 확인하고 들어가죠. 중간 영역에서 발생하는 분노는 대부분 모욕이나 악의가 있었다는 혐의를 엉뚱한 사람에게 씌우면서 나타나는 결과이며, 이런 식으로 엉뚱한 사람을 탓하는 행동은 뒤집어보면 병적 자기애로 유발된 과민반응인 경우가 많다는 세네카의 주장은 전적으로 옳습니다. 이런 과민반응과 병약한 신체를 견주었던 세네카의 비유가 맞는 듯해요. 심리적으로 건강한 사람은 발생하는 온갖 사소한 사건을 상대가 자신을 무시해서 한 행위일지 모른다고 판단하지 않습니다. 그것 말고도 관심을 쏟을 만한, 더 중요한 일들이 있으니까요.

이 영역에서 발생하는 분노의 상당 부분이 사회에서 발생한, 명예나 지위, 서열에 대한 과대평가의 결과라는 말도 옳습니다. 저녁식사를 할 때 어느 손님이 어느 자리에 앉는지에 지나치게 많은 의미를 부여하는 문화는 뭔가 잘못되어 있는 것입니다. 고대 로마의 만찬회에 대해 우리가 할 수 있는 평가는 현대인이 살아가는 삶의 무수한 영역에도 적용되는데, 그중에서도 아마 인터넷이 특히 날카로운 사례가 될 겁니다. 인터넷은 사람들에게 하루 종일 불명예와 모욕이 눈에 띨까봐 안절부절 못하며 자신의 자아 및 그것의 지위-상승 혹은 지위-격하가 일어날 조짐이 보이는지 온 세상을 샅샅이 뒤져볼 가능성을 열어줍니다. 이건 모욕할 의도가 없었던 엉뚱한 사람을 탓하는 문제와는 좀 다릅니다. 타인에 의해서 실제로 지위-격하가 일어나는 경우도 있으니까요. 인간은 서열에 집착하면 집착할수록 아무 의도 없는 이야기를 모욕으로 이해할 가능성이 높아집니다. 특히 중간 영역에서는 서열 문제가 지나치게 큰 비중을 차지하게 될 확률이 높습니다. 친밀한 관계를 맺을 때 우리는 상대를 사랑하기 때문에, 혹은 그 사람이 가족으로서 관심의 대상이 되기 때문에 그 사람을 선택합니다. 낯선 사람들에게는 이런 매력적인 속성이 없습니다. 가끔씩은 그저 우리의 사회적 명성 혹은 그 명성의 결여를 증명해주는 사물로만 보이기도 하죠. 그러므로 중간 영역을 다룰 때는 사회적 상호작용을 심각하게 망가뜨리는, 지위에 대한 과도한 관심을 억누르는 데에 우선적으로 집중해야 합니다. 이 영역에는 지위에만 초점을 맞추는 오류가 커다란 그림자를 드리우며, 인과응보의 오류는 그 자체로만은 그렇게까지 자주 문제를 일으키지 않습니다. 복지를 구성하는 주요요소들이 화두가 되기 전까지는요.

세네카는 심한 분노를 터무니없다고 보는 이유 두 가지를 더 지적하는데, 이 역시 맞는 말입니다. 어떤 분노는 뭐든 간에 의도를 가질 가능성이 아예 없는 사물이나 사람에게서 악의를 읽어냅니다. 또 어떤 분노는 우리만 진지하게 생각할 뿐 실제로는 너무도 사소한 문제와 관련되어 있습니다. 앞에서 비행기를 탈 때와 운전할 때의 제 경험을 예시로 들었는데, 이때 겪는 불편 중 상당수는 절대 부당행위라고 볼 수 없는 것이죠. 그래도 우리는 그런 불편을 부당행위라고 믿습니다. 이 점을 생각해보면 중간 영역에서 일어나는 분노에는 두 가지 오류가 모두 넘쳐난다는 사실을 알 수 있습니다. 또 우리는 무슨 차질이 빚어지면, 사실 그런 일이야 진지하게 관심을 둘 만한 일이 전혀 아닌데도 거기에 엄청난 중요성을 부여하기도 합니다.

그러나 이 지점에서 우리는 세네카가 한 분석의 구멍을 발견하게 됩니다. 낯선 사람들의 예의 바르고 정중한 대접이란 우리의 복지를 구성하는 주요 요소가 아닐지는 몰라도, 그런 대접이 사라질까봐 걱정하는 우리의 마음을 정당화할 정도로는 중요성을 띠기 때문입니다. 사회는 사람들이 서로에게 정중하고 도움을 주고자 할 때, 또한 안전과 예의범절, 공정한 경기의 규칙, 상호성에 관한 길고 긴 암묵적 원칙의 목록을 따를 때에 잘 돌아갑니다. 이런 원칙이 침해되었을 때에는 화를 내는 게 적절할까요? 저울의 한쪽에는 그런 것쯤이야 진지하게 감정적 에너지를 쏟을 가치가 없는 문제라는 세네카의 타당한 주장과, 그런 문제가 발생할 때마다 화를 낸다면 우리의 하루하루가 불쾌함으로 가득 차게 된다는 그의 부수적 주장이 있습니다. 다른 한편에는 이런 원칙이 시행되도록 만들고, 사회적 유용성을 띤 관습에 해가 되는 방향으로 사태가 치닫는 일을 방조하지 않을 필요가 있고요. 대부분 이 영역은 법이 적용되지 않는 영역이니 분노가 원칙을 시행하게 만드는 좋은 수단이 되지 않을까요?

이행-분노가 편리해지는 지점이 바로 이 지점입니다. 감정에 휘둘려 완전히, 혹은 조금이라도 곁길로 새는 대신 '이건 말도 안 돼, 이런 일은 다시 벌어지지 않아야 해'가 내용인, 진정성 있는 감정 반응을 보일 수 있으니까요. 이행-분노의 표출은 많은 경우 억제책으로서 유용합니다. 단, 조심할 게 있어요. 가끔은 침착하게 분노를 표현하는 것이 사태를 더욱 악화시킵니다. 여행가방을 빼앗아 머리 위 선반에 올려놓으려는 남자들은 여자가 침착하게, "당신의 행동은 다른 사람의 여행가방을 다루는 좋은 방식이 아닙니다" 라고 말하는 걸 정말로 싫어한다는 걸 저는 알게 되었습니다. 이런 말은 사회적 복지를 증진시키는 게 아니라, 제가 그런 사람들과의 논쟁에 더욱더 휘말리게 만들 뿐이에요. 불쾌한 일이죠. 그래서 저는 그 사람들이 모르도록 비밀리에 이행-분노를 표현하는 방법을 하나 찾아냈습니다. 이렇게 말하는 거죠. "정말 죄송한데, 깨지기 쉬운 물건이 들어 있어서 가방은 제가 직접 다루어야 할 것 같네요. 혹시 모르니까 책임을 질 사람은 그쪽이 아니라 저라는 걸 확실하게 해두고 싶어서요." 가끔씩은 잠깐이나마 그런 인간들에게 확실히 분수를 알려주어야겠다는 생각이 들어 진짜 분노를 느꼈다가 재빨리 이행으로 넘어가기도 합니다.

그러나 축배를 들기에는 아직 이릅니다. 존 로크 강좌를 마치고 집으로 돌아가는 비행기에서, 저는 (무거운 수화물은 이미 부쳤기 때문에) 작은 기내용 가방만 가지고 있었습니다. 그 가방을 머리 위 선반에 올려놓는 중이었죠. 아니, 이미 한 90퍼센트 정도는 들어가 있었어요. 그때 아주 덩치 큰 남자가 저한테 도와줘도 되겠느냐고 묻더군요. 저는 이렇게 대답했습니다. "고맙지만 괜찮습니다." 일단 질문을 해준 것에 대해서도 고맙다고 이야기할 참이었어요. 그런데 그때, 이미 가방이 안으로 들어가 있었는데도, 남자가 제 가방을 잡아채더니 더 안쪽으로 밀어넣는 겁니다. 저는 예의 바르게 말했어요. "제가 뭐라 말하든 어차피 도와주실 거면, 질문은 도대체 왜 하신 건가요?" 남자는 자기가 독일의 외상전문 외과의사라면서, "제가 치료해본 환자들 중에서도 많은 분들이……"까지 이야기하다가 말을 멈추었습니다. 아마도 제 얼굴에서, 제가 그 사람의 환자가 아니라는 사실을 깨우쳐준 무언가를 보았던 거겠죠. 저는 뭐랄까, 조금 덜 예의 바른 태도로, 나도 이런 무시를 당하겠다고 매일매일 몇 시간씩 헬스장에서 웨이트 트레이닝을 하는 건 아니며, 장담하는데 오버헤드 프레스도 당신보다 많이 할 수 있을 거라고 말했습니다(덩치만 크지 별로 몸매가 좋은 사람은 아니었거든요). 분명 그 사람은 환자의 개인사에 별 관심이 없는 의사였을 겁니다. 그런 의사가 워낙 많기도 하지만요. 그는 아마 방금 제가 한 것과 비슷한 행동을 하다가 부상을 당한, 매일 웨이트 트레이닝을 하지 않을 가능성이 대단히 높은 얼굴 없는 수많은 여자들을, 그저 목이나 어깨로만 보이는 여자들을 떠올렸을 뿐일 겁니다. 그런데도 저는 정말로 화가 났어요. 제가 보인 반응은 상당히 어리석었습니다. 하도 성질이 뻗치기에 저는 스튜어디스한테 자리를 바꾸어줄 수 있겠느냐고 물었죠. 딴 것도 아니고 존 로크 강좌를 마치고 집에 돌아가는 길이었으니, 분노의 유혹을 느끼지 말고 비행을 즐겨야만 한다는 생각이 들었거든요. 하지만 알고 보니 그 남자는 다른 사람의 자리에 앉은 것이었습니다(고작 그런 정도의 외과의사였던 거죠). 그래서 제 옆자리에 앉을 사람은 활기 넘치고 재미있는 영국인으로 바뀌었으며 제 문제는 해결되었습니다!

아무튼 이런 것들이 개인의 마음에서 비롯되는 장애물입니다. 이 일이 있고 나서 2주가 지났는데도 계속 속이 부글부글 끓더라고요. 문득 정신을 차리고 보면 저도 모르게 독일어로 그 작자와 대화를 나누는 장면을 상상하고 있었어요. 제가 반어법을 사용해가며, 우리 사이에는 그저 언어적 오해가 있었던 것뿐이라는 듯, 완벽한 독일어로 이렇게 말하는 거죠. "영어에서는 누가 '노'라고 말하면 그건 독일어로 '나인Nein'이라는 뜻이에요. '야Ja'라고 말하고 싶으면 영어를 쓰는 사람은 '예스'라고 하겠죠?" 저는 그런 식으로 그 사람에게 모욕을 주고 싶었습니다. 영어 실력이 딱히 완벽한 사람은 아니었거든요. 이런 식으로 여전히 화가 나다니, 저는 분명 놀림거리가 될 만한 상태였습니다. 그렇지만 친구가 놀린다면 모를까, 그때 제게는 저 자신을 놀릴 여력이 전혀 없었어요. 상당히 우스꽝스럽고도 불균형적인 분노를 몰아내기 위해 냉철한 명상을 하고 싶다는 바람도 전혀 들지 않았고요.

한 가지 더 있습니다. 제가 만일 이 무례한 사람을 무조건 용서하기로 선택했더라도, 제 용서에는 3장에서 밝힌 것처럼 내가 상대보다 도덕적으로 낫다는 식의 우월감을 느끼고 우쭐한다든지 미래에 대해 건설적으로 생각하지 못하는 등 도덕적 난점이 있었을 가능성이 대단히 높습니다(미래에 대해 건설적으로 생각하지 못하는 오류는 그 사람을 다시 볼 일이 없는 상황에서 특히 범하기 쉬운 오류죠).

이 이야기를 통해 중간 영역의 난점을 한 가지 알 수 있습니다. 처음 보는 사람과 단 한 차례 만나는 경우에 초점을 맞추면, 비-분노를 달성하는 데 도움이 되는 다른 측면이 아니라 오직 그 사람의 짜증스러운 특질만이 노출된다는 겁니다(제가 다니는 시카고의 학교에도 방금 얘기한 독일 의사처럼 짜증스러운 성격을 가진, 자기만 잘난 줄 아는 외과의사가 한 명 있는데요. 그 사람이 우리 학교에서 가장 재능 있는 학생 중 한 명의 손을 고쳐주었을 때는 비-분노의 대상이 될 만한 충분한 소양이 드러났습니다).

분노를 연기하는 건 어떨까요? 분노의 유혹이 진정으로 느껴지지 않을 때면 가끔씩 분노를 연기해 좋은 결과를 얻을 수 있습니다. 특히 소송이 넘쳐나는 미국 문화에서는 말이죠. 어느 토요일에 있었던 일입니다. 제가 자주 다니는 미용실이 있어요. 그날은 미용사가 샴푸를 해주려고 제 머리를 세면대 쪽으로 젖히고 있었는데, 샴푸를 꺼내겠다고 손을 위로 뻗어 정리가 잘 되지 않은 보관장을 열었다가 거기에서 온갖 병들이 쏟아졌습니다. 그중 하나가 제 이마에 맞았어요. 플라스틱이어서 다행이었죠. 놀라기는 했지만, 사실 전 다친 것도 아니고 언짢지도 않았습니다. 그러나 다른 사람들에게 이 사건의 중요성을 알리는 건 유용한 일이 될 거라고 생각했습니다. 좀 더 무거운 병이 떨어지거나, 깨지거나 하면 미래에는 누군가가 심각하게 다칠 수도 있으니까요. 그래서 저는 예의에 어긋나지 않는 선에서 분노를 터뜨리는 시늉을 하고, 보관장 안에 선반을 설치해 병이 떨어지지 않도록 안전하게 잡아두어야겠다고 덧붙였습니다. 미용사가 그러더군요. "네, 저희도 관리팀에 몇 주째 그렇다고 얘기했는데 듣질 않네요." 그래서 저는 프런트로 나와, 좀 더 열기를 띠고서 같은 연기를 반복했습니다. 그렇게 하면 직원과 고객 모두에게 도움이 되리라는 걸 알 수 있었거든요. 소송에 대해 느끼는 미국인 특유의 공포에도 좀 도움을 받았습니다. 제 생각에 이 사건은 예수가 좋은 결과를 낳기 위해 문화적으로 기대되는 연기를 한 것이라던 웃쿠족의 해석과 비슷했습니다. 이번에도 세네카를 인정해주도록 합시다. 완연한 분노로부터 거리가 멀어지면 멀어질수록 통제와 조절은 더 쉬워집니다. 제 연기는 타인에게 보내는 신호였습니다. 분노도 이런 결과를 달성했을지 모르나, 제 방법이 훨씬 더 안정적이었죠. 짧은 순간이라도 진짜로 분노를 느끼면 그 분노가 커져 상대에게 모욕감을 주고 그들의 기분을 나쁘게 하려는 시도로 변질될 수 있으니까요. 그러나 좋은 사회적 결과를 목표로 하는 연기에는 그런 위험이 따르지 않습니다. 이행-분노는 그 사이 어딘가에 놓여 있는, 또 다른 합리적인 반응인데요. 그렇더라도 단순한 연기보다는 약간 위험합니다. 자기도 모르는 사이 진짜 분노로 미끄러질 가능성이 있거든요.[13]

저도 그런 위험을 완전히 피하지 못했던 경험이 한 번 있습니다. 프랑크푸르트 공항의 보안검색대에서 저는 추가 몸수색을 받아야 할 사람으로 선정되었습니다. 비정상적으로 무례하고 훈련이 잘되어 있지 않은 직원이 몸수색을 맡더라고요. 그때 저는 할 수 있는 한 정확한 독일어로 침착하게 "에스트 이스 비르클리히 필 베사, 회플리히 주 자인"(Est is wirklich viel besser, höflich zu sein)*[14]이라고 말하기로 마음을 먹었습니다. 그런데 일단 입

------

* "좀 더 정중하게 하시는 게 좋겠습니다"라는 뜻.

을 열자 이 단어들이 독일 특유의 경직성과 편집증을 패러디하는 것처럼 들리더군요. 시차적응을 하지 못한 상황에서 제가 자음을 하나하나 똑똑히 발음하려 노력했으니 더 그랬겠죠(저는 방금 인도에서 비행기를 타고 온 참이었습니다). 하지만 저는 그때 제가 한 말 속에 진짜 분노가 깃들어 있다는 사실도 깨달았습니다. 어느 정도로는 그들을 조롱하고 깎아내리고 싶었던 게 분명하거든요.

이런 이야기는 여러 가지 생각할 거리를 던져줍니다. 사회적 삶이라는 직조물 자체에 분노가 너무 꽉 짜여 들어가 있기에, 화를 내지 않는 반응이 오히려 모욕이나 무례함으로 잘못 이해되는 경우도 많습니다. 저는 사람들이 여자는 감정적으로 반응할 거라고 예상한다는 사실을 알게 되었습니다. 그래서 여성이 침착하고 분석적인 태도로 무슨 말을 하면 남자들은 짜증을 내죠. 자기를 무시하는 말을 했다고 느끼는 모양입니다(하긴, 독일인 검색요원들에게는 저도 아마 실제로 무시하듯 말한 것일 수 있어요). 여기에서 두 가지 질문이 제기됩니다. 그렇다면 비-분노는 윤리적으로 문제적인 것일까요? 가끔은 비-분노 때문에 상황이 악화되기도 할까요? 저는 첫 번째 질문에 대한 답이 '아니오'라고 생각합니다. 이때 문제가 되는 게 이성적인 겉모습을 하고 있는 분노가 아니라 진짜 비-분노라는 건 확실히 해두어야겠지만요. 하지만 두 번째 질문에 대한 답은 불행하게도 '예'입니다. 유감입니다만, 이에 대해 제가 할 수 있는 답변은 한 가지뿐입니다. 어떤 여자가 침착하고 분석적이라는 이유만으로(그 여자가 펜실베이니아의 브린모어대학에서 배웠다고밖에 할 수 없는 부자연스러운 억양으로 말을 한다면 의심의 여지 없이 더 그렇겠죠) 화를 내는 남자가 있다면 그건 그 남자의 문제이고, 그 사람의 짜증스러운 반응을 피할 요량으로 유치하게 구는 건 제 의무가 아니라는 답변이에요. 하지만 가끔 상대가 짜증스러운 반응을 보일 가능성이 높다는 걸 알고 있을 때는 좀 더 인간적인 상호작용을 하기 위해 짜증이나 다른 감정을 연기하는 게 좋을 수도 있습니다. 별로 그러고 싶은 마음이 들지 않더라도요. 이렇게 하면 나의 이성으로 상대방에게 분수를 알려주려 드는 진정한 오류를 피하는 데 도움이 된다고 생각해요. 이런 만남에서는 그러고 싶은 유혹을 떨쳐버리기가 어렵거든요.

그래도 한 가지 문제는 여전히 남아 있네요. 어떤 남자들은 여자의 성질을 돋우어놓고 자기가 무언가를 해냈다고 생각하곤 합니다. 그 여자가 차분하고 지성적인 여자라면 더 그렇고요. 그런 남자들은 추파를 던지는 한 가지 방법으로써 사람 성질을 돋우려 노력하는 경우가 많아요. 여성의 억눌린 감정을 해방시키는 걸 성적 승리라고 생각하는 게 분명합니다. (그런 남성들은 해당 여성의 감정이 일반적으로 억눌려 있다고 지레짐작할 뿐, 오직 자기들에게만 허용되지 않는 다른 생각은 못한다는 점에도 주목하십시오!) 이런 따분하고 뻔한 행위를 통해 여성은 그 남자들에게 (유머감각이나 상상력 등) 추파를 던지는 데 필요한 흥미로운 자원이 전혀 없거나 거의 없다는 것을 알게 됩니다. 그래서 남자들이 애초에 의도했던 것과는 정반대의 결과가 나오죠. 예전에도 이런 남자들을 숱하게 봐온 여자는 그저 지루함을 느낄 뿐이며 남자들 자신은 우스꽝스러워질 뿐입니다.

하지만 여러분도 다들 알고 계시듯, 악마는 여러 가지 모습으로 변장할 수 있습니다. 여행가방 들어올리기 시나리오를 통해 분노를 피하는 방법을 배웠다고는 하지만, 중간 영역에서 도저히 말이 안 되는 행위가 벌어질 때는 정말이지 분노에 빠져들고 싶다는 유혹에 저항한다는 게 사실상 불가능할 정도입니다. 워낙 불합리로 가득 차 있는 영역인데다 그 불합리의 형태 또한 여러 가지이고 내용도 충격적이기에, 중간 영역에서 무슨 일이 벌어질지 예상한다는 건 매우 어려운 일입니다. 이에 비하면 여행가방을 들어올리는 행동 정도야 지루할 정도로 뻔한 것이죠. 예컨대, 인터넷 서비스회사 직원들은 모순적인 말을 지어내는 창의력이 엄청납니다. (미국에서 교육을 받았든 아니든) 영어라고는 할 줄 모르는 듯 이상한 말만 쏟아낸다는 점이야 그렇다손 치더라도, 은행의 고위직 임원들은 전혀 말이 되지 않는 기괴한 정책을 아무 생각 없이 지껄여대고요. 제가 직접 겪은 일을 하나 말씀드릴게요. 신용카드에 사기로 의심되는 과금이 이루어졌다는 이메일 통지서가 왔더라고요. 저는 은행에 전화를 걸었고, 25분간 대기한 후에 금융사기 전담부의 어떤 직원과 연결되었습니다. 그 결제를 한 사람이 제가 아니라는 점에 대해서는 우리 둘 다 신속히 동의할 수 있었습니다. 그런데 실은, 문제의 과금이 정말로 이루어졌다고도 할 수 없었어요. 사기꾼은 카드번호를 임의로 추출한 게 분명했고 (유효기간이나 CVC 코드 등) 다른 정보를 알지 못했기에 결제가 거부된 겁니다. 그런데도 금융사기 전담부 직원은 제게 새 신용카드를 발급해주어야 한다고 우겨댔습니다. 그러자면 끔찍할 정도의 시간낭비와 불편이 뒤따르는데도 말이죠. 저는 저항했습니다. 카드번호가 임의로 추출될 수 있다면 그건 모든 카드번호가 마찬가지라는 뜻이니, 카드를 바꾼다고 해서 저나 은행의 안전성이 향상되지는 않잖아요. 하지만 은행 직원은, 규정에 따라 사기가 발생하면 어떤 경우에든 새로운 신용카드를 발급해야만 한다고 말했습니다. 저는 할 수 있는 한 가장 엄격한 법형식주의자 같은 말투로, 결제가 거부되었으니 엄밀히 말해 이 경우 사기는 발생하지 않은 것이고, 혐의가 있어봐야 사기 미수에 그칠 뿐이라고 말했습니다. 저는 당시 장기간의 해외여행을 떠나기 직전이었고, 모든 예약을 옛 신용카드 번호로 해둔 상태였습니다. 그러니까 신용카드 번호를 바꾼다는 건 엄청나게 많은 국제전화를 걸어야 한다는 뜻이었어요. 그래서 저는 꾹 참고 견디며 (a) 직원이 인용한 규정은 사기 미수가 아니라 사기만을 다룬 것이므로,

직원의 결정은 규정에 따른 것이 아니고 ⒝ 직원의 행동은 영업적인 측면에서 보아도 좋지 못하며 아무런 쓸모가 없다는 점을 지적하면서 논쟁을 이어갔습니다. 이 짓을 한 시간 넘게 한 뒤에, 결국 지고 말았어요(그리고 그날 밤에는 제대로 잠을 자지 못했죠).

그럼 삶의 불합리성에 즉시 항복하는 것이 맞을까요? 세상은 우리에게 자주 그런 질문을 던집니다. 이 질문에는 세네카의 말을 빌려 답할 수 있을 것 같아요. 세상은 합리적이어야 하며 무언가가 불합리하다고 지적하는 것만으로도 변화가 일어난다는 믿음은 지속적인 분노를 자아낼 뿐입니다. 그건, 무슨 일이 있어도 내면세계에 받아들이지 말아야 할 짜증나는 인간들을 꿈속으로 불러들여 잠을 설치기 위한 처방에 불과해요.

그러나 가끔씩은, 중간 영역에서 이루어지는 모욕이 개인에 대한 무시만으로 그치지 않습니다. 낙인찍히고 예속화된 특정 집단의 성격을 표적으로 삼는 모욕도 있으니까요. 이 지점에 이르면 모욕은 더 이상 단순한 무시가 아닙니다. 이런 모욕은 정치적 협력이라는 차원에서 인간이 가지는, 시민으로서의 평등한 존엄성에 대한 공격이 될 수 있습니다. 시민적 권리에 관한 법률 제7조에서 정의한 성적·인종적 불법행위를 예로 들 수 있겠죠. 정치적 평등은 대단히 중요하며, 중상행위 중에는 불법적 차별의 요건을 구성하는 것이 몇 가지 있으므로, 이 지점에 이르면 모욕은 복지의 주요요소에 영향을 끼치게 됩니다. 그러므로 이런 모욕에 관한 논의는 일단 다음 장으로 미뤄놓도록 하죠. 다만, 여기서 보듯 세네카가 한 분석에 중요한 구멍이 있다는 점은 지적해두어야겠습니다. 세네카는 모욕과 중상이 사소한 문제라는 확신을 너무 강하게 품은 나머지 노예가 된 상태조차도 언짢아할 만한 일이 아니라고 생각했습니다. 노예들을 비폭력적으로 대하고 존중해야 한다는 조언을 하면서도 노예들에게 중요한 것은 오직 내면의 자유뿐이라며 노예라는 지위 자체는 논의하지 않고 내버려둔 거죠.[15] 세네카의 입장은 일관적이지 않을 가능성이 매우 높은 입장입니다. 지위 자체가 사소한 문제라면, 그 안에서 무례하고 불손한 대우가 이루어진다 한들 뭐가 그리 큰 문제란 말입니까? 게다가 일관성을 떠나 이 입장은 틀린 입장입니다. 모욕 중에는 정치적으로 중요하고 수용 불가능하며 차별에서 기인하는 모욕도 존재하니까요.

세네카가 한 설명의 또 다른 구멍이자 '중간' 영역이 알게 모르게 정치적 영역으로 혼입되는 사례는 근거 없는 비난이라는 영역입니다. 근거 없는 비난 중에는 그저 짜증을 유발할 뿐인 비난도 있습니다. 하지만 그중에는 평판을 매우 심각하게 훼손하는 비난도 있죠. 단순히 사소하다고 일축할 수 없는 문제입니다. 근거 없는 비난이 선을 넘어 한 사람의 복지를 구성하는 주요요소에 대한 피해, 심각하게 받아들여야 마땅한 피해가 되는 건 언제일까요? 고용 혹은 앞으로의 직업이력에 영향을 주는 경우는 물론 해당되겠지요. 수많은 사례에서 보듯 인터넷 명예훼손으로 근거 없는 비난을 받은 사람이 사회적 관계를 맺는 데 타격을 입어, 우정 혹은 직업을 이어가거나 나아가 건강을 유지하는 데에도 곤란을 겪는 경우 또한 포함될 테고요. 인터넷 및 기타 장소에서 벌어지는, 아무런 진릿값이 없으므로 엄밀히 따지면 명예훼손이라고도 할 수 없는 괴롭힘도 상당수 그렇습니다. 물론, 저도 세네카도 심각하게 고려할 가치가 없는 사소한 문제라고 의견을 모으는 문제에 대해서까지 지위에 과도한 중요성을 부여하는 사람들은 끔찍한 불쾌감을 느끼며 자신의 직업과 인간관계가 피해를 입었다고 생각하는 경우가 많죠. 따라서 그런 경우와, 가해행위가 복지의 주요 구성요소를 실제로 저해하는 경우를 구분해야 합니다. '감정적 고통의 의도적 부과'가 불법이 되었듯, 명예훼손죄도 방금 이야기한 구분선을 긋기 위한 노력의 일환이었습니다. 진심으로 불쾌하다고 해도 다양한 인종의 사람들이 함께하는 직장에서 일을 해야 한다는 이유로 소송을 걸 수는 없습니다. 법은 인종적 통합이 중요한 공공재라는 입장을 취하니까요. 그럼 진정한 불쾌감을 법으로 인정해주어야 하는 때는 언제일까요? 반대로, 불쾌해하는 사람에게 이제 그만 철 좀 들라고 말해주어야 할 때는 언제일까요? 사회가 발전하면서 그 경계선도 이동합니다. 어느 쪽으로든 말이죠. 과거에 성희롱은 피해자가 '철 좀 들어서' 해결해야 하는 문제의 범주에 들어가는 것으로 간주됐지만 이제는 평등한 시민권과 존엄성의 중요한 요소들에 얽혀 있는 문제로 인정됩니다. 이런 복잡한 문제들은 6장에서 최선을 다해 분류해보도록 하겠습니다.

복지에 대한 세네카의 개념은 지나치게 단순합니다. 분노의 효용성에 대한 개념도 편향되어 있죠. 분노에 억제책으로서나 동기요인으로서의 유용한 역할이 전혀 없다고 부인하는 건 타당해 보이지 않습니다. 하지만 분노가 수행하는 그런 역할은 믿을 수 없고 의지할 수 없어요. 진짜 분노에 비하면 신중하게 제어된 분노의 연기, 혹은 세네카가 사용하지 않는 개념을 사용하자면, 신중한 감시하의 이행-분노야말로 조절하기가 좋고 보다 효과적이라는 지적은 옳습니다. 운전은 법의 통제를 받지 않은 채 나쁜 행실이 많이 일어나는 영역인데, 이 영역에 대해서만 생각해보더라도 분노는 가끔씩 억제작용을 할지는 모르지만 위험 수준을 오히려 제고하는 단초가 되거나 적어도 그런 상황에 기여할 수 있습니다. 신중하게 조율한 격노의 표현이 더 효과적일 수 있죠.

그러나 세네카의 답변이 정말로 올바른 이유는, 자존심을 지키기 위해 심각한 잘못에 화를 내야만 한다는 의견에 일관적으로 반대하기 때문입니다. 실제로는 오히려 그와 반대의 일이 일어난다는 게 세네카의 주장인데, 맞는 말입니다. 진정으로 고고한 성품을 가진 사람은 그런 잘못에도 초연한 사람입니다. 온갖 행동이 수준 이하의 행동이라는 걸 알아차리기 위해 반드시 공격을 해오거나 모욕을 주는 사람과 같은 수준으로 떨어져야만 하는 건 아니죠. 햄릿이 했던 말을 생각해보면 됩니다. 타인들의 나쁜 행동에 반응할 기회는 지속적으로 있지만, 그래야 할 이유가 없어요. 누군가가 말도 안 되는 짓을 한다는 사실이 나 자신의 무절제하고 공격적인 행동을 정당화할 이유가 되나요? "오히려 경의 명예와 위엄에 맞게 대우해야 할 것 아니오?"라는 말은, '저 사람들과 같은 부류의 인간이 되지 마시오. 저 사람들이 시궁창으로 굴러떨어졌다 해서 함께 그러지는 말라는 얘기요. 당신이 어떤 사람인지, 당신한테서 어떤 성품이 요구되는지 생각하시오. 좋은 행동을 모방하시오'라는 뜻입니다.

그래도 우리의 상상 속 대화상대는 화난 사람들이 사회적으로 성공하는 경우가 많다고 말하겠지요. 그 점에 대해서는 이렇게 답변할 수 있습니다. "그 성공이 오래가는 경우는 별로 없습니다." 정치를 보면, 보통 욱하는 성질이 있는 정치인은 머잖아 곤란을 겪게 되지만 프랭클린 델러노 루스벨트, 빌 클린턴, 로널드 레이건 등 밝고 침착한 유형은 훨씬 더 오래 버팁니다. 성질을 터뜨리는 버릇이 있는 사람들이 최상류층에서 발견되는 사회는 보통 민주주의 사회가 아닙니다. 민주주의 사회에서는 그런 일이 일어나더라도 문제의 인물이 상당히 빠른 시간 안에 제거됩니다. 클라우디우스와 네로의 통치 기간은 아주 짧았지만, 침착한 아우구스투스와 트라야누스의 치세는 길었죠. 스토아철학자였던 마르쿠스 아우렐리우스의 치세는 말할 것도 없고요. 게다가 뒤의 세 사람은 자연사했습니다.[16] 스포츠 영역에서는 선수들이 모욕과 무시에 반응을 보이도록 교육을 받지만, 심지어는 이 분야조차 좀 더 자세히 살펴보면 화를 잘 내는 유형의 사람들이 보통 쉽지 않은 길을 걸어간다는 걸 알 수 있습니다. 사람들은 폴 코너코, 짐 토미, 브라이언 울라커 같은 선수들의 비-분노를 가치 있게 여기며, 론 아테스트의 괴상한 짓거리는 잘 받아들이지 못합니다. 아테스트는 요구받은 대로 분노조절 치료를 받은 다음 메타 월드 피스라는 새로운 이름으로 다시 무대에 올라, 성공적이지만 훨씬 덜 소란스러운 경력을 이어가게 되었죠.[17] (세리나 윌리엄스가 끊임없는 테니스 경기에서 그랬듯) 사람들은 동기요인으로서 자기-분노가 갖는 역할을 환영하지만, 다른 사람들을 제재하거나 그들에게 모욕을 주기 위해 분노를 사용하는 경우에는 눈살을 찌푸립니다(이런 요소가 간혹 존 매켄로의 경기를 망쳐놓았습니다). 물론, 이게 예외 없는 법칙이 아니라는 건 분명합니다. 특히 독재자의 경우는 그렇죠(천수를 누린 마오쩌둥毛澤東을 생각해보세요). 하지만 한번 생각해볼 만한 문제는 될 거예요.

사죄는 좀 다를까요? 다른 조건이 모두 동일하다면, 사죄는 사죄하는 사람이 무언가 좋은 일을 하리라고 기대하게 만든다는 면에서 사태를 진전시킵니다. 사죄가 이루어지면 더 이상 항의나 분노한 연기를 할 필요가 없어질 수도 있죠.

단, 지금까지 우리가 집중적으로 살펴본 내용은 심각하게 복지를 위협하지 않는 부당행위에만 국한된다는 점을 유념해야 합니다. 이 분야에서는 세네카의 조언을 따르기가 매우 쉽습니다. 처음 보는 사람들이 우리에게 저지를 수 있는 심각한 잘못들이 배제되도록 제가 사례를 선별했으니까요. 심각한 문제에 대한 제 시각은 6절에서 분명하게 드러나는데요. 그때 저는 보복적인 분노에 말려드는 대신 이런 문제를 법에 넘겨야 한다고 촉구할 생각입니다.

## 4. 중간 영역의 중간: 직장동료와 지인들

그러나 아직 심각하지 않은 부당행위를 전부 다 다룬 것은 아닙니다. 지금까지 저는 한 번도 본 적 없는 사람들과, 오직 가끔씩, 일시적으로만 보는 사람들에 초점을 맞추었습니다. 불행히도 인생은 그보다 훨씬 더 복잡합니다. 우리는 꽤나 잘 아는 사람들과도 함께 일하고 관계를 맺습니다. 이런 사람들은 친밀한 사람은 아닙니다. 우리가 그 사람들과 어떤 식으로든 깊고도 사적인 신뢰관계를 맺고 있는 것도 아니고요. 그러나 우리에게는 친밀한 관계 말고도 다른 종류의 상호의존성이, 심지어 신뢰가 존재합니다. 규범에 따라 어떤 기대를 걸어야 할지 결정되는 제도적 관계도 있고요. 이런 규범들은 자주 침해당합니다. 가끔씩 지인들은 만성적인 방식으로 짜증을 유발시키며, 우리에게는 그 사람들과 더 이상 관계를 맺지 않는다는 선택지가 존재하지 않습니다. 코미디는 반복성에 근거를 두는 경우가 많죠. 그렇기에 훌륭한 코미디는 깊은 친밀함의 영역도 아니고, 처음 본 사람들과 일시적으로 상호작용하는 관계도 아닌 영역, 즉 '중간의 중간'이라고 부를 만한 영역에서 발생할 가능성이 높습니다. 〈미스 브룩스Our Miss Brooks〉에서 게일 고든이 오스굿 콩클린 교장으로서 우습기 짝이 없는 분노를 보여준 이래, 시트콤계에는 이미 잘 알려진 사실입니다.

직장은 그리 친밀한 장소는 아니지만, 그 안에서 우리는 인생의 가장 중요한 목표 중 몇 가지를 추구합니다.[18] 그러므로 직장은 이상한 장소입니다. 목숨까지 맡길 만큼 직장동료를 신뢰해야 할 이유는 전혀 없지만 현실적으로는 그렇게 해야만 하니까요. 그 기이함이 희극적인 상황에 일조합니다(가끔씩은 비극적인 상황이 되기도 합니다만, 그 문제는 나중에 다루도록 하죠).

직장에서의 우스운 상황이야 뻔한 이야기입니다. 세네카도 진지한 철학적 저작을 통해서는 오직 일시적인 사례에만 집중하지만(이런 책을 읽다보면, 세네카가 주변에 동료라고는 한 명도 없는 대단히 외로운 사람이라는 인상을 받게 됩니다) 희극적 작품이나 클라우디우스 황제가 죽고 난 다음에 쓴 풍자적 저작에서는 그가 지나칠 만큼 잘 알고 있었던 사람들에게 초점을 맞춥니다. 황제와 그의 자유민들, 법률가들, 그리고 제정帝政의 다른 중요한 인물들에 대해서 말이죠. 이를 통해 우리는 세네카가 온갖 가지 일에 짜증을 내는 사람이었다는 걸 알 수 있습니다. 클라우디우스의 지루한 수다 때문에, 그의 절름거리는 다리나 말을 더듬는 버릇 때문에, 그의 허세 때문에 등등 세네카한테는 짜증낼 일이 참 많았더군요. 공중의 복지에 대한 심각한 피해 이야기에 도달하기 전까지는 그런 짜증이 세네카의 작품 대부분을 차지하고 있습니다.[19]

더 이상 만나지 않는다는 선택지가 제한적으로밖에는 주어지지 않으므로 직장동료들은 일시적으로 만나는 사람들과는 다릅니다. 또한 우리가 딱히 관계를 맺기로 선택을 한 것도 아닌데다 심지어 싫어할 수도 있는 존재이기에 친밀한 관계를 맺고 있는 사람들과도 다릅니다. 그러므로 이 사람들과 관계 맺는 방식을 고민할 때는 그들을 다시 상대해야 할 것이 거의 확실하다는 맥락 안에서, 발생할 것이 뻔한 온갖 화낼 만한 상황에 비추어 고민해야 합니다. 짜증나는 사람들을 피하라는 세네카의 주장은 물론 옳습니다. 직장을 선택할 때에는 이게 합당한 고려의 요소가 될 수도 있고요(인터넷을 넓은 의미에서 직장으로 보고 그곳에서 시간 보내기를 피하는 이유 중 하나도 이 점이라는 건 분명합니다. 인터넷은 화를 낼 만한 상황을 충분히 제공해줄 게 확실하거든요). 하지만 그것도 어느 정도죠. 직장을 자기 입맛에 맞게 단속하거나 극도로 짜증이 날 때마다 이직을 하는 건 사실 불가능하니까요(물론 이렇게 하는 사람들이 가끔 있기는 합니다).

직장동료들이 서로에게 가하는 진정으로 심각한 피해, 예컨대 표절이나 성희롱, 차별, 부당해고 등은 일단 나중에 다루도록 하겠습니다. 이런 문제에는 법이 관심을 기울이는 게 정당합니다. 여기에서 우리가 초점을 맞출 문제는 분노 반응을 이끌어내는 경우가 많으나 심각하게 복지에 피해를 주지는 않는 만성적 행동 패턴입니다. 모욕을 당할 때 저지를 수 있는 실수에 관해서 했던 조언이 여기에도 통용됩니다. 사람들과 매일 마주해야 한다면, 지나치게 예민하지 않은 성격을 갖추는 것이 필수적입니다. 모욕인지 아닌지 의심스러운 말을 아량 있게 이해해주는 습관을 들인다면 더 좋겠고요. 하지만 직장동료들이 하는 행동 중에는 진정으로 문제적인 것들이 많이 있습니다. 그들은 말이 너무 많고, 말버릇이 무례하고, 협동해서 하는 프로젝트를 자기 멋대로 끌어가려고 하거나 아니면 자기가 맡은 몫을 하지 않으려 들고, 중요한 약속을 어기고, 다른 누구도 받지 않는 특별한 대접을 받으려고 하죠. 이런 일들은 노상 일어납니다. 세네카는 그런 일들에 하나하나 화를 내기 시작하면 머리가 돌아버릴 거라고 말합니다. 하지만 나 혼자야 명예와 지위에 대한 모욕을 심각한 문제로 받아들이지 않는 데 성공했다 하더라도(자신과의 싸움에서 이렇게까지 안정적으로, 완전히 이긴 사람은 거의 없습니다), 다른 사람들은 그렇지 않으므로 타인의 잘못된 가치관이나 거기에서 나오는 행동에는 계속 대처해야만 합니다. 그런 사람들과 함께 살아나갈 방법을 알아내야만 한다는 거예요. 일시적인 관계를 맺는 경우와는 달리 그냥 떠나버릴 수는 없으니까요. 그렇다면 분노는 적절한 반응일까요? 용서는 유용할까요? 이제 우리는 이 영역에서 사과가 진전을 이루어내는 데에 중요하며 잠재적으로 생산적이지만 함정이 될 수도 있다는 점을 살펴보도록 하겠습니다.

제가 살면서 실제로 겪은 사례 네 가지를 활용해서 이 문제를 탐구해보도록 합시다. 이제부터는 아무도 정체를 알지 못할 낯선 사람 문제를 다루는 것이 아니므로, 저는 루이즈라는 가상의 분신을 도입하여 허구성의 막을 하나 더 드리우고, 허구적 인물로서 이 사례에 등장하는 사람들의 치부에도 나뭇잎을 한 장씩 덧대주도록 하겠습니다.

### 첫 번째 사례

루이즈는 자기와 지위나 학문적 성과가 모두 비슷한 직장동료와 함께 수업을 하게 되었습니다. 이 수업을 들으려면 학생들은 일단 지원서를 넣어야 했죠. 함께 학생들의 지원 서류를 잠시 동안 검토한 다음, 루이즈의 직장동료는 루이즈에게 이런 편지를 보냅니다. "결정은 기꺼이 교수님께 넘겨드리겠습니다. 지금 제가 너무 바빠서요."

### 두 번째 사례

루이즈는 중요한 학술대회를 조직하는 중입니다. 다른 학부 출신의 직장동료로 루이즈가 상당히 잘 아는 사람이 있는데, 그 사람이 논문을 제출해주기로 했습니다. 확실히, 명백하게, 서면으로요. (루이즈가 방금 그 메일을 다시 확인해보았습니다!) 9개월이 지나 학회가 코앞에 닥친 상황에서, 그가 쾌활한 메시지를 보내와 오스트레일리아에서 열리는 학회에 참석해야 하기에 루이즈의 학회에는 못 온다는 소식을 전합니다. 그가 자기 행동의 문제점을 알고 있다는 낌새는 전혀 보이지 않으며, 루이즈가 그를 다른 사람으로 교체하기에는 이미 때가 늦었습니다.

### 세 번째 사례

루이즈에게는 여러 가지 면에서 대단히 훌륭한 동료가 있습니다. 매우 명석하고 아량이 넘치며 타인에 대한 선의로 가득 찬 사람이지요. 그런데 그는 몸만 어른인 아기이기도 합니다. 언제 봐도 맨날 무슨 말을 하고 있어요. 다른 사람이 말을 끊지 않으면 절대 말을 멈추지 않습니다. 그룹 토론을 할 때면 그는 결국 자기보다 어린 교수들이 아무 말도 하지 않는 상황을 만들고 맙니다. 악의는 조금도 없지만, 그저 자기 행동이 미치는 효과를 민감하게 느끼는 능력이 없는 거예요. 자기를 표현하고 싶다는, 떠들썩한 무절제가 거기에 결합되어 있고요.

이 모든 상황은 짜증스러우며, 짜증을 낼 만한 이유도 충분히 있습니다. 그렇다면 우리는 이러한 분노에 상당한 근거가 있다고 말할 수 있겠죠. 첫 번째 사례에서, 루이즈의 동료는 아마도 모욕을 하려는 의도는 없었겠지만, 자기 시간이 루이즈의 시간보다 더 가치 있다는 식의 암시를 남김으로써 실제로 모욕을 했고, 학계라는 직업세계에서는 부적절한(물론 학계가 원래 이런 일이 비일비재하게 나타나는 곳이기도 합니다만) 뻐기는 듯한 태도를 나타냈습니다. 조금 더 심각한 두 번째 경우에서, 루이즈의 또 다른 동료는 학회의 성공 여부를 위험에 빠뜨리고 그럼으로써 학회에 시간과 에너지를 들여오던 사람들의 복지에도 영향을 주었으며, 이미 확립되어 있는 규범도 침해했습니다. 오스트레일리아의 학회에 오라는 초대를 나중에 받았는데 거기 가고 싶어서 예전에 루이즈와 했던 약속을 취소한 것이든, 과거에 오스트레일리아의 학회에 가기로 약속한 상황에서 루이즈의 초청을 받아들여놓고 그랬다는 사실조차 깨닫지 못한 것이든 간에 말이죠. 전혀 뉘우치지도 않고 사과를 하지도 않으면서 이 일 전체를 태연하게 대하는 그의 태도는, 다른 사람들에게 어떤 부담을 끼쳤는지에 대해서나 자기가 어긴 규범에 대해 그가 전혀 알지 못한다는 점을 시사합니다. 그쯤이야 충분히 알 만큼 이 업계에 오랫동안 몸을 담고 있었던 게 분명한데도 말이죠. 세 번째 사례는 이 중에서 심각한 문제로 비화할 잠재력이 가장 높은 사례로, 아무런 악의가 없는 사람이 절제력의 결핍으로 공동체 전체를 방해할지 모르는 위협이 되어버렸습니다.

이 경우 사과를 통해 무엇을 얻을 수 있는지 새겨두도록 합시다. 첫 번째와 두 번째 사례에서 문제의 동료가 사과를 한다면, 모욕감이야 계속 남아 있겠지만 루이즈는 두 사람이 자기 행실의 문제를 깨닫고 앞으로는 똑같은 일을 반복하지 않으리라고 훨씬 더 자신하며 나아갈 수 있습니다(세 번째 사례에서는 그런 식의 자신감을 느낄 수가 없겠죠. 이때 문제가 되는 건 절제력의 결핍이니까요). 그러므로 사과는 규범이 인지되었으며 진전을 이룰 가능성이 있다는 증거가 될 수 있고, 따라서 정상적인 직장동료 간 상호작용을 그 사람과 계속해서 이어나갈 수 있는 토대가 되어줍니다.[20] 하지만 사과라니, 구체적으로 뭘 어떻게 해야 하는 걸까요? 이 사례들은 저마다 흥미로운 방식으로 전개되었습니다.

첫 번째 사례에서, 루이즈는 자기도 동료만큼이나 바쁘며 그가 한 말은 루이즈가 상대적으로 게으르고 비생산적이라는 듯한 암시를 전해준 만큼 부적절하게 보인다는 것을 이메일로 알려주었습니다. 그렇긴 하지만, 지원서 검토는 기쁘게 하겠다고요(실제로도 기쁘게 검토할 수 있었습니다. 동료에게 지원서를 보내놓고 그가 답장을 보내기까지 며칠씩 기다리는 것보다야 루이즈가 직접 처리하는 게 시간이 덜 걸렸으니까요). 동료는 답장을 보내지 않았어요. 그렇게 기분이 좋은 일은 아니었죠. 그렇지만 이 사람이 지적인 면모에서 그렇듯 인간적인 측면에서도 멋진 성격을 많이 갖고 있기는 하지만, 자기가 틀렸다는 사실을 인정하기를 극도로 싫어하는, 본인에 대한 이해력이 좀 떨어지는 사람이라는 것을 벌써 여러 해 동안 알고 있었으므로 루이즈는 그냥 내버려두기로 결정했습니다. 그가 모욕적인 말을 했음을 알려주겠다는 결정도 여러 가지 목적에 따라 신중하게 이루어졌다는 점을 유념하십시오. 여기에는 미래의 상호작용에까지 영향을 주는 지긋지긋한 짜증을 유발하지 않겠다는 목적, 다른 사람들이 가끔씩 그러듯 그 동료를 아이 취급하지 않겠다는 목적, 앞으로 다시는 그런 경솔한 말을 하지 않겠다는 표현을 하고 싶다면 사과를 하는 게 적절하다는 신호를 주려는 목적 등이 있었습니다. 하지만 동료가 그 신호를 받아들이지 않았으므로 이제는 결정의 배경 자체가 바뀌어버렸습니다. 사과를 받자면 루이즈는 판돈을 올려서 그에게 직접 요구하는 형식으로 사과를 뽑아낼 수밖에 없었어요. 그런 행위는 성공할 수도, 성공하지 못할 수도 있었겠죠. 하지만 그렇게 한다면 루이즈는 미래의 상호작용을 오염시키고 수업에서 긴장된 기류를 만들어내게 될 것이었습니다. 수업에서의 긴장된 기류란 어차피 이래저래 발생하기 마련이지만요. 아무튼 그래서 루이즈는 그냥 그의 모든 결점을 무릅쓰고서라도 가까운 직장동료로서의 관계를 계속하고 싶은지 생각해보기로 했습니다. 이때의 답이 '예'라면, 사과를 뽑아내지 않는 것이 가장 생산적인 방법으로 보였어요. 보통 사람들은 사과를 요구받았다는 이유로 바뀌지는 않으니까요. 그냥 그 사람들에 대해서, 또는 그 사람들과 함께 있을 때 어떻게 처신할지만 결정하면 되는 것입니다. 단, 그 사람과 같은 수업을 가르칠 필요가 있을 뿐이지 그 사람과 같이 살 필요는 없다는 점을 기억해두어야겠죠.

두 번째 사례도 실은 비슷합니다. 둘 다 자기들이 틀렸다고 말하기를 **끔찍하게 싫어하는** 사람들과 관련된 이야기이니까요. 이때 루이즈는 자신과 다른 사람들이 함께 계획해온 학회를 그토록 태연히 날려버리는 행위가 왜 충격적일 만큼 부적절하게 느껴졌는지 설명하려고 노력했습니다. 실은, 두 번이나 했지요. 하지만 루이즈가 돌려받은 것은 (이메일로 온) 퉁명스러운 대답뿐이었습니다. "저로서는 제 사정을 교수님한테 설명드릴 필요가 없습니다"라는 거였죠. 그 사람을 다시 보거나 그 사람과 함께 수업을 하지 않아도 되었으므로 이 시점에서 루이즈에게는 실제로 관계를 결정지을 힘이 있었습니다. 하지만 루이즈는 좀 더 고민을 해봤습니다. 그가 방금 아마도 엄청난 기억상실을 경험해 수치심을 느꼈으며 노화를 걱정하고 있을지도 모른다는 생각이 들더라고요. 그뿐만 아니라, 루이즈는 정말로 그가 쓴 논문을 원했거든요. 그래서 결국 루이즈는 이 이상 사과를 뽑아내려는 행동은 미래의 상호작용을 파멸로 몰아가리라는 판단을 내렸습니다. 모두의 복지를 위하여(!), 루이즈는 그럼 논문을 써주고 다른 사람이 대신 읽게 하면 어떻겠느냐고 제안했습니다. 그리고 술이나 한잔 하면서 이 문제에 대해 이야기를 해보자고 그를 초대했죠. 그는 루이즈의 제안을 받아들였습니다(그러나 머잖은 미래의 다른 학회에는 루이즈가 이 사람을 다시 초청하지 않을지도 모릅니다).

저는 이 두 가지 사례가 모두 상당히 괜찮은 해법을 보여준다고 생각합니다(의심의 여지 없이, 루이즈는 분노와 분노의 쓸모없음에 관한 책을 쓰고 있다는 사실에 영향을 받았습니다). 관계는 지속되었고, 루이즈는 이 두 사람에게 기대해도 되는 것은 무엇이며 기대해서는 안 되는 것은 무엇인지 좀 더 분명하게 알게 되었고, 생산적인 지적 협동관계와 준-우정(첫 번째 사례에서는 진짜 우정)을 유지할 수 있게 되었습니다. 루이즈는 화가 났을까요? 물론입니다. 잠깐 동안은 그랬죠. 첫 번째 사례에서 느낀 감정은 아마 이행-분노 이상도 이하도 아니었을 겁니다. 루이즈는 이미 그 사람을 잘 알고 있어서, 그가 무슨 짓을 하더라도 진심으로 화딱지가 나는 일은 (보통) 없거든요. 두 번째 사례에서 루이즈는 정말로 짜증이 났습니다만 마음속 심연으로 되돌아가 이 상황을 긍정적으로 처리하면 장기적으로 봤을 때 모두에게 더 많은 복지가 가능하겠다는 판단을 내렸습니다. 그래서 루이즈는 잠깐 동안 진정한 분노가 솟구치는 걸 느꼈지만 그다음에는 이행으로 넘어갔지요. 어찌됐든 누군가와 같이 일을 한다는 건 그 사람의 진짜 모습을 어느 정도 받아들여야 한다는 의미입니다. 그 사람들을 바꾸어놓겠다고 기대하는 건 어리석은 일이므로 고심해야 할 문제는 현실과 씨름하는 방법뿐입니다.

이제는 세 번째 경우를 돌아보지요. 이 사례는 다루기가 좀 더 까다롭습니다. 한 집단 전체가 관련되어 있는 문제라서 다양한 사람들이 저마다 다른 방식으로 반응하기 때문이죠. 전혀 통하지 않을 한 가지 방법은 눈에 띄게 그 사람에게 화를 내며 그를 무례하게 대하는 것입니다. 이런 식의 행동이 자연스럽게 일어나는 직장동료 관계도 있겠지만, 보통 이런 반응은 그저 집단 안에서의 긴장을 고조시킬 뿐입니다. 이것 말고, 그에게 문제를 직접 이야기하는 방법도 있습니다. 효과는 있겠지만 별로 오래가지 않을 거예요. 문제의 행동은 이미 그의 정체성에서 너무 큰 부분을 차지하고 있으며, 그는 자기 행동이 다른 사람들에게 어떤 영향을 주는지 모르니까요. 그게 진짜 문제죠. 실제로 자주 통하는 또 다른 방법은 단호하게, 빈번히 끼어들어 그의 말을 끊는 것입니다. 이런 행동은 그 사람이 대단히 잘 받아들이거든요. 하지만 가장 창의력 있는, 모두의 복지를 증진시키는 해법은 학사과 직원에 의해서 고안되었습니다. 직원은 그의 강의 시간표를 변경하여, 점심시간의 토론이 시작되고 몇 분이 지난 다음에야 그의 수업이 끝나게 했습니다. 그래서 그는 늦게 도착하게 되었고 결과적으로 자기 마음대로 대화 주제를 정할 수 없게 되었으며 따라서 다른 사람들을 덜 방해하게 되었습니다. 이 사례를 통해 우리는 미래지향적 사고가 만사萬事라는 걸 알 수 있습니다. 그에게 성질을 낸다고 해서 뭐가 달라졌겠습니까? 그건 두 살짜리 천재에게 화를 내는 것이나 마찬가지였을 겁니다. 아마 이행-분노조차도 감정적 에너지의 낭비가 되었을 거예요. 그리고 중요한 건 그 사람이 착하고 아량 넘치는 두 살짜리 천재라는 것이고요.

이번에는 또 다른 경우인 네 번째 사례를 짧게나마 대조해봅시다. 이 사례는 그렇게 착하지 않은 두 살짜리 천재의 사례입니다. 불행히도 학계는 그런 사람들로 가득합니다. 이 대단하신 학자님께서는 루이즈가 속해 있는 대학이 개발도상국에 열고자 하는 새 연구소의 개소식 토론회 패널로 초청되었습니다. 이 커다란 이벤트의 패널 조직을 루이즈가 맡게 되었어요. 그는 루이즈가 짠 계획의 중요한 부분이었습니다. 노벨상을 통해 인정받은 그의 연구업적에 독특한 가치가 있었거든요. 그의 참석이 확정될 경우에만 다른 고품격 참가자들도 초청을 받아들일 게 거의 확실했습니다. 이 사람은 특유의 지연전술을 쓰더니 1등석 항공권을 요구했습니다. 동시에 자기 아내에게는 비즈니스석 항공권을 제공해달라고 했고요(!). 이런 일은 일반적인 대학교 규칙에 어긋납니다. 유아적인 자기애의 징후였죠. 하지만 루이즈는 쓰라린 경험을 통해 이런 문제 때문에 D에게 화를 내는 것은 물론 문제를 입에 담는 것부터가 아예 무의미하다는 걸 알고 있었으므로 대학 행정부에 D는 그냥 그런 인간이고 우리는 그가 와주기를 바라니, 그냥 단념하고 그가 원하는 것을 주는 게 좋겠다고 말했습니다. 행정부 사람들도 D가 어떤 사람인지 알고 있었으므로 루이즈의 의견에 동의했고요. 이때 분노는 거의 존재조차 하지 않았습니다. 그저 피곤한 거리감만이 느껴졌죠. 관계를 유지시켜줄 화해나 회복도 없었습니다. 루이즈는 피할 수만 있으면 이 사람하고는 아무것도 하지 말아야겠다고, 하지만 정말 꼭 이 사람과 함께 일을 해야만 한다면 그를 이기적인 두 살짜리 천재처럼 대하리라고 생각했습니다. 이 사례는 비-분노의 한계를 보여줍니다. 상대방이 D와 같은 인간이라면, 비-분노만으로 좋은 관계, 제대로 돌아가는 관계를 만들어낼 수 없으니까요(세 번째 사례는 상당히 다릅니다. 비-분노의 도움을 받는다면 이 사례의 주인공에 대해서는 계속해서 큰 애정을 느낄 수 있거든요). 하지만 적어도 비-분노는 학술행사를 계속해 나가는 데에는 도움을 줍니다(D는 함께 일하는 것이 어렵기로 워낙 유명한 사람이에요. 예전에 한번은 루이즈가 D의 대학에서 공동으로 학회를 연 적이 있습니다. 이때 D의 대학에서 학회의 기조연설자로 D가 속한 분야의 또 다른 노벨상 수상자를 초대했죠. D의 악명이 얼마나 높았던지, 이 기조연설자가 또 다른 노벨상 수상인 자기 친구한테 "루이즈와 D가 함께 조직한 학회에서 기조연설을 하러 Z라는 도시에 간다"며 일대발표를 했을 정도입니다. 친구는 "내가 여태 들어본 얘기 중에서 가장 불가능할 것 같은 얘기로군"이라고 대답했대요. 다시 말해, 비-분노는 불가능해 보이는 일조차 가능하게 합니다!).

간단히 말하자면, 우리가 일시적 영역에 대해 했던 것과 거의 같은 이야기를 직장동료들의 영역에도 적용할 수 있습니다. 다만 이 영역에서는 우스꽝스러운 상황이 훨씬 더 많이 발생해요. 직장에서는 강한 자기애의 유혹이 더 많이 발생하거든요. 어쩌면 학계라서 더 그럴지도 모르고요. 성질을 내야만 자존감을 지킬 수 있다는 생각은 일시적 상호작용이 벌어지는 상황보다 이 여건에서 더 치명적입니다. 제가 든 네 가지 사례 모두에서 의분은 느껴질 수 있고, 그런 감정이 다소 '정당화'되는 것도 가능합니다. 하지만 의분의 결과는 도처에서 문제를 일으킵니다. 가장 중요한 차이점은 직장동료와의 관계에서 사과가 제한적으로나마 현실적 유용성을 발휘할 수 있다는 겁니다. 감정을 내려놓고 앞으로 나아가려 할 때, 사과는 미래에 일이 더 잘 풀리리라는 증거가 되고, 따라서 가까운 협력적 관계를 추구하는 편이 유익할 거라는 증거도 되니까요. 하지만 사과를 받는 것은 사과를 뽑아내는 것과는 대단히 다릅니다. 사과를 뽑아내는 건 보통 실수입니다. 자기가 실수를 했다는 걸 인정하고 싶어 하지 않는 성격적 결함은 대단히 흔한 결함이

기도 하거니와, 그런 결함이 있는 사람과는 이 세상이 멸망하는 날까지 언쟁을 벌이며 감정의 판돈을 올리는 수밖에 없거든요. 그렇게 하더라도 점점 더 심연으로 빠져드는 것 말고는 아무 진전이 없을 수 있고요. 하지만 이런 식으로 벌어지는 모든 일을 나에 관한 것, 내가 받아 마땅한 '내 몫'에 관한 것으로 여길 필요는 없어요. 상대방이 자기가 틀렸다는 사실을 인정하는 것은 싫어하지만, 동시에 가치 있고 심지어 좋아할 만한 성격적 특질을 가진 사람이라는 걸 그냥 깨닫는 방법도 있으니까요. 그러고 나면, 그냥 앞으로 그 사람과 함께 일을 할 때 어떻게 행동할지만 생각해보면 됩니다. 물론 진정으로 유아적이고 자기애에만 빠져 있는 인간들도 존재하긴 해요. 종류도 다양하죠. 그나마 괜찮은 사람도 있고, 그보다 못한 경우도 있습니다. 그런 때에는 또 문제를 어떻게 처리해야 할지 다시 한번 생각해보아야 합니다.

이러한 사례에서 얻을 수 있는 교훈이 또 하나 있습니다. 상상력과 역지사지를 통해 상황을 바라보면, 모욕을 당했다고 느끼고 거기서 나오는 복수의 필요에만 자기애적으로 초점을 맞추는 태도를 해독할 수 있다는 가르침이죠. 사과를 뽑아내는 것은 (겉으로 보기에는) 복수를 실현하는 한 가지 방법이 될 수 있겠습니다만, 실은 유용한 방식으로 사태를 변화시키지 못합니다. 각 사례에서는 등장인물과 그들의 한계에 대한 새로운 깨달음이(첫 번째와 두 번째 사례에 등장하는 인물들은 모두 자신들이 틀렸다는 것을 인정하지 않으려는 유난히 유치한 성격을 가지고 있으며, 그중에서 두 번째 사례의 주인공은 무언가 중요한 것을 잊어버린 자기 자신에게 짜증이 나 그 사실을 인정하지 않고자 합니다. 또한 세 번째 사례의 주인공은 선의로 가득 차 있으나 다른 사람의 말에 귀를 기울일 줄 모릅니다) 유용한 반응을 구성하는 데 도움이 되었습니다. 인간관계는 풀어야 할 수많은 문제들로 가득 차 있습니다. 그런 문제를 잘 해결하려면 공감능력이 필요하죠. 유머감각도 필요하고요. 저 같은 경우, 이런 상황을 학계를 배경으로 한 시트콤의 대본이라고 생각하니까 도움이 되더라고요.

루이즈의 비-분노는 이 네 사람을 진지하게 받아들이지 않는 길이었을까요? 네, 만일 '진지하게 받아들인다'는 말이 그들의 행동을 우습고 유치하다고 생각하지 않는 것이라면 그렇습니다. 하지만 '진지하게 받아들인다'는 말을 왜 꼭 그런 방식으로 정의해야 하나요? 이 네 사람과 맺는 관계가 친밀한 관계였다면 루이즈의 자세가 바람직하지 않은 태도일 수 있습니다(의심의 여지 없이, 세 번째, 네 번째 직장동료와 건전하게 친밀한 관계를 맺는 데에는 강력한 모성본능이 필수적입니다. 하지만 그야 그 사람들과 친밀한 관계를 맺을 다른 사람한테나 해당하는 얘기죠!). 하지만 다행스럽게도, 여기에서는 그 문제를 심사숙고하지 않아도 됩니다. 두 번째 사례에서는 학회의 성공을 위한 수단으로 동료를 활용했으니 루이즈가 어쩌면 약간 자기 뜻대로 상황을 조종하려 들었던 것일지 모르겠습니다. 세 번째 사례에서는 학사과 직원이 그랬던 것일지도 모르고요. 하지만 이는 친밀하지 않은 관계에서라면 공동선을 위해 사람들의 행동에 영향을 끼치는 것이 언제나 나쁜 일은 아니라는 것을 보여줄 뿐입니다.

## 5. 무상의 감사

여러 가지 측면에서 감사는 과거를 돌아보는 감정, 즉 분노의 사촌입니다. 하지만 앞서 4장에서 친밀한 관계를 다루며, 저는 감사란 분노와 달리 가치 있는 감정일 수 있다고 주장했습니다. 감사는 친밀한 관계에 마땅히 포함되는, 호혜적 선의를 구성하는 데 도움을 주니까요. 그러면 중간 영역에서는 어떨까요? 스토아주의자들은 이 영역에서 벌어지는 일에 진지한 관심을 둘 가치가 없다고 하는데(다음 절에서 예외적인 사례를 다루긴 합니다), 그 말이 옳다면 감사는 어떻게 되는 걸까요? 기본적으로는 감사 역시 분노와 비슷한 이유로 부적절하게 보입니다. 비행기를 타고 갈 때나 운전을 할 때, 그 외에도 일상의 수많은 측면에서 겪는 다양한 모욕과 경멸 때문에 화를 내서는 안 되는 것처럼 우리는 다른 사람들 덕에 일이 좋게 풀렸다는 이유로 감사를 느껴서는 안 됩니다. 그런 감정은 외적 재화에 대한 지나친 의존으로 넘어가게 되어 있으니까요. 하지만 앞서 이야기했듯, 우리는 감사가 분노와 딱히 대칭적인 것만은 아니라는 점에 주목해야 합니다. 첫째, 감사는 누군가에게 좋은 일을 해주고자 하는 소망과 관련되어 있는데 이는 나쁜 일을 하고자 하는 소망보다 덜 문제적입니다. 감사에 동반되는 유쾌한 감정은 복지에 해롭지 않다는 점에서, 복지에 해를 끼칠 가능성이 높은 고통스러운 감정과는 다릅니다. 둘째, 감사는 마법적 사고에 오염되어 있지 않은 것으로 보입니다. 감사하는 마음을 가진 사람은 자기를 도와준 사람에게 이익을 주면 과거의 일이 바뀔 것이라는 공상을 하지는 않습니다. 감사하는 사람은 보통 상대를 이롭게 하면 미래의 선이 증진될 것이라고 생각하거나, 그냥 그렇게 하는 게 좋은 일이라고 생각합니다. 그러므로 스토아주의자들이 감사에 대해 제기하는 진정한 문제는 부적절한 의존성에 대한 문제라고 할 수 있겠습니다.

하지만 중간 영역에는 이런 문제로부터 자유로울 수 있는 종류의 감사도 있습니다. 이것을 '무상의 감사'라 불렀으면 좋겠어요. 여행이나 그 밖의 일상적 상호작용에 수반되는 나쁜 일들에 익숙해지는 경우는 너무 많습니다. 분노를 피하기 위한 스토아주의적 처방에는 이런 상호작용에 대한 기대 수준을 낮추는 방법이 포함되어 있습니다. 일반적 차원에서 스토아주의적 '프라이메디타티오 말로룸(악을 예상하라)'을 실천하는 거죠. 그러던 중에 정말로 좋은 일이 뭔가 일어나면 그 일은 놀랍고도 기쁘게 느껴집니다. 정말로 머리가 좋고 유능한 자동차 정비공이라든지, 자기가 뭘 하고 있는지 제대로 알고 있으며 함께 이야기를 나누기도 즐거운 컴캐스트의 기술지원팀 직원이라든지, 고객의 질문에 대답을 하는 것 자체가 모욕이라도 되는 것처럼 행동하지 않는 월그린의 영업사원이라든지, 헬스장에서 제가 사용 중인 운동기구를 쓰려고 기다리면서도 스테로이드성 격노와 조바심을 드러내지 않고 오히려 미소를 지으며 친절하게 농담을 건네는 남자라든지, 예의 바르게 "아주머니, 잠깐만요"라고 말하면서 제가 떨어뜨린 종이를 돌려주는 같은 헬스장의 10대 여자아이라든지, 이런 모든 상황은 일상생활에서 겪는 뜻밖의 횡재입니다. 너무도 드물기 때문에 놀랍기도 하지만, 같은 이유로 정말 기뻐할 만한 상황이기도 하죠. 이때 느끼는 감정은 그저 기쁨일 뿐일까요, 아니면 감사이기도 할까요? 제 생각에는 후자인 경우가 많은 것 같습니다.

그 정도의 기쁜 감정이 부적절한 것일까요? 부적절하다고 주장할 수 있는 한 가지 방법은 이렇습니다. '루이즈 당신은 진정으로 스토아주의적인 방법에 따라 최악의 상황을 예상함으로써 분노로부터 스스로를 막아왔으나, 이런 문제에 신경 쓰는 일을 정말로 멈추지는 못했다. 당신은, 메인 라인*의 자식인 당신은 방패 아래에 몸을 숨긴 채 실제로는 사람들의 정중함과 좋은 행실에 신경을 쓰고 있었다. 늘 화를 내는 일만은 피하고자 그러지 않는 시늉을 했던 것뿐이다. 우연한 횡재로 좋은 행동을 만나게 될 때 당신이 느끼는 강렬한 감정은 미약하기 짝이 없는 행운의 산물에 대해 남아 있는 당신의 애착을 드러낸다. 그러므로 그 감정은 스토아주의를 따르겠다는 당신의

---

* 미국 필라델피아 서쪽의 상류층 주택 지역.

계획이 비참할 만큼 불완전하다는 신호이다.'

어쩌면 정말 그럴지도 모르죠. 하지만 어쩌면, 갑작스러운 기쁨을 느끼고, 내게 감사를 느낄 수 있는 방식으로 행동해준 사람에게 반대급부로 좋은 몫을 받을 만한 자격이 있다고 생각하는 건 전적으로 괜찮은 일일지도 모릅니다(그 좋은 몫이라는 게 단순한 감사 인사와 따뜻한 미소이든, 인터넷에 작성하는 호의적 후기이든 간에 말이죠). 저는 좀 더 관대한 해석을 선호합니다. 다른 걸 다 떠나서라도, 지금 우리가 하는 이야기는 기쁨과 선행에 관한 것인데 이 두 가지는 언제나 공급 부족 상태에 놓여 있으며 정교한 정당화를 필요로 하지 않으니까요.

이런 직관을 좀 더 정확한 것으로 만들기 위해 사례를 한 가지 살펴보도록 합시다. 저는 푸짐한 디너파티를 준비하기 위해 아침에 시장으로 갑니다. 정성 들인 인도 요리를 준비하려면 생선을 사야 했거든요. 저는 연어 포의 비늘을 직접 벗겨내야 할 것이고, 그러자면 오랜 시간이 걸리리라는 예상을 충분히 하고 있습니다(시장은 특별히 뛰어난 서비스를 기대할 만한 곳이 아니고, 저도 그런 서비스를 기대하지는 않으니까요). 제가 8500원짜리 연어 포를 사자, 그 가게의 남자 직원이 제게 비늘을 벗겨내고 어육을 작은 조각으로 잘라주는 게 좋을지 물어봅니다(제가 그날 어떤 요리를 만들려고 하는지 얘기했거든요). 눈이 번쩍 뜨여서 저는 그렇다고 말합니다. 월등히 좋은 칼과 월등히 뛰어난 민첩성, 힘을 가지고 그가 발휘하는 엄청난 기술을 보고 있자니 저는 점점 더 고마운 마음이 듭니다. 그 사람은 제 시간을 아주 많이 절약해주었을 뿐만 아니라 저보다 훨씬 더 그 일을 잘 처리해주었으니까요. 제가 느끼는 감정의 일부는 그가 보여주는 기술에서 오는 기쁨이지만, 일부는 제안을 해준 그의 아량과 덕분에 제가 받은 도움에 대한 감사이기도 합니다. 그 사람이 제안을 하지 않았다 해도 저는 결코 짜증을 내지 않았을 겁니다. 이건 전적으로 뜻밖의 횡재였으니까요. 그래서 저는 이런 감정을 느낀다고 해서 외적인 재화에 대해 어떤 식으로든 애착이 남아 있는 건 아니라고 생각합니다. 이건 정말로 기분 좋은 감정입니다. 저는 따뜻한 감사의 마음에 더해, 어떤 식으로든 그에게 보답으로 좋은 일을 해주고 싶어집니다 (그가 수산물 파트의 장이었으므로, 그의 이름을 적어놓았을 뿐 그 외에 제가 달리 무엇을 할 수 있을지 불분명했지만요).

직장동료와 관련된 영역에서는 이런 사건들이 좀 더 복잡한 형태를 취합니다. 두 가지 사례를 들어보지요. 이번 사례에 대해 설명하면서도 다시 저의 분신인 루이즈를 활용하도록 하겠습니다. 첫 번째 사례에서, 루이즈는 연속 강연을 해야 하는 프로젝트에 참여하고 있습니다. 그때 루이즈는 몇 년째 대화를 해보지 않은데다가 예전에는 루이즈가 한 작업을 경멸어린 시선으로 대했던 학계의 다른 사람에게서 갑자기 길고도 대단히 유용한, 통찰력 넘치는 논평을 받게 됩니다. 그 사람이 루이즈가 한 강연을 듣고, 굳이 시간을 들여 그 강연과 관련된 루이즈의 원고를 매우 신중하게 읽어보았던 것입니다. 루이즈는 분명 그가 논평을 해줄 거라고는 기대하지 않았고, 그가 논평을 보내주지 않는다 하더라도 조금도 짜증이 나지 않았을 것입니다. 사실, 30년이라는 유구한 세월을 거친 끝에 루이즈는 마침내 대강당에 그가 존재한다 하더라도 의자 끄는 소리가 세네카에게 일으켰던 것 같은 심리적 효과를 겪지 않는 수준의 비-분노 상태에 이르러 있었거든요. 아니, 의자 끄는 소리가 아주 먼 데서 들려오는 정도의 효과만을 겪었다고 해야 할까요! 하지만 어쨌든, 루이즈는 대단히 기뻤으며 감사를 느꼈습니다. 그가 보내준 논평이 원고 수정에 무척 유용했거든요. 루이즈가 연구를 계속하기 위해 어떤 식으로든 그 사람에게 의존하려 들었다면 그건 실수가 되었을 겁니다. 루이즈가 그 사람을 좋아한 건 딱히 아니니, 그를 디너파티에 초대해 감사를 표현하는 건 좀 과한 일이 되었을 테고요. 하지만 루이즈는 감사를 느끼는 것만큼은 정당하다는 기분이 들었어요. 그의 논평은 상당히 길었고 쓰는 데에 최소한으로 봐도 상당한 시간이 들었을 테니까요(원래도 매우 빠르게 글을 쓰는 사람입니다만, 그렇다 하더라도요). 어쩌면 그가 이런 일을 한 것은 그저 세상의 사상들을 기꺼이 수용해야 한다는 엄격한 의무기준에 따랐기 때문일지도 모르겠습니다. 하지만 그렇다고 달라질 게 뭐가 있겠습니까? 그 행동은 좋은 행동이었습니다.

두 번째 경우에서는, 앞서 언급했던 네 번째 사례로 돌아와 새로운 정보를 알려드려야겠습니다. 이 까다로운 동료가 마침내 개발도상국에서 열리는 연구소 개소식에 참가하게 되었어요. 그는 거의 20시간을 여행한 끝에 도착했습니다. 하지만 피곤해하면서 괴팍하게 구는 대신 긍정적인 에너지로 가득 차 있더군요. 개소식에서 대단히 훌륭한 강연을 해주었을 뿐만 아니라, 곧장 달려나가 도시의 유적들을 살펴보았고, 뜨거운 열정을 품고 돌아와 수많은 질문을 했습니다. 루이즈는 그가 해준 훌륭한 공헌에 대해서도, 그의 존재 자체가 이 행사에 해준 기여에 대해서도 감사한 마음이 들었어요. 정말이지 그는 대단히 특별한 사람이었으니까요. 뿐만 아니라, 루이즈는 자기가 사랑하는 나라에 대해 *그가* 보여준 사랑과, 상당히 예상치 못하게도 그가 보여준 일반적 선의 및 긍정적인 마음에도 감사를 느꼈습니다.

직장동료들도 즐겁고 놀라운 일을 할 수 있습니다. 직장동료 중 상당수는 그저 어린애와 같을 뿐이에요. 그들과 함께 일할 때 발생하는 많은 문제가 바로 그래서 생기죠. 하지만 그런 만큼, 아이들은 사람을 기쁘거나 즐겁게 만들기도 한다는 점을 기억해두는 편이 좋겠습니다. 좀 더 일시적인 상황에 대해서 했던 비판을 이 경우에도 적용하여 루이즈의 반응을 비판적으로, 관대하지 않게 읽어낼 수도 있을 거예요. 루이즈가 느낀 감사는 믿을 만하지 않은 두 사람에 대한 어리석고도 부적절한 의존성을 드러내는 것이라고 하면서 말이죠. 하지만 비판을 멈추고, 루이즈가 그 놀라운 사건과 그 사람들이 잘되기를 바라는 감정을 즐기도록 그냥 내버려두는 건 어떨까요? 경계를 늦추지 말아야 한다는 기본 전략을 변경시키지 않는다면, 우연한 횡재를 루이즈가 그저 즐긴다고 해서 나쁠 게 뭐죠? 바꿔 말해, 자아에 대해 베푸는 아량이 좋은 것이라면 이 경우 그 아량을 발휘하면 안 되는 이유가 뭔가요?

이 두 가지 사례는 루이즈가 정당하게도 애착을 보이는 중요한 재화에 관련되어 있으므로 일시적 상황과는 다릅니다. 첫 번째 경우에는 루이즈의 저작물이, 두 번째 경우에는 루이즈가 속해 있는 대학의 연구소 개소식이 관련되어 있었죠. 이처럼 중요한 재화에 감정적인 애착을 갖는 것이 정당하다면, 예상치 못하게 이런 복리를 증진시킨 사람들이 일시적 사례에서보다 더 확고한 감사를 일으키기 마련입니다. 그냥 **'이제야** 말이 통하는 유능한 컴캐스트 직원이 연결됐군' 할 일이 아닌 거죠. '이 사람이 중요한 프로젝트의 진전에 막중한 도움을 주었구나' 할 일입니다. 그 사람이 별 도움이 되지 않거나 심지어 피해를 끼쳤다면 루이즈는 분노하지 않으려 노력했어야 할 겁니다(피해가 심각한 경우에는 문제를 법으로 넘겼어야 할 테고요). 루이즈는 분명 다른 사람들에게서도 질 좋은 논평을 받을 수 있으며, 실제로도 그렇게 했습니다. 하지만 이번처럼 횡재를 한 경우에는 제한적인 형태의 감사를 느끼지 않을 이유가 없었어요. 그 사람에게 제한된 형태의 호혜가 돌아가기를 빌어주지 않을 이유도 없었고요. 그 사람이 루이즈에게 논평을 해달라며 뭔가를 보내면 루이즈가 논평을 해주는 식으로 화답할 수도 있겠죠. 루이즈는 원래 가까운 동료들을 가장 중요하게 여기고 그 외의 모든 사람들은 있어도 그만, 없어도 그만인 선택지라고 생각하므로, 동료가 아닌 그에게 논평을 해준다면 그건 무상으로 베푸는 선행이 될 겁니다. 다시 한번 강조하지만,

이 세상이 딱히 즐거움과 기쁨으로 과하게 넘쳐나는 세상은 아니잖아요. 감사가 횡재처럼 다가올 때 검열적인 질문들을 지나치게 던져대면 아량이 좁은 태도로 넘어가게 됩니다.

제한적인 감사를 지지하는, 한 발 더 나아간 주장도 있습니다. 감사라는 감정이 미래의 협력을 증진시킨다는 주장이죠. 직장은 제한적 관계와 관련되어 있습니다. 이런 관계는 친밀한 관계에 얽혀 있는 깊은 신뢰와는 무관합니다. 그저 좀 더 피상적인 유형의 의존과 관계되어 있을 뿐이죠. 하지만 이런 관계도 대단히 중요한 문제와 얽혀 있으므로, 모두의 삶을 더 좋게 만들어줄 도덕적 감정을 독려하는 건 유용한 일입니다.

## 6. 복지에 대한 침해: 법으로 넘기기

지금까지 분석한 중간 영역은 본질적으로 코미디 영역입니다. 코미디는 사실 별로 중요하지 않은 것들에 지나치게 관심을 쏟는 악덕과 관계되어 있습니다. 허영, 인색함, 명성에 대한 편집증적 관심 등이 여기에 들어가죠. 스토아주의자들에게는 중간 영역 전체가 희극적입니다. 그 사람들이 보기에는 타인이 우리에게 행할 수 있는 것 중 심각한 일이라고는 하나도 없거든요. 하지만 그건 사실이 아닙니다. 친밀하지 않은 사람들에 의해 목숨, 건강, 신체적 존엄성, 일과 고용, 중요한 재산, 심지어는 재정적 가치는 전혀 없으나 감정적 가치를 가지고 있는 소유물 등 사람들이 마땅히 소중하게 여기는 것들이 피해를 입으면 중간 영역에는 진정한 비극이 발생합니다. 여기에 일이나 고용, 우정을 방해할 정도의 심각한 명예훼손도 포함시켜야겠죠. 정치적 평등을 침해하는 차별의 구성요소가 되는 존엄성 훼손도 포함시켜야 할 테고요. 마지막으로는 우리 자신이 아니라 우리가 사랑하는 사람들에게 가해진, 위와 같은 손해도 포함시켜야 합니다.

이 분야에서도 저는 중간 영역을 붕괴시켜 친밀한 관계로 밀어넣는 분석을 하지는 않습니다. 제 주장에 따르면 친밀한 관계에는 내재적 가치가 있습니다. 그러므로 이 영역에서 뭔가가 잘못되었을 때 우리가 정당하게 느끼는 슬픔과 상실감, 불안은 상대방이나 그와의 관계를 대상으로 삼습니다. 그러나 중간 영역에서는 우리 자신이나 우리가 사랑하는 사람들의 복지에 가해진 피해에 대하여 정당하게 슬픔이나 불안을 느낄 수는 있어도, 그 피해를 끼친 낯선 사람은 그저 우연히 감정의 초점일 뿐이거나, 그렇게 되어야 합니다. 그렇다 해도 피해에 대해 어떤 조치를 취하는 건 여전히 정당한 일입니다. 바로 거기에서 에우메니데스가 필요해지는 거죠.

법이 이런 식의 심각한 복지 침해를 중대한 가해행위로 간주하는 건 우연이 아닙니다. 어떤 침해는 가해행위로 인정되기까지 시간이 좀 걸렸고(성희롱), 어떤 침해는 가해행위의 인정 범위를 두고 논쟁이 있었을 뿐만 아니라 그 경계선이 다양한 나라에서 다양하게 그려졌으며(증오발언), 어떤 침해는 취급 자체가 대단히 까다로워 판결을 내리기 어렵기도 하지만(명예훼손), 법이 전형적으로 던지는 중심적 질문은 침해된 복지의 중대성에 관한 것입니다. 예컨대 성희롱 관련법에서 '적대적 근무환경'이란 일상적 가해행위를 넘어서 어떤 심각한 방해에까지 이른 것이어야 합니다. 문제 행위는 "가혹하거나 만연해 있으며"[21], "위협적이거나 다른 방식으로 대단히 충격적이어야"[22] 한다는 거죠.

우리는 6장에서 이런 사례 중 몇 가지를 꼽아 그 법적/정치적 측면을 다룰 것입니다. 하지만 피해자에 관해서도 생각해봐야겠죠. 이번 장에서는 많은 경우 심각하게, 많은 경우 부당한 의도에 의하여, 아니면 최소한 과실에 의하여 타인으로부터 피해를 입은 사람들의 사례를 다수 다룹니다. 법적 제도에 의해 피해자의 지위가 적절히 인정되는 방식에 대한 질문은 6장에서 던져볼게요. 그런데 이때 피해자가 느껴야 할 적절한 감정적 반응은 무엇일까요? 다시 한번 말하지만, 이 사례들은 4장에서 다룬 상황과는 다릅니다. 관련자들 사이에 상호적인 신뢰관계가 없으니까요. 보통은 토머스 스캔런이 "벌거벗은 도덕적 관계"[23]라고 부른 관계, 즉 모든 인간을 인간이고 도덕적인 존재라는 이유만으로 서로 묶어놓는 기대와 규범을 제외하면 아무 관계도 존재하지 않죠. 같은 정치적 공동체의 구성원이라는 자격은 공유하고 있는 경우가 많겠지만요. 어쨌거나 이런 관계는 얄팍하며, 대부분 양자는 같은 소송에 참여하는 것 말고는 미래에도 계속 관계를 맺어야 할 필요가 없습니다.

슬픔은 (친밀한 관계에서와 달리 관계의 상실이 아니라 복지의 상실이긴 하지만) 타인에 의해 발생한 상실의 중요성에 반응하는 감정으로, 이 영역에서 극도로 중요하고 합당한 부분이에요. 그건 분명하죠. 피해자들은 그 슬픔에 대처해야만 하는데, 이는 많은 경우 대단히 어려운 일입니다. 그렇다면 분노는 어떨까요?

이런 상황에서 일어나는 가해자에 대한 분노는 이해할 만한 것입니다. 피해자 대부분이 꽤 오랜 시간 동안 진정한 분노, 그러니까 가해자가 고통을 겪거나 이면 식으로든 나쁜 처지로 전락했으면 좋겠다는 소망이 동반된 분노를 느끼지 않았다고 하면 그게 더 놀라운 일이죠. 그러나 우리가 가장 먼저 할 수 있는 말은 피해자들이 가해자를 자기 손으로 직접 처리하려 들기보다는 법에 넘겨야 한다는 것입니다. 이것이 아이스킬로스가 우리에게 보여준 근본적 변화인데, 자세한 내용은 다음 장에서 좀 더 깊이 다루도록 하겠습니다. 많은 경우 가해자를 직접 처벌하고 싶다는 욕망은 사라지지 않고 남아 있는데, 법은 심지어 이런 욕망도 어느 정도 이해합니다. 살인에 대한 관습법에서는 ('이성적 인간'이라는 표준적 인물의 관점에서 정의된) '합리적 도발'에 의거한 변론이 가능한데요. 이는 '충분한' 혹은 '타당한' 도발이 발생했을 때, 충분한 '냉각기'를 갖지 못한 채 '감정적으로 달아오른' 상태에서 살인을 한 사람은 살인에서 상해치사로 가해의 수준을 감경받을 수 있다는 개념입니다. 그러나 합리적 도발에 의거한 변론은 법률상 감경요건이지 완전한 면책사유가 될 수는 없습니다. 문제를 법에 넘기지 않은 행위는 여전히 엄한 심판을 받게 됩니다. 하지만 분노를 다스리는 데에는 시간이 좀 걸리며, 시간이 흐른 이후보다는 피해가 발생한 직후에 덜 가혹하게 심판받을 수 있다는 우리의 생각을 법이 공유하고 있다는 건 재미있는 일입니다.

대부분 피해자는 가해자가 되지 않고 문제를 법으로 넘깁니다. 다만 그럴 때조차 감정적으로는 합리적 도발에 의한 변론과 유사한 일이 벌어집니다. 즉, 어떤 사람이 짧은 기간 동안만 매우 화를 내면서, 자신에게 피해를 입힌 특정 가해자가 처벌을 받았으면 좋겠다는 소망에 초점을 맞춘다면, 그런 사람을 가혹하게 심판해서는 안 된다는 얘기죠. 가해자 개인의 얼굴과 신체가 피해자의 생각과 꿈을 잠시 동안 지배하게 되리라는 건 대단히 이해하기 쉬운 일입니다. 그러나 가해자에 대한 집착이 지속된다면 그 피해자에게 비판을 돌리는 게(그리고 문제에 대한 치료를 받으라고 권하는 게) 옳을 겁니다. 잠시 동안 분노를 느낀 뒤 이행으로 옮겨가는 태도까지가 우리가 수용할 수 있는 한계입니다. 이행 상태에서 피해자는 이제 사회의 복지와, 법적 제도가 그 복지를 증진시킬 수 있는 방법에 관심을 갖습니다. 개별적인 살인자나 강간범, 도둑의 특징에 집착을 보이는 대신 피해자는 좀 더 일반적인 방식으로 범죄에 초점을 맞추고, 다른 피해자들이나 잠재적 피해자들의 복지를 증진시킬 수 있는 법적 참여를 추구하게 됩니다. 2장에서 앤절라가 했던 바로 그 이행이죠. 피해자들은 본인이 겪은 것과 같은 유형의 범죄에 초점을 맞추는 경우가 많습니다. 아팠던 사람들이 자신의 (혹은 가족의) 특정한 질병에 초점을 맞춤으로써 사회적 복지를 추구하는 것처럼 말이죠. 이런 노력이 쌓여감에 따라 사회의 전반적인 복지 수준이 충분히 진작되는 한 이것은 이상적인, 최소한 괜찮은 태도로 보입니다.

앞서 주장했듯, 피해자들이 애도도 해야 하고 자신이 겪은 상처에도 대처해야 하는 건 분명합니다. 하지만 그 말이 곧 가해자에게 피해를 갚아주겠다는 공상을 지속적으로 이어나가야 한다는 뜻은 아니죠. 문제를 법에 위임함으로써 피해자들은 자신의 상처를 혼자만의 문제가 아니라 사회를 더 나아지게 하는 무언가로 변화시킵니다. 한 개인을 사냥개처럼 추적하면서 그 개인에게 편집적으로 분노해야만 존엄성이 지켜지는 건 아니라는 주장을 이번에도 이어나가야겠습니다. 공평한 정의를 이루기 위해 분노를 내려놓는 건 소심한 반응이 아니에요. 하나의 과잉에 또 다른 과잉을 더한다고 해서 어떻게 사태가 나아지겠습니까? 가해자가 미래에 겪을 고통에만 편집증적으로 초점을 맞추는 것은 그저 가해자의 적대적이고 저열한 행위에 나 자신을 얽어맬 뿐이죠. 그런 행위에 나를 개와 같은 존재로 만들어버릴 힘을 주어야 할 까닭이 무엇입니까? 가해자가 고통을 겪어야 하더라도 그 문제는 순전히 미래지향적인 문제, 사회적 제도가 그 나름의 방식으로 다루는 문제가 되어야 합니다.

용서는 어떨까요? 마찬가지입니다. 특정한 가해자를 용서할 것인지에만 초점을 맞추는 태도는 특정한 개인과 특정한 과거에만 생각을 못 박아 두기에 의심의 대상이 됩니다. 4장에서 발생했던 것과 같은 문제죠. 다른 어떤 방식으로도 내면에서 일어나는 분노와의 싸움에 승리할 수 없다면, 내면의 용서에 초점을 맞추는 것도 적절한 일이 될지도 모릅니다. 하지만 우리는 심리치료사들이 하는 말을 회의적으로 걸러 들어야 합니다. 그런 말을 하는 건 그 사람들에게는 사업이니까요. 어쩌면 일이나 건설적인 정치적 노력에 초점을 맞추는 것도 용서와 비슷한, 심지어 그보다 더 나은 효과를 발휘할지 모릅니다. 문제되는 영역이 슬픔인 경우, 사람들은 보통 슬픔과 씨름을 하는 기나긴 심리치료는 불필요하다고, 그런 치료가 필요한 건 병적이고 편집증적인 애도가 나타날 때뿐이라고 생각합니다. 그렇다면 분노에 대해서 다르게 생각해야 할 이유는 뭔가요? 친밀한 관계에서는 상대방이 당사자의 인생에 깊이 관여하고 있으므로, 죽음 등으로 인해 발생한 관계의 파탄을 치유하는 데 시간과 노력이 필요합니다. 그러나 한 번도 본 적 없는 사람과의 상호작용에 이런 특징이 있을 필요는 전혀 없으며, 이런 관계에서 분노를 겪는 사람은 효과가 있는 것으로 보이는 어떤 방법을 동원해서라도 편집증적 초점 맞추기를 그만두어야 합니다.

하지만 피해자들의 분노에 억제 효과가 있는 건 아닐까요? 이 영역에서는 피해자들의 분노에 억제 효과가 있다는 주장과 처벌에 억제 효과가 있다는 주장을 조심스럽게 구분해야 합니다. 후자의 주장에는 개연성이 있으며, 우리는 다음 장에서 그 주장을 자세히 살펴볼 것입니다. 하지만 전자의 주장에는 개연성이 없습니다. 물론 피해자들이 강간이나 살인을 인지하지 못했다면 그런 사건에 대처하는 법령도 생겨날 리 없고 따라서 억제도 없겠죠. 정말이지 피해자를 포함해 우리 모두는 범죄를 억제하는 데 쓸모가 있는 정책이라면 무엇이든 지원할 마음가짐이 되어 있어야 합니다. 가끔은 특정 유형의 가해행위를 대중이 심각하게 받아들이도록 자극하는 데 피해자에 대한 지원이 유용하기도 하죠. 음주운전과 성희롱의 사례가 그렇습니다. 하지만 이 경우 사회적으로 쓸모가 있었던 것은 피해자들(과 그들의 가족들)이 겪었던 **상실**과 **고통**의 규모였지, 그들의 분노가 아니었다는 점은 부인할 수 없는 진실입니다. 복수를 하려 들기보다는 압도적으로 이행적이었던 피해자들의 태도도 그랬고요. 그래서 저는 피해자나 피해자의 가족들이 다른 방면으로는 아무런 쓸모가 없고 오직 공상에만 잠겨 있는 분노를, 바람직한 억제 효과가 있으리라는 예상에 의존하여 더욱 키우고 거기에 몰두해야만 할 이유는 없다고 생각합니다.

## 7. 평온한 성품

여러 해 동안 자기성찰을 했는데도 계속해서 분노를 하고 마는 모습으로 자신을 그려내면서 스스로 인정했듯, 세네카의 조언은 말하기는 쉬워도 따르기는 어렵습니다(저는 이 장에서 일화나 제 분신 루이즈에 대한 묘사를 할 때 모두 세네카의 예를 따랐습니다). 하지만 세네카는 분노의 유혹을 차단하기 위해 할 수 있는 수많은 일이 있다는 점을 상기시켜줍니다. 그는 노바투스에게 짜증을 유발하지 않는 사람들을 주변에 두라며, 이런 일은 최소한 가끔씩이라도 해낼 수 있다고 주장합니다. 더 일반적으로 말하면, 사람은 자기가 도발을 당할 게 뻔한 상황들을 피하려고 노력할 수 있습니다(예를 들어, 항상 인터넷에서 자기 이름을 검색하거나 자기 책에 달린 서평을 읽거나 하지 않는 식으로 말입니다). 마지막으로 세네카는 우리처럼 법조계에 있는 사람들에게 낯부끄러운 조언을 던져줍니다. 변호사와 소송을 피하라는 거죠!

세네카의 조언 중에는 언제나 맞는 이야기도 있습니다. 예측불허인 삶에 대하여 유머감각을 키우라는 거예요. "분노는 여러 가지 방식으로 제한할 수 있다. (분노가 일어날 수 있는) 다양한 상황을 놀이와 농담의 상황으로 전도시켜라(III.11.2)." (세네카가 직접 제시한 방법은 아니지만, 친구의 놀림은 이 '전도'를 달성하는 가장 좋은 방법이 될 수 있습니다.) 이런 전도는 보통 자아의 상처에 몰입하지 말고 그로부터 한 발짝 빠져나올 것을 요구합니다. 세네카의 말을 빌리자면, "멀리까지 한 걸음 물러나 웃으라(III.37)"는 겁니다. 이는 '평온한 성품'에 관한 아리스토텔레스의 통찰력을 지지하는 또 한 가지 근거입니다. 하지만 세네카는 동시에 아리스토텔레스가 했던 조언 이상의, 아주 중요한 무언가를 추천하기도 합니다. 바로 즐거운 태도로 우리 자신에게 거리를 두라는 건데요. 그렇게 하면 우리는 자신에게 일어나는 일을 경천동지할 일대사건으로 받아들이지 않게 됩니다. 실제로도 아마 그렇게까지 대단한 일은 아닐 거예요. 그러나 중대한 무게를 갖는 사건이 발생한다면 그때는 에우메니데스에게 공을 넘겨야 합니다.

제6장

# 정치적 영역: 일상에서의 정의

모든 법이 공통적으로 가지고 있거나 가져야 하는 일반적 목적은 공동체의 전체적 행복을 최대화하는 것이다. 따라서 법의 일반적 목표란 우선 그런 행복을 감퇴시키는 경향이 있는 모든 것을 가급적 최대한 배제하는 것, 달리 말하면 해악을 배제하는 것이다.

하지만 모든 처벌은 그 자체로 해악이다. (중략) 처벌이 조금이라도 인정되어야 하는 경우가 있다면 그건 오직 처벌로 벌어지는 해악 이상의 악을 처벌로써 배제할 수 있음이 확실히 약속되는 경우뿐이다.

-제러미 벤담, 『도덕과 입법의 원리 서설』 ch. XIII

"크리스마스 때는요, 스크루지 씨." 그 신사는 펜을 집어들며 말했다. "평소에도 그렇긴 하지만 가난한 사람들과 극빈자들에게 자선을 조금 베풀어주는 것이 참 바람직한 일입니다. 수많은 사람들이 지금도 엄청난 고통을 겪고 있어요. 수천 명이 그 흔한 필수품 하나 갖지 못한 상황이지요. 흔한 편의시설을 갖추지 못한 사람은 수십만 명이나 되고요."

"감옥이 모자란단 얘긴가?" 스크루지가 물었다.

"감옥이야 많죠." 신사는 펜을 다시 내려놓으며 말했다.

-찰스 디킨스, 『크리스마스 캐럴』

# 1. 에우메니데스

아이스킬로스는 보복적 분노라는 오래된 태도로부터 법적·정치적 정의가 창조되는 모습을 묘사했습니다. 잘못한 사람을 추적해 고통과 불행을 가하기 위해서만 존재하던 퓨리들은 상냥하고 미래지향적이며 국가를 축복하고 그곳에 사는 사람들의 복지를 추구하는 존재로 변모합니다. 그들은 또한 설득하는 목소리에 귀를 기울이면서 합리적인 존재가 되죠. 에우메니데스들은 공포를 불러일으키는 법의 수호자로 남아 법의 위반을 막기는 하지만, 자신의 분노만은 잠재워버립니다(832-33). 앙갚음보다는 잘못된 행위를 막는 데에 초점을 맞추죠. 그들의 범죄예방 전략에는 사회의 번영과 복지를 위한 폭넓은 계획과 배고픔 및 질병의 완화, 모든 시민의 포용 등이 들어갑니다. 그러나 동시에 형사사법제도의 창안도 포함되지요.

이어질 두 장에서는 정치제도에 관한 분노 비평이 어떤 결과로 이어지는지 살펴보는 방식으로 정치적 영역을 자세히 검토합니다. 아이스킬로스는 암시적 이미지를 남겼을 뿐 이론을 물려주지 못했어요. 기원전 5세기경 아이스킬로스의 연극을 보았던 아테네 사람들은 민주주의를 열정적으로 지지했지만, 정치 영역의 제도를 설계하는 데에는 별 관심이 없었습니다. 그때는 검사 직책, 즉 가해행위의 기소 여부에 대한 공평한 심판을 보장해주는 공직이 아예 존재하지 않았습니다. 모든 기소는 시민에 의해서 시작됐어요.[1] (형법과 민법 사이의 구분도 없었고요.) 이 체제에서는 수많은 문제가 발생했습니다. 예를 들면 (소크라테스의 적들이 소크라테스를 기소한 경우에서처럼) 서로 다투던 개인이 상대방을 적대적으로 기소할 가능성도 높았고, (기소를 하는 데에는 시간이 걸리고 법률가를 고용하려면 돈도 필요했으므로) 부와 지위에 따라 기소가 이루어진다는 불평등의 문제도 있었으며, 상대적으로 부유한 시민 중 기소를 맡아줄 사람이 없는 가해행위에 대해서는 아예 기소가 이루어지지 않는다는 난점도 있었죠. 플라톤의 『에우튀프론』은 이 중 마지막 문제를 다루면서, 선의를 가진 사람에게 이 제도가 지우는 부담을 보여줍니다. 에우튀프론의 아버지가 시민권이 없는 어떤 날품팔이를 살해합니다. 하지만 그 날품팔이에게는 기소를 해줄 만한 친척이 한 명도 없었기에, 아무 일도 일어나지 않아요. 에우튀프론이 직접 죽은 날품팔이를 대신하여 자기 아버지를 기소하기로 결정하기 전까지는 말입니다. 인물들의 대화를 통해 명백히 드러나듯, 당시 아테네에서 아들이 아버지를 법정으로 끌고 가는 건 심각하게 문제적인 일이었습니다. 그러나 살인을 저질렀는데도 기소당하지 않는 것 또한 문제이긴 마찬가지였지요. 공소제도가 존재하지 않는 상황에서 이런 말썽은 보편적으로 일어났을 게 분명합니다.

그러나 가장 큰 문제는 사적 기소라는 제도가 보복적 정념을 더욱 북돋았다는 사실입니다. 5장에서 저는 피해자의 바람직한 길이란 상실을 애도하되, 공평한 사법제도에 처분을 위임하여 가해자와 그 이상 개인적으로 연관되는 일을 피하는 것이라고 주장했습니다. 아테네 체제는 이런 회피를 가로막습니다. 피해자를 퓨리의 입장에 두고, 그에게 특정한 가해자를 끝까지 추적해야 할 의무를 지우죠. 이 체제가 지속적 분노와 집착에 기름을 붓는 듯합니다. 이렇게 볼 때, 고전시대 아테네의 체제는 분노를 정치공동체의 질병으로 취급하고 병적 인간관계의 치료·재건을 공적 과제로 간주하는 등 「에우메니데스」에서 극화된 문제를 일면 진중하게 다루지만, 구조적 차원에서는 그 이전의 보복적 도덕과 지나칠 만큼 연속적입니다.[2]

수많은 그리스 철학자들은 정치적 응보주의를 비판하고, 이를 교화와 억제에 집중하는 사법체제로 대체하려는 노력에 계속해서 매료되었는데요. 위에서 언급한 아테네 체제의 불만족스러운 특성은 (개인적 적들에게 기소를 당했던) 소크라테스의 재판 및 죽음에서 그 체제가 수행했던 두드러진 역할과 더불어 그 까닭을 잘 설명해줍니다. 아마 소크라테스 자신이 이런 탐구를 처음 시작했을 거예요. 그는 자기에게 피해를 입힌 사람들에게 대처할 때 렉스 탈리오니스('눈에는 눈')를 원칙으로 삼지 않으려 했던 것으로 보이거든요.[3] 이런 탐구는 플라톤의 초기 저작물로서 억제와 교화를 정교하게 설명했던 책, 『프로타고라스』에서 중요한 자리를 차지했던 게 확실합니다. 그 대화록에서 프로타고라스는 다음과 같은 정책 기조를 공표합니다.[4]

(이미 벌어진 일은 취소할 수가 없으므로) 합리적 처벌을 감행하는 사람은 이미 과거가 된 부당행위 때문이 아니라 미래를 위해서, 같은 잘못이 그 사람에 의해서든 그 사람이 처벌받는 것을 본 다른 사람들에 의해서든 반복되어서는 안 된다는 생각에서 그러는 것이다. (중략) 처벌의 이유는 억제다(324A-B).[5]

대니엘 앨런의 의견에 동의하여 그리스의 형벌은 처음부터 끝까지 분노라는 질병의 치료제를 찾는 것이었다고 보면, 그리스 사상가들은 앨런의 암시와 달리 예전 전통을 깨뜨린 것이 아닙니다. 오히려 정치적 영역의 분노를 치료할 최고의 방법으로서, 분노의 제도적 보장이라는 비열함을 거부하는 다음 단계로 논리적으로 나아간 것이죠.[6] 어느 모로 보나 형벌에 대한 미래 지향적이고 비-보복적 설명, 좀 더 일반적으로 말해 사법제도를 처음으로 추구한 건 제러미 벤담이 아닙니다. 오히려 이는 플라톤을 비롯한 모든 스토아주의자들이 부당행위라는 주제를 다룰 때 보인 가장 중요한 특징이에요. 이 특징은 사적인 관계에만이 아니라 법과 제도에도 적용됩니다. 그렇게 보면 플라톤과 스토아주의자들이 아이스킬로스의 암시적 이미지, 즉 매력적 이상을 이루기 위해 아테네의 두드러지는 관습 몇 가지를 거부해야 한다는 암시를 좇았다고 할 수 있겠죠. 그러나 제도에 관한 이들의 조언은 적극적이긴 해도 지나치게 얄팍하며, 민주주의를 심하게 거부하고 있어 우리에게는 별 도움이 되지 않습니다.

이번 장에서는 문제없이 작동 중인 체제가 일상에서의 정치적 정의에 개입할 때, 부당행위 및 그로부터 유발된 감정에는 어떤 일이 일어나는지 고찰합니다. 바꿔 말해, 어떤 특징을 가진 체제여야 분노를 포용하지 않고도 부당행위를 진지하게 처리하는 일을 가장 잘해낼 수 있느냐는 거죠. 다음 장에서는 근원적·구조적으로 부당한 시대에서 그런 부당함이 극복되리라는 믿음이 있는 시대로의 이행을 살펴봅니다. 두 시대가 항상 선명하게 구분되는 건 아닙니다. 부당함이 만연한 체제로부터 대체로 정의로운 체제로의 이행은, 헌법을 부정하지 않고도 깊이 있게 재해석해 중대한 격변을 만들어냈던 미국의 시민권 운동에서처럼 헌법적 틀을 기본적으로 유지하면서 일어날 수도 있고, 새로운 헌법을 도입했던 남아프리카공화국의 사례에서처럼 하나의 지배체제를 새로운 지배체제로 대체하는 일과 관련될 수도 있습니다. 그러나 이 두 가지 사례는 종류가 다르기보다는 정도가 다른 것이며, 둘 다 제가 '혁명적 정의'라고 부르는 것의 사례로 다음 장에서 다루어질 것입니다. 반면 이번 장은, 최소한 가장 추상적이고 일반적인 차원에서는 근본적으로 부당하지 않은 현행의 법적 틀이 개인 및 집단이 겪는 부당행위를 다루는 방식에 할애됩니다.[7]

두 장 모두에서 저는 지금까지처럼 분노를 비판하되, 새로운 맥락에 적용될 때 그 비판이 어떻게 변화하는지 살펴보도록 하겠습니다. 우리에게는 정치적 정의에 분노 감정이 필요하다고 주장하는 기나긴 전통이 있습니다. 분노는 우리가 서로를 책임 있는 행위자로 보고 상호작용할 때의 필수적 특징이며, 부당한 취급을 당한 사람의 존엄성과 자존감에 대한 우려를 표현하기 위해 꼭 필요하다는 주장이 자주 나오죠.

그런데 이런 주장은 정말 무슨 뜻일까요? 가끔 이런 주장은 정의를 추구하겠다는 동기를 부여하고 사람들을 계속 나아가게 만드는 필수요소가 무엇인지에 대한 경험적 주장입니다. 흥미롭지만 일상의 법적 상호작용이라는 맥락에서는 의심스럽고 평가 자체가 어려운 주장이죠. 매일의 법적 상호작용은 각기 (피해자, 피고인, 변호사, 검사, 판사, 기타 등등) 수많은 행위자들과 연관되어 있고, 사람들이 저마다 다양한 감정과 감정의 복합체로부터 동기를 얻는다는 데에는 의심의 여지가 없으니까요. 제가 앞으로 던질 질문은 이보다 좀 더 다루기 쉬운 문제입니다. 사법제도라는 구조 자체에서 표현되는 감정은 무엇이며, 규범적 차원에서 보았을 때 바람직한 감정의 형태는 무엇이냐는 거죠. 다른 방식으로 풀어보도록 합시다. 정의를 의인화해서 상상해본다면 정의는 가해자에게 화를 내야만 할까요? 그렇지 않다면, 이 신화적 인물이 표출해야 하는 태도는 무엇일까요?

용서와 사죄에 관한 부수적 관심도 계속 이어나가야 합니다. 정치적 정의는 용서나 사죄에 관한 생각 혹은 감정을 표현하는 공적 의례에 어떤 역할을 맡겨야 할까요?

저는 정치적 제도란 에우메니데스를 모방해야 한다고 생각합니다. 즉, 정의란 사회 전체의 복지를 고려하는 미래지향적 관심을 표현해야 하며 아이스킬로스의 3부작이 바르게 그려내는 것처럼, (한번 흘린 피는 다시 돌아오지 않는 만큼) 터무니없는 동시에 (사적 복수의 순환을 만들어내는 인과응보의 공상을 부추기는 만큼) 규범적 차원에 치명적 난점이 있어 천명할 수 없는 과거 지향적 분노를 삼가야 합니다. 정치적 제도는 모순적이거나 규범적 오류가 있는 이념을 담아서는 안 됩니다. 그러나 동시에 정치적 제도는 복지 수호의 기능을 다하기 위해 부당행위를 진지하게 고민하고 방지하도록 노력하며, 그런 일이 발생하는 경우에는 에우메니데스적 정신을 갖고 관심을 기울여야 합니다(이 정신이 무엇인지에 대해서는 앞으로 좀 더 자세히 설명해보도록 하겠습니다). 체제가 취할 수 있는 입장에는 퓨리의 재도입을 막을 수 있는 구체적 방법이 많이 있는데, 그 방법을 완벽히 설명하는 것은 이 강좌에서 다루는 범위 밖의 일이지만 간략히는 설명해보도록 하겠습니다.

아테나가 강조했듯 제도란 편애에 좌우되어서는 안 되며 공정하고 공평해야 합니다. 동시에 제도에는 친절한 의도가 있어야 합니다. 좋은 부모나 배우자, 직장동료처럼 제도는 정의에 대한 사랑뿐만 아니라 엄격한 율법주의를 넘어서는 아량의 정신을 갖추어야 하죠. 다른 영역에서 분노와 용서를 탐구하며 우리는 아량 있는 미래지향적 태도에 대해 잘 생각해볼 준비를 갖추었습니다. 이 장에서는 정치적 영역에서의 공평한 정의, 부당행위의 인정, 공감적 아량의 적절한 혼합물이 무엇인지 개략적으로 살펴보도록 합시다.

친밀한 관계를 분석할 때 중요한 자리를 차지했던 신뢰문제에는 계속해서 예민하게 관심을 기울여야 합니다. 앞서 저는 친밀한 관계란 오직 당사자들이 중요한 측면에서 상대방에게 기꺼이 취약해질 수 있을 때, 그러니까 상대방이 이런저런 방식으로 행동하리라고 단순히 **예상하는** 것에서 그치지 않고(예상만 하는 태도는 상대방이 높은 확률로 저지를 행위에 대한 냉소와도 양립 가능한 것이죠) 성공적 삶을 이루는 중차대한 요소들을 서로의 손에 맡겨놓을 때에만 꽃필 수 있다고 주장했습니다. 정치적 공동체에도 비슷한 이야기를 할 수 있습니다. 괜찮은 제도를 갖추고 있는 사회는 시민들이 제도가 특정한 방식으로 기능하리라 생각하고 **예상하기만** 해서는 안정적으로 유지될 수 없습니다. 왜냐하면 이 경우에도 예상이란 제도와 공무원들에 대한 엄청난 냉소주의와 양립 가능하니까요. 예를 들어, 대단히 부패한 사회에서 시민들은 공무원들의 부패나 사법 체제의 썩음 등등을 **예상**하는 경우가 많습니다. 인종차별주의적 사회에서는 소수자들이 자신들을 지배하는 다수집단에 **예상**을 겁니다. 그런 경우에는 예상이 자기방어적 회피와 저항을 만들어내죠. 마지못해 따르는 모두스 비벤디modus vivendi*가 아니라, 존 롤스의 표현처럼 "정당한 이유"에 근거해 안정성을 확보하려는 품위 있는 사회는 자신의 원칙에 대한 애착을 만들어내야 하며, 애착은 취약성을 가져옵니다.[8] 이때의 취약성은 신뢰가 없다면 유지될 수 없습니다. 그러므로 신뢰를 만들어내는 것은 품위 있는 사회의 지속적 관심사가 되어야 합니다.

정치적 공동체가 계발해야 하는 신뢰의 유형은 친밀한 관계를 작동시키는 신뢰의 유형과는 다릅니다. 두 경우에 관련된 사랑의 유형이 다른 것과 마찬가지죠. 하지만 두 가지 유형의 사랑과 신뢰는 모두 자기방어적이고 회피적인 행위를 하기보다 자신의 복리에 중요한 요소들을 다른 사람에게, 혹은 정치적 영역에서는 자신이 속한 사회의 제도에 기꺼이 맡겨놓는 일과 연관됩니다.

저는 가장 일반적인 의미에서 결과주의적·복지주의적인 접근을 옹호할 텐데요. 그렇기에 앞서 했던 말이 의미하는 것은 무엇이고 의미하지 않는 것은 무엇인지 처음부터 밝혀두어야 하겠습니다. 정치적 정의에 대한 다른 저서에서,[9] 저는 최소한의 수준에서나마 정의로운 사회가 갖추어야 할 가

---

* 의견 사상이 아주 다른 사람·조직·국가가 서로 다투지 않고 살아가기 위해 맺는 협정.

장 중요한 필수적 조건이란 인간이 가질 수 있는 일련의 중심적 기회, 혹은 '가능성capability'을 어느 정도 적절한, 최소한의 수준까지 보호하는 것이라고 주장했습니다. 이러한 가능성들은 다원적이고, 각각의 가능성에는 그것이 생산해낼 수 있는 이차적 복리와 별개로 내적 가치가 있습니다. 부나 성장을 추구하기 위해 이런 가능성들을 무시하는 사회는 최소한도로도 정의로울 수 없습니다. 또한 사회는 이러한 가능성들을 서로 교환할 수도 없습니다. 그건 어떤 시민들을 그중 몇 가지 가능성의 문턱 너머로 밀어버린다는 뜻이니까요. 이러한 가능성에는 경제적 재화도 들어가지만 그 외에도 기본권과 자유가 포함되며 인간의 존엄성이라는 개념이 이 모든 것을 한데 묶을 때 중심적인 역할을 수행합니다.[10] 이러한 가능성들은 서로 구분되지만 동시에 서로를 지원하는 관계이며, 어느 정도까지는 정치적 복리라는 전반적 목표 중 무엇이 실현 가능한지에 대한 참조를 통해 정의됩니다.*

그렇다면 제 시각은 벤담적이지도 않고 가장 친숙한 형태의 경제적 공리주의와도 비슷하지 않습니다. 하지만 그 정신은 존 스튜어트 밀을 따르고 있죠. 전반적으로, 이를 철학적 근거가 있는 복지주의로 분류해도 틀리지 않을 듯합니다.[11] 가능성 침해는 어떤 식의 부나 다른 선善을 창출해낸다 하더라도 부당하다고 보는 만큼 제 시각에는 당연히 의무론적 요소가 포함되어 있습니다. 이때 각각의 가능성을 보호하는 일은 그 자체로 정치적 선입

---

* 이때의 '가능성'은 '가능성 접근capabilities approach'이라는 특수한 맥락에서 쓰이는 전문 용어로, 가능성 접근이란 1980년대 경제학자 아마르티아 센이 '시민이 무엇을 할 수 있는가'에 초점을 두고 개발한 복지경제학의 한 방법이다. 이 접근법에 따르면 설령 시민이 어떤 권리를 행사하지 않는 경우에도 그 사람이 해당 권리를 행사할 수 있는 가능성이 보장되어 있는지의 여부가 중요하다. 이 책의 저자인 누스바움은 가능성 접근을 정치와 법, 윤리의 영역으로 확장시킨 대표적인 학자로서, 2000년에 개인적·사회적 상황을 고려해 인간이 마땅히 누려야 할 가능성 열 가지를 초안했다. 생명, 신체적 건강, 신체적 존엄성, 감각적·상상적 사유, 감정, 실용적 이성, 연대, 인간이 아닌 다른 종과의 관계, 놀이, 자신의 환경에 대한 통제력 등 이 열 가지 가능성은 인간개발지수(HDI)를 정의하는 데에 큰 영향을 끼쳤으며, 사회과학의 다양한 분야에서도 크게 활용되고 있다.

니다. 더 나아가, 가능성들은 (최소한의) 복지에 대한 부분적 정치 신조이지 종합적 원칙이 될 수는 없습니다. 그렇더라도 이 시각은 복지에 관한 그림을 경쟁관계의 사조들에 비해 더욱 풍요롭고 다채롭게 채워주는, 정치적 복지주의의 한 형태로 정당하게 분류될 수 있을 겁니다.

## 2. 이번에도, 왜곡된 사회적 가치

친밀한 관계나 중간 영역에서도 그랬듯 정치적 영역에서도 사회적 가치 자체가 왜곡되어 있다는 보편적 문제가 제기됩니다. 사람들은 특정한 사법제도의 토대가 되는 가치를 극히 싫어하면 그런 법적 체제를 오래 지지하지 않을 것이며, 심지어 순응조차도 하지 않을 것입니다. 나아가 어떤 유형의 대중적 지지는 실행상의 한계를 설정할 뿐 아니라, 정치적 정당성 자체를 제약할 수 있습니다. 사람들을 상대로 정당화할 수 없는 정책은 무엇이든 기초적인 규범적 시험을 통과하지 못합니다. 예를 들어 헨리 시지윅이 선호했던 '총독 관저의 공리주의'를 보죠. 이는 정치적 선택의 진짜 이유를 오직 소수의 엘리트에게만 알리는 공리주의로서, 어떤 식으로든 정치적 정당성을 확보할 때 필요해 보이는 투명성과 인민의 동의라는 제약을 공공연히 어깁니다. 하지만 오늘날의 가치관에도 많은 경우 오류가 있기는 마찬가지입니다. 그럼 우리가 제안할 비-분노의 가치에 대해서는 어떤 부분을 증명해야 하는 걸까요?

존 롤스의 『정치적 자유주의』는 새로 제안된 가치가 정당성을 획득하려면, 시민사회에서 받아들여지는 주요한 종교적·세속적 신념의 담지자들에게 해당 가치가 중첩되는 합의의 대상으로 간주될 수 있어야 한다고 주장합니다. 그러나 롤스는 중첩되는 합의가 당장의 현실이어야 한다는 이야기는 하지 않았습니다. 오히려 오랜 시간에 걸친 논쟁을 통하여 합의에 이를 개연성이 높다는 것을 보여주기만 하면 된다는, 보다 설득력 있는 주장을 펼쳤죠.[12] 저는 이에 동의합니다. 더 나아가 정치적 구상이란 그 자체로 종합적인 독트린이 아니라, 다양한 범위의 합리적·종합적 독트린을 담지하는 시민들을 평등하게 존중하는 것임을 보여줄 수 있어야 한다는 롤스의 생각에도 동의하고요. 하지만 이 경우 저는 좀 더 까다로운 도전에 직면하게 됩니다. 즉, 비-분노 원칙의 정확히 어떤 형태가 다원주의 사회의 시민들에게 '팔릴' 수 있느냐는 문제이죠. 지금 당장은 현대의 대부분 사회에서, 적어도 다수의 사람들이 경쟁과 지위 추구, 남성적 영예, 복수 등의 개념을 갖고 있으니까요. 이들은 분노와 복수에 관한 제 생각에 동의하지 않을 뿐 아니라, 그런 생각들을 나약하고 남자답지 못한 것으로 조롱할 것으로 보입니다.

제가 보기에는 이런 문제제기에 맞설 방법이 분명 있습니다. 우선 비-분노의 이념이 엄청난 대중적 성공을 거두었던 최근의 사례 몇 가지를 짚어내며 논의를 시작할 수 있겠죠. 모한다스 간디와 마틴 루터 킹 주니어의 항의 시위, 그리고 새로운 남아프리카공화국의 지도자로서 넬슨 만델라가 보여주었던 행위 등이 그것입니다. 이 모든 사례들은 7장에서 더 자세히 검토하도록 하겠습니다. 더불어 3장에서 이미 논의했던, 사우스캐롤라이나 총격사건의 유족들이 보여준 비-분노 반응을 더할 수 있을 겁니다. 이런 사례를 보면, 직업상 주류 사회로부터 편향되어 있어 '남자다움'이라는 익숙한 패러다임을 탐탁지 않게 여기는 지성인들은 물론, 넓은 범위의 대중에게도 분노 비판이 설득력을 가질 수 있으리라고 생각합니다. 이런 사회운동의 설득력을 경험하기 전까지 비-분노를 받아들이지 않았던, 혹은 받아들이지 않는다고 생각했던 사람들까지도 설득할 수 있을 거예요. 간디와 킹, 만델라는 비교적 짧은 기간 안에 수백만 명을 설득해, 그들이 비-분노의 규범을 받아들이게 만들었습니다. 이 세 지도자가 성공한 건 익숙한 종교적 전통, 즉 불교의 모든 종파를 비롯해 기독교와 힌두교, 아프리카 전통 종교의 수많은 분파 및 그 반대 분파를 살짝 건드릴 수 있었기 때문이라고 할 수 있습니다. 이처럼 종교를 건드리면서, 세 지도자는 사람들이 이미 중요하게 여기는 이념에 헌신한다고 느끼게 만들었거든요. 대중은 지도자들의 설득을 낯선 원칙의 도입이라기보다는 자신과 화해하라는 요구, 즉 예전에는 성찰해본 적 없는 어떤 깊은 종교적 신념과 부딪치는 문화적 부담을 떨쳐내라는 요구로 받아들였습니다.

그러므로 현대 문화 전체가 우리와 대척점에 서 있다는 생각을 과장해서는 안 됩니다. 킹이나 간디, 만델라의 영향하에, 혹은 마음을 사로잡는 개인적 경험으로 인해 이렇게나 많은 사람들이 이토록 급격하게 바뀐다면, 그건 우리의 문화가 사실은 분노문제를 놓고 분열되어 있다는 증거가 되지요.[13] 사람들은 소설 속에 등장하는 자경단원을 낭만화시킬 수 있지만, 전체적으로 보면 살면서 그런 자경단원을 만나고 싶어 하지는 않습니다. 비-분노에 토대를 둔 대화와 논쟁의 법적 질서를 지원하는 한편, 그런 소설 속 주인공들에게 감탄하며 좋아할 뿐이죠.[14]

법이 대중의 신념이라는 강한 조류에 저항할 필요가 있을 때는 언제일까요? 하나는 법적 개입의 적정범위를 결정할 때입니다. 앞서 이야기했듯, 분노가 일어나는 공통적 이유에 반드시 복지에 대한 심각한 손상이 포함되는 건 아닙니다. 그러나 사람들은 많은 경우 그렇다고 생각하지요. 세네카가 말했듯, 사람들은 사소한 문제를 중대 사건으로 격화시키고 그 결과로 가혹한 처벌을 원하는 경우가 많습니다. '로드 레이지(road rage, 운전자의 보복·난폭 행동)'는 그저 한 가지 예일 뿐이죠. 대부분의, 아니, 적어도 상당수 문화권에서는 명예훼손이 분노로 인한 폭력을 발생시킬 수 있습니다. 그러나 법은 이에 대한 대중적 시각(혹은 한때 대중적이었던 시각)과 같은 편에 서지 않습니다. 결투는 이미 오래전에 불법이 되었죠. 과거에는 아니었으나 이제는 스토킹이나 친밀한 배우자에 대한 폭행이 법적 개입을 할 수 있는 문제로 인정됩니다. 그렇다면 분노도 마찬가지입니다. 대중문화에서 가끔 '남자다운' 격노를 높이 평가하긴 하지만, 현대 민주주의는 일반적으로 명예훼손 등의 지위-피해를 폭력을 정당화할 만한 가해행위로 보지 않는다고 할 수 있겠죠. 그런 행위가 사람들을 아무리 화나게 만들더라도 말입니다.

미국의 살인 관련법에서 '합리적 도발'에 의한 변론은 에우메니데스 이전 사회의 유물입니다. '충분한 도발'로 분노해 사람을 죽이면, 최소한 살인에서 상해치사로 가해행위 수준감경을 받는 경우가 가끔 있었어요. 과거에는 명예훼손을 포함한 지위-피해에 대한 분노가 '충분한 도발'로 간주될 수 있었습니다. 간통이 관련된 경우에는 특히 그랬고요. 현재는 밀이 이야기한 그대로의 신정한 피해가 있어야만 '충분한 도발'이 인정될 가능성이 훨씬 높아졌습니다. 예컨대 도발당한 사람 자신 혹은 그의 가족이 폭행을 당해야 한다는 식이죠. 5장에서 이미 이야기했듯, 합리적 도발에 의한 변론은 (보통) 피고인이 충분한 '냉각 시간'을 갖지 못한 채 복수를 위해 폭력을 행사했다는 점을 보일 것을 요구합니다. 그런 면에서는 마음을 가라앉히고 문제를 법에 넘기기 전, 사람들이 잠시 동안 부적절하게 화를 내는 일은 훨씬 덜 엄하게 심판된다는 제 생각과 일치하죠. 그렇더라도 가해자에게 불법적 폭력을 행사하는 행위는 변론의 양보에 따라 결코 면죄되지 않습니다('합리적 도발'은 감경사유이지 면책사유가 아니거든요). 나아가 제가 보기에는 '합리적 도발' 변론 자체가 불행한 과거의 자취로서, 모욕이나 지위 같은 낡은 생각이 형법으로 살금살금 기어들 수 있도록 구멍을 뚫어주는 것 같습니다.[15] 그러나 대부분의 측면에서 법은 이 강좌에서 하고 있는 것과 같은 분노 비판

을 오랫동안 내면화해왔습니다.[16]

그러나 가해행위의 분류만이 잘못된 사회적 가치가 법적 질서를 위협하는 유일한 영역인 건 아닙니다. 훨씬 더 집요하고 비-아이스킬로스적인 위협은, 일단 가해자가 기소를 당해 유죄판결을 받았을 때 많은 사람들이 형벌에 보이는 시각입니다. 복수라는 개념은 2000년 넘게 비판받았고, 비판의 내용도 잘 이해되고 있습니다. 그런데도 가해자가 유죄판결을 받은 상황만큼은 복수 이념이 계속해서 지배합니다. 간디나 킹, 만델라는 말할 것도 없이 소크라테스와 플라톤, 벤담이 했던 그 모든 주장에도 수많은 사람들은 여전히 복수 모형에 들어맞는 형벌을 선호합니다. 이에 따르면 '저지른 사람이 고통을 받아야' 하며, '앙갚음'이 있어야 합니다. 억제 효과를 중요하게 생각하는 경우에도, 사람들은 오직 보복적인 처벌, 그러니까 발생시킨 고통에 대해 고통을 부과하는 것만이 억제 효과를 낼 수 있는 유일한 방법이라고 생각하는 경향이 있습니다. 형벌에 대한 다른 생각들은 유약하고 남자답지 못한 것이라고 반복적으로 폄하되며, 정치인들은 '범죄에 강경한' 모습을 충분히 보이지 못했다는 이유로 선거에서 집니다. 이때 '범죄에 강경하다'는 말은 (억제 효과가 있든지 없든지 간에) '가혹하고' '보복적인 고통을 부과한다'는 뜻입니다.[17] 어떤 사람이 저처럼 생각한다면, 그러니까 피해가 발생했을 때의 적절한 반응은 미래지향적이고 복지국가주의적이어야 하며 아량과 재통합이라는 이념을 포함해야 한다고 생각한다면, 대척점에 있는 대중적 감정과 상당 부분 맞서 싸워야 할 것입니다. 이것만으로도 제가 이야기한 비-분노적 제안은, 이론상의 정당화에는 성공할지 모르나 실용적 측면에서 실패 위험에 처할 가능성이 높아집니다. (이론상의 정당화가 가능한 까닭은, 오랜 시간을 거치면 이 문제에 대한 중첩되는 합의에 도달할 수 있는 길을 보여주는 게 가능할지 모르기 때문입니다. 아직까지는 그 합의점이 멀기만 할지라도요.)

그러나 실용 측면의 과제에도 희망이 없지는 않습니다. 가혹한 형태의 감금이 범죄를 억제하는 데 실패하자, 이 실패가 '범죄에 대한 강경한 대처'를 '범죄에 대한 현명한 대처'라는 문구로 차츰 대체하는 결과로까지 이어졌습니다('범죄에 대한 현명한 대처'라는 말은, 실제로 억제 효과를 증명할 수 있는 행위를 한다는 뜻입니다). 이런 변화는 대중의 감정을 반영한 것이었죠.[18] 전반적으로 사람들은 범죄를 막는 데 도움이 되는 것들을 원하고, 형벌은 궁극적으로 중요한 인간적 복리를 보호해야 함을 이해합니다.

가혹한 형벌이라는 문제는 너무 큰 주제라, 이 강좌 내에서 철저히 다룰 수 있을 거라는 기대조차 가당치 않습니다. 다만 비-분노의 정신에 따라 부당행위에 대처하는 방법을 설득력 있게 설명하면 반대의견을 꽤 먼 지점까지 배격할 수 있는데요. 본격적으로 논의를 시작하기 전에, 형벌에 관한 관습적 이념에도 이미 비-분노적 개념이 포함되어 있다는 사실에 주목합시다. 예를 들면, 관습적으로도 사람들은 형벌을 가할 때 수치심을 주거나 잔인하게 구는 일을 거부합니다. 물론 미국 헌법에 명시되어 있는, '잔인하고 비정상적인 형벌'에 대한 금지가 우리 생각처럼 해석되지 않는다는 건 사실입니다. 미국 감금제도의 평균적 유형에는 이런 금지가 제대로 적용된 적이 한 번도 없죠. 그럼에도 헌법에 이 문구가 있다는 사실만큼은, 18세기에 헌법을 초안한 사람들조차도 국가가 수행하는 처벌적 역할에 존재하는 도덕적 한계를 알고 있었다는 걸 명백히 보여줍니다. 자, 그러면 건설적인 이론적 과제로 눈을 돌려봅시다.

## 3. 부당한 행위와 법의 통치: 보복이라는 과제, 교화라는 과제

그렇다면 국가는 부당행위 및 그 행위가 생성해내는 분노에 어떻게 대처해야 할까요? 제 설명은 (지위만이 아니라) 복지에 중대한 피해가 발생할 경우, 법이 그 피해를 대단히 심각하게 받아들여야 한다고 시사합니다. 물론, 법이 부당행위는 심각하게 받아들이지 않은 채 그로 인해 초래된 피해만을 중시하는 일도 벌어질 수 있습니다. 사고나 자연재해로 발생한 피해와 고의적 부당행위로 인해 발생한 피해를 구분하지 않으려 든다면 말이죠. 그런 사법제도도 피해자에 대한 연민은 보여줄 수 있습니다. 보상을 해주고 앞으로는 같은 종류의 피해를 입지 않도록 보호해주려 노력하면 되죠. 하지만 그런 체제는 분노의 표출과는 아주 거리가 멉니다. 거기에는 부당한 피해라는 개념이 아예 들어 있지 않으니까요.

이런 사법제도는 엉성하며 장차 시민들을 보호하는 일에도 별로 효율적이지 않을 것입니다. 왜냐하면 지진이나 홍수, 다른 자연재해로부터 사람들을 보호하는 데에는 타인이 가한 부당한 피해를 방지할 때 필요한 것과는 전적으로 다른 전략이 필요하니까요. 더 나아가 그런 사법제도에는 한 가지 요소가 결여되어 있습니다. 문제의 행위가 단지 불운한 것이었을 뿐 아니라 부당한 것이었음에 대한 공적 인정 말입니다. 이는 피해자들이 정당하게 요구하는 요소이죠. 만일 사법제도가 살인자와 우연히 피해자를 물어뜯은 호랑이를 마찬가지로 취급한다면, 인간과 호랑이가 다른 전략에 의해 억제되는 만큼 미래에 비슷한 피해가 발생하는 것을 예방하지 못할 뿐만 아니라, 법이 보호하는 인간적 가치의 중요성을 인정하지도 못한다는 점에서 피해자와 우리 모두를 기만하게 됩니다. 그런 한에서라면, 제도는 미래를 바라보기 위해서라도 과거를 돌아보아야 합니다. 병든 사회적 관계의 치유가 주

된 과제인 경우에도 치유는 부당성의 인정이라는 영역 안에서 이루어져야 합니다.[19]

부당성의 인정은 왜 그렇게 중요한 것일까요? 이 점에 대해서는 많은 이야기를 할 수 있습니다만, 제 생각에 가장 중요한 건 미래지향적 요소인 듯합니다. 부당행위를 공인하는 일은 신뢰를 보존하고 강화하는 데에, 혹은 복구하는 데에 필수적입니다. 신뢰의 연대가 침해당하거나 심지어 완전히 무너져내린 상황에서 신뢰를 복구하려면, 무엇이 부당하고 무엇이 부당하지 않은지에 대한 공통의 이해가 있어야 합니다.[20] 당장은 제대로 작동하고 있는 공동체라도 부당행위를 심각하게 받아들이지 않거나 그 부당행위의 중요성을 공적으로 인정하지 않으면, 정치제도가 구현하는 정의에 대한 신뢰가 부식됩니다. 사회적 계약이란 생명을 비롯한 인간의 복지를 보호하는 문제이며, 국가는 생명과 인간의 복지를 이루는 다른 요소들이 중요하다는 점을 공표해야 합니다.

그러므로 제도와 기관은 살인을 호랑이에게 공격당하는 일과 동일하게 취급해서는 안 됩니다. 'X가 이런 일을 했는데 이 일은 그른 것이다'라는 생각을 선명하게 표현해야 해요. 동시에, 제 설명이 옳다면, 제도와 기관은 분노가 부주의한 사람들을 잡으려고 설치해둔 두 개의 함정 중 어느 한 가지에도 걸려들지 않아야 합니다. 첫째, 제도와 기관은 잘못에 비례하는 고통을 가함으로써 잘못된 행위를 바로잡을 수 있다고 가정해서는 안 됩니다. 우리들 대부분은 이 오래되고 강력한 개념에 사로잡히지만, 이 개념은 사실 이성의 빛을 견뎌낼 수 없는 마법적 형이상학의 한 형태입니다. 그러므로 이러한 생각에는 규범적 결함이 있습니다. 우리는 우리 자신도, 법도 이치에 맞기를 바라니까요. 살인은 가해자 쪽에 아무리 많은 고통을 주더라도 취소되지 않습니다. 다른 모든 범죄도 마찬가지이고요. 우리는 왠지 '균형'

이 회복되었으며, 행위자는 고통을 받았다는 느낌을 받고…… 그 외에도 이 럴 때마다 Y를 괴롭히는 것이 X의 괴로움을 덜하게 만들어준다거나, 이미 가해진 피해를 철회한다는 암시를 남기며 나오는 온갖 이야기를 사실처럼 느끼게 됩니다. 하지만 과거를 고칠 수 있다는 듯 행동하는 법은 비합리적 입니다. 이런 식의 개념이 인기를 누린다고 해서, 혹은 그 개념이 인간의 본 성에 깊이 뿌리를 내리고 있다고 해서 거기에 내재되어 있는 모순을 무시해 서는 안 되죠.[21] 플라톤도 같은 얘기를 했습니다. 합리적으로 형벌을 가하는 사람은 과거의 부당함 때문에 형벌을 가하는 것이 아니라 미래를 위해서 그 렇게 하는 것이라고요.

법은 범죄를 단순히 '지위-격하'로 보는 오류, 즉 X가 겪은 치욕을 Y에게 돌려주고 Y를 X 아래로 떨어뜨림으로써 시정할 수 있다고 보는 오류도 저 질러서는 안 됩니다. 이런 시각은 개념적으로야 말이 되지만 규범적으로 문 제적입니다. 지위에 대한 집착은 너무나 많은 사회를 기형화시킵니다. 법은 이런 집착과 결탁해서는 안 되며, 만인의 평등한 인간적 존엄성을 고수해야 합니다(인간의 평등과 존엄성은 앞서 이미 언급했듯 독특한 지위로서, 모든 가능 성이 완전히 보호받는 상태로 정의됩니다. 그런 가능성 안에 내재되어 있는 것이기 도 하고요. 상대적 지위와는 아무 관계가 없죠).

그렇다면 법이 할 수 있는 말은 무엇일까요? 일단, 법은 O가 부당행위를 저질렀으며 그 잘못은 심각하다고 선언할 수 있습니다. 누군가가 이것을 법 의 보복적 요소라고 이야기하고 싶다면야 저는 괜찮지만, 사실 우리에게 가 장 친숙한 형태의 응보주의는 그 이상의 많은 것을 이야기하죠. 형벌에 대 한 벤담의 공리주의적 설명도 그렇고요. 올바른 요소, 즉 지위보다는 복지 에 초점을 맞추는 동시에 합리적이기까지 하다면, 그런 법은 'O가 부당행 위를 저질렀고 그 잘못은 심각하다'라고 선언한 이후 가해자를 무력하게 만드는 방법과 특수억제, 일반억제의 효과를 증진시키는 전략들을 선택함으로써 다른 무엇보다도 미래에 집중합니다. 발생한 부당행위는 터무니없었으며 이 일에 대해 무엇이라도 조치를 취해야 한다고 이야기하기에, 법은 그 과정에서 분명 이행-분노를 표현할 수 있습니다. 사실 이행-분노는 제가 입법 과정이라고 상상한 두 가지 주장을 감정적으로 결합해놓은 것에 불과합니다. 이행-분노란 다름이 아니라, 부당행위는 심각하게 나쁜 것이며, 우리는 앞으로 나아가면서 그 일에 어떻게 대처해야 할지 잘 생각해야 한다는 감정이니까요.

이 지점에 이르면, 합리적 입법자는 '형벌의 정당화'에 관한 토론 등 부당행위의 관리에 관한 토론이 벌어지는 전형적 방식을 거부하게 됩니다. 사실 저는 '형벌'이라는 단어 자체를 수십 년 동안 쓰지 않는 것이 합리적이라고 생각합니다. 이 단어를 쓰면 생각이 편협해져서 부당행위에 대처하는 유일하게 적절한 방법이, 벤담의 말을 빌리자면 부당행위를 한 사람에게 가하는 일종의 '해악'뿐이라고 생각하게 되니까요. 그러나 우리 앞에 실제로 놓인 질문은 부당행위라는 문제 전체를 다룰 방법이지, 이미 부당행위를 저지른 사람을 처벌할 방법이 아닙니다. 꼭 형벌이라는 단어를 써야만 한다면, 형벌은 범죄를 다루는 여러 전략들과 경쟁을 벌인 후에야 우리 관심을 받아 마땅합니다. 즉, '형벌의 정당화'에 관한 토론은 범죄를 줄이기 위해 한 사회가 사전적으로(그리고 어느 한도 안에서는 사후적으로) 사용할 수 있는 여러 전략과 형벌을 비교하는 토론이 되어야 합니다. 그러나 응보주의자들은 가장 미묘한 입장을 취하는 경우에도 가해자가 '어떤 일을 당해야 마땅한지'에만 초점을 맞추고, 인간의 복지 및 그 복지를 지킬 방법에 대한 좀 더 큰 문제, 응보주의자뿐 아니라 공리주의자들도 관심을 기울일 게 분명한 문제는 놓치는 오류를 범합니다.

우리는 물론 사후적 형벌이 (특수억제건 일반억제건) 억제책이라고, 따라서 중요한 인간적 복지를 보호하는 한 가지 방법이라고 생각할 수 있습니다. 미국의 감옥에서는 벌어지지 않는 일이지만 아마 수많은 가해자들이 형벌을 통해 실제로 교화될 수도 있을 것입니다. 하지만 우리는 동시에 사전적 억제책이라는 훨씬 큰 문제도 고려해보아야 합니다. 벤담이 강조하듯, 부당행위를 미연에 방지하는 것은 복잡한 과제입니다. 우리는 이 문제를 가능한 한 넓게 생각하여 영양공급과 사회복지, 교육, 고용, 그 외의 다양한 건설적 정책들이 어떻게 여기에 기여할 수 있는지를 물어야 합니다. 벤담의 주장에 따르면, 우리가 실제로 원하는 것이 가해행위의 감소인 경우 사후적 형벌에 대한 집중은 상당히 비효율적입니다. 가해행위가 적어지는 결과는 "더 적은 비용을 통해 효과적으로 달성될 수 있습니다. 공포는 물론이거니와 교육을 통해서도, 인간의 의지에 직접적 영향을 행사하는 방법은 물론 이해력 있는 사람들에게 정보를 주는 방법을 통해서도 말입니다".[22] 사후적 형벌은 만일의 사태에 대한 대비책입니다. 그런 방식을 활용한다는 건 우리의 사전적 전략이 어느 정도 실패했음을 인정하는 것이고요.

어쨌거나, 이 문제는 총체적으로 살펴보아야 합니다. 벤담은 다른 저작을 통해 더 큰 문제에 대해 아주 많은 이야기를 했는데, 그중에는 아직도 출판되지 않고 있는 것이 많습니다(벤담 프로젝트에 의해 점차적으로 출판되는 중이긴 합니다). 벤담의 대표작은 끝내 완성되지 못했습니다. 『도덕과 입법의 원리 서설』에서 그는 '형벌'을 공리주의적 정신에 따라 재구성해내는 보다 좁은 범위의 과업에 초점을 맞춥니다. 하지만 대부분의 사회가 '형벌'을 범죄예방이라는 더 큰 문제의 맥락 속에서 고려하는 데 실패하는 기괴한 오류를 저질렀다는 벤담의 의견에만은 동의할 수밖에 없습니다.

우리가 언제나 이런 방식의 오류를 범하는 것은 아닙니다. 엘리베이터에 대해서 생각해보죠. 머나먼 나라로 여행을 떠난 어떤 사람이 엘리베이터가 매우 믿을 수 없는 존재라는 사실을 알게 되었습니다. 사람들은 엘리베이터를 엉터리로 만들어 유지보수했고, 엘리베이터는 자주 고장났거든요. 엘리베이터에 관한 법은 없었습니다. 의무적인 검사 규정도, 자격이나 면허를 주는 규정도 없었죠. "신경 쓰지 마세요." 손님을 초대한 집 주인이 그렇게 말해주었습니다. "그런 일에는 돈을 쓰지 않지만, 우리는 엘리베이터를 고장낸 사람들을 추적하는 데에 엄청난 돈을 쓰고 국가 차원에서 비용을 지출해 그 사람들을 오랫동안 복역시키거든요. 그 사람들에게 그런 나쁜 행동이 어떤 대가를 치러야 마땅한 것인지 보여주기 위해서죠." 우리의 여행자가 이는 매우 이상하고도 비합리적인 사회이며, 어느 면에서는 인간의 안전이라는 문제 자체를 심각하게 받아들이지 않는 사회라고 생각한다면 그건 이해할 만한 일입니다(지진이나 화재, 기타 등등에 대해서도 같은 말을 할 수 있을 것입니다). 하지만 제가 보기에는 대부분의 사회가 바로 이런 방식으로, 어떤 의미에서는 그리 심각하지 않게 범죄를 다루고 있습니다. 이러한 방치는 범죄자가 엘리베이터와는 달리 평등한 시민, 그러니까 복지를 중시하는 사회라면 보호하고 도와주어야 할 사람들이라는 점에서 더욱 이상합니다.

범죄에 대한 토론이 이런 식으로 편협해진 까닭은 무엇일까요? 한 가지 가능성은 '형벌의 정당화'가 철학자들에게 매력적인 주제이며, 철학석인 기술을 활용해 다루기 적절한 문제라는 것입니다. 반면 범죄라는 보다 큰 문제는 다양한 학문 분과의 탐구를 요하며 어느 경우에나 대단히 어렵죠. 하지만 그렇다고 해서 엘리베이터, 홍수나 지진 발생구역에서의 건물복구 같은 문제를 앞서 제가 상상했던 것처럼 생각 없는 사후적 방식으로 다루어야 하는 건 아니잖아요.

토론이 편협해진 까닭을 설명하는 또 한 가지 방법은 복지주의적 억제 이론가들마저도 관심의 초점을 좁혔다는 해석입니다. 이런 이론가 중 상당수는 응보주의자들에게 응답하고자 벤담과는 다르게 다양한 복지주의적 전략을 무시하고 형벌에만 집중합니다.

세 번째 가능한 설명은 사람들이 사전적 복지 전략에는 돈이 너무 많이 들 것이라고 생각하며 금고형이 극단적으로 비싸다는 사실을 잊어버린다는 것입니다. 미국에서 금고형에 들어가는 비용은 주마다 다르지만, 연방 교도소 수감자들에게는 일인당 연간 3만 달러가 소요되며 주립 교도소의 수감자들에게 소요되는 비용은 그보다 훨씬 많을 수 있습니다(예컨대 캘리포니아에서는 연간 4만 달러가 들어갑니다). 최근 연구에 따르면 뉴욕시에서는 그 숫자가 6만 달러 이상인데, 금고형에 들어가는 전체 비용을 감안한다면, 즉 간수들의 월급과 복지 혜택, 건물의 유지보수 비용 등등을 포함시킨다면 뉴욕시가 지불하는 비용은 재정을 휘청거리게 할 정도의 어마어마한 비용, 즉 수감자 일인당 16만 7731달러가 됩니다.[23] 미국은 전 세계 인구의 5퍼센트를 차지하지만 수감자 인구 중에는 미국인이 25퍼센트를 차지하고 있습니다. 어떤 추산에 따르면 납세자들이 금고형에 지불하는 총 비용은 1년에 634억 달러입니다.[24] (수감자들의 노화가 진행됨에 따라 비용은 훨씬 더 증가하고 있습니다. 높은 의료비용 때문이죠.) 물론 이 비용을 교육이나 고용 증진, 기타 등등에 들어가는 비용과 비교하는 것은 어려운 일입니다. 그러나 교도소 수감자 인구 중 상당수가 비폭력적인 범법행위(예컨대 마약과 관련된 범법행위)로 수감되었다는 것을 생각해보면, 최소한 '삼진아웃' 제도를 실시하거나 '범죄에 강경하게' 대처하겠다는 이야기가 나오기 전에 실시하던 방식대로, 또는 다른 많은 나라들에서 이런 범죄에 대처하는 방식대로 가석방 혹은 사회봉사라는 제도를 활용했을 때의 비용과 이런 금고형에 들어가는 비용을 비교해 이해하는 건 가능하겠죠.

금고형에 들어가는 비용이 쉽게 눈에 띄는데도 이에 대한 집착이 이어진 다는 점으로 미루어, 저는 한층 더 심화된 설명을 시도해보아야 한다고 생각합니다. 즉 응보주의는 대중적 감정에 깊이 뿌리를 박고 있으며, 그 때문에 '응보'에 대한 과거지향적 생각이 복지에 대한 우려를 침묵시켜버리는 방식으로 토론이 이루어지게 되었다는 겁니다. 엘리베이터나 고층건물에 대해서는 이런 문제가 잘 발생하지 않습니다. 지배집단의 구성원들이 고층건물에 살면서 엘리베이터를 이용하니까요. 이런 주먹구구식 대처는 폭력범죄를 상대로만 일어납니다. 어쩌면 우리는 동료시민들을 모두 사랑하는 게 아니거나, 그들 모두가 잘살기를 바라는 게 아닌 건지도 모릅니다. 학계의 철학자들도 여타의 수많은 미국인들이 그렇듯 범죄를 저지르는 사람들은 '우리'와 먼 사람들이라고 생각하는 경향이 있습니다. 아니, 어쩌면 우리는 폭력과 약탈을 하도록 타고났으며 오직 불쾌한 형벌에 대한 두려움으로만 억제할 수 있는 계급의 사람들이 있다고 생각하는 걸지도 모르겠습니다 (당연히 '우리'는 아니겠죠). '우리'가 '우리' 자신의 자녀들을 상대로는 이런 식의 교화 방법을 고려하지 않는다는 점은 가혹한 형벌에 대한 요구의 저변에 깔려 있는 개념을 비판적으로 검토해보아야 할 이유가 됩니다.

범죄에 대해 우리가 알고 있는 분명한 사실이 한 가지 있습니다. 어린 시절 교육에 개입하면 아이들이 범죄자로 자라날 가능성이 줄어듭니다. 그 아이들에게 적용된 프로그램이 알맞은 종류의 프로그램이라면 말이죠. 제임스 헤크먼은 선구자적인 연구를 통해 2000년 노벨 경제학상을 받게 되었는데요. 그가 한 연구는 교실 내에서의 교육뿐만이 아니라 영양공급 및 가족과의 협력까지도 포함하는 일련의 취학 전 아동교육 프로젝트에 대한 종단연구longitudinal study였습니다.[25] 여러 해가 지난 뒤에 나타난 결과는 고용상태로 보나 준법수준으로 보나 훌륭했습니다. 어떤 사회도 이 결과를 충분히 진지하게 받아들이지 않았다는 점은 실망스럽습니다. 우리가 가지고 있는 그 모든 지식에도 불구하고 사람들은 여전히 모순적이고 비효율적인 분노라는 이념으로 범죄문제를 다루기를 더 좋아한다는 뜻이니까요. 미국에서는 이처럼 비효율적인 사고방식이 변화하고 있다는 징조가 보입니다. 취학 전 교육에 대한 관심이 뉴욕뿐 아니라 미국의 다른 여러 지역에서도 치솟고 있으니까요. 그러나 전반적으로 보면 헤크먼의 설득력 있는 분석은 소귀에 경 읽기나 다름없었습니다.

왜 그럴까요? 미국에서는 인종차별주의가 한 가지 원인인 게 분명합니다. 어떤 집단을 미리부터 두려움과 혐오감을 가지고 바라보면, 그 집단의 삶을 명백하게 향상시키는 전략을 채택할 가능성이 낮아집니다. (가끔씩은) 그런 전략이 나 자신의 삶 역시 나아지게 하는데도 말이죠. 벤담이 올바르게 추천한 더 넓은 범위의 탐구가 대중적 관심의 초점이 되는 일은 거의 없다는 사실을 보면 앙갚음에 관한 본능적 생각이 얼마나 강하게 우리를 사로잡고 있는지 알 수 있습니다. 하지만 동시에 이는 소수자들을 향한 낙인과 혐오, 두려움의 숨어 있는 영향력을 드러내는 것이기도 합니다. 더 많은 사람들을 가혹하고도 저급한 조건 속에 단순히 감금해둠으로써 부당행위에 관련된 모든 문제가 최선의 형태로, 상당히 쉽게 해결되리라는 생각은 그리하여 대단히 흔하고도 직관적으로 매력적인 생각이 되어버렸습니다. 일리노이주 상원의원인 마크 커크가 최근에 한 말을 보십시오. 그는 갱단의 폭력에 대처하는 최고의 방법이 시카고의 선도적 갱단원 1만 8000명을 전부 가두는 것이라고 했습니다. 그런 식의 생각은 인과응보의 개념뿐만 아니라 가해자를 무력화시킨다는 생각을 포함하고 있으므로, 인간의 복지와 최소한도로는 관련이 있습니다. 하지만 이런 주장이 매력을 얻는 방법은 복수라는 개념, 사람들을 '엄단하겠다' 운운하는 개념을 통하는 것입니다. 그리고 커크 자신이 신속하게 깨달았듯, 이런 개념은 이성의 빛을 견뎌낼 수 없습니다.[26] 미국적 규모의 감금은 대단히 복잡한 일련의 사회적 문제에 대한 빠르지만 비효율적인 '해결'이며, 그런 만큼 효과가 없습니다. 저는 이런 조치가 범죄에 대처하는 주요 전략으로서 받아들여질 수 있다는 생각이 가능했던 유일한 이유는, 의식적인 차원에서든 무의식적인 차원에서든 인종차별적 낙인찍기 때문이었다고 생각합니다.

계속해서 더 많은 감금을 요구하는 잔뜩 엉킨 감정의 다발을 풀어내는 것은 어려운 일입니다. 두려움은 물론 감금의 한 가지 동기요인이며, 혐오에 기초를 둔 인종차별주의가 또 다른 동기요인입니다. 하지만 분노 역시 강력한 힘입니다. (사람들이 생각하기에) 이런 소수자들은 우리에게 해를 끼치고 우리의 삶을 불안하게 만들거든요. 그런 만큼 우리는 그 사람들이 발생시킨 불편에 대하여 그들을 처벌해야 한다는 거죠. 그러므로 마약관련법 위반 등 피해자가 발생하지 않는 범죄에 대한 광적인 집중은 분명 일부분 혐오감에 의해 동기가 부여된 것이지만, 아마도 불편과 불안을 낳는 것으로 보이는 사람들을 처벌하겠다는 일반적 욕망에 의해 더욱 선동되었을 것입니다. 다음 장에서, 저는 앨런 페이턴의 『울어라, 사랑하는 조국이여Cry, the Beloved Country』를 자세히 살펴보며 이러한 감정의 연쇄를 더욱 깊이 연구해보도록 하겠습니다.

'형벌'을 괄호 속에 넣는 것에 더해, 복지지향적으로 법을 사유하는 사람들은 '형사사법제도'라는 용어 또한 그 뜻을 의심하는 의미로 한동안 따옴표 안에 넣어두는 게 좋겠습니다. '형사사법제도'라는 말이 실제로 지칭하는 것은 만인, 즉 언젠가 범죄자가 될 수 있거나 현재 이미 범죄자가 되어버린 사람들을 포함한 모든 사람들을 위해 사회의 정의를 증진시키는 데 기여해야 할 일련의 제도 중 아주 작은 조각일 뿐이라는 점을 상기하기 위해서

말이죠.[27]

전통적인 '형벌'과 관련해 이야기를 이어보자면, 미래지향적 사법제도도 감금을 계속 활용할 수는 있습니다. 감금이 가해자들을 무력화시키고 범죄의 억제에도 기여할 수 있다면 말이죠. 그러나 사법제도는 감금이 단지 좀더 거칠어지고 긍정적인 삶의 목표라고는 전혀 없는 범죄자들을 길러낼 뿐이며, 그럼으로써 특수억제의 효과와 교화의 효과가 모두 약화되고, 이런 식으로 거칠어진 가해자들이 본인이 속한 공동체에서 발휘하는 영향력을 생각해보면 일반억제 효과마저도 더욱 떨어지게 되리라는 증거를 똑똑히 보아야 할 것입니다. 이런 문제에 답할 때는 교도소라는 제도를 훨씬 덜 사용하는 국가들의 경험을 진지하게 고민해봐야 합니다. 당연한 얘기지만, 비위생적이고 폭력적이며 수치스러운 조건에서만 끌어낼 수 있는 특별한 억제 효과가 있다고 생각할 이유는 전혀 없습니다. 이런 조건은 오히려 절망, 즉 범죄만이 유일한 미래라는 감각을 만들어내는 것으로 잘 알려져 있습니다. 뿐만 아니라 그 조건은 주체적 능력을 근원적으로 붕괴시킵니다. 동시에 가족과 공동체를 좀먹기도 하고요(그래서 일반억제 효과가 더욱 약화됩니다). 나아가, 더 큰 과업의 일부는 정치적 신뢰관계를 재건하고 지원하는 것인 만큼, 국가는 인간의 존엄성을 침해하는 형벌을 기꺼이 사용하겠다는 태도가 시민들 간의 신뢰와 상호존중에 어떤 영향을 끼치는지 고려해야만 합니다(이런 태도가 수정헌법 제8조*를 위반하지 않는 것으로 밝혀진다 하더라도 말입니다).

그러므로 '형벌의 정당화'와 관련된 케케묵은 논쟁은 지나치게 편협하면서도 엉성한 것으로 보입니다. 지나치게 편협하다고 하는 이유는 이 토론이

---

\* 과도한 보석금을 요구하거나, 과도한 벌금이 부과되어서는 안 되며, 잔혹하고 이례적인 형벌이 부과되어서도 안 된다.

다른 수많은 가능성을 심각하게 검토하는 대신 부당행위의 억제를 포함하여 부당행위에 대한 우리의 모든 대처 방식을 사후적 앙갚음의 일종으로 만들어버리기 때문입니다. 너무 엉성하다고 하는 이유는 사람들이 형벌이라는 이름하에 보통 이루어지는 일을 매력적으로 보는 까닭이 그걸 일종의 앙갚음으로 보기 때문인데, 앙갚음이라는 개념은 일반적 복지와 시민 사이의 신뢰 연대를 실제로 강화할 수 있는 조처의 진지한 고려를 가로막기 때문입니다.

그러나 이 지점에서 잠시 논의를 멈추어봐야겠습니다. 제가 앞에서 했던 주장만을 근거로 올바른 접근이란 미래지향적인 접근으로서 '비난 게임'[28]을 거부하는 것이라고 단순히 가정했을 뿐, 가장 강력한 응보주의적 주장을 제대로 반박하지 않았기 때문입니다. 저는 분노가 (인과응보라는 공상에 사로잡혀 있으므로) 비합리적이거나 상대적 지위에 지나치게 초점을 맞추고 있나는 근거로 분노에 반대하는 주장을 펼쳤습니다. 하지만 응보주의적 주장이 언제나 분노를 지지하거나 분노의 인지적 내용을 높이 평가함으로써 입지를 구축하는 건 아닙니다(사실 응보주의적 입장이 언제나 극도로 가혹한 형태의 처벌을 제안하는 것도 아니죠). 그러므로 저는 이 시점에서 지금까지의 제 주장이 좀 더 미묘한 형태의 응보주의와는 어떤 관계를 맺고 있는지 밝혀야 합니다. 이 주제에 대한 문헌은 엄청나게 많은데요. 이 책이 형벌에 관한 책은 아니므로 저는 이 토론에 기여한 가치 있는 주장들 중에서도 몇 가지는 생략하고 또 다른 주장들은 축약하면서, 대단히 선별적으로 논지를 전개해야만 합니다. 모든 독자들을 만족시킬 수 있을 거라는 기대는 하지 않습니다.[29]

지금까지의 제 주장은 렉스 탈리오니스, 그러니까 부당행위가 비슷한 형태의 고통으로 상쇄되거나 보상된다는 내용의 생각에 의존하는 모든 형태의 응보주의를 충분히 무력화시킬 수 있습니다. 앞서 밝혔듯 이런 인과응보의 공상은 합리적이지 않으니까요. 나아가, 사람들은 일상적인 상황에서 제가 했던 것과 같은 주장에 동의합니다. 우리는 지갑을 도둑맞았을 때의 알맞은 반응이 다른 사람의 지갑을 훔치는 것이라는 생각이나, 강간에 대한 알맞은 반응이 강간범을 데려다 강간당하게 하는 것이라는 생각은 절대로 하지 않습니다. 그런다고 좋을 게 뭐가 있겠습니까? 미국의 교도소 체제가 이와 관련된 공상(강간과 치욕적인 생활조건이 피해자들의 보복적 소망을 만족시킨다는 공상)을 토대로 작동한다고 해서 이런 생각이 조금이라도 합리적이게 되는 건 아닙니다. 부당행위는 이미 벌어졌고 취소될 수 없습니다. 과거가 미래에 겪을 끔찍한 고통에 의해 상쇄된다는 생각은 단지 전 우주적 균형이라는 기이한 형이상학에 따른 것일 뿐입니다.

하지만 그렇더라도 우리가 생각해보아야 할 좀 더 세련된 형태의 응보주의가 두 가지 더 남아 있습니다. 첫 번째는 허버트 모리스의 유명한 관점입니다.[30] 두 번째는 마이클 무어의 추상적 응보주의죠.[31] 둘 다 제가 지금껏 비판해왔던 '마법적 사고'의 유형에 의존하지 않는 것처럼 보입니다. 그러나 저는 이 두 가지 입장이 모두 궁극적으로는 바로 그 마법적 사고에 의거한다고 주장할 것입니다. 다른 문제가 있는 것은 물론이고요.

모리스에 따르면, 사회는 혜택과 부담으로 이루어진 체제로 유지됩니다. 형법을 위반한 자는 자기가 져야 할 몫의 부담을 거부하거나 가질 자격이 없는 혜택을 가로챔으로써, 혹은 그 둘 모두를 함으로써 체제에서 이탈합니다. 형벌이라는 제도는 가해자에게 그가 한 행위와 비례하는 장애를 부과함으로써 이러한 불균형을 시정합니다. 가해자가 자기에게 정당하게 주어진 것 이상의 자유를 주장했으므로 그의 자유는 이에 비례하게 제한되어야 한다는 거죠. 모리스는 더 나아가 사람들에게는 처벌을 받을 권리가 있다고 주장합니다. 왜냐하면 잘못을 처벌하는 방식으로 사람들을 대하는 체제는 그들을 어린애 취급하거나 그저 병자로만 취급하는 체제와는 반대로 그들을 이성적 행위자로서 존중하는 것이기 때문입니다.

일단은 모리스와 제가 동의하는 지점들을 열거하는 것으로 시작해봅시다. 사법체제는 부당행위를 부당행위라고 인정해야 합니다. 부당행위와 단순한 사고 혹은 한정 책임능력에 의한 사건을 구분하지 않겠다고 나오면 안 됩니다. 더욱이, 저는 모리스가 시발점으로 삼고 있는 사회와 범죄에 대한 기본적 그림의 몇 가지 측면에 동의할 준비가 되어 있습니다. 가질 자격이 없는 자유를 누렸다고 이야기하는 것이 강간이나 살인, 기타 등등의 행위가 왜 그른지 명백히 포착해내는 가장 좋은 방법이라는 주장은 의심스럽지만요. 이렇게 너무 추상적인 방식으로 생각하다보면 법이란 인간 삶의 다양하고 중요한 측면들을 보호하기 위해 존재한다는 감각을 놓칠 수 있습니다.[32] 인간의 복지를 강조하는 건 중요한 일입니다. 우리가 하려는 일의 주목적이 추상적 구조를 보존하는 게 아니라 인간을 잘살게 하려는 것이라면, 우리는 실제로 인간을 더욱 잘살게 하는 해법을 선택해야 하는 것으로 보이기 때문입니다. 그러면 당연히 복지주의적 방향으로 나아가게 되죠. 사회적 계약은 무언가에 **대한** 것이자, 그 무언가를 **위한** 것입니다. 그냥 동의를 하기 위해 동의를 한 게 아니에요.

더욱이 범죄자들은 다른 사람의 공간이나 자유를 빼앗아간 것이라는 모리스의 기본적 그림을 인정해준다 하더라도 이제는 그에 대한 올바른 반응이 정말 가해행위에 비례하여 범죄자의 자유를 축소시키는 것인지 질문해봐야 합니다. 물론 모리스의 설명에 따르면 중요한 것은 평등한 자유와 공평한 기회로 이루어진 체제를 수호하는 것입니다. 그렇다면 우리가 던져야 할 질문은 범죄자들을 어떻게 대했을 때 그 공평하고 균형 잡힌 체제가 더욱 발전하거나 유지될 가능성이 높으냐는 질문이어야 하지 않을까요? 실제로 중요한 게 무엇인지 따져보면, 가해행위에 비례하는 앙갚음이 가장 효율적인 반응이라고 생각해야 할 만한 이유는 전혀 없는 것으로 보입니다. 그럼 모리스가, 상상 가능한 다른 체제만큼 인간의 자유와 기회를 잘 보호하지도 못하는 체제를 선택하라고 촉구하는 이유는 뭘까요?

모리스의 시각이 붕괴하여 일종의 렉스 탈리오니스로 떨어지기 시작하는 지점이 바로 여기라고 저는 생각합니다. 피해를 갚아주겠다는 모리스의 생각은 표준적인 것보다 훨씬 더 미묘하고 상징적이지만, 여전히 인과응보에 대한 공상을 통해 사태를 파악합니다. 가해행위에 비례하는 앙갚음이 분별력 있는 해결책이라는 직관이 없으면 모리스는 사회적 계약을 유지할 때 그런 식의 앙갚음이 어떤 가치를 가지느냐는 질문, 그리고 보다 중요하게는 사회계약이 정말로 관계하고 있는 인간의 복지에 비추어 앙갚음에 어떤 가치가 있느냐는 질문을 우회할 수 없거든요. 4장에서 한 이야기를 다시 떠올려봅시다. 결혼은 일종의 계약입니다. 가끔은 한쪽이 계약을 위반하여, '가질 자격이 없는 자유'를 누리는 일이 벌어집니다. 인과응보의 공상은 이 사람의 자유를 그가 한 행위에 비례하게 감소시켜야 한다는 주장이 적절하다는 암시를 던집니다(예를 들면, 처벌적인 이혼 조정을 통해서 말이죠). 이는 모리스의 그림과 들어맞는 것처럼 보입니다. 그렇기는 하지만 정말로 중요한 것이 인간의 행복이라면 어떨까요? 실제로 결혼 계약 자체가 인간의 행복을 위한 것이잖아요. 이런 경우 처벌적인 소송이 적절한 전략인지는 아무래도 분명하지 않습니다. 중요한 문제가 만인을 위한 추상적 자유라는 이상적이고도 평등한 체제를 유지하는 것이라 하더라도 우리는 이혼 시의 처벌적인 앙갚음이 그 목적을 이루는지에 대해서는 질문해봐야 합니다. 우리의 행복 계산서에는 아이들까지 올라와 있으니 말이죠. 모리스가 처벌적인 (혹은 소송과 관련된) 고통을 범죄문제에 대한 응답이라고 보면서도 그 선택을 정당황할 필요가 없다고 느끼는 걸 보면, 그가 마법적 사고의 한 형태일 뿐 자신의 사회적 목표를 달성하기에는 딱히 좋은 방법이 아닌, 앙갚음과 비례성에 대한 강력한 직관에 의지하고 있음을 알 수 있다는 게 제 생각입니다. 더 나아가 모리스의 시각은 수많은 범죄자들이 가장 가혹한 상황에서 인생을 시작한다는 사실을 무시하게 만드는 것으로 보입니다. 이야말로 사회적 계약을 강화하려는 시도를 하는 사람이면 누구나 대단히 핵심적인 것으로 보아야 하는 사실인데도 말이죠.

모리스의 주장이 가지고 있는 또 다른 문제적 측면은 그 저변에 깔려 있는 인간에 대한 시각입니다. 모리스의 말을 듣고 있자면 사람들은 모두 도둑질하고 강간하고 살인을 저지르고 싶어 안달이 나 있는 것 같습니다. 이것이 바로 '더 큰 자유'가 주어지면 사람들이 하게 되는 일이라는 거예요. (모리스 본인은 분명히 그렇고, 그가 보기에는 대부분의 다른 사람들도) 이러한 '자유'를 상당한 이점으로 본다는 거죠.[33] 이런 시각은 인간적으로 기이하게 보입니다(그리고 저라면, 인간적 감정에 대해 쓴 모리스의 다른 수기에서 보이는 대단히 섬세한 이해와도 전혀 조화되지 않는다는 말을 덧붙이겠습니다). 괜찮은 사회의 법 체제가 사람들에 대해 전달하고 싶어 할 만한 메시지가 아닌 것도 분명하고요. 우리는 "(강간범과 살인자들의) 행동은 (중략) 내재적으로 바람직하고 합리적이며, 우리가 그에 반대하는 까닭은 오로지 모든 사람들이 그러한 행동을 할 경우 총체적으로 해롭기 때문일 뿐이다"라는 메시지를 전달하고 싶지 않으니까요.

모리스 자신의 주장에 따를 때조차 형벌에만 집중하는 모리스의 태도는 편향적이라는 이야기 또한 덧붙일 수 있습니다. 가해자에게 피해를 끼치는 것만 생각하고 교정이나 회복이라는 문제는 생각하지 않는다는 점에서 모리스는 권리를 침해당한 피해자를 완전히 무시합니다. 피해자에게 어떤 식으로든 분별 있게 초점을 맞춘다면 범죄의 억제에 대한 일반적·미래지향적 사고가 요구될 텐데 말이죠. 물론 형벌은 그 목적에 부합할 수도, 그렇지 않을 수도 있습니다. 하지만 모리스는 가해행위에 비례하는 형벌이 이런 법익을 제대로 실현한다고 생각할 만한 이유를 전혀 제공하지 않습니다. 간단히 말하면, 사회적 계약은 인간의 복지와 관련된 것이기에 모리스의 시각을 가지고 있는 사람이라면 누구에게나 주된 관심사가 되어야 합니다. 실제로 그렇지 않다는 사실은 제가 보기에 모리스의 사유가 얼마나 깊이 보복이라는 직관에 매달리고 있는지를 드러내는 것 같아요.

마이클 무어가 옹호한 극도로 추상적인 응보주의는 처음에 보면 다른 이야기로 보입니다. 무어는 조심스럽게 자신의 시각을 분노 감정에 기초한 시각과 구분합니다. 그는 또한 자신의 시각을 렉스 탈리오니스의 다른 모든 유형과도 구분하죠. 그의 관점에 따르면, 응보주의란 그저 도덕적 행위자로서의 자격*이 곧 형벌의 필요충분조건이라는 시각일 뿐입니다. 이에 따르면 형벌은 복지 혹은 인과의 방식으로 이해되지 않습니다. 이 시각은 대단히 드문 것인데다 어떤 종류의 인과관계와도 연결되어 있지 않기 때문에 정당화하기가 힘들며 무어도 이 점을 인정합니다. 그렇지만 무어는 매력적인 일련의 일반적 원칙으로부터 이 주장이 도출됨을 보이거나, 자신의 입장이 구체적 사례에 대한 우리의 판단을 가장 잘 설명한다는 점을 보이는 등 두 가지 방식으로 이 시각을 정당화할 수 있다고 피력합니다. 그는 모리스가 첫 번째 과정을 밟았다고 보면서 자기는 두 번째 길을 따르겠다고 이야기합니다.

이 지점에서 무어는 갑작스럽게 우리 모두가 호출할 수 있는, 감정적으로 만족스러운 앙갚음의 표준적 사례들로 물러섭니다. 역겹고도 끔찍한 범죄

---

* moral desert. 철학에서 보통 '정당한 자격'으로 번역하는 디저트desert는 좋든 나쁘든 어떤 것을 누릴 자격이 있는 상태를 의미한다.

를 저지른 살인범의 사형이 전면적이고 중심적인 예시가 되죠. 피해자의 친구는 기뻐 날뛰며 사형이 정확히 옳은 일이라고 느낍니다. 사형 반대 시위자들이 존재하거나 말거나 말입니다.[34] 제게는 무어의 이런 주장이 상당히 불만족스럽습니다. 복수란 많은 이들이 좋아하는 일이고, 인간의 본성에 깊이 뿌리박힌 직관과 일치한다는 점을 의심할 수 있는 사람은 아무도 없습니다. 하지만 우리에게는 그 이상의 무언가가 필요합니다. 그러한 직관과 충돌하는 다른 직관이 아니라 왜 그러한 직관이 믿음직스러운 것으로 여겨져야 하는지에 대한 전반적 설명이 필요하다는 거예요. 2장에서 이미 보였듯, 심지어 '남자다운 남자'를 상징하는 인물조차도 복지를 선택하여 복수를 삼가는 경우가 많습니다. 그리고 우리 모두에게는 보복적 직관은 물론 킹 목사의 방향으로 향해 가는 강력한 직관이 있으며, 이는 (의심의 여지 없이) 보복적 직관과 충돌을 일으킵니다. 그러므로 제가 보기에는 무어가 말하는 사례가 어떤 식으로든 좀 더 체계적이고 원칙적인 방식에 따라 제시되어야만 할 것 같습니다. 더 문제적인 것은 무어가 끔찍한 수사로 뒤덮인 신문의 묘사에 편승하는 방식으로 이 사례를 끌어들이고 거기에 의존한다는 점입니다. 무어 자신의 말을 빌리자면 문제의 신문기사는 "독자들의 눈에 핏발이 서도록 하기 위해 (기자가) 사용한 (중략) 사례"[35]입니다. 저야 전반적 원칙과 이론, 판단이라는 그물망의 일부로서만 직관에 의존해야 한다고 생각하지만, 정 직관에 의존해 무언가를 판단하고 싶다면 그 판단은 '깊이 생각한 후의 판단', 즉 어느 정도의 시험과 성찰을 거친 결과로서의 판단이 되어야지, 성찰을 우회할 목적에 최대한 맞게 설계된 판단이 되어서는 안 되는 게 분명합니다. 무어는 자신의 이론이 감정에 기반을 두고 있다는 점을 부인합니다만, 그 말은 그저 무어의 이론이 감정을 분출할 수 있는 능력에 따라 형벌을 정당화하는 표현적 이론이 아니라는 뜻일 뿐입니다. 그거야 사실이죠. 하지만 이론을 정당화하는 문제로 들어가보면 무어의 시각은 실제로 감정에 기반을 둔 것으로 보입니다. 그것도 우리가 비판적으로 검토하려는 바로 그 감정에 말이에요.

사실 저는 무어의 이론이 모순적일 가능성도 있다고 생각합니다. 무어는 자기가 주장하는 형태의 응보주의는 렉스 탈리오니스에 의존하지 않는다고 공언합니다. 하지만 이후 그는 아마 바로 그 응보주의에 의존하는 것으로 보이는 직관을 활용해 자기 입장을 정당화합니다. 최소한도로 생각해도 무어는 렉스 탈리오니스 혹은 제가 '마법적 사고'라고 부르는 것에 어느 수준에서든 의존하지 않는 일련의 신뢰할 만한 직관이 존재하며 그 직관이 자기 이론을 지지한다는 식으로 주장했어야 하는데, 그런 시도조차 하지 않았죠.

부당행위는 그 자체로 처벌의 대상이 되기에 충분하다는 무어의 추상적인 주장에 대해[36] 우리는 "왜요?"라고 물어보아야 하지 않을까요? 그에 대한 대답으로 무어는 우리에게 무언가 말해주어야 하지 않겠습니까? 무어는 자신의 시각이 가진 내재적 매력에 호소하면서 '왜'라는 질문을 피하려고 노력합니다만, 이 질문을 완전히 떨쳐버릴 수는 없는 게 분명해 보입니다. 어린아이가 잘못을 저지르면 우리는 결과도 생각하지 않고 그냥 처벌을 해버리는 식으로 반응하지 않습니다. 보통은 오히려 처벌이 일으킬 결과를 그 무엇보다도 많이 생각하죠. 우리는 도덕적이고 합리적인 어른이 될 아이를 원하며 그 목적을 합리적으로 겨냥하는 전략들을 선택합니다. 전문적인 이론을 찾고 어떤 처우가 가장 좋은 결과를 낳는지 알아내고자 노력하죠. 어떤 유형의 처벌이 유용한 것으로 증명된다면 그 처벌을 선택할지도 모르겠습니다. 하지만 그 이유는 그 처벌이 우리의 목표를 이루기 위한 좋은 방법이기 때문입니다. '그럴 만한 짓을 했으니까'라는 이유만으로 아이를 자기 방으로 보내놓고, 그게 성인으로서의 미덕을 함양하기 위한 좋은 방법인지에 대해서는 아무 말도 하지 못하는 부모는 제가 딱히 선호하는 부모는 아니에요. 스포크 박사* 이후로 아이들에 대한 처벌의 영역에서 일어난 혁명은 임상적·경험적 자료를 토대로 한 것입니다. 가혹한 처벌에는 성과가 없습니다. 어떤 방법이 통하는지에 대해서는 신경을 쓰지 않은 채 부당한 행위만으로도 처벌의 충분조건이 된다고 마냥 생각했다면 부모들은 이런 자료에도 관심을 기울이지 않았을 것이고 변화도 일어나지 않았을 것입니다. 효과 있는 방법이 무엇인지 생각했던 부모들이 틀렸다는 게 무어의 생각일까요? (물론 저는 가혹한 처벌이 실제로 효과가 있다 하더라도 그런 방법을 써서는 안 된다고 생각하지만, 최소한 그 지점에 이르면 진짜 토론이라 할 만한 걸 할 수 있을 겁니다.)

무어는 아이들은 완전히 이성적인 존재가 아니며 따라서 전적으로 책임이 있는 도덕적 행위자가 아니라는 근거를 들며 위의 사례를 거부할 것이 분명합니다. 저는 이 주장에 회의적이에요. 나이가 좀 있는 아이들이나 성년 초기의 자녀들에 대해 생각할 때면 더 그렇죠. 또한 저는 이미 4장에서 보복은 성년 자녀를 대하는 좋은 방법이 아니라고 주장했습니다. 하지만 무어에게도 공평한 기회를 주기 위해, 성년 자녀가 아니라 타인에게 부당행위를 했으나 나와는 지속적 관계를 유지하고 있는 친구에 대해 생각해봅시다. (무어는 도덕적 행위자로서의 자격이 보복의 충분조건이라고 생각했다는 점을 기억해두십시오.) 당연한 일이지만, 제가 4장에서 주장했듯, 도덕적 행위자로서의 자격만을 근거로 삼아 처벌을 급격히 증가시키는 방법은 문제가 없는 전략도, 뚜렷한 전략도 아니죠. 제가 보기에, 관심의 상당부분을 미래에 집

---

\* 벤자민 스포크는 미국의 소아과의사로, 1946년 『스포크 박사의 어린이 돌보기』Dr. Spock's Baby and Child Care』라는 베스트셀러를 펴냈다. 소아과의사로서는 최초로 아이들의 욕구와 가족 내 역학을 정신분석학적으로 연구했으며, 부모가 자녀에게 좀 더 유연하고 애정 어린 태도를 보이는 게 좋다는 입장을 취한다.

중시키지 않은 채 그런 상황을 오직 과거지향적 비난만으로 다루는 사람은 외롭고 불행한 삶을 살아갈 가능성이 높습니다. 인간관계에서는 일반적으로, 미래를 생각하지 않을 경우 언제나 잘못을 저지르게 됩니다. 우리가 바꿀 수 있는 유일한 것이 미래이고, 미래만이 사실상 우리가 가지고 있는 유일한 삶이니까요.

대체적으로, 저는 정당화를 시도하는 모리스의 전반적 접근을 훨씬 더 좋아합니다. 이번 경우에 모리스식 접근이 성공한다고는 생각하지 않지만, 적어도 모리스의 접근은 매력적인 근거로 뒷받침되는 원칙에 근거하고 있으니까요. 무어의 벌거벗은 응보주의는 어떤 강력한 감정에 붙들려 있는 것으로 보이지만, 우리는 바로 그 감정의 합리성과 유용성에 의문을 제기하는 중입니다.

'경계선상의 응보주의'라고 부를 수 있을, 응보주의에 대한 토론에 좀 더 미묘하게 끼어드는 두 가지 사례를 숙고해보면 이해하는 데 도움이 됩니다. R. A. 더프와 댄 마켈의 사례인데요.[37] 더프에 따르면 "형사처벌은 응보주의의 핵심적 개념에서 의미를 얻으며, 형사처벌을 규범적으로 정당화하는 핵심적 근거는 처벌을 통해 획득할 가능성이 있는 미래의 조건부 혜택이 아니라 형사처벌이 부과된 과거 범죄와의 관계(3)"입니다. 제 주장에 비추어보면 출발점부터 틀린 것이죠. 범죄에 대처하는 다른 전략들을 배제한 채 오직 처벌에만 집중하기 때문에도 그렇고, 미래에 초점을 맞추는 것 자체를 전적으로 거부하기 때문에도 그렇습니다. 그렇지만 더프가 생각하는 과거지향적 초점의 속성이 정교하게 밝혀지면서부터 이 주장의 매력적인 특징이 드러납니다. 중요한 건 '해명의 요구'이며, 이 요구가 중요한 까닭은 정치적입니다. 즉 사법제도가 핵심적인 정치적 가치를 표현해야 한다는 거죠. 저는 이 모든 내용에 동의할 수 있으며, 딱 이 지점까지는 과거에 초점을 맞추는 것이 중요하다는 이야기도 이미 했습니다. 과거의 진실이 공적公的으로 인정받는 것은 정당하고도 중요한 일입니다. 가능성들은 그 자체로 선이므로, 모든 사람을 위하여 가능성들을 보호하려는 목표를 가진 사회는 이에 대한 침해가 발생했을 때 관심을 기울여야 합니다. 사회복지에 대한 본질적인 피해가 발생했으니까요. 하지만 대부분 그런 관심을 두는 이유는 미래지향적입니다. 우리는 가능성들이 보호되는 사회를 건설하고 싶기에 그 길로 나아갈 때 발생하는 문제점에 유념하는 것입니다. 게다가 저는 품위 있는 사회가 시민들 사이에 신뢰 연대 및 그와 관련된 도덕적 정서를 만들어내야 한다고도 주장했습니다. 정치적 원칙이 단지 종이에 적힌 단어로 전락하여, 특정 가능성의 중요성을 문자로만 주장할 뿐 실제로는 그 가능성이 침해되더라도 가볍게만 대처한다면 시민들은 정치적 제도를 신뢰하지 않을 것이라고도 했고요.

문제의 논문에서 더프는 이 '해명의 요구'가 사회적으로 중요한 이유를 밝히지 않습니다. 하지만 이보다 먼저 나온 저작인 『처벌, 의사소통, 공동체 Punishment, Communication, and Community』에서는 제가 방금 이야기한 것과 대단히 유사한 이야기를 하죠. 법이 하는 말에 진정성이 있다면, "법은 그런 부당행위에 참여하는 사람들을 견책하는 데에 몰두해야 한다"[38]는 것입니다. 아무 말도 하지 않고 가만히 있으면 법 자신이 천명하는 가치에의 헌신을 번복하는 셈이 됩니다. 더프가 여기에서 명백하게 신뢰문제를 끌고 들어오는 것은 아니지만 신뢰가 큰 그림의 일부인 것만은 분명합니다. (하지만 그 경우 더프의 제안은 공식적으로는 미래지향성을 거부하지만 제안의 정당성은 그와 같은 미래지향적 요소에서 얻고 있다는 점에서 모순이 됩니다.) 민법이 피해에 초점을 맞추고 있는 반면 형법은 부당행위에 초점을 맞추고 있다고 주장하는 점에서도 더프는 옳은 것으로 보입니다. 저도 동의합니다. 그리고 저는 또한 형법은 그 자신을 도덕적 법칙의 대리자로 보아서는 안 된다는 더프의 주장도 환영합니다. 그와 같은 도덕주의적 시각은 다원주의적·자유주의적 사회의 법에는 적절하지 않습니다(14). 하지만 이 모든 전도유망한 움직임들은 더프가 갑자기 경로를 이탈하여, "응보주의의 핵심적 이념은 죄를 저지른 사람이라면 마땅히 (무언가) 고통을 겪어야 한다는 것이며 형법의 적절한 목표는 그 사람들을 그러한 고통에 처하도록 만드는 것(16)"이라고 천명하면서 약화되는 것으로 보입니다. 여기에서 더프는 좀 전에 거부했던 도덕주의를 포용하는 것으로 보이며 앞서 응보주의의 핵심에 대해 논의를 시작했을 때와는 상당히 다른 시각을 지지합니다(이러한 시각은 우리에게 훨씬 더 친숙하며, '경계선'과는 더 먼 곳에 있는 시각입니다). 그렇지만 더프가 묘사한 것 같은 '해명의 요구'는, 그가 무어라 말하든 사실 상당히 미래지향적이며 교화지향적입니다. "부담스러운 형벌을 부과함으로써 우리가 기대하는 바는 가해자가 사회의 메시지를 무시하는 걸 더욱 어렵게 만들고, 그가 자신이 저지른 행위에 계속해서 관심을 집중시키도록 하며, 자신의 잘못을 정면으로 마주하고 그 잘못의 반복을 피하기 위해서는 무엇을 해야 하는지 직면할 수 있는 구조를 제공하는 것(17)"이라고 하니까요. 중요한 주석에서(45 p.n. 21) 더프는 또 한 번 처벌의 목적은 "범죄자의 미래 행위에 영향을 끼치기 위해서"라고 주장합니다.

그렇다면 모든 것을 감안했을 때 더프의 제안은 장래성 있는 요소들을 갖추고 있으나 이 이론을 응보주의적 전통 안에 똑바로 위치지으려는 일련의 시도 속에서 그 요소들을 경시하게 된 것입니다.

마켈은 기본적으로 더프의 마지막 발췌문에 담겨 있는 것과 같은 시각을 가지고 있습니다. 마켈이 선호하는 보복주의는 가해자와의 '대면'입니다. 마켈이 말하는 대면은 의사소통에 중점을 두어야지 고통에 중점을 두어서는 안 되며, 그 목표는 가해자의 미래 행실에 영향을 끼치는 것이어야 하고, 그 초점은 가해자가 저지른 부당행위에 맞추어져야지 그 사람 자체에 맞추어져서는 안 됩니다. 더프처럼 마켈도 이러한 처벌의 개념은 정치적이며 종합적인 윤리적·형이상학적 원칙의 일부가 아니라고 강조합니다. 그러므로 마켈은 형이상학적 균형이나 전 우주적 조화와 같은 개념에 의존하는 모든 시각을 명시적으로 포기합니다. 하지만 그는 처벌이 가해행위의 심각성에 '비례해야' 한다고 주장합니다. 겉보기에 그 까닭은, 오직 그런 식으로 신중하게 조율한 가혹함의 강도만이 인지된 가해행위의 중요성을 정확하게 전달한다고 생각하기 때문인 것 같습니다.

제가 보기에 마켈은 가해자의 교화에 초점을 두는 미래지향적 이론을 선택함으로써 사실상 응보주의를 거의 버린 것이나 다름없습니다.[39] 그것이 마켈의 목표라면, 그는 분명 지금 겉으로 보이는 것보다 훨씬 더 깊은 관심을 경험주의적 자료에 기울여야 할 것입니다. 형벌이 실제로 범죄의 인정과 교화를 이끌어내는지, 아니면 좀 더 거칠어진 가해자들을 만들어낼 뿐인지에 대해서 말이죠. 여전히 처벌의 일종으로 존재하는 체제가 교화에 유용한 메시지를 전달할 장치를 과연 어떻게 고안해낼 수 있겠습니까? (이것은 브레이스웨이트가 던진 질문입니다. 저는 마켈이 실제로 브레이스웨이트주의자가 되어야 한다고 생각하고요.) 범법자가 범법행위를 반복할지 여부와 관련되어 있는 수많은 다른 변수들이 있지 않은가요? 예를 들면, 기술 교육이나 고용 기회, 교육 같은 것들 말입니다. 어느 대목에서인가 마켈은 마약이나 알코올 중독 치료에 보조금을 지원하고 기술을 교육하는 방법이 범죄를 줄일 수도 있다는 점을 실제로 지적합니다만(59), 이러한 프로그램과 처벌의 차이는 이런 프로그램은 이미 범법행위를 저지른 사람만이 아니라 모든 사람들에게 열려 있다는 점이라고 말합니다(59). 그렇지만 전통적 형벌이 우리가 고안할 수 있는, 범법자들에게만 특별히 적용할 수 있는 유일한 프로그램인지는 전혀 명료하지 않습니다(어쩌면 범법자들에게는 브레이스웨이트가 개연성 있게 주장하듯 특별한 유형의 상담과 치료가 필요한 걸지도 모릅니다). 또한 특정한 종류의 프로그램이 모든 사람들에게 좋다는 이유만으로, 그 방법이 범법자를 다루는 최선의 방식이 될 수 없음을 보여주는지도 분명치 않죠. 그러므로 범법자를 교화시키는 가장 효과적인 방법이 '비례적인 가혹함'을 보여주도록 조율된 처벌을 통하는 것이라고 주장할 때 마켈은 그저 추측을 하고 있는 것에 지나지 않습니다. 제가 보기에는 타당해 보이지 않는 추측이죠. 처벌이 정말로 이렇게 이루어진다면 피해자가 발생하지 않는, 마약관련법 위반 등의 범죄에 대한 지나친 가혹함을 보여주는 것보다야 상황이 분명 나아지겠지만요.

더프와 마켈의 제안은 모두 자신을 미묘한 응보주의의 한 형태로 제시하는데, 여기에서 유달리 흥미로운 부분은 부인할 수 없는 미래의 인력引力입니다. 제가 거부했던 우주적 균형 따위의 사고를 하기보다, 이 두 이론가는 의사소통과 교화 쪽으로 눈을 돌립니다. 그러는 내내 자기들이 응보주의 진영에 속한다는 입장을 견지하죠.

'표현적 응보주의'라는 이름이 붙은 일군의 시각에도 이와 상당히 유사한 말을 할 수 있습니다. 워낙 복잡한 시각이기에 저는 독립적으로 다루었지만 더프는 보통 이 계열에 속하는 선구적 전형으로 간주됩니다. 표현적 응보주의는 특정한 범죄는 공적으로 인정해야만 할 정도로 심각한 잘못이라는 주장을, 굳이 따지자면 '말은 값이 싸다(talk is cheap)'는 식의 주장, 즉 오직 가혹한 대처만이 그 범죄에 대한 사회의 극도로 부정적인 평가를 표현하고, 같은 이유로, 사회가 인간의 생명과 안전에 두는 무게를 표현할 수 있다는 주장을 결합한 것입니다.[40] 첫 번째 주장에 대해서는 이미 동의했으며,

다른 복지주의의 유형은 어떨지 모르나 제 나름대로 해석한 존 스튜어트 밀의 결과주의는 첫 번째 주장을 인정합니다. 하지만 이 주장을 순전히 과거 지향적인 것으로 읽어서는 안 됩니다. 이때의 논의는 사회가 전력을 다해 미래지향적인 방식으로 보호해야 하는 것들입니다. '과거에 발생한 이 일은 대단히 나쁜 것이다'라는 말은 그냥 쉽게 하는 말이 아니라, 앞으로도 인간의 생명과 안전을 보호하겠다는 결심과 헌신을 강화하는 의미가 있습니다. 그러므로 이 주장은 부분적으로 과거지향적일 수 있으나 최소한 부분적으로는 미래지향적입니다.

그렇다면 오직 가혹한 대처만이 사회가 내린 부정적 평가의 심각성을 적절하게 표현할 수 있다는 주장에도 미래지향적 측면에서 경험적 평가를 해봐야겠죠. 폭력적인 범법자들을 그냥 놓아주는 것은 인간의 생명을 보호하는 좋은 전략이 아닐 가능성이 대단히 높습니다. 우리 모두 그 점에는 동의할 수 있지요. 그러나 한 가지 분명한 건, 범죄라는 문제를 사회가 심각하게 받아들이고 있음을 보여주는 가장 좋은 수단은 경험적 연구에 따라 인간의 생명을 보호하는 데 가장 좋은 전략이라고 증명된 방법들을 사용하는 길이라는 겁니다. 비례성이라는 공상에 뛰어든다는 건 그만큼 문제를 심각하게 고민하고 있지 않다는 얘기죠. 사실, 제가 보기에는 이런 태도야말로 '싸구려 말잔치'입니다. 그러지 말고 이 문제를 실제로 깊이 연구해보고 어떤 방법이 통하는지를 살펴봅시다. 그리고 물론, 앞서 했던 주장으로 돌아와보면, 이 얘기는 처벌의 **사후적** 억제 효과만을 생각한다는 뜻이 아닙니다. 교육과 영양공급, 기타 **사전적** 전략에도 돈을 쓴다는 뜻이죠. 수많은 사람들이 범법행위를 하도록 타고났으며 오직 무언가 극도로 불쾌한 것에 대한 두려움을 느낄 때에만 억제된다는 생각은 흔하지만 도무지 설득력이 없습니다. 오직 진지한 사회적 투자만이 사회가 범죄를 심각하게 받아들인다는 점을 보여줍니다. 그런 사회는 사람들을 그냥 잔혹하고 저급한 생활조건에 던져넣는 대신 실제로 진전을 이루는 데 기여할 수 있는 분야에 돈을 쓸 정도로 범죄를 심각하게 받아들이는 거예요. 우리는 이를 사회적 복지지출에 관한 표현적 이론이라고 부를 수 있을 겁니다.[41]

사실, (응보주의의 한 형태로 제시되지 않는) 표현주의 이론의 가장 뛰어난 설명 중 하나를 꼽자면 진 햄프턴의 '처벌에 관한 도덕적 교육 이론'을 들 수 있을 텐데요. 이 이론은 사회복지의 증진이 처벌을 정당화하는 대단히 중요한 부분이라고 주장합니다. 그런 다음 진 햄프턴은 처벌이 수행하는 기능의 중요한 부분은 "부당행위를 한 사람과 공중公衆 모두에게 범법행위를 하지 않기로 **선택해야 하는** 도덕적 이유를 가르치는"[42] 방식이라고 덧붙입니다. 그러므로 햄프턴은 부당행위의 공적 인정에 대한 저의 강조와, 미래지향적 범법자 교화의 법익을 결합시킨다고 할 수 있겠습니다. 햄프턴은 이 목표를 추구하는 최선의 방법이 무엇인지를 다룬 경험적 증거에도 열려 있는 것으로 보입니다.[43]

정치적 가치의 공적 표현은 그러한 가치들이 일반적으로 인정되지 않고 있을 때에 특히 중요합니다. 그러므로 직장 성희롱에서부터 은행사기에 이르는 다양한 사건에서는, 그런 행위가 보여주는 무시나 오만함이 심하면 심할수록 우리가 이 행위를 대단히 부당한 것으로 받아들인다는 사실을 확인해주는 공적 진술이 더욱 중요해집니다. 이러한 맥락에서라면 문제의 행위에 불쾌한 벌칙을 부과하는 것이 특수억제 효과는 물론이거니와 특히 일반억제 효과를 낳는 필수적 방법일 수 있습니다. '버르장머리를 고쳐준다'는 생각은 이런 사건에서 정말로 매력적이며 합리적인 기대이기도 합니다. 보다 중요한 것은, 이러한 벌칙이 과거에는 별 생각 없이 승인되었을지 모르는 행위에 관해 사회를 교육시킨다는 것입니다. 그러나 심지어는 그런 상황에서조차 사람들은 기회만 생기면 나쁜 일을 저지르기 위해 혈안이 되어 있으며 오직 공포를 통해서만 억제된다는 식으로 생각해서는 안 됩니다. 성희롱의 경우를 보면, 교육과 공개토론이 이 행위의 유해성을 명백하게 만드는 데 엄청난 역할을 수행했습니다. 이런 교육을 추구하지 않으면서 오직 벌칙만을 추구하는 것은 피해를 야기한 엘리베이터 시공자를 벌하되 엘리베이터를 사전적으로 규제하는 방안은 무시하는 것만큼이나 어리석은 짓입니다.

이제는 '형벌' 토론의 이면을 돌아보도록 합시다. 소크라테스는 국가란 결코 잘못을 저질러서는 안 된다고 주장했습니다. 아무리 인간적이고 미래지향적인 방식으로라도 사람들을 처벌할 경우, 그 형벌은 사람들에게 가해진 부당행위가 아니라고 말할 수 있는 근거가 있나요? 분명 "뭐, 자업자득이지요"라고 말하는 것만으로는 충분하지 않습니다. 우리는 앙갚음이라는 생각을 거부했으니까요. 그리고 "사회복지에 따르면, 우리는 우리 목표를 이루기 위해 X를 이용해야 합니다"라고 말하는 것만으로도 충분하지 않습니다. 법의 원칙에 따르면 우리는 인간의 존엄성을 평등하게 존중해야 하며, 누군가를 단순히 수단으로 이용하는 것은 그 생각에 위배되는 것임을 이미 지적했죠. 교화주의자들은 분명 이러한 반대를 밀어붙일 것입니다.

형벌에 대한 결과주의적 이론(이런 이론은 가혹하거나 모욕적인 처벌, 혹은 결백한 사람의 처벌을 정당화할 수 있습니다)은 몇 가지 익숙한 방법으로 비판의 대상이 되는데요. 이런 비판 중 일부는 제가 옹호하는 형태의 결과주의가 가장 근원적인 '결과' 중 하나로 인간 존엄성과 비-모욕의 보호를 포함하고 있다는 점을 지적하는 순간 사라집니다. 이런 '결과'야말로 정의에 근거한 시민자격 부여를 구현하니까요.[44] 그리하여 인간 존엄성이나 비-모욕은 증진시켜야 할 결과의 중심적인 요소 중 하나가 됩니다. (정치적) 신뢰와 평등한 존중을 표현하는 정치적 연대도 마찬가지죠.[45] 벤담은 이러한 질문과 씨름하느라 힘든 시간을 보냈습니다. 가혹한 처벌이나 결백한 사람의 처벌을 통해서는 공리가 증진되지 않는다는 점을 증명하려고 용감하게 싸웠지만요. (제가 보기에는 밀에 더 가까운) 제 시각은 이 문제를 애초부터 문제가 아니게 만듭니다. 공리주의적 시각이 부당행위의 인정을 위한 공간을 거의 남겨두지 않는다는 느낌 역시 제 설명에 따르면 사라집니다. 제 설명에서는 과실의 인정이 중요하니까요(하지만 저는 '도덕적 자격'이라는 말은 사용하지 않겠습니다. 과실이 있을 때 그에 대한 적절한 반응이 정확히 어떤 조처인지에 대해서는 의문의 여지가 남아 있으니까요).

잘못에 대한 진정한 인정은 그 자체로 가치가 있는 것일까요, 아니면 그저 도구적으로만 가치가 있는 것일까요? 저와 같은 입장은 양쪽 어디로든 갈 수 있습니다. 저는 가장 중요한 문제는 도구적인 것이라고 생각하고 싶어요. 진실을 중요하게 취급하는 체제는 그렇지 않은 체제에 비해 인간성을 더욱 잘 보호하게 됩니다. 무엇보다도, 진실은 복지를 보호하고 시민 상호 간, 또 시민과 정부 간의 신뢰를 증진시키죠. 혁명적 정의를 따질 때는 신뢰가 중심적인 문제인데, 이는 진실위원회의 역할과도 관계되어 있으므로 여기에서는 더 이상 다루지 않고 7장에서 논의를 이어가도록 하겠습니다.

그리하여 사회복지에 관한 제 설명은, 정부에서 실시하는 모든 형태의 강제집행에 대하여 대단히 까다로운 제약조건을 만족시킬 것을 요구하게 됩니다. 정부에 의한 강제집행은 평등한 존엄성 및 비-모욕과 양립 가능해야 하며, 부당행위의 심각성에 대한 공적 인정을 동반해야 하고, 합리적으로 사회의 복지를 증진시키고자 하는 목적으로 세운 복잡한 계획의 일부로서만 관계자들에게 정당화되어야 합니다. 교화라는 목표는 강제집행의 활용을 정당화하는 데 도움을 주는 경우가 많습니다. 하지만 가해자에게 이렇게 말하는 것도 허용 가능한 일입니다. "우리는 당신도 일부로 속해 있는 사회의 선을 진작하기 위해, 즉 공공의 복지를 위해 당신의 자유를 한시적으로 제거합니다." 제가 보기에는 금고형이 정말로 인간적이고 인간을 존중하는 것이라면, 그러니까 혐오스럽거나 폭력적이거나 기본적인 존엄성을 침해하는 것이 아니라면, 벌금이나 지역 봉사활동을 정당화하는 것보다 금고형을 정당화하는 게 더 어렵지도 않을 것입니다. 실은, 세금이나 징병을 정당화하는 것만큼도 어렵지 않겠지요. 이러한 의무들은 만인의 복지를 위해 많은 사람들이 지불하는 그리 유쾌하지 않은 비용입니다. 공리주의에 반대하는 사람들도 보통은 세금이 사람들을 사회복지의 단순한 수단으로 활용하는 것이라는 주장을 펴지는 않습니다. 흔치 않은 극단적 형태의 자유의지론을 옹호하지 않는 한 말이죠. 품위 있는 사회는 사람들이 일반적 복지에 필요한 기여를 하게 만들고자 강제집행을 실시할 자격이 있으며, (예를 들어 벌금이 아니라) 금고형이라는 이 특별한 제비를 당신에게 뽑아준 까닭은 당신이 위험한 형태의 부당행위를 저질렀기 때문이라는 말도 분명 할 수 있습니다.[46] 이것이 응보주의라면, 그런 응보주의는 최대한으로 활용토록 합시다. 하지만 물론 이때 걸려 있는 국가의 법익은 범법자의 무력화와 억제이지, 특정한 범법행위에 비례하는 앙갚음으로서의 금고형을 통해 이루는 무슨 우주적 조화가 아닙니다. 이는 절대로 우리는 당신이 대가를 치르도록 만드는 것이라거나, 당신은 당신이 당해 마땅한 일을 당하고 있는 것이라거나, 당신의 고통은 당신이 저지른 피해를 상쇄시키는 것이라거나 혹은 그에 비례하는 것이라거나 혹은 그 피해를 속죄하는 것이라고 말하지 않습니다. 이러한 주장들은 제가 사는 나라에서는 피하는 것입니다만, 모든 응보주의, 심지어 앙심이 어려 있지 않은 응보주의에도 특징적으로 나타난다고 보아야 옳습니다.[47] 한편 우리는 특정 처벌을 할당하는 이유를 근본적 정치 원칙에 대한 헌신을 천명하기 위해서라고 이야기할 수도 있을 것입니다. 이는 동시에 모든 시민의 평등한 존엄성이 가지는 중요성을 인정하는 것이기도 하죠. 이러한 표명은 범죄문제에 대해 우리가 하는 일이 오직 처벌뿐일 경우 싸구려 말잔치에 지나지 않습니다. 하지만 제가 상상하는 국가는 다양한 지적 전략들을 추구할 것입니다.

## 4. 비-분노와 형법

범죄가 일어나고 이를 처리하는 형사사법제도가 등판했다면, 우리는 사회의 개선을 위한 가장 중대한 기회를 이미 놓친 것입니다. 형법제도와 '처벌'은 만일의 사태를 대비한 수단이며, 예방과 억제를 위한 다른 전략들이 어느 정도 실패했음을 인정할 때에나 의지하는 방법입니다. 사회문제가 발생했을 때 형법에만 의존하면서도 편안함을 느낄 수 있는 경우는 오직 특정한 사람이나 집단은 악한 성품을 타고나 악한 짓을 하게 되어 있다는 확신을 품을 때뿐입니다. 사실 7장에서 우리는 악할 만큼 악하게 보이는 사람들, 예를 들면 아파르트헤이트라는 악한 체제를 관리했던 아프리카너들에게도 선한 일을 할 수 있는 능력이 분명 있으며, 준엄하게 책임만 추궁하기보다는 조금 다른 정신을 가지고 접근하면 그들도 협력적이고 생산적인 시민이 될 수 있다는 사실을 살펴보게 될 겁니다. 정말이지 형법에 대한 우리의 생각에는 불편감이 스며들어야 합니다.

이 지점을 지나면서 저는 벤담의 『도덕과 입법의 원리 서설』을 겨누는 것과 같은 비판에 취약해질 수밖에 없습니다. 정부가 (교육, 영양공급, 사회안전, 비-차별 및 그 외에도 많은 것들을 포함해) 활용 가능한 모든 장치들을 동원함으로써 범죄예방을 고민하기보다, 단순히 현행 그대로의 '형사사법제도'가 가진 몇몇 측면에 대해서만 이야기할 테니까요. (제 생각이 민법에는 어떤 함의를 갖는지조차 이야기하지 않는다는 점에도 주목하십시오. 아무런 함의가 없기 때문이 아니라, 그 분야에 대한 제 법적 지식이 충분하지 않기 때문입니다.) 지금 필요한 완전한 탐구는 그 양도 어마어마하게 많고 다양한 분야에 걸쳐 있으며 전후 사정이 모두 있는 것들입니다. 제 설명은 바로 그보다 넓은 범위의 탐구가 필요하다는 점을 지적합니다. 하지만 동시에, 이 주제에 관한 한 가지 협소한 분야에서는 제 연구가 현존하는 제도에 관한 함의를 제공하기도 하지요. 이때의 함의는 혼종적이며, 오직 몇 가지 문제만이 여기에서 다루어질 것입니다. 이 이론이 무엇을 제공해줄 수 있는지 대표적 의미를 제시하도록 말입니다.

## 4.1. 형사재판에서 피해자가 하는 역할: 피해결과 진술

현대의 재판에서, 범죄자에 대한 분노는 잘 조직된 제도를 통해 적개심이 분출될 수 있어야 한다는 요구로 이어졌습니다. 5절에서 다루겠지만, 형법은 선고 단계에서 유죄판결을 받은 범죄자의 인생을 공감 어린 각도에서 전체적으로 생각해볼 제도화된 기회를 제공하는데, 이 기회는 형량의 경감으로 이어질 수도 있습니다. 그러니까 공감은 법정에서 표출될 때를 만날 수 있는 것이죠(혹은 그렇다고들 하지요). 그렇다면 분노에도 같은 기회가 주어지면 안 될까요?[48] 많은 피해자 및 피해자 측 변호인들은 분노에도 기회가 주어져야 한다는 입장을 고수합니다. 피해자에게도, 더 흔한 경우 피해자의 가족에게도 법정에 출두해 범죄로 인해 치러야만 했던 대가를 표현할 권리가 있다고 주장하는 것이죠. 보통 이런 요구는 살인사건에서 일어납니다. 피해자가 아직 존재하고 있으면, 범죄행위로 인해 치러야 했던 대가에 대한 증언이 어떤 식으로든 재판에서 인정되는 경우가 많기 때문일 겁니다. 그러므로 이때의 문제는, 실제의 범죄나 그로 인한 실제적 피해자와는 무관해 보이는 증언을, 친구나 가족도 고통을 겪는 만큼 선고 과정에 영향을 줄 수 있어야 한다는 근거로 인정해야 하는지 여부입니다. 이런 증언은 분노의 폭발에 가까워지기 마련입니다. 제게 이런 제안이 곤혹스럽게 생각된다는 것도 놀랍지 않죠. 퓨리들을 갱생의 의지가 없는 형태로 법정으로 끌어들인다는 생각은 제가 제안한 에우메니데스적 정신 전체가 반대하는 바로 그것이니까요. 퓨리들은 국가에 들어올 때에는 공동체 전체의 복지를 생각하는 미래지향적 여신으로 변신해야만 합니다.

피해결과 진술Victim Impact Statements이라는 이 절차는 사적 기소라는 아테네의 관습과 지나칠 만큼 비슷하다는 이야기도 할 수 있습니다. 아테네에서도 피해자들의 목소리가 공평한 법적 제도의 일부를 차지했죠. 피해결과 진술에서는 피해자들이 법을 대체하지는 않으나 분명 법을 왜곡시킵니다.

유죄판결과 관련되어 있는 모든 요소가 재판에서 이미 제시되었다는 점에 주목하십시오. O가 이미 유죄판결을 받았다면 그가 저지른 부당행위는 이미 인정된 것입니다. 게다가 가해행위의 수준을 설정할 때 피해자에게 가해진 부당행위가 피해자와 공동체의 나머지 사람들에게 끼치는 영향도 이미 고려되었으므로, 피해결과 진술은 아무 관련이 없거나, 관련이 있더라도 불필요한 것이며, 단지 보복 감정을 자극하는 데에 쓸모가 있을 뿐입니다. 억제 효과와 일반적 복지에 관해서도 이야기해보죠. 피해결과 진술이 그런 결과를 어떻게 성취할 수 있는지, 혹은 피해자들이 추구하는 게 바로 그 결과인지는 아무래도 불분명합니다. 피해자들의 목표는 분노를 표현하고 좀 더 무거운 보복적 처벌을 확실히 얻어내는 것입니다. 그러므로 이러한 요구에는 보복적 진술에서 발견되는 모든 문제가 담겨 있으며, 분노의 불합리성 역시 계속 진행 중입니다. 공적으로 분노를 표현하고 가해자에게 더 무거운 판결을 끌어내는 것은 죽은 사람을 살려내거나 유족들의 더 나은 미래를 만들어내는 데에 아무런 소용이 없습니다. 사실, 형사사법제도와 얽히는 시간이 더욱 길어지고 이에 대한 집착을 부추김으로써, 피해결과 진술은 많은 경우 미래를 더욱 악화시킵니다.

이제 우리는 두 가지 추가적인 문제를 소개해야 합니다. 첫 번째 문제는 살인의 피해자 모두에게 슬퍼하는 가족이 있는 건 아니라는 점입니다. 에우튀프론의 아버지가 죽인 하인처럼, 어떤 살인사건의 피해자에게는 자기편을 들어줄 사람들이 없을 수도 있습니다. 그러므로 유족들이 요구하는 것은 P나 Q라는 가해자에게는 영향을 주지 않으면서 O라는 가해자에게 내려질 판결에만 영향을 미칠 기회입니다. 자기들이 그 자리에 와 있고 화가 나 있다는 이유만으로 말이죠. 이것은 그다지 설득력 있는 이유로 보이지 않습니다. 범죄는 범죄이고, 비슷한 범죄는 비슷한 취급을 받아야 합니다. 누구에게서도 사랑받지 못하는 외로운 사람이라도, 자녀의 사랑을 받는 아버지나 어머니와 동등한 관심을 받아야 마땅하죠. 두 번째 문제는 경험적 증거에 따르면 배심원들이 자신과 좀 더 비슷한 사람에게 연대감을 느끼는 경향이 있다는 것입니다. 과반 이상의 사건에서 유족들은 피고인보다 배심원들과 더 비슷하게 보일 거예요. 이런 피해자들이 재판 현장에 필요 이상으로 존재하면 배심원들이 피고인의 말을 주의 깊게 듣는 데 방해가 됩니다.[49]

분별 있는 정책은 미래지향적인 선에서 피해자들의 우려를 다루는 것입니다. 피해자들의 우려가 진정으로 실질적인 우려인 한에서 말입니다. 예컨대 범죄로 인해 소득 혹은 가사노동의 원천을 심각하게 박탈당했다면 유족들은 보상을 받을 수 있을 것입니다. 하지만 피해결과 진술은 전형적으로 보상을 바라고 하는 미래지향적 요구가 아닙니다. 그런 요구는 통상적으로 민사소송에서 이루어지죠. 피해결과 진술은 보통 보복적인 맹비난으로서, 부당행위자가 더욱 가혹한 형사판결을 받게 만드는 것을 목표로 합니다. 우리가 거부해야만 하는 측면이 바로 이것입니다.

처벌이 범죄자의 가족에게 끼치는 영향은 어떨까요?[50] 범죄 자체에 대해서 했던 것과 같은 이야기를 여기에서도 할 수 있습니다. 모든 관행은, 그것이 넓은 의미의 사회적 복지에 대해 갖는 함의와 함께 고려되어야 합니다. 감금이 적절한 처벌인지 알아보려면 그 처벌이 가해자의 가족과 공동체에 미칠 영향을 생각해보아야죠. 어떤 하위집단에 속한 남자들의 상당 비율이 결국 감금되고 말며, 이에 따라 생산적 공동체의 삶에서 배제되는 상황에서는 특히 그렇죠. (마약관련법 위반 등) 비폭력적 범법행위에 대한 금고형이 문제적인 이유는 여러 가지이지만, 그중 하나는 분명 공동체 전체에 끼치는 영향입니다.

2장에서 저는 피해자들의 분노에 범죄를 억제하는 효과가 있다는 반대 의견을 고려했습니다. 형사재판이라는 맥락에서 그 주장은 특히 조잡하게 보입니다. 유족 중 누군가가 법정으로 와서 증언을 할지도 모른다는, (보통은 알려지지 않은) 가능성을 생각하고 범죄를 저지르지 않을 사람이 있을까요? (오히려 가족 전체를 죽여야겠다는 동기를 부여받게 될지도 모릅니다!) 가해자가 피해자의 가족관계, 혹은 자기가 속한 사법 관할구역이 피해결과 진술을 허용하는지 여부를 미리 알았는지 알려주는 믿을 만한 자료는 없는 것으로 보입니다. 대부분의 가해자들은 이런 문제에 대해서 전혀 모르고 있을 가능성이 높겠죠. 피해자들의 상실감과 슬픔은 더 좋은 법(예컨대, 아동 성학대나 음주운전을 금지하는 법)을 만들어내도록 영향력을 행사할 때 대단히 효과적일 수 있습니다. 하지만 이건 재판의 선고단계에서 피해자의 분노가 범죄 억제 효과를 가진다는 주장과는 상당히 다른 주장입니다.

피해결과 진술에 대해 할 수 있는 최선의 말은 이 진술 덕분에 피해자들이 자신의 이야기를 전하고 싶다는 욕망을 충족시키고, 앞으로 나아가는 데 도움을 받는다는 겁니다. 뭐, 좋습니다. 유익하고 피해를 끼치지 않는 일이라면 우리 모두가 피해자들의 서사에 귀를 기울여야 할 것입니다. 하지만 한 가지 기억해둘 게 있습니다. 피해자들은 인과응보의 서사를 이야기하도록 호출되며, 특히 최근에는 (많은 경우) 피해자를 맹렬히 비난함으로써 더욱 가혹한 판결을 확보하려고 시도하지 않는 한 '종결'을 이루어내지 못할 거라는 예상을 하도록 유도됩니다.[51] 피해자들이 인과응보의 욕망을 충족시키도록 지지해서는 안 됩니다. 피고인에 대한 공평성의 문제가 그대로 남아 있으니까요. 어쩌면 피해자들이 자신에게 발생한 일을 직면하고 자기 이야기를 어떤 집단을 향해 풀어놓도록 하는, 일종의 심리적 외상 상담치료에 보조금을 지원해야 할지도 모르겠습니다. 이런 식의 심리치료는 외상 후 스트레스 장애와 강간에 의한 심리적 외상에 활용되는 것으로 잘 알려져 있죠. 하지만 이러한 심리치료는 피해자들에게 인과응보의 소망을 부추기지 않습니다. 이미 재판을 받고 유죄판결까지 받은 누군가에게 그런 소망이 현실적 결과를 초래하게 되는 상황에서 일어나는 것도 아니고요. 분명히 밝혀두겠습니다만, 복수의 소망을 표현한다는 욕구를 충족시키는 게 아무리 만족스러운 일이라도 현명한 사회는 형법정책을 경제학자 존 하사니가 "가학적이고 악의적인 애호"[52]라고 부른 것에 기초하지는 않습니다.

하지만 피해자들의 목소리도 들을 필요가 있다는 이야기가 나오겠지요. 심리치료사만이 아니라 피해자들에게 잘못을 한 범죄자가, 공적인 환경에서 말입니다. 친밀한 관계에서는 복수의 소망을 품고 있지 않은 사람들조차도 자신에게 잘못을 한 사람들이 **듣고 이해**해주기를 바랍니다. 범죄 피해자들도 마찬가지죠. 자신들의 존엄성이 사회에서 평등하게 인정된다는 감각과 사회제도에 대한 신뢰 자체가 이런 반응에 대한 감각에 좌우될 수도 있습니다. 만일 피해자의 서사가 너무 편견에 사로잡혀 있어 선고 전에 포함되기에는 부적절하다면, 사실 저는 그렇다고 생각합니다만, 우리는 조심스럽게, 선고 이후 피해자들의 서사가 이루어질 수 있는 제도적 환경을 갖추는 방안을 고려해보아야 할지 모르겠습니다. 이러한 서사는 그 내용에 있어서 대체로 계속 보복적일 가능성이 높습니다. 하지만 법적 절차를 약화시킬 수는 없겠죠.[53]

그러나 이론상, 피해자는 두 가지 매우 다른 것들을 요구할 것으로 상상된다는 점을 유념합시다. 한 가지 요구는 가해자에게 자기 목소리를 들려주고 이해를 받는 것입니다. 그런 요구는 제가 제안한 재판 후의 대안적 과정으로 만족될 수 있습니다. 이와 보통 혼합되어 있는 또 다른 요구는 보복적으로 비난을 표현하고 싶은 요구입니다. 보통 이 요구의 요점은 전적으로 판사와 배심원들에게 영향을 미치는 것이죠. 두 번째 요구가 주요한 것이라면, 저는 보통 그렇다고 생각합니다만, 피해자들은 제가 이야기한 재판 후 과정에 대한 제안에 별 관심을 보이지 않을 겁니다.

사우스캐롤라이나의 찰스턴에서는 범행을 자백한 살인자 딜런 루프가 사전 보석심리에 출두해서 피해자와 대면했을 때 대단히 놀라운 일이 일어났습니다. 루프는 '인종 전쟁'을 일으키고자 아홉 사람을 죽였다고 시인하며 그 아홉 사람의 대리인 앞에 섰습니다. 3장에서 피해자 진술을 분석하며, 저는 이 진술들이 특이할 만큼 순수한 형태로 무조건적 용서를 표현했다고 주장했어요. 가해자에 대한 도덕적 우월성을 주장하지도 않고, 복수의 소망은 낌새도 보이지 않으면서 말입니다. 이러한 진술들은 놀랄 만큼 드문 것이라, 피해결과 진술에 관한 문제를 완전히 일신할 수 있을 게 분명합니다. 만일 미국인들의 상당 비율이 적의에 오염되지 않은 무조건적 사랑을 대단히 엄격하게 견지한다면, 곧 찰스턴 교회가 신도들에게 전달했던 시각을 공유한다면 말입니다.

## 4.2. 존엄성과 수치심

통제되지 않는 분노의 불쾌한 효과 중 하나는 다른 사람들에게 수치심이나 '지위-격하'를 일으키는 경향이 있다는 겁니다. 항상 그런 것은 아니지만, 분노는 지위나 지위-격하에 집착하듯 초점을 맞추는 경우가 많습니다. 이때 분노는 예전에 지위-격하되었던 자신의 아래로 가해자를 밀어 떨어뜨림으로써 위치를 역전시키고 싶어 합니다. 앞서 이야기했듯, 분노에 일리가 있는 유일한 경우가 바로 이때입니다. 어떤 잘못이 순전한 지위-피해로 보인다면, 가해자에게 치욕을 주는 것은 실제로 그 잘못을 제거합니다. 그렇지만 이런 분노는 일리가 있을 뿐, 대단히 불쾌하고 규범상 수준미달이기도 합니다. 공적 생활을 할 때 상대적 지위에 관한 집착을 부추기는 건 바람직한 일이 아닌 게 확실합니다. 특히 이런 집착이 모욕을 주는 행위로 이어지는 경우에는 말이죠.

공적 원칙이 시위-격하를 삼간다면, 처벌에 의지해야만 하는 경우에도 그 처벌은 모욕주기를 삼가야 한다는 결론이 자연스럽게 뒤따르는데요. 사람들에게 모욕주는 일을 피하고 싶어 하는 품위 있는 사회는 명백하게도 주택 공급, 교육 등등에 관한 정책과 함께 어린 시절부터 시작되어야 합니다. 앞서도 살펴보았듯, 이 경우에도 형벌의 출현은 애초부터 뒤늦은 것이죠. 하지만 형벌이 활용되는 한에서, 사회는 단순히 '잔인하고 비정상적인 처벌은 안 된다'는 슬로건만을 되풀이하지 말고 처벌이 정말 비-모욕적인 것이 되도록 노력해야 합니다. 지역사회 봉사 같은 대안적 제재는 유용하지만, 국가 간 비교를 통해 보면 알 수 있듯 교도소 그 자체도 지속적인 모욕과 수치심의 근원이 아닌 무언가로 변모할 수 있습니다. 유럽의 교도소들은 대부분 (화이트칼라 범죄자들을 수감한 교도소를 제외한) 미국의 교도소보다 훨씬 더 존엄성을 존중하는 공간입니다. 미국이 엉성한 근거에 따라 사람들을 감금하려 들고, 결과적으로 엄청나게 많은 수의 사람들을 감금하지만 않았으면 품위 있는 생활조건을 훨씬 더 쉽게 제공할 수 있었을 겁니다.

금고형이 인간 존엄성을 존중한다는 건 가능한 일일까요? 현재의 관행과 정말로 인권을 존중하는 관행 사이의 거리를 생각해보면 말하기 어렵습니다. 하지만 수감자들이 누려야 할 몇 가지 권리는 교도소를 비-모욕적인 공간으로 만드는 것을 지향합니다. 미국에서조차 수감자들은 깨끗한 시설물과 괜찮은 수도시설을 가질 권리가 있습니다. 보통은 (사진이나 기념물 등) 몇몇 형태의 개인적 소유물을 가질 권리도 갖죠. 중요하게도, 수감자들은 종신형을 살고 있다 할지라도 결혼할 권리가 있습니다.[54] 몇몇 판사들은 수감자들의 개인적 사생활과 소박한 삶이 지금보다 더 잘 보호되는 모습을 보고 싶어 합니다.[55] 유럽에서 수감자들은 전형적으로 투표권과 복지를 누릴 권리를 포함한 기본적 시민권을 유지합니다. 수많은 수감자들은 또한 허가를 받으면 교도소 밖에서 일을 하고 가족을 방문할 수도 있습니다. 이런 관행은 자세히 연구할 필요가 있습니다. 일시적 무력화에 기본적인 인간 존엄성의 상실이 필연적으로 수반된다는 생각을 이런 관행들이 제거해주는지 살펴야 하니까요.[56]

사회는 또한 공개적 모욕에 기초를 둔 게 명백한 처벌을 재도입하라는 유혹을 받아들여서는 안 됩니다. 역사에서 이런 처벌은 한때 매우 흔했습니다. 처벌적 문신이나 낙인, 주홍글자가 유명하죠.[57] 가끔 이렇게 일시적으로 수치심을 주는 처벌은 감금의 대체물로 제안됩니다. 그저 모욕주기의 다른 형태일 뿐이지만, 현재 교도소의 생활조건을 생각해보면 적어도 미국에서는 감금되는 것보다 약간 더 매력적입니다. 그러나 보통 이처럼 수치심을 주는 형벌은 경범죄의 벌금이나 지역사회 봉사에 대한 대체 형벌로서 제안됩니다. 이런 형벌이 가해자의 지위를 격하시키고자 하는 사회의 바람을 더 잘 표현한다는 근거에서 말이죠. 반면 지역사회 봉사는 사람들에게 뭔가 좋은 일을 하게 해주고 개인적인 자긍심과 자신감을 얻을 수 있게 해준다고들 합니다. 수치심을 주는 형벌을 옹호하는 주요 이론가인 댄 카한은 지역사회 봉사가 그 사회의 핵심적 도덕 가치를 표현하는 일과 양립 불가능하다고 생각하죠.[58] 그러니 수치심을 주는 벌칙들을 지역사회 봉사에 대한 대체물로서 한번 생각해보도록 합시다. 그게 카한의 초점이니까요.

(보통) 성매매를 위한 호객행위, 노상방뇨, 음주운전 등 비폭력적 범법행위를 한 사람들에게 (간판이나 플래카드, 기타 등등의 형태로) 고의적 낙인을 찍는 건 여러 가지 이유로 반대할 만합니다.[59] 첫째, 이는 대단히 고통스럽게, 혹은 고통스럽게 느껴지지 않는 경우에도 기본적 정의에 비추어 수용할 수 없는 방식으로 인간 존엄성을 침해합니다. 제가 주장하는 복지주의는 이미 강조했듯 인간 존엄성과 자기존중의 사회적 조건들을 내재적 가치로서 보호할 것을 요구하는데요. 이에 따라 범죄를 억제하는 효과가 매우 뛰어나다 하더라도 국가가 주도하여 시민들에게 모욕을 주는 일은 거부해야 한다는 결론이 나옵니다. (앞으로 살펴보겠지만, 실제로 이런 형벌에는 별다른 억제효과도 없습니다.)

둘째, 모욕주기에 근거한 처벌은 사실상 군중의 보복을 유발합니다. 간판이나 플래카드는 법원의 지시에 따른 것이지만 처벌은 다수 시민에 의해 이루어지는데, 이 시민들은 조롱을 하고 수치심을 줍니다. 그러므로 이러한 처벌은 인기가 없는 특정 형태의 사람들에게 낙인을 찍고 그들을 지위-격하시키고자 하는 다수의 소망을 충족시킵니다. 공평무사의 이념과 법치에 바탕을 둔 사회가 이처럼 편견에 사로잡혀 있고 탈법적인 힘에 처벌을 넘긴다는 건 규범적으로 문제적입니다.

셋째, 예상할 수 있듯, 그리고 역사를 통해서도 알 수 있듯,[60] 낙인찍기는 빠르게 통제에서 벗어나, 유해한 행위로부터 인기가 없는 존재 방식으로 옮아갑니다. 그러므로 다양한 시대와 공간에서 종교적·성적 소수자들은 낙인찍기의 표적이 되어왔습니다.[61] '엉망진창의 정체성'을 누군가에게 부여할 능력을 군중에게 주는 것은 안 그래도 흔한 괴롭힘을 공개적으로 초청하는 것이나 다름없습니다. 이처럼 표적을 옮겨가는 경향은 수치심에 바탕을 둔 처벌이 사실상 범죄를 억제하지 않으리라는 점도 시사합니다. 이런 경향은 실제의 범죄자들을 표적으로 삼지 않(거나 삼더라도 주된 표적으로 삼지는 않)을 것이기 때문입니다. 그리고 이런 경향은 사회 전체에 중대한 범죄보다는 낙인이 찍힌 정체성이 형사사법제도의 가장 중요한 표적이라는 신호를 전달하게 됩니다.

넷째, 수치심에 근거를 둔 형벌은 보복적 분노를 부추깁니다. 에우메니데스가 다루어야 하는 문제 중 한 가지는 도저히 끝나지 않는다는 분노의 속성인데, 이는 새로운 세대에도 계속해서 순환합니다. 낙인찍기와 망신주기도 마찬가지입니다. 폭력에 대한 제임스 길리건의 훌륭한 경험적 연구에 의하면, 그런 처벌은 사실상 범죄자들이 스스로를 무법자로 규정짓고 다른 무법자들과 연대하여 사회에 보복하려는 경향을 증가시킴으로써 폭력을 증가시킵니다. 그러므로 이런 처벌은 극도로 나쁜 억제책입니다.[62]

마지막으로, 이러한 처벌은 형법 이론가 스티븐 슐호퍼를 위시한 여러 사람들이 '그물 넓히기'라고 부른 것으로 이어집니다. 그물 넓히기란, 다른 효과 없이 한 사회의 처벌 총량을 늘리기만 하는 결과를 말합니다. 감금보다는 덜 가혹한 것으로 보이기에, 이런 처벌은 전면적 석방이나 가석방에 대한 대체재로 활용되고, 그 결과 '가혹한 처우'의 양을 늘립니다.[63] 우리는 이런 식의 그물 넓히기가 매우 값비싸며, 정말로 중요한 범죄 억제에는 악영향을 미친다고 합리적으로 생각할 수 있습니다.

망신주기 처벌에 반대하는 저의 다섯 가지 주장 중 세 가지는 경험적입니다. 억제 효과가 별로 없다는 거죠. (세 번째 주장은 특수억제와 일반억제 모두에 관련되어 있고, 넷째와 다섯 번째 주장은 주로 특수억제에 관련되어 있습니다.) 오직 첫 번째와 두 번째 주장만이 그 성격상 규범적이어서 '만일 이런 방법이 통한다면, 통한다는 이유로 이 방법을 써야 하는 것은 아닐까?'라는 질문의 여지를 남겨둡니다. 사실 모든 사회는 효율성과는 별개의 근거로 특정형태의 '잔인하고도 비정상적인 처벌' 및 노예제도 같은 관행을 삼갑니다. 제가 제시하는 형태의 복지주의도 아무 문제 없이 그런 사회와 의견을 같이합니다. 그러나 이러한 처벌이 다양한 근거에서 볼 때 사실상 비효율적으로 보인다는 것을 지적해두는 건 도움이 될 겁니다.

하지만 2장에서 이미 이야기했듯, 어떤 형태의 지위-피해는 특수한 범주에 들어갑니다. 왜냐하면 이런 지위-피해는 평등한 존엄성의 부정과 관련되어 있기 때문입니다. 인종, 성별, 장애에 근거한 차별, 직장에서의 성희롱, 특정 형태의 괴롭힘이나 위협적인 증오발언 등 이 모든 것들이 특수한 형태의 모욕주기 관행이며, 법 앞에서의 평등을 주장하는 사회는 이를 매우 심각하게 받아들여야 합니다. 많은 경우, 이런 관행을 불법화하는 것은 미래지향적인 복지주의적 입장에서 정당화됩니다. 이런 행동을 법으로 제지할 수 있다는 믿음이 무척 개연적이기 때문입니다. 그러므로 우리는 공개석 논의의 흔한 패턴에서의 변화를 촉구할 필요는 없습니다. 증오 범죄에 대한 추가적 처벌도 표준적인 경우 억제책으로서 정당화됩니다.[64]

전반적 복지를 추구하는 사회는 발언 관련 문제를 아주 신중하게 다루어야 합니다. 왜냐하면 유럽에서와 같은 형태의 야심 넘치는 증오발언 규제법은 ('집단 명예훼손'을 금지하는 법률을 포함하여)『자유론』에서 밀이 제시한이유에 따라 복지증진에 도움이 되지 않을 수 있기 때문입니다. 이런 법률은 다수가 소수에게 모욕을 줄 목적으로 전용하기도 쉽습니다. 영국과 인도는 아주 다른 나라 같지만, 이 두 나라 모두 신성모독죄를 통해 주류 종교에 대한 공격을 불법화하고 있습니다(혹은, 다수파가 강자의 입장에서 일반적 법률의 편향된 집행을 요구한다고 할 수도 있겠죠).[65] 이런 불법화의 방식은 소수 의견과 종교 내 비판을 처벌하는 경향이 극도로 강한 것으로 판명되었고요. 하지만 개인을 겨냥한 괴롭힘과 위협에 초점을 맞추는 보다 좁은 법에는 이런 문제가 없는 것으로 보입니다. 인터넷 익명성을 개혁하여 현행법하에서도 명예훼손을 당한 개인들이 성공적으로 소송을 할 수 있도록 하는 것이 긴급한 우선사항으로 보입니다.[66]

요약해봅시다. 저는 지위에 대한 집착에 반대하지만, 그 비판은 정치적 원칙이 결코 지위에 간여해서는 안 된다는 의미가 아닙니다. 제 비판의 표적은 **상대적** 지위에 관한 경쟁적 탐색이에요. 인간으로서, 또한 시민으로서의 평등한 존엄성은 특별한 지위이며 이를 헌법으로 수호하는 것은 정당합니다. 그래서 차별금지법이나 성희롱 금지법 등의 정책이 중요한 역할을 수행해야 합니다. 저는 개인적으로 차별철폐조치를 포함하는 정책도 마찬가지라고 생각합니다(이렇게 보면, 차별철폐조치는 단순한 정체성 정치도 아니고, 서로 다른 집단의 상대적 지위 경쟁으로만 간주되지도 않습니다. 이는 평등이라는 차원에서 옹호되어야 합니다.)

## 4.3. 대립과 재통합

아이가 나쁜 행동을 저지르면, 좋은 가족은 그 행동을 용인할 수 없다는 명료한 메시지를 아이에게 전달할 것입니다. 하지만 그때는 사랑과 아량의 정신이 바탕이 되겠죠. 아이가 기본적으로 진행 중인 자신의 자아와 잘못된 행위를 분리하고, 자신을 미래에는 더 잘할 수 있는 존재로 생각하게끔 장려할 겁니다. 부모가 스스로 모범을 보인다면 도움이 되겠죠. 부모의 손으로 섬세하게 결합시킨 대립과 재통합은 아이 자신의 사랑과 모방으로 더욱 효율적이게 됩니다.

영향력 있는 오스트레일리아의 범죄학자 존 브레이스웨이트는 수많은 범죄, 특히 젊은 범법자와 관련된 범죄는 바로 이러한 방식으로, 준-부모의 정신으로 지원하는 지역공동체의 위원회를 통해서 처리할 때 가장 예후가 좋다고 주장합니다. 브레이스웨이트의 접근은 지역공동체의 사회적 통제, 공개적 망신주기, (최소한 첫 번째 경우에서는) 정부의 공평한 기관을 통하기보다 지역공동체에 의해 집행되는 처벌 등에 대한 정교한 이론을 포함하는 복잡한 접근입니다.[67] 저는 그의 전망 중 몇 가지 측면이 극도로 매력적이며 다른 측면들은 그만큼 매력적이지는 않다고 생각합니다. 이에 따라 제가 지금부터 해야 할 일은 '브레이스웨이트적 핵심', 즉 그의 핵심적 주장을 포함하고 있는 재통합위원회에 대한 제안을 묘사하는 것입니다. 그런 다음 저는 이 전도유망한 생각을 비판적으로 검토하겠습니다. 마지막으로, 저는 브레이스웨이트의 범죄이론을 둘러싸고 있으나 이론의 매력적인 핵심으로부터 분리할 수 있으며, 그 자체로 보면 그리 매력적이지 않은 다른 측면들을 언급하도록 하겠습니다.[68]

브레이스웨이트의 기본적인 생각은, 범법자들이 삶의 방식 일부를 변경(하고 다른 방식들은 억제)해야 할 경우 범법자, 특히 젊은 범법자들에게 필요한 것은 그들이 한 행위의 부당함에 대한 명료한 도덕적 메시지이며, 이 메시지는 그들이 침해한 사회와의 재통합으로 가는 길에 결합되어야 한다는 것입니다. 그의 접근은 일반적으로 공리주의적입니다. 궁극적 목표를 범죄의 억제에 두고, 자신의 재통합적 방법이 다른 접근보다 효율적이라고 권장하거든요.[69] 브레이스웨이트의 주장에 따르면 대부분의 비인격적 형벌은 범법자들, 특히 젊고 변할 가능성이 높은 범법자들을 소외시켜 그들이 범죄적 하위문화와 자신을 동일시하고 더 험악하게 굴도록 만드는 결과를 낳습니다. 이런 결과는 형사사법제도가 범법자를 저열하고 존엄성이 없으며 별로 신경 쓸 만한 가치가 없는 존재로 대우하면서 낙인찍기 혹은 모욕주기라는 메시지를 전달하는 경우에 발생할 가능성이 높습니다. 너무 자주 발생하는 일이죠. 브레이스웨이트는 이런 무례함과 낙인찍기가 비인격적인 대규모 기관의 고유한 특징이라고 믿습니다.[70]

한편으로 대부분의 교화 노력은, 그의 주장에 따르면, 젊은 범법자들에게 범죄는 공동체에서 수용할 수 없는 것이라는 도덕적 메시지를 성공적으로 새겨넣지 못합니다. 이런 노력은 합리적 설득에 의존하는데, 브레이스웨이트는 공동체란 가족처럼 도덕적 규범을 지향하는 강력한 감정을 유발할 때 가장 효과적이라고 주장하거든요. 그는 자신이 불러일으킬 핵심적 감정을 '수치심'이라고 부르는데, 이때의 수치심이란 공동체의 이상이나 규범을 만족시키지 못했음을 인정하는 고통스러운 감정입니다.

(그가 보기에는) 사랑과 존중을 통해 아이는 그가 저지른 잘못과 분리된 존재라고 강조하는 좋은 가족과 마찬가지로, 청소년 범법자들에 대한 성공적 간섭은 범법자를 범죄로부터 분리해야 합니다. 브레이스웨이트는 알맞은 특징을 끌어내는 가장 좋은 방법은 사실상 공동체가 형사사법제도가 되어, 모든 일이 잘될 경우 젊은 범법자가 절대로 공식적 체제의 손에 떨어질 일이 없도록 공동체에 회의체를 설치함으로써, 범법자를 다루는 방법을 탈기관화·개인화하는 것이라고 믿습니다. 브레이스웨이트와 그의 동료들은 오스트레일리아의 와가와가 지역 및 뉴질랜드의 오클랜드에서 이런 회의를 시험적으로 시도하고 자세히 연구했습니다. 이때, 피해자를 발생시키는 범죄만을 연구 대상으로 한정했습니다. 범죄의 피해자가 없는 경우에도 공

동체에는 간접적 방식으로 사람들의 자유를 제약하는 경향이 있다는 명백한 문제를 피하기 위해서였죠. 브레이스웨이트가 보기에 대부분의 처벌 제도는 양심을 무디게 만듭니다. 반면 그의 체제는 범법자가 공동체에 저지른 행위의 대가, 그리고 지역공동체의 강력한 반대를 범법자에게 명확히 전달함으로써 양심을 깨우는 것을 목표로 합니다. 전반적으로 범법자는 존중받습니다. 좋은 일을 할 수 있는 잠재력이 있는 사람으로 대우받는 거죠. 브레이스웨이트는 이 점을 특히 강조하며, 수치심에 기초를 둔 교화 방법 중 낙인찍기나 모욕주기에 초점을 맞추는 다른 제안들과 자신의 접근을 날카롭게 구분합니다.[71]

실제로는 어떤 일이 일어날까요? 보통 재통합위원회에는 피해자 혹은 다수의 피해자들이 참석하는데, 이들은 범법자에게 그들의 행위로 인해 발생한 대가를 명백하게 전달합니다.[72] 아무 얼굴이 없던 사람이 이제는 "돈을 잃었기에 중요한 어떤 일을 못하게 된 약하고 나이든 여자"[73]가 됩니다. 하지만 이 회의에는 친척과 교사, 그 외에도 젊은이가 존경하거나 사랑하는 공동체의 인물들 역시 참석합니다. 그리하여 가족 내에서 발생하는 모방이 이 상황 전체의 구조적 일부가 됩니다.[74] 뿐만 아니라, 범법자가 책임감을 회피하는 능력을 계발한 경우 등 피해자의 힘으로는 범법자의 감정을 직접 건드리지 못할 때조차 친척과 친구들이 그 일을 해낼 가능성이 높죠. 덕분에 범법자에게는 그들의 가해행위 때문에 치러진 대가가 전달됩니다.[75] 위원회의 의장은 계속해서 미래지향적이고 긍정적인 방향으로 사태가 돌아가도록 합니다. 어머니가 어느 시점에 "그 일이 있기 전까지는 착한 애였어요"라고 말하면 진행자가 즉시 끼어들어 "지금도 착한 애예요. 여기 있는 사람 중에 우리가 상대하고 있는 사람이 나쁜 녀석이라고 생각하는 사람은 한 명도 없습니다. 이 친구는 실수를 했을 뿐 착한 아이이고, 저는 우리 모두가 자기를 이런 식으로 생각하고 있다는 걸 이 친구도 알아줬으면 좋겠습니다"라고 말합니다.[76] 범죄는 착한 사람이 저지른 나쁜 행위로 구성됩니다. 동시에, 범법자의 삶에서 발생한 나쁜 상황은 모두, 공감을 불러일으키는 방식으로 조명됩니다.

이때 의장이 대변하는 사람은 누구이며 그가 대표하는 것은 무엇일까요? 브레이스웨이트는 이것이 복잡하고 까다로운 문제라고 말합니다. 왜냐하면 의장은 자기 자신을 범법자와 피해자, 가족들과도 동일시해야 하지만 동시에 "법에서 소중히 간직하는 인간 이상의 가치"[77]와도 동일시해야 하기 때문입니다. 정말이지 어려운 주문입니다. 무엇보다도, 의장은 이 회의가 재통합에 관한 것이지 처벌이라는 생각과 보통 연결되는 '악행'에 관한 것이 아니라는 생각을 전달해야만 합니다. 그리고 그 과정에는 인내심이 필요합니다. 브레이스웨이트는 계속해서 법을 어기는 범죄자의 감정에 도달하기 위해 회의를 여덟 번이나 연속으로 열어야 했던 경우를 묘사하기도 하죠.

재통합은 어떻게 달성될까요?[78] 범법자와 피해자, 친구들 등 모든 참여자가 행위와 사람 사이의 분리를 인정하고, 사람에 대해서는 친밀감과 포용을 표현하되, 행위 자체에 대해서는 확고한 반대를 표명해야 한다는 것이 요지입니다. 의장은 해당 공동체에 대해 알고 있는 내용을 토대로 '재통합 의례'를 고안합니다. 여기에서 사죄는 범법자가 자신을 둘로 쪼개어, 범법행위와 자신을 분리하고 사회의 법칙을 지지하는 의례적 표현의 역할을 합니다.[79] 하지만 사죄는 자기비하와 연관되지 않고 긍정적으로 자존감을 강화하도록 신중하게 구조화됩니다. 이때 기대되는 것은 다양한 당사자 간에 범죄가 만들어냈던 거리를 좁혀, "가해자와 피해자가 서로를 향한 (기대치 못한) 아량을 보여줄 (중략) 기회"[80]를 만들어내는 것입니다.

'이행'에 대한 우리의 생각과, 복지에 맞춘 미래지향적 초점을 생각해볼 때 이 방법은 확실히 매력적입니다. 이야말로 이행-처벌이죠. 정신적으로는 화를 내지 않고 아량이 넓지만, 부당행위의 부당성에 대해서는 양보하지 않습니다. 노련하게 실행되면 이 방법은 대단히 성과가 좋을 것으로 보이며, 실제로도 실험적 증거가 이를 뒷받침합니다. 당연한 일이지만 잘 훈련받은 의장은 검사나 판사보다 미래지향적 방식으로 범법자들을 다루는 솜씨가 뛰어날 것입니다. 공식적 형사사법제도가 범법자들을 소외시키고 그들에게 낙인을 찍는 경우가 너무 많다는 브레이스웨이트의 지적은 의심의 여지 없이 옳고요.

한편, 분노를 공평한 정의의 대리자들에게 넘긴다는 에우메니데스적 관점에서 보면, 이 제안에는 문제적 특성들이 있습니다. 브레이스웨이트는 이런 위원회가 절차적 정의와 적법절차의 이념을 공공연히 어긴다는 사실을 잘 알고 있는 것으로 보입니다. 그렇기에 만일 범법자가 혐의를 부정한다면 그 범법자는 이후 정상적 사법제도로 넘겨지게 됩니다. 위원회에서는 유죄를 인정할 필요가 없으니까요.[81] 의장이 최선의 노력을 기울이더라도 위원회라는 환경 자체에서 분노와 수치심, 모욕이 출현할 수 있다는 명백한 우려도 있습니다. 브레이스웨이트도 이 사실을 알고 있지만, 피해자들이 현실 속 인물과 한 방에서 그들의 이야기를 듣게 되면 예상보다 훨씬 화를 덜 내며, 복수하려는 성향도 덜 보인다고 답변합니다.[82] 브레이스웨이트는 자기가 제안하는 유형의 수치심, 즉 모방에 근거를 둔 수치심이 외면과 낙인찍기로 알게 모르게 넘어갈 수 있는 위험에 대해서도 알고 있습니다. 그는 다양한 '포용의 의식'을 통해 이런 일을 미연에 차단하자고 제안합니다. 공동체의 규범 자체에 하위집단에 대한 낙인찍기가 포함될 수 있다는 우려에 대해서는 가해자가 있는 범죄에만 초점을 맞추는 방법으로 대처하자고 하죠. 이런 범죄에 대해서는 어느 하위집단을 막론하고 높은 수준의 합의가 이루어져 있으니까요. 그리고 회의 환경에 깃들어 있는 불가피한 권력상의 불균형에 관해서는(많은 경우 이 환경은 외부 세계에서 보이는 인종과 계급의 비대칭성을 그대로 닮아 있습니다), 회의를 신중하게 구성하고 특히 의장이 경계심을 늦추지 않으면 방지할 수 있다고 이야기합니다.

이런 제안에 대해 우리는 뭐라고 이야기해야 할까요? 명백한 난점 한 가지는 브레이스웨이트가 이상적이고도 신중하게 통제된 자신의 과정을 지극히 평범한 형사사법제도의 작동과 견주고 있다는 점입니다. 그의 체제가 다양한 국가를 넘나들며 광범위하게 실현될 경우, 그가 부여하는 어려운 과업을 실제로 수행할 수 있는 의장이 몇 명이나 되겠으며, 평균적 의장의 모습은 어떻게 보일까요? 자유재량에 따르는 모든 체제에서 그렇듯, 우리는 이상이 아니라 그 법칙을 살펴보아야 합니다. 일상화된, 혹은 무관심한 방식으로 운영된다면 재통합위원회는 브레이스웨이트적 체제의 인상적인 덕목들은 물론이고 형사사법제도의 절차적 보호장치마저 결여할 수 있습니다.

저는 친밀하고, 고집스러울 만큼 미래지향적이며, 양심을 무디게 만들기보다는 일깨우는 데에 초점을 둔 제도로 형식적 사법정의를 대체해야 한다는 브레이스웨이트의 주장이 옳다고 생각합니다. 브레이스웨이트가 발명한 장치가 사랑과 아량, 존중 등 청소년 소년법원에서 찾기 힘든 덕목을 전달하는 만큼 기대치 못한 힘을 발휘할 수 있다고도 생각하고요. 의장에게 필수적인 전문성과 판단력이 있다고 자신할 수만 있으면 이 방법은 정말이지 형식적 접근에 대한 전도유망한 대체물이며, 젊은 범법자들에 대한 사회의 대처를 촉발시키는 경우가 많은, 몹시 응보주의적인 태도에 비해 선호되어야 마땅합니다.

사실, 브레이스웨이트의 기술을 활용하기 위해서는 범죄가 일어날 때까지 기다릴 필요가 없습니다. 시카고에는 다른 공립학교에서 퇴학당한 비행 청소년들이 다니는 고등학교가 있는데, 그곳의 교장이 이와 비슷한 형태의 위원회를 활용했습니다. 이 위원회는 정신의학 분과의 사회복지사 한 팀이 운영했으며, 범죄를 저지를 가능성이 매우 높은 아이들이 자신에 대하여 다른 방식으로 생각해보도록 만드는 게 목적이었습니다. 이 프로그램을 방문했을 때 집단 상담을 맡은 의장들은 자기들이 기여한 방식은 특별한 방법이나 전문성을 통해서가 아니라, 그저 아이들의 말에 귀를 기울이고 진지하게 받아들이는 방법을 통해서였을 뿐이라고 강조했습니다. 그 아이들이 속해 있는 세계의 다른 성인들은 보통 쓰지 않는 방법이었죠(가능하면 꼭 가족들을 위원회에 참여시키려 했지만 말입니다). 저는 개인적 관심과 경청이라는 덕목을 체제 안에 주입할 수만 있다면 어느 영역에서나 그런 시도를 해보아야 하며, 모턴 대안학교에서 이 사회복지사들이 수행했던 것과 같은 집단상담은 학교와 소년 사법제도 전체에서 좀 더 널리 시도되어야 한다고 생각합니다.

여기에서 브레이스웨이트의 책에 설명된 좀 더 광범위한 이론과 제 시각이 구분됩니다. 제가 보기에 브레이스웨이트의 대안적 기법을 활용하는 올바른 방법은 공평한 사법제도의 역할을 대리하는 방식입니다. 사법제도가 자체적 목표를 추구하기 위해, 특히 소년범들을 위해 설립한 방법 중 한 가지로 말이죠. 제가 보기에는 브레이스웨이트의 입장도 크게 다르지 않은 것 같습니다만, 공동체를 정의 구현의 공간이라고 보거나 사법제도의 주요 실행자가 언제나 일단은 공동체여야 하며 법적 제도는 오직 두 번째 자리를 차지해야만 한다고 보는 전반적 이론을 받아들일 이유는 전혀 없습니다. 모든 민영화가 그렇죠. 사적 체제가 평상시의 공적 접근보다 더 잘 작동할 거라고 믿을 만한 근거가 있으면 정부는 민영화를 선택할 수 있지만, 이때의 대안은 공적 비판에 투명하게 노출되어 있어야 하며, 유권자들에게 해명책임을 질 수 있어야 하고, 기본적 사법제도의 절차적 제한에 매여 있어야 합니다. 이런 접근은 또한 피해자들에게 그들의 우려가 진지하게 받아들여졌다는 확신을 심어줄 수도 있을 것입니다. 브레이스웨이트는 비공식적 회의가 가정폭력과 성폭력을 나쁜 방식으로 '민영화'한다는, 즉 피해자들을 사법적 보호조차 받지 못하는, 존엄성이 덜한 존재로 취급한다는 페미니스트적 비평에 제대로 응답하지 못했거든요.[83]

　제가 보기에는 브레이스웨이트가 젊은 범법자들에게 불러일으키려는 감정도 좀 더 명료하게 밝혀야 할 것 같습니다. '수치심'은 보통 단 하나의 행동이 아니라 사라지지 않는 특성에 박혀 있는, 온갖 것이 다 부족하다는 느낌과 연관된 감정으로 이해됩니다.[84] 그러므로 행위와 범법자의 분리를 중심 내용으로 삼는 감정에 붙이기에는 적당한 이름이 아닙니다. 저라면 '유감'이나 '주체-유감'(4장을 보세요)이 행위를 향한 부정적 감정을 표현하는 좋은 단어라고 생각합니다. 모범적 인물이나 좋은 삶의 방식을 모방하는 일과도 양립 가능하고요. 모방은 사람들이 전형적으로 생각하는 수치심과는 대단히 다릅니다. 브레이스웨이트는 모욕감에 기초를 둔 처벌에서부터 출발한 것으로 보입니다. 그가 쓴 책에서 일본을 다룬 장을 보면 그가 가혹한 심문과 여러 차례의 고백, 자기비하에 관련된 체제를 괜찮게 생각한다는 걸 알 수 있습니다. 그의 경험적 연구를 발동시킨 훨씬 더 매력적인 그림으로 넘어가는 건 그 이후의 일입니다. 하지만 그때도 개념이 명료히 밝혀지지는 않습니다. 그래서 저는 브레이스웨이트의 제안이 제가 앞서 이미 거부했던 수치심에 기반을 둔 제안들, 즉 그가 끌어들이지 않는, 모욕주기와 연관된 제안들과는 완전히 다르나 오해의 소지는 남아 있다고 생각합니다.

　브레이스웨이트의 구체적 제안은 소년 사법제도의 필요에 꼭 맞게 재단된 것입니다. 그러나 이행의 정신이 형법에서의 과거지향적 관행에 대한 비판을 만들어낼 수 있는 방식은 이외에도 많이 있어요. 여러 가지 면에서, 현재의 제도는 전혀 미래지향적이지 않으며 범법자들을 기왕 저지른 나쁜 행위에만 묶어둘 것을 고집합니다. 예컨대 '전과'나 '직업적 범죄'라는 범주에 기반을 두어 선고하는 삼진아웃 제도를 보세요. 합리적 사회라면 미래지향적 관점에서 이런 제도가 정말로 사회의 복지를 향상시키는지 경험적으로 연구해봐야 합니다. 최소한 삼진아웃 제도의 일부 관행은 그런 시험을 통과하지 못할 가능성이 높아 보입니다. 이런 식의 제도가 대중적 인기를 누리는 것은 인과응보의 이념 때문입니다.

## 5. 자비: 사후조치를 사전조치와 연결하기

**사후적** 처벌이라는 관점을 논의하는 내내 저는 **사전적** 사고의 어마어마한 중요성을 강조해왔습니다. 우리 사회가 인간복지를 좀 더 잘 보호하게 되더라도 범죄가 계속 존재하리라는 건 분명하지만, 그 정도는 훨씬 덜할 겁니다. 교육과 고용, 영양공급과 주택공급은 의미 있는 차이를 만들어냅니다. 이제 처벌에 대한 논의를 마무리지으며, 저는 스토아주의자들이 상찬했던 태도가 값진 기여를 한다고 주장하려 합니다. 이런 태도는 공감적 이해에 관한 우리의 관심을 좋은 판사(혹은 배심원)의 규범적 판단과 연결시켜주거든요.

그리스로마의 개념에 따르면 자비(그리스어 epieikeia, 라틴어 clementia)는 좋은 판사가 부당행위에 대한 대응방식을 결정할 때 갖추어야 할 태도입니다.[85] 세네카는 이를 "처벌을 가할 때 관용을 지향하는 정신의 경향성"이라고 정의합니다. 그렇다면 자비란 연민(라틴어 misericordia, 이탈리아어 pietà, 그리스어 eleos, oiktos)과는 다른 것입니다. 자비는 정신의 경향성이지만 반드시 감정일 필요는 없습니다. 연민은 다른 사람의 곤경에 대한 감정적 반응이고요. 자비는 문제의 인물이 잘못을 저질렀다는 사실을 인지합니다. 유죄판결 이후, 형량을 선고하는 단계에 속하는 덕목인 셈이죠. 반면 연민은 잘못과는 아무런 연관이 없습니다. 보통 이해하는 바에 따르면, 사실 연민은 고통스러운 감정을 유발하는 나쁜 상황 속에 사람들을 끌어들인, 통제에서 벗어난 사건의 역할을 크게 인정합니다. 연민의 내용은 문제의 인물에게 전적으로, 혹은 부분적으로 책임이 없다는 생각을 포함합니다.[86] 그렇기는 하지만 자비와 연민에는 연관성이 있습니다. 스토아주의자들이 정의한 대로라면, 자비는 문제 인물의 악행이 어느 정도 행위 이전의 표준적 조건에서 나온 파생물이라고 인정합니다. 이런 조건에 대해서는 해당 인물을 탓할 수 없죠.

저는 자비에 관한 그리스로마적 개념만을 다루고 있는데, 사실 서구의 법사상사에서는 이와 아주 다른 개념이 발견됩니다. 이 개념을 저는 '군주적' 개념이라고 부르겠습니다.[87] 군주적 개념은, 예를 들면 셰익스피어의 희곡 『베니스의 상인』에서 포셔가 한 유명한 연설에서 찾을 수 있는데요. 여기에서 자비란 위대한 신이나 신성한 지배자가 공짜로 주는 선물입니다. 이런 자비는 잘못을 저지르는 필멸의 인간들 위에 영구히 자리잡고 있죠. 이 개념은 위계를 전제하며 자비의 근원은 완전무결함에 있다고 암시합니다. 군주가 자비를 베풀 수 있는 까닭은 피치자被治者들과의 공통적 인간성을 인지하기 때문이 아니라 영구적 차이와 우월성에 대한 흔들림 없는 확신 때문입니다. 군주의 자비에는 공감이나 상상의 노력도 필요하지 않습니다. 모든 사람들은 똑같이 저열하고 비천하며 죄악으로 가득 차 있으니까요. 이런 상황에서는 다른 사람의 마음을 상상한다고 해도 형량 감경의 구체적 근거가 드러나지 않을 것이고, 따라서 공감이나 상상은 시간낭비가 될 겁니다. 포셔가 베니스에서 유대인이 어떤 기분을 느꼈을지, 어떤 낙인과 증오의 경험이 채권에 대한 그의 고집스러운 요구로 이어졌을지 상상하는 노력을 전혀 기울이지 않는다는 건 악명 높은 사실입니다.

자비에 대한 군주적 개념은 우리가 3장에서 비판적으로 엄밀히 검토했던, 종교적 용서 개념과 밀접하게 관련되어 있습니다. 반면 그리스로마의 자비는 군주적이지 않고 평등주의적입니다. 이에 따르면, 우리는 모두 같은 배를 타고 있습니다. 우리는 모두 삶의 한복판에 있으며, 삶의 어려움이라는 짐을 지고 있기에 인생을 이해합니다. 저마다 지고 있는 무게는 다를지 모르지만요. 불안하지 않은 사람은 한 명도 없으며 그 점에서는 판사도 범법자와 다르지 않습니다. 이런 자비 개념에도 나름대로 오랜 전통이 있습니다. 『자에는 자로Measure for Measure』라는, 군주적이라기보다 세네카적인 작품을 썼던 셰익스피어도 어느 정도 이 개념에 영향을 받았고요.

세네카의 (혹은 좀 더 일반적으로 말하면 그리스로마식의) 자비는 간단한 통찰로부터 시작됩니다. 좋은 행위를 하는 데에는 많은 장애가 따른다는 것이죠. 그러므로 사람들이 나쁜 일을 하면, 가끔은 그게 전적으로 그 사람들의 잘못일 때도 있지만, 그들이 통상적이지 않은 상황과 압력에 걸려 넘어졌다고 말해야 할 경우도 많습니다. 우리가 보는 수많은 범죄의 근원은 악한 천성이 아니라 상황입니다. 그러므로 상황을 자세히 살피다보면 많은 경우 판결을 내릴 때 형량 감경이라는 자비로운 정신을 갖게 됩니다. 보통 이런 배려는 형량결정 단계에서 나타나겠으나, 보다 일반적인 방식으로도 사법적 사유에 영향을 미칠 수 있습니다(예를 들어, 소년 사법에 대한 브레이스웨이트의 접근에서 보듯이 말입니다).

그런 의미에서 자비로운 재판관은 과거를 돌아봅니다. 하지만 동시에, 부당행위를 인정하고 핵심적 가치에 대한 사회의 헌신을 표명하면서도, 그는 재통합의 세계라는 미래를 내다봅니다. 그의 일반적 정신은 이행-분노의 정신입니다. 저질러진 잘못에 대한 격노가 있지만, 자비로운 마음이 단순히 처벌적이기만 한 마음을 대체합니다. 그 역시 보통 사람들처럼 범죄자의 특수억제와 일반억제, 가끔씩은 무력화까지도 고려할 겁니다. 하지만 동시에, 그는 인간의 허약함이 만연해 있는 세상에서 우리 모두가 가능한 한 함께 잘살 수 있는 방법이 무엇인지 묻습니다. 이런 염려는 간혹 구체적 피고인에 대한 구체적 자비의 형태를 띨 수 있습니다. 그러나 범죄에서 암시되는 이면의 조건을 이해하고자 노력한다면, 그 판사는 미래의 사건을 **사전에** 예방하려면 무슨 일을 할 수 있을지에 대해서도 좀 더 일반적으로 고려하게 됩니다. **사후적** 태도가 **사전적** 관점에 대한 재몰입으로 이어지는 거죠. 피고인의 상황에 대한 공감적 이해는 모든 구체적 사건에서의 형량 감경으로 이어질 수 없으며, 그래서도 안 됩니다. (당연한 얘기지만, 형량 감경 여부는 억제 효과에 관한 경험적 증거는 물론 이런 식의 하향적 움직임이 시작되는 기준선이 어디냐는 문제에 달려 있습니다.) 하지만 형량 감경이 전부는 아닙니다. 피고인에 대한 공감적 이해는 우리가 공통의 인간성을 공유하고 있으며, 그 인간성은 다양한 삶의 조건에 의해 손상될 수 있고, 그 조건은 우리 힘으로 변화시킬 수 있다는 사실을 상기시킵니다. 보복적 가혹함이 피고인을 악마화하고, 그가 공동체의 '선한' 구성원들과는 완전히 다르다는, 보통 거짓인 이야기를 하면서 자양분을 얻는 경우는 너무도 많습니다. 이 때문에 품위 있는 사회적 사유가 방해받지요.

벤담이 그랬듯, 우리도 잠시 동안은 '형사사법' 테두리 안으로만 관찰의 범위를 좁혔습니다. 이 울타리 안에서 이행적 정신이 작동할 수 있는 다양한 방식을 상상해볼 수도 있겠죠. 복지증진에 초점을 맞추는 제도는 거의 확실하게, 피해자가 없는 범죄에 대한 의무적 최소판결*과 가혹한 처벌을 피할 겁니다. 가능하다면 브레이스웨이트적 기법을 활용할 테고, 소년범을 다룰 때에는 특히 그럴 겁니다. 피고인이 성인이라면, 자비로운 판사는 그를 감금하거나 짐승처럼 취급하는 대신 (마약이나 알코올 중독 치료, 가정폭력 및 분노조절 프로그램 등) 치료적 판결을 내리는, 사법제도 내의 대안적 길을 상상할 수 있습니다. 또한 선고 단계에서 법원은 가해자에게** 그의 인생에서 발생한, 선행을 방해하는 모든 비정상적인 장애를 이야기하도록 독려할 수 있습니다. 앞서 말했듯 이런 사정이 모든 사건에서 형량 감경으로 이어져서는 안 되겠지만요.[88] 일반적으로 사회는 무엇을 표현해야 할까요? 범죄는 몹시 충격적인 사건이지만, 공감을 통하면 범법자를 범죄 이상의 존재, 그보다 나은 존재, 미래에는 좋은 일을 할 수 있는 존재로 볼 수 있다는 것입니다. 선고는 이런 시각에서 조율될 수 있습니다. 한편으로는 만인이 더 많은 선행을 할 수 있는 환경을 만들도록 노력을 배가해야 할 테고요.

저는 무력함이 복수에서 수행하는 역할을 강조한 바 있습니다. 많은 경우, 복수에 대한 소망은 그 밑에 깔려 있는 무력감에 대한 대체재로서 나쁜 상황에 어떻게든 대처할 수 있다는 환상을 일으킵니다. 그렇다면 사람이든 기관이든 자신의 안정성이나 힘을 자신할수록 좀 더 자비로워질 수 있다는 생각도 가능하겠죠. 사실, 니체가 일찍이 이런 연관성을 설득력 있게 지적해두었습니다.[89] (그에게 많은 영향을 끼쳤던) 세네카처럼, 니체는 그가 기독교에서 발견했던, 복수에 근거한 도덕성이 무능하고 나약하다는 느낌과 심리적으로 연결되어 있다고 주장합니다. 그는 이런 무력감이 복수, 많은 경

---

\* mandatory minimum sentencing, 특정 범죄에 대하여 형량 감경의 사유를 인정하지 않고 최소한 일정 정도 이상의 형을 선고하는 것.

\*\* 원문에는 피해자victim라 되어 있으나 오기로 보인다.

우 신에 의해 사후세계에서 일어나는 복수라는 공상적 계획의 기쁨과 어떻게 이어지는지 추적합니다. 니체의 주장에 따르면, 강한 사람이나 강한 공동체는 유달리 보복에 집착할 가능성이 별로 없습니다. 사실, 그들에게서는 복수에 대한 관심이 차츰차츰, 알아서 자비 쪽으로 방향을 돌리게 됩니다. 니체도 저처럼 '형사사법제도'에 초점을 맞춥니다.

> 힘이 커지면 커질수록 공동체는 개인의 위반을 그렇게까지 심각하게 받아들이지 않는다. 그런 행위가 더 이상은 예전처럼 공동체 전체를 위협하거나 파괴하는 것으로 생각될 수 없기 때문이다. (중략) 어떤 공동체의 힘과 자신감이 증가할수록 형법은 항상 더욱 온건해진다. 전자의 약화나 위험은 항상 후자를 가혹한 형태로 복원시킨다. '채권자'는 부유해지면 언제나 더욱 인간적이게 된다. 궁극적으로, 그의 부에 대한 실질적 척도는 고통을 겪지 않고도 감당할 수 있는 손해의 총량이다. 그렇다면 사회가 자신의 힘을 자각함으로써 가장 고귀한 사치, 즉 사회를 위해하는 자를 처벌하지 않고 내버려둘 수 있다는 상상을 해보는 것도 어렵지 않다. (중략) '모든 채무는 변제할 수 있고, 모든 채무는 변제되어야만 한다'는 것으로 시작되었던 정의는 눈짓 한 번으로 빚을 변제하지 못하는 자들을 자유롭게 풀어줌으로써 종결된다. 이 세상에 있는 모든 좋은 것들이 그렇듯 정의도 그 자신을 극복하면서 종결되는 것이다. 정의의 자기극복. 정의가 스스로에게 내린 아름다운 이름은 이미 알려져 있다. 그것은 바로 자비다. 자비야말로 가장 강력한 인간, 혹은 그 이상의 인간이 가진 특권이라는 점은 말할 필요도 없다. 그런 사람은 법을 넘어서서 존재한다.[90]

복수하지 않는 능력이 개인과 사회 모두의 힘을 보여주는 것이라는 이 생각은 이 책의 지속적인 중심 주제입니다.

세네카식 자비는 용서와 어떤 관계를 맺고 있을까요? 교환적 용서라는 중심적 사례에만 집착한다면 자비와 용서는 언뜻 보기에 상당히 가까워 보입니다. 둘 모두가 특정인의 참회를 고려해 분노 감정을 중지하거나 떨쳐버리는 것과 관계되어 있으니까요. 하지만 반드시 그런 건 아닙니다. 자비는 고집스럽게 진실을 요구하므로 부당행위를 그냥 지워버리거나 '잊어'버리지 않으나, 용서는 그렇게 하는 경우가 있거든요. 매우 중요한 차이점입니다. 하지만 그보다도 중요한 차이점이 두 가지 더 있습니다. 자비는 분노에 후행할 필요가 전혀 없습니다. 자비는 순수한 이행—분노를 표현할 수 있으며 많은 경우 실제로 그렇게 합니다. 부당행위를 인정하되, 미래지향적이고 아량 있는 정신으로 인정하는 거죠. 이 요점을 다른 방식으로 풀어보자면, 용서란 전적으로 과거를 어떻게 다룰 것이냐 하는 문제입니다. 반면 세네카식의 자비는 처음부터 미래에 관한 것입니다. 그의 자비는 재통합을 바라봅니다. 분노가 잠시 동안 출현한다 할지라도 자비는 급히 이행으로 방향을 틉니다. 마지막으로 세 번째 차이점은, 교환적 용서는 사죄를 요구한다는 겁니다. 자비는 그저 다음날을 바라보며 묵묵히 길을 갈 뿐이고요. 다시는 이런 일을 하지 않겠다는 걸 알았으니 과거는 과거로 묻어두자는 것, 그리고 동시에, 우리 사회가 과거에 해왔던 것보다 이 문제를 더 잘 해결하려면 어떻게 해야 하는지 보자는 것입니다. 그렇다면 이런 자비는 일종의 무조건적 용서이거나, 그보다 낫게는 무조건적 사랑에 더 가깝습니다. 소수의 견에 속하는 종교문헌에 담겨 있고, 혁명적 정의의 사례들이 담게 될 태도 말이죠. 세네카의 자비는 '비난 게임'에 참여하는 것이나 선한 자(피해자)와 악한 자(범법자) 사이의 위계를 만들어내는 걸 거부합니다. 그렇기에 세네카의 정의는 범법자들을 비천하거나 모욕적인 위치에 두지 않습니다. 오히려 이때의 이념은 우리 모두가 한 배를 탔다는 것, 또한 우리는 가능한 한 함께 좀 더 잘살아보고자 하는 노력을 해야 한다는 것입니다.

7장에서 살펴보겠지만 이처럼 미래지향적인 정신은 용서에 근거를 둔 접근과는 대단히 다른, 혁명적 정의로의 접근을 가능하게 합니다. 이 둘 사이의 대조는 그때 더 상세히 살펴보죠.

제 초점은 제도 안에 속한 행위자들의 감정이 아니라 '형사사법제도'의 기관들에 맞춰져 있었습니다. 그러나 이제는 제도 내의 많은 역할에 처음부터 어느 정도 자유재량권이 깃들어 있으며, 따라서 그와 같은 감정적 역할을 잘 수행할 사람들을 필요로 한다는 걸 알 수 있습니다. 기계적이거나 공감능력이 떨어지는 사람은 좋은 판사 혹은 배심원이 될 수 없습니다. 그러나 사람들이 감정에 휘둘려 사법현장을 좌지우지해서는 안 된다는 것 역시 중대한 문제입니다. 다시 말해, 사람들은 품위 있는 체제가 마련해둔, 경계선이 명확히 그어진 감정적 역할을 신중히 수행해야 합니다.[91] 즉, 감정적 능력과 상당한 절제력을 모두 계발해야 한다는 거죠. 많은 사회에서 너무도 유혹적인, 분노라는 사이렌의 노래를 생각해보면 후자의 덕목은 특히 중요합니다.

에우메니데스는 만족하지 않을 것이고 만족해서도 안 됩니다. 그들은 '사악한 성공과는 아무 관계가 없는 무언가'를 요구했는데, 이때 '사악한 성공'이란 복수를 통한 성공을 의미하기 때문입니다. '숲을 망가뜨리는 바람은 불지 않게 하자'는 말은 양호한 영양공급, 주택공급, 교육, 보건을 통해 시민들을 길러내자는 의미로 이해될 수 있습니다.[92] '황량하고 치명적인 질병이 기어들어와 목숨을 앗아가는 일이 없도록 하자'는 겁니다. 현대의 어떤 사회도 이 말에 귀를 기울이지 않았습니다(당연한 얘기지만, 고대 아테네도 마찬가지입니다. 아테네는 인접국가에서 잔혹한 정복전쟁을 벌이는 한편 자국의 시민 간에서도 엄청난 불평등이 이어지도록 방치했던 노예사회였죠). 우리는 먼저 언급한 다른 과제들에 실패했기에 현재 우리가 알고 있는 형태의 감금과 '처벌'이라는 방법에만 머물러 있습니다. 우리가 맡은 바 소임을 잘해낸다면 이러한 제도들은 아마도 계속해서 존재하겠지만 할 일이 훨씬 적어질 것입니다.

에비니저 스크루지의 경우를 떠올려보십시오. 크리스마스 날, 굶주린 사람들에게 음식을 좀 기부해달라는 제안을 받고 스크루지는 놀라며 감옥과 공장, 구빈원이 유용한 작용을 멈춘 것이냐고 묻습니다. 현대의 여러 사회는 스크루지와 같습니다. 아마도 미국은 특히 그럴 테고요. 정의를 추구할 때 어떤 사회도 의존해서는 안 되는, 채무 불이행 상태의 제도를 마땅히 그렇게 되어야 하는 영원한 고착상태라고 생각하는 것입니다. '형벌의 정당화'와 관련된 토론은 '구빈원의 정당화'라는 문제를 놓고 스크루지와 벌이는 토론과 같습니다. 구빈원의 자리를 마련하자면, 스크루지가 먼저 굶주림과 비참함을 예방하기 위한 가능한 모든 일을 했음을 우리에게 확신시켜주어야겠죠. '무엇과 비교해서 형벌이 더 낫다는 거야?'라는 질문이 언제나 우리가 던져야 할 질문이며, 이때의 '무엇'은 혐오스러운 교도소 안에서의 심리치료 같은 뜨뜻미지근한 대안이 아니라, 우리가 사회의 가난과 불평등을 바라보는 방식을 철저하게 변혁하는 것을 말합니다. 우리 사회의 가장 이런 시민들을 대힐 때는 특히 그렇고요. 그러나 그 목표를 이루기까지는 아직 갈 길이 멉니다. 당분간은 제가 여기에서 옹호한 제안 일부를 포함하여 뜨뜻미지근한 제안들만이 공청 기회를 따낼 가능성이 높은 유일한 제안입니다.

제7장

# 정치적 영역: 혁명적 정의

그러나 분개해서는 안 된다는 말은 묵인해야 한다는 뜻이 아닙니다.

– 모한다스 간디, 구자라트의 사티아그라하 아시람을 위한 규정, 1915[1]

## 1. 고귀한 분노?

그렇다고는 해도, 사회가 부패하고 악랄한 경우에는 분노가 고귀한 것 아닐까요? 억압당하는 사람들은 너무 많은 경우 자신의 '운명'을 묵인하는 법을 학습합니다. 자신들이 뽑은 제비를 받아들일 만한 것으로, 묵인을 적절한 것으로 정의하는 '적응적 선호'*를 형성하죠. 하지만 모두가 묵인만 하는 상황에서는 변화가 일어날 가능성이 낮습니다. 사회가 사람들을 취급하는 방식이 얼마나 부당한지 알리는 것이야말로 사회적 진보로 나아가는 첫 걸음이에요. 이런 각성은 당연히 정당한 분노를 유발하지 않을까요? 자신들이 부당하게 학대당하고 있다고 믿으면서도 화를 내지 않는다면, 그런 사고방식은 좀 문제가 있는 것 아닌지요? 예를 들어, 그 사람들은 자신의 위엄과 권리를 너무 낮게 평가하는 시각을 가지고 있지 않습니까?

분노에는 세 가지 가치 있는 역할이 있는 것으로 보입니다. 첫째, 분노는 억압당하는 사람 자신이 어떤 가해행위를 당하고 있는지 깨우쳐주는 값진 신호입니다. 또한 분노는 그가 불의에 항거하고 저항하도록, 더 넓은 세상을 향해 자신이 겪는 비탄의 속성을 전달하도록 하는 필수적 동기로 보입니다. 마지막으로 분노는, 간단히 말해, 그냥 정당한 것으로 보입니다. 끔찍한 잘

---

* adaptive preferences. 자신의 처지를 좀 더 견디기 쉽게 만들고자 상황을 재해석하는 경향을 말한다. 이솝 우화 중 '신 포도' 이야기에 나오는 여우를 생각해보면 이해하기 쉽다.

못에 대한 격노는 옳은 것이기에 분노는 진정성 있는 무언가를 표현합니다.

사회의 기본을 이루는 법적 구조가 건전한 경우, 사람들은 바로잡을 일이 있으면 법에 의지할 수 있습니다. 에우메니데스가 권하는 것도 이 방법이고요. 하지만 어떤 경우에는 법적 구조 자체가 부당하고 부패해 있습니다. 사람들이 해야 할 일은 이런저런 구체적 잘못에 대한 정의를 확보하는 것만이 아니라, 궁극적으로는 법적 질서 자체를 변화시키는 것입니다. 이 과제는 일상에서의 정의 유지와 어느 정도 연속적이지만 완전히 같지는 않습니다. 일상에서야 어떨지 몰라도 이 과제를 해결할 때에는 분노가 요구되는 것으로 보입니다.

다른 한편으로, 지난 100년간의 역사에서 혁명적 정의를 추구했던 성공적 투쟁을 자세히 살펴보면, 그 즉시 가장 주요하고 안정적으로 성공을 거둔 투쟁은 묵인하려는 정신하에서 일어난 것은 아니나 비-분노에 대한 근본적 헌신을 통해 실행되었음을 알게 됩니다. 영국의 지배에 대항한 간디의 비협력 작전이나 미국의 시민권 운동, 아파르트헤이트 체제를 극복하고자 했던 남아프리카공화국의 투쟁은 모두 대단한 성공을 거두었지요. 그런데 이 세 가지 운동은 모두 이론과 실천 양면에서 분노를 거부했습니다. 이 중에서 분노를 수용할 수 있는 감정으로 본 운동이 하나라도 있다면, 그 운동이 수용한 분노는 가해자에게 나쁜 일이 빌어지기를 바라는 어떤 소망도 없는 격분으로서의 감정, 즉 우리 논의에서 경계선상의 사례로 짚었던 '이행-분노'이거나 잠시 동안 진짜 분노가 일어났지만 신속히 이행으로 넘어간 경우입니다. 절대적으로 분노를 거부했으며 분노를 전혀 느끼지 않는 데에 성공한 것처럼 보인 모한다스 간디는 비-분노가 나약함과 굴종의 자세가 아니라 힘과 존엄의 태도임을 온 세상에 보여주었습니다. 그도 격분을 표현하긴 했지만 언제나 미래지향적이고 비-분노적인 정신을 가지고 그렇

게 했습니다. 마틴 루터 킹 주니어는 간디의 뒤를 따라 비-분노와 (혹은 비-
분노로의 신속한 이행과) 비폭력 모두를 옹호했습니다. 간디보다는 성인聖人
과 거리가 멀어 보이는 킹은 분노를 느끼기도 했고 (혹은 최소한 연설에서 분
노를 표현했고) 청중들에게 어느 정도까지는 분노를 느끼도록 독려하기도
했습니다. 하지만 킹은 언제나 이행을 향해 신속히 움직였으며, 자기방어를
위한 폭력이 도덕적으로 정당화된다고 인정하면서도 비폭력을 엄격하게
강조했죠. 넬슨 만델라는 비폭력 전략이 통하지 않는다면 그 전략을 일단
내려놓고 제한적이고 전술적인 방식으로 폭력을 사용할 것을 아프리카민
족회의에 촉구했습니다. 그러나 만델라는 최악의 상황에서도 단 한 번도 멈
추지 않고 자기가 처해 있는 상황을 아량 넓은 미래지향적 정신을 통해 돌
아보았습니다. 분노에 취약했던 사람인 것은 분명하지만, 동시에 만델라는
지위-불안에 특이할 정도로 초연하고 놀랄 만큼 아량도 넓었기에, 인상적
인 빠른 속도로 분노를 넘어설 수 있었습니다. 이런 기록들을 연구하면 신
호와 동기요인, 정당한 표현으로서의 '고귀한 분노'라는 개념이 혁명적 상
황에서 따를 수 없는 잘못된 안내자인 이유는 물론, 아량 있는, 심지어 지나
칠 정도로 아량이 넘치는 정신적 태도가 적절하면서도 효과적인 대안이 되
는 이유도 알게 됩니다.

이 장에서 다루는 부수적 주제는 혁명적 상황에서 용서가 수행하는 역할
입니다. 앞에서와 마찬가지로 저는 조건부로 이루어지는 교환적 용서만이
분노에 대한 유일한 대안은 아니라고 주장할 것입니다. 무조건적 아량은 교
환적 용서보다 유용할 뿐만 아니라 인과응보의 소망으로도 덜 오염되어 있
는 경우가 많으므로 도덕적으로 옹호할 수 있는 가능성이 높습니다.

마지막으로 우리는 어느 사회인지를 막론하고, 사회의 안정성 및 그로부
터 비롯된 합법성의 필수적 요소로서 신뢰라는 문제에 큰 관심을 기울여야

합니다. 근본적 억압과 체제상의 부당함이 만연한 상황에서 신뢰는 존재하지 않습니다. 억압당하는 사람들은 신뢰란 불가능한 것이라고, 투쟁에서 승리할 수 있는 방법은 오직 내 차례가 왔을 때 상대를 지배하는 방법 혹은 양측 모두가 상대의 급습으로부터 자신을 방어하기 위해 원한 어린 모두스 비벤디를 확립하는 방법뿐이라고 믿기 쉽습니다. 이처럼 불안하고 신뢰를 결여한 타협은 안정적일 가능성이 낮습니다. 그런 면에서, 앞으로 이 장에서 살펴볼 세 가지 혁명운동은 정치적 신뢰의 창출이 혁명 과업의 대단히 중요한 부분임을 이해하고 있었던 셈입니다. 수많은 혁명가들이 어떤 식으로든 혁명적 분노에 매력을 느낄 수는 있습니다. 그러나 앞으로 이루어질 정치적 제도와 원칙의 진전에 관해 적대적 집단까지도 자신감을 가질 수 있게 해준다는 면에서는 혁명이라는 근원적 영역에서도 비-분노와 아량에 근거를 둔 전략이야말로 무엇보다 가치 있는 것으로 판명되리라는 게 제 생각입니다.

저는 (역사적 허구에 따르면) 개인들에게 앞으로 나아갈 수 있는 안전한 길이 전혀 없었던 사례에서부터 시작하려고 합니다. 불의가 만연해 있고 정치적 동원은 겨우 발생 단계이며, 각종 제도는 심각하게 부패해 있습니다. 바로 이곳, 앞으로 나아갈 길은 오직 분노만이 보여주리라 생각했던 이곳에서, 미래를 향한 비-분노적 전망이 훨씬 더 생산적인 것이었음이 저절로 드러납니다. 또한 이 비전은 억압받는 사람들의 평등한 인간적 존엄성을 충분히 표현하는 것이기도 합니다. 그다음에는 간디와 킹의 운동 배후에 깔려 있던 비-분노의 이론을 분석합니다.[2] 이를 통해 두 사람의 작업에 담겨있던 혁명적 비-분노의 매력적 청사진과 비-분노에 반대하는 주장을 반박하는 대목들을 밝히도록 하겠습니다. 하지만 그와 별개로 분노에 반대하는 두 사람의 주장에는 중대한 비약이 몇 가지 있습니다. 그러한 간극을 메우기 위해 저는 넬슨 만델라의 이력 쪽으로 눈을 돌립니다.[3] 이론의 영향을 받기는 했으나 만델라는 크게 이론적인 글은 쓰지 않았습니다. 그러나 다른 사람들이 기록한 내용과 두 권 분량의 자서전을 통해 드러나는 그의 전체적 접근은 그가 정의를 위한 투쟁에서 비-분노를 선택한 까닭을 강력히 설명합니다. 분노를 비판하는 입장에서, 이후 저는 혁명운동에서 용서가 수행할 수 있을지도 모르는 역할로 눈을 돌려 진실화해위원회에 대한 몇 가지 언급으로 이야기를 마무리짓도록 하겠습니다.

## 2. 이행의 이야기: 페이턴의 『울어라, 사랑하는 조국이여』

앨런 페이턴의 1948년 작 소설 『울어라, 사랑하는 조국이여』는 한 저항운동가가 깊이 몰입해서 쓴 열정적 외침입니다.[4] 페이턴은 이후 당대의 법을 어겨가며 여러 인종이 두루 참여하는 정당을 창설한, 자유주의적 소년법원 개혁가였죠. 해외에서 창작하여 출판한 페이턴의 소설은 남아프리카공화국에서의 인종관계와 그 때문에 국가가 치러야 하는 파괴적 비용을 세상에 알리는 것이 목적이었습니다.

겉으로 볼 때 이 소설은 내면적이고 개인적인 비극입니다. 두 아버지가 각기 아들을 잃습니다. 그중 한 사람인 제임스 자비스는 부유한 백인입니다. 다른 이인 스티븐 쿠말로는 가난한 흑인이고요. 한 사람은 살인 피해자의 아버지이고 다른 사람은 그를 죽인 살인자의 아버지입니다. 빈집털이를 하다가 자비스의 아들 아서를 죽인 압살롬 쿠말로는 엄밀히 말하면 중죄 모살죄를 저지른 것이지만, 상해를 입힐 고의가 없는 상태에서 겁에 질려 총을 난사한 것입니다. 그렇기에 그가 순종적인 심복으로서 따르던, 나이도 더 많고 험악한 동료 두 사람보다는 도덕적으로 훨씬 죄가 덜하죠.[5] (그 두 사람은 영악한 법적 술책을 활용하여 사면을 받습니다. 둘 중 한 사람은 심각한 신체적 상해를 입히려는 명백한 의도를 가지고 자비스의 하인 음피링을 고의적으로 공격했는데도 말이죠.) 독자들은 철저하게 인종차별주의적인 형사사법제도 안에서 압살롬이 단 한 번도 인간으로 진지하게 받아들여지지 않는다는 느낌을 받습니다. 뿐만 아니라, 자비를 베풀어달라는 그의 청원에는 취할 부분이 분명 있는데도 누구도 귀를 기울이지 않죠.

결과적으로 외아들의 처형을 기다리며 그의 아버지이자 성공회 사제인 스티븐 쿠말로는 백인이 주도하는 사회에 대한 분노를 품을 타당한 근거를 갖게 됩니다. 한편으로는 제임스 자비스에게도 나름대로 살인범들에게 극도의 분노를 느낄 만한 이유가 있습니다. 어쩌면 쿠말로의 가족에게 분노할 이유도 있겠죠. 그들은 압살롬에게 아무 도움도 주지 않았으며, 범죄나 나쁜 동료들의 유혹에 빠지지 않도록 충분히 준비시키지도 않은 채 아들을 요하네스버그로 보냈으니까요. "신께서 저들을 모두 붙잡으셨으면 좋겠다. 그리고 모두를 목매달아 주셨으면." 자비스의 친구 해리슨은 이렇게 말합니다(182).

그런데 압살롬 쿠말로가 집을 떠난 이유는 무엇일까요? 소설은 처음부터 응도트셰니에서 생계를 꾸려가기란 어려운 일이라는 점에 주목합니다. 침식이 일어나면서 강이 흐르던 계곡이 메말랐고 이에 따라 모든 것이 시들어버렸기 때문이죠. 자비스를 포함해 이 지역에 살고 있는 부유한 백인들은 이 문제에 대해서도 그 원인에 대해서도 알고 있지만 그에 대처할 만한 행위는 아무것도 하지 않았습니다. 압살롬은 왜 범죄를 저지르게 된 걸까요? 비난의 상당 부분은 그를 교육시켜주지도, 그에게 고용 기회를 제공해주지도 않았던 인종차별주의적 사회에 돌아가야 한다는 점에 의심의 여지가 없습니다. 아들의 죽음으로 비탄에 잠겨 있던 아버지가 아서의 서재에 들어갔다가 미완성 원고를 발견하게 되는데, 알고 보니 아서 자비스가 쓰고 있던 글이 바로 그런 내용이었습니다. 페이턴 자신을 모델로 삼은 교화주의적 교도관과의 관계를 비롯하여 압살롬은 몇 차례인가 괜찮은 대우를 받기도 합니다. 페이턴은 현실에서도 선구적인 소년범 교정시설을 만들어냈죠. 편견을 가진 백인들이 수용하기에는 너무 큰 성공을 거두었기에 정부가 빠르게 해체시켜버리기는 했지만요. 그러나 동시에, 압살롬에게는 또 한 가지 범죄의 동기가 있습니다. 바로 험악한 범죄자인 사촌입니다. 결국 압살롬은 도시에 대한 순전한 공포와 법에 대한 합리적 불신 탓에 사촌의 고분고분한 공범이 되고 말아요. 도시가 두렵지 않았다면, 자신을 방어할 방법을 배워야겠다고 결정하지만 않았다면 압살롬은 애초에 총을 소지하지 않았을 겁니다.

다시 말해, 소설의 초반에서 우리는 "모두를 목매다는" 형태의 복수가 아무 짝에도 쓸모없는 일임을 알게 됩니다. 남아프리카공화국은 끔찍한 공포와 증오에 붙들려 있는 사회로, 공포와 증오는 서로를 더욱 키워나갑니다. 인구의 다수를 차지하고 있는 흑인에 대한 공포는 백인 사회가 처벌적 성향과 강제적인 분리 전략을 점점 더 강화해나가도록 만듭니다(이 소설이 출판된 시점에 아파르트헤이트의 축조자들이라고 할 수 있는 국민당원들은 이제 막 선거에서 첫 번째 승리를 거두던 참이었습니다). 법은 그 공포의 표현이었으며, 법이 띠고 있는 보복적 열정은 점점 더 가혹해지는 조처로써 공포를 가두어놓고자 하던 사회의 욕망을 단순하게 표출한 것이었습니다. 대다수 흑인들의 입장에서도 엄청난 공포가 느껴졌습니다. 도시의 위험에 대한 공포, 백인들의 증오심과 처벌에 대한 공포, 깜깜한 미래에 대한 공포, 법 자체에 대한 공포 등이죠. 백인들은 말로야 범죄를 억제하고 싶다고 했지만 그 목표를 이루어나가는 합리적 전략, 예컨대 교육이나 교외지역의 개발, 고용기회의 증진 등을 포함한 전략은 선택하지 않았습니다. 대신 처벌을 가중시켜 자신이 느끼는 공포와 불안에 복수하는 전략만을 택했죠. 마치 대다수 흑인의 존재 자체가 자신들을 향한 부당행위라는 것처럼 말입니다. 반면 흑인들이 저지르는 범죄는 절박함과 공포 때문에 발생한 생존 전략이었지 증오심의 표현이 아니었습니다. 그러나 앙갚음에 대한 욕망만은 부글부글 끓고 있었죠. 가장 가능성 높은 미래는 양쪽에서 보복적 폭력을 저질러 유혈 낭자한 내전이 발발하는 사태였습니다.

아버지들은 그들이 속해 있는 공동체와 마찬가지로 고집과 공포와 증오로 이루어진 길, 충돌이 뻔히 예상되는 그 길에 오르는 것으로 보입니다. (소설이 보여주는 대로라면) 이 길은 역효과를 낼 뿐 아니라, 국가 번영을 위해 꼭 해결해야만 하는 진정한 사회문제들을 다루는 데에도 완전히 실패하는 길이죠. 생산적 사고의 실패는 소수 백인들에게서 가장 두드러지게 나타납니다. 다음 대목을 보세요. "우리는 모른다, 우리는 모른다. 우리는 하루하루를 살아가야만 하고, 문에는 더 많은 자물쇠를 달아야 하며, 옆집의 건강하고 사나운 암캐가 새끼를 낳으면 건강하고 사나운 개를 얻어야 하고, 핸드백은 더욱 세게 움켜쥐어야 한다. (중략) 그렇게 우리의 삶은 움츠러들 것이다. (중략) 그리고 양심은 내려앉고 말리라. 삶의 불꽃은 꺼지지야 않겠지만, 아직 오지 않은 어느 날에도 그 불꽃에 의존해 살아갈 세대를 위해 나무통 아래에 감추어놓아야 할 것이다(111)."

예언시의 형식으로 쓰인 페이턴의 소설은 무엇보다도 국가에 관한 우화입니다. 이 소설은 남아프리카공화국을 고통스러운 심판의 장에 불러들이며, 결론적으로는 머나먼 희망의 미래를 향해 손짓합니다. 두 아버지의 개인적 이야기는 말은 하되 듣지는 않는, 의견을 밝히지만 생각은 하지 않으려는 사회적 목소리를 배경으로 펼쳐집니다. 이에 대해 페이턴은 현상을 인정하고 진심으로 깊이 생각해볼 것을 촉구합니다. 소설의 제목도 여기에서 나온 것이죠.

울어라, 사랑하는 조국이여, 아직 태어나지도 않았으나 우리의 공포를 상속받을 아이들을 위하여. 그 아이가 땅을 너무 깊이 사랑하지 않도록 하라. 물이 손가락 사이로 흘러나갈 때에도 너무 기뻐하며 울지 않게 하고, 지는 해가 초원에 불을 질러 빨갛게 물들일 때에도 너무 조용히 있지 않도록 하라. 그의 땅에 사는 새들이 노래할 때에는 너무 감동하지 않도록 하고, 산이나 계곡에도 너무 마음을 두지 않도록 하라. 너무 많은 것을 내어주면 공포가 그에게서 그 모든 것을, 모든 것을 강탈할 것이기에(111).

이 고통스러운 목소리는 타국의 먼 땅에서 쓰인 것이나, 조국의 가까운 것들에 대한 강렬한 사랑을 품고 소수 백인의 공포와 증오가 아름다운 나라를 죽이고 있다는 메시지를 전달합니다. 아직 태어나지 않은 아이가 흑인으로 상상되든, 백인으로 상상되든 그건 전혀 중요한 문제가 아닙니다. 모두가 똑같이 파멸의 길을 걸어가고 있으니까요.

지독할 만큼 구체적인 동시에 정치적 우화로서의 특성을 가지고 있는 스티븐 쿠말로와 제임스 자비스의 이야기는 이 소설이 전해주는 희망의 예언입니다. 분노의 옹호자들은 두 아버지가 모두 화를 내야 한다고 말할 것입니다. 둘 모두가 심각한 부당행위를 당했으니까요. 자존감을 지키려면 둘 다 적을 상대로 온순하고 온화한 태도를 보여서는 안 되잖습니까?

그러나 우리는 초반부터 두 사람 모두가 분노 혹은 복수라는 아무 소득 없는 생각에 흔들리지 않는다는 사실을 알게 됩니다. 스티븐 쿠말로는 기독교 사제로서의 책무에 분노를 놓아주는 일이 요구된다고 해석합니다. 그러므로 법정에서의 교묘한 변호를 통해 자기 아들은 구해내면서 압살롬은 저버리는 형제, 존을 향해 분노가 일어난다는 걸 알아차리자 그는 자신을 가차 없이 비판합니다. 자비스에 대해서도 이야기해보죠. 그는 자신이 찾아낸 아서의 원고를 읽던 중, 문득 (침입 때) 들려오던 소음이 무엇인지 조사해보려고 아들이 아래층으로 내려가지 않았더라면 하고 바라게 됩니다. 여기서 서술자는 이렇게 말합니다. "하지만 그런 생각에는 아무런 이득이 없었다. 있었을지도 모르지만 다시는 일어날 수 없는 일에 머무르는 것은 그의 습관이 아니었다(186)." 그렇다면 스티븐과 자비스는 모두 이행을 위한 준비가 되어 있는 셈입니다. 희망에 대한 예언으로 페이턴이 우리 앞에 보여주고자 하는 것도 이행의 이야기이죠. 그 과정에서 페이턴은 단서를 사방에 뿌려놓고 있습니다. 버스 승차거부(81-82) 일화에서 경찰의 명령에 항거하여 흑인들을 도와준 백인 운전자의 아량이나, 방금 전 이야기했던 백인 교도관의 생산적 실험, 시내의 흑인 목사 음시망구, 그러니까 "어떤 인간에게도 증오심을 품지 않는 음시망구(311)"가 보여주는 아량 넘치는 철학 등이 그 사례인데요. 이때 "너를 돕는 것이 내 기쁨이다"라는 음시망구의 간단한 말이 쿠말로의 절망을 사라지게 합니다(116).

이행은 혼자 하는 명상에서부터 시작됩니다. 예를 들면 자비스가 몇 시간 동안이나 아들의 서재에 혼자 앉아, 아서가 쓴 '남아프리카공화국민의 진화에 관한 사적 수고'라는 제목의 원고를 읽을 때에 말이죠. 아서에게 영감을 불어넣어준 에이브러햄 링컨의 연설문을 읽을 때도 그렇고요. 링컨의 연설문 중에서는 특히 집권 2기 취임연설이 자비스를 사로잡습니다. 페이턴은 연설문을 인용하지는 않습니다. 그 연설문에 "누구에게도 악의를 품지 않고, 모두에게 너그러워짐으로써" 한 나라의 상처를 치료하는 방법이 담겨 있다는 걸 독자들이 이미 알고 있을 테니까요(이 소설은 미국에서 쓰였거든요). 그로부터 얼마 지나지 않아서, 순전히 우연하게도 자비스는 스티븐 쿠말로를 만나게 됩니다. 며느리의 집에 가 있을 때 마침 쿠말로가 그 집에서 하녀로 일했던 이웃집 딸에 대해 물어보려고 왔거든요. 그때 자비스가 문을 열어줍니다. 쿠말로가 보여주는 실망감과 슬픔에 의아해하던 자비스는 점차 쿠말로가 누구인지 알게 되고 이렇게 말합니다. "예전에는 이해하지 못하던 것을 이제는 이해합니다. 내 안에는 분노가 없습니다(214)." 그 순간 이후로 아버지들은 불편하지만 깊은 관계에 함께 참여합니다. 둘 중 누구도 사과를 하지 않고 누구도 용서를 구하거나 베풀지 않습니다(스티븐 쿠말로에게 공동체를 떠남으로써 참회하고 용서하라고 촉구하는 성공회의 주교는 둔감하고 아무 도움이 안 되는 인물로 그려집니다). 둘은 그저 서로를 이해하고 서로의 슬픔을 공유할 뿐이죠. 그러던 중, 먼 곳에서는 압살롬 쿠말로가 사형당합니다. 사형 당일 혼자 있고자 스티븐 쿠말로가 산으로 올라갔을 때 길에서 그를 만난 자비스는 그 행동 또한 이해하죠.

이행에서의 주요한 행위자는 어린아이입니다. 이 역시 페이턴의 우화적 의도인데요. 적의로부터 자유로운 정신적 태도가 정책을 인도해야 한다는 겁니다. 자비스의 손자는 '총명함'이 죽은 아버지와 꼭 닮아 그를 떠올리게 하는 인물로, 차를 타고 나갔다가 스티븐 쿠말로를 방문해 코사어*를 가르쳐달라고 부탁합니다. 우유 한잔을 청했던 손자는 사람들이 추수를 하지 못했고 이 때문에 소 떼도 끔찍한 영향을 받았으며 응도트셰니에는 우유가 없다는 사실을, 그리고 수많은 아이들이 그 때문에 죽어가고 있다는 사실을 알게 됩니다(270). 이로부터 얼마 지나지 않아 '반짝이는 깡통'에 담겨 있는 우유가 쿠말로의 현관에 도착합니다. 마을의 아이들을 위한 것이라는 메시지와 함께 말이죠. 자비스가 보낸 특사는 자신이 맡은 임무에 기뻐하며 매

---

* 남아프리카공화국의 한 부족인 코사족의 언어.

우 기분이 좋아져 차를 몰고 떠납니다. 책은 스티븐 쿠말로가 "다 큰 남자가 이런 식으로 장난을 할 수 있다는 사실에 (중략) 웃었고 쿨루세에 사는 아이가 살아남을 수 있을지도 모른다는 생각에 다시 웃었으며 신당에 앉아 있는 완고하고 조용한 남자가 생각나 또 한 번 웃었다. 그는 너무 웃어 배가 아픈 채 집 안으로 눈을 돌렸고 그의 아내는 의아하다는 눈으로 그를 바라보았다"고 되어 있습니다. 두 아버지가 모두 과거보다는 미래를 보기 시작한 것입니다.

새로운 미래는 바로 이 수원水源으로부터 흘러나옵니다. 자비스는 과학 분야에서 훈련을 받은 젊은 흑인 기술자를 고용해 웅도트셰니로 불러들인 다음 그곳의 농업을 구제할 계획을 짜도록 합니다. 스티븐 쿠말로와 족장의 협력을 받아 그들은 새로운 농사법을 받아들이도록 사람들을 설득해내죠. 흑인 기술자는 그 존재 자체가 새로운 인종 간 협력의 결과입니다. 그는 자기가 "진실에 대한 사랑"을 가지게 된 공을 백인 교수에게 돌리거든요. 이 교수는 또한 그에게 "우리는 이 사람 혹은 저 사람을 위해 일하는 게 아니라, 이 땅과 이 땅에 사는 인민 모두를 위해 일하는 것(303)"임을 가르쳐준 인물이기도 합니다. 이제 막 활동을 시작한 자유의 투사로서, 그는 〈응코시 시켈렐 이아프리카〉*라는 노래를 마을로 가져옵니다. 동시에 그는 "누구도 증오하지 말고, 누군가를 지배할 수 있는 힘도 절대 욕망하지 말게. (중략) 우리의 땅에는 이미 너무 많은 증오가 있으니까(303)"라는 스티븐 쿠말로의 말에도 귀를 기울입니다. 증오 대신 웅도트셰니는 성실한 노동과 합리적 계획, 그리고 희망을 얻게 됩니다.

두 아버지는 분노에서 몸을 돌려 아량 있는 태도로 인종 간 협력과 건설

---

* Nkosi Sikelel' iAfrica, '아프리카에 신의 축복 있으라'는 뜻으로 남아프리카공화국의 국가國歌이다.

적 노동이라는 미래를 상상합니다. 이런 상상은 부패한 법질서 외의 정의에 몰입하면서도 아량 있고 미래지향적인 정신을 잃지 않는 가운데 일어나며, 역사적·과학적·경제적 진실에 기반을 둔 새로운 법적·정치적 질서의 전망 혹은 우화를 만들어내죠. 소설이 끝날 때에 희망은 실제로 존재하지만 희망의 시대만은 아직 오지 않은 상태입니다.

> 움짐쿨루의 거대한 계곡은 아직 어둠에 잠겨 있지만, 빛이 그곳을 찾아올 것이다. 응도트세니는 여전히 어둠에 잠겨 있지만, 그곳에도 빛이 찾아올 것이다. 다가올 것은 새벽이니까. 만 년 동안 단 한 번도 실패하지 않고 돌아온 새벽이니까. 하지만 그 새벽이 돌아오는 시기만은, 연대에 대한 두려움과 두려움의 연대로부터의 해방이 찾아오는 시기만은, 글쎄 그것만은 비밀이다(312).

## 3. 혁명적 비-분노: 이론과 실천

모한다스 간디와 마틴 루터 킹의 혁명적 비-분노는 머나먼 희망이 아니라 눈앞의 과제로서 제안되었습니다. 불의와 맞서는 지금 당장, 이곳에서 포용하여야 할 과제로 말이죠. 두 사람이 주장한 비-분노에는 궁극적으로 이 운동에 참여하는 사람들이 받아들이고 깊이 내면화시켜야 하는 일련의 심리적·행동적 실천들이 포함되어 있습니다. 하지만 이때의 비-분노는 개인적 심리치료라기보다 오히려 집단적 소양의 함양입니다. 그러므로 운동에 참여하는 모두에게 목표를 인지시키고, 새로 합류하는 사람들에게도 태도와 실천방안을 교육할 수 있는 명백한 이론이 뒷받침되어야 했습니다. 우리에게는 다행한 일입니다. 간디와 킹 두 사람은 모두 우리에게 비-분노의 감정적·행동적 측면을 설명하고 정당화하는 방대한 양의 이론을 남겼습니다.

나아가 만델라는 우리에게 좀 더 많은 정보를 제공하는 견해를 남겼는데, 이로부터 비-분노를 지지하는 강력한 주장을 추출할 수 있습니다. 제가 보기에 간디와 킹의 주장에는 빈틈이 있는데, 두 사람은 수많은 추종자들에게 영감을 불어넣고 널리 공감을 일으킨 종교적 이미지를 활용해 이 간극을 메웠습니다. 하지만 그렇게 한다고 해서 우리의 철학적 질문에 대한 답이 충분하게 이루어지는 건 아니라고 생각합니다. 그 간극을 메워주는 건 만델라죠.[6]

먼저 우리가 물어야 할 것은 이것입니다. 비-분노인가, 비폭력인가? 이 둘은 함께 옹호되는 경우가 많으며 간디와 킹을 존경하는 수많은 사람들은 비-분노란 필요 이상의 이념일 뿐 주요 개념은 비폭력이라고 믿습니다. 그들은 사람이란 행동에 대해서는 책임을 물을 수 있지만 감정적 상태에 대해서는 책임을 물을 수 없는 존재라고 보며, 인간에게 내면의 상태를 변경하라고 요구하는 것은 너무 지나치다고 느낍니다. 간디와 킹은 여기에 동의하지 않습니다. 그들은 사람들이 자신의 목표와 압제자들을 새로운 눈으로, 사랑과 아량이라는 정신으로 바라볼 수 있게 해주는 정신적 혁명을 통해서만 믿을 만한 정도로 비폭력에 몰입할 수 있다고 주장합니다. 킹의 경우 인간적 약점에 몇 가지 중요한 양보를 하지만, 두 사람 모두 훈련과 연대를 통해 이러한 혁명이 가능해진다고 믿습니다. 또한 간디와 킹은 마지막 단계, 즉 정치적으로 새로운 세계를 만들어내는 단계에서는 비-분노가 핵심적이라고 주장합니다. 폭력적 상황이 지나가고 나서 한참 후까지 우리는 아량 있고 분노에 차 있지 않은 정신으로 함께 일할 수 있어야만 하니까요. 비폭력은 그저 부정적인 태도로만 그칠 수 있습니다. 뭔가를 삼가는 태도이니까요. 비폭력이 창의적일 수 있게 되는 것은 오직 사랑과 아량이 분노하는 마음을 대체하여 내면적 변화를 일으킬 때뿐입니다. 저는 이런 강조점에 물론 동의합니다. 뿐만 아니라, 타인과 관계를 맺는 이런 방식은 가르치고 배울 수 있는 것이라는 생각과 공공의 감정적 분위기를 조성하는 것이 비현실적 이상주의가 아니라는 생각에도 동의합니다. 하지만 동시에, 분노를 이행으로 안정적으로 전환할 수만 있다면 특정한 장치를 마련하여 인간의 타고난 분노 성향에 일정 부분을 양보해줄 수 있어야 한다는 킹의 주장에도 동의합니다.

저는 비-분노에 반드시 비폭력이 뒤따르는 것은 아니라고도 주장해왔습니다. 간디는 여기에 동의하지 않았죠. 간디는 올바른 내면적 태도에는 비폭력적 행동이 수반될 수밖에 없다는 인간에 대한 형이상학적 시각을 받아들이고 있었을 가능성이 높아 보입니다. 그러니까 이 시각에 따르면 폭력이 발생하기 위해서는 올바르지 않은 내면적 태도가 필요한 셈이죠.[7] (『자서전』에 나오는, 육식과 폭력에 대한 의심은 이런 생각을 보여주는 하나의 신호에 불과합니다.) 리처드 소랩지가 보여주듯, 간디는 주로 위험한 동물을 죽이는 경우와 관련하여 몇 가지 예외를 분명히 인정했습니다. 그러나 물리적 폭력이 허용되는 조건은 언제나 폭력을 당하는 쪽에도 좋은 작용을 해야 한다는 것이었습니다. 인간관계에서 이런 조건이 만족될 수 있는 경우는 절대로 없다고 해도 과언이 아닙니다.[8] 간디의 생각이 널리 공유되는 사상이 아니고, 우리 중 많은 사람들에게는 미신적인 것으로만 보이는 형이상학적 시각에 뿌리를 두고 있다는 이유만으로 그의 견해를 거부해서는 안 될 것입니다. 하지만 아량 넓고 사랑하는 정신을 가진 사람이 폭력을 수용하거나 폭력에 참여할 수 있는 경우는 전혀 없다는 간디의 주장에 과연 설득력이 있는지는 따져봐야겠죠.

정답은 '없다'입니다. 전쟁에 대한 간디의 시각에는 분별력이 없어요. 간디는 비폭력과 사랑이 히틀러에게 접근하는 최선의 방법이자 전적으로 충분한 방법이라고 보았는데, 이런 시각은 말 그대로 터무니없는 생각입니다. 이 견해를 누가 진지하게 받아들이기라도 했다면 심각한 피해가 발생했겠죠. 간디에게는 심각한 오류가 두 가지 있습니다. 첫째, 간디는 히틀러에 대한 폭력적 반응을 '히틀러주의'와 등치시켰습니다. "역-히틀러주의를 통해서는 히틀러주의를 절대로 무찌를 수 없다(G 337)"면서 말이죠. 전혀 설득력이 없는 주장입니다. 자기방어는 공격행위와 도덕적으로 동등하지 않습니다. 괜찮은 정치적 제도를 수호하는 행위를 그 제도를 전복시키려는 행위와 등치시킬 수도 없고요. 둘째, 간디는 비폭력적이고 사랑으로 가득 차 있는 접근 방식에 히틀러가 반응할 거라고 주장했습니다. "인간의 본성은 본질상 하나이고 따라서 사랑의 접근에는 한결같이 반응하기 마련이다(G 340)"⁹라고 했지요. 비폭력이 달성할 수 있는 유일한 것은 히틀러에게 손쉬운 승리를 안겨주는 것뿐이라는 상상 속의 반대주장에 답변하면서 간디는 흥미롭게도 이런 얼토당토않은 경험적 예측에서 한 발 물러서, 어쨌거나 유럽은 비폭력적으로 행동함으로써 도덕적 우월성을 확보하게 될 거라는 단순한 결론을 내립니다. "종국에 중요한 것은 도덕적 가치가 될 거라고 나는 믿는다. 그 외의 모든 것은 찌꺼기일 뿐이다(G 338)"라는 거죠. 스위스에 있는 요양원으로 아내를 데려다주러 갔을 때 독일의 파시즘이 작동하는 것을 보았던 네루와, 여전히 그곳에 있던 영국인들이 간디의 제안에 아무런 흥미를 보이지 않았던 것은 정말이지 다행스러운 일입니다. 일본이 인도를 침공할 경우 저항하지 말라던 간디의 더욱 일그러진 주장은 따로 논평할 필요조차 없고요.

그러므로 간디는 비-분노에 비폭력이 반드시 뒤따른다는 점을 증명하지 못한 것입니다. 앞으로 살펴보겠지만 만델라는 비폭력과 협상을 선호할 만한 전략이긴 하지만 오랜 기간에 걸쳐 작동하지 않으면 포기해야 할 전략으로 보는 정당한 생각을 가지고 있었습니다. 만델라보다 충실한 간디주의자였던 킹은 간디처럼 비폭력에 전념했다고 이해되는 경우가 많습니다. 하지만 사실 킹은 간디보다는 만델라에 가깝습니다. 킹은 폭력이 수행해야 할 도덕적으로 합당한 역할이 있다는 것을 인정할 때가 많거든요. 그가 제시하는 일반적 지침은 자기방어입니다(K 32, 57). 킹은 모든 전쟁에 반대하지도 않고 개인 차원에서의 방어적 폭력에 모두 반대하는 것도 아닙니다. 그러나 킹도 해방운동이라는 특정한 상황에 한하여, 자기방어에 호소하는 구멍을 남겨두면 경계가 자의적으로 흐려지는 경우가 너무 많이 생기고 궁극적으로는 적개심의 힘이 강해지는 위험에 처할 것이라는 주장만은 분명히 합니다. 복수심에 찬 행동을 정당화할 때 자기방어에 쉽게 호소할 수 있다면 사람들은 킹이 요구하는 내면적 변화를 일으킬 가능성이 낮아집니다. 동시에 그런 식의 운동은 예측 불가능하고 언제든 폭발할 수 있는 취약성을 가지고 있어, 킹이 다수의 존중을 이끌어내고 운동의 사회적 목표를 달성하는 데 필수적이라고 보았던 일관성을 얻어내지도 못합니다.

이어지는 논의에서 저는 간디의 유창한 글에 힘껏 의존하겠으나 만델라의 (또한 경우에 따라서는 킹의) 노선을 따라 비폭력을 도구적이고 전략적인 것으로, 비-분노(및 비-분노와 긍정적 상관관계를 맺고 있는, 사랑으로 가득 찬 아량)를 핵심으로 다루겠습니다. 비-분노는 전술적으로나 내재적으로 정치적 중요성을 띤 것이기도 합니다.

철학자든 철학자가 아니든 간에 사람들은 모두 억압당하는 상황에서의 분노를 적절한 것으로 보아왔으며, 분노란 자존감을 지키는 일과 연관되어 있다고 생각했습니다. 그렇다면 비-분노가 수많은 구경꾼들에게 이상하고도 남자답지 못하고, 심지어 역겨운 것으로 보였다는 점도 놀랍지는 않을 것입니다. (간디가 감옥에 있었던 탓에 시인 사로지니 나이두가 지휘했던) 1930년 다라사나 제염소의 비폭력 시위를 보도했던 UPI 특파원 웹 밀러는 수많은 사람들이 행진에 나서 경찰에게 두들겨 맞는 모습을 보았을 때 이후 회고록에 기록했듯 당혹감을 보였습니다.

> 행진하는 사람 중 단 한 명도 공격을 막기 위해 팔을 들어올리지 않았다. 그들은 볼링 핀처럼 쓰러졌다. 서 있던 곳에서 나는 아무런 보호도 받지 못하는 두개골을 곤봉으로 내려치는 역겨운 소리를 들었다. (중략) 아무런 저항도 하지 않는 사람들을 체계적으로 후려쳐 피투성이 곤죽으로 만드는 광경은 가끔씩 너무도 역겹게 느껴져 눈을 돌릴 수밖에 없었다. 서구인의 정신으로는 비저항이라는 이념을 포착하기가 어렵다. 나는 곤봉을 휘둘러대는 경찰에게 느낀 것과 거의 비슷한 정도로 아무 저항 없이 두들겨 맞는 상황에 스스로를 내맡기는 사람들에게도, 인도에 처음 왔을 때 간디의 대의명분에 공감했다는 사실에도 뭐라 정의할 수 없는 무력한 격노와 혐오감을 느꼈다(G 250-51).

행진하는 사람들은 단순히 묵인하는 게 아니었습니다. 그들은 계속해서 행진하며 "혁명 만세"라는 슬로건을 외쳤습니다. 그렇지만 밀러가 말하듯, 서구인뿐 아니라 인간 일반의 정신에는 잔혹행위에 대한 시위자들의 반응을 수용하지 못하게 하는 무언가가 분명 존재합니다. (흥미롭게도 경찰은 나이두 여사를 극도로 존중했으며 그녀가 자기에게 손끝도 대지 말라고 하자 아예 만지지도 않았습니다. 경찰이 나이두 여사를 공격했다면, 그 경우에도 사람들은 비폭력에 전념했을까요?) 억압적 행동에 대한 알맞은 반응은 분노이며, 오직 분노만이 자기존중과 일치하는 대응이라고 생각하는 사람들에게 간디와 킹이 해줄 말은 무엇일까요?

첫째, 두 사람은 자신들이 권장하는 태도가 어느 모로 보나 수동적이지 않음을 지적합니다. 간디는 '수동적 저항'이라는 표현이 자기 생각을 영국

식으로 잘못 해석한 것이라며 머잖아 그 용어를 거부했습니다. 데니스 돌턴의 중요한 철학적 연구를 보면, 이미 1907년부터 간디는 '수동적 저항'은 나약하고 비활동적인 반면 자신이 생각하는 개념은 적극적 저항이라며 그 용어를 배격했다고 합니다. 이에 따라 간디는 '진실의 힘'이라는 뜻의 사티아그라하를 더 나은 용어로 선택합니다.[10] 그와 킹은 자신들이 권고한 바는 불의한 상황에의 저항 및 항의에 관한 것이므로 생각에 있어서나 행동에 있어서나 매우 활동적인, 심지어 "역동적으로 공격적인(K 7)" 자세라고 계속해서 주장합니다. 간디는 "분개하지 말아야 한다는 말은 묵인해야 한다는 뜻은 아니다(G 138)"라고 말합니다. 킹도 비슷합니다. "저는 저를 따르는 사람들에게 '불만족을 내다버려라'고 말한 적이 없습니다. 오히려, 저는 이 정상적이고 건강한 불만족을 비폭력적이고 직접적인 행위라는 창의적 발산 수단에 쏟을 수 있다는 말을 하고자 노력해왔습니다(K 291)." 두 사람은 제가 그렇듯 분노란 애초부터 복수의 소망을 고집한다고 주장합니다. 간디는 분개한다는 건 상대방에게 어떤 해악이 일어나기를 바라는 것이라고 말합니다(신의 힘을 통해서 일어나기를 바라는 경우라도 말이죠)(G 138). 킹은 '반격' 정신에 대해 이야기하죠(K 32). 두 사람이 없애고자 하는 것은 바로 이 보복의 정신입니다. 이를 무엇으로 대체하는지는 잠시 후에 살펴보도록 하겠습니다.

더 나아가, 새로운 태도는 단지 내면적으로만 적극적인 것도 아닙니다. 이 태도는 몸을 가지고 하는 구체적인 행위, 상당한 용기가 필요한 행위를 통해 표현됩니다(K 7). 킹은 이를 '직접적 행위'라고 부르는데, 이는 (분노의 거부와 같은) '자기정화'를 거친 뒤 어떤 주장을 펴기 위해 자신의 신체를 활용하는 행위를 이야기합니다(K 290-91). 이런 행위는 자유에 대한 강력하고도 비타협적인 요구입니다(292). 시위자들은 행진을 함으로써, 정의를 요구하기 위해 고의적으로 불의한 법을 어김으로써, 불의한 권위에 협조하기를 거부함으로써 행동합니다. 그 목표는 무엇일까요? 킹이 목표로 삼는 것은 상대를 협상할 수밖에 없도록 만들고 법적·사회적 변화를 일으키는 것입니다(291, 294). 간디의 목표는 부당한 정부를 전복시켜 "인민의 의지에 대한 정부의 순종을 강제하는(G 193, 195)" 것이었고요. 웹 밀러가 혐오감을 느낀 건 아마도 잔혹성이 묵인된다는 생각을 했기 때문이었겠지만 그런 생각은 오해입니다. 여기에 묵인이란 존재하지 않습니다. 근본적 목표를 향한 용감한 투쟁이 있을 뿐이죠.[11] (마틴 신이 웹 밀러의 역할을 맡았던 애튼버러 감독의 영화에서 밀러는 자기가 본 광경을 정확하게 이해하고 있으며 인도인들의 존엄성이 영국인들의 불운한 잔혹성을 상대로 승리했음을 온 세상에 보도한 것으로 그려집니다. 물론 밀러가 실제로 느낀 것과는 관계없이, 그의 특보를 통해 사람들이 실제로 벌어지는 상황을 알게 된 것은 사실입니다.)

분노를 대체하기 위해 간디와 킹이 제안하는 새로운 태도는 무엇일까요? 흥미롭게도 킹은 시위와 행진이 다른 방법을 통했더라면 폭력으로 이어졌을지 모르는 억눌린 감정들의 통로라는 입장을 견지하면서도, 일정 범위에서는 완연한 분노를 허용합니다(297).[12] 심지어 분노가 어떤 사람들에게는 운동에 참여할 동기를 주는 가치 있는 역할을 수행할 수 있다고까지 양보하는 것으로 보입니다. 그러나 완연한 분노가 발생할 때조차도 그 분노는 곧 희망과 정의의 실현 가능성에 대한 신뢰를 띠고 미래를 지향하는 쪽으로 나아가야 합니다(K 52). 한편, 반대자들을 향한 분노는 일련의 잘 규율된 실천행위를 통해 '정화'되어야만 하며 궁극적으로는 행위와 행위자를 조심스럽게 구분하여 악한 행위는 비판하고 거부하지만 바꿀 수 없는 악을 어떤 사람의 속성으로 돌리지는 않는 정신적 태도로 변형되어야 합니다(K 61, GAut 242). (이 의견이 소년범들을 상대로 하는 브레이스웨이트의 회의적 사고와 충격적일 정도로 닮아 있다는 점에 주목하십시오.) 행위는 맹렬히 비판할 수 있습니다. 그러나 사람들은 언제나 존중받고 공감받아야 마땅합니다. 다 떠나서, 궁극적 목표는 "남자들과 여자들이 함께 살 수 있는 세상을 만드는 것(K 61)"이며 그 목표에는 모두의 참여가 필요하기 때문입니다.

그렇다면 무엇보다도 중요한 것은, 어떤 식으로든 상대편을 모욕하려 들거나 그들에게 나쁜 일이 일어나기를 소망하지 않고(K 7, G 315) 오히려 그들의 우정과 협력을 얻어내려 노력하는 것입니다(K 7). 간디는 정치인으로서의 경력을 쌓기 시작한 초기부터 신에게 "여왕의 적들을 쓸어버리고/그들을 패배하도록 하시며/그들의 정치를 어지럽히고/그들의 부정한 계략을 좌절시키소서"라고 요청하는 〈신이여 여왕을 보호하소서〉의 2절이 부적절하다고 느꼈다고 이야기합니다(G 152). 간디는 어떻게 상대편이 "부정한" 자들이라고 추정할 수 있는지 묻습니다. 당연하게도 비-분노의 신봉자는 그러한 태도를 부추겨서는 안 됩니다. 상대편은 실수를 한 사람이지만, 우리는 우정과 아량을 통해 다시 그 사람을 우리 편으로 끌어들일 수 있을 것이라고 기대합니다.[13] 간디와 킹이 정의에 대한 요구에서 무르고 감상적이기는커녕 강하고 비타협적인 태도를 일컬을 때 사랑이라는 말을 사용했음을 감안하면, 이러한 태도는 사랑이라고 부를 수 있는 것입니다.[14]

간디의 중요한 통찰은 (페이턴의 소설에서도 드러나는 통찰로서) 분노가 많은 경우 공포에 뿌리를 두고 있다는 것입니다. 네루의 기민한 진단에 따르면, 간디가 추종자들에게 준 가장 큰 선물은 그들을 영국의 통치가 불러일으킨 "모든 것을 잠식하는 공포"로부터 새로이 해방시켰다는 겁니다. "공포의 짙은 먹구름을 사람들의 어깨에서 들어올린 것" 말이죠. 어떻게 그랬느냐고요? 네루는 (그가 성공적 정신분석과 비교했던) 이처럼 엄청난 '심리적 변화'가 공포의 지배로부터 탈출할 수 있는 길을 보여주는 간디의 능력을 원천으로 삼고 있다고 암시합니다. 그렇게 함으로써 간디는 사람들에게 그들 자신과 그들이 하는 행위의 가치가 무엇인지 영감을 불어넣어줄 수 있었습니다. 이런 내면의 변화는 은밀하고 절실합니다. 바로 이것이 보복적 폭력에 취약한 시위보다는 침착하고 위엄 있으며 전략적인 형태의 시위를 가능하게 만들었죠.[15]

시위자의 궁극적 목표는 모두가 한 몫씩 차지할 수 있는 아름다운 미래, "사랑받는 공동체의 창설(K 7)"이어야 합니다. 제가 이행의 사례로서 논의하기도 했던 킹의 유명한 연설, 「나에겐 꿈이 있습니다」도 한때 분노했던 시위자를 매우 아름다운 미래 쪽으로 돌려놓는 정서상의 지도입니다. 이 미래는 또한 미국적 현실이라는 배경의 구체적 특성에 뿌리를 두되, 킹의 연설에 따라 이제는 자유의 현장으로 보이는 미래가 됩니다. 가능하고도 머잖아 손에 넣을 수 있을 듯한 미래이지요.[16] 그러한 미래의 가능성에 대한 믿음은 이행에서 결코 작은 역할만 수행하는 게 아닙니다. 이 대목에서 킹의 정말로 걸출한 면모가 드러나죠. 간디는 이에 미치지 못합니다. 금욕주의 때문에 간디는 미래를 빈곤한 시골의 단순한 삶으로 계속해서 묘사했는데, 이는 대부분의 사람들에게는 그리 고무적이지 않았고 성공적인 국가를 어떻게 건설할지 생각하는 데 있어서 그다지 현실적이지도 않았습니다. 미래에 대한 킹의 예언자적 묘사는 여기에서 더 나아가, 그 아름다운 미래를 함께 만들어갈 잠재적 동반자로 반대자들을 재위치시킵니다. 그렇다면 자연스럽게도, 이제부터 중요한 문제는 그런 협력을 확보할 방법이 됩니다. 우리는 어떻게 반대자들을 우리 편으로 돌려 함께할 수 있을까요? 킹은 단순히 협력을 시도해봐야 한다고 말하는 데에서 그치지 않고 모든 사람의 협력이 필요한 강력한 목표를 묘사함으로써 협력적 마음의 자세를 격려합니다. 간디의 전략은 약간 다른데, 그는 영국이 인도의 '건설'을 돕지 말고 그냥 떠나주기만을 바랍니다. 그만하면 영국도 충분히 오랫동안 도왔다고 할 수 있는데, 딱히 그 일을 잘해낸 건 아니니까요. 하지만 간디는 자유로운 국가의 건설은 증오와 유혈을 통해서가 아니라 협상을 통해 가능하다는 생각을 북돋웁니다. 영국인들을 동료 시민으로 보아야 할 이유는 없지만, 궁극적으로 인도를 떠나 평화로운 영연방의 동반자로 남는 옳은 선택을 하게 될, 합리적 인간으로 볼 필요는 있으니까요.

저는 분노의 몇몇 갈래를 지위에 대한 과도한 집착과 연관지었습니다. 간디 운동에서 아주 중요한 한 가지 측면은 섬세하고 포괄적인 공감을 통해 지위의 인공적 구분을 맹렬히 비난했다는 점인데요. 그가 생각하기에 힘 있는 사람은 힘없는 사람들과 똑같이 단순한 생활을 해나가야 합니다. 그렇게 하여 만인은 자신의 운명을 살아가면서도 다른 모든 사람의 인생을 살필 수 있는 국가의 건설을 시작해야 합니다. 변호사들도 요강을 씻고, 상위 카스트에 속한 사람들도 변소를 청소하여 카스트와 성별 모두의 경계선을 허물어뜨리는 겁니다. 우리 연구에서 종종 밝혀지듯, 이런 식의 비-분노는 타인의 삶에 대한 공감적 참여를 지지하는 실천들과 연관됩니다. 이것은 킹이 한 운동의 두드러진 특성이기도 했는데, 킹의 운동에서는 흑인과 백인이 연대하여 법에 저항했으며 백인 지지자들은 흑인으로 사는 인생의 수모와 고난을 상상해보라는 요구를 지속적으로 받았습니다.

간디/킹 이념에 대해 있을 수 있는 비판에 응답하려면, 이와 같은 이념이 사람들에게 비인간적 요구를 한다는 반대에 맞서야 합니다. 우리는 사람들이 비-분노의 실천을 받아들이고 내면화할 수 있게 되었다는 사실과, 어떻게 그런 일이 가능했는지를 보임으로써 그 답변을 시작했습니다. 하지만 비-분노가 비인간적이라는 우려는 감정적·성적 거리 두기를 견지한 간디의 시각 탓에 분명히 고조됩니다. 간디는 거의 철저한 스토아주의자나 마찬가지였습니다. 그는 성애적 욕망과 감정을 주적으로 삼았지만, 사실상 모든 정념을 상대로 투쟁을 하지 않고서는 사티아그라하 혹은 비-분노 저항을 충분히 추구할 수 없다고 반복적으로 주장했습니다. 당연히, 깊은 슬픔이나 공포를 일으킬 수 있는 개인적 사랑과 우정도 함양하지 않았고요. 비-분노에 스토아주의적 거리 두기가 필수적이라는 그의 주장이 옳다면, 우리에게는 비-분노를 실현 불가능할 뿐만 아니라 매력적이지도 않은 목표라고 생각할 충분한 이유가 생깁니다.

일단 말해둘 것은, 간디가 (성공적 사티아그라하를 위해서는 감정적·정념적 거리 두기가 도구적으로 필수적이라는) 도구적 주장을 하는 것인지, 아니면 (사티아그라하 자체가 감정적·정념적 거리 두기에 매진하는, 비폭력적·비-분노적 저항의 실행이라는) 약정적 정의를 제시하고 있는 것인지 물어야 합니다. 이에 대한 답은 분명하지 않습니다. 간디가 했던 체계적인 자기규율의 증거를 보면, 스스로에게 말할 때 간디는 아마 후자의 의미로 말했을 가능성이 높습니다. 그러나 운동에 있어서 그는 전자의 제한적인 도구적 주장조차 수용하지 않는 것으로 보입니다. 그는 네루나 다른 핵심적인 지도자들에게 특정한 사랑이나 기타 형태의 강한 정념을 배격해야 한다고 설득하려는 노력을 한 적이 한 번도 없거든요.[17] 아마 그는 성공적인 비폭력 저항운동의 **지도자**만은 (도구적으로든 개념적으로든) 스토아주의적 거리 두기를 추구해야 한다고 생각했을 겁니다. 그러나 이조차도 현대의 독자에게는 걱정거리가 됩니다. 비-분노의 길이 그 지도자에게 타당성도 없고 어떤 식으로든 매력적이지 않은 길을 요구한다면, 그것이 정의로 향하는 길로서 어떤 매력을 가질 수 있겠느냐는 거죠.

우리는 역사 속에서 킹과 만델라(실은 네루도 포함됩니다)의 사례가 간디의 이론을 배격하는 것처럼 보이는 사례를 살펴보며 논의를 시작할 수 있습니다. 이 세 사람은 모두 특정 개인에게 정열적으로 헌신하는 삶을 살았으며, 셋 중 누구도 성애를 맹비난하지 않았습니다. 물론 킹의 연애 사건은 그를 J. 에드거 후버의 영향력 아래 놓이게 함으로써, 킹 운동의 성공을 손상시키는 결과를 가져왔습니다. 하지만 이는 지도자들이 사회적 규범에 따르는 것이, 혹은 그러고 싶지 않다면 자신들의 행동을 숨기는 것이 더 좋다는 사실을 보여줄 뿐입니다.

만델라의 경우는 여기에서 더 나아가 무언가 다른 것을 보여줍니다. 그는 사회운동의 지도자란 사랑과 가족생활을 성공적으로 추구하려 할 때 어마어마한 장애물과 맞닥뜨릴 수 있다는 이야기를 반복적으로 거론합니다. 만델라는 젊은 시절 오랫동안 타지에 있었고 나중에는 오랜 세월 수감생활을 했기에 성공적인 결혼생활은 불가능했고 성공적인 아버지 역할도 곤란했습니다. 하지만 (예컨대 만델라가 감옥에서 위니에게 보냈던 편지 등) 증거를 보면 사랑이 만델라의 정치적 삶에 활력을 불어넣었다는 점이 드러납니다. 더욱이, 만델라의 글에는 사랑과 가족에 대한 관심으로부터 거리를 두었으면 더 나은 지도자가 되었을 거라고 암시하는 대목이 한 군데도 없어요. 네루에 관해서도 거의 비슷한 말을 할 수 있고요.

사람들은 보통 사람과는 한참 동떨어져 있는 듯한 간디 같은 지도자에게서 영감을 받기를 원할 때도 있으나, 특히 정치 분야에서는 다른 사람들에 비해 자제력이 강하긴 해도 욕구와 취약성을 모두 가지고 있는 인간적 지도자에게 더 많이 반응합니다. 만델라처럼 네루는 『자서전』에서 아내에 대한 정열적 사랑과 그녀의 죽음에 대해 느꼈던 슬픔 등 자신의 취약한 인간적 면모를 강조하는 데에 많은 신경을 쓰고 있습니다.[18] 많은 사람들은 "완전히 결백한 것으로 증명되기 전까지 성자들은 언제나 유죄인 것으로 판단되어야 한다"는 조지 오웰의 결론에 동의합니다. 이 판단은 원래 오웰이 간디

에게 적용했던 것으로, 여러 가지 복잡한 결과를 낳았죠.[19]

　심리학자 에릭 에릭슨은 간디에 대한 통찰력 넘치는 저작물에서 한 단계 더 나아갑니다. 그는 인간적 사랑 일반, 구체적으로는 성애에 대한 간디의 태도를 자기-분노의 한 형태, 사실상 폭력으로 취급합니다. 간디가 죽은 이후, 에릭슨은 그를 청자로 삼아 이렇게 말합니다. "당신 자신을 공포에 떨게 만드는 일은 이제 그만두고 당신의 몸에 비폭력으로 접근하십시오."[20] 그런 다음 에릭슨은 간디가 보였던 처벌적 태도가 진실을 통한 자기변혁이라는 비폭력적 기술로서의 정신분석과 대조적임을 밝히죠. 간디의 자서전에는 그가 자기 몸에 대해 보인 태도에서 자기-분노가 지속적으로 표현된다는 에릭슨의 시각을 옹호할 만한 내용이 많이 담겨 있습니다. 간디가 모든 성적 욕망을 파괴적이라고 생각하게 된 계기는, 그 자신의 설명에 따르면 대단히 특수한 경험 때문이었습니다. 청소년기에 일찍 결혼한 그는 아버지가 돌아가신 그 순간 아내와 사랑을 나누는 중이었습니다. 간디의 아버지는 오랫동안 앓아왔으며, 간디는 아버지의 곁을 지키는 것이 자신의 임무라고 느끼고 있었죠. 그러나 간디는 욕망의 유혹에 정신이 팔리도록 자신을 방치했고 이에 따라 아버지의 상태가 끔찍하게 보였음에도 아내에게 갔습니다. 그 결과 간디는 아버지의 임종을 지키지 못했습니다. "이 사건은 내가 결코 지워버리거나 잊어버릴 수 없는 얼룩이었다. (중략) 색욕의 족쇄에서 벗어나는 데에는 오랜 시간이 필요했으며, 나는 수많은 시련을 겪고 나서야 그것을 극복할 수 있었다(GAut 27)." 간디가 자기-분노로 복수를 실현하고 있다는 에릭슨의 생각은 무척 설득력이 높습니다. 간디는 심지어 회고적 서술을 할 때조차 자신의 행동을 대단히 경멸적인 눈으로 바라봅니다. 에릭슨의 주장을 받아들인다면 우리는 비-분노가 간디식의 비난을 반드시 수반하는 것은 아니라고 생각할 만한 이유를 한 가지 더 얻게 되는 것입니다. 이 경우에 비난은 분노의 표현인 것이죠. 아마 다른 경우에도 그럴 테고요. 조지 오웰은 이런 분석에 동의하며 간디에 대해 이렇게 말했습니다. "나는, 심리적 뿌리까지 파헤쳐 들어갈 수 있다면, '비-애착'의 주된 동기가 삶의 고통, 특히 무엇보다도 성적이든 그렇지 않든 힘든 노동인 사랑으로부터 탈출하고 싶다는 욕망임을 알게 되리라고 믿는다."[21]

그러므로 비-분노는 비인간적 맹비난을 요구하지 않습니다. 오히려 (최소한 이런 형태의) 맹비난과 양립이 불가능하죠. 이처럼 중요한 측면에서 킹과 네루, 만델라는 간디보다 더 성공적인 비-분노의 실천자들이었습니다. 정치적 소명에 온 마음을 다 빼앗겼으므로 이들 모두가 배우자로서, 또 부모로서의 충분한 역할 수행을 어려워했지만 말입니다.[22] 사람은 분노라는 특정한 오류를 피하면서도 강렬하게 슬퍼하고 사랑할 수 있습니다.

이제 우리에게는 비-분노적 혁명행위에 대한 청사진이 생겼고, 이에 대해 제기되는 가장 강력한 반대주장 중 몇 가지에 대한 설득력 있는 답안도 갖게 되었습니다. 우리는 또한 비-분노적 혁명가에 대한 매력적인 그림도 갖고 있습니다. 위엄 있고 용감하며 자긍심 넘치지만, 감정이 없거나 비인간적으로 거리를 두고 있지는 않은 사람 말입니다. 하지만 어쩌면 우리는 아직 논의를 시작할 때 제기했던 규범적 질문에 대해서는 충분히 답하지 못한 걸지도 모르겠습니다. 비-분노가 수용할 만한 것임은 증명했을지 모르겠지만, 억압이 심각한 상황에서도 비-분노가 '선호할' 만하다는 점은 결정적으로 증명하지 못했습니다. 혁명을 수행하는 다른 매력적인 방안을 찾을 수 있다면, 분노가 그 대안이 될 수 없는 진짜 이유는 무엇일까요?

상상 속의 이 도전에 대한 응답으로 간디와 킹은 반복적으로 종교적 형이상학에 의지하며, 우리에게 신적 사랑에 대한 설명을 내놓습니다.[23] 이러한 형이상학적 설명은 해당되는 종교적 시각 중 하나를 견지하고 있는 사람에게는 예전에도 그랬고 지금도 매력적입니다만 우리의 철학적 질문에 응답하기에는 불충분하게 보이며, 다원주의 사회의 시민들을 설득하기에도 역부족입니다. 우리는 그 이상의 무엇을 만델라에게서 얻을 수 있습니다.

## 4. 만델라의 이상한 아량

만델라의 글에서 우리는 비-분노에 대한 체계적 이론이 아니라 놀라운 통찰력을 지닌, 자신에 대해 잘 알고 있는 한 인간을 발견하게 됩니다. 저는 그의 응답을 준準-이론으로 구성하고, 그의 개인적 발달에 영향을 끼쳤을 가능성이 높은 스토아주의를 살펴보도록 하겠습니다. 하지만 그 과정에서 제가 자체적으로 덧붙이는 내용은 없습니다. 이 점을 짚어두는 게 중요합니다. 저는 이미 만델라의 생각과 행위 속에 잠재해 있는 구조를 지적할 뿐이니까요.

저는 분노가 두 가지 길로 이어지는데, 각각의 길에는 그리 매력적이지 않은 오류가 내재되어 있다고 주장해왔습니다. 이미 손상당한, 인간 복지의 중요한 요소에는 복수가 어떤 좋은 작용도 할 수 없기 때문에 부당행위자에게 나쁜 일이 벌어지기를 바라는 분노의 소망에는 아무 의미가 없습니다. 또는 분노가 상대적 지위에만 초점을 맞추는 상황이라면 (상대적 지위-격하라는) 그 목표를 성공시키는 건 가능하지만 그 목적 자체가 대단히 무가치합니다. 만델라는 감옥에서 보낸 27년이 분노에 대해 사유하는 대단히 생산적인 시간이었다고 말하는데요. 저는 이제부터 만델라가 그 기간 동안 했던 매일매일의 성찰적 명상(LW 200-12) 등 오랜 세월에 걸친 자아성찰로 특정한 태도를 형성했으며, 그 태도 덕분에 본능적으로 위에서 이야기한 것과 같은 결론에 이르렀다고 주장할 것입니다.

아흐메드 카스라다가 로벤섬으로 들여왔고 다른 수감자들도 읽은 것이 거의 분명한 마르쿠스 아우렐리우스의 『명상록』을 언급하며, 만델라는 스스로 '자신과의 대화'라 부른 것을 오랜 세월 동안 해왔다고 이야기합니다. 그 끝에 얻은 깨달음은 무엇일까요?[24] 첫째, 그는 지위에 대한 집착이 무가치하다는 것을 깨달았습니다. 그래서 그 길을 따라가기를 거부하죠. (아마 왕가의 혈통을 타고 태어난 그의 출생도 도움이 되었을 것입니다. 그 혈통이 불안을 해소해주었을 테니까요.) 그는 특정한 역할이나 활동이 자기에게 '못 미치는' 것인지 여부를 놓고 요란을 떨었던 적이 한 번도 없습니다. 자아성찰을 통해 그는 지위-불안의 모든 징후를 자신의 반응에서 잘라냈습니다. 그런 불안이 옹호할 만한 것이고 자연스러운 것일 때조차 말입니다. 예컨대 한번은 요강이 비워지는 오전 5시 전에 로벤의 한 수감자가 케이프타운으로 떠나야 했습니다. 신참 수감자가 그를 대신해 요강을 닦아주라는 요구를 받았죠. 신참은 절대로 다른 사람의 요강을 대신 비워줄 수 없다며 거절했습니다. 그때 만델라가 끼어들었죠. "내게 그건 아무런 의미도 없는 일이었으므로, 나는 그 사람을 대신해 요강을 닦아주었네. 나는 내 요강을 매일매일 닦으니까, 다른 사람의 요강을 닦아주는 것도, 뭐랄까, 아무 문제가 없다고 생각했거든(C 149, 녹취록에 따르면 만델라가 이 이야기를 하면서 빙긋 웃었다고 합니다)." 또한 만델라는 원한과 분노에 차 있던 흑인 혁명가들이 많은 경우 명시적으로 나타내던, 아프리칸어*에 대한 거리낌을 전혀 보여주지 않았습니다. 자기가 쓰기엔 아프리칸어가 너무 미천하다는 생각을 전혀 하지 않았기에 만델라는 교도소에서 지내는 동안 아프리칸어 강좌를 들었고, 간수들과 대화하는 등 아프리칸어를 써서 대화할 기회가 있으면 언제든지 그렇게

---

* 남아공과 나미비아 전역 및 보츠와나와 짐바브웨 일부 지역에서 사용하는 언어. 남아공에 거주하던 식민주의자들의 네덜란드어가 토착화된 형태로, 독일어-네덜란드어 계열에 속한다.

했습니다(Inv 28). 아프리칸어를 써서 지위상의 우위를 확보할 수 있으리라는 의식 때문이 아니라, 미래의 효용성과 현재의 상대에게 보여주어야 하는 존중을 생각했기 때문이었죠. 그는 동료 수감자들에게 반복적으로, 상대방이 어떻게 생각하는지를 이해하려면 아프리칸어와 아프리칸*의 역사를 배우는 게 중요하다고 말했습니다. 머잖아 협상의 시간이 올 테니까 말이죠.[25] 1975년, 만델라는 위니에게 보낸 옥중서간에서, 실제로 신경 써야 할 문제는 자신의 내면적 발전인데 사람들은 대부분 부당하게도 지위에만 초점을 맞춘다고 말합니다(C vii).

만델라는 사람들이 대부분 지위를 엄청나게 걱정한다는 사실을 알고 있었습니다. 그에게 리더십이란 운동선수가 단련하듯 인내심을 가지고 자신의 능력을 단련하는 것이었는데, 그가 계속해서 단련해왔던 능력 중 한 가지는 다른 사람들이 생각하는 방식을 이해하는 능력이었습니다(Inv 138). 그러므로 그는 상대의 저항을 무력화시키기 위해서는 일단 그들의 불안감부터 무장해제시켜야 하며, 이는 분노나 원한의 표현을 통해서는 절대로 달성될 수 없고 예의범절과 오직 타인의 존엄성에 대한 존중을 통해서만 이루어질 수 있다는 사실을 이해했습니다. (많은 경우 계급불안에 시달리고 있던) 간수들과 좋은 관계를 맺는 핵심적인 비법은 "존중, 평범한 존중(Inv 28)"이었습니다. 로벤섬에 수감되어 첫 해를 보내던 만델라에게 변호사가 도착했을 때, 만델라는 "조지, 미안하네. 아직 내 의장대를 자네에게 소개해주지 못했군그래"라고 말하며 변호사에게 간수들을 소개해주었습니다. 그런 다음 만델라는 간수 한 사람 한 사람을 이름을 불러가며 인사시켜주었죠. 변호사는 "간수들은 너무도 놀라 실제로 의장대라도 되는 것처럼 행동했다.

---

* 남아공에 토착화된 백인을 말한다. 주로 네덜란드계 식민주의자의 후손들이다.

모두가 공손하게 나와 악수했다"고 이 사건을 기억합니다(Inv 29-30). 한 간수가 만델라에게 한 말에 따르면, 간수들은 "자신의 지위를 **증오하기에**" 심지어 서로와도 대화를 나누지 않았습니다(219). 만델라의 반응은 그 남자의 사연을 들어주는 것이었어요. 그 간수는 고아원에서 자랐으며 한 번도 부모 얼굴을 본 적이 없었습니다. 만델라는 이렇게 결론을 내립니다. "부모도 없고 부모의 사랑도 없다는 사실, 내가 보기에 그의 원한은 바로 거기에서 온 것이었네. 나는 그 친구가 대단히 존경스럽더군. 그 자리까지 혼자 힘으로 올라온 사람이니까. 그렇고말고. 게다가 그는 독립적으로 생계를 유지하며 공부도 하고 있었네(219)."

그러니까 분노의 길 중 지위의 길은 만델라가 조심스럽게 피했던 길일 뿐만 아니라, 공감을 통해 이해하고 이에 따라 능숙하게 약화시켰던 길이기도 합니다.

복수의 소망에 관해서도 이야기해보죠. 만델라는 이를 매우 잘 이해하고 있었으며 그 자신의 삶에서도 이 소망을 느꼈습니다. 그는 자신을 극도로 화나게 만들었던 사건들을 회상합니다. 예컨대 그는 젊은 시절 포트헤어 대학교에서 발생한 사건*에 대하여, "불의가 마음에 사무쳤다"고 말합니다 (LW 62). 더 나아가, 분노는 단지 지속적인 가능성이기만 한 것이 아니었습니다. 한때나마 분노는 정치인이라는 직업을 선택하는 중요한 동기요인이 되기도 했어요.

내게는 어떤 직관도, 특별한 계시도, 진실의 순간도 없었다. 오직 수천 번의 무시와 수천 번의 모욕과 수천 번의 기억조차 나지 않는 순간들이 지속적으로 쌓여와

---

* 만델라는 포트헤어대학교 예술학부 학사과정에 입학했으나, 시위에 참여했다는 이유로 제적당했다.

내 안에 분노를, 반항심을, 나의 사람들을 가두어두는 체제와 싸우고 싶다는 열망을 만들어냈다. "이제부터 나는 내 사람들을 해방시키는 데 헌신하겠다"고 말한 특별한 날은 없었다. 그 대신 나는 어쩌다보니 이미 그렇게 하고 있었고, 그 외의 다른 일은 할 수가 없었다(LW 109).

하지만 만델라의 이야기에 따르면, 그는 복수를 통해서는 어디에도 도달할 수 없다는 사실을 깨달았습니다. 분노는 인간적이며, 우리는 잘못된 행위가 왜 분노를 만들어내는지 이해할 수 있습니다. 하지만 복수의 소망이 띠고 있는 순전한 무의미성에 대해 숙고해보면, 그리고 우리 자신과 다른 사람들에게 좋은 일이 일어나기를 정말로 바란다면, 우리는 머잖아 비-분노와 아량 있는 태도가 훨씬 더 유용하다는 것을 깨닫게 됩니다.

만델라가 직접 전하는 그의 이야기에 따르면 이러한 태도가 가장 처음 뿌리를 내린 것은 부족회의에서의 가르침을 통해서였습니다. 이 회의에 참여하는 사람들은 각 사람의 의견에 침착하게 귀 기울였고 모든 사람은 존중받았습니다(LW 25). 옛 시대 영웅들에 대한 이야기는 그들의 '아량과 겸손함'에 중점을 두었고요(LW 26). 물론 그런 영웅담이 실제 이야기인지, 현재와 미래에 맞도록 재구성한 아프리카의 전통인지는 불분명합니다. 중요한 것은 지금 살아 있는 사람들에게 이 이야기가 전해주는 메시지입니다.[26]

만델라는 성자가 아니었고, 그는 계속해서 분노하는 경향과 씨름해야 했습니다. 그가 기록해두었듯, 교도소에서 그가 한 성찰의 상당 부분은 복수의 소망으로 나타나는 분노 경향에 대한 것이었습니다. 그래서 그는 어느 때인가 간수 중 한 사람에게 너무 날카롭게 말했다고 결론을 내리고는 그에게 사과했습니다(C 219). 자신의 대화록을 마르쿠스 아우렐리우스의 『명상록』과 비슷하게 만들고자 한 의도적 선택도 스토아주의적 출전을 직접적으로 본뜬 것이므로 단호한 자기경계를 보여줍니다. 그의 이념이 **우분투**[*]라는 아프리카적 개념과도 깊은 관련을 맺고 있는 건 사실이지만요.[27] (이와는 대조적으로 만델라는 단 한 번도 실망과 슬픔을 떨쳐버리려 노력했다는 이야기를 하지 않습니다. 사실 그는 그런 경험들을 언제나 솔직담백하게 인정합니다. 희망을 잃지 않는 것이 중요하다고 강조하기도 하지만 말이죠.) 그는 반복적으로 체계적 자아성찰의 중요성에 주목하라고 합니다. 자기도 투옥되어 있던 처지에, 만델라는 1975년 당시 옥중에 있었던 위니에게 보내는 편지에서(이와 같은 명상적 훈련을 하도록 장려하며) 이렇게 적습니다. "감방은 자신에 대해 알아가는 방법을 배우기에 이상적인 장소입니다. 나 자신의 정신과 느낌이 이루어지는 과정을 현실적으로, 또한 정기적으로 탐색할 수 있는 곳이지요(C vii)."

만델라가 형성기라고 이야기하는, 분노 경험의 초기 단계에서조차 미래지향성이 지배적이라는 점에 주목하십시오. 만델라는 체제를 변화시키고 자기 사람들을 해방시키고 싶어 합니다. 다른 사람들에게 고통을 가하거나 그들의 상황을 나쁘게 만들고 싶어 하지는 않고요. 그러므로 초기에 그가 겪은 분노는 완연한 분노이고 이행-분노가 아닌 것으로 보이지만, 그렇다 하더라도 이행 쪽으로 대단히 빠르게 방향을 틉니다. 나아가 그러한 분노조차 교도소에서의 명상을 통해 조심스럽게 제거되지요.

일반적으로 말해, 만델라는 남아프리카공화국의 백인들이 고통을 겪도록 만들거나 그들에게 어떤 형태로든 복수하는 것이 조금이라도 이득이 될 거라는 생각은 한 번도 해본 적 없는 것으로 보입니다. 만델라가 보는 대로라면, 그의 목표는 체제를 바꾸는 것이었습니다. 하지만 그러자면 백인들의 협조가 필요할 가능성이 대단히 높았어요. 백인들의 지지가 없다면 그러한

---

[*]  반투어로 '인류애'를 의미한다. '타인에 대한 인류애'로 번역되기도 하지만, '모든 인간을 연결하는 전 우주적 공유의 연대에 대한 믿음'이라는 철학적 용어로 이해되는 경우가 더 많다.

변화는 최소한 불안정했을 것이며, 지속적으로 위협받았을 것입니다. 해방운동의 주요 (백인) 구성원이었으며 이후에는 남아프리카공화국 헌법재판소를 설립한 대법관 중 한 사람이었던 알비 삭스는 자신들이 언제나 정치적 평등이라는 긍정적인 목표를 위해 투쟁하고 있다는 느낌을 받았다고 말합니다. 이 목표는 원칙적으로 모든 사람을 포함하는 목표였죠.[28]

만델라가 보기에 비-보복적 태도는 국가권력을 위임받은 사람에게 특별히 중요한 태도입니다. 책임감 있는 지도자라면 실용주의자가 되어야 하는데, 분노는 미래지향적 실용주의와는 양립 불가능하거든요. 분노는 그저 길을 막을 뿐이죠. 좋은 지도자는 가능한 한 빠르게 이행으로 옮겨가야 하며, 아마 인생의 상당 부분을 그 자리에 머물러야 할 것입니다. 이행-분노와 실망을 표현하고 심지어 느끼기도 하지만 완연한 분노는 떨어뜨려놓아야 하는 것이죠.

만델라의 접근은 그가 인터뷰 기자 리처드 스텐걸에게 이야기해주었던 짧은 우화에 잘 요약되어 있습니다. 이는 만델라가 예전에 자신의 추종자들을 상대로 활용했던 우화이기도 합니다.

나는 태양과 바람이 논쟁을 벌였던 (중략) 그 사건에 대해 이야기해주었습니다. 태양이 "내가 너보다 세다"고 하고 바람은 "아니, 내가 너보다 세다"고 했죠. 그리하여 둘은 지나가는 여행객을 상대로 자신들의 힘을 시험해보기로 했습니다. (중략) 그 여행객은 담요를 두르고 있었어요. 둘은 여행자가 담요를 벗게 만드는 쪽이 더 힘이 센 것으로 하기로 합의를 보았습니다. 그렇게 바람이 먼저 시작했어요. 바람은 **몰아쳤고** 그렇게 **세게** 몰아치면 몰아칠수록, 여행객은 몸에 두른 담요를 더욱 **꽉 조였습니다.** 바람은 계속해서 불고 또 불었지만 여행객이 담요를 버리게 만들 수는 없었어요. 그리고 방금도 이야기했지만, 바람이 **세게** 불면 불수록 그 손님은 담요를 **더 꼭** 붙들고 있으려 했습니다. 그렇게 바람은 마침내 포기하고 말았지요. 그때 태양이 아주 부드럽게 광선을 쏘기 시작했고, 그 광선이 강도를 더해가면 더해갈수록 (중략) 여행객은 담요란 따뜻하기 위해 쓰는 것이므로 더 이상 필요하지 않다고 느꼈습니다. 그래서 여행객은 담요를 느슨하게, 좀 헐겁게 잡으려 했지만 태양의 광선이 점점 더 세졌기에 결국은 담요를 버리고 말았습니다. 그러니까 온화한 방법으로 여행객이 담요를 버리도록 만들 수 있었던 것이죠. 이 우화는 평화를 통하면 뭐랄까, 가장 완고한 사람들도 전향시킬 수 있다는 것을 알려주는 우화이며 (중략) 이러한 방법이 바로 우리가 따라야 하는 방법입니다(C 237-38).

중요하게도, 만델라는 미래지향적이고 실용적인 용어를 사용해 이 모든 문제를 내가 원하는 것을 상대방이 하도록 만드는 문제로 정형하고 있습니다. 그런 다음 만델라는 상대방이 나와 맞서 싸우게 만들기보다 함께 일하게 만든다면 과제의 실현 가능성이 훨씬 더 높아진다는 것을 보여줍니다. 진보는 상대방의 방어적인 태도와 불안에 찬 자기보호에 의해 방해받습니다. 결과적으로 분노는 문제를 앞으로 나아가게 하는 데 아무런 역할도 하지 못합니다. 그저 상대방의 불안과 자기방어적 태도를 가중시킬 뿐이죠. 온화하고 명랑한 접근은 반대로 자기방어라는 생각 자체가 포기될 때까지 점진적으로 그 방어적 태도를 약화시킵니다.

물론 만델라는 순진하지도, 현실을 거부할 만큼 지나치게 이념적이지도 않았습니다. 그러므로 우리는 만델라가 히틀러에 대항한 무장투쟁을 포기해야 한다거나, 히틀러를 매혹해 전향시켜야 한다는 주장을 하는 모습을 볼 일은 결코 없을 것입니다. 그의 우화는 상대편 다수가 국가의 밝은 미래를 소망하는 진정한 애국자인 상황에서, 가끔 폭력적인 모습을 보이는 해방투쟁을 종결시켜야 한다는 독특한 맥락 안에서 제시되었습니다. 그는 정치 경력을 시작한 순간부터 비폭력은 오직 전략적으로만 활용되어야 한다고 주장했습니다. 그렇기는 하지만 폭력에 대한 전략적 의존 이면에는 언제나 사람들에 대한 이행적 관점이, 복수가 아니라 공동의 미래를 만들어내는 데 초점을 맞춘 관점이 있었습니다.

그러므로 저항하는 사람들의 보복정신은 적절한 것이자 비-분노의 좋은 대안이라고 말하는 상상 속의 반대자에게 만델라는 성공적으로 응답할 수 있습니다. 즉, 복수에는 아무런 소득이 없다는 것입니다. 보복정신으로 상대방에게 접근했다면 만델라는 자신이 이룩하려 애쓰던 대의명분을 주저앉히고 말았을 것입니다. 만델라는 도덕성에 좌우되지 않고, 자신처럼 상대를 보는 방식은 그저 한 가지 선택지일 뿐이라는 비판을 기꺼이 수용합니다. 그러므로 저보다는 약한 주장을 펼치는 셈입니다. 만델라의 응답은 자신의 방법이 통하는 방법이라는 거니까요.

스텐걸: 사람들 말로는 "넬슨 만델라의 큰 문제점은 다른 사람에게서 좋은 점을 너무 기꺼이 발견한다는 점이다"라고 합니다. 여기에 대해서는 어떻게 대답하시겠습니까?

만델라: 글쎄요, 많은 사람들이 하는 말이긴 하죠. 제가 청소년일 때부터 다들 그런 얘기를 했는데, 잘 모르겠습니다. (중략) 그 안에 어떤 진실의 요소가 있을 수도 있겠지요. 하지만 공인公人이 되고 보면, 그렇지 않다는 증거가 나올 때까지는 다른 사람들의 존엄성을 받아들여야만 합니다. 반증도 없고, 사람들이 겉으로 보기에 좋은 행동을 하는데, 그 사람들을 의심할 이유가 뭐겠습니까? 숨은 의도가 있기 때문에 좋은 일을 하는 거라고 말할 이유가 있나요? 증거가 나온다면 그때 그 점에 대해서, 그러한 배신의 사례 한 가지에 대해 대처하고 잊어버리면 될

문제입니다. 왜냐하면 그게 사람들과 함께 인생을 살아나가는 방법이니까요. 인간은 이 사회의 진흙탕 속에서 만들어지며 그렇기에 인간이라는 사실을 깨달아야만 합니다. 사람들에게는 좋은 점도 있고 약한 면모도 있어요. 우리의 임무는 인간들과 인간으로서 함께 일을 해나가는 것입니다. 그 사람들이 천사라고 생각하기 때문에 함께하는 것이 아니고요. 그러니까 어떤 사람에게 이런 덕목과 저런 약점이 있다는 걸 알게 되면, 그 사람과 함께 일을 하면서 그 약점을 받아들이고 그가 약점을 극복할 수 있도록 도와주면 되는 겁니다. 저는 어떤 사람이 특정한 실수를 했고 그 사람에게 인간적 약점이 있다는 사실 때문에 겁을 먹고 싶지는 않습니다. 저는 그런 일에 영향을 받도록 저 자신을 방치할 수가 없어요. 많은 사람들은 그걸 이유로 들어 저를 비판하죠. (중략) 그러니까 그런 비판은 제가 받아들여야 하는 비판이자 제가 적응하려고 노력했던 비판입니다. 실제로 그렇든 그렇지 않든, 저는 그런 비판을 유익하다고 생각하거든요. (중략) 그리고 내가 상대하는 사람이 존엄한 사람이라는 (중략) 기본적 가정을 했다면 인간적 관계를 발전시키는 데 있어서 엄청난 진전을 이루어낸 것입니다. 그 점만은 믿습니다(C 262-63).

만델라가 보기에, 화가 나 있고 적개심에 찬 접근은 간단히 말해 지도자에게는 적절하지 않은 것입니다. 지도자의 역할은 일을 성사시키는 것이고, 일을 성사시키려면 아량 넓고 협력적인 태도로 접근해야 하니까요.

그는 이런 식으로 아군과 추종자들에게도 자신의 입장을 밝혔습니다. 흑인의식운동을 하다가 투옥된 재소자들이 자신들의 격노와 간수들을 향한 분노의 공격을 통해 저항하겠다는 결심으로 로벤섬에 도착했을 때, 만델라는 점진적으로, 또한 인내심 있게 투쟁 정신은 비-분노 전략을 통해서 더욱 생산적으로 표현될 수 있다고 그들을 설득했습니다.[29] 한참이 지나, 남아프리카공화국이 수립된 아주 이른 시기에 흑인 지도자 크리스 하니가 백인 남자에게 살해된 뒤, 복수의 정신이 통합으로 가는 기차를 탈선시킬 수 있는 실제적 위험이 발생했습니다. 만델라는 TV에 출연해 깊은 슬픔을 표현하면서도 부모와 같은 태도를 보이며 냉정을 유지해달라고 호소했습니다. 그리하여 사람들은 "아버지 자신이 복수에 굴복하지 않는데, 그런 복수를 추구할 권리가 다른 누구에게 있단 말인가?"라고 느끼게 되었죠(Inv 119). 그런 다음 만델라는 살인자가 외국인이었으며[30] 아프리카너 여인이 영웅적으로 행동하여 암살자의 번호판을 적어두었고, 그렇게 함으로써 경찰이 그를 추적할 수 있게 했다는 점을 지적함으로써 감정의 방향을 돌려놓고자 노력했습니다. 만델라는 이렇게 말했습니다. "이 순간은 우리 모두에게 분수령이 되는 순간입니다. (중략) 평화를 지지하는 잘 규율된 군대로 남아 우리나라에서 지속가능한 유일한 해결책, 즉 선거로 뽑힌 인민의 정부를 향해 전진할 수 있을지, 거기에 우리의 고통과 슬픔, 격노를 활용할 것인지는 (중략) 우리의 판단과 행위에 달려 있습니다(Inv 120)." 이행에 관하여 이보다 더 감동적인 사례는 없습니다. 만델라는 하니를 아들처럼 사랑했으며 그의 죽음에 깊고도 깊은 슬픔을 경험하고 있는 것이 분명했으니까요.

이제 우리는 실제로 작동한 비-분노의 사례 세 가지를 검토할 준비가 되었습니다. 만델라의 아량 넘치는 정신이 얼마나 예외적이었는지, 그리고 이를 통해 어떤 형태의 놀라운 협력이 가능했는지를 살펴보도록 하죠. 세 가지 사례는 사법교정부Ministry of Justice and Corrections 장관 코비 코잇시와 1985년 벌인 회담 및 만델라의 석방 이후에도 이어진 백인 치안부대에 대한 대처, 두 부분으로 되어 있는 국가國歌에 대한 만델라의 설득, 그리고 남아프리카공화국 럭비팀인 스프링박스에 대한 지원 등입니다. 이 모든 일은 두 집단이 "미래로 함께 행진하는(LW 744)", 통합된 국가로서의 신뢰와 자신감을 건설하는 것이야말로 적절한 목표라는 단호한 결심을 바탕으로 일어났습니다.

## 4.1. 코비 코잇시, 신뢰, 안보

어느 시점부터는 무장투쟁에서 협상으로의 이행이 시작되어야 합니다. 그 협상이 시작된 방식과 이때 보내진 신호는 새로운 국가의 전망에 막대한 영향을 끼칩니다. 신뢰를 만들어내는 문제는 대단히 중요했습니다. 석방을 앞둔 어느 한 시점(만델라의 석방은 다양한 일련의 과도적 조처들을 통해 이루어졌습니다), 만델라는 자꾸만 재발하는 폐 감염으로 교도소 내 병원에 있었습니다. 남아공 사법교정부의 장관으로서 대단히 중요한 정치적 인물이던 코비 코잇시가 그를 방문하기로 한 것이 바로 이때였습니다. 이 만남의 결과에 많은 것이 달려 있었습니다. 만델라가 분노한 혁명가라고 판명되는 경우 그의 석방이 늦어지거나, 심지어는 불가능하게 될 수도 있었거든요. 문제가 극도로 꼬일 수도 있었습니다. 경찰과 치안부대는 잔혹행위에 대한 책임이 있었고 코잇시 역시 어느 모로 보나 결백하지는 않았거든요. 그렇지만 만델라는 이 상황을 훌륭하게 치러냈습니다. 환자복을 입고 병실에 있긴 했지만 만델라는 완벽하게 손님 대접을 해냈습니다. 그는 자기보다 30센티미터는 작은 코잇시를 당당하면서도 정중하고 따뜻한 태도로 맞이했으며, 두 사람은 머잖아 긴장을 풀고 친밀한 관계를 형성할 수 있었습니다.[31] 그들은 유머 감각과 평온한 성품을 통해 대화할 수 있었으며 서로의 말에 귀를 기울였습니다. 아프리카너들의 역사와 관심사, 감정에 대해 이해해보려던 수년간에 걸친 만델라의 노력이 그날 열매를 맺기 시작했습니다.

코잇시와의 빠른 협상이 유별난 사건이었던 것도 아닙니다. 1994년, 민주적으로 선출된 남아공의 첫 대통령으로 취임하던 그날, 행진 도중에 만델라는 백인 치안부대에게도 존중과 포용을 분명하게 보여주었습니다. 2013년,

당시 신입 부대원이었던 한 아프리카너는 예상치도 못했는데 자기가 소속된 부대의 장교 중 한 사람에게 만델라가 다가왔다며, 그 장면을 이렇게 회고했습니다. 만델라는 그 장교의 눈을 똑바로 들여다보며 말했습니다. "당신이 우리의 평화가 되었습니다. 당신이 우리의 평화입니다." 적개심 혹은 냉담한 태도를 예상하고 있었던 장교는 깜짝 놀라 무장해제되고 말았습니다. 그는 훌쩍이기 시작했고 주변에 서 있던 그의 부하들도 여기에 동참했죠. 몇 년이 지나 만델라의 임종이 다가왔을 때, 이 경찰은 국가의 미래에 대한 자신의 생각을 혁명적으로 바꾸어놓은 사건으로 그 일을 회상했습니다.[32] 그는 다른 모든 어린 아프리카너들처럼 아프리카민족회의는 사악하고 파괴적인 집단이라는 이야기를 듣고 자랐습니다. 그러나 그날 그가 본 것은 전적으로 달랐습니다. 공포와 적개심보다는 신뢰와 우정의 느낌을 고무하는 것이었죠.

이 두 가지 사건은 공적 신뢰 구축에 가장 중요한 힘, 그 당시에도 가장 중요하던 힘을 자기편으로 끌어들이는 만델라의 모습을 보여줍니다. 만델라는 분노가 불신을 낳는다는 사실을, 또한 오직 존중과 우정만이 신뢰를 지속시킬 수 있음을 이해하고 있었습니다.

### 4.2. 두 부분으로 된 국가

오늘날 남아공의 국가國歌는 매우 다른 역사를 가진 두 가지 국가의 합성물입니다. 〈웅코시 시켈렐 이아프리카(신이여 아프리카를 축복하소서)〉와 〈디에 스템(Die Stem, 외침)〉이라는 노래죠. 전자는 코사어, 줄루어, 세소토어 등 아프리카의 주요 언어 세 가지를 가사에 차용하고 있으므로 처음부터 혼종적입니다. 이 국가는 1897년에 작곡되었으며, 반-아파르트헤이트 운동에서 자유를 부르짖는 노래로 불렸습니다. 1918년에 작곡된 〈디에 스템〉은 아파르트헤이트 남아공의 국가였습니다(1957년까지는 〈신이여 여왕을 보호하소서〉와 무대를 나누어 썼지만요). 현재는 〈응코시〉로 시작한 다음 아프리칸어로 되어 있는 〈디에 스템〉의 1절로 넘어가는 혼종적 국가가 불립니다. 단, 끝날 때는 새 영어 가사를 붙인 〈디에 스템〉을 한 절 더 부르며 끝나죠. 영어 가사의 내용은 "함께 모이라고 외치라/그리고 우리는 하나 되어 서 있으리/자유를 위해 살고 또 싸우게 하소서/우리의 땅 남아프리카공화국에서"인데요. 1994년 만델라가 대통령에 취임할 때는 두 국가가 나란히, 독립적으로 불렸습니다. 앞으로도 살펴보겠습니다만, 스프링박스 선수들이 배워서 부른 국가도 이런 식의 복합물이었죠. 그러다가 통합된 버전이 1997년에 그 자리를 이어받았습니다.

국가에는 깊은 감정적인 울림이 있는데, 남아공의 두 국가는 서로 정면충돌하는 목표와 감상을 표현하고 있었습니다. 흑인들은 유대인들이 〈위대한 독일Deutschland über Alles〉을 혐오하는 것만큼이나 본능적 반감을 가지고 〈디에 스템〉을 싫어했죠. 백인들은 대부분 시위할 때 부르는 국가인 〈응코시〉를 경멸하고 두려워했습니다.* 하지만 일이 그렇게 간단하지는 않았어요. 자유주의적 백인들은 〈응코시〉를 받아들이고 불렀으며, 수많은 백인들은 이 모든 일이 벌어지는 내내 〈디에 스템〉에 대해 의구심을 품고 있었거든요. 이는 물론 보어전쟁 종전의 여파로 반영反英 감정이 일었기 때문입니다. 이 노래에는 심지어 보어전쟁 참전용사들의 구체적 성과를 찬양하는 내용까지 들어 있었으니까요.** 그런 상황에서, 새롭게 통합된 나라가 할 수 있는

---

\* 맥락은 다르지만 우리나라에서도 최근 〈애국가〉와 〈임을 위한 행진곡〉을 두고 비슷한 싸움이 벌어지고 있다.

\*\* 1899년부터 1902년까지 영국에 대항해 보어인들로 구성된 남아프리카의 2개 주가 벌인 전쟁. 보어인이란, 네덜란드계 이민자들의 후손으로 아프리칸어를 쓰는 남아프리카의 백인을 말한다. 최초의 패전 이후에도 보어인들은 지역 농민들의 지원 속에 게릴라전을 벌여가며 격렬히 저항했으나, 영국은 지역 농민

일은 무엇일까요? 한 가지 방법은 두 국가를 모두 버리고 새로운 노래를 작곡하는 것입니다. 하지만 이 길은 이러한 노래에 대한 사람들의 감정적 연결 속에 깃들어 있는, 잠재적 선善을 위한 강력한 동기유발 능력을 버리는 결과가 되었을 것입니다. 어쨌거나 이 노래들은 고귀하고 추상적인 평화, 변혁, 자유 등의 목표에 대해 이야기하는 동시에 자연환경의 아름다움에 대해서도 이야기하고 있었는데, 이건 모든 사람들이 사랑할 수 있는 것이었으니까요. 이와 비슷한 사례가 있는데요. 독일은 나치 이데올로기를 완전히 거부하면서도 하이든이 작곡한 멜로디와 가사의 상당 부분이 오염되지 않았다고 생각하여 〈위대한 독일〉을 없애버리지 않았습니다. 대신, 모두가 수용할 수 있는 3절('화합과 정의와 자유')이 총 세 절로 되어 있던 국가 전체를 대체하게 되었죠.[33]

아프리카민족회의의 지도자 대부분은 그냥 〈디에 스템〉을 없애버리고 그 자리를 〈응코시〉로 대체하고 싶어 했습니다. 실은, 만델라가 국제전화를 받으러 잠시 방을 비웠을 때 간부 하나가 그렇게 하기로 결정했지요. 만델라는 이 결정에 항의하며 다시 생각해볼 것을 요구했습니다. "당신들이 그토록 쉽게 다루는 이 노래에는 당신들이 아직 존중하지 않는 수많은 사람들의 감정이 담겨 있소. 고작 펜 한번 휘두르는 것으로 당신들은 우리가 쌓고 있는 화해의 토대, 그 유일한 토대를 파괴해버리게 될 겁니다(Inv 147, cf. LW 747)." 야심찬 요구였습니다. 사실상 두 집단이 각각 서로의 눈을 통해 세상을 보는 방법을 배워야 한다는 것이었으니까요.

다음 단계에는 각 집단이 다른 집단에게나 어울리는 것으로 생각했던 국가를 부르도록 만들어야 했습니다. 그래봐야 사람들은 자기들이 알고 있거

---

들을 강제수용소로 이주시키는 등 강경책을 쓴 끝에 승전했다.

나 가장 좋아하는 부분만을 불렀으므로 당시의 작업은 아직 불완전했죠. 그러나 만델라의 다음 전략을 통해 결정적 진보가 이루어집니다.

## 4.3. 럭비팀

1995년 럭비 월드컵을 둘러싼 이야기는 존 칼린의 책 『인빅터스Invictus』에 잘 서술되어 있고, 같은 제목의 2009년 작 클린트 이스트우드 영화에서도 간략하게 묘사되어 있어 많은 사람들이 잘 알고 있습니다. 모건 프리먼이 연기한 만델라는 아량 넓고 자립적이며 환희로 가득 찬 그의 영혼을 강력하게 전달했습니다.[34] 실제로 일어났던 일을 간단히만 소개해드리자면 이렇습니다. 만델라는 스포츠란 대단히 깊은 애국적 감정을 불러일으킬 수 있으므로 국가의 잠재적 화해와 통합을 위한 강력한 길이라는 사실을 알고 있었습니다. 하지만 지금까지 스포츠는 다른 모든 것과 마찬가지로 인종적 전선을 따라 분리되어 있었습니다. 럭비는 백인들의 스포츠였고, 흑인들은 럭비를 비웃으며 그에 대해 반감을 가졌습니다. 한편 백인 팬들과 선수들도 상당히 비슷하게 흑인들을 의심의 눈초리로 바라보았죠.

당시 대통령이던 만델라는 남아프리카공화국의 럭비 국가대표팀인 스프링박스의 코치 및 선수들과 인내심을 가지고 소통한 끝에 그 모든 것을 바꾸었습니다. 첫째, 그는 신뢰와 희망, 우정을 만들어내며 선수들에게 깊은 개인적 인상을 남겼습니다. 그는 특히 팀의 코치인 몬 뒤 플레시스나 주장 프랑수아 피에나르와 강력한 유대감을 쌓았습니다. 그런 다음 만델라는 럭비팀이 국가國歌의 두 부분을 모두 열정적으로, 공개적으로 부르게 함으로써 백인 팬들이 따를 수 있는 패러다임을 만들었습니다. 동시에 만델라는 대표팀이 어린 흑인 아이들 여러 명에게 럭비하는 방법을 알려줄 수 있도록 훈련 과정을 마련했으며, 아이들은 "어리둥절해하는 좀 더 나이 든 사람들에게 덩치 큰 보어인들과도 친구가 될 수 있음을 보여(Inv 196)"주었습니다. 이런 성공을 거두고 난 뒤 만델라는 팀의 가장 열정적인 지지자가 되어, 그들이 월드컵에서 승리를 거둘 수 있도록 박차를 가했습니다. 연기였다고 하더라도, 만델라의 이 행위는 모든 사람들에게 그 연기 안에 깃들어 있는 감정적 온기와 진정성을 확실히 전달했습니다. 하지만 그는 아마 연기가 아니라 실제로 진정성 있는 행위를 했을 가능성이 높습니다. 어떤 의도나 사전계획이 있었다면, 그건 아마 상대를 믿고 상대를 배려하려는 의지였겠죠. 만델라는 냉담하지 않았으며, 아주 쾌활하고 느긋했고 온기와 유머 감각으로 가득 차 있었습니다(Inv 185). 무엇보다도 만델라의 행위에는 적개심이나 인종차별적 분리가 전혀 없었습니다. 럭비팀은 그냥 "우리 애들(Inv 194)"이었고, 옛날의 적들을 부모처럼 끌어안는 만델라의 모습은 과거를 전혀 상기시키지 않았습니다. 그와 함께 있는 것을 편안하게 여기고 그의 애정을 받아들이면서 럭비팀 팀원들은 조금씩, 새롭게 통합된 남아프리카공화국의 열정적인 한편이 되어갔습니다.

1995년 월드컵 결승전에서 남아프리카공화국이 뉴질랜드를 꺾었습니다. 이 승리는 남아공의 중요한 감정적 사건으로서, 이를 계기로 출신배경을 불문하고 모든 남아프리카공화국 사람들이 함께 모여 국가적 정체성을 기념할 수 있게 되었습니다. 만델라가 프랑수아 피에나르의 6번 등번호가 붙은 럭비셔츠를 입고 나타났을 때, 대부분 백인이던 군중은 환호성을 터뜨리며 만델라의 이름을 연호했습니다.[35] 만델라가 죽은 지 얼마 뒤에 이 사건을 회고한 피에나르는 이런 변모를 도저히 믿을 수 없었다고 합니다. 그는 또한 만델라의 겸손함과 팀에 대한 진정성 있는 사랑도 언급했습니다. 만델라가 남아프리카공화국을 위해 위대한 일을 해냈다는 피에나르의 말을 이 지도자는 한마디도 받아들이려 하지 않았다는 겁니다. 대신 만델라는 이렇게 말했습니다. "감사는 **자네**한테 해야지, **자네**가 남아프리카공화국에 해준 일이 있는데." 18년 후 이 말을 전하던 덩치 크고 힘센 운동선수의 눈은 눈물로 가득 차 있었습니다.[36]

이 이야기를 곰곰이 생각해보는 사람이면 누구나 만델라의 행운에 놀랄 수밖에 없습니다. 만델라의 응원이 팀에게 활력을 주었을지는 모르지만, 그 것만으로 좀 더 강하고 재능 있는 팀을 꺾을 수 있는 건 아니니까요. 그러므로 중요한 감정적 문제들을 이 경기의 결과에 상당 부분 의존했던 만델라의 판단에는 의문을 제기할 수 있습니다. 그러나 경기에 앞서 통합된 공중公衆을 만들어낸 성과에 대해서는 그렇지 않습니다.

만델라가 럭비팀을 냉담하고도 정치적인 태도로 받아들인 것이 아니라 진정한 스포츠팬이자 전직 운동선수로서 받아들였다는 점은 대단히 중요합니다(만델라는 꽤나 실력 좋은 아마추어 권투선수였습니다). 전 세계의 모든 스포츠팬들은 만델라가 내면으로부터, 한 개인으로서 스포츠의 힘을 이해했다는 사실을 알 수 있었습니다. 2013년 12월 5일 만델라가 사망했을 때, 모두가 예상했던 사람들 외에도 스포츠계로부터 따뜻한 헌사가 도착했습니다. ESPN 웹사이트는 만델라가 한 말을 인용했습니다. "스포츠에는 세상을 바꿀 힘이 있습니다. (중략) 스포츠에는 영감을 불러일으키는 힘이 있습니다. 스포츠에는 사람들을 통합시키는 힘이 있으며 스포츠만큼 그런 힘을 가진 존재는 거의 없습니다. 스포츠는 젊은이들에게 젊은이들이 이해할 수 있는 언어로 말을 건넵니다. 스포츠는 예전에는 오직 절망만 있었던 곳에 희망을 만들어낼 수 있습니다. 인종차별적 장벽을 무너뜨리는 데에 스포츠는 정부보다도 강력합니다." 무하마드 알리부터 FIFA 회장 조제프 블라터에 이르기까지 스포츠계 주요 인사들은 자유라는 대의명분을 지지하며 스포츠를 수용한 그에게 헌사를 바쳤습니다.[37]

이러한 사건들은 모두 아량과 과거의 잘못을 잊는 마음, 잃어버렸다 되찾은 아들 일화에 나오는 아버지와 같은 정신에 엄청난 창조적 힘이 있음을 보여줍니다. 만델라의 주장은 분노가 결코 정당화될 수 없다는 게 아닙니다. 제가 하는 주장보다 한 발 물러선 입장이죠. 만델라가 말로, 행동으로 보여주려는 건 분노가 정치적으로 덧없으며 아량이야말로 생산적이라는 사실입니다. 만델라는 백인들의 국가國歌를 빼앗고 럭비선수들을 인종차별적 광신도이자 압제자로 대우해 그들의 경계심을 북돋았대도 그런 복수에 대한 역사적 정당성을 주장할 수 있을 것입니다. 압제자의 국가를 부르지 않으려 한다는 이유로 아프리카민족회의를 잘못됐다고 할 수 있는 사람이 어디 있겠습니까? 하지만 적개심은 민족회의의 대의명분을 약화시켰을 것입니다. 한 국가의 미래가 달려 있을 때 분노에 깃들어 있는 복수의 정신은 아무 의미가 없고 유치한 방종입니다.

진실로 마음을 쓰기보다 비-분노와 아량을 연기함으로써 이 모든 결과를 끌어낼 수는 없었을까요? 바꾸어 말해, 이 사례는 비-분노의 우월성을 보여주는 건가요, 아니면 그저 비-분노 형식의 우월성을 보여줄 뿐인가요? 만델라는 이 두 가지가 구분될 수 없다는 것을 알았던 게 분명합니다. 다만 그는 교도소에서 보낸 세월이 자신의 성격 전체를 성찰하고 훈련시키는 시간을 제공했다는 얘기를 반복적으로 합니다.[38] (스토아주의 이념에 많은 영향을 받은 작품인) 윌리엄 어니스트 헨리의 시「인빅터스」에 대해 만델라가 보인 강력한 애착은 "내 영혼의 선장"이 되겠다는 강력한 결심의 한 가지 표현일 뿐입니다. 그는 이미 이행을 향해 가는 성향을 띠고 있었지만, 분노 쪽으로 흘러가는 충동을 다스릴 필요가 있었으며, 이와 같은 내면적 훈련이 필수적이라고 생각한다고 이야기했습니다.

반대로 생각하는 게 정말 가능할까요? 고도로 능숙한 위선자가 그토록 많은 사람들을 그렇게나 오랜 시간 동안 속일 수 있을까요? 어쨌거나, 그런 일이 실제로 가능했다 하더라도(분명히 말해두지만, 연기의 대안이 오직 나쁜 생각과 나쁜 행위뿐이라면 저는 연기에도 반대하지 않습니다), 중요한 것은 만델라의 모범에 따라, 또한 그의 모범을 따른 제 주장에 따라 내면심리에까지 작용하는 연기의 우월성이 증명되었다는 사실입니다. 모든 맥락에서 그렇듯 혁명적 맥락에서도 말이죠. 간디가 반복적으로 주장하듯, 내적 변화를 이루어내지 못한 사람의 영혼은 자유롭지 않습니다. 분노에 사로잡힌 상태는 규범적으로 불안정하며 바람직하지 않습니다. 어떤 기적 덕분에, 외면적으로는 잠시 동안 차이가 발생하지 않더라도 말이죠.[39]

이처럼 지금까지 살펴본 세 명의 사상가는 우리에게 비-분노의 전략적 우월성을 분명히 보여줍니다. 비-분노는 존중과 우정을 얻어내며, 궁극적으로는 적들도 내 편으로 끌어들여 국가건설에 그들의 협조를 요청할 수 있으니까요. 세 사상가의 주장이 분노가 신호로서나 동기요인으로서 도구적으로 유용하지 않다는 사실을 증명하는 것은 아닙니다. 어느 면에서는요. (사실 킹은 강력하게 분노의 도구적 유용성을 옹호합니다.) 처리해야 할 중요 문제가 공중公衆의 수동성인 경우도 있을 수 있습니다. 그런 경우에는 분노를 동기요인으로서 제한적으로 사용하는 것이 상당히 유용할 수 있고요. 영국이 히틀러에 대항할 준비를 갖출 때 썼던 바로 그 방법이죠. 하지만 우리가 살펴본 세 가지 사례는 전술적 측면에서도 이행이 신뢰와 협력을 통해 미래로 나아갈 수 있도록 해주는, 대단히 중요한 길임을 보여줍니다.[40] 저는 또한 (만델라가 명시적으로 한 진술을 넘어서, 킹과 간디에게 동의하여) 이행은 도덕적으로 더 우월하다고도 주장했습니다. 분노는 지위에 실제 이상의 가치를 부여하거나, 불의가 발생시킨 피해를 복수로써 속죄하고 무언가 달성할 수 있다는 생각을 통해 잘못된 길로 나아갑니다. (그런 경우가 거의 없긴 하지만) 외적 선택과 행위에 있어서 별다른 차이를 만들어내지 못하더라도 내면세계에는 도덕적·정치적 가치가 있습니다.[41]

제가 다룬 세 가지 사례에서는 비-분노가 모두 지배집단이 인간 이하의 짐승으로 취급하고 조롱하고 악마화하던 집단에 의해 실천되었습니다. 그 집단에 속한 사람들이 분노에 찬 말과 행위를 하면 사악한 고정관념에 자양분을 제공하는 꼴이 됐겠죠. 그러므로 이 상황에 필요한 것이 무엇인지 신중히 생각해본 결과 비-분노가 권장되었을 겁니다. 그럼 한 번도 악마화된 적 없는(예를 들면, 백인 유럽인 등의) 집단에 속한 사람들에게는 분노가 받아들일 만한 전략일까요? 저는 그렇게 생각해야 할 이유를 모르겠습니다. 누구한테도 비합리적이라는 비난을 받아본 적이 없다는 이유만으로 비합리적이게 굴 자격이 생기는 걸까요? 만델라의 사례만 봐도 억압이라는 상황에 좌우되지 않는, 비-분노의 내재적 근거가 드러나죠. 야비한 고정관념에 부채질을 할까 두렵다는 이유만으로 만델라의 전범을 따른 사람이 있다면, 그런 사람들은 잘못된 이유로 옳은 행동을 한 셈입니다.

국가건설에는 비-분노 외에도 능숙한 경제적 사고와 효율적 교육 시스템, 효과적 보건서비스, 기타 등등 엄청나게 많은 것이 필요합니다. 웅도트셰니에서 제임스 자비스가 떠맡았던 과업이 국가적 규모에서 실행되어야 합니다. 인도와 남아프리카공화국, 이 두 나라에서는 이런 과정이 아직 불완전한 상태입니다. 국가를 건설하려면 또한 권력 불균형을 시정할 수 있도록 법적 제도를 구조화할 방법도 신중히 사유해야 합니다. 아량은 압살롬 쿠말로를 처형한 썩은 사법제도를 개혁시키지 않습니다. 하지만 비-분노는 생산적 정신으로 이런 깊은 고민에 참여하게 하죠. 남아프리카공화국 헌법재판소의 인상적 성취가 시작되는 데에는 이런 고민이 필수적이었습니다.

## 5. 용서 없이는 미래도 없다?

그렇다면 새로운 남아프리카공화국의 정신이란 제임스 자비스와 스티븐 쿠말로의 정신이었다고 할 수 있겠습니다. 미래지향적이고 아량 넘치는 우정의 정신 말입니다. 그러나 여기에는 또 한 가지 유명한 요소도 관련되어 있습니다. 수십 개 국가에서 비슷한 위원회의 모범이 되어준 진실화해위원회가 바로 그 요소인데요. 관련된 이야기는 이 위원회의 주요 입안자인 데즈먼드 투투 주교가 『용서 없이는 미래도 없다』[42]라는 영향력 있는 책에서 전하고 있습니다. 투투가 위원회의 작업을 고백과 참회, 용서라는 기독교적 이념을 활용해 틀 지우고 있으므로 우리는 이러한 이념들이 위원회가 실제로 행한 일에 들어맞는지, 또한 만일 그렇다면 이것이 만델라의 아량 넘치는 정신과는 위배되는 것인지 따져 물어야 합니다.

현재 진실화해위원회를 주제로 연구한 문헌은 대단히 많은데, 저는 그 문헌들을 개괄할 생각은 없습니다.[43] 대신 저는 앞서 다룬 사례로부터 도출되는 일반적 방향을 제안하려 합니다. 각각의 사례에는 민감한 맥락적 사고가 요청되며, 역사와 문화의 다양성을 생각해볼 때 가장 추상적인 수준에서의 해결책을 제외한 어떠한 일반적 처방도 적절하지 않을 것이라고 생각합니다.

지금까지 제가 한 주장은 혁명적 이행에 두 가지 요소가 필수적이라고 암시합니다. 즉, 부당행위 및 그 심각성에 대한 인정과 화해를 위한 미래지향적 태도지요. 이전 장에서(또한 만델라의 실천을 통해서) 제시된 좀 더 유용한 요소는 공감능력, 즉 상대편의 관점에서 세상을 바라볼 수 있는 능력의 함양입니다.[44] 자기비하, 고백, 참회와 이에 따르는 용서라는 장치는 반면 많은 경우 상호 간의 존중보다는 모욕감을 만들어냄으로써 화해를 방해하고 숨겨진 (혹은 종종 그렇게까지 숨겨지지는 않은) 적개심에 따라 은밀한 형태의 처벌로 작용합니다.

이미 벌어진 사건에 대한 진실을 인정하는 일은 무척 중요합니다. 인간이라면 마땅히 관심을 가질 만한 요소가 피해를 입었는데 그 중대성을 주장하지 않으면, 신뢰를 확립하고 정의로운 체제로 나아갈 수 없기 때문입니다. 따라서 피해의 중대함을 주장하는 일은 국가가 그러한 관심사의 존엄성을 확보하고 잘못된 행위를 반복하지 않는 데에 전념하도록 합니다. 근본적인 정치적 원칙에 무게와 현실성을 더해주는 것이죠. 그러므로 간디와 킹은 모두 영국인 통치자들과 백인 인종차별주의의 부당성을 진실되게 묘사하려는 노력을 아끼지 않았습니다. 공식적 조사를 진행한 건 아니나, 두 사람은 모두가 볼 수 있을 만큼 진실이 확실히 드러나게 만들었습니다. 킹의 경우, 킹을 비롯한 시민권 운동 지도자들의 진술이 부당행위를 저지른 사람들에 대한 공식 사법 절차에 채택되었죠. 사법 절차가 이런 진술을 더 요구하기도 했습니다.

재판은 공적 진실을 확립하는 정상적 수단입니다. 공적 신뢰를 받는 사법 제도가 있는 나라에서는 아이스킬로스가 주장했듯 재판이 선호할 만한 수단입니다. 재판을 진행시키되 공정하게 실시되도록 함으로써, 제대로 돌아가는 민주주의 사회는 지속적 불의에 항거할 수 있습니다. 반면 간디에게 필요한 것은 영국인들이 떠난 이후의 새로운 헌법 질서였습니다. 영국인들은 이미 가버렸으므로 재판을 받을 수 없었지만 여론이라는 재판정에서 분명 심판을 받았습니다. 그 이후로도 오랫동안 유죄판결은 유지되고 있죠. 국제 언론과 간디가 맺고 있었던 교묘한 관계는 진실위원회를 여는 그만의 방식이었으며 주목할 만큼 효과적인 것으로 판명되었습니다.

진실이 대부분 감추어진다면 오랫동안 화해의 노력을 하더라도 신뢰가 심각하게 위협받습니다.* 북아일랜드는 얼스터의 개신교도 대 대다수 가톨

---

* 우리나라에서 광주 민주화운동 당시의 민간인 학살이나 세월호 사건 등 현대사의 온갖 비극에 관한 진

릭교도의 관계에서나, 그 둘과 영국 간의 관계에서나 화해를 향해 성큼성큼 나아갔습니다. 2013년 여왕은 초록색 옷을 입고* 벨파스트에 방문했고, 나중에는 게리 애덤스**는 물론 전직 테러리스트인 마틴 맥기네스와도 기꺼이 악수함으로써 화해에 크나큰 추진력을 보태주었죠. 같은 해 6월, 저는 우연히도 런던에서 벨파스트로 가는 영국항공의 첫 비행기를 타고 있었습니다. 기분도 좋았죠. 비행기 바로 옆까지 사람들이 나와서 초록색 컵케이크를 들고 우리를 환영해주었거든요. 희망을 북돋우는 징표였거든요. 그랬는데도 2014년 봄, 보스턴 칼리지에 억류되어 있던 전직 IRA 단원들과의 '비밀' 인터뷰 녹취록이 여론의 조명을 받고 이에 대해 지속적 토론이 이어지자, 게리 애덤스는 (일시적으로) 체포되는 처지로까지 떨어졌습니다. 1972년에 발생한 진 맥코빌의 납치와 처형, 암매장에 개입했다는 혐의였죠. 이 사례는 과거의 진실이 고의적으로 은폐되었을 때(그러나 사람들이 볼 수 없는 기록보관소에 남아 있을 때) 미래가 띠게 되는 취약성을 보여줍니다.[45] 평화 협상 과정에 전념하는 어느 NGO의 지도자와 대화하다가[46] 저는 게리 애덤스의 실제 행위가 많은 부분 은폐되었다는 생각에 그를 믿지 않는 사람들이 수두룩하다는 이야기를 들었습니다(흥미롭게도 몇몇 사람들은 전직 테러리스트 맥기네스의 살인 활동과 관련한 진실이 많이 알려져 있다는 이유로 그를 좀 더 믿을 만하다고 생각합니다). 당시 북아일랜드에 진실화해위원회가 설치될 수 있었는지, 아니면 지금도 그런 위원회를 만들 수 있는지는 제가 판단할 수 있는 문제가 아닙니다. 여기에서 명백한 것은 진실의 부재가 심지어 40년이 지

---

실이 충분히 밝혀지지 않고 있는 점을 생각해보라.

\* 초록색은 아일랜드를 대표하는 상징적 색깔이다.

\*\* 아일랜드공화국의 정치인으로, 신페인Sinn Féin당의 당수이다. 아일랜드 내에서의 화해 및 아일랜드와 영국의 화해를 주장했다.

나서까지도 화해를 위험에 빠뜨린다는 겁니다.

우리가 지금까지 살펴본 세 명의 지도자 이야기로 돌아가보지요. 이 사람들은 저마다 다른 방식으로 진실의 공개를 촉구했습니다. 화해도 세 가지 경우에 모두 다른 형태를 취했고요. 킹은 링컨처럼 "국가의 상처를 봉합해내야만" 했으며, 자유와 평등이 진정한 형제애를 만들어내는 변모된 미국에 대한 예언자적 전망을 통해 그 일을 해냈습니다. 그때 이후로 화해는 사회적·교육적 전략은 물론 현존하는 사법제도를 활력 넘치게 활용하는 방식으로 진작되었습니다. 신뢰가 확립되려면 경찰과 형사사법제도의 관행에서 드러나는 인종차별적 학대가 좀 더 일반적으로 시정되어야 하는 만큼, 화해의 노력은 지금도 진행 중입니다. 2015년 미국 전역에서 끔찍한 사건들이 일어났죠. 아프리카계 미국인에 대한 경찰의 극도로 잔혹한 처사를 보여주는 이 사건들은 최소한 미국이 문제를 인지하고 진실과 화해 모두를 위해 노력하도록 만드는 효과를 냈습니다. 성과는 단편적이고 점진적이며 특정 지역에만 국한되어 있을 가능성이 높지만 최소한 정의를 이루어내겠다는 결심만은 진전되리라는 희망을 품을 수 있습니다. 특히 용기를 가질 만한 점은 이에 영향을 받아 수많은 도시에서 일어났던, 킹을 이어받은 비폭력 시위의 활용이었습니다. 이런 시위가 보복적 분노에서 자유롭지 않은 경우도 분명 많이 있죠. 하지만 보통 이런 시위들은 최소한도로 보아도 킹 목사의 정신을 표현했으며, 정의에 대한 그의 단호하고도 비타협적인 요구를 모방했습니다.

간디가 처한 문제 상황은 달랐습니다. 영국인들이 결국 떠나버렸으므로 화해란 외교 정책상의 문제가 되었고, 인도공화국이 설립 초기에 보인 신중한 비동맹 정책기조는 앙심이나 적대감 없이도 독립을 지지하면서 주권국가에 대한 존중을 진작시켰습니다. 한편 간디의 운동은, 의식적으로 영국보다는 인도의 토착적 상징과 구호에 근거를 두었습니다. 덕분에 새롭고도 매우 다채로운 이 나라에는 온갖 악조건에도 불구하고 살아남은 공용어가 제공되었고, 이에 힘입어 안정적 민주주의가 창출됐습니다. 아직 긴장관계가 전부 해소되지는 않았으며, 심각한 경제적·종교적 문제도 남아 있지만 말이죠. (말할 필요도 없지만, 인도의 민주주의는 여러 사람의 작품이며 몇 가지 중요한 문제를 놓고 간디와 의견을 달리했던 두 사람, 자와할랄 네루와 헌법학자 B. R. 암베드카르가 이때 중심적 역할을 수행했습니다. 간디는 법적·제도적 사상가라기보다는 영적 지도자였으며, 전자에 속하는 사상가들도 중요한 기여를 한 겁니다.)

남아프리카공화국 사례에는 독특한 복잡성이 있습니다. 어떤 의미에서는 작동 중인 법적 제도가 있었지만, 그 제도가 백인들의 패권에 장악되어 있었으며 따라서 공적 신임을 얻지 못하고 있었습니다. 새로운 국가에는 새로운 헌법이 필요했죠. 머잖아 그 헌법이 마련되었습니다. 하지만 여기에는 정부에 대한 공적 신뢰를 회복하고 옳고 그름에 대한 공통의 공적 감각을 만들어낼, 과거의 잘못을 인정할 방법도 필요했습니다. 간략히 말해, 남아프리카공화국은 미국과도, 인도와도 비슷한 측면이 있었습니다.

'부당행위자들을 뉘른베르크에서처럼 일종의 즉결심판으로 재판할 수 있을까?' 투투를 비롯한 남아프리카공화국의 지도적 인물들은 이 질문을 제기했다가 그 제안을 빠르게 거부했습니다. 첫째, 상황을 고려해볼 때, 그들은 오랜 기간에 걸쳐 연속적으로 재판을 진행하면 흑인과 백인 사이의 골이 더욱 깊어지고, 이에 따라 흑인들의 적개심과 백인들의 공포가 더욱 강화될 것을 우려했습니다. 재판은 지속적 분노의 수단이 될 수 있었으며, 새로운 헌법을 지향하는 선의의 합의를 약화시킬 수 있었습니다.[47] 둘째, 재판에는 많은 비용이 들 것이고 이에 따라 국가의 안 그래도 희소한 자원이 낭비될 것이었습니다. 셋째, 재판은 결과적으로 진실을 제대로 밝혀내지 못할 수도 있었습니다. 기소당할 사람들은 많은 권력을 가진 변호사들에게 접근할 수 있었으며, 그 변호사들은 피고에게 아무것도 인정하지 말라는 조언을 할 수 있었으니까요.[48]

한편, 즉각적이고 일반적인 사면도 미래로 나아가는 데 필요한 공적 신뢰를 약화시킬 수 있었습니다. 그런 사면은 터무니없는 일이 벌어졌다는 사실을 말할 수 없을 테니까요. 미래의 국가와 헌법이 신뢰를 얻으려면 그런 진술이 꼭 필요했습니다.[49] 투투는 이러한 침묵이 피해자들의 고통을 인정하지 않음으로써 2차적 피해를 입힐 것이라고 암시했습니다.[50]

이에 따라, 지도자들은 현재 각지에서 모방되고 있으나 당시에는 혁신적이었던 과정에 집중하게 됩니다. 그게 바로 진실화해위원회였어요. 본질적으로 이 위원회는 제가 이행-분노라 부른 것의 구조, 즉 격노의 천명에 뒤따르는 아량 있고 미래지향적인 생각의 구조를 띕니다.

진실화해위원회의 작동원리는 사람들을 소환하여 증언하도록 하고 과오를 인정한 것에 대한 보상으로 사면을 베풀어주는 것이었습니다. 투투가 분명히 밝히듯 이러한 결합에는 논쟁의 여지가 대단히 많았습니다. 아주 많은 사람들이 처벌이 없으면 진실을 인정해봐야 아무런 가치가 없다고 생각했거든요. 더욱이, 그들은 처벌이 없다면 진실이 아예 출현할 수 없을 거라고 의심했습니다. 그러나 증인으로 나설 피해자들이 아주 많이 존재하는 상황이었기에, 가해자들에게는 진실과 경합해서는 안 된다는 강한 동기가 있었습니다. 보통 진실을 부정하게 만드는 가장 강력한 동기는 처벌에 대한 공포인데, 이런 공포가 결여되어 있었으니 더 그랬죠. 사회적 입지를 다져야 한다는 동기도 두 방향에서 작용했습니다. 새로운 나라에서는 잘못을 옳다고 주장하거나 다른 방식으로 과오의 인정에 대한 요구에 저항하며 자긍심을 느낀다는 게 더 이상 가능하지 않다는 점이 이미 명확히 드러나 있었으니까요. 게다가, 진실화해위원회는 백인들뿐 아니라 아프리카민족회의 구성원을 포함한 혁명가들의 부당행위도 수사하겠다는 입장을 밝힌 터였습니다. 위니 만델라의 행동이 조명된 것은 바로 이런 각도에서였습니다. 이런 식의 공평함은 신뢰 유발에 결코 작지 않은 역할을 했습니다.

앞서 저는 만델라가 과거의 압제자들을 존중하고 절대 모욕하지 않으려는 신중한 노력을 기울였다고 이야기했습니다. 그럼 위원회는 만델라의 선례를 따랐을까요, 아니면 모욕을 했을까요? 이는 답하기가 매우 까다로운 질문이며, 어느 정도까지는 사례별로 답이 달라질 개별적 질문이기도 합니다. 그러나 위원회의 절차 자체는 존엄성을 지켰고 존중을 표현했습니다. 그리고 절차가 진행되는 내내 미래에 사면이 주어지리라는 점이 명확히 전달되었고, 증언을 한 사람들은 증언의 결과에 따라 그들이 새로운 국가에서 범죄자로 낙인찍히기보다는 평등한 시민으로 받아들여지게 되리라는 확신을 품었습니다. 미래에 신뢰와 평등한 존중을 받게 되리라는 선결조건이 있을 때, 자기가 저지른 일을 고백하는 건 반드시 모욕적인 일만은 아닙니다. 아마 증언의 가장 문제적인 부분은 자기가 직접 저지른 일뿐 아니라 친구와 지인들이 저지른 짓까지도 증언해야 하는 경우가 많았다는 점일 텐데요. 이런 식의 '고자질'은 대단히 모욕적이고 사람을 무력화시키는 것으로 보일 수 있습니다.[51] 그러나 다른 관점에서 보면, 사면이 보장되어 있었으므로 친구의 행위에 대한 증언은 그들을 낙인찍힌 운명이나 경멸 속으로 끌어들이는 행위가 아니라 단순한 사실의 공언이었습니다. 그 공언에는 평등한 존중이라는 미래가 뒤따라오게 되어 있었고요. 그러므로 실제 상황에서 반드시 지켜졌다고는 못해도, 최소한 원칙적으로는 위원회의 장치가 빈틈없었다는 게 제 생각입니다. 이 장치는 새로운 국가의 복지에 요구되는 두 가지 요소를 정확히 강조했습니다. 즉, 과거에 대한 진실을 강조함으로써 공적 신뢰와 옳고 그름에 대한 존중을 만들어냈고,[52] 사면의 형태로 화해를 강조함으로써 새로운 시작을 가능하게 했어요.

진실화해위원회의 실제 활동을 묘사한 투투의 글을 읽다보면 바로 이런 그림을 그리게 됩니다. 그런데 이 책의 결론 부분에서 투투는 이후에 했던 자신의 연설을 인용합니다. 적어도 그중 몇 가지 연설에서, 투투는 이 문제를 정형하는 다른 관점을 보여줍니다. 고백, 참회, 사죄라는 기독교식의 교환적 설명 모델과, 제가 앞서 지나치게 처벌적이고 숨겨진 형태의 분노일 경우도 가끔 있는 만큼 회의적으로 살펴보아야 한다고 말했던 조건부 용서를 도입하거든요. 만델라의 측근들도 저처럼 이런 식의 고백을 회의적 시각으로 바라보았다는 건 중요한 사실입니다.[53] 투투에 따르면 화해는 신적으로 얻어진 우주적 과정의 일환이며, 그에 따라 사람들은 차츰 그리스도와의 합일을 향해 갑니다. 화해란 본질적으로 인간을 초월하는 과정, "우주의 중심에 있는 절차"[54]입니다. 개별적 인간은 이 과정에 합류할 수도 있고 저항할 수도 있습니다. 합류하기 위해서라면 "고백, 용서, 화해의 길을 걸어야"[55] 하고요. 이 길은 부당행위를 저지른 사람들에게 고백하고 사죄하고 "회한 혹은 최소한의 참회와 슬픔"을 보여줄 것을, 또한 "용서를 요청할 것"을 요구합니다.[56] 이런 조건이 만족되면 피해 당사자들은 분개한 마음을 내려놓을 수 있습니다. 투투는 피해자들이 기끔씩은 고백 없이도 용서를 해줄 수 있으나 그런 경우에는 "범죄행위의 뿌리"가 드러나지 않을 것이며 과정 전체가 미완으로 남아 있게 된다고 덧붙입니다. 그러므로 본인을 드러내고, 진실을 고백하고, "상당히 겸허한 태도"[57]를 상정하고, 죄를 깊이 뉘우치며 용서를 구하는 절차를 시작하는 건 잘못을 저지른 사람의 몫이 됩니다. 그런 다음에 피해자는 "신앙의 행위"로서 사죄를 받아주어야만 하고요. 이런 용서가 바로 예수가 말한, 잘못한 사람이 고백해올 때마다 수없이 반복해야 하는 그 행위라는 겁니다.[58] 투투는 그리스도의 용서와 자신이 해석한 용서의 형이상학적 목적론에 관해 계속해서 많은 이야기를 합니다.

여기에서는 기독교적 용서 중 교환적·조건적 갈래의 청사진이 보입니다. 잃어버렸다 되찾은 아들과 그의 아버지가 보여주는 모습이 아니라, 회개하는 죄인과 고해신부의 관계가 드러나죠. 분명 투투는 이런 종교적 개념을 깊이 믿고 있으며, 그것이야말로 화해를 가능하게 한다고 생각합니다. 좀 더 최근에 투투는 이런 생각의 뿌리가 아버지가 어머니를 학대하는 장면을 보고 느꼈던 개인적 분노 경험에 맞닿아 있다고 이야기했습니다.[59] 이와 같은 용서 개념이 많은 사람들에게 유의미하다는 점은 분명합니다. 그러나 만델라가 럭비팀과 나누었던 대화를 이런 식으로 상상해보면 그 한계가 명료해집니다. 회개하라는 요구는 만델라의 우화에 나오는 몰아치는 찬바람과 비슷해졌을 것이며, 당연히 저항을 강화했을 것입니다. 만델라는 이런 식의 종교적 목적론에도, 타인으로부터 사죄와 회한을 뽑아내는 일에도 별 취향이 없었습니다. 그는 오직 활짝 열려 있는 아량을 통해서만 자신과 럭비팀이 호혜적 존중과 우정으로 나아갈 수 있다고 믿었습니다. 사실 만델라가 과거의 압제자들을 상대할 때는 쾌활한 태도, 친절, 유머감각의 역할이 두드러지게 드러납니다. 투투도 그런 만델라를 잘못 표상하는 것은 아닙니다. 그는 만델라를 "제왕 같은 존엄성의 소유자이자, 아파르트헤이트나 불의, 인종차별주의의 고통으로 인해 서로 소외될 수밖에 없었던 사람들을 화해시키겠다는 헌신적 열망과 아량으로 달아올라 있었던 사람"[60]이라고 묘사하지요.

그러니까 투투는 자기만의 그림을 그린 것입니다. 그리고 투투 본인이 보여주듯 이 그림은 만델라가 실시했던 과정과는 중요한 측면에서 다르며, 투투 자신의 설명에 따르면 위원회가 실행했던 과정과도 다릅니다. 현대인들이 기독교적 개념을 고집한다는 점을 생각해보면 놀라운 일도 아니지만, 만델라의 유산은 투투의 방식대로, 그러니까 용서의 한 형태로 묘사되는 경우가 많습니다. 하지만 지금까지 출간된 만델라의 글을 읽으면서 저는 용서라는 단어나 거기에 담겨 있는 생각이 활용된 사례를 한 건도 보지 못했습니다. 알비 삭스도 만델라가 고백과 용서라는 개념을 사용한 일화를 떠올리지 못합니다. 삭스에 따르면, 그 개념은 오히려 만델라의 운동에 전적으로 낯선 것이었습니다. 최근의 만델라 영화를 보면 어느 한 장면에서 폭력사태가 임박해 있을 때 만델라가 전국방송에 나와 "나는 저들을 용서하며, 여러분도 저들을 용서해야 합니다"라고 말하는 것으로 그려집니다. 삭스는 제게 이 장면이 전적으로 허구의 창작물이라고 이야기해주었어요. 만델라는 그런 말을 하지 않았는데, 시나리오 작가들은 관객이 용서를 연상할 거라고 생각한 겁니다.[61]

물론 위원회의 활동을 쾌활하다거나, "아량으로 달아오른" 과정이었다고 묘사할 수는 없습니다. 위원회는 엄숙했고 여러 가지 측면에서 비극적이었습니다. 그렇게나 많은 사람들이 상실과 피해의 사연을 전했고, 또 수많은 사람들이 자기가 저지른 악행을 이야기했으니까요. 하지만 적어도 묘사된 바에 따르면 이 과정은 존중으로 가득 차 있었고 비천한 태도를 요구하지 않았습니다. 모욕을 주지 않은 것은 분명하고요. 그런 식으로 진실화해위원회는 부당행위자들을 미래 국가의 잠재적인 시민으로 보고, 그들의 존엄성을 평등하게 보호해주었습니다. 사면의 조건으로 사죄를 요구받은 사람은 한 명도 없었으며, 진실의 천명은 권위적 고해신부에 대한 고백이 아니라 발생한 일을 솔직하게 말하는 행위로 정형되었습니다. 참회를 표현해야 한다거나 다시는 그런 일을 하지 않겠다는 약속을 하라는 요구를 받은 사람도 없었습니다. 그런 약속은 자기비하를 촉발시켜 역효과를 낳을 게 틀림없었죠. 상대가 평등한 사람으로서 나와 협력해주기를 진심으로 바란다면, 가장 나쁜 출발점이 그를 범죄자로 취급하는 것입니다. 이렇게 보면 가해행위를 하지 않겠다는 약속을 받아내는 건 그 사람을 용의자로 낙인찍는, 앞서 말한 것처럼 "한번 떠올린 것만으로도 지나치게 많은 생각"입니다.

미래로 나아가는 국가에는 신뢰와 상호 간의 존중이 필요합니다. 신뢰에는 진실이 매우 중요하지만, 그 진실을 배치하는 방식 중에는 존중과 화해를 위험에 빠뜨리는 것도 있어 보입니다. 진실규명 과정은 너무도 쉽게 응보주의적 구조에 둥지를 틀 수 있는 겁니다. 그러나 남아프리카공화국은 사면을 제공함으로써 현명하게 그 구조로부터 화해의 절차를 빼내, 신뢰와 국가적 연대라는 태도를 가능하게 만들었습니다. 그러나 투투의 재해석은 미묘한 응보주의의 한 형태를 다시 은근슬쩍 들여옵니다. 죄인의 비천함과 고해사제의 우월성을 실현하는 고해성사에서와 같은 모습으로 말이죠. 투투의 책 제목인 『용서 없이는 미래도 없다』 대신, 우리는 '아량과 이성 없이는 미래도 없다'고 제안할 수 있을 겁니다.[62]

중요하게도, 투투 역시 나중에는 생각을 바꾸었습니다. 딸 음포 투투와 함께 저술한 최근작 『용서의 책The Book of Forgiving』에서 투투는 세속적이고 무조건적인 용서를 그려냅니다.[63] 사실 그는 조건부로 주어지는 교환적 용서를 상당히 비판적으로 언급하죠. 책에서는 그 용서를 "가장 익숙한 패턴의 용서(20)"라고 부르는데요. 그런 용서는 "줄에 묶여 있는" 선물과도 같다는 것이 두 저자의 주장입니다. 투투와 그의 딸은 조건부 용서가 위장된 복수일 수 있다는 제 반대의견을 아주 간략하게만 다룹니다(20, 또한 21쪽에 나오는 '상호 간의 분개' 항목도 살펴보십시오). 대신 그들은 조건부 용서에 따르면 용서하는 사람이 계속해서 부당행위자에게 묶이고 그의 행위에 의존하게 된다는 점을 강조합니다(21). 그 대안으로서, 두 저자는 이제 무조건적 용서를 전적으로 선호합니다. 투투 부녀의 책은 친밀한 관계 및 자신과의 관계를 주로 다루고, 자신을 상대로 한 혼자만의 작업에 초점을 맞추므로 저는 이들의 제안을 4장에서 다루었습니다. 하지만 두 사람이 정치적 영역에 대해서도 뭔가 제안하려 했다는 점은 분명합니다. 정치적 영역에는 사실 투투 부녀가 제안하는 대부분의 영적 실천이 들어갈 공간이 없어요. 다만 그 실천의 바탕이 되는 이념만은 정치적 영역에서도 한 자리를 차지하고 있습니다. 투투가 예전에 옹호했던 조건부 용서보다는 진실화해위원회와 훨씬 더 일관적인 이념이죠.

끔찍한 행위로 분열된 국가는 미래로 나아갈 방법을 찾지 못하는 상태에 빠질 수 있습니다. 분노 감정은 미래지향적 계획이나 감정으로 변화될 수 없을 만큼 강하게 마음을 사로잡을 수 있습니다. 4장에서 저는 과거지향적 용서 의례가 친밀한 관계에서는 가끔씩, 제한적이나마 기능을 발휘할 수 있다고 주장했습니다. 그 의례가 사람들을 과거의 갈고리에서 풀어줄 게 확실한 경우에는, 특히 다른 어떤 접근도 성공적이지 못한 것으로 판명된 경우에는 말입니다. 친밀한 관계에 적용되는 논점은 정치적 영역에도 관계되어 있습니다. 다른 개인에게 피해를 당해 분노를 떨쳐버릴 수 없는 개인들은 특정한 유형의 용서 의례를 가치 있는 것이라고 생각할 수 있으니까요. 도저히 미래로 나아갈 수 없었던 기나긴 세월 끝에, 자신을 고문했던 일본인 장교와 화해를 이루어냈던 『레일웨이 맨The Railway Man』의 저자 에릭 로맥스의 유명한 사례에서 보듯 말이죠.[64] 이와 비슷한 개인적 사례들이 남아프리카공화국에도 알려져 있습니다.[65] 압도적 분노와 원한을 놓아버릴 수 있도록 도와주는 상호작용이라면, 철학적 규범의 제약을 충족시키든 아니든 간에 선호되는 게 당연합니다.

투투의 신간이 내놓는 개략적 안내를 따라, 이제 우리는 다양한 국가의 사례에 대해서도 비슷한 주장을 펼 수 있을 텐데요. 르완다의 상처투성이 사회에서는 용서의 의례가 좋은 효과를 발휘했다는 증거가 있습니다. 이런 노력은 국가에 의해 독려되었으며 다양한 방식으로 실행되었습니다만, 그런 프로젝트 중 하나는 AMI인데요. 이는 후투족과 투치족 일부를 대상으로 한 비정부기구의 상담 프로젝트로서 결국 공식적 용서를 요청하고 베푸는 결과로 이어졌습니다. 보통 용서는 가해자가 피해자에게 음식을 전달한 뒤, 양측이 함께 노래를 부르고 축하하는 의식을 통해 엄숙히 거행되었죠.[66] 물론, 용서의 의례가 진실화해위원회 같은 형식적 절차의 대체물이 될 수는 없습니다. 후자는 공적 신뢰를 만들어내고 공적 사면을 베풀어주는 절차니까요. 또한 투투가 주장하듯, 이런 조건부 용서보다는 무조건적 용서가 여러 가지 측면에서 선호할 만한 것입니다. 그러나 아량 넘치는 사랑이나 미래지향적 합리성을 향한 충동 일체에 저항해왔을지 모르는 사람들에게는 일정 부분 조건부라 할지라도 용서의 의례가 과거를 떨쳐낼 수 있는 효과적 방법으로서, 이보다 공식적인 절차에 대한 유용한 대안이 될 수 있습니다. 악행을 저지른 이웃과의 공존을 도모해야만 했던 남아프리카공화국에서도 가끔은 개인적 용서에서 출발해 공적 수준으로까지 발전하는 접근법을 유익하게 활용할 수 있었습니다. 덕분에 과거에 서로 소외되어 있던 개인들을 인간적으로 연결했으니까요.[67]

그렇지만 이처럼 과거지향적인 용서의 의례는 보복적 정신에 쉽게 장악당할 수 있으며, 조건부 용서는 그 자체가 복수의 한 형태로 변할 수 있습니다. 품라 고보도-마디키젤라는 당시 수감 중이던 경찰서장 유진 드 콕을 석 달에 걸쳐 46시간 동안 인터뷰하고, 콕에 대해 일어나는 본인의 복잡한 반응을 이렇게 묘사했습니다. "피해자는 추방된 자가 욕망하는 것을 가지지 못하도록 지키는 문지기가 된다. (중략) 그런 의미에서라면 용서는 일종의 복수다. (중략) 나는 가끔씩 콕을 방문하는 동안 나 자신이 이런 승리감을 느낀다는 걸 알아차렸다. 내 이해를 구하는 그에 대해 내가 행사할 수 있는 힘을 감지한 것이다."[68]

그러므로 분노에 체현되어 있는 오류는 언제나 숙고해봐야 하며, 비-분노의 기술은 부지런히 계발되어야 합니다. 이제 만델라 이야기를 하나만 더 하면서 이번 장을 끝내도록 합시다. 이 이야기는 지위의 오류와 복수의 오류를 둘 다 명시적으로 포기한 만델라의 모습을 보여줍니다. 이 일화에서, 만델라는 공식 석방 전 빅토르 버스터 임시 교도소에 있을 때 그를 감시했던 백인 아프리카너 간수와의 상호작용을 이야기합니다. 이때는 설거지를 어떻게 할 것이냐가 문제였습니다. 전 세계의 수많은 가정에서 해결해야만 하는 문제죠.

나는 죄수에게 요리를 해주고 설거지까지 해주어야 한다는 측면에서 그가 나름 내로 분개할 수 있다고 생각했으며, 그럴 가능성과 긴장을 깨뜨리는 걸 내 의무로 보았기에 내가 직접 설거지를 하겠다고 제안했다. 그러나 그는 거부했다. (중략) 그는 설거지가 자신의 일이라고 말했다. 내가 말했다. "아뇨, 같이 해야지요." 그는 계속해서 고집을 부렸고 그 주장에는 진정성이 있었지만, 나는 그에게 **강요하여**, 문자 그대로 강요하여 내가 설거지를 하도록 허락해주게 했다. 우리는 **아주** 좋은 관계를 맺게 되었다. (중략) 간수 스와르트는 **정말로** 멋진 사람, **아주** 훌륭한 나의 친구다.

당시의 상황을 지위-역전으로 보는 것은 너무도 쉬운 일이었을 겁니다. 지배적 위치의 아프리카너가 한때 경멸받던 아프리카민족회의 지도자의 설거지를 해주다뇨. 인과응보라는 측면에서 보는 것 또한 대단히 쉬웠겠죠. 간수는 압제에 공모했기에, 그가 받아 마땅한 모욕을 겪고 있다는 식으로요. 중요하게도 만델라는 이처럼 파멸이 예정된 두 가지 길 중 어느 것도 따르지 않습니다. 아주 잠깐이라도 말이죠. 그가 던지는 질문은 오직 협력과 우정을 어떻게 만들어낼 것인가 뿐입니다.

만델라의 천재성은 바로 이 놀랄 만한 아량과 호혜성을 만들어내는 능력에 있었습니다. 본인의 말에 따르면 로벤섬에서 여러 해 동안 비판적 자기 성찰을 한 결과였죠. 이런 재능은 이루기 어려운 목표이지만 제가 개인과 제도 모두에 추천하는 목표이기도 합니다. 미래로 나아갈 길을 제시할 카리스마적 지도자는 보이지 않고, 중요한 인간적 자원을 보호하고 싶은 사람들에게 주어진 유일한 의지처가 분노인 것처럼 보이는 상황에서도, 분노는 효과 없는 전략이자 치명적 흠결이 있는 반응입니다. 분노는 대부분 사람들의 삶에서 중요한 부분입니다. 저는 개인적·정치적 관계 모두에서 분노란 신호와 동기요인으로서 제한적 가치가 있기는 하지만, 많은 사람들이 분노에 있다고 흔히 주장하는 수많은 미덕은 실제로 존재하지 않으며, 오히려 분노만의 독특한 규범적·실천적 문제가 있다고 주장했습니다.

(국내 정치의 실력자라기보다는 교육자에 가깝지만) 만델라의 가장 훌륭한 후계자이자 아프리카너 사회의 심장부인 블룸폰타인 소재 자유국가대학교University of the Free State에서 첫 번째 비-백인 총장이 된 조너선 얀센의 말을 빌려 지금까지의 논의를 요약할 수 있을 겁니다. 2009년, 얀센은 졸업생들에게 이렇게 말했습니다. "이 나라는 아직도 심한 분노로 가득 차 있지만, 나는 여러분에게 결코 분노로 반응하지 말고 이성으로 대응할 것을 촉구합니다. 그럴 수 있다면, 여러분은 학위를 받았을 뿐 아니라 진정으로 교육을 받았다고 할 수 있을 겁니다."

진정으로, 이것이야말로 우리의 인생 전역에서 일어날 혁명적 변화가 될 것입니다.

제8장

# 결론: 세상의 눈

제2차 세계대전이 벌어지던 가장 암울한 시기에 간디는 이렇게 말했습니다. "오늘날 세상의 눈에는 핏발이 서 있다 할지라도 우리는 침착하고 맑은 눈으로 그를 똑바로 마주보아야 한다."[1] 이것이 「에우메니데스」가 전하는 기본적 메시지입니다. 세상은 격노와 복수에 심하게 떠밀리고 있지만, 우리의 내면과 정치적 문화에 뭔가 좀 더 나은 것을 만들어내자는 거죠. 세상을 지금의 모습 그대로 놔두지 말자는 겁니다.

간디나 이 책의 호소에 대해 나올 수 있는, 가장 가능성 높은 반응은 "어떻게 그럴 수가 있겠어요?" 하고 말하는 것일 겁니다. 아니면 "그건 너무도 어려운 일입니다. 우리는 이 세상에 속한, 이 세상의 존재들이니까요"라고 말할 수도 있겠죠. 아니면 "우리는 일개 인간일 뿐이잖아요"라고 말할 수도 있겠고요. 하지만 이건 충분한 대답이 되지 못합니다. 온갖 일들이 나쁜 방향을 향해 가더라도 우리는 대부분 그 일을 좀 더 잘해내려는 노력을 멈추지 않습니다. 그게 아주 힘든 일일 때조차도 말이죠. 우리는 암이 널리 퍼져 있다고 해서 그게 암 연구에 어마어마한 노력을 쏟지 말아야 할 이유가 된다고는 생각하지 않습니다. 잘 돌아가는 경제를 만들어내는 것이 까다롭고도 이루기 어려운 과제라는 이유로, 최대한 그 과제를 해결하려는 노력을 중단해야 한다고도 생각하지 않고요. 더불어, 그리스로마적 분노에 대한 괄목할 만한 연구의 결론에서 윌리엄 해리스는 분노를 다루는 건 까다로운 과제라는 반론에 대하여 적절하게도 이렇게 이야기했습니다. 최고의 역사가들조차 불가피하게 실수를 저지르는 경우가 있다는 사실이 그런 실수를 피하기 위해 열심히 노력해서는 안 된다는 뜻은 아니라고 말이죠.[2]

보통, 사람들은 이런 식의 반대주장에서 드러나는 타협적이고 태평한 태도로 인생을 대하지 않습니다. 우리는 기술과 지식을 계발하기 위해서라면 12년에서 20년에 이르는 전일제 교육을 받는 것도 말이 된다고 생각합니다. 부모가 되면, 보통은 아이들이 원치 않는 경우에도 학교에서 열심히 공부해야 한다고 주장하고요. 또한 우리 대부분은, 해야 한다고 생각만 할 뿐 실천하지 못하는 경우가 많더라도, 좋은 음식을 먹고 운동을 통해 건강해지려 엄청난 노력을 기울이는 건 이치에 맞는 일이라고 생각합니다. 담배를 끊지 못하는 상황에서 우리는 보통 '너무 어려운 일이야. 나는 그냥 인간일 뿐인걸'이라는 식으로 자기 위로를 하지는 않습니다. 그보다는 아마, 좀 더 열심히 노력해야 한다고 생각하겠죠.

분노는 어려운 문제입니다. 하지만 인생에서 발생하는 수많은 다른 문제들도 어렵기는 마찬가지입니다. 어째서 현대인에게는 건강과 교육에는 굳세게 개인적 노력을 기울여야 한다고 생각하면서도 분노에 대해서는 그럴 필요가 없다고 생각하는 경향이 있는 걸까요? 어째서 우리는 의학적·경제적 연구에는 공적으로 정치적 노력을 기울일 가치가 있다고 생각하면서도 분노라는 사회적 질병은 다르다고 생각하는 겁니까?

가능성 높은 이유가 세 가지 있습니다. 첫째, 사람들은 분노하는 성향을 인간의 천성이라고 믿을 수 있습니다. 이 책에서 저는 그러한 믿음이 과장된 것임을 보여주려고 열심히 노력했습니다. 물론 분노에는 진화적 기원이 있을지도 모릅니다. 그러나 사회에서 분노가 차지하는 중심성은 문화적 규범이 만들어낸 구성물이거나 개인적 소양을 함양한, 혹은 함양하지 못한 결과입니다. 분노에 선천적 뿌리가 있다는 믿음에도 어느 정도 진실이 있다는 점은 인정하도록 합시다. 하지만 우리가 타고난 것은 분노하는 성향이지, 행동을 통한 불가피한 분노의 표출은 아닙니다. 우리는 근시에서 건망증에 이르기까지 인간의 본성에 새겨져 있는 수많은 성향이나 경향을 교정하려고 열심히 노력합니다. 다이어트나 운동에 대해서 했던 말을 여기에서도 할 수 있습니다. 궁극적으로 부당한 욕망에서 해방될 수 있을 것이라는 믿음을 꼭 품어야만 자기계발 프로그램을 시작할 수 있는 건 아닙니다. 누가 알겠어요? 어쩌면 우리 인생이 비-분노를 통해 무척 나아진 다음에는, 온갖 갈등으로 갈가리 찢긴 과거의 나날이 전혀 그립지 않게 될지도 모릅니다. 아니, 감자튀김이나 도넛에 대한 갑작스러운 열망 정도로는 남아 있을지 모르지만요. 설령 분노를 계속 경험하게 된다 할지라도 규범적 차원에서 분노가 시도하는 오류투성이 설득에 근거하여 정책을 만들 필요는 없어질 테고요.

비-분노의 추구를 꺼리는 문화적 경향의 두 번째 이유는 비-분노에 비인간적이고 극단적이며 사랑이라고는 깃들어 있지 않은 거리 두기가 포함된다는 믿음 때문일 수 있습니다. 이런 면에서 간디의 사례는 딱히 도움이 되지 않습니다. 스토아주의자들도 그렇고요.[3] 하지만 저는 비-분노에 대한 추구에 이런 매력적이지 않은 목표가 반드시 포함되는 것은 아니라는 점을 매우 명확하게 밝혔습니다. 비-분노는 우리가 깊은 사랑과 우정, (예를 들면 대의나 특정 계획에 대한) 다른 방식의 헌신을 유지할 수 있도록 해주며, 그런 사랑에 수반되는 슬픔과 공포에의 취약성도 유지하게 해줍니다. 비-분노에 실패하는 경우가 자주 벌어지더라도 우리는 자신에게 가혹하게 굴 필요가 없습니다. 간디는 본인을 가혹하게 대했으나, 그런 가혹함은 비-분노에서 수반되는 것이 아니라 사실 일종의 자아-분노였다고 저는 주장했습니다. 간디 자신은 깨닫지 못한 게 분명하지만요.

개인적으로나 사회적으로나 우리가 보통 비-분노에 대한 추구를 수용하

지 않는 가장 큰 이유는 이 문제에 대처하는 문화가 깊이 분열되어 있음에
도, 수많은 현대인이 분노를 좋은 것, 강력한 것, 남자다운 것이라고 계속해
서 생각한다는 것입니다. 사람들은 (특히 남자)아이들에게서 분노를 부추기
며 자신과 타인 모두에게 일어나는 분노에 방종하게 빠져듭니다. 사람들은
분노가 가지고 있다는 선善에 근거한 사법정책을 독려합니다. 반면 그리스
로마인들은 분노를 북돋지 않았어요. 그 사람들도 엄청나게 화를 내기는 했
지만, 또 분노가 완전히 제거되어야 하는지 그냥 엄청나게 절제되는 선에서
그쳐야 하는지를 놓고는 다양한 의견을 내놓았지만, 대부분은 분노를 질병
이자 약점으로 보았으며 분노하는 사람은 강한(그들의 용어를 사용하자면, 남
성적인) 존재라기보다는 유치한(그들의 용어를 사용하자면, 여성적인) 존재로
보았습니다.[4] 일단 이 통찰에 이르면 반은 이긴 겁니다. 자기계발은 원래도
어렵지만 시작조차 하지 않는다면 아예 불가능한 것이 되죠.

  이 책에 조금이라도 성과가 있다면, 저는 그 성과가 방금 이야기한 것과
같은 재교육의 시발점이 되기를 원합니다. 독자들이 분노의 비합리성과 어
리석음을 명백히 보도록 하는 것이죠. 다음 단계를 밟아갈 것인지는 독자
들 자신이 선택할 몫입니다. 5장에서 분명히 밝혔듯 저도 제가 처방한 약을
항상 먹는 것은 아닙니다. 저는 항공사나 은행, 인터넷 수리기사들의 세계
가 합리적으로 변해야만 한다고 생각하는 유혹에 굴복하고, (예상 그대로이
지만) 현실세계가 기대수준을 만족시키지 못할 때에는 분노에 무릎을 꿇고
맙니다. 어리석지 않은 존재가 된다는 건 어려운 일이죠.

  그러나 사람들이 자기계발에 열심히 노력하지 않거나 심지어는 그런 노
력을 아예 시작조차 하지 않는다고 해도 응보주의적 정신이라는 어리석음
을 수용하고 안정적으로 적용하는 정치적·법적 제도를 참아주거나 심지어
부추기는 행동은 간단히 말해 변명의 가치가 없는 행위로 보입니다. 우리의

제도는 최악이 아니라 최선을 전범으로 삼아야 합니다. 우리 자신은 어린아이에 불과할지라도, 우리의 제도는 성숙함의 전형적인 예가 되어주어야 합니다.[5] 개별적인 사람들이 모두 사적으로는 계속해서 비합리적인 응보주의를 어느 정도 따른다 할지라도, 법과 정의의 제도 안에서는 어리석음을 관용해서는 안 됩니다. 대신 우리는 범죄문제에 사람들이 보통 경제 건설을 대하는 것과 같은 방식으로 대처할 수 있을 겁니다. 즉 가치 있는 목표나 그 목표와 합리적으로 연결된 사후적 전략은 물론, 여러 부분으로 이루어진 사전적 전략 또한 요구되는 대단히 까다롭고 다면적인 지적·실제적 문제로 다루어야 한다는 말입니다. 그러나 우리는 오히려 현대사회를 (상상 속) 옛 서부시대를 향해 마구 산탄을 쏘아대는 교전장이라고 생각하는 경우가 많습니다. 서부시대도 사실 전혀 그런 식은 아니었고, 우리가 상상하는 방식대로였다면 그리 살기 좋은 시대가 아니었죠.

더 나아가, 엄청난 불의가 있을 때에도 우리는 그 사실을 유치하고 무절제한 행위의 핑계로 삼아서는 안 될 것입니다. 불의에는 저항을 통해서, 그리고 신중하고도 용감한 전략적 행위를 통해서 맞서야 합니다. 그러나 궁극적 목표를 언제나 시야 내에 두고 있어야겠죠. 킹이 매우 간단하게 말한 목표, 그러니까 "남자들과 여자들이 함께 살 수 있는 세상" 말입니다. 그런 세상을 건설하기 위해서는 지적 능력과 통제력, 아량의 정신이 필요합니다. 그 정신에는 여러 가지 이름이 있죠. 그리스어로는 필로프로수네philophrosunē, 로마어로는 후마니타스humanitas, 성경에 따르면 아가페agapē, 아프리카어로는 우분투ubuntu[6]라 합니다. 나쁜 것에 집착하며 지겹도록 지껄이기보다는 좋은 점을 보고 추구하는 인내심 있고 관대한 입장이죠.

제 나이를 드러낼 것이 뻔하므로 이런 슬로건으로 강의를 마치기는 좀 망설여집니다만, 보복적 정신으로 조직된 온갖 어리석은 짓이 수백 년간, 그 오랜 세월 동안 지속되어온 이 시점에 어울리는 이야기가 한마디 있습니다.
여러분, "평화에 기회를 주세요".

## 부록 A: 감정과 『생각의 격변』

이 책에서 시도한 분노와 용서의 분석을 완전히 이해하기 위해 내가 『생각의 격변Upheavals of Thought』에서 펼쳤던 감정이론을 반드시 연구해야 하는 건 아니다. 그러나 이론적 배경을 더 심도 있게 이해하고 싶은 몇몇 독자들은 그 책의 주요 주장에 관한 간략한 줄거리를 알고 싶을 것이다.

『생각의 격변』 앞부분에서 나는 감정은 모두 (감정을 느끼는 사람이 인지하거나 상상한) 대상에 대한 의도적 생각이나 인지는 물론, 행위자가 개인적 관점에서 내린 특정한 가치평가와 관련되어 있다는 감정 개념을 옹호한다. 이런 평가는 목적과 목표에 대한 행위자의 전략이라는 면에서 대상에 중요성을 부여한다. 그러므로 우리는 세상에 발생하는 모든 죽음을 애도하는 것이 아니라 우리 눈에 중요한 것처럼 보이는 사람들의 죽음만을 애도한다. 우리는 발생 가능한 모든 나쁜 사건을 두려워하는 것이 아니라, 우리의 전망에 심각한 위협을 제기하는 것처럼 보이는 사건들만을 두려워한다. 그 외에도 여러 비슷한 상황이 있다. 이러한 평가는 많은 경우 완전한 형태의 신념과 관련되지만, 반드시 그럴 필요는 없다. 사실 이런 평가는 언어나 심지어 복잡성과도 관계될 필요가 없다. 대다수 동물은 그들이 감지한 자신의 복지라는 관점에서 대상에 대한 적어도 몇 가지의 평가를 수행하며, 그 결과 감정을 느낀다. 이때 필요한 건, 해당 동물이 대상(예컨대, 약간의 음식)을 자신의 목적과 목표라는 측면에서 좋은 것으로 보는 것뿐이다. 마찬가지로, 영아기의 인간은 언어를 사용할 수 없으나 수많은 감정을 느낄 수 있다. 그들은 자기 나름의 좋음과 나쁨에 대해서, 또한 어떤 대상이나 사건이 그 좋음과 나쁨에 기여할 수 있는 방식에 대해서 초보적 감각을 가지고 있기 때문이다.

어떤 감정들은 '상황 의존적'이다. 이 말은 그 감정이 특정한 일련의 상황에 좌우된다는 뜻이다. 다른 감정들은 '배경적'이다. 이 말은 그 감정들이 (예컨대 대부분의 사람들이 달고 다니는 죽음에 대한 공포처럼) 인생이라는 직물 안에서 진행되는 것은 사실이나, (목숨이 위협당하는 특정한 사례에서처럼) 하나의 사건에 초점을 맞추어 좀 더 구체화될 수 있다는 뜻이다. 배경적 감정은 가끔 의식적으로 경험되지만 늘 그런 것은 아니다. 죽음에 대한 공포는 많은 경우 의식의 대상이 되지 않고도 행동을 촉발시킨다.

책의 맨 앞 장과 균형을 맞추며, 나는 이어 감정의 비-인지적 요소(느낌, 신체적 상태)를 탐구한다. 나는 그러한 요소 중 몇 가지가 우리의 감정적 경험 대부분에 존재하며, 사실 모든 인간과 동물의 감정이 어떤 식으로든 신체를 통해 구현되기는 하지만, 이런 비-인지적 요소들을 특정 감정의 정의에 포함시키려 할 때 반드시 필요한 일관성 및 해당 감정과의 정규적 연관성은 존재하지 않는다고 주장한다. 공포처럼 단순한 감정조차 그렇다. 공포는 신체의 전율이나 몸 떨기 등에 자주 연관되는데, 그에 반대되는 수많은 사례들이 매우 많이 존재한다. 예컨대 죽음에 대한 공포를 생각해보라. 대다수 인간은 살아 있는 내내 거의 대부분 죽음에 대한 공포를 심리학적 현실성과 동기부여적 힘을 갖춘 방식으로 느낀다. 그러나 (보통은) 의식적으로 전율이나 떨기를 인식하지는 않는다. 그렇다면 죽음의 공포에는 단일한 느낌만 없는 것이 아니라, 가끔은 의식적 느낌이 아예 없는 것이다. 다른 좀 더 복잡한 감정, 예컨대 슬픔이나 연민과도 (항상 그런 것은 아니나) 보통 연관되는 느낌이 있지만, 그 신체적 느낌을 해당 감정에 속한 것으로 일반적인 의미에서나마 특정하는 건 쉽지 않다. 그리고 많은 경우, (예컨대 슬픔이 뱃속의 통증으로 느껴질 때처럼) 그런 요소를 특정했다고 생각할 때조차 좀더 자세히 살펴보면 이러한 신체적 표현이 변화하는 동안에도, 심지어 많은 경우 심하게 변하는 동안에도 계속해서 오랜 시간 슬픔을 느낄 수 있다는 걸 알게 된다. (애도하는 사람은 어쩔 때는 통증을, 어쩔 때는 극도의 피로를, 어쩔 때는 더 많은 에너지를 부여받은 것 같은 느낌을 받는다. 그렇다 할지라도 그 사람이 더 이상 슬퍼하지 않는다고 말하면 틀린 일이 될 것이다.) 연민은 특정한 느낌과 아무런 밀접한 연관성을 맺지 않고 있다. 사랑은 당황스러울 정도로 다양한 수많은 느낌을 동반한다. 하지만 이 경우에도, 가끔은 특별한 느낌이 전혀 없을 수 있다. (자녀에 대한 부모의 사랑은 아무런 느낌과 연관되지 않고도 지속될 수 있다.)

우리는 여전히 감정이란 많은 경우 본능적이며 근원적으로 고통스럽게 느껴진다고 주장할 수 있다(단, 비-의식적 감정은 그렇지 않다). 우리가 하지 말아야 할 일은 주어진 감정의 유형을 특정한 느낌과 연관시키는 것이다. 더 나아가, 우리는 고통이 무엇인지 정확하게 이해해야 한다. 감정이 고통스럽고 본능적이게 느껴지는 까닭은 많은 경우 그 인지적 차원과 독립적이지 않다. 사랑하는 사람의 죽음은 우리가 그 사람의 주위에 쌓아놓은 애착과 희망, 기대라는 직조물을 폭력적으로 찢어버린다는 면에서 뱃속의 바이러스와 다르지 않은 것이다.

느낌에 관한 주장은 신체적 상태에 대해서도 참인 것으로 보인다. 우리는 뇌에 대해서, 또한 수많은 종류의 감정이 일어날 때 뇌가 하는 역할에 관해 점점 더 많은 것을 배워가고 있다. 할 수 있는 만큼 많은 것을 배워야 한다는 것도 분명한 사실이다. 그러나 우리는 공포라는 상대적으로 단순한 감정조차 뇌의 특정 영역에서 일어나는 특정 형태의 변화와 연관짓지 못하고 있다. 조제프 르 두의 연구결과를 자세히 읽으면서, 나는 (그에게 동의하여) 공포에는 뇌내 특정 영역에서의 전구물질이나 부수적 현상이 일반적으로 동반된다는 생각에 근거가 있기는 하나, 공포란 학습된 감정인 만큼, 그런 변화를 수반하지 않는 공포가 존재할 수 없는 건 아니라고 결론짓는다. 이번에도 죽음에 대한 공포를 생각해보면 도움이 된다.

방금 이야기한 주장은 『생각의 격변』에서 제시한 이론 중 상대적으로 논쟁적인데, 지금의 책은 그 이론에 의존하지 않는다. 단, 나는 그 이론을 정확하고 중요한 것이라고 생각하며 내가 제시한 모든 조건이 적절히 반영되면 딱히 논쟁이 발생할 이유도 없다고 본다.

다음으로, 나는 2장에서 인간이 아닌 동물들의 감정을 탐구한다. 이때 감정의 인지적 요소를 결코 언어적으로 문제를 표현하는 능력과 연관지어서는 안 된다고 주장한다. 인간의 것이든 인간 아닌 동물의 것이든, 많은 감정은 오직 가치평가가 포함된 '뭔가로 보기seeing-as'에만 관련되어 있다. 이때 생물은 대상이 자신의 복지에 핵심적이라고 본다. 인간의 경우 그처럼 단순한 감정은 언어 이전 시기 영아들에게서 특히 흔하게 나타난다. 그러나 이런 감정은 영아기의 수많은 감정이 그렇듯 성인기까지도 지속될 수 있다. 명제적 구조를 가진 복합적 감정에 대해서도 그 감정의 구조가 언제나 언어적 형태를 갖추고 있거나, 어색하게 번역하지 않아도 언어로 표현될 수 있을 거라고 생각한다면 틀린 일이다. 음악을 통해 감정을 생각해보면(이 문제를 나는 5장에서 다룬다) 풍부한 감정적 표현성을 담아낼 수 있는 유일한 상징구조가 언어뿐인 것은 아니라는 사실과, 감정의 언어적 표현이 언제나 주된 것이라고 생각할 이유는 전혀 없음을 알 수 있다.

이후 3장은 감정적 레퍼토리의 구성에서 사회와 사회적 규범이 수행하는 역할을 돌아본다. 감정의 인지적 내용은 여러 가지 측면에서 구체적인 사회적 규범 및 사회적 상황에 의해 형성된다. 이것들은 감정의 표출에 지시를 내린다. 또한 더 깊은 차원에서, 해당 감정을 구성하는 평가를 조형하며 해당 사회에만 독특하게 나타나는 구체적 감정을 만들어낼 수 있다. 인간의 삶에 공통적으로 나타나는 일반적 특징 또한 주된 영향력을 행사할 수 있으나, 그처럼 공유된 환경(죽음, 신체적 질병) 또한 다양한 사회에서 다양하게 정형된다. 어떤 경우, 일탈적 사회 규범은 감정의 적절한 대상이 무엇이냐는 점에 대해서만 질문을 던진다(무엇을 두려워하거나 슬퍼하는 것이 적절한지의 문제). 하지만 가끔은 이에 더해, 감정 분류체계 자체가 일탈적 사회 규범에 따라 조형되면서 미묘하게 다른 여러 가지 형태의 분노, 슬픔, 공포를 만들어낸다. 이 설명을 지금 책에도 적용할 수 있다. 모든 사회의 사람들이 부당한 피해에 반응하고 복수를 소망하는 만큼, 분노는 어떤 측면에서 문화적 보편성을 띤다. 그러나 분노의 구체적 형태는 모욕이 무엇인지, 명예란 무엇인지, 남자다움이 무엇인지 등등에 관한 사회적 규범에 따라 강하게 정형된다.

이어 나는 (4장에서) 인간 감정의 발전적 특성을 연구한다. 인생 초기의 감정적 경험은 언어의 습득에 선행하며, 심지어 대상의 안정적 구분에도 선행한다. 더욱이 분노에 포함되는 인과적 사고는 많은 사람들이 생각하는 것보다 일찍 나타나기는 하지만, 발전되기까지 시간이 걸린다. 영아기의 감정적 삶은 물론 이후의 역사도 이에 따라 채색된다. 옛 감정의 패턴은 많은 경우 성인기의 삶으로까지 이어지며, 또한 많은 경우 어른다운 삶과 슬픔이라는 세련된 구조물 아래에서 지속된다. (『생각의 격변』 중 이 부분은 내 책 『정치적 감정Political Emotions』 7장의 인간 발달에 관한 설명과 평행관계를 이룬다. 다만 『정치적 감정』은 여러 가지 측면에서 이 논의를 넘어서 영아적 불안과 죄책감을 극복하는 사랑의 역할을 논의한다.)

다양한 상황에 두루 지속되는 '배경적 감정'과 기분을 구분하는 건 어려운 과제이므로 특별히 섬세하게 다루어야 한다. (내가 이해하는) 기분은 대상이 없는 하나의 상태로서, 완연한 감정과 달리 의도성을 결여한다. 대상이 없는 슬픔, 보편적 두려움, 만성적 짜증, 내생적 우울 등 모든 것이 기분이다. 그러나 우리가 우리 자신의 불완전성을 감안할 때, 아주 일반적인 대상을 갖거나 그 대상이 알려지지 않은 감정과 기분을 구분하기란 대단히 어렵다. 우울증을 생각해보라. 어떤 우울증에는 순전히 화학적인 원인만 있고 대상이 없을 수 있다. 하지만 가끔 사람들은 자신의 인생과 전망에 관해 매우 일반적인 방식으로 우울해한다. 대단히 일반적이긴 해도 그들의 우울함에는 대상이 있다. 또는, 그 사람들이 실제로는 어떤 위기나 인생 초기의 상실 때문에 우울해하면서도 그 사실을 완전히 인식하지 못하고 있을 수 있다. 이런 경우에는 우울증의 뿌리를 밝혀 대상이 있는지 판별하고, 만일 있다면 그 대상이 무엇인지 결정하는 치료적 작업이 필요해지는 경우가 많다. 공포도 마찬가지다.

분노는 어떤가? 만성적으로 짜증을 내는 사람들은 사실 특정한 것, 혹은 특정한 사람에 대해 화가 나 있지만 그 감정 상태의 뿌리를 밝히지 못하고 있을 뿐인 경우가 많다. 아니면 분노에 대단히 일반적인 대상이 있을 수도 있다. 예컨대 우주가 자신을 불공평하게 내우한다고 느끼거나 인생이 사신을 합당하게 대해준 적이 한 번도 없다고 느끼면, 그런 우주나 인생, 혹은 그와 관련된 상상이 분노의 일반적 대상이 된다. 여러 근거를 통해 알 수 있는 사실은 이런 짜증이 무력감과 연관될 수 있다는 것이다. 사람들은 자신이 극도로 취약하다는 느낌을 받은 결과, '터무니없는 운명의 돌팔매질과 화살'이 부당하게도 자신에게 겨누어져 있다고 느낄 수 있다. 순수하게 내생적이며 의도성이 없는 짜증도 존재하는가? (예컨대, 적어도 몇몇 여성이 경험하는 생리 전의 긴장감처럼) 특정한 신체적 상태는 많은 경우 사람을 짜증이나 분노에 취약하게 만드는 것으로 보인다. 그러나 이런 짜증도 직접적이고 내생적인 인과관계를 통해서 만들어지는 것은 아닐 수 있다. 그보다는 먼저 무력감이나 나약함, 매력적이지 않음이라는 느낌이 생겨나고, 그 때문에 세상 혹은 타인이 어떤 식으로든 자기를 방해한다는 생각이 쉽게 드는 것일 수 있다. 이 문제는 전체적으로 까다로우며 잘 이해되지 않고 있다.

그러나 이처럼 어려운 경계선상의 사례가 존재한다고 해서 감정에 관한 의도주의적 설명을 의심해야 하는 건 아니다. 세상은 철학자들의 편의를 위해 주문제작된 것이 아니므로, 어떤 식으로 범주를 구분하든 소속이 불명확한 사례가 발생할 가능성은 높다.

## 부록 B : 분노와 비난

분노를 분석한 최근의 철학적 논고가 너무 적다면, 그건 부분적으로 논의의 초점이 다른 데에 맞추어져 있었기 때문일지 모른다. '비난'에 대한 분석이 무대 중심으로 이동해, 수준 높고 다양한 관점의 연구 성과에 영감을 불어넣었다. 이 주제에 대한 최근의 훌륭한 문선文選 편집자들이 주장하듯 "비난에 관한 연구는 여전히 영아기에"[1] 있지만, 철학적으로 가치 있는 연구성과는 충분하므로 나와 같은 연구를 하는 사람들은 반드시 잠시 멈추어, 이 급성장하는 학문과의 관련 속에서 자기 연구의 위치를 비정해야 한다.

비난에 관한 연구는 익숙한 형태의 철학 분석을 통해 이루어진다. 즉 단일한 설명을 해내는 것이 합당한 목표라는 묵시적 가정을 한 뒤, 그런 단일한 설명이 될 만한 후보로서 개념정의가 이루어지고 논의된다. 어떤 사람들은 논의에 참여하면서 다양한 형태의 비난을 포괄할 수 있다고 자기 설명의 유연성을 강조하지만, 적어도 일반적 차원에서 단일성에 관한 회의주의는 거의, 혹은 아예 없다.

다루려는 현상의 이종적 사례들을 포괄할 수 있을 만큼 유연하기만 하면 단일적 설명도 어떤 개념은 잘 조명할 수 있다. 아마 대부분의 개념을 그렇게 다룰 수 있을 것이다. 그러나 개념의 핵심 자체가 모호해, 단일한 설명으로서 밝혀지기보다 은폐되는 경우도 존재한다. '사생활'이라는 개념에 관한 영향력 있는 에세이에서 주디스 자비스 톰슨은 '사생활' 용어에 대한 단일한 설명의 탐색을 반대하는 대단히 강력한 주장을 내놓았다.[2] 정보의 비밀성, 개인의 자율성, 고립을 비롯하여 이러한 주서朱書 아래에서 표준적으로 선택되는 수많은 다른 것들의 가치는 본성상으로나 기능적으로나 매우 혼종적이다. 그러므로 사생활은 최고의 단일한 설명을 탐색하기만 하면 되는 단일한 개념으로 취급하면 유익한 결과보다는 오히려 오해의 소지가 발생한다. 나는 톰슨의 의견을 받아들여, 공/사 구분 자체가 근원적으로 다면적인 만큼 즉각적 차이 규명 없이 '사생활'이라는 용어를 사용하면 정치적·법적 분석이 호도된다고 주장했다.[3] 이른바 '사생활의 법익'이라 불리는 것 중에는 엿보려는 눈길로부터 개인의 정보를 보호하는 법익이 포함된다. 다른 법익은 고립 혹은 고독에 관한 열망과 관련되어 있다. 또 다른 법익은 비밀유지나 고독과 아무 연관이 없으며, 오히려 개인의 통제력 혹은 자율성과 연관되어 있다. 예컨대 피임할 권리는 '사생활의 권리'로 보호되면서 오해를 불러일으켰다. 피임문제에서 정말로 위태로운 처지에 빠졌던 건 피임기구 사용결정에 대한 자율성이었다. 그러나 이 문제는 피임기구가 격리된 공간에서 사용되느냐, 공공장소에서 사용되느냐 하는 문제(관련된 중요 사건의 원고, 빌 베어드는 공적인 행사장에서 젊은 여성들에게 피임기구를 나눠주었다)[4] 혹은 피임기구의 사용이 비밀에 부쳐지는지 여부에 관한 문제로 오해되었다. 가끔 '사생활'이라는 단어는 판사들을 호도하여, 법으로 보호되는 행위란 특권적이고 고립된 장소(예컨대, 결혼으로 맺어진 가정)에서 일어난 것뿐이라거나 친밀한 관계로 구획되는 행위뿐이라고 생각하게 만든다. 이에 따라, 성적 자율성은 특권적이고 고립된 장소에서 실행될 때에만 특별히 보호된다고 생각하는 경향이 발생한다. 왜 그래야 하는지는 전혀 논의되지 않은 채 말이다. 단일한 용어가 제대로 된 의견을 대체한다. '정보상의 기밀보호권', '결정상의 자율권', '고립의 권리' 등 다양한 단어가 사용되었다면 문제가 훨씬 명확했을 것이다. 물론, 그처럼 다양한 단어들이 소개하는 현상 사이에 어떤 관계가 발생할 수 있는지 묻는 일도 예방되었으리라.

주장의 편의를 위해 톰슨과 내가 옳다고 가정해보자. '사생활'이라는 용어는 유용하지 않다. 그 까닭은, 이 용어가 표준적으로 도입하는 개념 사이에 공통점만큼이나 중요한 차이점들이 존재하는데, 단일한 용어가 그 차이를 은폐하기 때문이다. 그렇다면 문제는 '비난'이 '사생활'과 비슷한 개념인지, 아니면 어느 정도 단일한 분석에 의해 제대로 밝혀지는 듯 보이는 수많은 다른 개념들과 더 비슷한지 여부이다.[5] 내 생각에는 전자인 것 같다. 하지만 수많은 훌륭한 사람들이 후자를 유효한 가정으로 받아들이는 만큼 논증이 필요하다.

지금까지 제시된 단일한 설명의 주된 후보들부터 검토하며 논의를 시작하자.

비난에 관한 흔한 설명 중 하나는 **단죄**이다. 누군가를 비난한다는 건, 그 사람이 부적절하게(혹은 도덕적 비난이 초점일 경우 도덕적으로 부당하게) 행동했다고 단죄하는 것이다.[6] (가끔 이는 '비난받아 마땅함에 관한 판단'이라고 불리지만, 이 순환적 용어는 삼가도록 하자.) 단죄의 속성을 더욱 협소하게 규정하는 설명도 있다. 단죄란 도덕적 미덕에 관한 부정적 판단 혹은 악의에 관한 판단이라는 것이다. 이러한 설명에 대해서는 다양한 반대가 제기되었는데, 대부분은 이런 설명이 인간성의 깊이나 비난의 힘을 제대로 포착하지 못한다는 내용이다.

이 스펙트럼의 반대편 끝에는, 말하자면, 비난을 전혀 심리학적인 것이 아닌, 행위의 한 형태로 보는 설명이 있다. 비난이란 벌을 주거나 다른 어떤 방식으로든 제재를 가하는 행위라는 설명이다. 이러한 설명은 감추어져 있거나 표현되지 않는 비난을 제대로 다루지 못하며, 가해자에게 대항할 처지가 못 되는 사람들의 비난도 조명하지 못한다는 비판이 있다.

월러스가 더욱 발전시킨 스트로슨의 매우 영향력 높은 설명은 비난을 '반응적 태도'라는 용어로 정의한다. 비난은 적의나 그와 비슷한 다른 태도를 경험하는 것으로서, 일정 정도로 선의의 포기와 "가능하면 타인이 고통을 겪지 않도록 한다는 일반적 요구의…… 수정"을 최소한 어느 정도로는 포함한다는 설명이다.[7] (스트로슨과 월러스는 분노에 관한 인지적 설명을 택하느냐, 비-인지적 설명을 택하느냐 하는 차이가 있을 뿐 모두 이런 감정의 분석에 실패한다. 비-인지적 설명을 택할 경우, 반응적 태도에 의거한 설명은 전적으로 그런 것은 아니나 부분적으로 단죄에 의거한 설명과 겹친다.) 그러나 이를 비판하는 사람들은 적대적이거나 처벌적인 감정 없이도 다른 사람을 비난하는 건 가능하다고 주장한다.

조지 셔는 비난받아 마땅한 부당행위를 판단할 때, 그 사람이 그렇게 행동하지 않았으면 어땠을까 하는 회고적 욕망을 한 가지 요소로 첨가해야 한다고 결론짓는다.[8] 셔에 따르면, 이런 설명은 포괄적이어서 아는 사람에 의한 부당행위와 낯선 사람에 의한 부당행위를 모두 다룰 수 있다. 하지만 셔의 이론은 사랑하는 대상(예컨대, 잘못을 저지르는 아이)의 부당행위를 다루지 못한다. 부모는 아이가 잘못을 저질렀다고 믿고 아이가 그러지 않았으면 좋았겠다고 생각하지만, 비난보다는 슬픔이나 연민에 더 가까운 태도를 가질 수 있기 때문이다.

토머스 스캔런의 영향력 높은 설명은 셔의 설명처럼 비난에는 처벌적 태도가 필요하지 않다며, 비난이 부당행위에 대한 판단 이상이라고 주장한다. 단, 스캔런은 비난을 이해하는 가장 좋은 방식이 부당행위자와 그 피해자의 관계에 발생하는 수정으로 이해하는 방법이라고 본다. 우정을 규정하는 의도는 호혜적이다. 그러므로 상대방이 악의를 가지고 행동했다는 인지는 피해자의 선의를 철회하도록 유도한다.[9] 이런 설명은 분명 많은 생각거리를 던져주며 중요하기도 하다. 하지만 이 설명은 수많은 반대 의견에 부딪쳤다. 스트로슨적 설명을 좋아하는 사람들은 스캔런의 설명이 비난의 강도와 열기를 적절히 다루지 못한다고 느낀다.[10] 셔는 스캔런의 설명이 낯선 이들에 대한 비난을 제대로 다루지 못한다고 믿는다. 이런 반대를 예측했기에 스캔런도 순수한 도덕적 관계가 우리 모두를 모든 도덕적 행위자와 연결시킨다고 주장하기는 했지만 말이다. 마지막으로, 앤절라 스미스는 스캔런의 설명이 어머니와 범죄자 아들의 사례를 설명할 때 셔보다 나을 게 없다고 주장한다. 어머니는 실제로 아들에 대한 태도와 의도, 기대를 수정할 수 있으나 더 많은 사랑과 애정을 보여주는 방식으로 그렇게 할 수 있기 때문이다. 물론, 이런 태도 수정을 아들에 대한 일종의 비난이라고 생각하는 건 이상한 일이 될 것이다.

마지막으로 앤절라 스미스는 비난에 관한 가장 포괄적인 설명이자, 진짜 비난으로 간주할 수 있는 모든 사례를 가장 일반적으로 연결시킬 수 있는 설명이 (부당행위에 대한 판단에 더하여) 항의라는 개념을 도입하는 설명이라고 제안한다. 스미스는 스캔런의 논의를 이어받아 비난에는 부당행위에 대한 판단과 특정 형태의 태도수정이 요구되며, 비난 자체가 그 두 가지로 구성된다고 주장한다. 이때의 태도 수정은 "[부당행위를 저지른 사람의] 행동에 함축되어 있는 도덕적 주장"에 대한 항의로서, "그러한 항의는 암묵적으로 비난받아 마땅한 행위자나 도덕적 공동체의 상대방, 혹은 둘 모두에게 일정한 도덕적 인정을 요구한다"[11]는 것이다.

스미스의 설명은 여러 측면에서 매력적이지만, 포괄성을 얻는 대가로 모호해지는 것 같다. ("비난받아 마땅한 사람"이라는 용어의 순환성에 더해) 이 정의는 비난 개념의 불확정성 상당 부분을 똑같이 불확정적인 항의라는 개념에 미뤄놓기 때문이다. 항의는 행동인가? 일련의 반응적 감정인가? 항의는 관계 수정에 무엇을 더해주는가? 혹은 특정한 형태의 수정을 도입하는가? 스미스는 항의가 무게감 혹은 심각성이라는 개념을 도입한다고 명시한다 (그래서 어리석은 방식으로 잘못된 행동을 하는 사람의 사례를 제시하며, 그가 잘못된 행동을 하기는 했지만 그 행동이 너무 어리석기에 그를 비난할 수는 없다고 생각한다). 스미스는 또한 항의가 사죄와 용서에 밀접하게 연관되어 있다고 암시하며, 아마 항의에 사죄에 대한 요구가 포함된다고 생각하는 것 같지만, 이는 초창기에 머물러 있는 주장이다. 스미스가 이를 비난의 필수적 조건으로 여긴다면, 이 설명은 포괄성이라는 미덕을 잃게 될 거라는 게 내 생각이다.

이 모든 것을 어떻게 생각해야 할까? 이런 설명이 비난의 다양한 형태와 사례를 알려주는 것은 틀림없는 사실이다. 그러나 한 설명이 옳고 다른 설명은 틀렸다고 결론지을 만한 단일성이 있는지, 아니면 모든 설명에 오해의 소지가 있으며, 각각의 설명은 단일한 용어로 묶여 있는 서로 다른 현상에 대한 기술이라고 결론지어야 하는지는 명확하지 않다. 이 모든 사례에 적용되는 공통의 핵심이 있는가? 만일 있다면, 그 핵심은 스미스에 의해 비난은 "부당하고 반대할 만하며 특이한 행위에 근거해, 그 행위를 한 사람에게 보이는 반응"[12]이라는 개념으로 잘 표현된다.

내가 보기에 어떤 사례에서는(이런 사례를 사례 A라고 하자) 부당함에 대한 판단만이 존재할 뿐이다. 반응은 그게 전부다. '비난'이라는 단어에는 그런 사례들이 분명 포함되며, 그 사례들은 책임성을 강조하되 비-분노를 촉구하는 내 설명에도 중요하다. '비난'이라는 용어는 또한 분노를 수반하는 판단이 존재하는 사례들(사례 B)도 포함한다. 또한 분노에 대한 비-인지적 설명을 견지한다면, 비난의 사례 중에는 분노는 존재하나 판단은 존재하지 않는 것들도 포함될 수 있다. 이 역시 '비난'의 진정한 사례다. 사례 B가 사례 A와 같지 않다는 점을 지적하는 건 적절해 보이지만, 사례 A에 '비난'이라는 단어를 적용하는 것이 부정확하다고 말하는 건 옳지 않다. 적어도 A 범주에 속하는 사례도 한 가지 사례로 간주하는 건 자연스러워 보인다. 비난이라는 단어가 개연성 있게, 또한 정확하게 적용되는 그 외의 사례, 즉 사례 C는 스캔런/스미스의 사례로, 이때는 적대적 감정이 존재하지 않을 수 있으며, 대신 관계의 수정이 존재한다. 나는 항의가 존재하는 비난만을 '비난'이라고 불러야 할 이유를 모르겠다(내가 항의라는 개념을 제대로 이해했다는 느낌은 들지 않지만 말이다). 스캔런식의 사례에서는 부당행위에 대한 판단이 오직 거리 두기만을 수반하는데, 이런 사례는 비난이라는 용어가 적절히 적용되는 사례로 완벽하게 식별 가능해 보인다. 단, 스미스는 스캔런의 정의가 자신이 다루는 중심적 사례와 흥미로운 측면에서 다르다는 점을 적절히 지적했다. 마지막으로, 일군의 다른 사례, 즉 사례 D(셔의 사례)가 있는데, 이때는 단죄에 더해지는 것은 미래지향적 수정이라기보다는 회고적 소망이다. 수많은 사례에서 비난은 회고적이라기보다 미래지향적이므로 이에 해당되지 않는다는 점을 지적하는 건 물론 중요한 일이지만, 이런 사례에 '비난'이라는 단어를 적용하는 게 부적절한 일일까? 불분명하다. 아마 스미스가 제기한 사랑 가득하고 방임적인 어머니의 사례는 비난이라는 용어를 가장 포괄적으로 사용할 때소차 경계선상에 속하는 사례일지 모른다. 그녀는 실제로 자기 아들이 부당하게 행동했다고 판단하므로, 그녀의 사례는 최소한 A 유형에 속하는 사례다. 내 생각에 스미스는 그 어머니의 감정적 태도가 부당행위에 대한 판단에 있어 지나치게 긍정적이고 일반적인 선에서 크게 벗어나 있어, 단죄했다고 말은 하지만 실제로는 그렇게 생각하지 않을 수 있다고 보는 것 같다. 이 어머니의 태도가 정말 그런 것이라면, 어머니는 아들을 비난하는 게 아니다. 하지만 어머니가 실제로, 진실로 아들이 부당하게 행동했다고 판단하되 여느 때보다도 그를 더욱 사랑한다면, 어째서 그 사례를 '비난'이라고 부르는 게 부적절한가? 개념적 분석을 해내겠다는 이유만으로, 사람들이 책임성에 대한 판단에 사랑과 관용을 결합시키지 못한다고 치부해서는 안 된다. 사실 그 조합은, 내가 큰 관심을 두고 있는 것이기도 하지만, 일반적인 것으로 보인다. 충분히 일반적이지는 않더라도 말이다.

다시 말해, 이런 다양한 사례들을 구분하는 것은 매우 유용하며 이 섬세한 철학자들이 도입한 구분으로부터 배울 수 있는 게 많은 것도 분명하지만, 인간의 반응은 다양한 형태로 나오며 '비난'이라는 단어는 매우 부정확하다. 어쩌면 이는 '사생활'만큼 이중적이지는 않을지 모른다. '사생활'은 아무런 공통적 실마리도 갖고 있지 않은 것들을 포괄하기 때문이다. 하지만 '비난' 역시 상당히 공허하며, 충분한 정보를 주지 못하는 개념이다.

내 연구에서는 분노나 적대적 복수의 소망에 관계되지 않는 비난의 사례 (A, C, D)가 존재한다는 걸 기억하는 게 중요하다. 사실 나는 이러한 가능성에 상당히 기댄다. 비난에 관한 연구 성과를 통해 이런 가능성을 포착할 수 있는 건 사실이지만, 그건 해당 연구 덕분이라기보다는 그 연구에도 '불구하고' 알게 되는 것이다. 이 모든 섬세한 철학자들은 단일한 본질을 추구하는 한 도깨비불을 쫓고 있는 것처럼 보인다.

# 부록 C: 분노와 그 종류

이 책에서 내가 택한 전략은 분노의 포괄적 개념을 다루고 그것을 생물 분류상의 속屬으로 정의하여, 그와 관련된 변종들을 사례 기술을 통해 소개하는 것이었다. 한 가지 사례('이행-분노')에서 나는 분노 속의 두드러진 특징(갚아주겠다는 소망)을 결여하고 있는 경계선상의 종을 규정하기 위해 전문용어를 도입한다. 이 전략은 아리스토텔레스의 전략과, 특히 그리스로마의 스토아주의자들이 취하는 전략을 명백히 따르는 것이다. 버틀러와 스미스를 포함하는 이후의 수많은 사상가들도 같은 전략을 취한다.

스토아주의자들은 감정의 정의에 집착했으며, 주된 감정의 유형과 그 유형의 좀 더 구체적인 종을 정의한 엄청나게 많은 목록을 남겼다.[1] (이러한 분류는 키케로에 의해 『투스쿨룸 대화』에서 라틴어로 번역되었으며, 그때 언어학적·문화적 차이로 인해 어쩔 수 없이 몇 가지 변경이 일어났다.)

본문에서 언급했듯 스토아주의자들은 분노(그들이 포괄적으로 사용했던 용어는 orgēe로, 아리스토텔레스 또한 이 단어를 사용했다)를 '미래의 선을 지향하는 호의적 태도'로 규정되는 감정 중 하나로 분류했다. 스토아주의자들은 복수의 소망을 중심적 위치에 놓기 때문이다. 그들의 광범위한 정의는 복수의 소망을 지칭하지만, 동시에 자신이 부당행위를 당했다는 믿음과도 연관되어 있다. 그러므로 스토아주의자들의 분노는 본질적으로 아리스토텔레스의 것과 같으나, '지위-격하'에 대한 참조만은 (정확하게도) 좀 더 일반적인 부당성에 대한 참조로 대체되어 있다.[2]

최근의 몇몇 철학적 논의에서는 다른 접근을 마주하게 되는데, 보통 이런 주장은 명쾌히 옹호되지 않는다. 사람들은 (사실상 뚜렷이 주장하는 것은 아니면서도) '분노anger', '분개resentment', '의분indignation' 등 수많은 다양한 감정이 존재하는데, 이런 감정 사이의 관련은 단일한 속屬에 속한 다른 종種으로서의 관계가 아니라고 주장한다. 이건 무슨 의미이고, 나의 연구에는 어떤 중요성을 가질까?

세 가지 서로 다른 문제에 관심을 기울여볼 만하다. 첫째, 많은 사람들은 분노 중에서도 특히 도덕적인 감정이 있다고 주장한다. 이런 감정에는 도덕적 판단이 내재되어 있기에 일반적 분노의 한 유형보다는 별개의 감정으로 취급되어야 마땅하다는 것이다. '억울함resentment'과 '의분indignation'이 이런 식으로 지목되는 감정들이다. 나는 포괄적 감정으로서의 분노에 부당함에 대한 판단이 포함된다고 주장해왔다. 그러므로 나는 '억울함'에 부당함에 대한 특수한 유형의 판단, 즉 도덕적 판단이 포함되는지 여부를 살펴보아야 한다. 내 생각에 우리의 언어적 직관은 이 주장을 지지하지 않는 듯하다. 어떤 사람이 자기감정을 억울함이라고 묘사하는 경우, 이는 보통 그 사람이 해당 감정에 어느 정도 근거가 있다고 생각함을 암시한다. 하지만 그 근거가 언제나 도덕적인 것이어야 할까? 전형적인 지위-격하의 방식으로 모욕을 당한 경우에도 사람들은 "나는 그 일이 억울하다"고 말할 수 있을 것이다. 학교에서 어떤 학생의 입학을 거절했다고 해보자. 이때 그 학생의 부모는 슬픔을 느끼고 학교가 부주의할 뿐 아니라 오판을 내렸다고 믿으면서, 학교의 행위 방식이 억울하다고 말할 수 있다. 도덕적 원칙이 관련되었느냐는 질문은 아예 제기되지 않는다. '의분'도 마찬가지로 신뢰하기 어렵다. 서열이나 지위에 대한 모욕, 혹은 도덕적이지 않은 수많은 종류의 공격에도 '의분'은 느낄 수 있다. 그러므로 억울함이나 의분에는 물론 도덕적 사례도 다수 포함되겠지만 모든 사례가 그렇다고는 할 수 없다. 내 생각에는 감정에 내포되어 있는 부당성에 대한 판단을 함께 고려하며 포괄적 용어에 초점을 맞춘 다음, 각각의 사례에서 그것이 어떤 형태의 판단으로 드러나는지 명확히 밝히는 게 더 나을 듯하다.[3]

달리 말해, 나는 도덕적으로 근거가 있는 분노를 배제하는 것이 아니라 단지 포괄적 용어인 '분노'를 사용하고 이후 더 심화된 진술을 통해 사례의 특징을 밝히는 편을 일상적 언어의 부정확한 용어들이 나 대신 그 일을 수행하도록 애쓰는 방법보다 선호할 뿐이다.

암시적으로나 명시적으로나 자주 제기되는 두 번째 문제는 복수의 소망을 포함하지 않는 분노의 존재 여부이다. 나는 2장에서 그 문제를 자세히 다루며, 무척 경계선에 가까운 사례가 있다고 주장했다. 우리가 생각하는 것보다는 드물지만 말이다. 나는 이 사례에 관해 '이행-분노'라는 전문용어를 도입하고, 이를 복수의 소망을 결여하는 분노 혹은 준-분노로 정의한다. 평범한 단어인 '의분'은 내가 앞의 논의에서 밝혔듯, 복수의 소망을 결여한 태도를 특징적으로 나타낼 수도 있으나 언제나 그런 것은 아니다. 그러므로 나는 전문용어를 선호한다.

셋째, 우리는 부당성에 대한 판단이 완전히 결여된 분노가 존재하는지를 물어야 한다. 내 생각에 사람들이 '분개'나 '의분' 같은 용어에 집중하고 싶어 하는 이유 중 하나는 부당성에 대한 판단이 존재함을 강조하고 싶기 때문이며, 분노에 이런 판단이 내포되어 있다고는 확신하지 않기 때문이다. 앞에서 이미 이 문제를 다루었으나 조금 더 논의를 진전시키도록 하자. 구경꾼들이 보기에, 갑자기 터져나오는 분노는 판단을 동반하지 않는 것처럼 보일 수 있다. 그러나 당연한 얘기지만, 습관이나 깊이 내면화된 생각 패턴에 기초한 수많은 인지적 태도는 갑자기 분출하기 마련이다. 이때는 무슨 판단이 연관되어 있다는 암시가 전혀 드러나지 않는다. 우리가 의존하는, 세계에 대한 확신 중에는 일상적인 것일 뿐 굳이 멈추어 의식적으로 살펴보지 않는 것들이 많이 존재한다. 물체는 단단하고, 물건들은 중력의 법칙에 따를 것이라는 등의 확신 말이다. 내가 보기에 분노는 이런 사례와 비슷한 경우가 많다. 분노의 패턴은 유년기에 규정될 수 있으며, 이러한 습관적 패턴은 많은 경우 의식적 집중 없이도 행동의 방향을 결정할 수 있다. 나는 이런 관점과 일관되게, 분노란 항상 인지적 평가를 포함한다고 주장했다. 인지적 평가가 정신 깊숙이 저장되어 있어 완전히 표현되지 않더라도 말이다. 분명, 우리가 '억울함'이라고 부르는 사례에서는 부당성에 관한 의식적 초점이 있을 가능성이 높다. 하지만 그건 우리가 '분노'라는 용어를 사용하는 모든 사례도 마찬가지다.

영아의 분노에 관해서는 어떤가? 부록 A에서 다루었듯 수많은 감정에는 완전히 발현된 판단이 아니라 '뭔가로 보기'에 기대는 수많은 변종이 있다. 그러므로 다수 동물의 공포는 아마 판단과 결부되어 있지 않다고 설명하는 게 최선일 것이며, 영아들에 대해서도 마찬가지일 것이다. 분노는 인과적 사고를 요구하므로 좀 더 복잡하다. 영아가 부당한 피해에 관한 감각이 전혀 없는 채로 격노해 고함을 쳐댄다면, 이때의 행동은 비유적 차원에서야 분노로 설명될 수 있겠으나 실제로는 그렇지 않다. 이 감정에는 영아들이 충분히 이른 시점(지금은 1세로 보인다)에 획득하는 무언가, 즉 어떤 유형의 부당함이 이루어지고 있다는 관념이 빠져 있기 때문이다. 폴 블룸의 연구는 영아들에게 공평함, 옳음, 부당함에 대한 초보적 판단이 가능함을 보여주었다.[4] 초보적으로나마 그러한 관념이 존재한다면, 그 순간부터 우리는 완전한 형태의 분노를 갖게 된다는 게 내 생각이다. 그 이전의 우리는 분노의 경계선상에 있으되 아직 분노는 아닌 무언가를 가지고 있다. 나는 두려움보다는 완연한 분노를 가지고 있는 동물들이 훨씬 적을 거라고 생각하는데, 그건 단지 분노에 좀 더 복잡한 인지능력이 필요하기 때문이다.

물론 이런 경계선에 대한 토론은 가능하며 마땅히 그래야 한다. 그러나 여기에서 내 연구와 관련성이 있는 점은 우리가 보통 '분노'라는 단어를 써서 묘사하는 현상이 있는데, 이 현상은 아무리 초보적이고 불분명하더라도 부당성에 대한 판단을 실제로 수반한다는 것이다.

'짜증irritation'은 어떨까? 이는 흥미로운 사례인데, 그 까닭은 이 용어가 부록 A에서 제시한 여러 이유로 구분하기 까다로운 두 가지 현상을 한꺼번에 지칭하기 때문이다. 어떨 때 '짜증'이라는 용어는 완연한 분노이긴 하되, 관련된 피해가 복지에 끔찍할 정도의 심각한 영향을 끼치지는 않는 사례에 적용될 수 있다. 그러나 '짜증'은 부당성에 대한 판단에 근거하지 않는 지속적 기분을 지명할 수도 있다. 이 기분에는 실제로 의도적 대상이 아예 없는 것도 가능하다. 우리는 그런 상태에 있는 사람을 "짜증스럽다"고 이야기하고, 그런 상태를 "짜증나는" 상황이라고 이야기하기도 한다. '우울'이라는 용어를 다양한 기분에 적용하는 것처럼 말이다. 부록 A에서 주장했듯, 의도적 대상이 있는지 여부는 특정 사례에 대한 장기적 탐구를 통해서만 알 수 있다. '약 오름annoyance'도 비슷하게 모호하다. 단, '약 오름'은 의도적 대상을 둔 경미한 분노를 의미할 가능성이 높다.[5]

다른 두 가지 용어인 '격노'와 '격분'은 분노를 특징적으로 지칭하는 것이 분명하다. 보통은 분노가 비정상적 강도나 갑작스러움, 혹은 둘 모두를 띠고 있음을 가리킨다. '격노'나 '격분'이 인지적 판단을 수반하지 않는 현상을 가리키는 것이라고 생각할 이유는 없다. 사실, 복수의 소망이 이처럼 강렬한 형태의 분노에 연료를 제공하는 경우가 많다(이에 관한 표준구locus classicus 하나는 『아이네이스』의 끝부분에서 아이네아스가 투르누스를 살해하면서 하는 말, 즉 **불타오른다**(furris accensus이다).

나는 앞서 했던 것처럼 포괄적 용어로서 '분노'를 활용하되, 이에 속하는 종들을 구체적 사례와 사례유형에 관한 기술을 통해 규정하는 것이 최선이라고 결론짓는다. 드문 예외로, 내가 이행-분노라 부르는 경계선상의 현상은 전문용어로 지칭하는 게 적절하다. 논의를 좌우하는 핵심문제를 다룰 때는 자연적 언어가 부정확하기 때문이다.

# 옮긴이의 말

불과 1년 전까지만 해도 대한민국은 분노를 자극하는 사회였습니다. 청소년의 잔혹한 흉악범죄와 파렴치한 성범죄, 부의 양극화에 따라 일어나는 '갑질'을 비롯한 온갖 사회 부조리, 일상적으로 짓밟히는 사회적 소수자들의 인권, 이 모든 곪아터진 상처를 소독하고 돌봐주기는커녕 구더기처럼 그 피고름 속에서 뒹굴던 이전 정부의 작태는 이른바 적폐 청산을 우리 시대의 화두로, 분노를 대한민국에 가장 필요한 감정으로 만들었습니다. 수많은 한국인들이 분노하지 말라는 말에서 "가만히 있으라"던, 한스럽고 위선적인 명령을 떠올렸습니다.

그런 상황에서 『분노와 용서』를 번역하자니 상당한 용기가 필요했습니다. 우리는 겉으로는 공동체의 미래를 염려하는 듯 통합과 화해를 이야기하면서, 실제로는 본인의 잇속만을 차리며 부조리한 현실에 무조건 순응할 것을 요구하는 인물들을 너무도 많이 목격해왔기 때문입니다. 이처럼 비양심적인 사람들 중 상당수는 사회 상류층에 속해 있기도 했고요. 우리 사회는 이들에게 마땅한 책임을 지우지도, 이들이 저지른 부당행위에 적극적으로 대처하지도 않은 경우가 허다합니다. 그 결과 대한민국은 구성원 대다수의 신뢰를 잃기에 이르렀습니다. 2016년 OECD에서 실시한 설문조사에 따르면, '정부를 신뢰하는가?'라는 질문에 한국인의 24퍼센트만이 '그렇다'고 대답해 OECD 평균인 42퍼센트에 크게 못 미쳤다고 합니다. 제 주변 사람들을 둘러보아도 딱히 틀리지 않은 통계인 것 같습니다.

이처럼 속 터지는 상황에서 분노하지 않는 사람, 혹은 분노하더라도 그 정도와 형태가 타인에 비해 덜 극적인 인물은 피해자의 아픔에 충분히 공감하지 못하고 고고한 척하는 데에만 정신이 팔린 사람, 사회 정의나 공동체의 운명에는 눈곱만큼도 관심이 없는 사람, 나약하거나 비겁한 사람, 자신의 권리를 주장할 용기가 없기에 굴종한 끝에 비슷한 처지에 있는 다른 사람들의 연대까지 좀먹는 사람, 나아가 일신의 영달을 위해 정의를 외면하고 권력에 빌붙는 사람으로 여겨져 새로운 분노의 대상으로까지 전락하기 십상이었습니다. 분노를 정의로 너무 쉽게 치환해버리는 사회에서, 한 걸음 물러나 분노를 분석해보라는 저자의 주장은 비겁하거나 멋모르는 사람의 이상주의로 오인될 가능성이 있었습니다.

그렇게 오인될까봐 겁나는 마음에도 열심히 번역했던 이유는 '조금쯤 겁나는' 마음이 우리 사회에 이 책의 메시지가 필요하다는 걸 알려주는 일종의 센서일지 모른다는 생각 때문이었습니다. 분노가 시대의 정신인 것처럼 보이며 우리를 화나게 만드는 일들이 너무 많이 벌어지는 순간, 온갖 억울한 상황에 맞서 분노라는 무기를 휘두르기 쉬워진 오늘날이야말로 오히려 이 뜨겁고 사나운 힘에 부작용은 없는지, 이 힘을 잘 활용하려면 어떻게 해야 하는지 고민해봐야 하는 때라는 생각을 지울 수 없었습니다.

그리고 어느 정도 사회가 정상화되고 분노가 해소된 지금까지도 이 생각은 변하지 않았습니다. 어쩌면 너무 쉽게 누군가에 대한 분노를 처벌 형태로 해소하려 드는 것일지 모르는 지금 상황에서, 우리를 움직이는 분노라는 감정을 면밀히 검토하는 건 대단히 중요한 일로 보입니다. 사실, 최근 남북의 해빙 분위기를 가능하게 한 것도 응징과 보복을 주된 내용으로 하는 분노에서 벗어나 미래를 바라볼 수 있게 한 전향적 결단이었다고 생각합니다. 새로운 시대를 건설할 수 있으리라는 희망이 조금씩 보이는 요즘입니다. 한

편으로는 물을 흐려 이 희망을 지저분한 보복의 무대로 끌어내리려는 움직임이 보이기도 하죠. 그 어느 때보다도 명징한 분별력이 필요하다는 생각이 절박하게 들었습니다. 그렇기에 보잘것없는 재주로나마 용기를 내어, 조금쯤 겁나는 마음으로 여러분께 이 책의 일독을 권합니다.

2018년 5월 16일

강동혁

# 후주

**전문前文**

1. 나의 번역. 내가 '평온한 성품gentle-temper'으로 번역한 preumenōs는 형용사 praos 및 아래의 인용문에 나오는 평온한 성품에 대한 아리스토텔레스의 용어인 명사 praotēs와 같은 어족에 속해 있다. (이 단어는 보통 '온화함mildness'으로 번역되지만 이 단어는 강력한 감정에 대한 맥락-중립적 결여를 암시하는 반면, 아리스토텔레스는 상황적 적절성을 겨냥하여 사람들을 대하는 방법을 이야기하는 것으로서, 이는 강한 감정과도 양립 불가능하지 않다.)

**제1장 서론: 복수의 여신에서 자비의 여신으로**

1. Aeschylus, *Eumenides*, Hugh Lloyd-Jones 번역 및 주석(Englewood Cliffs: Prentice-Hall, 1970), 76.
2. Lattimore를 참조하여 직접 번역. 특징적이게도 라티모어는 피니어스의 그림에서 고르곤의 모습을 본 적이 있으므로, 그 모습이 어떤지 알고 있다는 사실을 언급하기 위해 긴 휴지 시간을 둔다.
3. 아폴로는 그리스 신화에서 페르시아의 폭정과 연관된 것으로 묘사되는 다양하고 잔인한 형벌을 언급한다.
4. 분노에 속하는 다양한 감정들에 관해서는 부록 C를 참조하라.
5. 들개들은 사냥감을 씹어 삼킨 다음 좀 더 소화하기 쉬운 형태로 다시 게워냄으로써 새끼들을 먹인다.
6. 이 내용은 보츠와나에서 불행히도 들개들을 여러 시간에 걸쳐 자세히 관찰한 내용을 토대로 쓴 것이다. 엄밀히 말해, 여기에서 뜻하는 바가 갯과의 동물을 말하는 것이라면 '아프리카 들개'는 사실 개가 아니다. 이들의 학명은 리카온 픽투스*Lycaon pictus*로, 갯과에 속하기는 하지만 개는 아니다.
7. Allen(2000)과 Allen(1999)을 참조할 것.
8. 문자 그대로의 의미를 좀 더 잘 살려 주장을 강조하는 경우가 아니면, 나는 전형적으로 로이드-존스의 훌륭하고 대단히 충실한 번역을 따른다.
9. Gewirtz(1988)를 참조할 것. 게위츠는 아테나가 그들 없이 이미 나아갔음을 올바르게 강조

했다. 문제는 법정이 존재할 것인지 여부가 아니다. 법정은 존재한다. 유일한 문제는 그들이 합류할 것이냐, 반대할 것이냐일 뿐이다.

10. 대외 전쟁은 면책한다. 대외 전쟁은 부추기는 것이 허용된다.

11. 위의 주석 1을 보라. 분노의 완전한 포기를 명백하게 함축하고 있는 것은 아니지만 이 용어는 퓨리들이 분노를 한쪽으로 미뤄두었다는 점을 확실히 암시한다.

12. 물론 실제 그리스인들의 삶에서 '에우메니데스'는 이런 여신들에게 속한 시민들이 사용했던 조심스럽고 완곡한 표현이다. 하지만 아이스킬로스는 이 용어를 다르게 활용하고 있다. 과거의 퓨리들은 명백히 metoikoi, 즉 거류외국인이라고 불리며 아테나는 호위대가 자신의 사원을 지키는 이들, 즉 아테나 폴리아스를 추종하는 여사제들로 구성되어 있다고 말한다.

13. 5세기에 일어난 형벌에 대한 일반적 태도 변화에 관해서는 Harriss(2001)를 보라. 이 중요하고도 주목할 만한 연구는 그리스인들과 로마인들이 갚아주기의 정신 및 그와 관련되어 있는 것으로 보이는 분노를 비판하게 되었다는 대단히 설득력 있는 주장을 제공한다. 해리스는 갚아주기를 의미하는 timor라는 어군語群이 갚아준다는 암시가 없는 형벌을 의미하는 kolazein으로 변해가는 형벌에 대한 언급을 상세히 기록한다. 해리스가 p. 26을 포함한 여러 곳에서 강조했듯, 그가 기록한 변화는 지식인뿐 아니라 비-지식인에게도 관련되어 있었다. 지식인들이 두드러지는 역할을 수행하긴 했지만 말이다.

14. 이런 측면에서, 오페라는 모차르트의 〈피가로의 결혼〉을 정확히 도치시킨 것이다. 〈피가로〉에서는 모든 구절이, 심지어 '나쁜' 등장인물에 대한 것일 때에도 사랑으로 조명된다. 슈트라우스는 자신만의 〈피가로〉를 썼다. 〈장미의 기사〉가 그것이다.

15. Suggnōmē: 이 단어는 이따금 '용서'로 번역되지만 그저 '함께 생각하다'라는 뜻이다. 즉, 참여적인 이해를 말한다. 이 단어의 용서와의 연결은 현대 이론가와 번역가들이 부가한 것이다. 아래의 주석 29를 보라. 더 깊은 논의는 3장에 있다. 아리스토텔레스의 입장이 내 입장인 것은 아니다. 아리스토텔레스는 몇몇 경우, 특히 가족의 유대관계와 연결된 경우에 한해 여전히 복수를 권장하기 때문이다.

16. 분노에 대한 그리스인들의 점차로 발전하는 비판에서 「에우메니데스」의 위치를 알아보려면 Harriss(2001, 162)를 보라.

17. 해리스가 주장하듯, 이 입장은 점차적으로 그리스와 로마에서 보다 일반적인 것이 된다.

18. Konstan(2010)을 보라. 더 깊은 내용은 3장에서 다룬다.

19. Griswold(2007, xxiii)를 보라. 그리스월드는 이러한 발전을 명백히 지지하는 것은 아니다. 이런 질문을 보다 심도 있게 탐구하는 데 있어 그리스월드의 예리하고 신중한 주장을 펼치는 훌륭한 저술들은 필수불가결한 시발점이다. 특히 내 연구처럼 그의 주요 주장 몇 가지와 의견을 달리하는 경우에 그렇다.

20. Murray(2010). 책 자체는 사실 그 제목보다 훨씬 나으며, 공교롭게도 용서와는 아무 관련이 없다. 부모를 향한 저자의 관대하고도 단죄하지 않는 태도는 책 전반에서 명백하게 드러난다. 저자는 심지어 부모를 용서하겠다는 고심을 하지도 않는다. 그저 그들을 사랑하기 때문이다.

21. Murphy(2003, viii).

22. 7장을 보라.

23. Griswold의 저서가 최고의 사례인데, 이 저서는 매우 상세하고 철저하며 다른 많은 사람들의 관점을 균형 있게 다루며 철저한 참고문헌 목록을 제공하기도 한다.

24. 대표적인 사례가 Murphy(2003)와 Miller(2006)이다.

25. Murphy(2003, ix 및 19)를 보라.

26. Griswold(2007)와 Konstan(2010)을 보라. 콘스탄은 이런 형태의 용서가 "영단어의 엄격하거나 풍부한 의미(57)"와 "단어가 가진 완전한 의미로서의(57)" 용서를 포착한다고 언급한다.

27. 위령미사에 통합되어 있는 「진노의 날」에서 발췌. Liber scriptus proferetur, in quo totum continetur, unde mundus indicetur(글로 쓰인 장부가 펼쳐질 것이며, 그 안에는 모든 일이 담겨 있으리라. 그 책을 통해 이 세상은 심판을 받으리라). 전문은 3장의 부록에 있다.

28. 성가는 이렇게 이어진다. Oro supplex et acclinis, cor contritum quasi cinis: gere curam mei finis(이렇게 엎드려 간청하오니, 당신께 애원하는 자이오니, 저의 심장은 재처럼 까맣게 회한으로 차 있습니다. 저의 종말을 염려하여주소서).

29. 이따금 용서와 잘못 연관되며(위의 주석 15) 그렇게 번역되기까지 하는 suggnōmē를 말한다. Aristotle, *Nicomachean Ethics*의 옥스퍼드 번역본 IV. 5, 1126a1-3을 보라. 그리스인들에 대한 그리스월드의 논의도 종종 이런 방향으로 너무 멀리 나아간다. p. 4와 주석 5를 보라. 나는 Nussbaum(1999a, 161)에서 Aristotle, *Rhetoric*을 다룰 때 부분적으로 '용서'라는 용어를 느슨히 사용했는데, 여기에서 그 문장을 철회한다! Konstan(2010)이 내세운 중요한 주장은 suggnōmē가 용서와는 달리 많은 경우 책임의 부정 혹은 감경과 관련되어 있다는 것이다. pp. 28~33 및 라틴어 ignoscere에 대해서도 비슷한 주장을 한 p. 55를 보라.

30. 여기에서 나는 Konstan(2010)과 Konstan(2012, 22)에 동의한다. Robert Kaster의 인상적인 감정 연구도 같은 결론에 이른다. Kaster(2005, 80-81)를 보라. 또 다른 흥미로운 대조는 교환적 용서와 고대의 애원 사이에 발생하는 것이다. Konstan(2010, 13)이 다루고 있는 Naiden(2006)을 보라.

31. 3장에서 보겠지만, 이런 경향은 번역에까지 영향을 준다. 그리스 용어인 charizesthai는 단순히 '~에게 자애롭게 대하다'라는 의미인데, 신약성서에서는 많은 경우 '용서하다'로 번역된다. 그러나 신약성서에서는 아주 다른 단어인 aphiesthai가 용서에 관한 정석적인 용어다.

32. Tutu(1999).

33. Segal(1970). 고전학 교수인 시걸은 고대 희극에 관한 전문가로서, *Roman Laughter: The Comedy of Plautus*(1968) 및 *The Death of Comedy*(2001)로 유명하다.

34. 여기에서 나는 그리스월드와 마땅히 동의한다. 그리스월드는 정치적 사죄와 용서를 구분한다.

## 제2장 분노: 나약함, 갚아주기, 지위 격하

1. Strawson(1968). 스트로슨은 억울함resentment을 감정이라고 이야기하지 않으며, 이것을 분노의 일종으로 인정하지도 않는다. 사람이 '느낄' 수 있는 무언가로 취급하기는 하지만 말이다. 그는 단지 철학적 범주로서의 감정에 관심이 없는 것이다. 그러나 R. 제이 월러스는 스트로슨의 관점을 요약하면서 '반응적 태도'를 감정으로 취급한다. "스트로슨의 관점에 관해, 그가 반응적 태도라고 불렸던 죄책감, 억울함, 분개 등은 도덕적 책임과 그 조건을 이해하는 열쇠를 제공한다." Wallace(1994, 18)를 보라. 나는 스트로슨에 관하여 월러스가 옳다고 생각하지만 이러한 해석문제는 내 주장과는 아무 관련이 없다. 억울함과 분노의 관계에 대한 내 관점에 대해서는 부록 C를 보라.

2. 예컨대 Hieronymi(2001)를 보라.

3. Allen(2000; 1999)을 보라.

4. Vlastos(1991)를 보라.

5. Butler(1827)를 보라.

6. Santideva(1995, 45-62)를 보라.

7. Strawson(1968). 스트로슨은 억울함, 분개, 감사, '도덕적 반감'을 포함한 항목들을 언급한다 (87 등). 하지만 이런 항목들을 정의하거나 그 내적 구조를 탐구하지는 않는다.

8. Wallace(1994).

9. 그러므로 비난 및 책임 논의에 대한 질문으로 이어지는 교도소 내 심리치료에 관한 최근의 논의는 "비난해 마땅한 것들에 대한 전형적인 인간적 반응인 적대적이고 부정적인 태도와 감정(Lacey와 Pickard [2013, 3])"의 기나긴 목록에 대해 이야기한다. 이와 유사하게 Hieronymi(2001)는 용서라는 주제에 접근하기 전 구체적 감정에 대해 연구하는 것의 중요성을 강조하지만 실제로는 그런 일을 하지 않는다. 히에로니미는 분노의 다양한 요소들을 해부하거나 다른 '반응적 태도'와 구분하지 않는다.

10. 특히 Lazarus(1991), Averill(1982), Tavris(1982). 아래를 보라.

11. 예전 연구에서 내가 옹호했던, 감정에 관한 전반적 관점의 간략한 요약을 보려면 부록 A를 참조하라.

12. 나는 이 용어를 Nussbaum(2001)에서 소개한다.

13. Batson(2011)을 보라. 또한 중국에서의 지진과 유럽에서 "인류애를 가진 사람"의 반응을 논의한 Smith(1982)를 보라. 나는 이 문제를 Nussbaum(2013, 6, 9, 10장)에서 다룬다.

14. Lazarus(1991).

15. 두뇌의 신경화학적 변화와 유사-동일하다는 뜻이다.

16. 이 모든 주장에 관하여 Nussbaum(2001, 1, 2장)을 보라. 느낌의 역할에 관해서도 Nussbaum(2004b)을 보라.

17. 아리스토텔레스의 목표는 분노의 특징적인 내용이 무엇인지를 웅변가들에게 밝힘으로써 그들이 분노를 만들어내거나 제거하는 방법을 배우도록 돕는 것이다. 그러므로 그의 논의전개 전체는 분노가 상당 부분 인지적 평가로 구성된다고 가정한다. 웅변가는 사람들의 심장에

직접 불을 지르는 것이 아니기 때문이다.

18. 여기에서 나는 아리스토텔레스의 후기 정의를 따르고 있는데, 후기의 정의에서 아리스토텔레스는 부당한 피해를 지위-격하로 대체한다. 나는 이것이 너무 좁은 정의라고 생각한다. 아래를 보라.

19. 이런 이해는 초보적인 것일 수 있다. 폴 블룸의 연구는 만 1세 정도의 어린아기들이 페어플레이에 대한 초보적 감각을 가지고 있으며 응보에 대한 초보적 인정을 할 수 있음을 보여준다. Bloom(2013)과 부록 C를 보라.

20. Lazarus(1991, 219).

21. Arnim(1964, III.478). Lazarus(1991, 224)와 비교해보라.

22. 적어도 이 연구에서 이것이 남성적 현상처럼 보이는 것은 사실이다. 아니, 어쩌면 화가 나서 반응한 여성들은 기계를 넘어뜨릴 만큼 발길질을 하거나 흔들어대지 않은 것일지도 모른다. 아니면 신발이나 다른 의류를 망치고 싶지 않았을 수도 있다.

23. Tavris(1982, 164, cf. 72). 또한 Averill(1982, 166)을 보라.

24. Butler(1827).

25. 프로이트의 "아기 황제 폐하"라는 표현에서 보이는 유아적 전지전능의 정신분석학적 개념을 받아들인다면 그 이상으로도 나아갈 수 있다. 유아는 누군가가 시중을 들어주고 자신이 세상의 중심이 될 거라 예상하며, 이런 상태로부터의 모든 일탈을 부당한 피해로 여긴다. 바꿔 말해, 자신만의 삶이 있고 아기의 노예로 그치지 않는 다른 사람들의 현실적이고 완전한 존재가 그 자체로 부당한 피해가 된다. 인간의 발달에 일어나는 끔찍한 문제다.

26. 부록 C를 보라.

27. De Ira I.2. 불행히도 저작물의 이 부분에는 빈틈이 있어, 편집자들이 이후 시기 기독교 저자들의 저작물에서 발췌한 인용문으로 채워두었다. 세네카는 자기 나름의 정의를 내리는 대신 다수의 일반적인 철학적 정의를 언급하고 있는 것으로 보인다.

28. Arnim(1964, III.397). 그리스어로는 ēdikēkenai dokountos, 라틴어로는 qui videatur laesisse iniuria. 이런 변화에 관해서도 Harriss(2001, 61)를 보라.

29. 여성폭력에 관한 UN 특별조사관, Rashida Manjoo의 강좌. University of Chicago Law School, 2013년 5월 14일.

30. Hossain(2013)을 보라.

31. 예컨대 Tavris(1982, 72, 94)를 보라.

32. Lazarus(1991, 221). Tavris(1982, 152-53)을 보라.

33. 또한 Lazarus(1991, 225)를 보라. 그는 이러한 목표가 불안에서 분노를 구분해내는 데에 필수적이라고 주장한다.

34. 이 전통에 속한, 연민에 관한 다른 설명에 대해서는 Nussbaum(2001, 6장)을 보라.

35. 나는 뉴스에서 이 인터뷰를 들을 당시 집에서 멀리 떨어진 헬스장에 있었던 탓에 기록을 남길 수 없었다. 하지만 실제로 있었던 인터뷰다. 조던의 아버지는 1993년에 살해당했다. 용의자인 대니얼 안드레이 그린은 1996년 유죄판결을 받아 종신형을 당했다. (배심원단은 사형

을 선고하지 않기로 선택했다. 두 번째 용의자인 래리 디머리는 그린이 연루되었음을 밝히는 증언을 하는 대가로 형량거래를 하는 데에 동의했다. 디머리는 2016년 가석방될 수 있다.) 2015년 4월 그린은 원래의 재판에서 가짜 증거가 제시되었다고 주장하며 새로운 재판을 요구했다. FBI 감사는 주 수사국이 이 사건을 포함한 총 190건의 사건에서 혈액 증거를 다룰 때 오류를 범했음을 알아냈다.

36. Brooks(2012)에서도 갚아주기에 대한 비슷한 비판을 보라.

37. 이에 관해서 Mackie(1982)를 보라. 매키는 갚아준다는 생각이 전혀 말이 되지 않는다는 내 주장과 동의하며 이것을 "응보의 역설"이라 부른다. 신생아들에 대한 Bloom의 연구(2013)는 만 1세 미만의 영아들에게서도 페어플레이라는 생각이 존재함을 보여준다고 주장하지만, 이 연구가 실제로 보여주는 것은 그런 영아들이 이를테면 누군가가 다른 사람에게서 무언가를 빼앗는 등 뭔가 불공평한 일을 저질렀을 때 그들이 고통스러운 처벌을 받는 걸 보면 좋아한다는 것이다. 그러므로 이는 페어플레이라는 개념은 물론 고통에는 고통으로 갚아준다는 개념이 얼마나 뿌리 깊은 것인지를 보여준다.

38. 특정한 이야기 패턴에 대한 우리의 관심을 다윈주의적으로 설명하는 Vermeule(2011)을 보라.

39. Mackie(1982, 5)와 비교해보라. "과거의 부당행위는 과거에 발생했다는 이유만으로도 취소될 수 없다. 이 점은 의심의 여지 없이 명료해야 한다. (중략) 형벌은 범죄자를 짓밟을 수는 있지만 범죄를 없애버릴 수는 없다."

40. Murphy(1988, 1장)의 유사한 분석 및 이 주제에 대한 그의 다른 글들을 보라.

41. Hampton과 Murphy(1988, 54-59).

42. 대상자들에게 분노하게 되는 동기를 물었던 여론조사를 보고한 Averill(1982, 177)을 보라. 이 중 가장 흔한 두 가지 동기는 "권위를 내세우고" "선동자에게 되갚아주거나 복수하기 위해서"였다.

43. 존엄성의 개념과 그 정치적 역할에 대한 나 자신의 관점을 보려면 Nussbaum(2010a)에 요약되어 있는 Nussbaum(2008)을 보라.

44. 스토아주의자들이 동물은 합리적이지 않다고 주장했을 때 그 반대자들은 크리시포스가 키운다는 재치 있는 개 이야기를 언급했다. 그 개는 토끼를 쫓아가다가 세 갈래 길에 이르렀다. 그 개는 첫 번째 오솔길을 킁킁댔다. 냄새가 없었다. 두 번째 길 냄새를 맡아보았다. 냄새가 없었다. 더 이상 냄새를 맡아보지 않고, 그 개는 세 번째 오솔길을 따라 내달렸다. 그러므로 반대자들은 그가 선언적 삼단논법에 숙달해 있음을 보여주었다고 말했다. 앤절라는 그 개와 같을 수 있다. 하지만 나는 여기에서 그녀가 크리시포스의 개만큼 똑똑하지 않다고 상상했다. 그녀는 두 번째 길을 일정 부분 나아간 뒤에야 돌아왔기 때문이다.

45. 종결이라는 개념의 문화적 구성에 관해, 또 그 개념에 이어지는 정신적 현실에 관해서는 Bandes(출간 예정)를 보라.

46. 나는 이 묘사를 Harsanyi(1982)에서 차용한다.

47. 응보주의가 전부 지위에 관한 것이라는 주장을 하는 게 아니다. 6장에서 명확해지겠지만, 나

는 응보주의에 문제가 생기는 건 첫 번째가 아닌 두 번째 문제 때문이라고 믿는다. 하지만 알맞은 대안은 여기에서도 미래의 복지에 초점을 맞추는 것이다.

48. 버틀러는 분노가 "그보다 위대한 선을 만들어내기 위해서가 아니라면 절대 활용되어서는 안 된다"고 주장했다.

49. 합리적·건설적이라는 뜻이다.

50. Nussbaum(2013)에서 이에 대한 더 긴 분석을 보라. 이 연설에 쓰인 연설문은 http://www.americanrhetoric.com/speeches/mlkihaveadream.htm에서 온라인으로 볼 수 있다.

51. 연설 전체에서 킹은 계속해서 아프리카계 미국인들이 겪은 불의로 돌아오지만, 갚아주겠다는 생각에 빠져들지는 않는다. 그는 계속해서 앞을 바라본다.

52. 이 시리즈의 좀 더 포괄적인 줄거리에서, 맥코드는 사실 복지주의자로서, 미국과 아파치족 사이의 전쟁을 촉발할 거라고 생각되는 진실의 폭로를 방지하기 위해 개인적 불명예를 견뎌낸다.

53. Butler(1827, Sermon VIII).

54. Bloom(2013)을 보라.

55. Hampton과 Murphy(1988, 58)을 보라.

56. 이 사례들은 Charles Larmore와 Paul Guyer에게서 빌려왔다.

57. Seneca, *De Ira*, 특히 I.12를 보라.

58. 비숍 버틀러는 분노의 역할을 많은 부분 동기를 부여하는 것으로 본다. Butler(1827, Sermon VIII)를 보라. 그는 연민은 그 자체로 "정의의 실현을 극도로 어렵고 불편하게" 만든다고 주장한다.

59. Smith(1982, 35)를 보라.

60. 이 논점은 Saul Levmore에게서 빌려온 것이다.

61. Butler(1827, Sermon VIII)를 보라. "신의 완벽한 선은 우주를 존재하게 하고 보존하는 원칙이다. 그리고 일반적 자비는 전반적인 도덕적 창조의 위대한 법칙이다. 그러므로 이런 질문이 즉시 떠오른다. '인간은 어째서 자비와 정반대인 것으로 보이는 원칙을 타고난 것일까?'"

62. Santideva(1995)를 보라.

63. I.48~49 = II.650-51.

64. Harriss(2001, 31, 16장)를 보라.

65. Lactantius, *De Ira Dei*, 4장~8장. 앞으로 살펴보겠지만 락탄티우스는 이 논문의 후반부에서 좀 더 흥미로운 이야기들을 해준다.

66. 그리스로마의 규범과 성경 문헌을 화해시키려는 노력에 관해 또한 Harriss(2001, 16장)를 보라.

67. Halbertal과 Margalit의 훌륭한 논의를 보라(1992, 1장).

68. Lactantius, *De Ira Dei*, 16장.

69. Harriss(2001, 393 및 주석)를 보라. 해리스는 또한 분노에 대한 바울의 진술이 완전히 일관적인 것은 아님도 보여준다. 가끔 바울은 모든 분노를 비판하고, 가끔은 일부 분노를 허용하지만 그 분노는 잠깐에 그쳐야 한다고 주장한다.

70. Briggs(1970). Nussbaum(2001, 3장)에서 상세한 논의를 보라.

71. Briggs(1970, 330-31).

72. 1988년 10월 13일. 이 질문은 버나드 쇼가 던졌다.

73. Kindlon과 Thompson(1999)을 보라.

74. Condry와 Condry(1976). 이외에도 수많은 흥미로운 대조가 있다. 실험에서는 같은 아기에게 이름만 다르게 붙였다.

75. Levmore와 Nussbaum(2014)을 보라.

76. Harriss(2001, 11장)를 보라.

77. 전형적인 사례는 Harriss(2001, 204-5)가 다루고 있는 Cicero, *Ad Quintum Fratrem* I.1.37-40이다. 키케로는 당시 아시아 지방의 총독이던 동생 퀸투스에게 효과적인 리더십을 발휘한다는 동생의 명성이 분노를 잘 일으키는 그의 두드러지는 경향 때문에 약화된다고 말한다. 더불어 그는 스스로 노력을 기울여야 한다고 촉구하면서 분노의 폭발은 "교양 있는 문화 및 인류애humanitas와 일관적이지 않을 뿐 아니라, 제국 공직의 위엄에도 해롭다"고 결론을 내린다.

78. Kindlon과 Thompson(1999)을 보라.

79. 이번에도 '분노'라는 단순한 용어로 내가 뜻하는 바는 일상적인 형태의 분노이지, 이행-분노의 특수한 사례가 아니다.

80. 이 문제는 Katerina Linos에게서 빌려왔다.

81. Nussbaum(2004a, 2장)에서 내가 심리학적·철학적 문헌을 참조하여 수행한 혐오에 대한 긴 분석을 보라. Nussbaum(2010b)에서 갱신된 내용도 보라.

82. 그러므로 성적 지향성과 관련된 법률에서 오랫동안 이어져온, 행위에 근거한 차별과 지향성에 근거한 차별 사이의 혼란이 일어난다.

83. 그러므로 지옥과 연옥에 대한 단테의 구분은 다소 자의적인 것으로 보인다. 단 한 번의 행위로 지옥에 떨어지게 되고 없어지지 않는 특정 때문에 연옥에 있게 된다면, 단 한 번의 행위는 영원한 형벌의 기초가 되는 순간 어째서인지 그 사람을 규정짓는 문제가 되어버린다.

84. 최근 철학 연구에서 경멸을 가장 잘 다룬 것은 Mason(2003)이다.

85. Mason(2003, 241).

86. 이것이 Mason이 쓴 훌륭한 논문의 중심 주제이다. 메이슨은 경멸이 타당한 이상에 적절히 초점을 맞추고 있으며, 그런 이상적 특징을 드러내지 못하는 비난받아 마땅한 실패가 사실일 경우 정당화된다고 주장한다.

87. 시기에 대한 보다 긴 논의는 Nussbaum(2013, 11장)에서 보라. 대단히 섬세한 분석이 Rawls(1971, 530-34)에 있다.

88. Lazarus(1991, 254)를 보라.

89. Miceli와 Castelfranchi(2007).

90. 프루스트의 소설은 그 개념을 고전적으로 발전시킨 것 중 하나다.

91. 그는 분노와 '진정하기'를 *Rhetoric* II.2-3에서 분석하며 이 영역에서의 덕망 있는 성향을 *Nicomachean Ethics*, IV.5에서 논의한다. 아리스토텔레스는 두 설명을 연결한 적이 없지만 이 둘은 일관적이다.

92. Smith(1982, 34).

93. 옥스퍼드 번역은 형용사로 '성품이 좋은good-tempered'을, 명사로 '좋은 성품good temper'을 활용하고 있는데 이는 끔찍한 번역어는 아니지만 지나치게 일반적인 것으로 보인다. 분노와의 특정한 관계를 전혀 시사하지 않기 때문이다.

94. 옥스퍼드 번역은 suggnōmonikos에 대해 '용서하는 성향'이라고 말한다. 하지만 사실 그렇다는 보장은 없다. 이 단어는 문자 그대로 '함께 생각하다'라는 뜻이며 공감적 이해를 지시한다. 1장, 주석 15와 주석 29를 보라.

95. Konstan(2010)은 suggnōmē에 있어 이런 일이 자주 발생한다고 강조한다.

96. 물론 나는 모든 분노가 부적절하다고 생각하지만 아리스토텔레스는 그렇지 않다.

97. 마르쿠스 아우렐리우스를 보라. 분노를 피하는 방법에 대해 그가 남긴 첫 번째 교훈은 "경주에 나가 녹색팀이나 청색팀의 팬이 되거나 서커스장에서 경무장을 했든 중무장을 했든 검투사의 팬이 되지" 말라는 것이다.

98. Winnicott(2005)을 보라.


## 제3장 용서: 계보학적 탐구

1. Griswold(2007, 149-50). 그리스월드는 용서하는 사람이 해야 하는 일에 대해서도 아주 많은 말을 남겼으므로 이것이 그리스월드의 설명 전체인 건 아니다. Konstan(2010)의 설명은 기본적으로 같다.

2. 사실, 용서는 교환적 요소 없이는 불완전하다는 암시가 이루어지는 경우가 많다. 그러므로 Konstan(2010, 21과 passim)의 주장이 나온다. Bash(2007)도 이와 유사하다. 그의 주장은 "무조건적 용서라는 개념은 실용적, 실제적, 철학적 관점에서 방어하기 어렵다"는 것으로 요약되며, 초기 기독교 전통이 완전한 형태의 교환적 설명을 포함하고 있음을 증명하려 애쓴다. 초기 기독교에 관한 설명에서 내가 배시와 동의하고 콘스탄과 동의하지 않는다는 점은 명백해질 것이다. 초기의 전통은 확실히 배시적 개념을 내포하고 있다. 그러나 (이 점에서는 내가 배시와 의견이 갈리는데) 초기 전통은 무조건적 용서와 무조건적 사랑에 대한 개념도 두드러지게 포함하고 있으며, 나는 이러한 대안에 대한 규범적 평가에 있어 배시에게 동의하지 않는다.

3. 그러나 나는 상세하고 자세한 역사에 목표를 두도록 하겠다. 니체의 일반적인 목표를 이루려면 그렇게 해야 한다는 생각이다.

4. 나는 이러한 반성 없는 일치의 이미지를 Mahler에게서 가져와 이번 장의 뒷부분에서 다룬다. 그는 관습적인 기독교적 행위를 성 안토니오가 설교 대상으로 삼았던, 방향을 잃고 조심성

없이 미끼를 무는 물고기와도 같은 것으로 본다. 이는 E-단조 클라리넷 악구를 통해 적절히 표현되는데, 그 도입은 '미트 후모아(mit Humor, 독일어로 유머라는 뜻)'로 표시된다. (〈소년의 마술피리Des Knaben Wunderhorn〉중 성 안토니오의 노래는 교향곡 2번의 세 번째 무브망에 나오는 성 안토니오 제재와 비슷한 시기에 작곡되었는데, 내가 인용하는 것이 바로 이 부분이다. 보다 자세한 분석은 Nussbaum[2001, 14장]을 보라.)

5. Foucault(1975).

6. 푸코는 유럽인 청중을 가정하고 있다. 그는 미국에서 이루어지는 실제 수감의 저열한 물리적 잔혹성에 대해 이야기하는 것이 아니라, 제러미 벤담의 판옵티콘 감옥/수용소를 선도적인 사례연구로 삼아서 교도소 내 감시와 갱생 프로그램에 특징적으로 나타나는 강압성과 교묘한 통제에 대해 말하는 것이다.

7. 신의 분노는 많은 경우 회개나 희생으로 누그러뜨려야 한다. 「이사야서」 43장 25-26절에서, 죄악은 사죄 및 주의 깊은 태도로 인해 면제되는 것이 분명하다. 마찬가지로 「호세아서」 12장에서도 예언자는 이스라엘에게 회개할 것을 요구하며, 14장에서는 구체적인 형태의 속죄를 촉구한다. 예언자가 상상하기에 그 속죄는 용서로 이어질 것이다. 이런 예시는 많다.

8. 성경과 『탈무드』의 원천에 대한 훌륭한 논의가 Morgan(2011)이다.

9. 이 성문화된 설명의 여러 측면을 개혁파, 보수파 유대교도들이 받아들이지 않는다는 점은 충분히 명확하다(적어도 테슈바가 필요한 위반의 계명 목록 전체를 받아들이는 것은 아니다). 단, 전반적인 전통에서 테슈바 과정의 청사진에 대한 지속적 견지가 이루어지는 것은 사실이다. 그러므로 Peli(2004)는 서론에서 지도적인 개혁파 랍비인 아널드 야코브 울프Arnold Jacob Wolf가 이 문제에 대한 솔로베이치크Soloveitchik의 생각이 가지는 중심성 및 중요성을 상찬했다고 지적한다(p. 7). 대단한 영향력을 발휘했던 정통파 랍비이자 교수였던 솔로베이치크(1903~1993)는 마이모니데스Maimonides(12세기)와 헤로나의 요나Yonah of Gerona(13세기)의 설명을 충실히 따른다. (솔로베이치크의 구두 강연은 처음에 이디시어로 이루어졌으나 나중에는 펠리에 의해 히브리어로 기록되었다. 영어 번역은 펠리와 다수 자문위원들에 의해 이루어졌다.)

10. 1138-204, 많은 경우 Rambam이라고 일컬어진다.

11. Yonah, d. 1263은 영향력 있는 카탈로니아의 랍비로, 좀 더 유명한 나흐마니데스Nachmanides의 사촌이다. 이야기에 따르면 요나는 처음에 마이모니데스와 철천지원수였으며 1233년 파리에서 기독교 권위자들로 이루어진 마이모니데스의 저작물 공개소각을 선동했다. 나중에 그는 자신의 오류를 인정하고 팔레스타인에 있는 마이모니데스의 무덤으로 순례를 떠났다. 그러나 톨레도 이상으로는 나아가지 못하고, 여생 동안 그곳에서 사람들을 가르쳤다. 하지만 그의 가르침만은 일관적으로 마이모니데스에게 경의를 표하는 것이었다. 마이모니데스의 저작을 다룰 때 나는 온라인에서 이용 가능한 두 가지 영어 번역을 참조했는데, 하나는 Immanuel O'Levy(1993)에 의한 것이고 다른 하나는 랍비 Yaakov Feldman(2010)에 의한 것이다. 요나를 다룰 때에는 Shraga Silverstein(1967)의 번역이 있는 2개 국어로 된 문헌을 활용했다.

12. 위에서 인용된 Soloveitchik. Wiesenthal(1997, 193-96)의 논의에 기여하고 있는 Deborah E. Lipstadt. 립스태트는 유명한 홀로코스트 부정 명예훼손 재판의 피고인이었다. 데이비드 어빙David Irving에게 고소를 당한 그녀는 타당한 이유가 있었다는 근거로 승소했다.

13. Maimonides, 1장 1절을 보라.

14. 이 전통에는 전년도에 이미 고백했던 죄를 고백하고 회개해야 하는지에 대한 흥미로운 분쟁이 있다. 요나의 관점은 그러지 않아야 한다는 것이다. 그렇게 하면 올해의 죄악에서 관심을 돌리게 되고 다시 고백을 한다는 건 신의 용서에 대한 믿음이 없다는 걸 보여주기 때문이라는 두 가지 이유에서였다. Yonha(1967, 379-83)를 보라. 단, 죄인은 현재의 위배행위뿐 아니라 예전의 위배행위까지 원칙적으로 포괄하는 일반적 고백을 해야 한다. 그러나 마이모니데스는 현재의 죄는 물론 이전의 죄도 고백해야 한다고 주장한다. 그 죄를 계속 유념하기 위해서다(2,8). 속죄일에 몇 번을 고해야 하는지에 대해서도 논란이 있다. 마이모니데스는 하루 종일 반복적으로 고백을 하기 직전이라도, 금식 전 푸짐한 식사를 하기 전에 또 고백해야 한다고 언급한다. 그 식사를 먹고 목이 막혀 죽을 수도 있으며, 그러면 주된 고백까지는 결코 가지도 못할 것이기 때문이다(Maimonides, 2,6).

15. Maimonides, 1,4.

16. 솔로베이치크는 카파라(무죄 선고)와 타하라(정화)의 전통적 구분을 강조한다. 전자를 위해서는 회한만으로도 충분하다. 후자를 위해서는 삶과 생각의 혁명적 변화가 요구된다. Peli(2004, 49-66)를 보라.

17. Maimonides, 1,5. 반면 가해행위가 오직 신에게만 이루어졌을 경우에는 자신의 회개를 공표해서는 안 된다.

18. 2장 2절.

19. 2장 4절. Cf. Yonah(1967, 31).

20. 3장 4절. 그는 쇼퍼를 특히 자선행위와 연관지으며 유대인들이 다른 기간보다 특히 나팔절과 속죄일 사이의 기간에 더 많은 자선을 베푼다고 주장한다.

21. Maimonides, 2,1.

22. Maimonides, 2,1.

23. Yonah(1967, 92).

24. Yonah(1967, 39).

25. Yonah(1967, 59).

26. Maimonides, 2,10. Yonah(1967, 377)를 보라.

27. 죽은 자에게는, 죄를 범한 사람이 무덤으로 열 명의 남자를 데려와 고백한다. 빚진 돈이 있으면 그 상속인에게 갚는다. 하지만 상속자를 모르는 경우에는 돈을 법정에 남겨놓고 그곳에서 고백한다.

28. 「요한의 복음서」 7장 53절-8장 11절과 비교해보라. 이 대목에서는 간음하다 붙잡힌 여자가 분명히 조건적 용서를 받는다. "가서 더 이상 죄를 짓지 말라."

29. Bash(2007, 80-87)에서 그리스 문헌에 대한 상세한 철학 논의를 보라. 그러나 기독교 신학

자로서 배시는 이런 초기 문헌에 너무 많은 통일성과 일관성을 부여하고 있는 것일지 모른다. 요한은 예수가 죽기 전부터 세례를 주었고 그 이상의 필수적 조건이 주어져야 한다는 명료한 생각은 전혀 갖고 있지 않았을 수 있다.

30. 요한은 희생이나 제물을 요구하지 않는다. 아마도 회개의 의례가 유대교에서의 이런 속죄의식을 대신한다고 생각했던 것 같다. 회개가 용서를 위해 필수적이긴 하지만 충분하지는 않다고 다시 강조했던 Bash(2007, 81-82)를 보라.

31. 그런 방식으로 일반 기도서는 부모와 대부모代父母(혹은 자기 의견을 말할 수 있을 만큼 나이가 든 모든 사람들)에게 이렇게 묻는다. "당신은 신에게 반역하는 사탄과 다른 모든 영적인 힘들을 끊어버립니까?" 답: "끊어버립니다." 질문: "신의 창조물을 부패시키고 파괴하는 이 세상의 사악한 힘들을 끊어버립니까?" 답: "끊어버립니다." 질문: "신의 사랑으로부터 당신을 끌어내리는 모든 죄스러운 욕망들을 끊어버립니까?" 답: "끊어버립니다." 그리고 의식은 대체로 예수를 자신의 구원자로 받아들여 믿고 그에게 순종하는 내용으로 이어진다.

32. 이 찬송가의 전체 가사를 보려면 이 장의 부록을 보라. 오늘날에도 트리엔트 공의회식 미사에 남아 있으며 여전히 존중되는 문헌이다. 지옥에 대한 다른 묘사가 있어 강조는 되지 않고 있지만 말이다.

33. 이 작품은 테르툴리아누스의 주류 기독교로부터의 분리와 그의 몬타누스주의 이단 옹호(207년경)에 앞선다.

34. Hanna(1911)를 보라.

35. Hanna(1911).

36. 또한 Konstan(2010, 4장)을 보라.

37. 자연스럽게도, 유대교 규범과 관련한 모든 일반화가 그렇듯 이 일반화에도 추정적 예외가 있다. 많은 논란이 있기는 하지만 lo tachmod라는 금지, 즉 "탐내지 말지어다"는 행위가 아닌 태도에 초점을 맞추고 있는 것으로 보인다.

38. 엄밀히 말해 '준準-'이라는 말은 해서는 안 된다. 이 전통은 그리스로마 스토아주의자들을 따라 내적인 역동을 완전한 행위로 생각하기 때문이다. 스토아적 근거는 그들이 '외양'에 대한 '동의'에 연관되어 있다는 것이다. 이때의 외양은 사실상, 혹은 그렇지 않더라도 원칙상 그 사람이 언제나 동의하기를 거절하는 것이다. 키케로는 심지어 외적인 행위란 단지 "후산後産"이라고 불렀다. 행위의 중심은 이러한 동의의 내적 수행이라는 것이다.

39. William Le Saint가 *Tertullian: Treatises on Penance*(Westminster, MD: Newman Press, 1959)에서 번역한 테르툴리아누스의 *On Penitence* 3부를 보라. 라틴어 문헌을 보려면 Pierre de Labriolle(Paris: Alphonse Picard, 1906)의 판본을 보라. 테르툴리아누스는 160~225년경에 살았다. *De Paenitentia*는 아마 테르툴리아누스가 제도권 교회와 갈라서기 전 시기인, 상대적으로 초기의 저작일 것이다(테르툴리아누스는 몬타누스주의 이단자들처럼 좀 더 청교도에 가까운 방향으로 나아갔다).

40. Brion과 Harcourt(2012). Bernard Harcourt의 영어 판본이 곧 출간될 것이다.

41. Brion과 Harcourt(2012, 104-8)를 보라.

42. Brion과 Harcourt(2012, 124-60).

43. 그러므로 사면받지 못한 성적 죄악은 이성애일 경우 파올로와 프란체스카를 만날 수 있는 지옥의 한 단계에 가게 되고, 동성애일 경우에는 그보다 훨씬 낮은 "자연에 대한 거역" 단계에 들어가게 된다. 특징적이지만 사면받은 욕정의 경우 동성 간의 것이든 이성 간의 것이든 상대적으로 쾌적한 연옥에 들어가게 되는데, 이곳에서는 온갖 유명한 시인들을 만나 기나긴 참회를 통해 정숙함을 배우게 된다.

44. 이 상황은 너무 많은 경우 젊은 '죄인'들의 성에만 관심을 갖는 통제의 일종으로 이어진다.

45. 이와 같은 결론에 이르는 매우 다른 연구를 보려면 Boyarin(1995), Kugel(1999), Schofer(2010)를 보라.

46. *De Paenitentia* 9부. 이 용어는 그리스어이므로 테르툴리아누스(라틴어로 글을 쓴 최초의 주요한 기독교 사상가) 이전에 쓰인 것이 분명하지만, 테르툴리아누스는 이를 종교적 권위자들에게 감독을 받는 일련의 실천으로 성문화한 것으로 유명하다.

47. Nietzsche(1989).

48. 또한 「다니엘서」 9장 9절을 보라.

49. 이 문단은 상태가 그렇게까지 훌륭하지 않으므로 문헌의 나머지 부분과 동시대에 속한 것이 아닐 수도 있다. 무지가 비난의 여지를 완화한다는 문제도 있으므로 예수가 평범한 의미에서의 용서를 베풀고 있는 것인지는 무척 불분명하다.

50. 위의 주석 31을 보라.

51. "분노에 자리를 내어주라"는 까다로운 어구는 신이 약속한 복수의 길을 비워두라는 의미로 보인다.

52. 이런 진술에서 뽑아낸 광범위한 발췌문을 보려면 Stewart와 Pérez-Peña(2015) 및 Nahorniak(2015)를 보라.

53. 남부연합 깃발을 주 청사에서 제거할지 여부를 놓고 벌어진 토론에서나, 7월 9일 그 제거를 명령한 법률의 최종적 통과로 이어진 놀랄 만큼 압도적인 투표에서 볼 때 이 사건의 영향은 분명 이행적이었다.

54. 예컨대 「마태오의 복음서」 19장 19절, 22장 39절, 「마르코의 복음서」 12장 31절, 「요한의 복음서」 13장 34절 및 15장 12절을 보라.

55. 가장 두드러지는 사례 중 하나가 「에페소인들에게 보낸 편지」 4장 30-32절인데, 여기에서 charizesthai는 단지 '자애롭다', '관대하다'라는 의미이고 그 이전에 발생한 분노와의 어떤 관계도 수반하지 않는다. 그럼에도 이 단어는 내가 찾을 수 있었던 모든 번역에서 '용서'로 번역되었다. 용서를 뜻하는 표준적인 단어인 aphiēmi는 이 맥락 어디에서도 발견되지 않는다. 용서에 관련된 성경 문헌의 오역에 대해서는 Konstan(2010, 99)도 참조하라. Konstan의 4장 전체가 히브리어와 그리스어로 된 성경 문헌 모두에 대한 값진 논의이다.

56. 직접 번역. thumos와 orgē 사이에 두려던 정확한 구분이 완전히 명료한 것은 아니다.

57. 나는 "잘못을 저지르거든"이라는 말을 "너에게 잘못을 저지르다"라는 내용으로 바꾸고 4절의 불필요한 언어적 부가물을 제거하는 방식으로 흠정영역 성서를 수정하였다.

58. 「루가의 복음서」 15장 12-34절. 흠정영역 성서를 바탕으로 두 가지를 수정했다. 나는 그리스어 성경이 이와 정확히 같으므로 18절과 21절에 "네 앞에서before you"라는 말을 넣었다. 또한 기존의 번역서는 별다른 근거 없이 "그대의 눈에in the sight"라는 구절을 넣었다. 둘 다 좋은 번역이다. 요점은, 두 진술이 완전히 같아야 한다는 것이다. 두 번째 변화가 더욱 중요하다. 20절에서 esplanchnisthē는 "측은한 생각이 들어"로 번역되는데, 이는 그리스어 단어에 비해 너무 평이하고 약한 단어이며 아버지가 아들이 고통을 겪고 있었거나, 나쁜 처지에 있었음을 알고 있다고 부정확하게 암시한다. (옮긴이 주: 한국어 번역은 대한성서공회의 공동번역 개정판을 기준으로 하되, "측은한 생각이 들어"라는 내용을 "감정이 북받쳐"로 수정했다.)

59. 이 은유는 희생 제의로부터 끌어온 것으로, 희생을 바칠 때에는 희생자의 창자가 제거되어 집어삼켜진다. LSJ, s. v. splanchneuō를 보라. 흠정영역 성서의 권위가 하도 대단해 19세기 사전편찬자들은 오직 이 문단만을 증거로 삼아 이 단어에 '측은하게 여기다'라는 의미를 나열해놓았다. 사전적 의미 이상을 항상 살펴봐야 하는 이유라고 할 수 있겠다. 신약에서 이 단어는 몇 차례 더 나타나지만, 그 횟수가 충분치 않으므로 '창자'에 대한 참조가 사라졌으며 이 문구가 죽은 은유가 되었다고 생각해야 한다.

60. 이 관대한 영혼의 고전적 선례에 관해서는 philophrosunē의 이상에 대한 Harriss의 논의 (2001, p. 149)와 로마의 humanitas에 관한 논의(p. 205)를 보라.

61. 나는 이 교향곡을 Nussbaum(2001, 14장)에서 자세히 분석했다.

62. 말러, 1901 드레스덴 공연 프로그램 중. 이 프로그램의 두 번째 절에는 말러의 글을 대신해 De La Grange(1973, 785-86)의 글이 들어가 있는데, 그랑주의 글이 좀 더 문자 그대로의 의미에 충실하기 때문이다.

63. De La Grange(1973, 786).

64. Wagner(1850).

65. 말러는 음악적 창의성을 감격적 특성과 수용성에 있어 여성적인 것으로 빈번히 특징화했다 (Nussbaum 2001을 보라).

66. Nussbaum(2001)에서 geschlagen을 '심장 박동heartbeat'과 '침울함downbeat' 둘 모두로 다룬 내 논의를 보라.

67. 엄밀히 말해, 이야기가 전해주는 한에서라면 이 아버지는 자기 아들에게 절대 화를 내지 않는다.

68. 이 점에 대한 보다 상세한 주장에 관해서는 Nussbaum(2001)을 보라.

69. 문제가 되는 재미있는 사례는 브리튼Britten의 〈전쟁 레퀴엠War Requiem〉인데, 여기에서는 탐욕, 분노, 파괴적 억울함이 분명 모습을 드러낸다. 다만 그 이후 예수의 무조건적 사랑을 제도권 교회의 관행과 대조하는 윌프레드 오웬Wilfred Owen의 가사라는 배경을 통해 극복된다. 좀 더 일반적으로 말해, 흥미롭게도 (공식적으로) 복수에 대한 열망을 표현하는 음악은 대신 현세적 기쁨을 표현한다. 그러므로 베르디의 〈리골레토Rigoletto〉에 나오는 '복수의 이중창Si, vendetta'은 사실 명랑한 에너지로 가득 차 있다. 이 곡은 내 딸이 세 살 때 가장 좋아

한 음악으로, 이유는 그 명랑함 때문이었다. 물론 딸은 이 음악이 '말해야' 하는 것에 대해서는 전혀 알지 못했다. 진정한 음악적 복수에 대한 탐색은 우리를 빠르게 숨막힐 듯한, 압제적인 음악으로 데려간다. 내가 1장에서 슈트라우스의 〈엘렉트라Electra〉에 했던 논평과 같다.

70. 그러므로 쉰베르크는 그의 오페라 〈모세와 아론〉에서 모세가 노래를 하도록 허용할 수 없었다. 종교적인 태도는 연설을 통해 표현되어야 했기에, 오페라적 음악은 아론과 그 추종자들에게 남겨졌다.

71. 아마 이런 사례들은 단지 모차르트와 베르디가 명랑하고 관대한 영혼의 소유자였음을 보여주는 것뿐일지도 모른다. 이 둘은 어떤 심오한 영적 친연성 때문이 아니라 문화적 관습에 따라 위령미사곡을 썼다. 사실 베르디의 작품에 관해서는 이런 이야기가 자주 나온다. 그러나 음악과 사랑의 내적 연결은 내가 보기에 그보다 더 깊은 데에 놓여 있으며, 내가 분석한 신적 분노에 맞는 분위기의 위령곡 작곡을 위임할 만한 사람이 누구인지 생각해내는 건 정말이지 어려운 일이다. 물론 작곡가는 작품 전체를 그런 분위기로 만들지 않고도 내가 묘사한 정신을 복화復話할 수 있다(바그너가 알베리히와 하겐에 관한 음악에서 아무 사랑이 없는 자기애를 멋들어지게 복화했으나, 전체적인 작품은 사랑이 가득한 관대함에 지극히 관련되어 있었던 것처럼 말이다). 하지만 미사곡 전체를 그렇게 작곡한다? 그건 마치 〈반지Ring〉 시리즈 전체를 알베리히와 하겐이 부르는 것 같지 않을까? 나는 〈엘렉트라〉가 그와 비슷하다는 암시를 남겼으나, 이 곡은 거의 견디기 힘들도록 고안된 짧은 작품이며 슈트라우스의 생산물 중에서는 예외적인 것이다.

72. 이어지는 내용은 현재까지 히브리어로만 출간되어 있는 Halbertal(근간)에게서 빌려온 것이다. 저술활동에 쓸 수 있도록 Joel Linsider가 그 내용을 영어로 번역했고, 영역본이 내가 참조할 수 있도록 송달되었다. 보다 짧은 판본은 *Jewish Review of Books*의 2011년 가을호에 실렸다.

73. Halbertal(근간)을 보라.

74. Griswold(2007, 12-17).

75. Epictetus, *Encheiridion*, 48장.

## 제4장 친밀한 관계: 분노의 함정

1. 모든 번역은 내가 직접 한 것이다. 나는 Nussbaum(1994b, 12장)에서 이 연극을 자세히 다룬다.

2. 이번에도 그리스로마인들은 보통 이와 다른 관점을 취했음에 주목하자. 사실 그리스로마인들은, 외부 세계에서야 분노가 매력적이라고 생각하는 인간이라도 가정에서는 분노의 파괴적 속성을 빠르게 인정할 거라고 생각하는 경향이 있었다. Cicero, *Tusculan Disputations* 4.54를 다루는 Harriss(2001, 29)를 보라. (분노의 완전한 제거를 선호했던 키케로와는 달리) 적당한 분노를 옹호했던 페리파토스학파(소요학파)에게, 키케로는 이렇게 주장한다. "당신이 가지고 있는 전사로서의 성마른 기질, 그 기질이 집으로 돌아오면 당신의 아내와 아이들, 노예들에게는 어떤 것이 되겠소? 그곳에서도 그 기질이 유용하다고 생각하시오?"

3. Hieronymi(2001)를 보라.

4. 형제자매 간의 분노라는 사례는 매력적이지만, 내 설명이 여기에 어떻게 적용될지는 쉽게 추론할 수 있다. 우리가 사랑하는 사람에게 피해를 끼친 낯선 이들에 대한 분노는 다음 장에서 다루어질 것이다.

5. Sherman(1989, 4장 및 118-56)을 보라.

6. 바이어Baier는 2012년 11월 83세의 나이로 뉴질랜드에서 사망했다. 다른 수많은 성과도 남겼지만, 바이어는 거의 100년 만에 처음으로 미국 철학협회 동부지회의 회장이 된 여성이었으며(1990년, 이에 앞선 여성 회장은 1918년의 메리 휘튼 칼킨스Mary Whiton Calkins뿐이었다), 같은 협회에서 카루스Carus 강연을 한 최초의 여성이기도 하다.

7. Baier(1995)의 "Trust and Anti-Trust" 및 다른 에세이들을 보라. 그 외의 괜찮은 두 편의 철학적 해설로는 Hawley(2012)와 O'Neill(2002)을 보라.

8. 그러므로 나는 Hardin(2006)과 부분적으로는 동의하며 부분적으로는 의견이 다르다. 하딘은 신뢰가 "인지적"이라고 주장하는데, 그 의미는 사실관계에 대한 지식belief에 관계되어 있다는 뜻이다. 하딘은 독자들에게 감정이 부분적으로 인지적이라고 생각하는지 여부를 알려주지 않으므로, 감정에서 신뢰가 종종 구성적인 역할을 수행한다는 내 주장에 그가 동의하는지를 알 수 있는 방법은 없다. 이어서 하딘은 신뢰란 인지적이므로 신뢰할 것인지 말 것인지를 결정하는 것은 불가능하다고 말한다. 그러므로 그는 무언가를 믿기로 결정하는 것이 과연 가능한지에 관한 광범위한 철학적 논쟁을 우회해버린다. 결과적으로 그는 일정 부분 선택에 해당하는, 기꺼이 취약해지겠다는 의지를 고려하지 못한다.

9. 이어지는 내용에서 논의된 Lerner(1985)를 보라.

10. Butler(1827, Sermon 9).

11. Williams, Williams(1982, 1-19)의 "Persons, Character, and Morality". 원래의 문맥에서 이 문구는 구명정 상황lifeboat situation에서 자신의 아내를 구하는 남자의 도덕적 사유를 가리킨다. 이 남자는 그 사람이 자기 아내라는 생각에서 아내를 살리는 것이 아니라 "그 사람이 아내이고 이런 상황에서는 자기 아내를 구하는 것이 허용 가능하다는" 생각에서 그렇게 한다(18). 그러므로 이 문구에 대한 나의 활용은 상당히 다르며 공정한 도덕성의 부인을 요구하지 않는다. 내 활용과 윌리엄스의 연관성은 윌리엄스가 칸트와, 내가 유대-기독교 윤리의 한 갈래와 연관짓는 도덕적 규율의 정신이나 엄격한 도덕적 검열에 우리 둘 모두가 반대한다는 점이다.

12. Baier(1995), "Trust and Anti-Trust"를 보라.

13. Dickens(2004, 4장). 또한 그의 비교가 드러내는 동물에 대한 끔찍한 시각에도 주목하라.

14. Orwell(1952).

15. Trollope(2014, 3장). Nussbaum과 LaCroix(2013)의 "The Stain of Illegitimacy"에 있는 내 분석을 보라.

16. 19세기 영국소설에 등장하는 손 박사의 동료 이단자들은 의미심장하게도 보통 여성이거나(Peggotty, Betsey Trotwood) 진정한 사회적 외부자이다(Mr. Dick).

17. 나는 이혼한 부모의 자녀로서 두 부모 사이에서 시간을 나누어 쓰는 아이들을 포함하기 위

해 이렇게 말한다.

18. 물론 부모 외의 다른 보호자들도 포함된다. 이 장의 분석은 익숙한 핵가족에 초점을 맞추지만 아이의 복지에 초점을 맞추는 모든 친밀한 집단에도 적용된다.

19. 이번에도 Baier(1995)를 보라.

20. Baier(1995).

21. Plato, *Symposium*을 보라. 그러나 여기에서는 책을 쓰거나 정치에 참여하는 대신 아이를 낳음으로써 불멸의 존재가 되려고 시도하는 사람들은 오직 상당히 저열하고 상상력 없는 사람들뿐이다.

22. 두 형제가 단지 개인을 대조하고 있을 뿐 아니라 미국 유대인의 유형을 대조하고 있다는 건 놀랍지 않다. 스위드의 이름이 모든 것을 말해준다. 그는 운동을 잘하고 키가 크며 내성적이고, 성공적으로 주류 사회에 동화된 WASP 유대인이다(심지어 그는 미스 뉴저지 출신과 결혼을 하기도 한다. 그녀는 WASP가 아니라 가톨릭교도이기는 하지만, 어쨌거나). 반면 제리는 로스가 집요하게 묘사하는 도시 유대인의 규범에 더 가깝다.

23. 스위드 레보브에 대한 이 해석에는 한 가지 오류가 있다. 주커먼이 발명해낸 과거에 따르면, 사춘기를 겪기 전 딸에게서 입술에 입을 맞춰달라는 요구를 받고 단 한 차례 스위드는 짧게, 그러나 격렬하게 이 요구를 받아들인다. 그러므로 메리의 이후 문제를 그의 탓이라고 읽는 것도 가능하다. 물론, 이 시점 전에도 메리는 이후 삶의 궤적을 형성하는 말더듬이, 어머니에 대한 증오, 집착-강박적 장애의 징후를 보이지만 말이다. 나는 사실 이 입맞춤을 로스의 문학적 오류, 혹은 적어도 주커먼의 오류라고 본다. 이런 관계가 오이디푸스적이게 되는 경우가 많기는 하지만, 소설 전체에서 묘사된 바에 따르면 이 등장인물은 그런 일을 하지 않을 것이기 때문이다. 아이가 없고 성에 집착하는 주커먼은 자기 나름의 방식에 따라 역사를 재구성했다. 하지만 이후 주커먼이 말하듯, "사람들을 제대로 이해하는 것은 어쨌거나 인생이 아니다. 인생이란 그들을 오해하는 것, 오해하고 오해하고 오해한 다음, 신중하게 다시 생각한 끝에 또 오해하는 것이다(35)".

24. Lerner(1985, 69-70).

25. Lerner(1985, 76).

26. Lerner(1985, 77).

27. Lerner(1985, 79).

28. 또한 Tavris(1982)를 보라. 그는 글 전체에서 이 점을 강조한다.

29. 아이들이 부모에게 폭력적이고 끔찍한 일을 저지르는 경우는 좀 더 드물며, 여기에서는 그런 경우를 생략한다. 이에 관해서는 Condry와 Miles(근간), Condry(2007)를 보라.

30. Murray(2010, 1장).

31. 이로써 우리는 2장에서 제기되었던 문제로 돌아온다. 이런 슬픔의 사례는 정말이지 과거를 변화시키고 싶다는 소망과 연관되어 있는 것으로 보이며, 최소한으로 보아도 마법적 사고의 요소를 가지고 있다. 그러나 그녀는 이를 놓아준다.

32. 이와 대조되는 한 가지 전형적인 스토아주의적 사례에서는 분노의 거부가 감정적 거리 두

기라는 전체적 프로그램의 일환인데, 이에 관해서는 Harriss(2001, 226과 주석 99)에서 논의된 Juvenal x.357-62를 보라.

33. 실은 모든 종류의 친밀한 성인 간 동반자관계를 말하지만, 간략하게 결혼을 활용하도록 하겠다.

34. 물론 포괄적 허가는 아니다. 그렇게 생각되는 경우가 많기는 했지만 말이다.

35. 테스의 강간/알렉의 유혹이라는 모호함 및 수치와 순결에 관한 더 큰 범위의 문제에 관해서는 Baron(2012, 126-49)을 보라. 이와 관련된 사례는 Gaskell, *Ruth*(초판 1853)인데, 여기에서는 아주 어린 나이에 유혹을 당한 루스가 이후 여러 해 동안 "흠잡을 데 없이" 살며 그녀의 성격과 가치로 만인의 존경을 받는다. 그러나 오래된 예전의 '죄'에 대한 폭로로 그녀는 따돌림당하는 인물이 된다.

36. 또한 Tavris(1982, 8장)의 "The Marital Onion"을 보라. 여기에는 비슷한 유형의 다양한 사례가 포함되어 있다.

37. 이 주장은 Sharon Krause에게서 빌려온 것이다. '비난 게임'의 무용함에 관해서는, Iris Marion Young의 놀라운 유작 *Responsibility for Justice*(2011)에서 가르침을 얻었다. 이 책의 서문을 쓴 저자로서, 나는 회고적 분석에 대한 아이리스 영의 배격에 대해 몇 가지 회의를 표현했으나 현재는 전적으로 그녀와 같은 입장이다.

38. Hieronymi(2001).

39. 이 사례를 제시해준 Emily Buss에게 고맙다.

40. 연극은 Luis Alfaro의 "Mojada"이다.

41. Martin(2010)을 보라.

42. 대표적인 저작에는 Robert D. Enright의 *Forgiveness Is a Choice: A Step-by-Step Process for Resolving Anger and Restoring Hope*(Washington, DC: APA LifeTools, 2001), Beverly Flanigan의 *Forgiving the Unforgivable: Overcoming the Bitter Legacy of Intimate Wounds*(New York: Wiley Publishing, 1992), Michael E. McCullough와 Steven J. Sandage, Everett L. Worthington, Jr.의 *To Forgive Is Human: How to Put Your Past in the Past*(Downers Grove, IL: InterVarsity Press, 1997) 등이 있다.

43. Tavris(1982)를 보라.

44. EN IX, 그리고 Cooper(1981)를 보라.

45. Nussbaum(2004a, 4장)을 보라.

46. Morris(1976, 2장)에서 이 문제에 관한 허버트 모리스Herbert Morris의 섬세한 논평을 보라.

47. Nussbaum(2004a, 4장)과 Nussbaum(2001, 4장)을 보라.

48. Sherman(2011)을 보라.

49. 이 모든 점에 대하여 Nussbaum(2001, 4장)을 보라.

50. Morris(1976), 특히 3장.

51. Morris(1976, 96-103). 더 긴 논의는 이 그림을 섬세하고 매력적인 방식으로 탐구한다.

52. Williams(1985)는 칸트에 대항하는 수많은 뚜렷한 주장을 내놓는데 나는 오직 그중 한 가

지 두드러진 갈래를 발전시키고 있을 뿐이다. 그와 나 사이에는 수치심의 역할에 관해 이와 관련된 의견 불일치가 있는데, 여기에서는 탐구하지 않겠다.

53. 대학원에 다닐 때 나는 아리스토텔레스의 저술 연대기를 복원하는 독일 학자들이 보통 아리스토텔레스가 플라톤의 생존 당시에는 일부러 스승을 날카롭게 비판하지 않았다고 생각한 반면 영미 학자들, 특히 내 지도교수인 G. E. L. 오웬은 아리스토텔레스가 플라톤이 죽은 뒤에야 플라톤의 가르침에 들어 있는 진실을 볼 수 있게 되었다고 생각한다는 사실을 흥미롭게 관찰했다.

54. Nietzsche(1989, II).

55. Croke(2014)를 보라.

56. Halberstadt(2014)를 보라. 이는 동물의 감정에 관한 최근 연구를 광범위하게 다루는 논문이다.

57. Nussbaum(1986, 2-3장). Nussbaum(1990) 중 "Flawed Crystals: James's *The Golden Bowl* and Literature as Moral Philosophy". Nussbaum(2000a). Nussbaum(2013, 10장).

58. Williams(1973, 166-86) 중 Williams, "Ethical Consistency". Nussbaum(1986, 2장)과 비교해보라.

59. 내가 공리주의에 대한 윌리엄스의 비판 정신을 잇는다는 뜻이다. 비록 그가 이를 도덕적 딜레마의 사례에 직접 적용한 것은 아니지만 말이다. Smart와 Williams(1973, 77-150)의 "A Critique of Utilitarianism"을 보라.

60. 과거 주장을 적절히 철회하기 위해 좀 더 정확하게 이야기할 필요가 있다. "Ethical Consistency"에서 윌리엄스는 '회한remorse'이 아닌 '유감regret'이라는 단어를 쓴다. (*Moral Luck*[1982]의 다른 맥락에서는 '주체-유감agent regret'이라는 용어를 만들어내는데, 이에 대해서는 나중에 다시 다루기로 한다.) *The Fragility of Goodness*(1986)에서 나는 주체의 감정을 나타내는 용어에 '그와 그의 성격에 심각한 거부감을 준다'는 생각이 포함되어야 한다고 말했으며, 이런 이유 때문에 '유감'은 너무 약한 용어라고 생각했다. "그의 감정은 단순한 유감이 아니다. 유감은 무관한 구경꾼도 느끼고 표현할 수 있다. 유감은 주체 자신이 악하게 행동했음을 암시하지는 않는다. 이런 감정은 유감보다 회한에 가깝다. 회한은 아무리 마음이 내키지 않는 상태에서 한 것이라 할지라도 그가 주체로서 저지른 잘못과 밀접하게 얽혀 있기 때문이다." *Love's Knowledge*(1990)에서 나는 더 나아가 Henry James의 *The Golden Bowl*(1904)에 관하여 썼다. 나는 이 소설에 적절한 감정을 '죄책감'이라고 이야기하면서, 소설이 다루는 갈등, 특히 가족 내 갈등의 가장 두드러지는 속성이 원죄라는 성경적 개념에 대한 세속적 유사체라고 제안했다. 나는 죄책감을 정의하지 않았으며, 이 말로써 당시의 의미하려던 것이 자아-처벌에 대한 소망을 포함하는 자아-분노인지 사실 확신할 수가 없다. 소설 뒷부분에 등장하는 두 가지 갈등의 사례를 분석하며 나는 이런 감정에서 비롯한 반응이 사랑과 신뢰로 묶인 관계의 미래에 악영향을 끼칠 거라고 주장했다. 다시 말해, 나는 사랑이 매기 바버와 그녀의 남편에게 도덕적으로 불완전한 반응을 요구한다고 이야기했다. 최소한 그러한 경우에 나는 적절한 감정이란 고통스러운 자아-견책이라고 생각하고 있었다. 그러

나 이 두 사례는 표준적인 도덕적 딜레마는 아니었다. 두 딜레마 모두의 근원에 심각한 도덕적 오류가 관련되어 있었고, 누구에게도 상황에 의한 강요가 이루어지지는 않았기 때문이다. 따라서 이 소설을 분석하며 했던 말은 분명 이 장의 앞부분에서 배우자의 배신에 관해 했던 말과 일관적이지 않으나, 지금 다루는 비자발적 딜레마에 관해서는 아무런 분명한 함의도 남기지 못한다. 마지막으로, 비용-편익 분석에 관한 좀 더 최근의 논고에서 나는 '죄책감'이라는 단어를 수차례 사용했으나 책임성accountability과 보상의 의무라는 의미에서 사용한 것이며, 자아-처벌적 분노라는 뜻을 담지는 않았다.

61. Walzer(1973)를 보라.

62. 간단히 말해, Nussbaum(1986)과 (2000a)는 모두 올바른 개념을 다루고 있으나 (1990)은 헤매다 오류에 빠졌다.

### 제5장 중간 영역: 스토아주의로 충분하다

1. Seneca, *Moral Epistles*(12.1-3), Oxford Classical Text에서 발췌한 내 번역. 원래의 단어는 deliciolum tuum인데, 이는 문자 그대로 '작은 기쁨'이라는 뜻으로서 상당한 친밀성을 의미한다. (Robin Campbell의 펭귄 판본에서는 "그대의 애완 놀이 친구"라고 한다.)

2. 세네카는 기원전 4~서기 65년경에 살았다. *Moral Epistles*는 63~64년에 출간되었고 출간과 그리 멀지 않은 시점에 쓰였을 가능성이 매우 높다. 심기증적인 것이든 실제적인 것이든, 아니면 단지 철학적 효과를 노린 것이든 간에 세네카는 이 서간에서 실제로 자신을 건강이 나쁜 상태로 그린다. 세네카는 이로부터 그리 멀지 않은 시점에, 네로를 전복시키려는 음모에 가담한 이후 자살하라는 정치적 명령을 받아 죽었으므로 살기 좋은 기후환경에서 그리스 철학자들이 전형적으로는 장수를 누렸다는 점을 지적할 수 있을 뿐 그의 건강상태를 평가하기란 어렵다. 사망 당시의 나이를 보면 소크라테스는 70세(살해당함), 이소크라테스 107세, 플라톤 80세, (위장이 나빴던) 아리스토텔레스 61세, 스토아철학자 제논 72세, (권투선수이자 스토아학파의 두 번째 수장이었던) 클레안테스 100세, 크리시포스 73세, 키케로 63세(살해당함) 등이다. 2014년 존 로크 강좌를 했을 때 나는 막 67세가 되어 있었다.

3. 루킬리우스는 실제 로마의 기사eques를 모델로 삼아 느슨하게 기초한 허구의 인물이다. 세네카의 문집에서는 자신과 타인이 모두 철학적 예시로서 사용되었으며, 이를 직선적인 전기문 혹은 자서전으로 읽혀서는 안 된다는 점을 인식하는 건 중요하다. 그리핀Griffin의 결정적인 책, *Seneca: A Philosopher in Politics*(1976)를 보라. 이 문집은 철학적 진보라는 가공의 개념에 따라 편집되었으므로, 초기의 서간은 후기의 서간에 비해 루킬리우스를 충심이 덜한 스토아주의자로 나타낸다.

4. 이 문제에 관해서는 과거에 오해를 받은 적이 있어 지루하지만 분명하게 설명한다. Nussbaum(2001)에서도 그렇게 했는데, 이 책은 어머니가 사망했을 당시의 내 슬픔에 관한 설명으로 시작한다. 세네카의 독자들에게 일어났던 일이 내 독자들에게도 일어났다. 이 글은 내게 어머니가 있다는 명백한 사실을 제외하고는 그 내용이 전부 사실인지 알고 있을 이유가 전혀 없는 사람들에 의하여 사적인 자서전으로 널리 이해되었던 것이다. 공교롭게도 내 상상

력이 그만큼 빈곤하기에, 이 장에 소개된 일화는(*Upheavals of Thought*의 상당 부분과 마찬가지로) 전부 실제 일어났던 일에 근거를 두고 있으며 내 여행가방을 낚아챌 계획이 있는 사람이라면 이 점을 명심해두는 편이 좋을 것이다. 하지만 사실 그건 전혀 중요하지 않다. 세네카가 그랬듯 내 목표는 독자들에게 일상적 분노를 일으키는 일들을 상기시키고 독자들 자신의 사례를 떠올리도록 하는 것이다.

5. Seneca, *De Ira*, III.38.

6. 검사가 없었기 때문에 여기에서 그리스인들은 큰 실수를 한다. 유족이 된 개인이 기소를 해야만 했다. 이것이 왜 나쁜 생각인지는 6장에서 보게 된다.

7. 좀 더 문자 그대로의 의미를 살리기 위해 가끔 변경하긴 하지만, 이어지는 내용에서 나는 보통 Procope(1995) 번역을 인용한다.

8. 크리시포스는 기원전 207년경에 죽었으므로, 세네카가 태어나기 200년도 더 전인 셈이다.

9. Fillion-Lahille(1984)을 보라. 이에 해당하는 모든 저작이 스토아주의적인 것은 아니다. (에피쿠로스학파인) Philodemus, *On Anger*도 부분적으로 남아 있다. 세네카 자신은 크리스포스의 저작을 알고 있었을 뿐 아니라(이 점에 대해서는 의심의 여지가 없다), 중도적 스토아주의자인 포시도니우스가 쓴 분노에 관한 글도 알고 있었다.

10. Nussbaum과 Sihvola(2002, 55-94) 중 Nussbaum의 "Erōs and Ethical Norms: Philosophers Respond to a Cultural Dilemma"를 보라. 이때 문제가 되는 사랑은 나이든 남자의 젊은 남자에 대한 사랑으로 상상되며, 이때 젊은 남자는 잘 짜인 그리스의 구애 규범에 따라 나이든 남자에게 성애적 사랑을 돌려주지 않는다. Erōs는 스토아학파 철학자인 제논에 의해 "전성기에 있는 젊은 남자의 아름다움으로 고무된, 우호적 사랑의 관계를 형성하고자 하는 시도"라고 정의된다. *Tusculan Disputations*에서 키케로는 그들이 강한 정념을 피한다는 원칙에 예외를 둔 건 오직 그리스에 만연해 있던 동성애homoeroticism 때문이었다고 암시하며 그들을 우스갯거리로 삼지만, Craig Williams의 권위 있는 저서, *Roman Homosexuality*(1999)는 로마의 규범도 매우 비슷했음을 보여준다. 그리고 키케로는 한 번도 남자와 성적 관계를 맺지 않았던 것으로 보이나 그의 가장 친한 친구인 아티쿠스는 이런 행위로 널리 알려져 있었다.

11. 하지만 이 사례가 허구적인 것이거나, 다른 사람에게서 불쾌함을 느끼는 원인을 빌려온 경우일 가능성이 전혀 없다는 뜻은 아니다.

12. 세네카가 원칙적으로 사형에 반대하는 건 아니다. 단지 사형이 감정에 따라 잘못 적용되는 경우가 많다고 시사할 뿐이다.

13. 이외에도 자극으로 유발된 분노 중 고대의 사례를 보려면 Harriss(2001, 415)를 보라.

14. "좀 더 정중하게 하시는 게 좋겠습니다."

15. 47번 서간을 보라.

16. 트라야누스와 마르쿠스는 모두 19년을 통치하고 병사했다. 아우구스투스는 41년간 통치했다.

17. (현재는 NBA에서 은퇴하여 이탈리아에서 활동하고 있는) 월드 피스는 레이커스 팀이 NBA 챔피언십에서 우승할 때 자기가 기여할 수 있었던 건 정신과 의사 덕분이었다며, 학교에서의

정신건강에 관한 법Mental Health in Schools Act을 지지하는 운동을 벌이고 있다. 그는 또한 아이들에게 읽어줄 잠자리 이야기를 직접 짓고 기록하며, 동물 학대에 반대하여 PETA와 함께 일하기도 한다. 이와 관련하여, 분노로부터 멀어진 또 다른 '길'은 베어스 팀의 전직 와이드리시버 브랜든 마셜의 커리어에서 두드러지게 드러나는데, 현재 마셜은 '경계선 인격장애 재단'을 위해 정력적인 운동을 벌이고 있다. 이른 시기에 그가 겪었던 분노 단계에는 다양한 분노 폭발로 인한 몇 차례의 출전금지 명령이 포함되어 있으며, 그 정점은 그가 선수들은 물론 팬까지도 몇 명 공격했던 2004년의 몸싸움이었다. 그는 또한 2007년 가정폭력 혐의로 기소당해 또 한 번 출전금지 명령을 받았다. 2014년 10월, 현재 뉴욕 제트에서 뛰고 있는 마셜은 전국 TV 방송에 출연해, 심각한 패배 이후 화를 내며 동료와 말다툼을 벌였다고 인정했다. 하지만 그는 이렇게도 말했다. "우리는 대화로 문제를 풀었고, 서로를 사랑합니다."

18. 우리 중 일부, 그러니까 의미 있고 보상이 따르는 직업을 갖는 행운을 누린 사람들의 이야기다.

19. 세네카, Nussbaum(2010c)의 번역.

20. Martin(2010)을 보라.

21. *Harris v. Forklift Systems, Inc.*, 114 S. Ct. 367(1993).

22. *Baskerville v. Culligan*, 50 F. 3d 428(1995). 이 사건에서 리처드 포스너 판사의 의견은 위반행위가 우스꽝스러운 것이었으며 성희롱의 요건을 구성할 만큼 집중적이거나 심각하지 않다는 것이었다.

23. Scanlon(2013), 부록 B를 보라.

## 제6장 정치적 영역: 일상에서의 정의

1. Allen(2000; 1999)에서의 걸출한 논의를 보라.

2. Allen은 분노를 질병으로 보는 훌륭한 설명을 내놓는다. 그러나 왜곡된 사회관계 문제를 처리하는 좋은 방법이라며 아테네 기소제도의 구조를 옹호하는 이후의 논의는 내가 보기에 그다지 설득력이 없다.

3. Vlastos(1991, 179-99), "Socrates' Rejection of Retaliation"을 보라. 그가 주로 인용하는 자료의 출처는 플라톤의 초기 대화록, 특히 *Crito*이다.

4. 이 말을 한 사람은 소크라테스가 아니라 프로타고라스이기는 하지만, 그는 공감적 인물로 표현되며 플라톤이 이 진술을 받아들였을 가능성이 높다.

5. Trans. Vlastos(1991).

6. Allen(1999)을 보라.

7. 물론 이것은 헌법 해석의 문제인데, 헌법 해석에는 시민권과 여성 및 동성애자들의 권리가 관련되어 있다. 미국의 헌법에는 여전히 (사회경제적 영역에서의) 근본적 불의를 용인한다고 볼 만한 많은 문제들이 존재한다. 하지만 동시에 프랭클린 D. 루스벨트와 입장을 같이하여 국가의 핵심적인 약속에는 사회적·경제적 자격의 인정이 수반된다고도 주장할 수 있다.

8. Nussbaum(2013)을 보라.

9. 예컨대 Nussbaum(2000b; 2006; 2010a).

10. 내 시각에 따르면 존엄성이라는 개념은 다양한 다른 개념과 원칙을 벗어나서 정의될 수 없다. 이에 관한 경고를 보려면 Nussbaum(2010a)을 보라.

11. 아마르티아 센은 분명 이렇게 이해하고 있다. 그는 밀을 참조하여 자기 나름의 '가능성 접근'의 방향을 잡고 있으며, 결과주의가 권리를 고유한 재화로서 수용할 수 있다고 애써 주장한다(Sen 1982). 나의 규범적 정치적 시각은 한계 설정에 있어서도 다른 형태의 결과주의와 다르다. 나는 다원주의 사회에서의 정치적 원칙에 대한 근거로서만 가능성 접근을 도입할 뿐, 좋은 혹은 풍요로운 삶에 대한 종합적 원칙으로서 그러는 건 아니기 때문이다. 반면 대부분의 결과주의자들은 자신들의 시각을 종합적 원칙으로 묘사한다. 그러나 이 차이는 앞으로 이어질 논의에서는 전혀 중요하지 않다.

12. Rawls(1986), "The Idea of an Overlapping Consensus." 롤스의 개념에 관해서는 Comim과 Nussbaum(2014)에 실린 내 서문을 보라.

13. Levmore와 Nussbaum(2014)의 서문을 보라.

14. 이 복합성에 대한 특히 매력적인 성찰이 Wallace Stegner, *Angle of Repose*(1971)에 담겨 있다. 이 소설은 수다스러운 동부 출신 여성이, 힘세고 과묵한 (19세기) 서부 출신 남자와 사랑에 빠져 결혼하는 이야기다. 은퇴 판사 하워드 매츠Howard Matz가 논문에서 다룬, 이 비극적 이야기와 미국의 법 사이의 연관성에 대한 성찰을 Levmore-Nussbaum(2014) 문집에서 보라. 또한 같은 문집에서 Saul Levmore, "Snitching, Whistleblowing, and 'Barn Burning': Loyalty in Law, Literature, and Sports"를 보라. 이는 포크너의 소설과 미국의 법 및 문학 내의 '고자질쟁이'라는, '남자답지 못한' 인물에 관한 독해이다. 또한 Nussbaum, "Jewish Men, Jewish Lawyers: Roth's 'Eli, the Fanatic' and the Question of Jewish Masculinity in American Law"를 보라. 이 글은 (필립 로스의 작품에서 Tzuref가 강변하듯) 법이란 본질적으로 유대인적이라고 주장하는데, 그 의미는 법이 '남자다운' 자기-주장보다는 대화에, 더럽혀진 명예보다는 연민에 근거를 두고 있다는 뜻이다.

15. 시간이 지남에 따라 지위-피해(특히 남성의 명예)로부터 진정한 피해를 향해 가는 몇 가지 변화에 대해서는 Kahan과 Nussbaum(1996)을 보라.

16. William Ian Miller는 심지어 초기의 '명예' 문화에서도 지위를 놓고 벌어지는 응보주의적 경쟁은 협상 테이블에 올라올 수 있는 방식으로, 사회적으로 규율되었다고 주장한다. Miller(1990)를 보라.

17. Coyle(2013, 3장)의 훌륭한 사회언어학적 연구를 보라.

18. Coyle(2013, 3장)을 보라.

19. Allen(1999)과 Walker(2006)를 보라.

20. Walker(2006)를 보라.

21. Mackie(1982)를 보라.

22. Bentham(1948, 177).

23. Santora(2013).

24. CBS 뉴스(2012).

25. 나는 헤크먼Heckman의 결론과 그의 가장 중요한 공헌 중 몇 가지를 담고 있는 참고문헌을 Nussbaum(2010a)의 부록에서 제공한다.

26. 최초의 진술에 관해서는 Zorn(2013)을 보라. 양보한 내용에 관해서는 Huffington Post(2013).

27. 사고를 정형할 때 우리 전문용어의 중요성에 관해서는 일반적으로 Coyle(2013)을 보라.

28. Young(2011)을 보라.

29. 이 주제에 대한 다수의 훌륭한 개괄 가운데에서, 이 분야를 특별히 잘 다룬 것은 Tasioulas(2010, 680-91)이다. 내가 이 글의 모든 부분에 동의하는 건 아니라는 점이 명백해지겠지만, 그 명료성만은 존경할 만하다.

30. Morris(1968)를 보라.

31. Moore(1995).

32. 더프Duff가 이와 연관된 주장을 했다. 모리스Morris의 시각은 강간과 살인 같은 범죄를 형법이 존재하기 때문에 부당할 뿐인 행위로 간주한다. Duff(2001, 22)를 보라.

33. Hampton과 Murphy(1988)의 Jean Hampton을 보라. 여기에서 햄프턴은 이러한 입장을 "기이하고, 심지어 역겨운(115)" 것이라고 부르며 자신의 공동저자인 머피가 같은 입장을 "섬뜩하다"고 했다고 전한다(116).

34. Moore(1995, 98-99).

35. Moore(1995, 98).

36. 무어는 도덕의 유기가 그 자체로 처벌의 충분조건이라고 주장한다. 따라서 법적인 부당행위는 물론 법으로 정해지지 않은 부당행위조차 보복의 근거가 된다는 점에 주목하라.

37. Duff(2011)와 Markel(2011). 두 저자들은 모두 이 질문에 대해 방대한 간행물을 내놓았으나 최근의 이 논문들은 그들의 입장에 대한 간결한 요약을 제공한다. 마켈은 2014년 7월 플로리다의 집 외곽에서 살해당했다. 그의 죽음은 수수께끼로 남아 있다.

38. Duff(2001, 28).

39. 이런 관점에서, 그의 시각은 햄프턴의 시각과 밀접하게 닮아 있다. 아래를 보라.

40. 나는 "말은 값이 싸다(talk is cheap)"라는 표현을 동료인 리처드 매캐덤스Richard McAdams에게서 빌려왔다. 이러한 시각의 두드러진 예에는 Duff 외에 Bennett(2001), Hampton(1984), Primoratz(1989)가 포함된다. 이러한 시각에 대한 비평을 보려면 Boonin(2008)을 보라.

41. 나는 이 구절도 리처드 매캐덤스에게서 빌려왔다. 더프는 국가의 어떤 행위가 가장 견책을 잘 전달하는지는 열려 있는 질문이며, '강경한 처우'가 그렇게 하는 최선의 방법이라는 결론이 자동적으로 따라오는 것은 아니라고 인정한다. 단, 그는 처벌이 '세속적 참회'라고 주장하며, 이 그림에 따라 가혹한 사후적 조치에의 집중을 정당화한다. 그러나 감금을 이런 준-종교적 의미로 보는 것이 이성적이냐는 질문과는 별개로, 우리는 죄악이 일어나기를 기다렸다가 참회를 요구하기보다는 죄인들이 죄를 짓기 전에 간섭하는 것이 왜 최선이 아닌지를 물어야 한다.

42. Hampton(1984, 213). 햄프턴은 응보주의가 "형벌을 '잘못된 것을 부정하고' '올바른 것을 다시 주장하는' 상당히 형이상학적인 임무의 수행이라고 이해하는" 반면, 형벌은 '구체적인 도덕적 **목표**'를 겨냥한다고 덧붙인다. 그러한 구체적 목표에는 범죄자와 사회 모두를 이롭게 하는 것이 포함된다. 또한 햄프턴은 이러한 접근이 부당행위를 당했음을 인정받아야 하는 피해자들의 욕구도 존중한다고 개연성 있게 주장한다.

43. 몇 년 후 출간된 Hampton & Murphy(1988)에서, 햄프턴은 다른 입장인 일종의 응보주의를 공감적으로 탐구했으며 그 입장을 포용한 것으로 보인다. 햄프턴은 '응보주의적 개념'을 이해하는 두 가지 다른 방법을 탐구한다. 그중 하나는 형벌을 "보호를 통해 가치를 입증하는" 행위로 이해하는 방법인데, 이는 햄프턴이 예전에도 포용했던 시각과 유사한 것으로 보이며 응보주의의 한 형태로 이해하기 어렵다. 이러한 방식은 미래지향적 목표를 갖춘 표현적 진술이기 때문이다. 다른 개념은 분명 응보주의의 한 형태인데, 형벌을 피해자에 의한 부당행위자의 '패배'로 보는 것이다. 여기에서 만일 이 생각이 일반적 용어로 표현된다면, 즉 부당행위는 허용 불가능한 것이며 금지될 것임을 사회가 진술하는 것으로 표현된다면, 이는 햄프턴의 앞선 교육적/표현적 입장의 한 형태가 될 것이다. 하지만 햄프턴은 그러는 대신 이를 사적 용어로 이해하는 것으로 보인다. 특정한 피해자가 특정한 부당행위자의 형벌을 확보함으로써 그를 패배시킨다는 것이다. (피해자가 아닌 국가가 처벌하는 것이 확실하기 때문에) 이는 형사처벌에 대해 생각하는 부정확한 방식일 뿐 아니라, lex talionis의 모든 문제를 제기하는 것으로 보인다. 어느 개인에 대한 고통의 부과가 강간이나 다른 범죄로 고통을 받은 누군가의 승리를 어떻게 구성한단 말인가? 피해자의 가치에 대한 벌거벗은 확인을 통해서? 하지만 그렇다면 이는 첫 번째의 (표현적·일반적) 이해로 무너져내린다. 그러나 햄프턴이 만일 정말로 특정 가해자의 고통이 강화됨에 따라 특정 피해자의 존엄성이 높아진다는 이야기를 하려 한 것이라면, 이는 정말이지 일종의 lex talionis로 보이며 내 비판의 대상이 된다. 햄프턴의 이 장은 탐험적인 것이고 절대 둘 중 하나의 개념에 대한 전념을 표명하지 않으며, 햄프턴이 과거의 시각을 부인하는 것도 아니다.

44. 결과주의가 결과의 집합으로서 권리의 중요성을 수용할 수 있다는 사실에 관해서는 Sen(1982)을 보라. 또한 Nussbaum(2010a)을 보라.

45. Nussbaum(2010a)을 보라.

46. 어떤 교화주의자들은 '부당행위wrongdoing'라는 용어가 가해자의 악마화와 너무 가깝게 연결되어 있다며 그 용어를 피하자고 촉구한다. 나는 반대한다. 코일은 '악하다evil'라는 용어가 가해자들을 악마화하고 범죄예방에 있어서의 비-처벌적 전략으로부터 관심을 굴절시킨다는 점을 확실히 보여준다(Coyle 2013, 5장). 그러나 '부당행위'라는 용어는 내가 보기에 '악하다'라는 단어의 과충전된 의미를 띠지 않는 듯하다. 부당행위라는 용어는 그 사람의 전체가 아니라 특정한 행위에만 한정된 것이며 무엇이 진실인지만을 단순히 가리킬 뿐이다. 즉 인간의 의도적 행위와 야생동물 혹은 자연에서의 사고에서 일어나는 파괴를 구분해야 한다는 것이다. 그러나 '부당행위'라는 단어에 대한 내 언어적 직관은 Mackie(1982)와는 다르다. 그는 "적대적 반응을 호출하는 것"이 '부당행위'라는 개념의 일부라고 주장한다. 내가 생

각하기에 그리 흔치는 않겠지만 매키의 어감에 동의한다면 이 용어에 대해 회의를 품어야 할 것이다. 윌 제퍼슨Will Jefferson은 내게 '비폭력적 의사소통 운동Nonviolent Communication', 즉 1960년대 마셜 로젠버그Marshall Rosenberg에 의해 시작되어 현재에는 다양한 유형의 문제에 전 세계적으로 적용되는 갈등 해결 접근법에 대해 알려주었는데, 이 접근법에 따르면 도덕에 관련된 어휘가 우리의 사유로부터 제거되어야 하며, 분노를 제거하기 위해서는 이 작업이 필수적이라고 한다. 나는 확신이 서지 않는다. 그러나 이 입장은 미묘한 것이며 내가 여기에서 다룰 수 있는 것보다 더 광범위하게 고려해볼 가치가 있다. 제퍼슨의 철학박사학위 논문이 이 질문에 대한 보다 의미 있는 기여가 될 것이다.

47. Brooks(2012, 1장)를 보라.

48. Gewirtz(1998)를 보라.

49. Bandes(1997). 또한 더 최근작으로 Bandes(2016)를 보라.

50. 나는 이 질문을 제프 맥머핸Jeff McMahan에게서 빌려왔다.

51. 종결이라는 사회적으로 구성된 개념과 상대적으로 최근인 그 기원에 관해서는 Bandes(2016)를 보라.

52. 이러한 선호가 사회적 선택 기능에서 제외되어야만 한다고 주장하는 가운데 Harsanyi(1982)에서 나온 이야기. 그의 논점은 공리주의만큼이나 오래된 것이다. 밀의 *The Subjection of Women*은 부당한 특권이 축소될 때 남자들이 겪는 고통을 여성의 평등에 반대되는 비용으로 고려하지 않는다. 중요한 건 이런 비용이 편익보다 적다는 게 아니다. 하사니의 제안에서 그렇듯 이런 비용은 그냥, 전혀 고려되지 않을 뿐이다.

53. 이 제안은 메리 앤 케이스Mary Anne Case에게서 빌려온 것이다.

54. *Turner v. Safley*, 482 U.S. 78(1987). 결코 성행위를 통해 결혼을 완성시키지 못할 가능성이 높다 할지라도, 가석방의 가능성 없이 종신형을 살고 있는 수감자들 또한 결혼할 헌법적 권리가 있다고 주장한 사건이다. 법원은 결혼에 표현적·종교적 의미가 있다고 주장한다.

55. *Johnson v. Phelan*, 65 F. 3d 144에서 포스너 판사의 소수의견을 보라. 여기에서는 한 남성 수감자가 샤워를 하고 변기를 사용할 때 여성 간수가 감시하도록 하는 관행이 기독교적 정숙함이라는 의식을 침해한다는 불만을 제기했다. 포스너는 어떤 판사들은 "수감자들을 다른 종種의 일원, 사실 일종의 해충으로서 인간적 존엄성이 없으며 어떠한 존중을 받을 자격도 없는 존재로 본다. (중략) 나는 미국의 교도소와 구치소에 수감되어 있는 150만 수감자들을 그런 시각으로 바라보지 않는다"라고 논평했다.

56. 영어로 읽을 수 있도록 번역해야만 하는 값진 연구 중 한 가지는 Archimandritou(2000)이다. 이 책의 내용에 대한 자세한 요약이 저자에 의해 구두로 내게 전달되었다.

57. Nussbaum(2004a)에서 이 질문에 관한 내 포괄적 논의를 보라.

58. Kahan(1996)과 Nussbaum(2004a)의 내 비평을 보라.

59. 그 다섯 가지 이유는 Nussbaum(2004a)에 상술되어 있다.

60. Nussbaum(2004a)에서 수치심 처벌 연구에 대한 다수의 언급을 보라.

61. Posner(2000)를 보라. 그의 주장 및 이와 연관된 역사적 주장이 Nussbaum(2004a)에서 자

세히 다루어진다.

62. Gilligan(1997).

63. Schulhofer(1995)를 보라.

64. Nussbaum(2004a)을 보라.

65. 이 주장에 대해 짧지만 잘된 논의를 보려면 McConnell(2012)을 보라. 또한 Nussbaum(2014b)을 보라.

66. Levmore와 Nussbaum(2010)을 보라.

67. 이론은 Braithwaite(1989)에 제시되어 있다. 그보다 좁은 이론적 틀을 갖춘 실제적 시행은 Braithwaite & Mugford(1994)에 제시되어 있다. 다양한 범위의 '교화적 사법' 실천에 대한 전반적 평가를 보려면 Braithwaite(2002)를 보라.

68. 여러 측면에서, 내가 동의하는 부분은 나중 논문에서 제시한 접근에 대한 설명이다. 앞선 책은 묘사된 것과 같은 실천에 필수적이지 않으며 덜 매력적인 자료를 많이 담고 있다.

69. Braithwaite(1989, 81)를 보라.

70. 그러나 Braithwaite(2002)에서 브레이스웨이트는 교화적 과정(대화, 회의)과 교화적 가치(교화, 재통합)를 구분해야 한다고 분명히 밝힌다. 교화적 과정은 처벌적이고 응보주의적인 제재를 부과할 수도 있다. 원칙적으로는 참여해야 하는 공동체의 모든 구성원들을 포함하지 못하는 과정이라도 교화적 목표를 향해 다가갈 수 있다.

71. Braithwaite(1989)를 보라. 또한 Nussbaum(2004a, 5장)에 실려 있는, 댄 카한Dan Kahan의 제안에 관하여 브레이스웨이트에게 한 내 응답을 보라.

72. Braithwaite와 Mugford(1994, 144).

73. Braithwaite와 Mugford(1994, 144).

74. Braithwaite와 Mugford(1994, 142).

75. Braithwaite와 Mugford(1994, 144).

76. Braithwaite와 Mugford(1994, 145).

77. Braithwaite와 Mugford(1994, 147).

78. 알려진 이런 유형의 모든 프로그램의 효과에 관하여 더 완전한 논의를 보려면 Braithwaite(1989, 3장)를 보라.

79. Braithwaite와 Mugford(1994, 150).

80. Braithwaite와 Mugford(1994, 152).

81. Braithwaite와 Mugford(1994, 159-60).

82. Braithwaite와 Mugford(1994, 144, 149).

83. Braithwaite(2002, 152)를 보라. 여기에서 브레이스웨이트는 이를 "교화주의적 사법에 대한 가장 강력한 비판"이라고 묘사한다.

84. Nussbaum(2004a, 4장)을 보라.

85. Nussbaum(1999a)의 "Equity and Mercy"에서 이 문제에 대한 나의 논의를 보라. 또한 로버트 카스터Robert Kaster가 한 *De Clementia*와 *De Ira*의 새로운 번역을 보려면

Kaster(2010)를 보라.

86. Nussbaum(2001, 6-8장)을 보라.

87. 나는 자비에 관한 예전 글에서 이 구분을 이해하지 못했다. 이 문제는 Nussbaum(근간a)에서 더 완전하게 다룬다.

88. *Woodson v. North Carolina*(1976)와 중대 범죄의 선고 단계에서의 공감에 관해서는 Nussbaum(1993)을 보라.

89. 니체의 도덕적 심리학에 스토아주의가 끼친 영향에 관해서는 Nussbaum(1994a)을 보라.

90. Nietzsche(1989, II.10).

91. Nussbaum(1996)을 보라.

92. 이러한 우려는 고대의 전통에도 낯선 것이 아니었다. 예컨대 Aristotle, *Politics*는 공동 식사와 함께 마시는 물을 자세히 다루며 이 점을 분명히 밝힌다. 또한 고대 인도 황제인 아쇼카(기원전 3세기)의 이 훌륭한 칙령을 생각해보라.

"길가에 나는 반얀나무를 심었는데, 그 나무들이 짐승과 사람에게 그늘을 제공할 것이다. 나는 망고 덤불을 심었고 14.5킬로미터마다 우물을 파고 휴게소를 짓도록 했다. (중략) 또한 나는 짐승과 인간이 쓰도록 사방에 수많은 온천장을 만들게 했다. 이러한 혜택은 중요하며, 사실 이 세상은 내게서 그렇듯 예전의 왕들에게서도 다양한 방식으로 관심을 받아왔다. 그러나 내가 이런 일을 한 것은 나의 백성들이 다르마Dharma(법륜)에 따르도록 하기 위해서였다."

### 제7장 정치적 영역: 혁명적 정의

1. Jack(1956, 136)에서 재인용.

2. 달리 밝히지 않는다면, 내 자료의 출처는 간디의 경우 Jack(1956), 킹의 경우 Washington(1986)이다. 나는 이런 출전을 G와 K로 부르며, 문장 내의 괄호 안에 페이지 번호를 제공한다. 가끔은 GAut로 인용된 Gandhi(1983)도 참조하겠다.

3. 인터뷰, 서간, 기타 저술의 값진 모음집을 보려면 Mandela(2010, 253)(이후 C라 한다)를 보라. 발췌문은 1990년대 초반 작가인 리처드 스텐걸Richard Stengel과 나누었던, 테이프로 녹음된 장시간의 대화에서 인용하였다. 이 대화는 두 사람이 *Long Walk to Freedom*을 도서 형태로 편집하는 과정에서 이루어졌다. 제목은 황제이자 스토아학파 철학자였던 마르쿠스 아우렐리우스의 『명상록』을 참조한 것으로, 마르쿠스 아우렐리우스의 성찰은 그리스어 제목으로는 '그 자신에게'라 한다. 내가 빈번히 인용할 만델라 자료의 다른 출처는 그의 자서전인 Mandela(1994)(이후 LW라 한다)와 Carlin(2008)(이후 Inv라 한다)이다.

4. 이 절의 개념은 Nussbaum(근간b)에서 보다 상세히 다루어진다.

5. 남아프리카공화국에서는 여전히 중죄 모살죄가 시행되고 있다. 이에 대한 페이턴Paton의 입장은 불명확해 보인다. 어느 대목에서 그가 판사에게, 만일 압살롬에게 정말 살인할 의도가 없었다면 "법정은 피고인이 살인을 저지르지 않았다고 결정해야 한다"는 대사를 말하도록 하기 때문이다(Paton 1987, 235).

6. Sorabji(2012)는 간디의 태도와 실천을 내가 여기에서 시도하는 것보다 훨씬 더 상세히 재구

성하고 있다. 나는 비-분노라는 문제에만 집중하며, 그런 한에서 간디와 킹이 공유하고 있는 바탕에 초점을 맞춘다.

7. 그러나 간디는 폭력이 자신의 추종자들 사이에서 지속적인 가능성으로 존재한다고 실제 생각했으며 비폭력적 시위를 유지하기 위해서는 엄청난 준비가 필요하다고도 생각했다. Sorabji(2012, 122)를 보라. 더불어 간디는 공격을 받으면 분노할 가능성이 높은 추종자들을 걸러냈다(122).

8. Sorabji(2012, 88-92). 인간의 자기방어도 예외가 아니지만, 자신을 방어하지 않는 것보다는 폭력이 덜 나쁜 것이라는 주장을 펼친 사례가 몇 건 있다.

9. 다른 곳에서 간디는 또한 마음이란 용기 있는 자기희생을 통해 변화한다고 주장했다. Sorabji(2012, 83)를 보라.

10. Dalton(2012, 12-16). 돌턴이 보여주듯 간디는 또한 자신의 개념을 일컫는 영단어를 사용하지 않으려고 주의를 기울였다. 이 투쟁이 오직 영어 이름으로만 알려지게 내버려둔다는 건 "수치스러운" 일이라 주장하며, 그는 심지어 중심적인 개념에 인도어로 새 이름을 붙이는 경연대회를 열기도 했다.

11. 군대에서의 분노에 대한 고대의 논의를 비교해보라. 필로데무스와 세네카는 모두 성공적 군사 전략이 요구하는 규율은 개인적 분노의 지배적 역할과 양립 불가능하다고 강조한다. Harriss(2001, 103)를 보라.

12. 간디는 때때로 화를 냈으며 그랬다는 이유로 자신을 비판했다. Sorabji(2012, 200)를 보라.

13. Dalton(2012, 16과 96)을 보라.

14. 또한 Dalton(2012, 1장)을 보라. Honig(2013)이 옹호한 "무리한 휴머니즘"과 비교해보면 흥미롭다. 호닉Honig은 비-분노에 몰두하지는 않으나 슬픔과 애도에 근거한 정치를 배격하고 연대와 희망에 대한 강조를 제안한다.

15. Nehru(1989, 274-75). Dalton(2012, 66-67 및 168-69)을 보라. 네루는 두려움과 폭력의 연관성을 언급하지 않지만 간디에게는 이 연관이 분명 핵심적이다.

16. Nussbaum(2013, 9장)에서 이 연설에 대한 분석을 보라.

17. 그는 실제로 자신의 자녀들에게 이렇게 요구하려 시도하지만 성공하지 못한다. 그는 무척이나 단죄를 잘하는 징벌적인 아버지였으며, 분노와 상당히 가까워 보이는 태도를 하릴랄Harilal에게 분명히 보여준다.

18. Nehru(1939). 네루의 이 책 첫 번째 문장은 "잘사는 부모의 외아들은 버릇을 망치기가 쉽다. 인도에서는 특히 그렇다"이다. 이 지점 이후로 해당 저술은 갈망과 외로움의 용인뿐 아니라, 온건한 자기-조롱을 특징적으로 보여준다. 교도소에서의 석방에 대하여 만델라는 "그 무엇보다도 나는 사람들에게 내가 구원자가 아니라, 특이한 상황 때문에 지도자가 된 평범한 사람이라는 점을 알리고 싶었다(LW 676)"고 한다.

19. Orwell(1949).

20. Erikson(1993, 248).

21. Orwell(1949).

22. Nehru(1989, 2장) 중 "The Problem of Human Relationships"라는 제목의 절에서, 자신이 가진 남편으로서의 결점에 대한 네루의 감동적 성찰을 보라.

23. Sorabji(2012, 32-42)가 보여주듯 간디의 태도는 기독교적 금욕주의에서 엄청난 영향을 받았으며, 그 금욕주의는 가끔 톨스토이를 통해 그에게로 스며들었다.

24. Schalkwyk(2014, 58-59)를 보라. 샬퀵Schalkwyk은 만델라가 스토아주의를 지나치게 따라, 모든 감정과 거리를 둘 정도에 이르렀다고 주장한다. 나는 이 주장에 설득력이 없다고 생각한다. (예컨대 그는 만델라가 아들 템비Thembi의 죽음을 알고서 충격을 받아 침묵한 것이 스토아주의적 비-슬픔의 사례라고 주장한다. 진정으로 슬퍼하는 사람이라면 모두 유창하게 말을 해야 한다는 것처럼 말이다.)

25. 2013년 12월 방영된 CNN의 〈Nelson Mandela〉에서 가까운 친구이자 교도소 동기였던 아메드 카트라다Ahmed Kathrada가 인터뷰한 내용.

26. 만델라가 날카롭게 서술하는 젊은 시절의 또 다른 사건은 인종관계에서 매력이 수행하는 역할을 상세히 묘사한다. 20대 초반, 친구인 리젠트의 아들 저스티스와 함께 요하네스버그로 여행하던 만델라를 백인 변호사가 자동차에 태워주었다. 그러기 전, 변호사는 노모에게 두 사람을 태워주자고 한다. 처음에 노모는 젊은 흑인 남자 두 사람과 함께 가는 것을 불편하게 여긴다. 저스티스가 백인을 전혀 어색해하지 않기에 특히 그렇다. 노모는 저스티스를 조심스럽게 지켜본다. 하지만 저스티스의 유머와 매력이 점차 그녀에게도 전해져, 마침내 그녀는 저스티스의 농담에 웃기까지 한다. 매력과 유머로서 불안을 무장해제시키는 것은 만델라가 이력을 쌓는 내내 활용하여 좋은 효과를 거둔 전략이었다.

27. Schalkwyk(2014, 60).

28. 개인적 대화, 2013 및 2014.

29. 맥 마하라지Mac Maharaj의 회고록을 인용하는 Schalkwyk(2014, 55-56)을 보라.

30. 야누시 발루스Janusz Walus는 우익 아프리카너들에게 아첨하려던 폴란드계 이민자였다.

31. 카를린Carlin은 코잇시Coetsee의 회고록에 근거하여 이 사건을 서술한다.

32. CNN, 〈Nelson Mandela〉, 2013년 12월.

33. 현재의 독일국가 가사는 이렇다. "조국 독일을 위한 단결과 정의와 자유여!/우리 모두 이를 위해 분투하게 하라,/넘치는 형제애로, 우리의 가슴과 손으로./단결과 정의와 자유는 행복의 보증인이니/이 행복이 희미하게 빛나올 때 꽃을 피우라/꽃피우라, 조국 독일이여."

34. 최근 남아프리카공화국 헌법재판소에서 은퇴하였으며 투쟁하던 시기 ANC를 도와준 자유의 투사 알비 삭스Albie Sachs 대법관은 만델라를 잘 알고 있다. 삭스의 말에 따르면 대화록(2013)에서 프리먼Freeman이 묘사한 내용은 그다지 믿을 것이 못 된다.

35. 이 순간에 대한 영상자료는 쉽게 볼 수 있으며 CNN의 다큐멘터리 〈Nelson Mandela〉에서도 눈에 띈다.

36. CNN, 〈Nelson Mandela〉.

37. ESPN(2013)을 보라.

38. 예컨대 CNN의 〈Nelson Mandela〉에서, 구금의 불이익에 관한 질문을 받자 그는 특징적이

게도 그 이점을 강조하는 대답을 내놓는다.

39. Dalton(2012, 24, 138 및 그 참고문헌)을 보라.

40. 최근 사례에 집중하지 못하는 결과가 될까봐 빼놓았을 뿐, 그렇지 않았다면 나는 충분한 근거를 갖추어 미국 혁명(미국의 독립전쟁) 또한 분명 비폭력은 아닐지라도 비-분노의 사례라고 주장했을 것이다. 미국 혁명에는 신중하고 분명한 이성적 사고가 동반되었으며, 그 목표는 불의를 저지른 영국인들에게 벌을 주는 것이 아니라 단지 독립적인 미래를 손에 넣는 것이었다. 이런 특징 때문에 미국 혁명은 새로운 국가가 우방을 만들어내는 데에 있어 비-분노의 전략적 이점을 갖추었다.

41. Murdoch(1970)를 보라.

42. Tutu(1999).

43. 훌륭한 연구 중 하나는 Hayner(2001)다.

44. 교환적 정의라는 주제가 매우 흥미롭게 발전되는 모습을 Eisikovits(2009)에서 보라.

45. Bennhold(2014)를 보라.

46. 옥스퍼드, 2014년 5월, 익명.

47. 마호메드Mahomed 대법관의 진술을 인용하는 Tutu(1999, 22)를 보라.

48. Tutu(1999, 23). 지독한 경우의 재판이 몇 건 있었다. 남아프리카공화국 경찰 내 비밀조직, 즉 반-아파르트헤이트 활동가들을 추적해 살해하던 분대의 수장이었던 유진 드 콕Eugene de Kock은 1996년 재판과 유죄판결을 받고 212년 징역형을 선고받았다. 그와 나누었던 주목할 만한 일련의 인터뷰를 보려면 Gobodo-Madikizela(2003)를 보라.

49. Tutu(1999, 28-29).

50. Tutu(1999, 29-31).

51. Levmore(2014)를 보라. 그러나 레브모어는 '고자질'을 남자답지 못하다고 하는 문화적 비난이 많은 경우 공공의 이익에 해를 끼친다고 주장한다.

52. Walker(2006)를 보라.

53. 알비 삭스와의 개인적인 대화.

54. Tutu(1999, 267).

55. Tutu(1999, 269).

56. Tutu(1999, 271).

57. Tutu(1999).

58. Tutu(1999, 273).

59. Tutu(2014).

60. Tutu(2014, 39).

61. 1999년 연설에서, 대통령직을 떠나며 만델라는 실제로 이렇게 말한다. "남아프리카공화국 사람들은 끔찍한 과거를 다룰 수 있도록 그 과거를 상기해야 합니다. 용서가 필수적인 곳에서는 용서해야겠지만 절대 잊지는 말아야 합니다." 알비 삭스는 (2014년 5월 18일의 이메일에서) 정치인으로서의 만델라가 이 시점에 이르러서는 청중들이 기대했던 만큼 실제로 가끔

씩 용서라는 단어를 허용했으나 그것이 교환적인 그림을 사준다는 의미는 아니었다고 논평한다. "이것이 보여주는 것이라고는 (중략) 만델라가 가혹하거나 무자비하거나 용서를 모르는 사람이 아니었다는 것뿐입니다. 모두가 그 사실을 알고 있지요. 그리고 어쨌거나, 그 연단에서 했던 진술의 강조점은 잊지 않는다는 데에 있었지 용서 부분에 있는 게 아니었습니다." 그리고 출판된 인터뷰와 글이라는 수천 페이지의 증거는 용서란 만델라 자신이 해당 문제를 틀 지우기 위해 선택한 방식이 아니라는 점만을 보여주는 게 아니다. "여행의 목적지는 용서가 아니라 해방이었습니다." 삭스는 또한 올리버 탐보Oliver Tambo와 앨버트 루툴리Albert Luthuli 같은 ANC 구성원들이 대단히 종교적이었으며 기독교적 용어를 사용했지만, 그들역시 목표로서의 해방에 초점을 맞추었다고도 지적한다. 해방은 백인과 흑인, 모두의 해방이었다.

62. 이런 위원회의 범위는 이 개념을 염두에 둔 상태에서 평가될 수 있을 것이다.

63. Tutu와 Tutu(2014).

64. Lomax(2008).

65. Fairbanks(2014)를 보라. 이 글은 전직 경찰국장인 아드리안 블록Adriaan Vlok이 자신이 상처입힌 사람들의 발을 씻어주며 남아프리카공화국 전체를 순례했던 일을 묘사하고 있다.

66. Dominus(2014)를 보라. 이 이야기는 피해자/가해자 쌍을 찍은 사진 전시회에서 따온 견본들을 담고 있다.

67. Gobodo-Madikizela(2003)를 보라.

68. Gobodo-Madikizela(2003, 117).

### 제8장 결론: 세상의 눈

1. Nehru(1989, 38). 이 연설은 네루가 전해온 것으로 1942년에 이루어졌다.

2. Harriss(2001, 412).

3. 간디가 한 사랑의 실패에 관해서는 Orwell(1949)을 보라.

4. Harriss(2001, passim)를 보라.

5. *A Theory of Justice*(1981)의 맨 끝부분에 나오는 존 롤스의 개념, 즉 정의로운 사회의 제도는 '마음의 순수성'에 대한 전범이라는 개념과 비교해보라. '마음의 순수성'은 우리가 언제든 취할 수 있는 태도다. 그렇게 하지 않는 경우가 많긴 하지만 말이다.

6. 이러한 개념들은 인도 전통에 명백히 존재하지만, 이를 나타내는 단 하나의 단어를 찾아내는 데에는 어려움이 있었다. 언어적 무지 때문이었음에는 의심의 여지가 없다. 내가 아예 탐구하지 않은 수많은 다른 문화에 대해서도 마찬가지 이야기를 할 수 있다.

### 부록 B

1. Coates와 Tognazzini(2013, 3장과 주석 2).

2. Thomson(1975). 공교롭게도 낙태권에 관한 톰슨 자신의 영향력 있는 분석은 사생활이라는 개념을 활용하지 않고, 태아의 생명을 지탱한다는 부담을 여성들이 불평등하게 지게 되었음

을 강조하는 평등에 근거한 분석을 선호한다. Thomson(1972, 47ff)을 보라.

3. Nussbaum(2002b). 짧은 판본을 보려면 Nussbaum(2003)을 보라. 또한 Nusbaum(2010b, 6장)을 보라.

4. *Eisenstadt v. Baird*, 405 U.S. 438(1972).

5. '덕목 윤리Virtue Ethics'도 내게는 '사생활'처럼 보인다. 덕목 윤리에 속하는 여러 종들을 결합시켜주는 공통의 기반이 매우 부실하기는 하지만 말이다. Nussbaum(1999b)을 보라.

6. Coates와 Tognazzini(2013, 8-10)를 보라. 중심적인 사례는 Glover(1970)다.

7. Strawson(1968, 93).

8. Sher(2006). 또한 Sher(2013), 특히 65쪽을 보라. 여기에서 그는 다른 접근에 대한 자신의 비평을 요약하고 있다. 또한 Smith(2013, 35)를 보라.

9. Scanlon(2013).

10. Wallace(2011)와 Wolf(2011).

11. Smith(2013).

12. Smith(2013, 29).

## 부록 C

1. 이 목록은 Arnim(1964, 377-442절)에서 재인용했다. 아르님은 그리스어와 라틴어 모두로 된 고대의 출전을 다양하게 인용하지만, 나는 기원전 1세기의 문법학인 로데스의 안드로니쿠스에게서 재인용된 명백한 정전 목록에만 집중하도록 하겠다.

2. 스토아주의자들도 몇몇 종류의 분노를 열거하고 정의한다. 이에 따르면 thumos는 '막 시작되는orgē', cholos는 '부풀어오르는orgē', pikria는 '마치 급류처럼 그 자리에서 터지는orgē', mēnis는 '오랜 시간 동안 보존된orgē', kotos는 '복수를 할 적당한 때를 노리는orgē'으로 정의된다(Von Arnim III.397). 이런 것들이 안드로니쿠스가 언급한 분노의 종류이다. 이런 정의가 얼마나 유용한지는 확실하지 않다. 어떤 용어는 문학적이며(게다가 사실 목록을 만든 이후로 수세기가 지나기도 했다) 다른 용어들은 좀 더 일상적인 쓰임새로 되어 있기 때문이다. 정의가 그 단어의 활용을 잘 포착하는지도 분명하지 않다. 예컨대 mēnis(시적 용어)의 패러다임은 분명 『일리아드』에 나오는 아킬레우스의 분노이지만, 이 정의가 정말 그 분노를 포착하는가? 그럴 수도 있고, 아닐 수도 있다. 마찬가지로 중요한 문제가 또 있다. mēnis라는 단어의 의미 자체가 그런 것인가, 아니면 어쩌다 보니 우연히 아킬레우스의 분노가 오랫동안 지속된 것인가? 어느 쪽으로 주장을 하려 해도 어렵다. 또한 thumos는 다양한 고전 작가들이 자주 사용한 용어인데, 훨씬 후기의 학자들에게 중심적인 참조점은 물론 Plato, *Republic*이었을 것이다. 그러나 플라톤이 그 책에서 이야기하는 것의 정의에서 thumos의 정의는 상당히 벗어나 있는 것으로 보인다. 그러므로 지금부터 나는 이러한 보조적 정의는 무시하겠다.

3. 스트로슨은 다른 종류의 구분을 제안한다. '억울함resentment'은 1인칭이고, '의분indignation'은 관찰자의 태도, 혹은 '간접적인vicarious' 태도이다. Strawson(1968, 84-87)을 보라. 이 말은 일반적으로 진실이 아닌 것처럼 보인다. 나는 다른 사람에게 가해진 모욕에도 억울

함을 느낄 수 있다(내가 그 사람의 복지에 신경을 쓴다는 조건하에서 말이다. 내 주장에 따르면, 다른 사람에게 어떤 감정을 느낄 때는 언제나 이 조건이 만족된다). 또한 나 자신에게 가해진 부당행위에도 의분을 느낄 수 있다.

4. Bloom(2013).

5. chalepainein과 이처럼 더 경미한 상태를 제거해야 하는지에 대한 논란에 관해서는 Harriss(2001, 63과 117)를 보라.

# 참고문헌

Adler, Matthew D., and Eric A. Posner, eds. (2000). *Cost-Benefit Analysis: Legal, Economic, and Philosophical Perspectives*. Chicago: University of Chicago Press.

Allen, Danielle (1999). "Democratic Dis-ease: Of Anger and the Troubling Nature of Punishment." In *The Passions of Law*. Ed. S. Bandes. New York: NYU Press, 191-214.

_____. (2000). *The World of Prometheus*. Princeton, NJ: Princeton University Press.

Archimandritou, Maria (2000). *The Open Prison* (published in modern Greek as *He Anoikte Ektish Tes Poines*). Athens: Hellenika Grammata.

Arnim, Hans Friedrich August von, ed. (1964). *Stoicorum Veterum Fragmenta*. Stuttgart: Teubner. Original edition 1903.

Averill, James (1982). *Anger and Aggression*. New York: Springer Verlag.

Baier, Annette (1995). *Moral Prejudices*. Cambridge, MA: Harvard University Press.

Bandes, Susan (1997). "Empathy, Narrative, and Victim Impact Statements." *University of Chicago Law Review* 63: 361-412.

_____, ed. (1999). *The Passions of Law*. New York: NYU Press.

_____. (2016) "Share Your Grief but Not Your Anger: Victims and the Expression of Emotion in Criminal Justice." In *Emotional Expression: Philosophical, Psychological and Legal Perspectives*. Ed. J. Smith and C. Abell. Cambridge: Cambridge University Press, forthcoming.

Baron, Marcia (2012). "Rape, Seduction, Purity, and Shame in *Tess of the d'Urbervilles*." In *Subversion and Sympathy: Gender, Law, and the British Novel*. Ed. Martha C. Nussbaum and Alison L. Lacroix. New York: Oxford University Press, 126-49.

Bash, Anthony (2007). *Forgiveness in Christian Ethics*. New York: Cambridge University Press.

Batson, C. Daniel (2011). *Altruism in Humans*. New York: Oxford University Press.

Bennett, Christopher (2001). *The Apology Ritual: A Philosophical Theory of Punishment*. Cambridge: Cambridge University Press.

Bennhold, Katrin (2014). "Northern Ireland Police Sue for Boston College Interviews." *New York Times*: May 22.

Bentham, Jeremy (1948). *An Introduction to the Principles of Morals and Legislation.* New York: Hafner Press. Original edition 1789.

Bloom, Paul (2013). *Just Babies: The Origins of Good and Evil.* New York: Crown.

Boonin, David (2008). *The Problem of Punishment.* New York: Cambridge University Press.

Boyarin, Daniel (1995). *Carnal Israel: Reading Sex in Talmudic Cultures.* Berkeley: University of California Press.

Braithwaite, John (1989). *Crime, Shame, and Reintegration.* Cambridge: Cambridge University Press.

_____. (2002). *Restorative Justice and Responsive Regulation.* New York: Oxford University Press.

Braithwaite, John, and Stephen Mugford (1994). "Conditions of Successful Reintegration Ceremonies: Dealing with Juvenile Offenders." *British Journal of Criminology* 34: 139-71.

Briggs, Jean L. (1970). *Never in Anger: Portrait of an Eskimo Family.* Cambridge, MA: Harvard University Press.

Brion, Fabienne, and Bernard Harcourt, eds. (2012). *Mal faire, dire vrai.* Chicago: University of Chicago Press; Louvain: Presses Universitaires de Louvain.

Brooks, Thom (2012). *Punishment.* New York: Routledge.

Butler, Joseph (1827). *Fifteen Sermons Preached at the Rolls Chapel.* Cambridge: Hilliard and Brown. Online edition: http://anglicanhistory.org/butler/rolls/.

Carlin, John (2008). *Invictus: Nelson Mandela and the Game That Made a Nation.* New York: Penguin. Previously published as *Playing the Enemy.*

Caston, Ruth Rothaus, ed. (forthcoming). Festschrift for David Konstan. New York: Oxford University Press.

CBS News (2012). "The Cost of a Nation of Incarceration." April 23.

Coates, D. Justin, and Neil A. Tognazzini, eds. (2013). *Blame: Its Nature and Norms.* New York: Oxford University Press.

Comim, Flavio, and Martha Nussbaum, eds. (2014). *Capabilities, Gender, Justice.* Cambridge: Cambridge University Press.

Condry, John, and Sandra Condry (1976). "Sex Differences: A Study of the Eye of the Beholder." *Child Development* 27: 812-19.

Condry, Rachel (2007). *Families Shamed: The Consequences of Crime for Relatives of Serious Offenders.* New York: Routledge.

Condry, Rachel, and Caroline Miles (2014). "Adolescent to Parent Violence: Framing and Mapping a Hidden Problem." *Criminology and Criminal Justice*, Sage, online.

Cooper, John (1981). "Aristotle on Friendship." In *Essays on Aristotle's Ethics*. Ed. Amélie Oksenberg Rorty. Berkeley: University of California Press, 301-40.

Coyle, Michael J. (2013). *Talking Criminal Justice: Language and the Just Society*. Abingdon, UK: Routledge.

Croke, Vicki (2014). *Elephant Company*. New York: Random House.

Dalton, Dennis (2012). *Mahatma Gandhi: Nonviolent Power in Action*. New York: Columbia University Press. Expanded edition.

De La Grange, Henri Louis (1973). *Mahler*. Vol. 1. New York: Doubleday.

Dickens, Charles (2004). *David Copperfield*. London: Penguin. Original edition 1850.

Dominus, Susan (2014). "Portraits of Reconciliation." *New York Times Magazine*: April 6. Online edition.

Duff, R. Antony (2001). *Punishment, Communication, and Community*. Oxford: Oxford University Press.

_____. (2011). "Retrieving Retributivism." In *Retributivism: Essays on Theory and Policy*. Ed. Mark D. White. New York: Oxford University Press, 3-24.

Eisikovits, Nir (2009). *Sympathizing with the Enemy: Reconciliation, Transitional Justice, Negotiation*. Dordrecht: Republic of Letters.

Erikson, Erik (1993). *Gandhi's Truth: On the Origins of Militant Nonviolence*. New York: W. W. Norton. Original edition 1970.

ESPN (2013). "Sports World Mourns Nelson Mandela." December 5. Online edition.

Fairbanks, Eve (2014). "'I Have Sinned Against the Lord and Against You! Will You Forgive Me?'" *New Republic*: June 18.

Fillion-Lahille, Janine (1984). *Le "De Ira" de Sénèque et la philosophie stoicienne des passions*. Paris: Klincksieck.

Foucault, Michel (1975). *Discipline and Punish: The Birth of the Prison*.Trans. Alan Sheridan. New York: Vintage Books. Original French edition 1975. 2nd edition 1995.

Gandhi, Mohandas K. (1983). *Autobiography: The Story of My Experiments with Truth*. New York: Dover Press.

_____. (1997). *Hind Swaraj and Other Writings*. Ed. Anthony J. Parel. Cambridge: Cambridge University Press.

Gaskell, Elizabeth (1998). *Ruth*. London: Penguin. Original edition 1853.

Gewirtz, Paul (1988). "Aeschylus' Law." *Harvard Law Review* 101: 1043-55.

_____. (1998). "Victims and Voyeurs at the Criminal Trial." In *Low's Stories: Narrative and Rhetoric in the Law*. Ed. Paul Gewirtz and Peter Brooks. New Haven: Yale University Press, 135-61.

Gewirtz, Paul, and Peter Brooks, eds. (1998). *Low's Stories: Narrative and Rhetoric in the*

*Law*. New Haven: Yale University Press.

Gilligan, James (1997). *Violence: Reflections on a National Epidemic*. New York: Vintage Books.

Glover, Jonathan (1970). *Responsibility*. London: Routledge.

Gobodo-Madikizela, Pumla (2003). *A Human Being Died That Night*. Cape Town: David Philip Publishers.

Griffin, Miriam (1976). *Seneca: A Philosopher in Politics*. Oxford: Clarendon Press.

Griswold, Charles L. (2007). *Forgiveness: A Philosophical Exploration*. Cambridge: Cambridge University Press.

Griswold, Charles L., and David Konstan, eds. (2011). *Ancient Forgiveness: Classical, Judaic, and Christian*. Cambridge: Cambridge University Press.

Halberstadt, Alex (2014). "Zoo Animals and Their Discontents." *New York Times Magazine*: July 3.

Halbertal, Moshe (forthcoming). "At the Threshold of Forgiveness: On Law and Narrative in the Talmud." Trans. Joel Linsider. Shorter version published in *Jewish Review of Books* (2011).

Halbertal, Moshe, and Avishai Margalit (1992). *Idolatry*. Cambridge, MA: Harvard University Press.

Hampton, Jean (1984). "The Moral Education Theory of Punishment." *Philosophy and Public Affairs* 13: 208-38.

Hampton, Jean, and Jeffrie G. Murphy (1988). *Forgiveness and Mercy*. New York: Cambridge University Press.

Hanna, E. (1911). "The Sacrament of Penance." *The Catholic Encyclopedia*. New York: Robert Appleton Company. Online version.

Hardin, Russell (2006). *Trust*. Cambridge: Polity Press.

Harriss, William V. (2001). *Restraining Rage: The Ideology of Anger Control in Classical Antiquity*. Cambridge, MA: Harvard University Press.

Harsanyi, John (1982). "Morality and the Theory of Rational Behavior." In *Utilitarianism and Beyond*. Ed. Amartya Sen and Bernard Williams. Cambridge: Cambridge University Press, 39-62.

Hawley, Katherine (2012). *Trust: A Very Short Introduction*. Oxford: Clarendon Press.

Hayner, Priscilla B. (2001). *Unspeakable Truths: Transitional Justice and the Challenge of Truth Commissions*. Foreword by Kofi Annan. New York: Routledge. Updated edition 2011.

Hieronymi, Pamela (2001). "Articulating an Uncompromising Forgiveness." *Philosophy and Phenomenological Research* 62: 539-55.

Honig, Bonnie (2013). *Antigone Interrupted*. New York: Cambridge University Press.

Hossain, Anushay (2013). "Femicide in Italy: Domestic Violence Still Persists Despite New Laws." *Forbes* World Views: August 26.

Huffington Post (2013). "Sen. Mark Kirk Retreats on Mass Gang Arrest Plan, Concedes Idea Is 'Not All That Practical.'" July 20.

Jack, Homer A., ed. (1956). *The Gandhi Reader: A Sourcebook of His Life and Writings*. Bloomington: Indiana University Press.

Kahan, Dan (1996). "What Do Alternative Sanctions Mean?" *University of Chicago Law Review* 63: 591-653.

Kahan, Dan, and Martha C. Nussbaum (1996). "Two Concepts of Emotion in the Criminal Law." *Columbia Law Review* 96: 269-374.

Kaster, Robert (2005). *Emotion, Restraint, and Community in Ancient Rome*. New York: Oxford University Press.

_____. (2010). Translation of Seneca's *De Clementia* and *De Ira*. In *Seneca: Anger, Mercy, Revenge*. Chicago: University of Chicago Press. Containing translations by Robert Kaster and Martha Nussbaum. 2010.

Kathrada, Ahmed (2013). Interview in "Nelson Mandela." CNN: December.

Kindlon, Dan, and Michael Thompson (1999). *Raising Cain: Protecting the Emotional Life of Boys*. New York: Ballantine Books.

Konstan, David (2010). *Before Forgiveness: The Origins of a Moral Idea*. New York: Cambridge University Press.

_____. (2012). "Assuaging Rage." In *Ancient Forgiveness: Classic, Judaic, and Christian*. Ed. Charles L. Griswold and David Konstan. New York: Cambridge University Press, 17-30.

Kugel, James L. (1999). *Traditions of the Bible: A Guide to the Bible as It Was at the Start of the Common Era*. Cambridge, MA: Harvard University Press.

Lacey, Nicola, and Hanna Pickard (2013). "From the Consulting Room to the Court Room? Taking the Clinical Model of Responsibility without Blame into the Legal Realm." *Oxford Journal of Legal Studies* 33: 1-29.

Lazarus, Richard (1991). *Emotion and Adaptation*. New York: Oxford University Press.

Lerner, Harriet (1985). *The Dance of Anger: A Woman's Guide to Changing the Patterns of Intimate Relationships*. New York: Harper and Row.

Levmore, Saul (2014). "Snitching, Whistleblowing, and 'Barn Burning': Loyalty in Law, Literature, and Sports." In *American Guy: Masculinity in American Law and Literature*. Ed. Saul Levmore and Martha Nussbaum. New York: Oxford University Press, 213-24.

Levmore, Saul, and Martha Nussbaum, eds. (2010). *The Offensive Internet: Speech, Privacy, and Reputation.* Cambridge, MA: Harvard University Press.

_____, eds. (2014). *American Guy: Masculinity in American Law and Literature.* New York: Oxford University Press.

Lomax, Eric (2008). *The Railway Man: A POW's Searing Account of War, Brutality and Forgiveness.* New York: W. W. Norton. Original Publication 1995.

Mackie, J. L. (1982). "Morality and the Retributive Emotions." *Criminal Justice Ethics* 1: 3-10.

Maimonides (1993). *Hilchot Teshuvah* (The Laws of Repentance). Trans. Immanuel O'Levy. Online edition: http://www.panix.com/~jjbaker/rambam.html.

_____. (2010). *Hilchot Teshuvah* (The Rules of Repentance). Trans. Rabbi Yaakov Feldman. Online edition: http://www.scribd.com/doc/28390008/Maimondes-Hilchot-Teshuva-The-Rules-of-Repentance.

Mandela, Nelson (1994). *Long Walk to Freedom.* London: Little, Brown.

_____. (2010). *Conversations with Myself.* Foreword by Barack Obama. New York: Farrar, Straus and Giroux.

Markel, Dan (2011). "What Might Retributive Justice Be? An Argument for the Confrontational Conception of Retributivism." In *Retributivism: Essays on Theory and Policy.* Ed. Mark D. White. New York: Oxford University Press, 49-72.

Martin, Adrienne (2010). "Owning Up and Lowering Down: The Power of Apology." *Journal of Philosophy* 107: 534-53.

Mason, Michelle (2003). "Contempt as a Moral Attitude." *Ethics* 113: 234-72.

McConnell, Michael W. (2012). "You Can't Say That." *New York Times:* June 22. Online edition.

Miceli, Maria, and Cristiano Castelfranchi (2007). "The Envious Mind." *Cognition and Emotion* 21: 449-79.

Mill, John Stuart (1988). *The Subjection of Women.* Ed. Susan Moller Okin. Indianapolis: Hackett. Original edition 1869.

Miller, William I. (1990). *Bloodtaking and Peacemaking: Feud, Law, and Society in Saga Iceland.* Chicago: University of Chicago Press.

_____. (2006). *An Eye for an Eye.* New York: Cambridge University Press.

Moore, Michael S. (1995). "The Moral Worth of Retribution." In *Punishment and Rehabilitation.* Ed. Jeffrie Murphy. Belmont, CA: Wadsworth: 94-130.

Morgan, Michael (2011). "Mercy, Repentance, and Forgiveness in Ancient Judaism." In *Ancient Forgiveness: Classical, Judaic, and Christian.* Ed. Charles Griswold and David Konstan. Cambridge: Cambridge University Press: 137-57.

Morris, Herbert (1968). "Persons and Punishment." *Monist* 52. Reprinted in *Punishment and Rehabilitation*. Ed. Jeffrie Murphy. Belmont, CA: Wadsworth, 1995, 74-93.

_____. (1976). *On Guilt and Innocence: Essays in Legal Philosophy and Moral Psychology*. Berkeley: University of California Press.

Murdoch, Iris (1970). *The Sovereignty of Good*. London: Routledge.

Murphy, Jeffrie (1988). "Forgiveness and Resentment." In Jeffrie Murphy and Jean Hampton. *Forgiveness and Mercy*. New York: Cambridge University Press, chapter 1.

_____. comp. (1995). *Punishment and Rehabilitation*. Belmont, CA: Wadsworth.

_____. (2003). *Getting Even: Forgiveness and Its Limits*. New York: Oxford University Press.

Murray, Liz (2010). *Breaking Night: A Memoir of Forgiveness, Survival, and My Journey from Homeless to Harvard*. New York: Hyperion.

Nahorniak, Mary (2015). "Families to Roof: May God 'Have Mercy on Your Soul.'" *USA Today*: June 19. Online edition.

Naiden, F. S. (2006). *Ancient Supplication*. Oxford: Oxford University Press.

Nehru, Jawaharlal (1939). *Autobiography*. Oxford: Oxford University Press.

_____. (1989). *The Discovery of India*. Delhi: Oxford University Press. Original edition 1946.

Nietzsche, Friedrich Wilhelm (1989). *On the Genealogy of Morals*. Trans. Walter Kaufmann and R. J. Hollingdale. New York: Vintage Books. Original edition 1887.

Nussbaum, Martha (1986). *The Fragility of Goodness: Luck, Ethics, and Greek Tragedy*. New York: Cambridge University Press.

_____. (1990). *Love's Knowledge: Essays on Philosophy and Literature*. New York: Oxford University Press.

_____. (1993). "Equity and Mercy." *Philosophy and Public Affairs* 22: no. 2: 83-125.

_____. (1994a). "Pity and Mercy: Nietzsche's Stoicism." In *Nietzsche, Genealogy, Morality: Essays on Nietzsche's "Genealogy of Morals"*. Ed. Richard Schacht. Berkeley: University of California Press, 139-67.

_____. (1994b). *The Therapy of Desire: Theory and Practice in Hellenistic Ethics*. Princeton, NJ: Princeton University Press.

_____. (1996). *Poetic Justice: The Literary Imagination and Public Life*. Boston: Beacon Press.

_____. (1999a). *Sex and Social Justice*. New York: Oxford University Press.

_____. (1999b). "Virtue Ethics: A Misleading Category?" *Journal of Ethics* 3: 163-201.

_____. (2000a). "The Costs of Tragedy: Some Moral Limits of Cost-Benefit Analysis." *Journal of Legal Studies* 29: 1005-36.

_____. (2000b). *Women and Human Development*. New York: Cambridge University Press.

_____. (2001). *Upheavals of Thought: The Intelligence of Emotions*. New York: Cambridge University Press.

_____. (2002a). "Erōs and Ethical Norms: Philosophers Respond to a Cultural Dilemma." In *The Sleep of Reason: Erotic Experience and Sexual Ethics in Ancient Greece and Rome*. Ed. Martha Nussbaum and Juha Sihvola. Chicago: University of Chicago Press, 55-94.

_____. (2002b). "Sex Equality, Liberty, and Privacy: A Comparative Approach to the Feminist Critique." In *India's Living Constitution: Ideas, Practices, Controversies*. Ed. E. Sridharan, Z. Hasan, and R. Sudarshan. New Delhi: Permanent Black, 242-83.

_____. (2003). "What's Privacy Got to Do with It? A Comparative Approach to the Feminist Critique." In *Women and the United States Constitution: History, Interpretation, Practice*. Ed. Sibyl A. Scharzenbach and Patricia Smith. New York: Columbia University Press, 153-75.

_____. (2004a). *Hiding from Humanity: Disgust, Shame, and the Law*. Princeton, NJ: Princeton University Press.

_____. (2004b). "Précis" and "Responses." In book symposium on Nussbaum, *Upheavals of Thought*. *Philosophy and Phenomenological Research* 68 (2004): 443-49, 473-86.

_____. (2006). *Frontiers of Justice*. Cambridge, MA: Harvard University Press.

_____. (2008). "Human Dignity and Political Entitlements." In Adam Schulman et al., *Human Dignity and Bioethics: Essays Commissioned by the President's Council on Bioethics*. Washington, DC: President's Council on Bioethics, 351-80.

_____. (2010a). *Creating Capabilities: The Human Development Approach*. Cambridge, MA: Harvard University Press.

_____. (2010b). *From Disgust to Humanity: Sexual Orientation and Constitutional Law*. New York: Oxford University Press.

_____. (2010c). Translation, introduction, and notes to Seneca's *Apocolocyntosis*. In *Seneca: Anger, Mercy, Revenge*. Chicago: University of Chicago Press. Containing translations by Robert Kaster and Martha Nussbaum. 2010.

_____. (2013). *Political Emotions: Why Love Matters for Justice*. Cambridge, MA: Harvard University Press.

_____. (2014a). "Jewish Men, Jewish Lawyers: Roth's 'Eli, the Fanatic' and the Question of Jewish Masculinity in American Law." In *American Guy: Masculinity in American Law and Literature*. Ed. Saul Levmore and Martha Nussbaum. New York:

Oxford University Press, 165-200.

_____. (2014b). "Law for Bad Behaviour." *Indian Express*: February 22. Online edition.

_____. (forthcoming a). "'If You Could See This Heart': Mozart's Mercy." Forthcoming in a festschrift for David Konstan. Ed. Ruth Rothaus Caston. New York: Oxford University Press.

_____. (forthcoming b). "Reconciliation without Justice: Paton's *Cry, the Beloved Country*." Presented at the conference "Crime in Law and Literature," University of Chicago Law School, February 7-8, 2014, and forthcoming in the conference volume.

Nussbaum, Martha, and Alison L. LaCroix, eds. (2013). *Subversion and Sympathy: Gender, Law, and the British Novel*. New York: Oxford University Press.

Nussbaum, Martha, and Juha Sihvola, eds. (2002). *The Sleep of Reason: Erotic Experience and Sexual Ethics in Ancient Greece and Rome*. Chicago: University of Chicago Press.

O'Neill, Onora (2002). *A Question of Trust: The BBC Reith Lectures* 2002. Cambridge: Cambridge University Press.

Orwell, George (1949). "Reflections on Gandhi." *Partisan Review*, January, 85-92.

_____. (1952). "Such, Such Were the Joys." Originally published in the *Partisan Review*, September-October.

Paton, Alan (1987). *Cry, the Beloved Country*. New York: Scribner. Original edition 1948.

Peli, Pinchas, ed. (2004). *On Repentance: The Thought and Oral Discourses of Rabbi Joseph Dov Soloveitchik*. New York: Rowman and Littlefield. Original publication 1984.

Posner, Eric A. (2000). *Law and Social Norms*. Cambridge, MA: Harvard University Press.

Primoratz, Igor (1989). "Punishment as Language." *Philosophy* 64: 187-205.

Procope, John, trans. (1995). *Seneca: Moral and Political Essays*. Cambridge: Cambridge University Press.

Rawls, John (1971). *A Theory of Justice*. Cambridge, MA: Harvard University Press.

_____. (1986). *Political Liberalism*. New York: Columbia University Press, Expanded paper edition.

Rorty, Amélie Oksenberg, ed. (1981). *Essays on Aristotle's Ethics*. Berkeley: University of California Press.

Santideva (1995). *The Bodhicaryavatara*. Trans. Kate Crosby and Andrew Skilton. Oxford: Oxford University Press. Original Sanskrit verse written c. AD 700.

Santora, Marc (2013). "City's Annual Cost per Inmate Is $168,000, Study Finds." *New York Times*: August 23.

Scanlon, T. M. (2013). "Interpreting Blame." In *Blame: Its Nature and Norms*. Ed. D. Justin Coates and Neal A. Tognazzini. New York: Oxford University Press, 84-99.

Schacht, Richard, ed. (1994). *Nietzsche, Genealogy, Morality: Essays on Nietzsche's "Genealogy of Morals"*. Berkeley: University of California Press.

Schalkwyk, David (2014). "Mandela, the Emotions, and the Lesson of Prison." In *The Cambridge Companion to Nelson Mandela*. Ed. Rita Barnard. New York: Cambridge University Press, 50-69.

Schofer, Jonathan (2010). *Confronting Vulnerability: The Body and the Divine in Rabbinic Ethics*. Chicago: University of Chicago Press.

Schulhofer, Stephen J. (1995). "The Trouble with Trials; the Trouble with Us." *Yale Law Journal* 105: 825-55.

Schwarzenbach, Sibyl A., and Patricia Smith, eds. (2003). *Women and the United States Constitution: History, Interpretation, Practice*. New York: Columbia University Press.

Segal, Erich (1968). *Roman Laughter: The Comedy of Plautus*. Cambridge, MA: Harvard University Press.

_____. (1970). *Love Story*. New York: Harper & Row.

_____. (2001). *The Death of Comedy*. Cambridge, MA: Harvard University Press.

Sen, Amartya (1982). "Rights and Agency." *Philosophy and Public Affairs* 11: 3-39.

Sen, Amartya, and Bernard Williams, eds. (1982). *Utilitarianism and Beyond*. Cambridge: Cambridge University Press.

Sher, George (2006). In *Praise of Blame*. Oxford: Oxford University Press.

_____. (2013). "Wrongdoing and Relationships: The Problem of the Stranger." In *Blame: Its Nature and Norms*. Ed. D. Justin Coates and Neal A. Tognazzini. New York: Oxford University Press, 49-65.

Sherman, Nancy (1989). *The Fabric of Character: Aristotle's Theory of Virtue*. Oxford: Clarendon Press.

_____. (2011). *The Untold War*. New York: W. W. Norton.

Skorupski, John, ed. (2010). *Routledge Companion to Ethics*. New York: Routledge.

Smart, J. J. C., and Bernard Williams (1973). *Utilitarianism: For and Against*. Cambridge: Cambridge University Press.

Smith, Adam (1982). *The Theory of Moral Sentiments*. Ed. D. D. Raphael and A. L. Macfie. Indianapolis: Liberty Classics. Original edition 1759.

Smith, Angela M. (2013). "Moral Blame and Moral Protest." In *Blame: Its Nature and Norms*. Ed. D. Justin Coates and Neal A. Tognazzini. New York: Oxford University Press, 27-48.

Sorabji, Richard (2012). *Gandhi and the Stoics*. Chicago: University of Chicago Press.

Sridharan, Z., Z. Hasan, and R. Sudarshan, eds. (2002). *India's Living Constitution: Ideas, Practices, Controversies*. New Delhi: Permanent Black.

Stegner, Wallace (1971). *Angle of Repose*. New York: Penguin.

Stewart, Nikita, and Richard Pérez-Peña (2015). "In Charleston, Raw Emotion, at Hearing for Suspect in Church Shooting." *New York Times*: June 19. Online edition.

Strawson, Peter F. (1968). "Freedom and Resentment." In *Studies in the Philosophy of Thought and Action*. Oxford: Oxford University Press, 71-96. Originally published in *Proceedings of the British Academy* 48 (1962): 1-25.

Tasioulas, John (2010). "Justice and Punishment." *Routledge Companion to Ethics*. Ed. John Skorupski. New York: Routledge, 680-91.

Tavris, Carol (1982). *Anger: The Misunderstood Emotion*. New York: Simon and Schuster.

Thomson, Judith Jarvis (1972). "A Defense of Abortion." *Philosophy and Public Affairs* 1: 47.

_____. (1975). "The Right to Privacy." *Philosophy and Public Affairs* 4: 295-314.

Trollope, Anthony (2014). *Doctor Thorne*. Oxford: Oxford University Press. Original edition 1858.

Tutu, Desmond M. (1999). *No Future without Forgiveness*. New York: Doubleday.

_____. (2014). "'I Am Sorry'—The Three Hardest Words To Say." *Guardian*: March 22.

Tutu, Desmond M., and Mpho A. Tutu (2014). *The Book of Forgiving: The Fourfold Path for Healing Ourselves and Our World*. New York: HarperOne.

Vermeule, Blakey (2011). *Why Do We Care about Literary Characters?* Baltimore: Johns Hopkins University Press.

Vlastos, Gregory (1991). *Socrates: Ironist and Moral Philosopher*. New York: Cambridge University Press.

Wagner, Richard (1850). "Jewishness in Music." *Das Judentum in der Musik*. Amazon: Amazon Digital Services, 2012. Kindle edition.

Waldron, Jeremy (2012). *The Harm in Hate Speech*. Cambridge, MA: Harvard University Press.

Walker, Margaret Urban (2006). *Moral Repair: Reconstructing Moral Relations after Wrongdoing*. Cambridge: Cambridge University Press.

Wallace, R. Jay (1994). *Responsibility and the Moral Sentiments*. Cambridge, MA: Harvard University Press.

_____. (2011). "Dispassionate Opprobrium: On Blame and the Reactive Sentiments." In *Reasons and Recognition: Essays on the Philosophy of T. M. Scanlon*. Ed. R. J. Wallace, Rahul Kumar, and Samuel Freeman. New York: Oxford University Press: 348-72.

Wallace, R. J., Rahul Kumar, and Samuel Freeman, eds. (2011). *Reasons and Recognition: Essays on the Philosophy of T. M. Scanlon*. New York: Oxford University Press.

Walzer, Michael (1973). "Political Action: The Problem of Dirty Hands." *Philosophy and Public Affairs* 2: 160-80.

Washington, James M., ed. (1986). *A Testament of Hope: The Essential Writings and Speeches of Martin Luther King, Jr.* New York: HarperCollins.

White, Mark D., ed. (2011). *Retributivism: Essays on Theory and Policy*. New York: Oxford University Press.

Wiesenthal, Simon (1997). *The Sunflower: On the Possibilities and Limits of Forgiveness*. New York: Schocken Books.

Williams, Bernard (1973). *Problems of the Self*. Cambridge: Cambridge University Press.

_____. (1982). *Moral Luck: Philosophical Papers, 1973-1980*. Cambridge: Cambridge University Press.

_____. (1985). *Ethics and the Limits of Philosophy*. Cambridge, MA: Harvard University Press.

Williams, Craig (1999). *Roman Homosexuality*. New York: Oxford University Press. 2nd edition with preface by Martha Nussbaum, 2010.

Winnicott, D. W. (2005). *Playing and Reality*. New York: Routledge. Original publication 1971.

Wolf, Susan (2011). "Blame, Italian Style." In *Reasons and Recognition: Essays on the Philosophy of T. M. Scanlon*. Ed. R. J. Wallace, Rahul Kumar, and Samuel Freeman. New York: Oxford University Press, 332-47.

Yonah, Rabbeinu of Gerona (1967). *The Gates of Repentance: Sha'arei Teshuvah*. Trans. Shraga Silverstein. New York: Feldheim Publishers.

Young, Iris Marion (2011). *Responsibility for Justice*. New York: Oxford University Press.

Zorn, Eric (2013). "There's a Core of Substance in Kirk's 'Empty, Simplistic' Crime-Fighting Proposal." *Chicago Tribune*: May 31.

# 찾아보기

# 분노와 용서

## – 적개심, 아량, 정의

2018년 6월 4일 초판 1쇄 펴냄
2020년 9월 21일 초판 2쇄 펴냄

지은이 마사 C. 누스바움
옮긴이 강동혁

펴낸이 정종주
편집주간 박윤선
편집 강민우 김재영
마케팅 김창덕

펴낸곳 도서출판 뿌리와이파리
등록번호 제10-2201호(2001년 8월 21일)
주소 서울시 마포구 월드컵로 128-4 2층
전화 02)324-2142~3
전송 02)324-2150
전자우편 puripari@hanmail.net

디자인 오필민
종이 화인페이퍼
인쇄 및 제본 영신사

값 28,000원
ISBN 978-89-6462-101-1 (93100)

이 도서의 국립중앙도서관 출판예정도서목록(CIP)은 서지정보유통지원시스템 홈페이지(http://seoji. nl.go.
kr)와 국가자료공동목록시스템(http://www.nl.go.kr/kolisnet)에서 이용하실 수 있습니다.(CIP 제어번호:
CIP2018015533)